Conrad Engelbert Oelsner

Georg Forster

Ein deutscher Zeuge der Großen, der Französischen Revolution begann seine Berichte aus Paris mit dem wunderbaren und nicht allzu deutschen Satz: «Ich liebe die Freiheit, weil ich das Vergnügen liebe.» Conrad Engelbert Oelsner, der Autor dieses schönen Wortes, schenkte dem neuen Buch von Klaus Harpprecht seinen Titel – aber mehr noch: Er vermittelte ihm den Geist eines grandiosen historischen Aufbruchs, von dem so viele deutsche Charakter- und Querköpfe angezogen wurden. Ihren seltsamen Geschichten spürte Klaus Harpprecht in den Archiven und Bibliotheken von Paris in oftmals detektivischen Recherchen nach: den Revolutionspilgern Joachim Heinrich Campe und Wilhelm von Humboldt, dem welterfahrenen Georg Forster, der sich mit Alexander von Humboldt an den Vorbereitungen des Revolutionsfestes von 1790 beteiligte, dem brillanten Schlesier Conrad Engelbert Oelsner, den man als einen Vorläufer Heinrich Heines erkennen darf, dem wunderlichen Grafen Schlabrendorf, den man den Diogenes von Paris nannte, dem verschwörerischen Adam Lux von Mainz, der hinter Charlotte Corday in den Tod lief, dem couragierten kleinen Justus Erich Bollmann, der den Freund der Mme de Staël aus Paris rettete und später den Grafen La Fayette aus dem österreichischen Kerker zu befreien versuchte, dem schwäbisch-ernsten Carl Friedrich Reinhard, der im Dienst der Revolution zum Außenminister der Republik Frankreich aufsteigen sollte, und dem liebenswerten Georg Kerner, der «Freiheit wie ein Vulkan» sprühte. Diese und andere so lang und zu Unrecht vergessenen Gestalten treten aus dem Schatten, voller Leben, Witz und Geist: handelnde Personen im berauschenden Roman der Revolution.

Klaus Harpprecht

1927 in Stuttgart geboren. 1962–1966 Nordamerika-Korrespondent des ZDF. 1966–1968 Leiter des S. Fischer Verlages, Mitherausgeber und Redakteur des «Monat». 1972–1974 Chef der Schreibstube und Berater bei Bundeskanzler Willy Brandt. Fernsehproduktionen ZDF, Mitarbeit «Zeit», «Weltwoche» und «Bayerischer Rundfunk», Chefredakteur «Geo». Seit 1982 lebt Harpprecht als freier Schriftsteller und Publizist in Südfrankreich. Buchpublikationen u.a. «Der fremde Freund» (1982), «Amerikaner» (1984) und «Amerika – Eroberung eines Kontinents» (1986). 1987 erschien im Rowohlt Verlag sein Werk «Georg Forster oder Die Liebe zur Welt».

Klaus Harpprecht

Die Lust der Freiheit

Deutsche Revolutionäre in Paris

Rowohlt

1. Auflage April 1989

Schutzumschlag- und Einbandgestaltung
Wolfgang Kenkel
(Zeitgenössische Darstellung «Abriß der
Bastille» und Gemälde «Sturm auf den
Invalidendom» von Jean-Baptiste Lallemand)
Abbildungen auf den Vorsätzen:
Joachim Heinrich Campe, Georg Forster
(Bildarchiv Preußischer Kulturbesitz, Berlin)
Conrad Engelbert Oelsner (Uniwersytet
Wrocławski / Biblioteka Uniwersytecka)
Georg Kerner (Adolf Wohlwill: Georg Kerner,
Hamburg und Leipzig 1886)
Adam Lux (Archiv für Kunst und Geschichte, Berlin)
Gustav von Schlabrendorf, Karl Friedrich Reinhard
(Bildarchiv Preußischer Kulturbesitz, Berlin)
Redaktion Wolfgang Müller
Satz aus der Bembo (Linotron 202)
Gesamtherstellung Clausen & Bosse, Leck
Printed in Germany
ISBN 3 498 02871 5

Für meinen alten Freund und Lehrer
Fritz René Allemann

Inhalt

Vorwort

Wir alle sind Amerikaner», sagte ein deutscher Bundeskanzler einige Jahrzehnte nach dem Ende des Zweiten Weltkriegs. Mit gleichem Recht könnte man feststellen, daß wir alle Franzosen sind – oder doch wenigstens dies: Kinder der Französischen Revolution, ohne die unsere bürgerliche Existenz nicht denkbar wäre. Wir mögen sie lieben, wir mögen (noch immer) an ihr leiden: Sie hat das Dasein der Völker bis in die entlegensten Winkel der Welt geprägt, nicht anders als die demokratische Zivilisation der Vereinigten Staaten, mit ihr zusammenwirkend und mit ihr konkurrierend. Die Französische, die Amerikanische Revolution: sie verkündeten der Menschheit, daß sie dazu bestimmt sei, das Glück auf dieser Erde zu finden. In beiden leuchtete oft ein religiöses Feuer auf. Es ist wahr: wie kein anderes Ereignis seit der Reformation hat der Aufbruch von 1789 die Seelen mit solcher Heftigkeit aufgewühlt und keines erfüllte die Geister mit solcher Leidenschaft.

Die Revolution der Amerikaner begann mit einer Art nüchterner Wut, bis sie mit der Unabhängigkeitserklärung, die Thomas Jefferson schrieb, den Augenblick einer glanzvollen Überhöhung erlebte. Die Französische Revolution aber war in den großen Stunden des Anfangs wie ein Fest – ein Fest der Worte, der mitreißenden Rhetorik, oft genug der scheppernden Phrasen. Was immer die gesellschaftlichen und wirtschaftlichen Ursachen gewesen sein mögen: Es war das Wort, das den Menschen ins Gemüt fuhr und sie zu unerhörten Taten antrieb. Die revolutionäre Rede, die sich manchmal zu einem euphorischen Schwelgen in Worten zu steigern vermochte, schuf ein neue

Realität, die sozusagen der Urgrund der Demokratie ist: die öffentliche Meinung. Die wortgewaltigen Tribune – ob Mirabeau oder Danton – vermittelten den Bürgern, die sich als «Volk» verstanden, zum erstenmal das schöne Gefühl, sie hätten etwas zu sagen. Gewiß nicht: *das* Sagen. Aber kein Zweifel: von nun an redeten sie mit.

Vom «Wort» hatte die erste, die religiöse Revolution in Europa ihren Ausgang genommen. Der britische Historiker Thomas Carlyle bemerkte scharfsinnig, die politische und soziale Revolution von 1789 sei die Rache der Geschichte für die – in Frankreich – brutal unterdrückte Reformation gewesen. Man könnte den Gedanken weitertreiben: Vielleicht war der nazistische Marsch in die Barbarei die Rache der Geschichte für die versäumte Revolution? Der Hinweis enthält wohl ein Element von Wahrheit, über das man sich Kopf und Herz zerbrechen mag.

Tatsächlich hatten die französischen Protestanten, die so lange verfolgt und geschunden wurden, 1789 keinen geringen Anteil an der jähen Veränderung der Verhältnisse. Reformation und Glaubenskriege hatten Europa in zwei Hauptparteien geteilt: die katholische im Süden und Westen, die protestantische in der Mitte und im Norden des Kontinents. Nun schieden sich die Geister ein anderes Mal – scheiden sich bis heute: hier die «Fortschrittlichen», die im Sturm von 1789 den entscheidenden Schritt zur Verbesserung des Geschicks der Menschheit, womöglich zu ihrer Erlösung erkennen – und dort die «Konservativen», die in ihr den Anfang so vielen Unheils sehen.

Weder die einen noch die anderen besitzen ein Monopol der Wahrheit. Von der Revolution ging in der Tat fast alles aus, was dem öffentlichen Dasein der Völker zum Segen und vieles, was ihnen zum Unsegen wurde: die Entdeckung der Freiheit und die Bereitschaft, sie zu erzwingen, die Proklamation der bürgerlichen Rechte und die Technik, sie zu vernichten, die Zähmung des Staates und die Entfesselung seiner Macht, die Konkurrenz der Meinungen und ihre Gleichschaltung, die demokratische Vielfalt und der Ansatz zu totalitärer Herrschaft, die Bereitschaft, eine Gesellschaft des inneren Friedens zu gründen, und die Radikalität eines Bürgerkrieges, der alle Schrecken des amerikanischen Sezessionskrieges und der russischen Revolutionskriege vorausnahm. Sie war eine der großen Triumphe der Menschheit und eine ihrer bittersten Niederlagen.

In der knappen Frist eines halben Jahrzehnts wurde der Weg von der absoluten Monarchie zur liberalen Demokratie und schließlich zu einer Vorprägung des modernen Totalitarismus durchmessen. Es schien – zunächst – ein Weg des Glücks zu sein, den Frankreich beschritt, den Brudervölkern Europas voraus. Überschäumende Freude strahlte wie ein Clairon-Signal im ersten Satz von Conrad Engelbert Oelsners Revolutionsbuch auf: «Ich liebe die Freiheit, weil ich das Vergnügen liebe...» In ihm und seinen Freunden war der unvergleichliche Elan von 1789 und 1790 noch lange wach. Dann wurde Oelsner die Revolution – wie den anderen auch – zu einem Weg des Schmerzes und der Trauer. Die Lust der Freiheit verwelkte. Ganz erlosch sie nie. Immer wieder regte sich eine Hoffnung, unter deren Hauch sie von neuem zu blühen begann – auch unter den Deutschen, die Anlaß hatten, sich als die Stiefkinder der Revolution zu betrachten, denn die Freiheit wurde, nach einem Wort von Robespierre, auf den Spitzen der Bajonette in ihr Land getragen. Sie empfingen die bürgerlichen Rechte aus den Händen der Besatzungsmacht, die oft genug mit der Linken zurücknahm, was sie mit der Rechten gegeben hatte (oder umgekehrt). Das freie Wort war ihnen nicht immer, die freie Handlung selten erlaubt.

Die Deutschen in Paris, deren Spuren dieses Buch nachzuzeichnen versucht, traten nicht als Handelnde in den Zentren der Ereignisse auf – selbst Carl Friedrich Reinhard nicht, der schwäbische Vikar, dem in der Neige des Direktoriums für einen Augenblick die Leitung der französischen Außenpolitik zufiel. Sie waren vielmehr Zeugen der Geschichte: keine unbeteiligten, sondern grundparteiische, begeisterte und zornige Zeugen, enthusiastisch und zu Tode betrübt – sensible Beobachter allesamt und meist glänzende Schriftsteller. Ihre Werke wurden von der Nachwelt achtlos beiseite gelegt, verdrängt und vergessen: wie Georg Forsters große Aufsätze, wie Oelsners «Luzifer», Johann Friedrich Reichardts «Vertraute Briefe», Georg Kerners Reportagen... Man wollte von ihrem Zeugnis in Deutschland bald genug nichts mehr wissen (und den Franzosen drang es kaum ins Bewußtsein). Die Mehrheit ihrer bürgerlichen Landsleute zogen es bis in unsere Tage vor, der Revolution den Rücken zu kehren. «Wir werden 1789 ausradieren», hatte Joseph Goebbels verkündet, der sich mit diesem Satz zum Papagei Benito Mussolinis machte. Es ist ihnen nicht gelungen.

Die Leidenschaft ihrer Beteiligung hat den Blick der deutschen Zeugen in Paris für den Charakter der Ereignisse oft eher geschärft als getrübt. Sie verbargen ihren Lesern das Entsetzen nicht, das sie erlebten, und sie berichteten mit schockierender Unmittelbarkeit von den Schrecken, die sich vor ihrem Angesicht vollzogen. Manchmal versuchten sie zu erklären, was nicht zu erklären war, und zu rechtfertigen, was sich nicht rechtfertigen ließ, aber sie hielten sich nicht damit auf, mit armseliger List «la terreur» zu lispeln, wenn die Wirklichkeit von der Angst und vom Blut unmenschlichen Terrors getränkt war. Sie hatten in den Abgrund geblickt. Sie redeten nicht aus der Welt, daß eine Nachtseite der Revolution existierte. Sie kannten die Schatten der Aufklärung. Sie leugneten die Dunkelheiten nicht, denen das Jahrhundert des Lichts und der Erleuchtung – «le siècle des lumières» – niemals völlig entkam. Sie sprachen, wie alle anderen, mit voller Unschuld vom «Volk». Aber sie bemerkten früh, welch barbarischer Mißbrauch mit diesem schönen Begriff getrieben wurde. Keinem von ihnen entging, wie oft und wie zynisch die armen Handwerker in den Vorstädten, ihre hungernden Gesellen, ihre Frauen mobilisiert wurden, um sich für die Interessen dieser und jener politischen Cliquen in die Straßenschlachten zu werfen: die Vorstädter, kaum «das Volk», doch oft genug das vorangehetzte Fußvolk der mörderischen Kämpfe um die Macht, die von den neuen Eliten ausgefochten wurden. Sie waren die große Ausrede. Wer «Volk» sagte, wollte etwas – in der Regel keineswegs für das Volk, sondern für sich, seinen Clan, seine Kaste, seine Klasse, seine Partei. Das böse Aperçu lag nahe: wer «Volk» sagt, der lügt...

Dennoch wurde, auch in den düstersten Stunden, der Stolz auf die Freiheit, die für einen Augenblick triumphiert hatte, niemals erwürgt. Dennoch ließ sich das Bewußtsein der Rechte, die im Aufbruch der Revolution erobert wurden, niemals mehr unterdrücken. Dennoch war der Bürgergeist, hundertmal aufs

Schafott geschickt, stark genug, alle Anschläge zu überleben. «Ein solches Phänomen in der Menschheitsgeschichte vergißt sich nicht mehr», sagte der greise Philosoph in Königsberg. Er sagte auch, die Revolution sei «zu groß, zu sehr mit dem Interesse der Menschheit verwebt», daß sich die Völker, wenn die Umstände günstig seien, sich ihrer nicht erinnerten, ja, er kündigte «neue Versuche dieser Art» an. Der weise Mann zweifelte niemals daran, daß die Revolution einer Notwendigkeit entsprach, aber er war zu klug, die Geschichte unter Gesetze zu zwingen, die es nicht immer verdienen, rückwärts gewandte Prophetie genannt zu werden. Oft sind sie nichts anderes als der angstvolle Versuch, die Geschichte einer Logik zu unterwerfen, die das Leben nicht kennt. Es gab kein Kursbuch der Revolution. Ihre Entwicklungen folgten keinem Leitfaden dieser und jener Ideologie. Sie unterlag keinem Heilsplan – so wenig ihre Akteure nach einem Lebensplan handelten, den in der Regel erst die Biographen erfinden, um eine Mauer zwischen sich und der so bedrohlichen und so schönen Willkür des Daseins aufzurichten. Zuletzt erhebt sich die Geschichte – der Gedanke ist tröstlich – über all ihre Interpreten. Vielleicht bietet sie den Nachgeborenen die eine oder andere Lehre an, vielleicht auch manchen diskreten Hinweis auf den Gang des Kommenden – aber sie ist so unbezähmbar wie das Leben selber. Besseres, Größeres, Schöneres kann sie nicht sein als dies: nachgelebtes und mitgelebtes Leben, das unsere eigene dürftige Existenz mit einem grenzenlosen Reichtum zu erfüllen vermag.

Dieses Buch hat keine These und es kümmert sich, so ist zu fürchten, um die Theorien, die sogenannten, nur selten. Von beidem gibt es genug. Es erzählt die Geschichte der ersten fünf Revolutionsjahre, wie sie sich den Zeugen aus Deutschland, ihren französischen Zeitgenossen, auch diesen und jenen Historikern dargestellt hat. Es versucht, sich ihrer Lust an der Freiheit zu öffnen, ihrer Trauer, ihrer Verzweiflung. Der Autor fühlte sich dabei keiner ideologischen Vorschrift verpflichtet, sondern überließ sich getrost den liberalen, den libertären Neigungen, die seinen eigenen Gang durch die Zeit bestimmten. In ihnen regen sich radikale und konservative Elemente. Ihm ist es recht.

Mögliche Widersprüche stören ihn nicht. Eindeutigkeit ist dem Leben fremd, mehr noch, es ist ihm feindlich. Dies trifft auf jede Biographie zu. Der Schreiber hat es an dem Buch über Georg Forster erfahren, das dieser Arbeit vorausging: Aufmerksame Leser werden einige Korrekturen wahrnehmen, die sich aus überraschenden Funden in den Dossiers des Pariser Nationalarchivs ergaben. Der Hinweis auf die Nachtseiten der Revolution erfährt durch die neuen Einblicke eine gewisse Akzentuierung.

So bitter die Bilanz am Tage der Exekution Robespierres und damit dem Ende der eigentlichen Revolution auch sein mochte: an dem Titel, der die «Lust der Freiheit» versprach, hielt der Autor fest. Auch für sich selber. Vielleicht teilt sie sich durch die Lust an der Erzählung, an der Schilderung des gelebten Lebens, durch den Respekt vor der erlittenen Geschichte mit. Manchmal, in glücklichen Augenblicken, übersetzte sie sich vielleicht in die Lust am Wort.

Es bleibt hinzuzufügen: der Autor hat die alten Texte, die er zitierte, in der Orthographie, gelegentlich in der Syntax, das eine oder andere Mal durch einen Austausch von Vokabeln der Sprache unserer Tage behutsam angeglichen, um das Verständnis zu erleichtern. Er tat es guten Gewissens, da er den Inhalt in jeder Nuance respektierte.

La Croix-Valmer, Dezember 1988

I
Baron Grimm: Der Anfang, der ein Abschied war

Behende eilte der alte Herr über die Treppen und durch die Hallen des Schlosses, verweilte hier auf ein Wort, hielt sich dort zu einem kleinen Schwatz auf, grüßte nach allen Seiten: Er schien, wie man so sagt, Gott und die Welt zu kennen.

Gott? Dessen war er sich selber wohl nicht sicher, obwohl er einem Pfarrhaus entstammte. Oder womöglich gerade darum? Die Welt freilich, die kannte er gut genug, ihre Sonnenseite besser als die der Nacht und die höheren Ränge der Gesellschaft genauer als die unteren. Seine fünfundsechzig Jahre wußte der Baron Friedrich Melchior von Grimm mit Geschick und Anmut zu tragen. Wohl ging er ein wenig gebeugt, doch das Temperament seiner Bewegungen und das rasche Lächeln um die Lippen ließen die Kerben unter der langen Nase, die Furchen auf der Stirn und die Spuren der Melancholie in seinem Gesicht leicht vergessen. Vielleicht legte er auch ein wenig Rouge auf die Wangen? Stets sah man ihn sorgsam gepudert. Den Zopf hielt eine seidene Schleife zusammen. Überhaupt schenkte er seiner Erscheinung die größte Aufmerksamkeit. Seine Hemden zierten üppige Spitzen, die bunten Fräcke schmückten breite Manschetten und glitzernde Tressen. Er war kein Mann des Volkes, wahrhaftig nicht. Doch trotz des Baronats, das ihm Kaiser Joseph II. knapp zwei Jahrzehnte zuvor auf das Betreiben einer Gönnerin, der Landgräfin Caroline von Hessen-Darmstadt, verliehen hatte, zählte er nicht zur Aristokratie. Die Mitglieder des hohen Adels, das ist gewiß, hätten ihn nicht als einen der ihren anerkannt. Also war er ein Bürger geblieben, trotz seines gesellschaftlichen Aufstiegs? Auch das ist nicht sicher. Wo gehörten die Männer der Feder hin? Welchem Stand sollte man die Denker und Gelehrten zurechnen? In welchen Bereichen durfte man die Heimat der Intellektuellen suchen, wenn sie denn irgendwo zu Hause waren?

Baron Melchior Grimm übte keinen Beruf aus, den man «ordentlich» nennen konnte. Er war Literat, Mitglied des Zirkels der Enzyklopädisten um Denis Diderot und den Baron Holbach, trug darum zu Recht den Titel eines «philosophe». Er machte sich als Impresario und Agent nützlich, manchmal auch nur wichtig. Er spielte gern den Diplomaten und verkehrte mit Vorliebe in den höheren Kreisen, den sogenannten. Selbst seine Protektorin, die große Zarin Katharina, belustigte sich – nach der biographischen Skizze von Kurt Schnelle – des öfteren über ihren Günstling: Er sei in jeden «Schafskopf von deutscher Prinzessin verliebt», schrieb sie ihm mit einer schönen Portion Ironie, «ich weiß schon lang, daß Sie nur glücklich sind, wenn Sie bei, nahe, neben, vor oder hinter einer deutschen Hoheit sind, und Gott weiß, wo Sie die alle ausgraben.»

Dennoch entzog ihm die Kaiserin nie ihre Huld. Sie war die treueste Leserin seiner «Literarischen Korrespondenz», und ihr beharrliches Interesse an seiner Arbeit sicherte den Unterhalt seiner großzügigen, wenn auch nicht luxuriösen Existenz. Grimm diente ihr gewissermaßen als Leibjournalist. Obwohl er die tägliche Redaktion der «Korrespondenz», die nun an fast allen Höfen gelesen wurde, schon im Jahr 1775 dem Schweizer Jacob-Henri Meister abgetreten hatte, nahm er sich – von unstillbarer Neugier getrieben – noch immer alle wichtigen Bücher vor, sah jedes Theaterstück, das einige Aufmerksamkeit lohnte, ließ sich keine Oper entgehen, beobachtete die politischen Ereignisse mit scharfem Auge, wenngleich ihn die Urteilskraft des öfteren im Stich ließ. Vor allem aber verschloß er seine Ohren keinem Klatsch, der amüsant und boshaft genug war, sein Publikum in Sankt Petersburg und an den Höfen der großen wie der kleinen deutschen Fürsten zu amüsieren.

In den ersten Maitagen des Jahres 1789 hatte der Instinkt des Journalisten den alten Herrn aus seiner bequemen Wohnung unweit des Boulevard des Italiens gescheucht. Die erste Versammlung der Generalstände Frankreichs seit dem Jahre 1614 versprach, darüber gab es keinen Zweifel, ein Ereignis von historischem Rang zu werden, das seine Anwesenheit und sein Zeugnis verlangte. Aufmerksam und gründlich sah er sich um. Seine intellektuelle Präsenz hatte nicht nachgelassen. Wie ein guter Reporter begann er seinen Bericht vom 5. Mai 1789 – es war ein Dienstag – mit einer detaillierten Beschreibung des Tagungsortes im Schloß von Versailles. Die Deputierten trafen sich in der Salle des Menus Plaisirs, dem Saal der kleinen Lustbarkeiten, deren Maße Grimm auf 120 Fuß in der Länge und 27 Fuß in der Breite zwischen den ionischen Säulen der Längsseiten schätzte. Er bemerkte, daß man das Oberlicht durch eine weiße Taftbespannung gemildert hatte. An den Seitenwänden registrierte er die stufenweise ansteigenden Bänke für die Zuschauer, im Hintergrund des Saals die Estrade für den König und den Hofstaat, «von einem mächtigen Thronhimmel überdacht, dessen Enden an den Säulen befestigt waren. Diese halbkreisförmige Schranke von einigen Fuß Höhe war ganz mit violettem, mit goldenen Lilien übersätem Samt verkleidet. Ganz hinten stand unter einem prächtigen, mit langen Goldfransen geschmückten Baldachin der Thron. Links vom Thron ein großer Sessel für die Königin und Schemel für die Prinzen ... An den Fuß der Estrade lehnte sich eine Bank für die Minister ...»

Auf der rechten Längsseite des Saales befanden sich die Bänke für die 291 Abgeordneten des Klerus: im Vordergrund die roten und purpurfarbenen Roben der Bischöfe und Prälaten, hinter ihnen die schlichten schwarzen Soutanen der Landgeistlichen, deren Zahl überwog. Zur Linken die Sitze für den Adel, dessen 285 Vertreter in schwarzen Mänteln mit goldenen Aufschlägen, goldenen Westen, Halstüchern aus weißer Spitze und weißen Strümpfen erschienen; auf ihren Hüten, nach der Mode Heinrichs IV. nach oben gekrempt, wippten weiße Federn. In der Mitte aber, dem Thron gegenüber, nahmen 578 Deputierte des Dritten Standes Platz. Das Protokoll hatte sie angewiesen, schwarze Röcke von einfachem Schnitt, schwarze Westen, schwarze Hosen und schwarze Strümpfe zu tragen; die Halstücher durften nur aus Musselin sein, und am Dreispitz gab es weder Schnur noch Knopf: Es war, als sei am Hof ein Volk von

Raben versammelt worden. Auf den Tribünen lief der etwas düstere Scherz um, die Männer des Dritten Standes hätten sich zu einer Beerdigung eingefunden. Das Gegenteil traf zu: Sie waren gekommen, um einen Geburtstag zu feiern – den des modernen Frankreich. Das konnten sie freilich noch nicht wissen. Die allzu dumpfe Würde ihrer Erscheinung focht keinen der Männer an. Auch die majestätische Pracht des Königsschlosses legte sich kaum einem zu schwer aufs Gemüt. Durch die schiere Zahl wußten die Bürger einander zu ermutigen: Sie zählten – dank eines königlichen Dekrets, das der Minister Jacques Necker im Dezember 1788 durchgesetzt hatte – fast doppelt so viele Köpfe wie die Delegation der Aristokratie und die der Geistlichkeit. Über sie hinweg konnte nichts beschlossen werden, sofern das Prinzip der Mehrheit galt. Das war freilich nicht ausgemacht. Noch nicht.

«Schon am Morgen vor neun Uhr», schrieb Melchior Grimm, «gab es keine unbesetzten Emporen- und Tribünenplätze mehr. Man wird kaum fehlgehen, wenn man schätzt, daß diese Plätze mit mehr als zweitausend Zuschauern besetzt waren. Mit Ausnahme des für die ausländischen Gesandten vorgesehenen Raums zwischen den Säulen waren alle vorderen Bänke für die Damen freigelassen worden, und diese Aufmerksamkeit trug beträchtlich dazu bei, daß die Pracht des Ganzen durch die Eleganz und Kostbarkeit ihres Putzes erhöht wurde.»

Da jedes Mitglied der Generalstände von einem Festordner an seinen Platz geführt wurde, vergingen mehr als zwei Stunden, bis die Versammlung vollzählig war. Schließlich schritt Ludwig «im großen Königsmantel und einem Federhut, dessen Schnur mit Diamanten besetzt war», in den festlichen Saal, gefolgt von der Königin, sämtlichen Prinzen und Prinzessinnen. Alle Stände schienen bei jener feierlichen Eröffnung der «États généraux» bereit, den Monarchen in liebevoller Begeisterung zu umarmen. Als Ludwig XVI., der zu seiner Levée eine Haydn-Symphonie gehört hatte, den Saal betrat, dröhnte, nach Grimms Bericht, die Versammlung «von Beifall, Händeklatschen und Hoch-Rufen... aus denen die ergreifendste Herzlichkeit und die ehrergiebigste Rührung sprachen. Auf diesen brausenden Ausbruch folgte tiefstes Schweigen, und diese erhabene und majestätische Stille hielt an, solange der König stehend wartete, bis der Hof Platz genommen hatte». Die Rede des Königs nannte Grimm klug und väterlich. Sie wurde «zwei- oder dreimal von Beifall unterbrochen, der unmittelbar zu sein schien und bei dem Herzlichkeit und respektvolles Verhalten vergessen ließen, daß er eigentlich unpassend war». Der deutsche Zeuge fügte hinzu, die «große und stolze Seele» des Monarchen hätte in jenem Augenblick spüren können, «daß es eine Art gibt, König zu sein, an deren Ehre und Glück aller Prunk und Pomp eines abgöttisch anbetenden Hofes nicht heranreicht». In seiner Ergriffenheit entging dem gutwilligen Grimm, daß sich Ludwig nicht zu den geringsten Hinweisen auf grundlegende Reformen oder gar auf eine Ordnung der Staatsgeschäfte herbeigelassen hatte.

Indes, Baron Grimm bemerkte, daß der Minister Necker der einzige in dem großen Schauspiel war, «der seine gewöhnliche Stadtkleidung trug». Der populäre Finanzmann, im August 1788 nach siebenjähriger Abwesenheit in höchster Staatsnot wieder ins Amt gerufen, wurde mit dem lebhaftesten Beifall begrüßt. Niemand schien zur Stunde beliebter zu sein als der calvinistische Bankier aus Genf, dessen Vater aus dem fernen, kalten Küstrin in die Schweiz immigriert war. Der Sohn bewies nicht nur ein bemerkenswertes Talent, Geld zu verdienen – er brauchte nur ein halbes Jahrzehnt für vier Millionen –, sondern vor allem ein sensibles Gespür für öffentliche Stimmungen. Grimm notierte in seiner «Korrespondenz» im Mai 1770 voller Bewunderung, Madame Necker habe in ihrem Haus eine Versammlung von siebzehn «hochachtbaren Philosophen» abgehalten, «in der nach gebürender Anrufung des heiligen Geistes, reichlichem Essen und viel Gerede über alle möglichen Dinge beschlossen wurde, zu Ehren Herrn von Voltaires eine Statue zu errichten». Zu den Notabeln der Literatur zählte neben Diderot und d'Alembert, neben Helvétius und dem Abbé Raynal natürlich auch Melchior Grimm, der gern einräumte, daß Madame Necker, die selber einiges schriftstellerisches Talent besaß, die eleganteste Möglichkeit erkannte, für ihren Mann zu werben: Sie begründete einen Salon. Ihn beeindruckte der klare Stil und die eingängige Logik der wirtschafts- und geldpolitischen Abhandlungen, die Necker auf den Markt warf. Seine

Broschüre «Compte rendu au Roi», im Jahre 1781 geschrieben, hatte Sensation gemacht, so nüchtern ihr Inhalt auch war: Sie stellte einen ersten Versuch dar, den Haushalt der Regierung Frankreichs offenzulegen. Seine kritischen Anmerkungen über die Verschwendungen am Hof kosteten den Autor denn auch sein Amt. Von Neckers philosophischen und religiösen Traktaten, sagte Grimm allzu gutartig, sie seien das Werk einer «großen, reinen Seele»: Kein Philosoph habe «für die Toleranz jemals gewaltiger gesprochen als Necker». Fast noch überschwenglicher feierte er nur wenige Monate vor dem Zusammentritt der Generalstände das erste Werk der geistreichen und attraktiven Tochter Neckers, Germaine, die nicht lang zuvor, kaum zwanzig Jahre alt, den schwedischen Gesandten Monsieur de Staël geheiratet hatte.

Bewirkte die gemeinsame protestantische Herkunft das schöne Einverständnis? Die Erben der Reformation, noch unter Ludwig XIV. durch blutige Verfolgungen heimgesucht, schienen in Paris eine Art von Geheimbund zu bilden, selbst wenn sie sich um den angestammten Glauben nur wenig kümmerten. (Darin glichen sie den Juden, ob fromm oder nicht, die sich als Kinder Israels fühlten, weil sie als solche verfolgt wurden.) Es ist nicht ausgeschlossen, daß die Verbindung zu dem mächtigen Necker Grimm den einen oder anderen Vorteil bot. Der Baron durchschaute so wenig wie das Pariser Volk in seinem stürmischen Jubel über die Rückkehr Neckers, daß der große Zauberer keines der bitteren Probleme, die Frankreich bedrängten, ernstlich zu lösen versuchte. Necker hatte den teuren amerikanischen Krieg, der an die zwei Milliarden Livres verschlang, fast ausschließlich durch Anleihen finanziert, denn er wagte es nicht, den Bürgern und Bauern neue Steuern abzupressen. Er riskierte es erst recht nicht, den Adel zur Kasse zu bitten, dem der Sonnenkönig als Trost für die politische Entmachtung eine nahezu umfassende Befreiung von allen öffentlichen Abgaben gewährt hatte. Die zarteste Erwägung, daß auch sie ihr Scherflein zum Gemeinwohl beitragen könnten, empfanden die Herren in der Regel als eine feindselige Herausforderung. Der Dienst des Klerus erfülle sich, so ihr hochmütiges Argument, in der Unterweisung, im religiösen Kult und in der Erleichterung des Loses der Armen. Der Adlige opfere sein Blut für die Verteidigung des Staates, und er sitze im Rat des Souveräns. Die unterste Klasse der Nation aber habe dem Staat keine gleich vornehmen Dienste zu leisten; sie kaufe sich durch ihren finanziellen Tribut, durch ihren Gewerbefleiß und durch körperliche Arbeit frei.

Necker wußte nur zu genau, daß für ihn, den protestantischen Fremdling, Vorsicht geboten war, wollte er den Glanz von Macht und Einfluß nicht gefährden. Schlauheit half ihm dabei nicht viel. In seinem Rechenschaftsbuch von 1781 behauptet er mit einiger Unverfrorenheit, die Kassen Frankreichs wiesen einen Überschuß von zehn Millionen Livres auf. In Wahrheit betrug das Defizit 46 Millionen. Sein behutsamer Hinweis auf die wachsenden Ausgaben des Hofes – die übrigens nur sechs Prozent des Budgets ausmachten – zog ihm die anhaltende Abneigung Marie-Antoinettes zu, die ihren Vertrauten eine treue Freundin, ihren Gegnern aber, den wirklichen und den vermeintlichen, eine zuverlässige Feindin war.

Die Tochter der Kaiserin Maria Theresia, die man so oft mit einer Spur von Verachtung «die Österreicherin» nannte, wurde vom raschen Witz der Pariser zur «Madame Defizit» ernannt. Das verzieh sie Necker nie. Tröstete es ihn, daß seine Broschüre innerhalb weniger Wochen mehr als hunderttausend Käufer fand? Die Königin sorgte dafür, daß er sieben Jahre von der Regierung ferngehalten wurde. Seiner Rückberufung im Sommer 1788, als dem Staat sozusagen das Wasser am Hals stand, beugte sie sich mit dem größten Widerwillen.

An jenem 5. Mai 1789 nahm der gewandte Minister drei Stunden in Anspruch, um die Mitglieder der Generalstände über die Wirtschafts- und Finanzlage des Königreiches ins Bild zu setzen. Oder führte er sie mit seinen komplizierten Darlegungen eher hinters Licht? Da seine Stimme der Strapaze nicht gewachsen war, ließ er weite Teile der Rede von seinen Vertretern ablesen. Vielleicht lenkte er damit ein wenig von den komplexen und in Wahrheit so trostlosen Realitäten ab. Das Defizit, behauptete er, sei von 75 auf 56 Millionen Livres gesunken. Er schlug auch jetzt keine Erhöhung der Abgaben vor. Nichts deutete darauf hin, daß er den Adel bitten würde, endlich einen angemessenen Beitrag zum Wohl des Staates zu leisten. Vielmehr versprach er, daß eine neue Anleihe von achtzig Millionen alle Sorgen des Landes fortblasen werde. Jubelnd begrüßte Grimm den optimistischen Ausblick des Finanzzauberers: «Was für ein Land», rief er, «in dem man ohne Steuern und mit unmerklichen, einfachen Dingen ein Defizit verschwinden lassen kann, das in Europa so viel Aufsehen erregt hat!» ... Das Publikum hörte, was es hören wollte: keine Erhöhung der Steuern. Unter den Bürgern genoß Necker in jenen Tagen eine Popularität, wie sie kaum je einem Staatsmann zuteil geworden war.

Die Hellhörigen unter den Abgeordneten schlossen aus den vorsichtigen Andeutungen des Ministers, daß der König und seine Berater bereit sein könnten, jeder Stimme in der Versammlung gleiches Recht und gleiches Gewicht zu gewähren, kurz: daß vielleicht nach Köpfen und nicht nach Ständen abgestimmt würde. Die Wahl en bloc hätte die (hauchdünne) Mehrheit der Bürger zum Schicksal einer permanenten Minorität verurteilt, ein Votum nach Köpfen aber würde ihnen die Chance geben, ihr Gewicht zur Geltung zu bringen. Ein klares Versprechen gab der Minister nicht.

Da sich der König nach der Rede seines Ministers erhob und samt seinem Hofstaat den Saal verließ, wurde die Sitzung geschlossen. Der Herzog Louis-Philippe von Orléans, ein Vetter des Herrschers und vermutlich Frankreichs reichster Mann, hatte voller Ungeduld gewartet, die Debatte zu eröffnen. Und der Graf Mirabeau, von den Bürgern der Stadt Aix in der heimatlichen Provence gewählt, da ihm der Adel ein Mandat verweigert hatte – wie gern wollte er seine brillante Rhetorik schon in dieser ersten Sitzung aufscheinen lassen! Beide, der Herzog und der Graf, waren bei ihrem Eintritt in die Salle des Menus Plaisirs mit herzlichem Applaus unter den Bürgern willkommen geheißen worden. Der Herzog von Orléans, der in seiner Residenz, dem Palais Royal, ein Zentrum des Pariser Lebens geschaffen hatte, war seit langem darauf bedacht, sich auf Kosten des linkischen Ludwig in die Gunst der Massen zu setzen. Der Graf wiederum ließ keinen Zweifel aufkommen, daß mit dem Zusammentritt der Generalstände seine große Stunde gekommen sei: Nun würde er vor dem Hof und den Standesgenossen endlich seine Talente, die er selbst keineswegs unterschätzte, ins rechte Licht rücken können. Der Applaus für den eindrucksvollen Mann mit dem Löwenkopf, dem starken, von Blatternarben entstellten Gesicht, der untersetzten Statur war freilich rasch wieder verebbt, da auf den Bänken der Aristokraten ein halb zorniges, ein halb verächtliches Murren zu hören war, das Baron Grimm nicht entging. Dort drüben saß übrigens Mirabeaus jüngerer Bruder, der Vicomte, den man in seinen Kreisen unzart den «Sauf-Mirabeau» nannte, da er haltlos dem Wein und den Schnäpsen verfallen war. Der Ältere sagte von ihm – Grimm notierte die Anekdote – nicht ohne Nachsicht, er würde in jeder anderen Familie als ein geistvoller Taugenichts gelten, doch in der seinen sei er ein Durchschnittsmensch.

Der Graf selber schien von Kind an zur Rebellion bestimmt zu sein: Er war mehr der Sohn seiner Mutter als der des Vaters – einer ungewöhnlichen Frau, von der ihr Mann sagte, sie sei «vom Dämon des Unmöglichen getrieben». Sie war mit einem scharfen Verstand und geradezu explosiven Energien begabt, von Arbeitswut besessen. Sie baute und sie legte Sümpfe trokken. Nicht ganz nebenbei betrog sie den Marquis nach Strich und Faden, angeblich auch mit Kutschern und Lakaien. Einem Offizier stellte sie, laut Hinweis des Biographen Karl von Schumacher, ein schriftliches Zeugnis über seine «Stierkraft im Umgang mit Frauen» aus. So steht es dahin, ob alle elf Kinder, die sie gebar (nur fünf blieben am Leben), im Ehebett gemacht worden sind. Das scherte sie wenig. Der angetraute Gatte zögerte selber nicht einen Augenblick, sich nach Gutsherrenart mit den Mägden und Kammerjungfern zu vergnügen. Dennoch hielt er es für angebracht, den feudalen Anarchismus seines älteren Sohnes zu zügeln. Er schickte ihn auf strenge Schulen, danach zum Militär, doch die Erziehung zur Disziplin schlug nicht lange an. Für seine Flucht aus dem Dienst büßte er, kaum achtzehnjährig, mit einer ersten Einkerkerung auf der Île de Ré. Fünf Jahre später heiratete er eine steinreiche Erbin und zeugte rasch einen Sohn. Das angeblich so sanfte Joch der Ehe konnte ihn nicht zähmen. Der Vater veranlaßte, um den Skandalen ein Ende zu machen, daß gegen den Sohn eine Lettre de cachet ausgestellt wurde, die ihn schließlich in dem provenzalischen Städtchen Manosque hinter Gitter brachte: ein Opfer des Systems der berüchtigten Haftbriefe mit königlichem Siegel, die einen unbegrenzten Arrest ohne gerichtliches Urteil erlaubten. Mirabeau war jener Willkür noch ein zweites Mal ausgeliefert, als ihn der Haftbrief zu einem längeren Aufenthalt im Schloß von Vincennes (einen Zweistundenritt nordöstlich der Hauptstadt) verdammte – dieses eine Mal eher zu seinem Schutz, da er wegen eines tollkühnen Versuchs, seine verheiratete Geliebte, die Marquise de Monnier, aus der Aufsicht ihres sehr viel älteren Gatten zu entführen, in Pontarlier zum Tode verurteilt worden war.

Solch widrige Erfahrungen und die unfreiwillige Muße im Kerker gaben ihm Gelegenheit, seine literarischen Gaben auszubilden. Vor allem sein Essay über die Lettres de cachet erregte natürlich weites Aufsehen im Land und blieb nicht ohne Wirkung: Der Mißbrauch war, dank der Reformen des aufgeklärten Staatssekretärs und Polizeichefs Malesherbes schon im Jahre 1776 drastisch eingeschränkt worden, lang ehe die Nationalversammlung dieses Symbol der königlichen Willkür und des hierarchischen Despotismus der Familien beiseite räumte. Mirabeau allerdings vertrieb sich die Zeit im Gefängnis am liebsten mit der Niederschrift erotischer Romane von unterschiedlicher Qualität, die anonym erschienen und heimlich von den Buchhändlern im Palais Royal vertrieben wurden. Im Jahr 1786 endlich ließ sich der Außenminister dazu überreden, ihn als geheimen Beobachter nach Berlin zu entsenden. Seine intelligenten, wenn auch nicht immer zuverlässigen Berichte schickte er an den Abbé de Talleyrand-Périgord, damals als «agent général» der Vertreter des Klerus bei der Regierung, der die Briefe einer scharfen Zensur unterwarf, ehe er sie weiterreichte.

Voller Verachtung registrierte Mirabeau, mit welch kaltem Opportunismus die preußische Gesellschaft die Erinnerung an Friedrich den Großen abzuschütteln versuchte, noch ehe der König die Augen geschlossen hatte. Der provenzalische Graf aber beugte sich voller Respekt vor dem Toten: «... einer der größten, die je auf einem Thron gesessen haben, ist dahin! Solch einer findet sich so leicht nicht wieder!» Die Berliner schienen weniger ergriffen zu sein: «Es herrscht Totenstille, aber keine Trauer», notierte Mirabeau, «man zeigt sich benommen, doch ohne Kummer. Man sieht in kein Gesicht, das nicht den Ausdruck von Erleichterung, von Hoffnung trüge. Kein Bedauern wird laut, man hat keinen Seufzer, kein lobendes Wort! Ist dies das Resultat so vieler gewonnener Schlachten, so vielen Ruhmes? Ist dies das Ende einer beinahe ein halbes Jahrhundert währenden Regierung, die so reich an großen Taten war? Alle Welt wünschte das Ende herbei – alle Welt beglückwünschte sich! ... Nur den General Möllendorf habe ich weinen sehen, bei der Eidesleistung war er wie gebrochen ... Sein tief bekümmertes Gesicht, die Tränen in seinen Augen, seine männlich ernste Sprache mit ihrem klagenden Ton, seine Züge waren die eines verwundeten Helden ...»

Als Mirabeaus Aufzeichnungen nicht lang danach, ob mit seinem Willen oder ohne sein Zutun, auf den Buchmarkt gelangten, warf sich ausgerechnet der Abenteurer Friedrich Freiherr von der Trenck in die Brust, um den französischen Kritiker der preußischen Zustände literarisch hinzurichten. Er sprach von «dummdreisten Gasconaden», und er nannte den Grafen, nicht ohne Witz, eine «diplomatische Frühgeburt». Womöglich glaubte der alte Schwätzer, seine eigene preußische «Geheimgeschichte» werde sich das französische Publikum erobern, und es ist wahr: Er genoß in Paris eine gewisse Popularität, seit auf den Bühnen ein Rührstück über seine mißglückte Flucht aus der Festung Magdeburg gegeben wurde, in die ihn der Alte Fritz wegen des verdächtigen Frontwechsels zwischen Preußen und Österreich gesteckt hatte. In der Tat machte er der französischen Hauptstadt zwei Jahre nach der Versammlung der Generalstände seine Aufwartung. Bei Mirabeau brauchte er keine Abbitte mehr zu leisten: Der gewaltige Mann war tot. Mit seiner glanzvollen und furiosen Rhetorik hatte er das Seine getan, um das Ancien Régime von der Bühne der Geschichte zu jagen – und er war doch ganz der Sohn jener Epoche, von der sein Freund Talleyrand später sagte, wer sie nicht erlebt habe, der habe niemals die Süße des Lebens kennengelernt.

Der Aphorismus hätte den Baron Grimm entzückt. Dieser getreue Zeuge des großen Auftritts der Generalstände in Versailles ahnte keineswegs, daß es ihm vergönnt war, der pompösen Ouvertüre einer Revolution beizuwohnen. Aber ahnten oder begriffen es die anderen? Der König gewiß nicht. Marie-Antoinette, die intelligent und zugleich so borniert, so wach und oft so verstockt, so hellhörig und dennoch so taub war? Mirabeau? Vielleicht der schmale unscheinbare Advokat aus Arras, dem seine dürftige Existenz bisher keine Gelegenheit gegeben hatte, sich einen Namen zu machen? Wenige Jahre später sollte die ganze Welt von ihm sprechen: dem stillen, pedantischen Anwalt Maximilien Robespierre, der eine so große Liebe für die Geschichte des antiken Rom und des klassischen Griechenland an den Tag legte. Auch er erhoffte an jenem 5. Mai 1789 vermutlich nicht mehr als die Beratung umfassender Reformen, die dem Recht, einigen Freiheiten und dem bürgerlichen Wohl – mit einem Wort: der Herrschaft der Vernunft – voranhelfen würden. Zum Revolutionär schien er so wenig geboren zu sein wie der deutsche Pfarrerssohn Melchior Grimm, dessen Leidenschaften sich allerdings nicht in begeisterten Plädoyers für eine harmonische, vernünftige und damit, nach dem Glauben des Jahrhunderts, auch natürliche Ordnung der menschlichen Verhältnisse erschöpften.

Anders als Robespierre, der in kärglichen Verhältnissen aufwuchs, genoß der Baron Grimm die «Süße des Lebens», wann immer sich die Gelegenheit dazu bot. Die Fähigkeit zur Freude und zur Feier des Lebens verband ihn aufs engste mit seinen Freunden, von denen man sagen konnte, sie seien eine Elite der französischen Aufklärung gewesen, gewissermaßen die Sonnenkinder des Zeitalters, das man in Paris später voller Stolz und voller Nostalgie das «siècle des lumières», das Jahrhundert der Erleuchtung, genannt hat.

Keiner von ihnen lebte lange genug, das Schauspiel des 5. Mai 1789 zu bestaunen. Erst im Januar jenes Jahres hatte Paul-Henri d'Holbach die Augen geschlossen, der reiche Baron aus Edesheim in der Pfalz, der sich freilich kaum je als ein Deutscher gefühlt hatte: Seit seinem 26. Lebensjahr residierte er in Paris: Herr eines großen Vermögens, das es ihm erlaubte, ganz seinen philosophischen und literarischen Neigungen zu leben, ein offenes und gastliches Haus zu unterhalten, den Genossen seiner Interessen und seiner Geselligkeit unter die Arme zu greifen, wann immer sie in Not gerieten. Zweimal in der Woche versammelte sich an seinem Tisch in der kleinen rue des Moulins der Zirkel der Enzyklopädisten, an deren Arbeiten er sich lebhaft beteiligte. Insgesamt schrieb er 376 Artikel für das universale Werk, in der Radikalität seines Denkens den Partnern oft ein gutes Stück voraus. In seiner Studie «Le système de la Nature» argumentierte er mit beispielloser Kühnheit (und ein wenig grobkörnig) für eine materialistische und deterministische Philosophie, die alles in Frage stellte, was den geistlichen und weltlichen Autoritäten heilig war. So hielt er es für angebracht, seine Publikationen unter Pseudonymen auf den Markt zu schicken, und wenigstens einmal schien es ihm geraten zu sein, sich für einige Monate aus Paris zu entfernen, um den Zorn der Polizei und der Gerichte verrauchen zu lassen.

An seiner reichgedeckten Tafel, an der Diderot den Ehrenplatz einnahm, sah man den Staatsmann Turgot und den Dichter Marmontel, der Hauspoet, Hofmeister, Theaterregisseur und Vertrauter des Herzogs von Orléans war, den Abbé Raynal, den Naturwissenschaftler Graf Buffon, den Mathematiker d'Alembert, auch dessen Schüler, den Grafen Condorcet, dem es später aufgetragen war, einen Entwurf für die Verfassung der Ersten Republik und einen Plan für die allgemeine Schulbildung auszuarbeiten. D'Alembert sah in ihm seinen Erben. Als er sich zum Sterben legte, sagte er lachend: «Machen Sie sich an die Arbeit. Sie haben keine Zeit zu verlieren. Sie müssen mir die Totenrede in zwei Akademien halten.» Grimm nannte den Zirkel «notre petite église», die «kleine Kirche» der Spötter.

Man traf auch in Holbachs Haus oft genug Jean-Jacques Rousseau an, bis die gute Laune der Freunde den mißvergnügten Philosophen verjagte, man sah die schöne und geistreiche Madame d'Épinay, Grimms treue Freundin, in deren Haus er lange Jahre wohnte, man fand Helvétius und seine Frau, später Benjamin Franklin. Die Speisen waren köstlich, der Wein floß in Strömen, das Lachen der Gäste scholl oft genug aus den geöffneten Fenstern hinab in die Straßen. Die Herren nahmen kein Blatt vor den Mund. Diderot deklamierte das rüde Spottgedicht, in dem es hieß: «Und seine Hände gruben sich in die Eingeweide des Priesters / mangels einer Schnur, um die Könige zu erwürgen ...»

Voltaire billigte den Atheismus der Pariser Aufklärer keineswegs. Er schickte ihnen gelegentlich zornige Briefe, von denen sie sich – trotz ihrer Verehrung für den großen Mann, dessen Weisheit stärker als seine Spottlust war – niemals zu lange einschüchtern ließen. Grimm registrierte mit Vergnügen einen Brief vom Juli 1770, in dem Voltaire von Jean-Jacques Rousseau sagte, der Verfasser der «Nouvelle Héloïse» sei noch eingebildeter als er selber. Sie waren allesamt auf den «Bürger von Genf» nicht gut zu sprechen, den Holbach einen kleinen Spießer genannt hat. Rousseau wiederum notierte in seinen «Bekenntnissen»: «Grimm, Diderot, Holbach lebten dagegen mitten im Strudel, hatten Umgang mit allem, was große Welt hieß und teilten sie gewissermaßen zwischen sich auf.» Mehr als die revolutionäre Härte seiner Philosophie, für die auch das private Eigentum nicht mehr völlig unantastbar war, verstörte sie seine schlechte Laune und seine Grämlichkeit. Als er sich aus Paris aufs Land zurückzog und eine Wohnung im Schloß des Herzogs von Luxembourg nicht weit von Montmorency bezog, schrieb Grimm mit galliger Ironie, Rousseau habe seine alten Freunde, unter denen er mit Diderot zu den engsten gehörte, durch Herrschaften höchsten Standes ersetzt: «Ich will nicht entscheiden, ob er bei dem Tausch verloren oder gewonnen hat; ich glaube aber, er ist in Montmorency so glücklich gewesen, wie es ein so übellauniger und eitler Mensch eben erwarten kann... In der Rolle des Sonderlings hat immer Erfolg, wer Mut und Geduld besitzt, sie zu spielen. J.-J. Rousseau hat sein Leben damit verbracht, auf die Großen zu schimpfen; später sagte er, nur unter ihnen habe er Tugend und Freundschaft gefunden... Er hatte einen häßlichen Hund, den er Duc nannte, weil er nach seinen Worten bissig war und klein wie ein Herzog. Als er sich im Schloß von Montmorency aufhielt, änderte er den Namen Duc in Turc um...»

Die Anekdote ist amüsant, und es ist zu vermuten, daß sie einer bitteren Wahrheit entsprach. Diderot täuschte sich nicht völlig, als er von dem einstigen Gefährten spöttisch feststellte, zweihundert Jahre früher wäre Jean-Jacques Rousseau der Anführer einer Sekte gewesen. Sein Leben in der Einsamkeit der Wälder habe ihn zugrunde gerichtet. Die Wälder könnten einen Charakter wie den seinen nicht verbessern.

Nein, man konnte den großen Literaten des erleuchteten Jahrhunderts nicht nachsagen, daß sie miteinander so tolerant und human verfuhren, wie es ihre Ideale geboten hätten. Oft genug verdunkelte der Haß ihr Urteil. Grimm nannte die «Nouvelle Héloïse» unverfroren «ein sehr schlechtes Werk», trotz des gehobenen Stils, und von den «Briefen vom Gebirge» meinte er, sie seien «ein Meisterwerk an Beredsamkeit, Sarkasmus, Galle, Jähzorn, Unvernunft, Unehrlichkeit, Tollheit und Abscheulichkeit». Nie habe jemand mit seinen Talenten solchen Mißbrauch getrieben. Doch auch Grimms Freundschaft mit dem bewunderten und geliebten Diderot war von einem tiefen Bruch bedroht. Als die «Philosophische Geschichte beider Indien» des Abbé Guillaume Raynal im Sommer 1781 vom Parlament (dem höchsten Gericht von Paris) wegen angeblicher Blasphemie zur Verbrennung verurteilt und der Autor ins Exil gejagt wurde, fragte der Weltmann Grimm, ob es denn unumgänglich gewesen sei, die Schrift mit vollem Namen zu zeichnen, ja, mit einem Bild des Verfassers zu schmücken. Bei früheren Auflagen habe er darauf ohne Schaden verzichtet: «... die Richter hätten sich, wäre er nicht so töricht und unvorsichtig gewesen, nicht genötigt gesehen, gegen ihn die strengsten Maßnahmen zu ergreifen ... Was aber läßt die Sucht, berühmt zu werden, nicht alles vergessen, was läßt sie nicht alles ertragen!»

Solch lockerer Umgang mit den hehren Prinzipien literarischer Wahrhaftigkeit – mit denen es niemand allzu genau nahm – brachte den Urfreund Diderot in Rage. Schäumend vor Wut wollte er dem Deutschen zurufen: «Mein Freund, ich kenne Sie nicht mehr. Sie wurden, vielleicht ohne es recht zu merken, einer der ... gefährlichsten Antiphilosophen ... Seien Sie nur der Favorit der Großen. Dienen Sie ihnen, ich finde mich damit ab, obwohl ihre Gaben und ihre Jahre eine würdigere Beschäftigung verdienten. Aber seien Sie niemals ihr Apologet, nicht in Worten, nicht im Geiste, nicht im Herzen – sonst ...»

Diderot schickte den Zornesbrief dann doch nicht ab, und die beiden versöhnten sich schließlich. Der große Mann mag sich daran erinnert haben, daß er dank Grimms Vermittlung eine Pension der Zarin Katharina bezog, die zu den großen Herrschaften zählte, denen Grimm nach seinem Urteil allzu sklavisch anhing, und die überdies, es ließ sich nicht übersehen, eine harte Despotin war, so sehr sie sich in der Rolle der aufgeklärten Monarchin gefallen mochte, der keine These zu kühn, kein Buch zu gewagt, kein Theaterstück zu frivol sein mochte. (Sie selber versuchte sich, mit geringem Erfolg, als Autorin einiger Gesellschaftskomödien.) Der Kaiserin konnte es nicht entgangen sein, daß in den Abhandlungen, die ihr Schützling für seine «Encyclopédie» schrieb, Gedanken präsentiert wurden, die wie Sprengstoff für die überkommene Ordnung wirkten. Sie nahm es hin, ja, als die französischen Zensoren den Druck der «Encyclopédie» untersagten, sorgte sie dafür, daß dieses revolutionäre Werk außerhalb der Landesgrenzen erscheinen konnte. Die gewaltige Arbeit, 1751 begonnen, fand 1772 ihren Abschluß – sofern ein Unternehmen von solch universalem Charakter jemals zu einem Ende kommt. Die Neugier der Autoren hielt nicht still. Es gab nichts, das sie nicht interessierte: die physikalischen Experimente, die der Amerikaner Benjamin Franklin mit Blitz und Donner riskierte und die Gewitterflüge seiner Drachen faszinierten sie ebenso wie die chemischen Versuche von Lavoisier; sie lasen Adam Smiths «Untersuchung über die Natur und die Ursache des Nationalreichtums» mit gleicher Begierde wie Edward Gibbons «Geschichte des Niedergangs und Verfalls des Römischen Reiches», dessen erster Band 1776 gleichsam zum Auftakt des amerikanischen Unabhängigkeitskrieges erschien (der sechste und letzte erreichte das Publikum 1788, am Vorabend der europäischen Umwälzungen). Sie engagierten sich in musikalischen Fragen, legten sich mit orthodoxen Theologen an, gleichviel ob katholisch oder protestantisch. Sie bedachten mathematische Probleme, gingen offenen Auges durch die fürstlichen Galerien, prüften den Bestand der europäischen Künstler von der Antike bis zur Neuzeit, entwarfen Theorien der Ästhetik...

All ihr Wissensdurst aber war eingebunden in die Leidenschaft für das geschriebene und das gesprochene Wort. Das Leben wurde ihnen zur Literatur. Sie mauerten sich trotzdem nicht in papierene Türme ein, sondern nutzten die Literatur zur Steigerung des Lebens: oft berauscht vom Genuß, frech und frivol, doch zugleich auch weltfromm im schönsten Begriff des Wortes. Fast ausnahmslos waren sie, es läßt sich nicht leugnen, auf das Wohlwollen der Fürsten, auf die königlichen oder fürstlichen Kassen, auf die Apanagen und Pfründen der hohen Herrschaften angewiesen. Doch beharrlich mehrten sie den Raum der Freiheit. Nie ließen sie sich das Maul zu lange verbieten. Vielmehr fanden sie immer neue Wege, krumme und gerade, der Menschheit mitzuteilen, was sie zu sagen hatten. Wer es zu Ruhm und Reichtum brachte wie Voltaire, trat selber mit fürstlicher Würde auf. Die anderen bemühten sich immer aufs neue, ihre materiellen Abhängigkeiten und den Willen zur geistigen Unabhängigkeit ins Gleichgewicht zu bringen. Manche hatten Glück. Viele versagten in dieser heiklen Lage. Alles in allem behauptete sich der Stand der Intellektuellen – obschon noch keiner wußte, daß es ihn gab – mit zäher Energie und einem mitunter hochfahrenden Selbstbewußtsein. Später nannte man das «siècle des lumières» nicht völlig zu Unrecht ein Goldenes Jahrhundert der Literatur. Die «Philosophen» bestimmten den Ton der Epoche. Sie fingen an, ihr die geistigen, die moralischen, am Ende auch die politischen Ziele zu weisen. Sie besaßen keine äußere Macht, doch sie waren auch nicht länger ohnmächtig.

Sie alle schlossen ihre kleinen und großen Kompromisse mit dem Ancien Régime: ob Voltaire oder Rousseau, ob Diderot oder Grimm... Die absolutistischen Monarchien waren die Welt, in der sie sich zu behaupten hatten. In der Regel machten sie sich aus ihren Zugeständnissen kaum ein Gewissen. Die Könige wiederum zogen es vor, ihre gefährlichen Umtriebe zu dulden und oft genug aus ihren eigenen Schatullen zu finanzieren. Der Zeitgeist befahl, tolerant oder wenigstens generös zu sein. Kaum einer der Herrscher war bereit, sich dem Vorwurf auszusetzen, er verhalte sich wie ein Tyrann des Mittelalters.

Der Baron Grimm, der kein Genie, dafür ein wenig weltklüger war als die Freunde, zuckte kaum schockiert zusammen, als Rousseau ihn einen Feigling nannte. Die Anschuldigung traf den einen so gut oder so wenig wie den anderen. Der Spott aber, mit dem der Autor der «Bekenntnisse» den Beginn der französischen Karriere Melchior Grimms übergoß, sagte mehr über den Mann und die Zeit als jedes moralistische Urteil. Der Deutsche habe sich unsterblich in die schöne Opernsängerin Marie Fel verliebt, ohne von ihr erhört zu werden. In seinem Unglück fiel er «mit einem Schlage in die allerseltsamste Krankheit, von der man wohl je gehört hat. Er verbrachte Tage und Nächte in einer beständigen Erstarrung, mit weit geöffneten Augen und regelmäßig schlagendem Puls, doch ohne zu sprechen, ohne zu essen und ohne sich zu regen; manchmal schien er zu hören, aber er antwortete nie, nicht einmal durch Zeichen. Im übrigen jedoch litt er keine Störung, keinen Schmerz, kein Fieber, sondern lag nur wie ein Toter da... Eines schönen Morgens stand Grimm auf, kleidete sich an und kehrte zu seiner gewöhnlichen Lebensweise zurück...»

Die verliebte Paralyse machte Grimm über Nacht berühmt. Kurt Schnelle bemerkte in seiner Einleitung zu einer deutschen Auswahl der «Literarischen Korrespondenz», man habe sich in den Salons fortan um den Helden gerissen, der ein so schönes Bild von Liebe und Empfindsamkeit bot. Nicht lange danach rief Voltaire: «Was untersteht sich dieser Böhme, geistreicher zu sein als wir!» Grimm war Franzose geworden. Der Meister des Esprit hatte ihn angenommen. Andere Weihen brauchte es nicht. Höhere gab es – für ihn – ohnehin nicht.

Obwohl ihn die Sängerin nicht erhört hatte – der Musik blieb Melchior Grimm Zeit seiner Tage treu. Der Opernkrieg zwischen Gluck und Piccini, zwischen dem modernen Musikdrama und der musikalischen Komödie nach napolitanischem Beispiel, zwischen der deutschen und der italienischen Schule, erregte ihn tiefer als alle politischen Leidenschaften – und nicht nur ihn, sondern ganz Paris: «Seit vierzehn Tagen denkt man in Paris nur noch an Musik und träumt von ihr. Sie ist Gegenstand all unserer Dispute, all unserer Unterhaltungen, sie ist die Seele all unserer Soupers; und es wäre geradezu lächerlich, wollte man sich für etwas anderes interessieren. Auf eine Frage der Politik antwortet man Ihnen mit einer musikalischen Passage, auf eine Betrachtung über die Sitten mit dem Ritornell einer kleinen Arie; und suchen Sie Interesse dafür zu erwecken, was dieses oder jenes Stück von Racine oder Voltaire bedeutet, so wird man Sie als Antwort auf die Orchesterwirkung in dem schönen Rezitativ des Agamemnon aufmerksam machen. Muß man übrigens noch sagen, daß an dieser ganzen Aufregung Ritter von Glucks ‹Iphigenie› schuld ist?»

Niemand vermochte sich dem Sog der dramatischen Diskussion zu entziehen – gewiß nicht Jean-Jacques Rousseau, der sich lange genug sein Brot als Kopist musikalischer Partituren verdient und selber eine (recht mediokre) Oper komponiert hatte. Gluck, ein untersetzter kräftiger Mann, rotgesichtig wie ein Bauer, die Haut von Pockennarben gezeichnet, war klug genug, den Philosophen in seiner Wohnung in der rue Platrière aufzusuchen. Er wurde freundlich empfangen. Dieser diplomatische Meisterstreich, von dem der Historiker Claude Manceron sprach, mochte fast so wichtig wie die Probenarbeit sein, bei der Gluck die Sänger und Musiker, darunter die gefeierte Sophie Arnould, wie ein Tyrann malträtierte. Der Meister aus Deutschland war besessen von seinem Werk. Am Abend sahen ihn, nach Mancerons Erzählung, die Passanten im Tuilerien-Garten «gestikulierend wie ein betrunkener Kutscher» durch die Alleen stampfen.

Die Premiere wurde zu einem Triumph. Marie-Antoinette, im Jahr 1774 noch Kronprinzessin, führte den Beifall für ihren Landsmann an, bis die Begeisterung in einer nahezu religiösen Ergriffenheit versank. Rousseau schickte dem Ritter Gluck ein Glückwunschschreiben: Die «Iphigenie» habe erreicht, was ihm bisher unmöglich zu sein schien – sie beweise, daß sich die französische Sprache so gut wie jede andere einem musikalischen Stil zu fügen vermöge, der stark, bewegend und empfindsam zugleich sei.

Voller Entzücken notierte Grimm, daß Rousseau der «eifrigste Anhänger der neuen Lehre» geworden sei. Doch als vier Jahre später der zwanzigjährige Mozart Paris zu erobern versuchte, war Grimms Enthusiasmus gedämpfter. Der junge Virtuose aus Salzburg machte es seinem Protektor vermutlich nicht leicht. Vor dem Charme des herzigen Wunderkindes und seiner artigen Schwester Nannerl waren einst bei den ersten Auftritten in Paris vor zwölf Jahren sämtliche Damen am Hof und in den Salons dahingeschmolzen. Der Impresario Grimm beherbergte damals den Bub und das Mädchen samt dem ernsten Vater gern in der weitläufigen Wohnung, die er mit Madame d'Épinay teilte. Doch nun erwies sich das junge Genie als launisch, aufsässig, mitunter arrogant. Er wollte auf Grimms Ratschläge nicht hören, ließ sich mit den falschen Leuten ein, zog voller christkatholischer und teutonischer Vorurteile über die flatterhaften Franzosen, den Spötter Voltaire und den lotterhaften Geist der «Philosophen» her, die engste Freunde Grimms, ja seine Hausheiligen waren. Grimm verstand wohl, daß der Jüngling durch den Tod seiner Mutter bedrückt war. Doch was half es: Wer Paris gewinnen wollte, mußte Disziplin beweisen. «Für seinen eigenen Vorteil», seufzte Grimm, «könnte ich ihm halb so viel Talent und doppelt so viel Takt wünschen.» Das ist wahrhaftig kein Satz, mit dem ein Chronist vor der Nachwelt gute Figur machte. Dies war nicht der einzige und größte seiner Irrtümer. Den Sprengstoff, den Caron de Beaumarchais gleichsam als Puderzucker über seine Komödie «Figaros Hochzeit» streute, nahm er nicht wahr: «Die Gräfin», schrieb er, «ist der Versuchung nahe, dem kleinen Pagen die Tugend zu rauben; den Grafen gelüstet es sehr, bei Susanne von einem alten Recht Gebrauch zu machen, das ebenso die Reinheit wie die Heiligkeit der Ehebande verletzt; aber wie viele Komödien haben wir nicht täglich auf der Bühne, in denen die Sitten auch nicht besser sind und die Sprache eher noch unschicklicher ist...» Ein «sehr geistreiches und heiter geschriebenes Werk», lobte er das unsterbliche Stück, doch die Sprengkraft, die sich im Sieg Figaros und seiner Susanne, dieser Bürgerkinder, über die aristokratische Herrschaft verbarg, entzog sich seiner Phantasie. Es wäre ihm nicht in den Sinn gekommen, im Beifall Marie-Antoinettes für eine glänzende Aufführung den Applaus für die Ankündigung des Untergangs einer Epoche zu erkennen. Auch in den «Gefährlichen Liebschaften» von Choderlos de Laclos (der ein Berater des Herzogs von Orléans war) sah er vor allem eine «hinreißende, ebenso leichte wie geistvolle Romanhandlung» voller Verführungszauber – und nicht die unerbittliche Mathematik einer völlig rationalen Psychologie und kalter Gesellschaftsgesetze, die dem Werk eine in der Tat revolutionäre (und beängstigende) Modernität verliehen.

Sie war Grimm so fremd wie die alarmierenden Dunkelheiten in Mozarts neuen Sonaten, die der junge Komponist in Paris vortrug. In Wahrheit interessierte man sich in den Palästen des Adels und in den Salons der einflußreichen Damen nur am Rande für die Kunst des jungen und so ungebärdigen deutschen Genies. «Ich bin», schäumte Wolfgang, «von Unmenschen und Tieren umgeben was die Musik angeht... Die Franzosen haben jede Ähnlichkeit mit den Manieren verloren, die sie vor fünfzehn Jahren zeigten.» Man ließ ihn spielen, man bezahlte ihn auch, aber man hörte nicht zu. Die Schuld an dem Fiasko schob er, zur Gerechtigkeit nicht aufgelegt, vor allem dem Baron Grimm zu.

Hatte der Literat ein Ohr für die Sprache jener Musik, die so weit über Glucks hehres Pathos, über die Empfindsamkeit und die Brillanz des jüngsten Bach-Sohnes Johann Christian, über die Galanterien und Sentimentalitäten der Italiener hinaustrug? Das ist nicht ausgemacht. Nur acht Jahre später schrieb Wolfgang Amadeus Mozart ein Klavierkonzert in C-Dur, dessen erster Satz ein Thema präsentierte, das sich wiederum sechs Jahre danach ins Gedächtnis des Pionier-Offiziers Rouget de Lisle eingenistet zu haben schien: In den Anfangstakten des Kriegsliedes, das er in einer Aprilnacht auf seiner Geige ersann, kehrte es wieder – in der «Marseillaise». Doch damals war Grimm schon in Deutschland, er hatte der Revolution den Rükken gekehrt.

Verstand er bei der glanzvollen Ouvertüre am 5. Mai 1789 im Schloß von Versailles, daß der große Wandel auch das Werk seiner Freunde und ihres Geistes war: Voltaires und vor allem des schwierigen Rousseau, Diderots, der am 31. Juli 1785 davongegangen war, des Baron d'Holbach, des Helvétius, ihrer getarnten und oft auch so erstaunlich offenen Radikalität, ihrer «république des lettres», der Republik des Geistes, die der politischen Republik so weit vorauseilte? Des universalen Anspruchs in ihrem Denken, daß eines Tages auch die Gesellschaft, auch der Staat sich der neuen Ordnung unterwerfen und damit aus den Angeln heben mußte? Oder waren ihren unscheinbaren Adepten, die «Literaten im Untergrund», von denen Robert Darnton erzählte, mit ihren so unverfroren kritischen, oft unverschämt obszönen Pamphleten am Ende erfolgreicher am Werk, die überkommene Ordnung zu «zersetzen»? Welchen Schaden richtete die Schmähschrift gegen die Königin an, die den eindrucksvollen Titel «Les Fureurs utérines de Marie-Antoinette» trug? «Wie sehr die libelles das Vertrauen der Öffentlichkeit in die Legitimität des ancien régime erschütterten, läßt sich schwer sagen», schrieb Darnton. Jahrelang hätten die «libellistes» Schmutz aufgehäuft, ohne daß jemand unter dem Dreck begraben worden sei, aber nun könnte ein «kumulativer Effekt» eingetreten sein. Der Bürger habe die «libelles» vermutlich gelesen, wie man heute Magazine oder Comics lese, «aber man lachte nicht darüber, denn man erlebte die Schurken und Helden als wirkliche Menschen, die um die Herrschaft in Frankreich kämpften... Solche Propaganda war gefährlicher als der ‹Contrat social›» von Rousseau, den der Historiker Edgar Quinet später das «Gesetzbuch der Revolution» genannt hat. Man erkannte in jenem großen Essay nicht nur den mächtigen demokratischen Impuls, sondern – in seiner Reverenz vor dem spartanischen Staat – laut Hippolyte Taine auch das Vorbild der «autoritären, strengen, tugendhaften Republik», ja, man ernannte ihn schließlich zu einem Modell der totalitären Gesellschaft.

In jenen Jahren waren etwa vierzig Prozent der erwachsenen Franzosen des Lesens und Schreibens kundig. (Die Kurve der Alphabetisierung stieg von nun an rasch.) Das war die eigentliche Revolution, die ihren Anfang in der Reformation genommen hatte: das Wort wirkte als die entscheidende Macht, die Frankreich und seiner Gesellschaft keine andere Wahl ließ, als sich von Grund auf zu verändern. Allerdings durfte man nicht vergessen, daß Rousseaus «Gesellschaftsvertrag» nur einige tausend Leser gefunden hatte. Aber sie waren genug, um den demokratischen und egalitären Elan des Buches für Hunderttausende ihrer Landsleute in einfache Worte und schlichte Gefühle zu übersetzen. Das Dynamit der Gedanken des verschrobenen Messias aus Genf vereinte sich mit dem «unterminierenden Einfluß der Gegenkultur», die Darnton beschrieb.

In der Tat, in Frankreich waren soziale und ökonomische Kräfte am Werk, die der Literat Melchior Grimm von den Pariser Salons aus nicht genau genug ins Auge fassen konnte. Die «libelles» kamen ihm dann und wann zu Gesicht. Aber die Not der Bauern und der Handlanger, die in den Vorstädten hausten, war zu weit von der seinen entfernt. Dennoch, seine Sinne waren geschärft genug, die Veränderungen zu ahnen, die sich vorbereiteten. Am Ende seiner Reportage von der Eröffnung der Generalstände schrieb er: «Man konnte diesem großen Schauspiel, dieser erhabenen Szene, deren Folgen vielleicht für immer das Schicksal Frankreichs bestimmen werden, nicht beiwohnen, ohne die lebhaftesten Regungen der Furcht, Hoffnung und Achtung zu verspüren...» Jedes der Worte war angebracht: die Hoffnung, die Achtung, auch die Furcht.

II

Der Fall der großen Kröte

Der Baron Melchior Grimm geriet selten in die dürftigen Vorstädte von Paris, von denen einer seiner deutschen Zeitgenossen mit dem bescheidenen Namen Friedrich Schulz bemerkt hat, daß «ihre Menschen arm, die Kinder nackend und die Hunde dürr» seien. Die Verteuerungen des Brotes, die jeder Mißernte folgten, nahm der Literat nur beiläufig zur Kenntnis. Er hob höchstens den Kopf, wenn sich das «niedere Volk» zusammenrottete, um gegen die Steigerungen der Preise zu revoltieren. Allemal wurden die Meutereien von den Truppen des Königs in raschen Schlägen unterdrückt. Drei Sous kostete das Pfund Brot in guten Zeiten – und zwanzig Sous (gleich einem Livre) pro Tag verdiente ein Handwerksgeselle oder ein Arbeiter in einer der Webereien, die es schwer hatten, sich mit ihren Tuchen gegen die englische Konkurrenz zu behaupten.

Die Ernte des Sommers 1788 war miserabel. Gewitter hatten die Felder in der Bretagne und der Normandie, in Flandern und der Champagne verwüstet. Man schätzte, daß ein Viertel des Ertrags verlorengegangen sei. So schnellte im Gang des Winters der Brotpreis um fünfzig Prozent, da und dort gar um hundert Prozent in die Höhe. Das hieß fürs einfache Volk, den Gürtel enger zu schnallen. Ein leerer Magen schmerzt immer. Die Mienen wurden grimmig. Mit dem Brotpreis verteuerten sich die meisten anderen Waren.

Auch die Seidenproduktion hatte durch Mißernten gelitten. Der Zustand der jungen Industrien des Landes war beklagenswert. Im Gang der letzten Jahrzehnte waren sie zwar rasch gewachsen, trotz der Reglementierung durch die Regierung, doch der Abstand zu den britischen Konkurrenten hatte sich kaum verringert. Auf der Insel wurden im Jahr 1770 an die sechs Millionen Tonnen Kohle gefördert – in Frankreich nur ein knappes Zehntel davon. Nach 1787 sank die Gesamtproduktion der Industrie, wenn sich die Wirtschaftshistoriker nicht irren, um fast die Hälfte. In der Champagne schlossen an die fünfzig Prozent der Textilfabrikanten ihre kleinen Betriebe. In Lyon stand es nicht viel besser. Man schätzte zu Beginn des Jahres 1788 die Zahl der Arbeitslosen auf mehr als zweihunderttausend. Das war eine bedrückende Zahl, denn sie betraf fast ausschließlich das Volk in den Städten – fünf unter den 26 Millionen Einwohnern. Wenigstens zehn Prozent der Bevölkerung, vermutlich eher zwanzig, mußten sich man weiß nicht wie durchs Leben schlagen: ohne geregelte Tätigkeit und ohne Einkommen. Noch immer wohnten in jener Epoche mehr als achtzig Prozent der Franzosen auf dem Dorf. Sie verdienten ihr Brot mit der Bestellung der Äcker: In jener Statistik zählten sie nicht. Überdies waren die Reallöhne innerhalb des vergangenen Jahrzehnts um fünfzehn bis zwanzig Prozent zurückgegangen. Die Senkung der Kaufkraft drohte die Wirtschaft in eine noch tiefere Depression zu treiben.

Es ist müßig, darüber zu spekulieren, welches das entscheidende Element gewesen sein mag, das das Land in die Revolution trieb: die Krise der Wirtschaft oder das wachsende Selbstbewußtsein des Bürgertums? Der Hunger der kleinen Leute oder das «Wissen», das sich ihnen durch die Kunst des Lesens und Schreibens vermittelte? Die intellektuelle und moralische Unruhe der «Philosophen», die sich den Leuten mitteilte? War es das Beispiel Amerikas, das sich nach seinem Revolutionskrieg gegen das mächtige England eine Verfassung gegeben und die Menschenrechte als sittliche Grundlage seiner nationalen Existenz akzeptiert hatte? Oder die Schwachheit des Königs? Der arrogante Widerstand der Aristokratie, der jede grundlegende Reform blockierte? Alle diese Faktoren wirkten in einem komplexen Geflecht zusammen.

Wie immer und wo immer der späte Beobachter, seinen ideologischen Neigungen gehorsam, die Akzente setzen mag –

soviel ist gewiß: Das mächtige und ruhmvolle Frankreich, das mit England um die (sogenannte) Weltherrschaft rang, stand vor dem Bankrott. Der Staat, den Richelieu, Mazarin und Ludwig XIV. geschaffen hatten, war am Ende. Nichts hatte dem Land vermutlich schlimmeren Schaden zugefügt als die Aufhebung des Ediktes von Nantes, die der Sonnenkönig am 17. Oktober 1685 unterzeichnete: An die vierhunderttausend Protestanten, vielleicht war es auch eine halbe Million, flohen nach Holland, nach Deutschland, nach England, nach Amerika, um der blutigen Verfolgung in diesem letzten grausamen und widersinnigen Religionskrieg zu entgehen. Der Herrscher beraubte Frankreich einer Elite, die der Gesellschaft in der Entwicklung seiner Industrien, im Handel, im Finanzwesen, in der Armee und in der Verwaltung unschätzbare Dienste hätte leisten können. Mit Blindheit geschlagen verbot der König den Hugenotten die Ansiedlung in den Kolonien. Dies war vermutlich einer der Gründe für Frankreichs Niederlage im Kampf um Amerika, in dem die Briten nicht nur durch eine glückliche Kriegführung, sondern vor allem durch die Überlegenheit ihrer zivilisatorischen Energien siegten.

Die politische Entmachtung des Adels, dic eine zentralistisch straffe Verwaltung erlaubte, war kein schierer Segen. Die hochmütigen Herren wurden durch finanzielle Privilegien entschädigt. Fortan war es die tägliche Sorge der Monarchen, sie bei guter Laune zu halten und die Mobilisierung einer neuen «Fronde» zu verhindern. Ganze Heerscharen band der Sonnenkönig unmittelbar an die eigene Person. Oft waren die Ämter seines riesenhaften Hofstaates mit ihren bombastischen Titeln nichts anderes als protokollarisch getarnte Untätigkeit. Der Mangel an Arbeit und Verantwortung förderte, wie es nur natürlich ist, die Hingabe an das ausschweifende und oft genug absurde Zeremoniell. In Glücksfällen beflügelten Langeweile und Luxus das Interesse an den Künsten und an der Literatur. Öfter vermengten sich Faulheit und gepuderte Vulgarität in Amusements, die das (notgedrungen) tugendhaftere Bürgertum nicht völlig zu Unrecht als lasterhaft und verschwenderisch verurteilte.

Der Zustand des Hofes während der langen Herrschaft Ludwigs XV., der stets zur Sünde aufgelegt war, gab dem Dritten Stand manchen Anlaß, für sich selber das Gefühl moralischer Überlegenheit in Anspruch zu nehmen. Dieser moralische Vorteil mochte für das bürgerliche Selbstbewußtsein am Ende wichtiger sein als der wachsende Wohlstand einer schmalen Schicht von gehobenen Handwerkern und Hausbesitzern, von Handelsherren und Gelehrten. Die «Tugend» wurde zu einem Kennwort der Epoche. Es besagte keineswegs, daß die Franzosen bestrebt waren, eine Gesellschaft von Muckern und Betschwestern zu begründen. Vielmehr bezeichnet die Vokabel einen Maßstab öffentlicher Ehrenhaftigkeit, der nicht allzuviel mit den privaten Sitten zu schaffen hatte. Sie appellierte an den Gemeinsinn, der durch das zentralistische Staatswesen aus dem Bewußtsein des Volkes fast verdrängt worden war.

So zeigte die chronische Berufung auf die «Tugend» – nach römischem, nach athenischem, nach spartanischem Beispiel – eine neue moralische Rangfolge in der Gesellschaft an, die mit den Geboten der Kirche und mit den Urteilen der geistlichen Autoritäten nicht immer übereinstimmte. Überdies gewann der Adel Schritt für Schritt den Einfluß zurück, den er unter dem Sonnenkönig eingebüßt hatte. Er bediente sich vor allem der sogenannten Parlamente, die nichts anderes als die höchsten Gerichtshöfe der Provinzen und Regionen waren. Es gab von ihnen ein Dutzend. Sie sprachen Urteile in letzter Instanz, und sie «registrierten» die Gesetze, Erlasse und Verfügungen des Hofes. Dem Pariser Parlament, das 1789 mehr als 160 Mitglieder zählte, fiel dabei eine herausragende Rolle zu: Es prüfte die königlichen Edikte und besaß damit in der Tat eine Art parlamentarischer Funktion. Sitz und Stimme in den Kammern verlieh der König, doch sie wurden durch Gewohnheitsrecht erblich. Der Monarch hütete sich, an das Privileg zu rühren, das sich zunächst der Beamtenadel gesichert hatte, der enger an den Herrscher gebunden war als die alte Aristokratie. Freilich drängten rasch genug auch die Söhne der alten Familien in die Gerichtshöfe, die sich als ein wirksames Instrument praktischer Politik erwiesen. Der König verfügte über ein Veto: Durch sein persönliches Erscheinen konnte er jeden Spruch der Parlamente außer Kraft setzen. Ludwig XV. hätte die unabhängigen Kammern gern durch königliche Gerichte ersetzt. Der Widerstand war hart. Der Nachfolger, Ludwig XVI., um gut Wetter bemüht, bestätigte die umstrittenen Konstitutionen in ihren Rechten, und er scheute sich, von der ultimativen Autorität des Vetos Gebrauch zu machen: Das widersprach seiner bequemen Natur, seiner Scheu vor Konflikten, seiner freundlichen Kompromißbereitschaft.

Die gutartige Schwäche des dicken Königs gab der konservativen Opposition immer neue Gelegenheiten, sich den so dringend notwendigen Reformen entgegenzustemmen. Das Volk hatte Ludwig, als er den Thron bestieg, mit den herzlichsten Hoffnungen willkommen geheißen. Keiner vermutete in dem schweren Menschen mit dem fleischigen Gesicht und der großen geschwungenen Nase einen glänzenden Geist. Doch man billigte ihm ein hohes Maß an gutem Willen zu, an dem es in der Tat nicht fehlte – nur war er allzuoft durch die Faulheit und Schwäche des langsamen Mannes gelähmt. An der königlichen Indolenz litt niemand bitterer als die junge Marie-Antoinette, die ihm im zarten Alter von fünfzehn Jahren zugeführt worden war, um Frankreichs Allianz mit dem Hause Habsburg zu festigen. Die lebhafte junge Dame war durch ihre Mutter, die große Kaiserin Maria Theresia, auf das höfische Leben von Versailles und die Aufgaben einer künftigen Königin von Frankreich nicht im geringsten vorbereitet worden. Doch gewiß hatte ihr die Mutter gesagt, sie möge ihrem mächtigen Gemahl eine gute Gattin sein. Das war nicht einfach. Ludwig erwies sich nicht als ein stürmischer Liebhaber. Durch einen körperlichen Defekt behindert, brauchte er sieben Jahre, bis es ihm gelang, sein erstes Kind zu zeugen. Aus der Liebe machte er sich auch später nicht viel. Den Vergnügen des Bettes zog er die Jagd und die Basteleien in seiner Schlosserwerkstatt vor.

Goethe lobte in seinen Erinnerungen die «besten Absichten» des Mannes, der sich bereit gezeigt habe, «seine eigene Autorität einzuschränken, und zahlreiche Mißbräuche abzuschaffen... und allein für die Ordnung und die Gerechtigkeit zu regieren». Nach seinem Regierungsantritt berief Ludwig unverzüglich den aufgeklärten und erfolgreichen Verwalter des Steuerbezirks Limoges, Anne-Robert-Jacques Turgot, ins Ministerium der

Finanzen. Turgot war ein Freund Voltaires, und sein «Brief über die Toleranz» hatte ihm Sympathien in allen liberalen Zirkeln der Hauptstadt gewonnen. Sein Programm lautete lapidar: «Keinen Bankrott, keine Steuererhöhung und keine Anleihen.» Also mußte, wie André Maurois in seiner «Geschichte Frankreichs» bemerkte, mehr produziert und zugleich aufs strengste gespart werden. Das betraf den Hof. Das betraf vor allem die junge Königin, die aus schierer Langeweile zur Verschwendung neigte und ihre Freunde mit den teuersten Gunstbeweisen überhäufte.

Turgot, der sich seinen Ruf in der Provinz verdient hatte, exerzierte entschlossen die jungen Prinzipien der liberalen Wirtschaft: Nach dem Antritt seines Amtes gab er ohne Zögern den Getreidehandel frei. Das Risiko, nahm er wohl an, sei gering, da die Preise in den vorausgegangenen Jahren stetig gefallen waren. Indessen: die Ernte des Jahres 1774 war schlecht. Der Reformminister sah sich gezwungen, die Hungerunruhen in Metz und in Reims, in Dijon und in Tours, schließlich auch in Paris – die in den Geschichtsbüchern als «Mehlkrieg» verzeichnet wurden – durch reguläre Truppen niedersäbeln zu lassen. Die Beamten, an den Dirigismus des Staates gewohnt, wiegten bedenklich die Köpfe, und der Adel formierte prompt eine starre Opposition, als der Minister, der übrigens dem Pariser Parlament angehört hatte, eine generelle Grundsteuer ohne Rücksicht auf überkommene Privilegien zu erheben versuchte. Überdies weigerte er sich, die amerikanischen Rebellen mit französischen Geldern zu unterstützen: Der erste Schuß in einem Krieg mit England, sagte er, werde den Staat in den Bankrott treiben. Seinen Nachfolger seit 1771, Jacques Necker, scherte das wenig. Am Ende des amerikanischen Unabhängigkeitskrieges sah sich Calonne – der den Genfer Bankier 1781 abgelöst hatte – mit einem Defizit von achtzig Millionen konfrontiert. Im Jahr 1787 wuchs es auf 112 Millionen Livres. Die Staatsnot diktierte ein anderes Mal eine generelle Steuer, der sich auch die Aristokratie nicht entziehen sollte – doch begegnete der Minister dem unbeugsamen Widerstand der Parlamente, obwohl er sich schlau und wendig bemühte, die Zustimmung des Adels durch eine Skala von Kompromissen zu gewinnen. Es blieb nur ein Ausweg (der keiner war): Calonne regte die Einberufung einer Versammlung von «Notabeln» an. In diesem Zirkel dominierten selbstverständlich Adel und Klerus. Sie dachten nicht daran, die starrköpfige Blockade der Reformen aufzuheben. So blieb – ein Akt der Ratlosigkeit, ja der Verzweiflung – nur die Einberufung der Generalstände, die zum letztenmal 1614 – vor mehr als 170 Jahren! – zusammengetreten waren. Das Parlament von Paris schickte dem Ereignis vorbeugend eine Erklärung «fundamentaler Gesetze» voraus. Sie sprach der großen Ständeversammlung zwar das Recht zu, über die Steuern zu entscheiden, doch zugleich befand der Gerichtshof, daß die Privilegien der alten Provinzen unantastbar bleiben müßten: Damit glaubten die Mitglieder des Parlaments eine zuverlässige Sicherung gegen jede einschneidende Änderung geschaffen zu haben. Überdies rechneten sie fest mit einer Majorität von Adel und Geistlichkeit. Sie bestimmten weiter, daß die Richter – nämlich sie selber – nicht abgesezt werden durften. Da die Herren sich zugleich gegen die Lettres de cachet auflehnten, sicherten sie sich den Beifall des Bürgertums und der aufgeklärten Geister in den Salons.

Das Mißverständnis war grotesk: Die konservative Opposition wurde, wenigstens in diesem Augenblick der Geschichte, vom wachsenden Zorn der «niederen Schichten» getragen. Auch die Gebildeten unter den Bürgern schienen vergessen zu haben, daß die bemerkenswerten Fortschritte, die das Leben der Franzosen veränderten, allesamt gegen den Widerstand der Aristokratie und der hohen Prälaten erzwungen worden waren: Die Reste der Leibeigenschaft wurden im Jahre 1779 aufgehoben, im Jahr danach endlich die Folter abgeschafft, 1784 die Anwendung der Lettres de cachet eingeschränkt und die erniedrigenden Auflagen für das tägliche Leben der Juden fortgeräumt; die Rechte der Protestanten, die Ludwig XIV. außer Kraft gesetzt hatte, wurden 1787 im wesentlichen bestätigt. Jedesmal hatte sich die Aristokratie den Neuerungen eher zähneknirschend gebeugt.

Die Reformen waren notwendig, weiß Gott, sie waren gut – und sie kamen zu spät. Die Bekräftigung und die Ausweitung bürgerlicher Rechte konnten die täglichen Sorgen ums Brot nicht vertreiben. Sie geboten der partiellen Verelendung des

Volkes keinen Einhalt. In jeder der Getreidekrisen zogen hungernde Kleinbauern und Landarbeiter bettelnd in die Städte. Zwar besaßen die Bauern damals wenigstens ein Drittel des bearbeiteten Grund und Bodens; vielleicht waren es schon vierzig, vielleicht gar fünfzig Prozent (die Auskünfte der Historiker widersprechen einander), im steinigen Süden mehr, im fruchtbaren Norden weniger... Doch insgesamt war die Basis für die Ernährung des Landvolkes in Zeiten der Not zu gering.

Karitative Großzügigkeit, die den gutartigen König Ludwig dann und wann überkam, richtete an der Wurzel des Übels nichts aus. Seine Unschlüssigkeit, sein schwächliches Schwanken, die Reihe seiner Niederlagen und Kapitulationen vor dem harten Willen der Aristokratie hatten sein Ansehen bei Bürgern und Bauern binnen eines Jahrzehnts ruiniert. Vor allem zog Marie-Antoinette den Haß der Leute auf sich: Sie war intelligenter als ihr Mann, energischer, die stärkere Persönlichkeit, der resolutere Charakter. Doch der Landfremden verzieh man den Hochmut, die Koketterie, die Verschwendungssucht noch weniger als den Prinzessinnen oder Herzoginnen französischen Geblüts. Bürgerliches Ressentiment unterschob ihr, vermutlich zu Unrecht, alle nur denkbaren Laster, an denen sich bizarre Phantasien gern erhitzten. Die enge Vertrautheit mit den schönen Prinzessinnen Lamballe und Polignac, die sie mit Ehren und Reichtümern überhäufte, trugen ihr den Verdacht ein, lesbischen Neigungen nachzugehen. Man sagte ihr Schlimmeres nach. Manche der anonymen Schmähschriften gegen die Königin, die unter so reizenden Titeln wie «L'Autrichienne en goguette ou l'Orgie royale» («Die besoffene Österreicherin oder: die königliche Orgie») erschienen, waren nichts als schwarze, unverhüllte Pornographie. Marie-Antoinette schien dem neuen, dem bürgerlichen Moralismus als eine Art Hexenersatz willkommen zu sein. Freilich, auch wohlmeinende und nüchterne Zeitgenossen waren seit der «Halsbandaffäre» irritiert, obschon sie an jenem Skandal keine Schuld traf: Was konnte sie dafür, daß sich der eitle Kardinal Rohan bis zur Unvernunft in sie verliebt hatte und sich von einer intriganten Betrügerin einreden ließ, er müsse den Versuch wagen, die Gunst der Königin durch ein sündhaft teures Geschmeide zu erkaufen? Die tugend- wie die sündhaften Untertanen trauten Marie-Antoinette jede Schamlosigkeit zu: Die chronische Entrüstung, ohne die demokratische Grundbewegungen offensichtlich kaum auskommen, fand in ihr ein kongeniales Opfer.

Allerdings, Mitgefühl und Gerechtigkeit hätten sich ihr öfter und eher zugewandt, wäre sie nicht kraft ihrer Arroganz und Taktlosigkeit selber ihr ärgster Feind gewesen. Ihre Aufführung war nicht geeignet, das Ansehen der deutschen Nachbarn unter den Franzosen zu fördern, zumal sich die Macht des Königs immer deutlicher auf die Armee stützte, die von deutschen Söldnern geringen und hohen Ranges durchsetzt war. Im Offizierskorps hörte man, nach einem Scherz jener Tage, vor allem Kommandos, die mit den gutturalen Akzenten germanischer Herkunft über die Kasernenhöfe gebrüllt wurden. Die Söhne des deutschen Adels hatten sich zu Hunderten, wenn nicht zu Tausenden an die Armee des Königs von Frankreich verdingt – oft aus schierer Not, weil zu Hause nichts zu erben war, aus kühler Spekulation auf eine Karriere, aus Neugier, aus Langeweile und der Lust am Abenteuer. Das «Régiment royal allemand» war stets neben den Schweizergarden zur Stelle, wenn das aufsässige Volk zu Ruhe und Ordnung gezwungen werden mußte. Der Haß gegen die Fremden, der immer wieder aufbrach, machte es den Bürgern leichter, sich mit den konservativen Gegnern des Königshauses zu versöhnen.

Das Parlament von Paris begegnete der Regierung des armen Ludwig schließlich mit solch hochmütiger Härte, daß sich der Monarch dazu überreden ließ, die renitenten Herren in die Verbannung nach Troyes zu schicken. Als es das Ministerium für angebracht hielt, dem Parlament in Grenoble seine Autorität zu beweisen, lieferte die Bevölkerung den Truppen mit einem Hagel von Pflastersteinen am 7. Juni 1788 eine regelrechte Schlacht, von der Stendhal – er zählte damals ganze fünf Jahre – in seiner verschlüsselten Autobiographie gesagt hat, in ihr sei das erste Blut der Französischen Revolution geflossen. Der Graf von Clermont-Tonnerre, der das militärische Kommando führte, scheute ein Gemetzel. Er zog es vor, vor den Bürgern und dem Parlament zu kapitulieren, für das der brillante junge Anwalt Barnave das Wort führte. Das Pariser Parlament wurde aus seinem unfreiwilligen Exil zurückgeholt, und Necker, der Magier des großen Kredits, wieder zum Chef der Finanzen berufen – kurz, die Krone wich an allen politischen Fronten zurück.

Der Waffenstillstand hielt nicht lang an. Die Mitglieder des Parlaments, in ihrem Selbstbewußtsein gestärkt, bestanden darauf, daß die drei Fraktionen der Generalstände getrennt zu tagen und kollektiv abzustimmen hätten. Mit anderen Worten: sie versuchten, die aristokratisch-klerikale Majorität zu zementieren. Unter Mühen gelang es Necker, im Dezember 1788, endlich die Zustimmung des Monarchen für eine Verdoppelung der bürgerlichen Mandate zu gewinnen. Die Frage des Abstimmungsmodus aber blieb offen. Sie war die Machtfrage. Sie bestimmte die Debatten in Versailles nach der Ouvertüre vom 5. Mai 1789.

Auf den Tag vier Monate später schloß ein deutscher Schriftsteller die Niederschrift eines Buchs ab, das er ein wenig großmäulig die «Geschichte der großen Revolution in Frankreich» nannte. «Von dem Augenblick an», schrieb er, «wo sich die Nation in ihren Stellvertretern zu Versailles versammelt sah, schien ein neuer Geist sich ihrer zu bemächtigen...» Der beschworene Geist beseelte vor allem den Autor des Werkes, der in seinem Vorwort sagte, es sei ihm das Glück zuteil geworden, «größtenteils Augenzeuge» der Ereignisse zu sein: «Er bekennt, kein anderes Verdienst dabei zu haben, als das Verdienst der Zuverlässigkeit und Lebhaftigkeit in der Schildung von Szenen, wobei er Zuschauer war, und selbst dies Verdienst kann er sich nicht hoch anrechnen, da er nur getreu und treffend niederschreiben durfte, was unter seinen Augen vorging.»

Friedrich Schulz hieß der Schriftsteller, 27 Jahre alt, in Magdeburg geboren, Kind eines Branntweinbrenners, der im Jahr 1780 nach Ostindien auswanderte und «fortan verschollen blieb» (wie in der «Allgemeinen Deutschen Biographie» lakonisch festgestellt wurde). Von dem Söhnchen erfahren wir, daß es im zarten Alter von zehn Jahren dem Elternhaus zum erstenmal entlief, weil es zur Bühne strebte. Indessen entschloß es sich rasch zur Umkehr, besuchte das Gymnasium Unserer Lieben Frauen in Magdeburg, lernte mit Eifer Französisch, studierte in Halle dies und das, unter anderem Theologie, wollte sich ein zweites Mal in der Schauspielkunst versuchen und besann sich wiederum anders: Der junge Mensch veröffentlichte, kaum 19 Jahre alt, seinen ersten Roman, der ein rechtes Rührstück zu sein schien, ließ bald danach einen anderen folgen, verfaßte dazu einen parodistisch-ironischen Almanach, der die heiligsten Güter der Christenheit mit Spott übergoß. Danach begab sich Schulz auf Reisen. Er besuchte Wien und Berlin, hielt sich in Weimar auf. Wieland druckte seine Reiseberichte im «Teutschen Merkur». Zu Anfang des Jahres 1789 geriet der junge Mann nach Paris, dem Instinkt des guten Journalisten folgend – rechtzeitig genug, um die «neue Sonne über der Nation» aufgehen zu sehen.

Es läßt sich nicht leugnen, daß dieser aufmerksame Zeuge lieber den Menschen ins Gesicht sah, sich im Gewühl der Gassen oder im eleganten Garten des Palais Royal wohler zu fühlen schien als bei einer trockenen Analyse der staatsrechtlichen Erörterungen in den Sitzungen der «États généraux». Wenn die Lektüre nicht trügt, machte er sich nicht allzuoft auf den Weg nach Versailles. Er zog es vor, in Paris dem Echo der großen Debatten im Volk zu lauschen.

In Wirklichkeit geschah im Versailler Schloß fürs erste so gut wie nichts. Die Abgeordneten des Dritten Standes, die weiter in der Salle des Menus Plaisirs berieten – es war der größte, und sie zählten die meisten Köpfe – beharrten darauf, daß die drei Vertretungen gemeinsam tagen und daß jede Stimme so viel wiegen müsse wie die andere, gleichviel ob sie einem Adligen, einem Geistlichen oder einem Bürger gehöre.

Der König wollte davon nichts wissen. Nicht einen Augenblick schien diesen Mann, der eine törichte Schwere aufs merkwürdigste mit einer gewissen Schlauheit verband, die so naheliegende Idee zu locken, daß er sich mit dem «Volk» gegen die Nobilität und den hohen Klerus verbünden könne. Hatten ihm die Aristokraten und die Prälaten nicht immer nur das Regieren vergällt (sofern er zum Regieren überhaupt bereit und imstande war)? Legte ihm keiner der beredsamen Hofräte nahe, eine Allianz mit dem «unteren Stande» zu wagen, kurz: eine Staatskunst zu beweisen, die eines Heinrich IV. würdig gewesen wäre? Ahnte Ludwig die Gefahr nicht?

Wer vom «Volk» sprach, meinte freilich kaum die armen Teufel in den Vorstädten oder die Landarbeiter in ihrem Elend, sondern das große und mittlere Bürgertum, das Grundstücke und Häuser besaß, Steuern zahlte und seine Kinder in gute Schulen schickte, die Kaufleute vor allem, die immer größeren Einfluß gewannen, die Rentiers, auch die kleinen, fleißigen Handwerker, die unermütlichen Händler hinter den Ladentischen und allenfalls die gehobene Dienerschaft.

Die Brotpreise waren im Frühjahr 1789 noch einmal dramatisch gestiegen. Die Hungerunruhen im Land verebbten nicht. Überfälle auf Getreidetransporte wurden Tag um Tag in die Hauptstadt gemeldet. Vom goldenen Käfig Versailles ließen sich die Signale der Unruhe nicht völlig fernhalten. Mancher der schlichten Pfarrer unter den Deputierten des Klerus begann sich zu fragen, ob ihn Gottes heiliger Ratschluß zu den Generalständen beordert habe, um die Interessen seiner Bischöfe oder die seiner Gemeinde in den Dörfern und kleinen Städten zu vertreten. Zählte die «niedrige Geistlichkeit» in Wahrheit nicht eher zum Dritten Stand als zur Klasse der Privilegierten? Der eine oder andere unter den Schwarzröcken gab zu erkennen, daß er nicht übel Lust hätte, sich zu den Bürgern zu schlagen.

Jacques Necker, der glatte, geschäftige, wohlmeinende Minister, unternahm Vermittlungsversuche. Liberale Köpfe unter den Aristokraten signalisierten ihre Bereitschaft zum Gespräch – vor allem der Graf La Fayette, dieser strahlende Held des amerikanischen Krieges: Als zwanzigjähriger Jüngling hatte er, gegen den Willen seines Königs, durch Benjamin Franklins Vermittlung ein Kommando als Generalmajor in der amerikanischen Armee gewonnen, von George Washington, dem nüchternreservierten Oberbefehlshaber der Rebellen, wie ein Sohn in die Arme geschlossen. In allen Schlachten bewährte er sich prächtig. Ihm kam kein geringes Verdienst an der Begründung des französisch-amerikanischen Bündnisses zu. Marie-Antoinette hat ihn damals bewundert. Indes, liberale Überzeugungen, die er in der neuen Welt aufgenommen hatte, seine Leidenschaft für die Freiheit, seine Achtung vor dem Recht mochten unter den Anfechtungen nach seiner Heimkehr in den Kreis der Standesgenossen ein wenig blasser geworden sein. Thomas Jefferson, seit 1785 amerikanischer Gesandter in Paris, schrieb damals an einen Freund, La Fayettes Schwäche sei ein geradezu hündischer Hunger nach Ruhm und Popularität. Manchmal lavierte der Graf etwas zu anpassungsfähig zwischen den Fronten, auf die Gelegenheit wartend, sich selber an die Spitze einer Reformbewegung zu setzen. Immerhin: er zögerte nicht, das Los der abhängigen Bauern und der Bediensteten auf seinen riesenhaften Besitzungen zu erleichtern. Auf Cayenne, die man später die «Teufelsinsel» nannte, kaufte er eine Plantage, um den Sklaven unverzüglich die Freiheit zu schenken. Mit solch praktischen Exempeln seiner humanitären Gesinnung zog er sich im Kreis der hohen Aristokratie manchen Unwillen zu. An seiner Moralität war kein Zweifel erlaubt. Die Beweise seiner Unabhängigkeit und die Unkalkulierbarkeit seiner politischen Haltung aber mehrten das Mißtrauen des Königs, der die liberalen Ideen lieber den Amerikanern überließ, und sie trug ihm nun auch die Abneigung Marie-Antoinettes ein, die seinen Ehrgeiz zu fürchten schien.

Übrigens sagte man in den frühen Sommertagen auch Thomas Jefferson nach, er bemühe sich um eine Vermittlung zwischen dem König und dem Dritten Stand. Eine Einmischung des Emissärs der Vereinigten Staaten in Frankreichs innere Probleme hätte allen Regeln der Diplomatie widersprochen. Scherte sich der lang aufgeschossene Tabak-Baron aus Virginia um solche Konventionen? Gewiß ist, daß er in seinem Haus mit La Fayette und anderen französischen Freunden über einen Katalog der Menschenrechte nach amerikanischem Vorbild debattierte. (Dafür holte er nachträglich die Zustimmung des Außenministers ein.) Der Graf hatte ein Konzept für die «Déclaration des droits de l'homme» vorgelegt, die sich in manchen Wendungen an Jeffersons Entwurf für eine Erklärung der Grundrechte im Staat Virginia anlehnte. La Fayettes Vorschläge aber wiesen, kein Zweifel, Mirabeau und dem Abbé Sieyès den Weg, deren Formulierung der «Menschen- und Bürgerrechte» am 26. August 1789 verabschiedet wurde.

Dies war nicht die Stunde La Fayettes, noch nicht: dies war die Stunde des Abbé Emmanuel Joseph Sieyès aus Fréjus in der Provence, der ein Zögling der Sorbonne war, 39 Jahre alt, seit 1787 Generalvikar der Erzdiözese Chartres. Da die Bischofsämter in der Regel Pfründen des Adels waren, hätte seine Karriere kaum über jenes hohe Amt hinausgeführt. Man durfte Sieyès, trotz seiner überlangen und fleischigen Nase und dem eher schütteren Haar, eine würdige Erscheinung nennen: intelligent, sensibel, nicht ohne Eitelkeit, in seinem Habitus von einer gewissen Eleganz, geistreich, durch die Lust an der Formulierung als ein Geschöpf seines Jahrhunderts geprägt. Seine Essays verbargen die Nähe zu den «philosophes» um Diderot keineswegs, trotz seines geistlichen Standes – aber das war nicht ungewöhnlich: Viele der Wortführer jener Epoche der Aufklärung gehörten der Priesterschaft an. Die gewitzten und die gebildeten unter den Prälaten zögerten selten, den Menschenrechten und der Vernunft ihren Tribut zu erweisen.

«Vive la nature! Vive la vérité!» hatte auch der Abbé Sieyès zum erhebenden Schluß eines seiner Aufsätze gerufen, mit voller Stimme in den Chor des Zeitgeistes einfallend. Seine Feder war geschätzt, seine Meinung gefragt, sein Urteil respektiert. Im Herbst des Jahres 1788 hatte ihn der Minister Necker gebeten, seine Ansichten über die Einberufung der Generalstaaten aufzuschreiben. Sieyès legte das große Pamphlet vor, das unter der prägnanten Frage «Was ist das, der Dritte Stand?» erschien. «Alles» antwortete sich der Autor selber, ohne jede Bescheidung. «Was ist er in der bisherigen Staatsordnung gewesen?» fragte er weiter: «Nichts. Was verlangt er? Etwas zu sein.»

Dieses grandiose «Etwas» begann in den frühen Sommertagen des Jahres 1789 Gestalt zu gewinnen. Stendhal, der Schriftsteller mit den «klugen Nerven» (nach einem Wort Stefan Zweigs), sagte ein halbes Jahrhundert später, der Verfasser habe mit dem Druck jener Schrift eine neue Aristokratie, nämlich die der Literatur, begründet. Er konnte nicht ahnen, daß sich Sieyès bei der Niederschrift womöglich von Chamfort beraten ließ, dem brillanten Aphoristiker und Moralisten, der 1794 Selbstmord beging. Der Zeitgeist brauchte nicht nur die genialen Schöpfer von Worten, sondern ebenso die genialen Vermittler.

In Wirklichkeit war die Publikation weniger, und sie war weitaus mehr als ein Gründungsakt des Standes der Intellektuellen (wie Stendhal vermutet hatte): sie wies dem Bürgertum das Recht, ja die Pflicht zu, den Willen der Nation im Wort und durch das Wort zu formen. Der Vollzug der «volonté générale», von der Jean-Jacques Rousseau gesprochen hatte, fiel von nun dem Dritten Stand zu. Am 15. Juni 1789 rief Abbé Sieyès die Mitglieder des Dritten Standes auf, sich zur «Nationalversammlung» zu erklären. Zuerst waren drei Priester zum Stand der Bürger übergelaufen. Ihnen folgten sechs, dann zehn. Die Front des Zweiten, des geistlichen Standes, war im Begriff, sich aufzulösen. Auch der Widerstand des Ersten, der Aristokraten, mochte brüchiger sein, als es die Härte der Herren vermuten ließ.

Zwei Tage lang wurde in der Versammlung des Dritten Standes Sieyès' Vorschlag mit Leidenschaft debattiert und schließlich am 17. Juni mit großer Mehrheit angenommen. Der Abbé hatte den ersten, den entscheidenden Schritt gewagt. Es kam nicht darauf an, daß in Wahrheit wohl ein anderer Deputierter das Wort von der «Nationalversammlung» zuerst gebraucht hatte. Abbé Sieyès erhob es zum Programm, und er übersetzte es in die Realität. Die Revolution hatte begonnen.

Der Beifall der Bürger war stürmisch. Kaum einer kümmerte sich um die Bedenken des Grafen Mirabeau, der heimliche Verbindungen zum Hof unterhielt. Der Enthusiasmus seiner Mitglieder trug die Versammlung des Dritten Standes weiter. Sie schworen den Treueid auf ihr Amt. Unverzüglich beschlossen sie den nächsten Schritt: sie teilten dem Hof, dem Adel, dem Volk in dürren Worten mit, daß sie und niemand anderes künftig über die Steuern beschließen würden. Mit erstaunlicher Umsicht fügten sie sofort die Erklärung hinzu, die Schulden des Staates und die Verpflichtung gegenüber den Gläubigern würden ohne Abstriche anerkannt. Der eine oder andere unter ihnen mochte die Anleihen der Regierungen Neckers oder Calonnes gezeichnet haben. Die Bürger waren mit Geldgeschäften und ihren Usancen vertraut. Sie wußten, daß die Kreditwürdigkeit Frankreichs nicht einen Augenblick gefährdet werden durfte.

Am 19. Juni entschied eine Majorität der Geistlichen, sich dem Dritten Stand anzuschließen. Nun gab es kein Halten mehr: Auch in der Versammlung der Aristokraten erklärten sich achtzig Abgeordnete bereit, sich mit den Bürgern in der Nationalversammlung zu vereinen.

Der König hatte lange geschwiegen. Der Grund seiner Zurückhaltung verlangte Respekt: Am 4. Juni war sein ältester Sohn, der Kronprinz, plötzlich gestorben: ein Kind von sieben Jahren. Die Trauer schien ihn freilich eher verhärtet zu haben. Er ließ für den 22., dann für den 23. Juni eine «königliche Sitzung» ankündigen. Seine Anwesenheit versprach eine Erklärung zu den Beschlüssen des Dritten Standes.

Die Abgeordneten aber standen am Morgen des 20. Juni – es war ein verregneter Tag – vor verschlossenen Türen. Ein königlicher Befehl verwehrte ihnen den Zugang zum Saal, angeblich weil Vorbereitungen für das geplante Erscheinen des Monarchen getroffen werden mußten. Zum Ballhaus, in dem die Höflinge eine Art Federball zu spielen pflegten, war es nicht weit. Der Saal schien als Notquartier geeignet zu sein. Es gab keine Stühle, doch auf den Galerien fand sich rasch das Publikum ein, das für die Szenen eines großen Dramas notwendig ist. Der Präsident Jean-Sylvain Bailly, ein berühmter Astronom, kletterte auf einen Tisch und forderte die Mitglieder der Versammlung auf, sie sollten schwören, daß sie nicht mehr auseinandergehen würden, bis sie eine Verfassung für das Königreich geschaffen und auf sichere Grundlagen gestellt hätten. Sie schworen es alle – bis auf einen, der ungenannt blieb. Den Text der Deklaration hatte nicht Bailly geschrieben, doch der Ruhm seines Auftritts verschaffte dem Akademiker, der sich selber gern als den Benjamin Franklin Frankreichs darstellte, wenig später das Amt des Bürgermeisters von Paris.

Am 22. Juni versammelten sich die Deputierten in der Schloßkirche Saint-Louis: nun hatten sich ihnen einhundertfünfzig Mitglieder des Klerus und zwei Vertreter des Adels zugesellt. Nichts wurde beschlossen. Sie warteten.

Am 23. Juni die «königliche Sitzung» in der Salle des Menus Plaisirs, die von den bürgerlichen Deputierten als ihr Besitz betrachtet wurde. Gerüchte schwirrten durch die Reihen. Man sprach von Neckers Kompromißvorschlägen, die steuerliche Gleichheit und eine Abstimmung nach Köpfen zugestanden; die Privilegien des Ersten und Zweiten Standes sollten jedoch zunächst geschützt bleiben. Die Beschlüsse vom 17. Juni, so der schlaue und doch so dürftige Rat des Bankiers für den König, würden am besten weder aufgehoben noch akzeptiert: Man ließ sie fürs erste am besten auf sich beruhen.

Necker indes blieb der Sitzung fern. Das konnte nur heißen, der König hatte sein Konzept verworfen. Die Erklärung, die der Monarch verlesen ließ, billigte das Steuerrecht der Generalstände, die Freiheit des einzelnen Bürgers, die Freiheit der Presse, der König drückte sogar die Hoffnung aus, daß sich auch die Privilegierten dem Prinzip der Steuergleichheit beugten. Die Abstimmung nach Köpfen sollte nur in begrenzten Fällen möglich sein, das hieß: Entscheidende Gesetze konnten ohne die Zustimmung des Adels nicht beschlossen werden.

Als die königlichen Texte verlesen wurden, verbargen die Gesichter der Männer des Dritten Standes, ihrer adligen und geistlichen Freunde Zorn und Enttäuschung nicht. Schließlich die harte Anordnung des Monarchen, künftig hätten die drei Fraktionen wieder getrennt zu beraten. Das hieß: Der König verweigerte der Nationalversammlung und ihrer Forderung nach einer Verfassung seine Anerkennung. Gardebataillone, die in Versailles zusammengezogen wurden, zeigten die Unnachgiebigkeit des sonst so weichen Mannes noch deutlicher an. Überdies ging die Nachricht um, daß sich eine Armee von mehr als zwanzigtausend Soldaten im Anmarsch auf Versailles und Paris befinde.

Die Bürger blieben fest. «Die versammelte Nation hat keine Befehle entgegenzunehmen!» rief Präsident Bailly. Der Abbé Sieyès ermutigte seine Kollegen: «Ihr seid heute, was Ihr gestern gewesen seid.» Graf Mirabeau, dieser massige Mann mit seinem großartig-häßlichen Löwenhaupt, war dem Pathos der Stunde gewachsen. Dem Oberzeremonienmeister Marquis de Dreux-Brézé trat er mit den Worten entgegen: «Monsieur, sagen Sie denen, die sie geschickt haben, daß wir durch den Willen des Volkes hier sind, und daß wir nur der Gewalt der Bajonette weichen.»

Danach geschah eine Art Wunder: Trotz aller Warnungen fand sich anderntags die Mehrheit des Klerus wieder mit den bürgerlichen Deputierten zusammen, und nur 48 Stunden nach dem königlichen Machtwort liefen 47 der adligen Abgeordneten zur Nationalversammlung und damit zum Stand der Bürger über, allen voran der Herzog von Orléans, der Vetter des Königs, dem die Kommune den Namen «Philippe Égalité» verleihen sollte (seinen Kopf verlor er dennoch). Manche der einst so arroganten Herren ließen sich von der schieren Begeisterung überwältigen, manche handelten aus Opportunismus, andere wollten mit dem König diese und jene alte Rechnung begleichen.

Nein, die Herzöge, die Grafen, die Barone, die Bischöfe waren nicht allesamt von einem neuen, enthusiastischen Patriotismus fortgerissen. Vielen kroch die Furcht in die Knochen. Täglich, oft genug stündlich, preschten Boten von Paris herüber, die von der Unruhe des Volkes berichteten. Offiziere meldeten, daß sie die Zuverlässigkeit der Truppen nicht garantieren könnten. Das gab zu denken. Der Garten des Palais Royal (der dem Herzog von Orléans gehörte) hatte sich in jenen Wochen in eine riesenhafte Tagungsstätte verwandelt, in der sich ein Dutzend Klubs zugleich versammelten. Advokaten und Journalisten, deren Namen keine Menschenseele je gehört hatte, Kaufleute und Handwerker aus weiß der Himmel welchen Quartieren schienen im vielstimmigen Überschwang der Rhetorik einen Wettstreit um die Palme des schönsten Pathos auszutragen. Stiegen sie stets aus eigenem Antrieb auf Tische und Stühle, um ihre Zuhörer anzustacheln? Hatte dieser oder jener heimliche Winke empfangen? Strömten die Worte aus der Fülle selbstloser Eifers? Oder war vor allem die Macht der Eitelkeit am Werk?

Jede Antwort traf zu. Das war nicht die Zeit, nach den menschlichen, den allzu menschlichen Motiven zu forschen, von denen die Redner getrieben sein mochten. Das war, um es mit einigem Aufwand zu sagen, eine Stunde der Ur-Demokratie, in der nichts als Spontaneität, die Gewalt der Sprache und idealistischer Elan zu gelten hatten. Dieser Zustand der Unschuld, wenn es denn einer war, würde nicht lange dauern. Um so eher war man bereit, sich ihm hinzugeben. Der brave Friedrich Schulz, der des Schauspiels nicht müde wurde, schrieb von dem «heiligen Feuer», das ganz Frankreich beseele. Die «Bevollmächtigten», die von den Klubs und aus den Kaffeehäusern nach Versailles entsandt worden seien, hätten mit ihren Worten Verstand und Herz der Stellvertreter der Nation bewegt, dem

Dritten Stand Mut gemacht, den Ersten und Zweiten in Schrekken versetzt: man sah daraus, schrieb er, «daß das Wohl der Nation ein Gegenstand der Beratschlagungen der Nation selbst geworden war, daß Millionen Köpfe jetzt dachten, Millionen Stimmen jetzt schrieen, die wenig Wochen vorher weder laut zu denken noch zu sprechen gewagt hatten...»

Am 27. Juni 1789, vier Tage nach seiner Thronrede, beugte sich Ludwig XVI. dem Willen der Nationalversammlung und des Volkes von Paris: Er forderte die Geistlichkeit und den Adel auf, sich mit den Bürgern zu vereinen. Friedrich Schulz eilte, als die gute Botschaft eintraf, unverzüglich zum Zentrum der Ereignisse. Er berichtete: «Als die Nachricht von dieser glücklichen Veränderung nach Paris kam, geriet alles in einen freudigen Aufruhr, strömte alles nach dem Palais Royal, wo unter hundert Haufen hundert Redner standen... Es war gegen Abend. Im Nu brannten tausend Lampen im Palais, und ein einziger losgelassener Schwärmer gab das Signal zu einem Freudenfeuer, das so rauschend war, als eine Freude dieser Art bei dem Charakter dieser Nation sein mußte. Sie zeigte sich unter allen Symptomen eines hinreißenden Wahnsinns, und selbst das furchtsame Geschlecht trug Patronen und Schwärmer in Schürzen herum, um das schreckliche Geräusch nicht durch Mangel an Pulver unterbrechen zu lassen. Es dauerte den ersten Tag von acht Uhr des Abends bis um drei Uhr des Morgens, und in die Augen von einer halben Million Menschen kam kein Schlaf. Den andern Tag derselbe Auftritt, vielleicht noch wilder, den dritten Tag derselbe, doch mit etwas mehr Mäßigung.»

Schulz fuhr in seiner Reportage mit seligem Eifer fort: «Greise, die vielleicht seit Jahren nicht aus dem sechsten Stockwerk herabgestiegen waren, kamen mit den Gefährtinnen ihres Alters, um mitten unter Buben ihren Schwärmer in die allgemeine Feuermasse zu werfen; Mütter mit ihren Säuglingen, um diesen durch den schlängelnden Blitz Freude zu machen... Väter mit ihren Töchtern und Söhnen, die sonst vielleicht diese vor dem Sitze der Üppigkeit und Wollust gewarnt hatten, gingen jetzt mit Wohlgefallen unter den Arkaden desselben umher, und glaubten die Unschuld ihrer Kinder unter Menschen, die nur eine Empfindung jetzt begeisterte, in Sicherheit...» Indessen entging dem Beobachter nicht, daß auch die leichten Brigaden vom Palais Royal ihre professionellen Pflichten in taumelnder Begeisterung vergaßen. Die kleinen und großen Dienerinnen der Liebe verpulverten im wahren Sinn des Wortes in jenen Tagen so manche Frucht ihrer Arbeit.

Der Chronist aus Magdeburg dachte nicht daran, sich dem Jubel der Massen zu entziehen. Friedrich Schiller, dem er einige Monate später in Jena von den großen Begebenheiten erzählte, schrieb an die Schwestern Lengefeld voller Skepsis (und mit einer dem ernsten Schwaben eher entlegenen Ironie): «Gebe der Himmel, daß alles wahr ist, was er sagt! Ich fürchte, er übt sich jetzt im Vorlügen, solange, bis er die Sachen selbst glaubt, und dann läßt er sie drucken.»

Der Spott des Dichters war unangebracht. Schulz gab der Überwältigung durch den Augenblick nicht ungern nach, doch seine Feder lief ihm niemals allzulang davon. Mit bemerkenswertem Realismus stellte er fest, dem «Aufbrausen der Nation» sei «mitten unter dem Frohlocken und Freudensprüngen etwas Fürchterliches und Wildes» zueigen gewesen, das selbst die Freunde der Revolution erschreckt habe. Mit um so größerer Gewalt, fügte er hinzu, habe es auf die Feinde wirken müssen. Vermutlich aber brauchte es das Signal der Pariser Kundgebungen nicht, um den gutartig-schlauen, freilich auch verschlagenen Ludwig zu einer Korrektur seiner Haltung zu veranlassen. Noch einen Tag ehe er vor der Nationalversammlung kapitulierte, hatte er befohlen, sechs Regimeter um Paris zusammenzuziehen. Vor der Geschichte, die sich mit ihm und durch ihn, schließlich über ihn hinweg vollzog, war es gleichgültig, ob er dabei dem Druck seiner zornigen Frau, seines jüngsten Bruders, des Grafen Artois, den Wünschen der Prinzen Condé und Conti nachgab oder seinen eigenen Instinkten folgte. Den Abgeordneten in Versailles und den Bürgern von Paris blieb das Manöver nicht verborgen. Sie fühlten sich hintergangen. Um so heftiger bestürmten sie die Soldaten der kleinen Garnison in Paris, sich mit dem Volk zu vereinen. Am 30. Juni stürmte die aufsässige Menge das Gefängnis in der Abbaye, um elf Grenadiere zu befreien, die man wegen Gehorsamsverweigerung eingesperrt hatte. Wiederum gab der König nach. Er begnadigte die Soldaten. Sie waren, wie die Geschichtswissenschaftler Furet und Richet berichten, klug genug, aus freien Stücken in den Kerker zurückzukehren, um korrekt und legal ein zweites Mal entlassen zu werden. Das Zugeständnis des Monarchen konnte Paris nur für eine knappe Atempause zur Ruhe bringen. Am 2. Juli schon ließ Ludwig den Truppenaufmarsch verstärken. Gleichzeitig stockte die Zufuhr von Getreide. Das Brot wurde knapp.

Plante Ludwig, die eigene Hauptstadt zu belagern und auszuhungern? Das königlich-deutsche Regiment bezog Stellung im Bois de Boulogne. Auf dem Marsfeld lagerten vier Regimenter Schweizergarden, die nicht weniger gefürchtet waren als die deutschen Söldner. In Saint-Denis wurde Infanterie aus der Provence stationiert. Artillerie bezog bei der Kaserne der Invaliden Stellung. Da und dort steigerte sich die Furcht der Bürger zur schieren Hysterie. Getreidewucherer und Beamte, die das Volk – zu Recht oder Unrecht – für das Versorgungselend verantwortlich machte, waren der Rache des Mobs ausgeliefert. Schulz, der Chronist, verbarg sein Entsetzen vor den blutigen Szenen nicht.

Die Blicke der Abgeordneten und der Bürger richteten sich in der bitteren Lage auf den Grafen Mirabeau, dem man die Autorität zutraute, König und Bürger zu einem Kompromiß zu überreden. Seine Verbindung zum Hof war nicht abgerissen. Man flüsterte einander wohl damals schon zu, der gewaltige Mann, scharfsinnig wie kein anderer und berstend vor Energie, sei womöglich bestochen. Dennoch, jedermann schien bereit zu sein, sich seiner dröhnenden Stimme und seiner Vernunft zu beugen. Schulz sagte von ihm, er sei ein Engel gewesen, wenn sich seine «Ehrsucht auf wohltätige Pläne» gegründet habe, und ein Teufel, wenn er sich über die anderen hinwegsetzte. Nun, an der Spitze des Dritten Standes, reiße er «auch allen Glanz, alle Ehr' an sich». Doch schone er auch sein Leben und seine Gesundheit nicht. Wilhelm von Humboldt aber, der nur wenige Tage später in Paris eintraf, bemerkte in einer Rückschau, in dem Grafen habe «mehr Natur und Wahrheit» gewohnt, als man sie für gewöhnlich in Frankreich antreffe.

Dies war die Stunde Mirabeaus. Als sich der König entschloß, die schlimmste Not durch Getreidelieferungen aus den nationalen Reserven zu lindern, hielt es die Nationalversammlung für angebracht, dem Monarchen zu danken. Doch wichtiger: Graf Mirabeau wollte den König davon überzeugen, daß nur ein Rückzug der Truppen den drohenden Bürgerkrieg verhindern könne. Eine Nationalgarde, die sich aus dem Volk rekrutiere, sei besser geeignet, für Ruhe und Ordnung zu sorgen, als die ausländischen Söldner. Ein Ausschuß, in dem auch die Konservativen vertreten waren, formulierte den Text eines Memorandums nach Mirabeaus temperamentvollem Diktat. Von einer Bürgerwehr wollte die Nationalversammlung noch nichts hören, aber sie bestand auf dem Abzug der Truppen und einer Garantie der Versorgung. Am 10. Juli empfing Ludwig eine Delegation der Deputierten, der auch die radikaler gesinnten Abgeordneten Robespierre, Barère und Pétion angehörten. Der liberal-konservative Graf Clermont-Tonnerre verlas das Dokument. Doch Ludwig – so Mirabeaus Biograph Oliver Welch – soll «beim Zuhören seinen stumpfen, kurzsichtigen Blick unentwegt auf den Abgeordneten von Aix», auf den Grafen Mirabeau, gerichtet haben.

Der Monarch antwortete anderntags, er sei nicht bereit, die Truppen abzuziehen. Wenn sich die Nationalversammlung bedroht fühle, dann möge sie sich nach Noyon oder Soissons begeben; er selber werde in jenem Fall im Schloß von Compiègne Wohnung nehmen, um jederzeit erreichbar zu sein. Mirabeau tobte: «Wir haben gebeten, daß man die Truppen entfernen möge, nicht uns!» Die Zurückweisung seines Vermittlungsversuchs enttäuschte ihn bitter. Es mag wohl sein, daß er, nach dem Urteil des radikal-demokratischen Historikers Jules Michelet, «Angst vor der Revolution» hatte. «Er ist Aristokrat in Geschmack und Sitte und im Herzen Royalist geblieben...» schrieb dieser große Schriftsteller, «ist es schon durch Abstammung und Blut. Darüber hinaus erscheint ihm die Monarchie als die offene und verschwenderische Hand, welche Gelder und Gunst ausschüttet. Es war hart und grausam gegen ihn gewesen, dieses Königtum; aber sogar das nützt ihm in seinen Augen. Er findet es schön, einen König zu retten, der siebzehnmal Haftbefehle gegen ihn unterzeichnet hat. So ist dieser große arme Mann. So hochherzig und großmütig. Sein Vater verfolgte ihn sein Leben lang, und er verlangte im Sterben neben seinem Vater begraben zu werden...»

Es fügte sich merkwürdig, daß der gehaßte und geliebte Vater, dem Sohn an Geist und Lebenskraft ebenbürtig, in jenen Tagen der Welt adieu sagte. Mirabeau widersetzte sich dem Befehl des Todes nicht: Er nahm von der Nationalversammlung Urlaub, um ans Sterbelager des Alten zu eilen, bitteren Groll im Herzen. Der König, der sich so gern als «Vater der Franzosen» bezeichnen ließ, hatte sich seinen Vermittlungsversuchen versagt. Schlimmer: er wies am 11. Juli dem anderen Anwalt der Versöhnung, seinem Minister Necker, die Tür, während das Parlament La Fayettes Vorschläge für eine «Erklärung der Menschenrechte» debattierte. «Um frei zu sein, muß man nur frei sein wollen», hatte der Held des amerikanischen Krieges gerufen. War es so einfach? Die Verhärtung des Königs und die hochgepeitschte Stimmung in der Hauptstadt schienen im Begriff zu sein, den schrecklichen Wahrheitsbeweis zu fordern. Frankreich taumelte einer Konfrontation entgegen, die in Wirklichkeit keiner wollte – außer den Brüdern des Monarchen, die nicht begriffen, was die Stunde geschlagen hatte, und den kaltschnäuzigen Prinzen Condé und Conti, die heimlich zum Aufbruch rüsteten.

Der Abgeordnete Dr. Guillotin, der in jenen Tagen anfing, mit nahezu rührendem Eifer für eine humane Hinrichtungsmaschine zu werben, war nach dem schroffen Nein des Königs in die Hauptstadt geeilt, um seine Wähler über die verhärtete Lage ins Bild zu setzen. Nun die Nachricht von Neckers Sturz. Der Minister wurde, laut Friedrich Schulz, vom Volk angebetet, weil er bei Kornmangel immer Hilfsquellen wußte und bei Teuerungen stets einhunderttausend Zentner Mehl parat hatte: «Wer den Parisern Brot ließ und gab, ließ und gab ihnen alles...»

Am Morgen des 12. Juli sah man, nach der Erzählung von Friedrich Schulz, im Palais Royal nur einzelne kleine Gruppen von vier bis zehn Männern, die sich die bösen Neuigkeiten zuflüsterten. Im Fortgang der Stunden mehrten sich die Gerüchte. Die Besorgnis stieg: «In dieser Stimmung war die versammelte Menge, als Nachmittags gegen vier Uhr ein Mann mit funkelnden Augen, mit aufgerissener Weste, mit brennendem Gesicht sich unter sie stürzte, auf einen Tisch sprang, eine Pistole hoch in die Luft schwang und mit einer Anstrengung, die seine Adern und Muskel zu sprengen drohte, ausrief: Verrat, schändlicher Verrat! Der Freund der Nation verbannt! Der Freund des Königs und unser Vater von einer abscheulichen Kabale unterdrückt! Zu den Waffen, zu den Waffen, sonst sind wir alle verloren! Alles was um ihn her stand, schien eine Weile vor Schrecken erstarrt; er fuhr fort mit gleichem Feuer zu schreien, und Tränen der Verzweiflung liefen ihm über die Backen. Endlich zog man ihn vom Tisch herunter und alles strebte, zu ihm vorzudringen und ihn zu umarmen: alles war plötzlich von seinem Feuer beseelt und schrie und lief zu den Waffen. Er war der erste, der die grüne Kokarde an den Hut steckte... Er schrie, so lange er Atem hatte: Tod, oder Freiheit! Sein Name war Desmoulins.»

Die Kokarde hatte der heftige Redner aus einem Blatt der Platanen geschnitten, die schnurgerade wie die Gardesoldaten am Palais Royal aneinandergereiht standen. Das Grün sollte – so Michel Winock in seiner «Chronik des Jahres 1789» – an die Farbe der Livree des Ministers Necker erinnern. Das Beispiel machte Schule. Nach wenigen Minuten waren die unteren Äste der Bäume entlaubt – und der Kokardenkult der Revolution geboren. Aus dem Wachsfigurenkabinett eines deutschen Künstlers holten die Anführer der Menge die Büsten Jacques Neckers und des Herzogs von Orléans, um sie im Protestmarsch durch die Stadt zu tragen. (Das Ebenbild des Ministers ging dabei schließlich zu Bruch.) Der junge Graf Châteaubriand, der zufällig des Weges kam, hörte Hochrufe auf Necker und auf den Herzog von Orléans, den Hausherrn im Palais Royal, von dem man hernach sagte, er habe den genialen Auftritt von Camille Desmoulins angestachelt und gehörig versilbert. Dieser 29jährige Anwalt stand im Ruf, daß er sich lieber in den Cafés als in den Gerichtssälen aufhalte: unstet und blitzend vor Intelligenz, Sohn eines Generalleutnants, Schüler des berühmten Collège Louis le Grand wie Robespierre, in seiner Karriere durch ein Stottern gehemmt, das seinem Erfolg als Agitator später niemals im Wege war. Sein Ruf «Zu den Waffen» gab der Masse ein Ziel. Sie räumte sämtliche Magazine und alle Jagdgeschäfte aus, die sie erreichen konnte, nahm Büchsen und Pistolen, Pulver und Blei, Säbel und Degen an sich, holte aus den Hallen Mehl, Butter, Käse, Wein und Bier, verlor sich schließlich in einer unruhigen Nacht.

Nach einem kurzen und gottlob fast unblutigen Scharmützel mit dem königlich-deutschen Regiment schlossen sich viele Soldaten aus den Reihen der französischen Garden, die in Paris stationiert waren, den Rebellen an. Die Truppen wurden in der Dunkelheit zurückgezogen, doch die Unruhe wich nicht aus den Gassen. Niemand schien zu schlafen. Am 13. Juli formierten die Wahlmänner von Paris eine neue Stadtregierung und beschlossen die Gründung der Bürgermiliz, von der die Nationalversammlung noch nichts hatte wissen wollen. Am Morgen des 14. Juli, nach einer zweiten angstvollen Nacht, in der jedermann auf den Angriff der königlichen Truppen wartete, zogen Abertausende zur Kaserne der Invaliden, um sich der dort gelagerten Waffen zu bemächtigen. Der Kommandant zog es vor, auf jeden Widerstand zu verzichten. Seine Männer – ohnedies nur einige Dutzend – hielten es mit den Rebellen, das wußte er wohl. Die Gewehre – mehr als zwanzigtausend – waren in den Gewölben verteilt. «In diese», so erzählte Friedrich Schulz, «stürzte man zu Hunderten und jeder wollte der erste an den Waffen sein. Bald waren die Treppen der Gewölbe verstopft. Ein erdrückendes Gedränge brachte die, welche darin waren, in Lebensgefahr. Was Waffen hatte, konnte nicht heraus, was keine hatte, konnte nicht herein. Viele der ersteren sanken ohnmächtig nieder, weil nicht ein Atemzug frische Luft durch das Gewühl dringen konnte. In dieser Not richteten andere die Gewehre mit aufgepflanzten Bajonetten gegen die Menge auf den Treppen und drohten, zu spießen, was nicht Platz machte. So verzog sich der Drang und die Bewaffneten stellten sich an die Treppen und ließen nur wenige auf einmal hinunter. Einige von denen, welche die ersten in einem der Gewölbe gewesen waren, trug man ohne Leben heraus, legte sie auf den Rasenplatz vor dem Hause, besprengte und rieb sie und nur mit Mühe gelang es einigen Invaliden, deren Sorgfalt man sie übergeben hatte, sie ins Leben zurück zu rufen. Aber, so wie sie einzeln zu sich selbst kamen, rannten sie auch nach den Gewölben zurück und schrieen und griffen nach Waffen. Es war eine allgemeine, unbeschreibliche Begeisterung. Auf eine ähnliche Weise bemächtigte man sich der Waffen und des Geschützes der Militärschule, alles unter den Augen der Truppen des Marsfeldes, die zwar ausgerückt waren, aber unbeweglich in Reih und Gliedern standen...»

Mehr noch als der Siegeswille der Massen war es die Kapitulationsbereitschaft der herrschenden Macht, die der Revolution ihre Triumphe bescherte. So ging es am Hôtel des Invalides zu, so im Fortgang des Tages an der Bastille, dem steinernen Koloß, der mit seinen acht Türmen und seinen dreißig Meter hohen Mauern wie eine mittelalterliche Zwingburg über dem Paris der Bürger aufragte. Der Advokat Thuriot hatte – er erinnerte sich später selber nicht mehr aus welchem Grund – in die Menge geschrien «Wir wollen die Bastille!». Wußten die Rebellen, die es nach Taten verlangte, daß in der Festung nur sieben Gefangene, unter ihnen zwei Geisteskranke, einsaßen? Aber war das wichtig? Das düstere Bauwerk mit seinen unterirdischen Verliesen war das Symbol jahrhundertealten Unrechts. Darauf kam es an. Der Marquis de Launay, Gouverneur der Festung, ein fast fünfzigjähriger General, war in der Bastille geboren, in der schon sein Vater das Kommando geführt hatte – ein braver, unbedeutender Soldat. Er gebot lediglich über achtzig Invaliden und dreißig Schweizergarden zur Verteidigung des Kerkers. Über die Aussichtslosigkeit seiner Lage täuschte er sich kaum. So war er bestrebt, Zeit zu gewinnen. Feierlich versprach er den Sprechern der anrückenden Masse, von seinen Waffen nur Gebrauch zu machen, wenn er zur Gegenwehr gezwungen würde. Ohne großen Umstand erfüllte er den Wunsch des Wahlmannes de la Rozier, die Anlagen zu besichtigen, doch er weigerte sich, die Geschütze auf den Türmen abmontieren zu lassen. Die Angreifer brachten es zuwege, die Zugbrücken herabzulassen. Sie stießen auf keine Gegenwehr. Lange verharrten sie in den Vorhöfen. Als sie, ungeduldig geworden, endlich zum Sturm ansetzten, blieb dem Kommandeur nichts anderes, als feuern zu lassen. Wie sonst? Er stand in der Pflicht seines Königs. Er hatte Gehorsam gelernt und sonst nichts. Seine Phantasie reichte nicht aus, zur Kenntnis zu nehmen, daß die Revolution im Begriff war, eine neue Legitimität zu schaffen.

Tote. Verletzte. Der Schrei nach Rache. Dem Marquis de

Launay gingen die Augen auf. Er bemerkte, daß seine armen Soldaten nicht bereit waren, sich für die alten Mauern abschlachten zu lassen. Am liebsten hätte er sich, wenn Friedrich Schulzens Erzählung der Wahrheit entspricht, mit dem Pulverturm in die Luft gesprengt. Der Chronist aus Magdeburg durchschaute das Dilemma des armen Mannes: «Erobert oder übergeben, immer sah er sich als das Opfer der verlorenen Festung.» Er behielt recht. Nach der Kapitulation schleppte die Menge den Gouverneur davon, zum Hôtel de Ville, um ihn dort aburteilen zu lassen: Er hatte das Feuer eröffnen lassen – so glaubten sich die hitzköpfigen Stürmer von ihm verraten. Eine Gruppe von halbwegs besonnenen Männern, die ihn umringte, konnte ihn vor der Wut der Masse nicht schützen. Man riß seinen Säbel fort. Man schlug auf ihn ein. Der General versuchte, sich zu wehren. Dem arbeitslosen Koch Desnot, der sich auf ihn stürzte, versetzte er einen gewaltigen Tritt in die Hoden. Der Getroffene brüllte: «Er hat mich getötet!». Dann stieß ein Unbekannter dem Kommandanten ein Bajonett in den Bauch. Als er am Boden lag, hieben die Säbel dem Dutzend nach auf ihn ein. Desnot, der Koch, der sich rasch wieder erholte, schnitt der Leiche den Kopf ab, von einigen Schluck Branntwein gestärkt.

Wenig später wurde der Vorsteher der Kaufmannschaft, Jacques de Flesselles, den man der Verschwörung mit dem Hof in Versailles beschuldigte, von der Masse gelyncht und enthauptet. Man pflanzte die beiden blutigen Köpfe auf Piken und trug sie im Triumph durch die Stadt. Schulz notierte: «Voran wirbelten zwei Trommeln, hinter diesen trug ein Mann vom Pöbel auf einer Stange ein Blatt auf Pappe geklebt, worauf mit großen Buchstaben die Worte standen: Die Bastille ist mit Sturm erobert. Hinter diesem trugen zwei andere auf zwei Piken die beiden Köpfe. Unter dem Kopf des Gouverneurs hing ein Blatt mit den Worten: So rächt sich das Volk an seinen Tyrannen. An den Piken und über die beiden halbnackenden Träger derselben lief das Blut stromweis herunter. Hinter ihnen marschierte ein Zug von der französischen Garde mit Bürgern untermischt, und hinter diesen strömte das Volk zu Tausenden her. Aus allen Fenstern, von allen Dächern sah man diesem haarsträubenden

Schauspiele mit Fieber und Wohlgefallen nach. Erst nach neun Uhr des Abends warf man die Köpfe in die Seine...»

Schulz, der Reporter, wußte sehr wohl, was sein Publikum lesen wollte. In einer Fußnote fügte er hinzu, auf einer Bank im Palais Royal habe er ein «Frauenzimmer» gefunden, «das unter allen Erschütterungen eines heftigen Fiebers die beiden Köpfe unverwandt ansah und sich dabei beklagte, daß sie von dem schrecklichen Anblicke den Tod haben würde». Der Verfasser riet ihr, die Augen zu schließen, oder den Blick abzuwenden, doch sie erwiderte: «‹Mon dieu, cela m'est impossible! C'est plus fort que moi!› (Mein Gott, das ist mir unmöglich! Ich kann mir's nicht enthalten!) Und wirklich war sie gezwungen, den Köpfen so lange nachzusehen, als sie konnte. Darauf stieg sie mit dem langsamen Seufzer, der Herzenserleichterung anzukündigen pflegt, von der Bank herunter und entfernte sich eiligst, vielleicht um das Schauspiel in der nächsten Straße noch einmal zu sehen.»

Der Mythos von der Eroberung der Bastille hielt sich an den Scheußlichkeiten und Absurditäten nicht auf. Der Kampf war keine bloße Farce und keine Bagatelle gewesen, obwohl man am Hof nur grimmig feststellte, die Festung sei an die Advokaten ausgeliefert worden. Auf seiten der Angreifer zählte man 98 Tote, sechzig Verwundete, dreizehn Verstümmelte. Ein Jahr danach wurden an die tausend Männer mit dem Titel «Eroberer der Bastille» ausgezeichnet. Das Symbol triumphierte über die Realität. Die Literaten spotteten (nach dem Bericht der Brüder Goncourt), nun hätten sie in Paris keine Bleibe mehr. Fast über Nacht entstand ein Kult, dem sich Millionen von Touristen bis heute ergeben. Der 14. Juli wurde der Tag der Nation, den sie seit dem Jahr 1880 mit Paraden, mit Reden, Musik und Tanz auf den Straßen zu feiern gewohnt ist: Das Leben mit seiner Freude und seinem Zauber hat den Mythos am Ende besiegt.

Mit dem Abbruch der Festung wurde im Sommer 1789 unverzüglich begonnen. Ein schwunghafter Devotionalienhandel blühte auf: Überall im Lande bastelte man Miniatur-Bastillen, die angeblich aus originalen Steinen gefertigt wurden. Der Absatz der Trümmerstücke war reißend. Vermutlich hätte man mit ihnen halbe Städte erbauen können.

Nüchtern und poetisch zugleich beschrieb Friedrich Schulz die Ruine der alten Festung: «Ihre Mauern und platten Türme, von der hereinbrechenden Dämmerung schwärzer gemacht, standen wie Felsen da, und das... niedrige Bauwerk gab den Anblick einer ungeheuren Kröte...»

III

Pilger zum Tempel der Revolution

Die Botschaften von den Triumphen der Revolution, die Schreckensmeldungen von den Mördereien in den Straßen von Paris eilten rasch über die Grenzen. Nachrichten brauchten, schon damals, nur Tage, um die Nachbarländer zu erreichen. Auch die Zeitungen reisten geschwind. Noch auf deutschem Boden erreichten sie den Braunschweiger Schulmann und Buchhändler Joachim Heinrich Campe und seinen stillen Begleiter, den 22jährigen Studenten Wilhelm von Humboldt, dem er einst, samt dem jüngeren Bruder Alexander, als Hauslehrer im Tegeler Schlößchen das Grundwissen vermittelt hatte, ohne das alles Streben nach Bildung und Aufklärung vergebens sein müßte. Der freundliche Pädagoge empfand im Sommer des Jahres 1789, daß er einer Kur bedürfe. «Für Leute», sagte er, «deren Kränklichkeit von überhäufter Stubenarbeit bei zu wenig Körperbewegung» herrühre, gebe es keine bessere Medizin als eine schöne Reise. Die Begebenheiten in Paris und Versailles, von denen er in den Journalen las, weckten seine Neugier: «Wie? – schoß ihm da der Gedanke in die Seele – wenn Du Dich aufmachtest, um ein Augenzeuge davon zu sein?»

Es war Campe lieb, daß sein einstiger Schüler, der ihm zum Freund geworden war, an dem spontanen Entschluß Gefallen fand. Die beiden nahmen noch einen dritten mit, Wendeborn hieß er, von dem nicht weiter die Rede war. Längst auf dem Wege, begegneten ihnen die entsetzlichsten Gerüchte: von fünfzehntausend Opfern des rasenden Mob war die Rede, und an allen Laternenpfählen hingen – «wie Krammetsvögel» – angeblich die Aristokraten. «Wohin wir kamen, schüttelte man über unsere Unvorsichtigkeit, zu einer Zeit, wo Tausende aus Frankreich flohen, nicht nur nach Frankreich, sondern sogar nach dem Mittelpunkt alles Greuels, nach Paris selbst, mutwilliger Weise hinreisen zu wollen, mißbilligend den Kopf.»

Die drei ließen sich nicht abschrecken. Campe, dessen Geist rasch in Flammen geriet, war entschlossen, die Revolution zu lieben. Überdies stellte er nach der Ankunft in der französischen Hauptstadt fest, daß die Gerüchte weit über die Wirklichkeit hinausschossen. In seinen Briefen, die er an die Kollegen Trapp und Stuve in Braunschweig adressierte, rückte er die Dinge gerade. Man habe, schrieb er, die Art und Weise, wie das Pariser Volk seine Verurteilten exekutierte, grausam und unmenschlich genannt. Beschwichtigend meinte er, die Opfer seien längst nicht mehr am Leben gewesen, als man die Körper so übel zugerichtet habe. Das traf nicht zu. Doch seiner Aufmerksamkeit entging nicht, daß am Tag seiner Ankunft ein Todesurteil des Parlamentes – das heißt aber: des obersten Gerichtes – bekanntgegeben wurde, das befahl, den zwei Delinquenten die Beine, die Schenkel und die Arme zu brechen; dann sollten sie aufs Rad gelegt werden, «das Angesicht gen Himmel gerichtet: und in dieser Lage sollten sie bleiben, solange es Gott gefallen würde, ihr Leben zu verlängern». Der Menschenfreund Campe fragte nicht zu Unrecht: «Verfuhr nun das wütende Volk nicht zehnmal barmherziger als seine kaltblütige Obrigkeit?» Später gab er zu bedenken: «Große Revolutionen erwecken, wie Sie wissen, überall große Tugenden, allein sie veranlassen auch überall große Abscheulichkeiten.» Im schlimmsten Fall, argumentierte er weiter, würde die Sache der Menschheit kaum so viel Blut kosten, wie es der Bürgerkrieg, den die Berater des Königs planten, gefordert hätte. Auch der gewaltige Mirabeau rief: «La colère du peuple... Ah! Wenn der Zorn des Volkes so schrecklich ist, dann ist die Kaltblütigkeit des Despotismus entsetzlich; seine systematischen Grausamkeiten machen an einem Tag mehr Menschen unglücklich, als die Aufstände des Volkes in Jahren hinschlachten können.» Für die Opfer des Zorns der Massen war das ein geringer Trost. Aber hatten sie ihr Geschick nicht oft genug selber heraufbeschworen? Joseph François Foullon de Doué, dem einstigen Generalkriegsintendanten, sagte man nach, er habe dem König geraten: «Sire, man muß Paris abmähen, wie man eine Wiese mäht.» Ob das böse Wort gefallen ist oder nicht: der Verdacht genügte der aufgeregten Menge, den Unglücklichen am 22. Juli auf der Place de Grève vor dem Rathaus aufzuhängen. Dort aber, Campe vermerkte es sorgsam, hatte die königliche Justiz oft genug das böse Schauspiel der öffentlichen Exekutionen stattfinden lassen, um «das Volk gegen jedes menschliche Gefühl des Mitleids und Erbarmens abzustumpfen». Auch Foullons Schwager Bertier de Sauvigny, der Intendant von Paris, wurde massakriert, nachdem man ihn auf der Flucht in Compiègne eingefangen hatte: Ihn machte eine aufgehetzte Menge für die Versorgungsschwierigkeiten der Stadt verantwortlich. Man warf ihm vor, daß er Paris auszuhungern versuchte. Die revolutionären Autoritäten, die ihre Macht kaum etabliert hatten, konnten keinen der beiden retten, auch der populäre La Fayette nicht, der sich der Meute vergebens entgegenstellte. Dies waren Tage des Aufbruchs – Tage der Anarchie. Das alte Regime wankte. Das neue hatte sich noch nicht formiert.

Als Campe in den ersten Augusttagen in Paris anlangte, schien das Leben fast wieder seinen gewöhnlichen Gang zu gehen. Der himmellange Deutsche mit seinem munteren Vogelkopf auf einem dürren Leib – die Stirn flach, die Nase schmal, die Augen klein, die Glieder dürr – war tagein und tagaus unterwegs, um mit seinen Freunden die Gassen, die Plätze, die Boulevards zu erkunden. Er strebte vor allem zur Bastille, «diesem furchtbaren Schlund», um die Zwingburg zu sehen, ehe sie völlig zerstört war. Die Geschichte der Festung und ihrer Eroberung hatten sich längst zur Legende überhöht, die der empfindsame Zeuge voller Ergriffenheit an die Leser seiner Briefe in Braunschweig und hernach an das Publikum seines Buches vermittelte. Er sprach vom «Ort des Schreckens und des Jammers, den so manche heiße Träne benetzte, und aus dessen tiefen und finstern Gräbern, mit lebendigen Leichen angefüllt, so mancher, von Angst und Verzweiflung erpreßter Seufzer durch ungeheure Felsenwände und eiserne Türen zum Vater der Menschen, zum Richter der Könige emporstieg und um Rache schrie. Jetzt sind sie erhört, diese jammervollen Seufzer...».

Er brauchte keinen Propagandaapparat, um die hassenswerte Vergangenheit und die mutige Eroberung der Festung in sagenhafte und phantastische Dimensionen zu übersetzen: Das geschah wie von selbst. Gewiß waren Prahlerei und die lateinische Lust an der Übertreibung im Spiel. Darauf kam es nicht an. Vielmehr schienen die Bürger mit genauer Witterung wahrgenommen zu haben, daß es vor allem ihr Triumph am 14. Juli war, der dem absoluten Königtum ein Ende machte. Die Einnahme der Bastille und ihre Schleifung bestätigte, was der Monarch durch die Anerkennung der Nationalversammlung stillschweigend akzeptiert hatte: die Einschränkung seiner Souveränität und den (partiellen) Übergang der Legitimität auf die Vertretung des Volkes. Die königlichen Truppen standen am 13. und 14. Juli Gewehr bei Fuß. Auf die Regimenter, die Paris umlagerten, hätte sich der Herrscher verlassen können. Den Befehl zum Einsatz gab Ludwig nicht. Er scheute das Blutbad. Oder? Als die Bastille gestürmt wurde, befand er sich, wie so oft, auf der Jagd. Er ging früh zu Bett. Angeblich riß ihn der Herzog von Liancourt aus dem ersten Schlaf, um die Pariser Ereignisse zu melden. «Handelt es sich um eine Revolte?» soll Ludwig gefragt haben. «Nein, um eine Revolution!»

Begriff der König, was dieses Wort bedeuten mochte? Er zeigte sich nicht bereit, dem Rat seiner Brüder zu folgen: nach Metz zu flüchten und von dort aus, an der Spitze seiner Armee, die Hauptstadt zurückzugewinnen und die Revolution niedersäbeln zu lassen. Er wollte Zeit gewinnen, auf eine natürliche Wendung der Entwicklungen wartend. Am 15. Juli verkündete er vor der Nationalversammlung, die ihn stumm empfing, daß er die Truppen von der Hauptstadt abziehen lasse. Dieser schwerfällige und langsame Mann bewies, das eine Mal, eine erstaunliche Präsenz: «Man wagte es zu verbreiten», rief er, «meine Person sei nicht in Sicherheit. Nun gut – ich bin es, der mit der Nation eins ist; ich bin es, der sich Euch anvertraut.»

Legte Ludwig das Geschick des Königtums in die Hände der Volksvertreter? Damit hätte er, aus freien Stücken, einen ersten Schritt zur konstitutionellen Monarchie nach englischem Muster unternommen. Das und nichts anderes wollte Mirabeau, wollte La Fayette, wollte die Mehrzahl der Deputierten. Die Abgeordneten klatschten stürmisch Beifall. Doch sie blieben auf der Hut. In Paris aber formierte sich am gleichen Tag eine neue legale Macht: Der Graf La Fayette wurde von den Wahlmännern zum Kommandeur der Nationalgarden ernannt, die sich aus der Schar der wahlfähigen Bürger zwischen dem zwanzigsten und fünfzigsten Lebensjahr rekrutieren sollten. Die sechzig Distrikte der Stadt waren angehalten – so der Organisationsplan, den der General einige Tage später vorlegte –, einen Militärrat von je sechzehn Mitgliedern zu wählen. Mit ihrer Hilfe würde der General in der Lage sein, binnen weniger Stunden eine Streitmacht von dreißigtausend Bürgergardisten zu mobilisieren, die sich in sechzig Regimentern mit je fünf Kompanien formierten – der Kern eine kasernierte «Zentralkompanie», die Tag und Nacht alarmbereit sein sollte. Man mußte zugeben: La Fayette verstand sein Metier. Der Astronom Bailly, der am gleichen Tag dank seines glänzenden Auftritts in Versailles zum Bürgermeister von Paris gewählt wurde, mußte sich seine politischen Sporen dagegen erst verdienen.

Ludwig lehnte sich gegen die beiden Ernennungen nicht auf, obwohl sie ohne sein Zutun (vielleicht sogar gegen seinen Willen) geschehen waren. Die Königin riet ihm, den verhaßten Necker zurückzurufen: Vielleicht, dachte sie, wäre diese Geste genug, um die aufgeregten Massen zu beruhigen. Die Pariser bejubelten den Entschluß. Anderntags, am 17. Juli, entschloß sich der Monarch, einer plötzlichen Eingebung folgend, seine Hauptstadt zu besuchen – ohne Gepränge, ohne Hofstaat, ohne Zeremoniell, ohne militärische Eskorte. Noch weit vor den Toren holte eine Bürgergarde seinen Wagen ein, um ihn zum Rathaus zu eskortieren. Die Leibwachen blieben zurück. So hatte es La Fayette mit dem Hof verabredet.

Die Pariser, die den Einzug ihres Herrschers begafften, verhielten sich reserviert, obwohl die Anwesenheit La Fayettes besagte, daß alles mit rechten Dingen zuging. Ihr General machte auf seinem weißen Roß eine glänzende und sichere Figur. Ludwig grüßte mit freundlicher Würde nach links und rechts. Doch er wirkte unruhig und wie immer ein wenig schüchtern. Was Wunder! Vor seiner Karosse tanzten die Poissardes, die Fischweiber, in wilden Sprüngen einher. Diesen Anblick war er nicht gewohnt.

Der Monarch trug, wie Friedrich Schulz berichtete, «bürgerliche Kleidung». Er war «sehr sorgfältig frisiert». Den Hut hielt er unterm Arm. «Er war blaß», schrieb Schulz. «In seinen Mienen war kein bestimmtes Gefühl zu lesen; aber wohl eine Art von Betäubung, in die er durch das zahllose Gewimmel von Menschen, durch die Erinnerung an die blutigen Auftritte der vorigen Tage und an das, was sie veranlaßt hatte, versenkt worden war.» Jean-Sylvain Bailly, der neu gewählte Bürgermeister, übergab ihm an der Barriere von Chaillot die Schlüssel der Stadt. «Sire», sagte er, «es sind die selben, die man Heinrich IV. aushändigte: Er hatte sein Volk wieder erobert; hier hat das Volk seinen König wieder erobert.»

Wiederum fand Ludwig das rechte Wort: «Ich habe nie an der Treue meiner Nation gezweifelt; aber sie kann auch auf meine Liebe rechnen.» Die Sätze gingen von Mund zu Mund – nun flogen Ludwig die Herzen der Pariser zu. Vor dem Rathaus überreichte ihm Bailly die Kokarde der Revolution: nicht mehr die grüne, die sich Camille Desmoulins im Garten des Palais Royal an den Hut gesteckt hatte, sondern das blau-rote Emblem mit den Farben der Stadt Paris. Man fügte, aus Höflichkeit später noch das Weiß hinzu: die Farbe des königlichen Hauses, die schön und kalt im Lilienbanner der Bourbonen prangte. Der König nahm das Abzeichen und hob es empor, um es dem Volk zu zeigen: «Dieses antwortete mit einem Geschrei der Begeisterung und des Dankes.»

Nun wollte auch Ludwig, wie Schulz bezeugte, in die Hände klatschen. Da ihm sein Hut im Weg war, ließ er ihn einfach fallen. Diese Reaktion, sagte Schulz, sei bezeichnend «für die geistige und körperliche Kultur des Königs» gewesen. Vermutlich meinte er damit das gutmütige Ungeschick, das der Monarch so oft demonstrierte, trotz seiner handwerklichen Künste in der Schlosserwerkstatt.

Aber was war mit den Schlüsseln der Stadt geschehen? Hatte er sie in die Tasche gesteckt? Oder einem der Diener übergeben? Der Graf La Fayette mochte an den dicken, klobigen Schlüssel der Bastille denken, den er sich hatte schenken lassen, um ihn durch Thomas Jefferson, den amerikanischen Gesandten, seinem väterlichen Freund George Washington überreichen zu lassen.

Noch heute hängt der mächtige Schlüssel unter einem Glassturz im Flur des weiß-klassizistischen Landschlößchens Mount Vernon über dem Potomac-Fluß, Jahr um Jahr von Millionen Touristen bestaunt: ein Symbol des Freiheitswillens, der Franzosen und Amerikaner über zweihundert Jahre miteinander verband. Jefferson, ein kritischer Freund des revolutionären Aufbruchs, beobachtete mit einem Anflug von Mitgefühl, doch ohne Bedauern, die Rückfahrt des Monarchen, den das Volk von Paris nun aus vollem Herzen umjubelte. Die Freudentränen und der Jubel täuschten den Virginier nicht über das Drama hinweg, das sich hier in Wahrheit vollzog. Die Visite Ludwigs, bemerkte er, sei eine «öffentliche Abbitte, wie sie kein König je getan, noch ein Volk je entgegengenommen» habe.

Zu seinem Nachfolger Gouverneur Morris (so hieß er mit Vornamen, nicht mit Titel) sagte La Fayette hernach in einem Anflug törichten Hochmuts, er habe an jenem 17. Juli hunderttausend Männer aufgeboten, seinen Souverän durch die Straßen gelenkt und ihm so viel Beifall zugeteilt, wie es ihm angemessen zu sein schien. Leicht hätte er Ludwig zu seinem Gefangenen machen können, wäre ihm danach zumute gewesen. Morris, der anders als Jefferson kein Freund der Revolution war, gab die arrogante Äußerung voller Verachtung weiter.

Der Ruhm schien La Fayettes einst so klaren Kopf verdunkelt zu haben. Die Revolution, dachte er, gehorche seinem Willen. Er täuschte sich. Noch lieferten sich die Pariser seinem Charme, seiner Erfahrung und seiner Autorität mit Vergnügen aus. Irgendwann aber würde der Zauber brechen, das war vorauszusehen. Der König verzieh ihm das Machtbewußtsein nicht, das er, trotz seiner vermeintlichen Dickhäutigkeit, sehr wohl empfand. Marie-Antoinette war ohnedies nicht geneigt, einen Mann zu respektieren, dessen Hochmut den ihren übertraf.

Der liebenswürdige Campe war auch für dieses Schauspiel zu spät gekommen. Nur der Gedächtnismesse für die Opfer des Bastillesturms durften er und seine Begleiter beiwohnen. Am Abend des 4. August aber, als er im Begriff war, sich zur Ruhe zu legen, holte ihn das Brandungsgeräusch einer jubelnden Masse aus den Federn und lockte ihn ans Fenster. Rasch zog er sich die Kleider über und stürzte hinaus, lief zum Zentrum der Bewegung, zum Palais Royal, dieser «großen Bühne von Paris», auf der er so gern verweilte, um den Strom der Gesichter an sich vorüberziehen zu lassen. Dort, hat er seinen Freunden geschrieben, hätte Lavater, der Züricher Arzt und Menschenfreund, seine physiognomischen Studien unternehmen sollen. Im Garten und in den Cafés jener Anlage, das verstand er wohl, «entwickelte sich seit vielen Jahren schon der Keim der französischen Freiheit, welche jetzt in schönster Blüte steht». Sobald der Pariser diesen Ort betrete, höre er auf, «ein Pariser und ein Franzose zu sein» – er sei vielmehr «für den Augenblick ein vollkommener Republikaner, ein Weltbürger, der keine bürgerlichen und keine konventionellen Einschränkungen und Fesseln» mehr kenne.

Die vorausgegangene Nacht des 5. August sei «für die französische Nation, und fast möchte ich sagen, für die Menschheit, eine der merkwürdigsten unter allen Nächten geworden, welche in der neueren Geschichte aufgezeichnet zu werden verdient». Die Nachricht von sensationellen Entscheidungen in Versailles hatten erst im Gang des Tages die Hauptstadt erreicht – und die Pariser zu einer Demonstration des Jubels herbeigerufen, die dem empfindsamen Campe ans Herz griff. In einem Rausch des Tatendranges hatte die Nationalversammlung beschlossen, mit einem Schlage sämtliche feudalen Rechte, sämtliche Privilegien von Adel, Geistlichkeit und Landschaften zu beseitigen. Der Vicomte de Noailles, ein Schwager La Fayettes, hatte den entscheidenden Antrag gestellt, einer Initiative des Herzogs von Aiguillon zuvorkommend, der als einer der reichsten Männer des Landes galt. Auch jener Grandseigneur zeigte Verständnis für den Wunsch des Volkes, «endlich ein Joch abzuschütteln, das seit so vielen Jahrhunderten seinen Nacken beugt». Auf die Unruhen im Land verweisend hatte er hinzugefügt: «Wir müssen zugeben, meine Herren, daß dieser Aufstand wie jeder bewaffnete Übergriff, zwar sträflich ist, aber doch entschuldigt werden kann mit der Bedrückung, der das Volk ausgesetzt ist.»

War das nur eine verbale Verbeugung an die Adresse der Bauern, die sich anschickten, die Schlösser und Klöster zu stürmen? Der Herzog verbarg seine wahren Interessen durchaus nicht. «Man kann von den Grundherren nicht verlangen», rief er, «daß sie schlankweg auf ihre Lehensrechte verzichten. Diese Rechte sind ihr Eigentum, und es wäre unbillig, die Aufgabe irgendeines Eigentums zu fordern, ohne dem Eigentümer eine gerechte Entschädigung zuzugestehen.» Mit Noailles übereinstimmend schlug er vor: gleiche Steuern auch für den Adel, Abschaffung der Fronarbeit und der Leibeigenschaft (die in Wirklichkeit schon fast völlig beseitigt war), Ablösung der übrigen Herrenrechte mit einem Zins von 3,3 Prozent. Stürmischer Applaus der ganzen Versammlung.

Nun trat ein Deputierter um den anderen ans Pult, unter ihnen viele, die Frankreichs älteste Namen trugen, um sich in den Bekundungen ihrer Großherzigkeit und ihrer vaterländischen Gesinnung zu überbieten. Sie redeten sich in trunkene Begeisterung. Die Geistlichen wollten ihnen mit Bezeugungen ihres Opferwillens nicht nachstehen. Da die Herren so viel und so fröhlich dahingaben, was sie noch Wochen vorher als ihre heiligsten, unantastbaren Güter betrachtet hatten, kam es auf das eine, das andere Zugeständnis nicht mehr an. Gewissermaßen als Draufgabe schenkten die Herren des Ersten Standes dem Volk das Jagdrecht, das bisher keinem Bürger und keinem Bauern zustand. Der Bischof von Chartres, zu extremer Vorsicht neigend, warnte vor dem schrecklichen Gedanken, daß es jedermann erlaubt sein würde, eine Büchse zu besitzen. So empfahl der Prälat, das Bauernvolk möge sich nur «unschuldiger Waffen» bedienen, um seine Felder zu schützen. Dieser Vorschlag wurde verworfen. Die Versammlung folgte Mirabeau, der jedem Franzosen zugestand, auf seinem eigenen Feld zu jagen, keiner auf dem des anderen; das sollte für den König wie für den schlichten Bauern gelten.

Keine revolutionäre Errungenschaft begeisterte die Franzosen mehr und nichts erregt ihre Leidenschaft tiefer bis auf den heutigen Tag als das Recht, nach der Eröffnung der Saison im Oktober mit knallenden Flinten und brünstigem Geschrei dem letzten Kaninchen nachzustellen, das verängstigt durch die

Weinberge hoppelt, und nach der letzten Wildsau zu fahnden, die sich irgendwo im Unterholz verbergen könnte.

Entzückt registrierte Campe das Lachen, mit dem der Antrag eines jungen Aristokraten aufgenommen wurde, auch das Privileg der Taubenzucht dahinzugeben, was zu manchen anzüglichheiteren Bemerkungen Anlaß gegeben habe. Täuschte er sich nicht? Die exakteren Historiker berichten, der Abbé Sieyès in Person habe den Antrag gestellt, jedermann das Recht zu geben, auf seinem eigenen Grund und Boden soviel Tauben zu töten, wie er nur wolle – nicht nur, um den Topf auf dem Herd mit dem zarten Fleisch der Vögel zu füllen, sondern vor allem, um sie davon abzuhalten, die Körner von den Feldern zu fressen. Lange Stunden wurde über den Vorschlag verhandelt. Die Tauben verloren.

Gute Laune, Rührung und Enthusiasmus bestimmten die unvergleichliche Debatte. Der Graf Mirabeau schrieb später in seinem «Courier de Provence» von der «edlen Trunkenheit», «welche jeden wahren Erguß von Großmut zu begleiten pflegt». Er sprach von einem «elektrischen Wirbel», der am Tag danach ganz Paris zu einem Rausch «entzückter und liebevoller Brüderlichkeit» verführte.

Dies war noch immer das Jahrhundert der Tränen: Weinend fielen die Menschen einander in die Arme, Vertraute und Fremde. «Welch ein Schauspiel für den teilnehmenden Menschenfreund», rief Campe. Ein anderes Mal hatte er Anlaß, für sich selber die Frage seines ersten Briefes aus Paris zu wiederholen: «Daß die neuen Griechen und Römer, die ich hier um und neben mir zu sehen glaube, wirklich vor einigen Wochen noch – Franzosen waren?» In der Tat, er hatte Grund, eigene Vorurteile zu verscheuchen: «Sind das wirklich die Menschen», erforschte er sein Gemüt, «die wir in Deutschland unter dem Namen Franzosen uns zu denken pflegten?» Waren das noch «die pfeifenden, trillernden, hüpfenden und schnatternden Gecken, waren die lustigen, windigen, aufgeblasenen und hirnlosen Prahlhähne, die wir wohl ehemals über den Rhein kommen, und mitten in Deutschland über alles, was deutsch war, die höhnische Nase rümpfen sahen...?» Könne sich, fragte er, der Charakter dieser Nation in wenigen Wochen von Grund auf gewandelt haben? Er glaubte – und darin täuschte er sich nicht völlig –, dem Prozeß einer «Umschmelzung und Läuterung» des Nationalcharakters «durch das Feuer des allgewaltigen Freiheitsgefühls» beizuwohnen.

Auf den rauschhaften Enthusiasmus in der Nachtsitzung des 4. auf den 5. August zurückschauend, erinnerte sich der Abbé Sieyès neun Jahre später gegenüber Wilhelm von Humboldt, er habe hinterher still dem Jubel im Hause des gelehrten Grafen Condorcet gelauscht und, als die Freunde auf eine Äußerung drangen, trocken bemerkt: «Nun bleibt ihnen nichts mehr, als sie zu hängen – aber alle.» Der Erzbischof von Paris zog es vor, in der königlichen Kapelle ein Te Deum anstimmen zu lassen. Der Herzog von Liancourt beantragte die Prägung einer Gedenkmünze. Der Graf Lally-Tollendal brachte den Antrag ein, Ludwig XVI. den Titel eines «Wiederherstellers der französischen Freiheit» zu verleihen. Die Nationalversammlung nahm die beiden Vorschläge an.

Als die Deputierten aus dem Taumel ihrer Hochherzigkeit erwachten, haben sie sich – vielleicht – der nüchternen Mahnung des Grafen Noailles entsonnen, der ihnen zu Beginn der Debatte zugerufen hatte: «Wie schafft man eine Regierung? Durch öffentliche Ruhe. Wie kann man sie zuwege bringen? Indem man das Volk besänftigt...» So rasch ließ sich freilich nicht ausmachen, ob die grandiosen Gesten des 4. und 5. August genügen würden, die Franzosen davon zu überzeugen, daß sie auf den drohenden Bürgerkrieg guten Mutes verzichten könnten. Die Abschaffung der Privilegien bedrohte den Besitz von Adel und Kirche noch nicht. Die Bürger waren darauf bedacht, den Schutz des Eigentums und damit ihre eigenen Interessen streng zu achten. Die Nationalversammlung hatte nur die schlimmsten Lasten vom Rücken des Landvolkes genommen. Die Existenz der meisten Bauern blieb so dürftig wie zuvor.

Im Land ging schon seit Wochen eine Unruhe um, die die Herren das Fürchten lehrte. «Das ist der Krieg der Armen gegen die Reichen!» hatte einer der Abgeordneten gesagt. Krieg? Das Wort übertrieb. In vielen Winkeln des Landes, das traf wohl zu, brannten die Schlösser, von den wütenden Horden der Knechte, der kleinen Pächter und landlosen Gesellen in Brand gesteckt.

Die Grundbesitzer, die in Versailles versammelt waren, ängstigten sich, nicht ohne Grund, um die Frauen und Kinder, die sie auf ihren Gütern zurückgelassen hatten. Wilde Gerüchte vom Vormarsch bewaffneter Banden geisterten durch die Hallen. Sie liefen schon längst durch Paris, beunruhigten seit Wochen weite Provinzen des Landes, verstörten das Volk in den Dörfern und kleinen Städten: Die Furcht ging um. Niemand hätte sagen können, vor was oder wem. Keiner wußte Genaues. Es gab in Wahrheit nicht viel zu wissen, doch die «Große Angst», «la grande peur», hielt Frankreich in Atem: Sie wogte von Le Mans der Normandie und der Bretagne zu. Sie eilte von Nantes nach Süden. Sie suchte das weite, wilde und öde Massif central heim. Sie fegte wie der kalte Mistral durchs Tal der Rhône. Sie besetzte Burgund und die Franche-Comté. Sie war überall – und die Ursache fand sich nirgends. Jedermann schien die drohende Invasion der apokalyptischen Armeen zu annoncieren – doch die Reiter ließen sich nicht dingfest machen.

Der Historiker Georges Lefebvre versuchte eineinhalb Jahrhunderte danach, dem rätselhaften Ereignis auf die Spur zu kommen. Er zeichnete ein komplexes Bild, doch am Ende blieb jenseits aller Erklärungen das Phänomen einer würgenden Hysterie, die Frankreich überfallen hatte – Visionen aus endzeitlicher Furcht, wie sie das mittelalterliche Europa in Zeiten der Pest so oft heimgesucht hatten. Im Jahrhundert des Rationalismus, sollte man denken, war für solche Besessenheiten kein Platz mehr. Doch der Fortschritt – man vergaß es so leicht – schleppte stets seine Schatten hinter sich drein, und die Aufklärung hatte immer ihre Nachtseite. Auf jeden Sieg und Triumph schien ein Ausbruch irrationaler Mächte zu antworten. Im Fortgang der Revolution gab es Anlaß genug, sich darüber Kopf und Herz zu zerbrechen.

Die Bauernrevolten in der Bretagne und der Normandie, im Elsaß und in der Franche-Comté, in Burgund und im Midi, die Meutereien in Straßburg und Dijon, in Bordeaux und Nantes stachelten die Ängste an. Brände und Plündereien, Morde und Schändungen erhitzten, es läßt sich nicht leugnen, auch die Phantasie von Menschen, die weit von den Orten der schrecklichen Geschehnisse entfernt waren. Abertausend Familien litten bittere Not. Manche der düsteren «Gesichte» mochte der Hunger eingegeben haben.

Diese Hinweise, so wichtig sie sind, genügten kaum, das Geheimnis der kollektiven Panik zu entschleiern. Immer wieder traten Zeugen auf, zitternd vor Erregung, die behaupteten, sie hätten die Kolonnen der Briganten mit eigenen Augen gesehen: bei Vienne und Valence, bei Arles und Tarascon, im Umkreis von Albi, aber auch fast vor den Toren von Paris, in den Tälern der Sèvre und der Maine. Andere Landschaften blieben auf geheimnisvolle Weise ausgespart, obwohl dort das Elend, die politische Verwirrung, die soziale Hilflosigkeit nicht geringer waren.

Die Phantomarmeen der Briganten existierten in den Regionen, die von der neurotischen Angst heimgesucht wurden, sowenig wie anderswo. Es konnte lediglich nachgewiesen werden, daß bewaffnete Räuberbanden, die seit jeher die Straßen unsicher machten, einige Mehltransporte überfallen hatten. Natürlich war man in Paris und anderswo unverzüglich mit den Verschwörungstheorien zur Hand, die sich in den Geschichtsbüchern so hartnäckig behauptet haben. Die Radikalen sahen eine konterrevolutionäre Konspiration am Werk: Als hätten die Herzöge, die Grafen, die Barone ihre Schlösser selber angezündet, um einen Vorwand zu finden, die Herrschaft des Volkes in ihren Anfängen zu vernichten. Narren konservativer Prägung verdächtigten die Freimaurer, auch die Jesuiten, trotz Verbots und Vertreibung des Ordens, ausnahmsweise nicht die Juden, die sonst für alles Unglück, für jede Seuche und für jeden Mangel verantwortlich gemacht wurden. Fragende Blicke richteten sich auf den Herzog von Orléans, dessen Agenten in Paris manchen Aufruhr der Massen bewirkt haben mochten. Doch es ließ sich kaum denken, daß er mit all seinem Geld halb Frankreich in kollektiven Wahn zu stürzen imstande gewesen wäre. Das konnte sein brennender Ehrgeiz nicht ausrichten.

Freilich blieb es kaum jemandem verborgen, daß dieser vitale und genußsüchtige Mensch den ungefügen Ludwig von seinem Thron zu verdrängen versuchte. Seine Bauwut und sein Interesse an technischen Neuerungen – er richtete die ersten Maschinenspinnereien in Frankreich ein –, seine Kunstsammlungen: all das genügte nicht, die Unruhe zu bändigen, die ihn voranzutreiben schien – in erotische Abenteuer, von denen ganz Paris sprach, in politische Intrigen, die selten unentdeckt blieben, in offene Machtkämpfe. Um Marie-Antoinette zu übertreffen, die sich um ihr Trianon-Schlößchen ein Schäferidyll samt Hütten und Hof, Bauern und Hirten geschaffen hatte, ließ der Herzog den Park von Monceau mit holländischen Mühlen und chinesischen Brücken, italienischen Weingärten, römischen Tempeln en miniature, den Kolonaden von Tivoli, Pyramiden und Lusthäuschen aus dem Boden stampfen: ein Disney-Land des Rokoko mit den niedlichsten Zitaten aus der Menschheitgeschichte – inmitten eines prachtvollen englischen Gartens und reizender Puppenstuben der Natur. Der Aufwand verschlang Millionen. Um keinen Einfall zur Aufbesserung seiner Finanzen verlegen, fügte er dem Palais Royal, seiner majestätischen Residenz, die Arkaden an, in denen Boutiquen untergebracht werden konnten, die sich für teures Geld vermieten ließen. Zweimal brannte das Opernhaus nieder – zweimal baute es die Herzogsfamilie auf. Bei den künstlerischen und literarischen Unternehmungen bediente sich Louis Philippe der Regie des Voltaire-Schülers Jean-François Marmontel, bei seinen politischen Konzepten und Publikationen der Feder des Offiziers und Schriftstellers Choderlos de Laclos, der mit seinen «Gefährlichen Liebschaften» Skandal gemacht hatte.

Dieser talentierte Literat hatte die Erotik gleichsam als Machtfrage definiert. Versuchte der Herzog, die mechanistische Strategie seines Beraters in die Politik zu übertragen? Dafür war das Temperament dieses unsteten Menschen mit seinem breiten, offenen, ein wenig aufgeworfenen Gesicht kaum geeignet. Vor allem: von der Beschaffenheit der Kräfte, die er für sich zu nutzen suchte, wußte er so gut wie nichts. Er ließ sich auf Bewegungen ein, deren Dynamik sich jeder Berechnung entzog.

Dennoch, die ersten Erfolge schienen ihm recht zu geben. Die Nationalversammlung hatte den Herzog, in ihrem Jubel über die Vereinigung der Stände, zum Präsidenten gewählt: eine Ehre, der er rasch entsagte. Die Agitatoren im Palais Royal – in dem die Polizei ohne seine Einwilligung nichts zu bestellen vermochte – bewiesen ihre Tüchtigkeit bei jedem Aufruhr.

Lachend sah der Hausherr zu, wie sich der jüngste Bruder des Königs, der Graf d'Artois, aus dem Staub machte. (Der ältere Bruder, der Graf de Provence, harrte einstweilen noch in Versailles oder seiner Stadtresidenz, dem Palais Luxembourg, aus.) Die Prinzen Conti und Condé waren ihm in die Nähe der Grenze vorangeeilt. Unter Tränen trennte sich Marie-Antoinette von ihrer liebsten Freundin, der Herzogin von Polignac. Überkam sie eine Ahnung, daß sie die Gefährtin nicht wiedersehen sollte? (Sie starb nicht lange nach der Königin in der Wiener Verbannung.)

Die Herrschaften reisten nicht mit allzu leichtem Gepäck, obwohl sie bemüht waren, kein Aufsehen zu erregen. Allesamt gaben sie sich der Illusion hin, der revolutionäre Spuk werde in wenigen Monaten fortgefegt sein, falls er nicht noch früher an den eigenen Wirren zugrunde gehe. Es würde nicht schwerhalten, meinten sie, den deutschen Kaiser und den preußischen König gegen das Pack der Aufwiegler ins Feld zu schicken. Wie könnten die Fürsten des Reiches dulden, daß ihr gesalbter Vetter Ludwig, dem die Kirche mit der Krönung nach Jahrhunderte alter Tradition die Kraft zu reinigen und zu heilen verliehen hatte – daß einer der ihren und mit ihm seine heilige Würde unter die Gewalt des Pöbels fiele? Mit den beiden Prinzen und dem Grafen d'Artois, ihnen voraus und hinterher verließen Hunderte adliger Männer die Heimat, jeder befähigt, eine Schwadron, ein Regiment, ein Corps zu führen. An Offizieren für eine Befreiungsarmee fehlte es nicht. Die Mannschaften und Unteroffiziere, dachten sie, würden sich rasch genug einfinden; im Zweifelsfall müßte man deutsche Söldner anwerben, die ohnedies im Ruf standen, die gehorsamsten Soldaten zu sein.

Der freundliche Campe vermerkte nicht, ob sein Postwagen auch auf der Rückreise Ende August von den Karossen der Emigranten umschwärmt war. Mit welcher Ungeduld brannte der wohlmeinende Pädagoge darauf, den Freunden zu Hause von den großen Ereignissen in Paris zu berichten. Nein, er war nicht bestrebt, die Deutschen zu einer Nachahmung der Revolution zu ermutigen. Dafür sah er keine Notwendigkeit, zumal nicht im heimatlichen Braunschweig, das von dem Herzog Ferdinand, einem Neffen Friedrichs des Großen, so umsichtig und vernunftvoll regiert wurde: ein wahrhaft aufgeklärter Herr, seit einigen Jahren das Oberhaupt der deutschen Freimaurer «strikter Observanz», der für Männer der Wissenschaft, der Volkserziehung und der Humanität stets ein offenes Ohr und manchmal eine offene Hand hatte. Der Herzog und kein anderer hatte sich einst ein Herz gefaßt, den schwierigen Vater Forster von seinen Londoner Schulden zu erlösen, und er hatte auch nicht gezögert, dem jungen Georg Forster, der mit dem großen Captain Cook (und dem nörgelnden Vater) um die Welt gesegelt war, unter die Arme zu greifen.

Campe handelte nicht nur weltklug und listig, als er später in der Vorrede seines Berichtes schrieb, er wolle der Regierung, unter der zu leben er das Glück habe, durch die Herausgabe der Pariser Briefe ein «würdiges Denkmal» setzen. Er heuchelte auch nicht, als er voller Hingabe von seinem «angebeteten» und «edlen» Fürsten sprach, der den freimütigen Autor mit seinen Gunstbeweisen überhäufe.

Er war kein Speichellecker und kein Kriecher. Mit unschuldigem Selbstbewußtsein sprach er von dem «hohen Beruf» der Schriftsteller, «Wächter und Ratgeber der Menschheit» zu sein. Es war seine Überzeugung, «daß es vernünftiger sei, in einem alten, auch etwas baufälligen und unbequemen Hause wohnen zu bleiben, als aus unweiser Veränderungssucht die Grundlage... auf einmal wegzureisen und es sich und den Seinen auf den Kopf stürzen zu lassen».

So verschwieg er auch nicht, was ihm an den revolutionären Neuerungen nicht behagte. Die Unruhe in der Nationalversammlung zum Beispiel verstörte seinen deutschen Ordnungssinn, das unaufhörliche und fast immer vergebliche Geklingel des Präsidenten, die Zwischenrufe, die Schwatzereien, die ihn – wie anders? – an eine «Judenschule» erinnerten. Fasziniert und zugleich abgestoßen hatte er beobachtet, daß es unter den Abgeordneten nur wenigen «riesenmäßigen Stimmen« gelang, «das tumultuarische Geschrei zu überschreien». Amüsiert bemerkte er, die Redner hätten oft «wie wahre Athleten» eine «kämpfende Stellung» eingenommen, «mit geballter in die Luft schlagender Faust, mit hochaufgeschwollenen und starkgespannten Gesichtsmuskeln, und mit Blicken, welche vor Zorn glühten...»

Allerdings, die bedeutendsten Redner zwangen die Versammlung am Ende doch «von dem stärksten Geräusch zur aufmerksamsten Stille, von der ausgelassensten Lustigkeit zum katholischen Ernst».

Sobald er es vor sich selber und dem Publikum, das zu Hause auf ihn wartete, verantworten zu können glaubte, hatte sich Campe vor dem Getöse der politischen Auftritte und aus dem Gewühl von Paris ins «schöne romantische Ermenonville» zurückgezogen, zur letzten Heimstadt seines vergötterten Rousseau. Man mag Campe und seinen stillen Begleiter Wilhelm von Humboldt die ersten deutschen Pilger zu den Stätten der Revolution nennen, denen so viele folgen sollten. Die Wallfahrt zum Sterbehaus Jean-Jacques Rousseaus aber war das eigentliche Ziel der Reise. Campes schwärmerische Verehrung für den Verfasser des «Émile», der «Nouvelle Héloïse» und des «Contrat social» gab ihm Verse ein, die man kaum zu den Gipfeln der deutschen Dichtkunst rechnen wird: «Dein einziger, dein großer Fehler war / Du kamst, mein Rousseau, hundert Jahr / Den Menschen deiner Zeit zuvor... / Was Wunder, daß sie dich verkannten? / Dich Sonderling, dich Unhold nannten...»

Campes Liebe für den Vordenker der Revolution brauchte freilich zu ihrer Bestätigung eine seltsame und leidenschaftliche Entrüstung gegen Thérèse Levasseur, die Gefährtin und spätere Frau des Meisters, die er dafür verantwortlich machte, daß der Meister die gemeinsamen Kinder einem Waisenhaus übergeben hatte. Er hieß sie einen «weiblichen Dämon», einen «Unhold», einen «Plagegeist», eine «unwürdige Frau», er warf ihr (vermutlich nicht zu Unrecht) vor, daß sie Rousseau nach Strich und Faden betrogen hatte. Er wollte und konnte Thérèse nicht verzeihen, daß sie ihren Gefährten überlebt hatte. Der skeptische Humboldt, der die Dame ein knappes Jahrzehnt danach aufsuchte, notierte ein freundlicheres und kühleres Urteil: «Alt, verständig, entschlossen mit Heftigkeit. Soll die Manie haben, als sei die kalte und einfache Vernunft alles, aber selten, dagegen überall nur Laster, Esprit, Künstelei etc. Ihre eigene schlichte Vernunft soll indes nicht frei von Eigenliebe sein.»

Aufmerksam las Humboldt bei jener zweiten Pariser Reise in der Neige des Jahrhunderts noch einmal die Werke Rousseaus.

War der Philosoph überhaupt, fragte er, «ein politischer Kopf?... Er sah nicht ein, was man mit der Freiheit machen kann, er wollte kleine Staaten, eingeschränkte Verhältnisse, nichts Großes, nichts auf (das) Fortschreiten der Menschheit Kalkuliertes.» Er notierte aber auch, daß laut Rousseau «jedes nach Gesetzen regierte Land... Republik» sei. Den Seufzer konnte er nicht unterdrücken: Rousseau sei «nicht gemacht, lustig zu schreiben». Nein, das war er nicht.

Seinen alten Lehrer Campe nannte Wilhelm von Humboldt in der Rückschau einen «großen und sanften Mann». In jenen ersten Pariser Tagen freilich scheint der alte Lehrer die zarten Nerven des jungen Barons mit seiner chronischen Begeisterung malträtiert zu haben. In einem Brief an seine Braut Caroline von Dacheröden nannte er den Pädagogen «gutmütig und verträglich, heiter und aufgeräumt» – «aber ein interessantes Gespräch kann es zwischen ihm und mir nicht geben. Seine Vorstellungswelt ist so ganz verschieden von der meinigen...»

Paris mit dem Schmutz seiner Gassen, der von allen Fremden beklagt wurde, hatte ihn zunächst eher abgestoßen. Sein junges verletzliches Ich schien von der Fülle des Lebens und dem «ungeheuren Gewimmel» der Menschen bedroht zu sein. Doch dies war ihm zum anderen nicht ganz unlieb: «Bei dem unaufhörlichen Gewirre, bei der unbeschreiblichen Menge von Menschen verschwindet das eigene Individuum so ganz, kein Mensch bekümmert sich um einen, keiner nimmt Rücksicht auf einen, ja man wird selbst so in dem Strom fortgerissen, daß man auch sich selbst nur wie ein Tropfen gegen den Ocean erscheint. Das hab ich gern.» Anders als sein passionierter Mentor versuchte er, Distanz von den revolutionären Ereignissen zu halten. «Er war der einzige Deutsche», schrieb der britische Historiker G. P. Gooch, «und vielleicht der einzige Ausländer, der einen völlig kühlen Kopf behielt und weder Schrecken noch Hoffnung empfand.» Die ganze Wahrheit war dies freilich nicht.

Auf dem Weg nach Braunschweig machten Wilhelm von Humboldt und der unermüdliche Campe in Mainz Station. Sie klopften bei Georg Forster an.

IV

«Frankreich schuf sich frei ... und wir?»

Den dürren Campe hielt es nach seiner Art gewiß nicht lang auf dem Stuhl, als er an Georg Forsters Teetisch in der Mainzer Universitätsstraße von den Pariser Tagen erzählte. An «der Leichenfeier des französischen Despotismus» habe er teilnehmen können, rief er aus, das Zimmer wohl bald mit seinen raschen, stelzigen Schritten durchmessend, den mageren Leib in heftiger Bewegung, den Vogelkopf hoch aufgereckt. Der Hausherr und Therese, seine lebhafte, zierliche Frau, ihr Nachbar Samuel Thomas Sömmerring, Deutschlands berühmtester Anatom, der sächsische Legationssekretär Ludwig Ferdinand Huber mit seinem weichen, verträumten, unfertigen Gesicht, Campes Begleiter Wilhelm von Humboldt – sie lauschten dem Braunschweiger Schulmann mit großer Aufmerksamkeit: nicht alle hingerissen, wie die rasche Therese, die der kleine Humboldt nicht aus den Augen ließ. (Er war, kein Zweifel, ein wenig in sie verliebt.) Es ist anzunehmen, daß Sömmerring mitunter eine skeptische Miene aufsetzte. Von Huber, der im Hause wohnte, wußte man nicht, ob er zuhörte, seinen ungenauen Träumen nachhing oder über das Drama nachdachte, mit dem er seinem Jugendfreund Friedrich Schiller ebenbürtig zu werden hoffte.

Die Mitglieder und Vertrauten des Forsterschen Hauses versammelten sich fast Abend für Abend um den Samowar, den der Weltfahrer aus dem fernen Wilna mitgebracht hatte – der «polnischen Verbannung», wie er es nannte, die er sich selber auferlegte, um seine drückenden Schulden loszuwerden und den polnischen Studenten die Grundbegriffe der Naturwissenschaften einzupauken. Nun diente er dem alten Kurfürsten und Erzbischof von Mainz, dem Freiherrn von Erthal, als Direktor der Universitätsbibliothek: – er, der berühmteste Bürger der gemütlichen und ein wenig muffigen Stadt.

Noch immer überstrahlte der Ruhm des großen Abenteuers sein (durchaus nicht erfolgloses) Schriftstellerdasein, die Erkundung der Südsee und der Meere um die Antarktis, die Begegnung mit dem fremden Leben auf den paradiesischen Inseln im Pazifik, den anmutigen Mädchen von Tahiti, die lachend und spielend der Liebe zu leben schienen, den Menschenfressern von Neuseeland, den Söhnen Melanesiens, die ihre wilde Freiheit mit so viel Würde vereinten... Sein glänzender Bericht von der Reise, zuerst auf englisch erschienen, hatte ihn über Nacht zu einem der ersten Schriftsteller Deutschlands gemacht. Wieland pries ihn fast in den Himmel, der geistreich-kauzige Lichtenberg in Göttingen suchte seine Nähe und machte ihn zum Mitherausgeber seiner Zeitschrift, Goethe bemühte sich um seine Bekanntschaft, kluge junge Frauen umschwärmten ihn... Mit 24 Jahren war er Professor in Kassel, prominentes Mitglied einer Freimaurerloge, freilich auch ein heimlicher Mitverschworener der Rosenkreuzer, die in einer seltsamen Mischung von pietistischer Glaubenswut und alchemistischem Zauberwerk Gold und die Erlösung in Jesu Christi, beides auf einmal, zu gewinnen hofften. Diesen Alptraum hatte er, gottlob, hinter sich gelassen. Ihm selber war es oft, als sei er nach Jahren der Heimsuchung und Verirrungen endlich aus einem schweren Schlaf erwacht, an seiner Seite keine düstere Magierin, sondern wieder die helle Vernunft. Er hatte zur Aufklärung heimgefunden, heiratete die ältere Tochter des berühmten Göttinger Altphilologen Christian Gottlob Heyne, ein blitzintelligentes, unruhiges, hochfahrendes Geschöpf, das für ein «stilles, häusliches Glück» nicht geschaffen war. An Forsters Seite fand sie es nicht, das war den Freunden deutlich. Der Forscher und Literat, ein wenig schmächtig, das schöne weiche Gesicht von Pockennarben entstellt, auch von den Strapazen und Krankheiten der großen Reise gezeichnet: Er mag für diese kapriziöse, lebenshungrige und wirkungssüchtige Frau zu schwach, zu schwankend und doch zugleich auch zu anspruchsvoll, zu jähzornig, zu ungeduldig und zu brüsk gewesen sein. Herrisch war sie selber. In ihrem Enthusiasmus für den Anbruch der Freiheit, der sich in Frankreich vollzog, mochte sie ihren Mann übertreffen, dem seine englische Jugend die Ideale bürgerlicher Liberalität, geistiger Unabhängigkeit, ja eines Verlangens nach demokratischer Gleichheit in die Seele gepflanzt hatte.

Dennoch, Forster brachte es über sich, die protokollarischen Umständlichkeiten, die Dienereien, die albernen Erniedrigungen, die Zopfereien der kleinen deutschen Fürstenhöfe auf sich zu nehmen, eher verdrossen als rebellisch. Er kannte die Ausnahmen: die natürliche Humanität, die er beim Herzog von Braunschweig gefunden, die Aufmerksamkeit und die Großmut des Fürsten von Anhalt-Dessau, der ihn einst so herzlich empfangen hatte.

Den einen wie den anderen konnte auch Campe als seinen Mentor nennen. Nach seinen Hauslehrerjahren bei den Humboldts im Schloß von Tegel war der Enthusiast für eine Weile «Educationsrath im Philanthropinum» – der modernen Erziehungsanstalt, die der Dessauer Fürst durch den Pädagogen Basedow hatte gründen lassen. Dort schrieb er sein «Sittenbüchlein für die Kinder aus gesitteten Ständen», das fast in jedem bürgerlichen Haushalt gelesen wurde. Lange hielt es Campe nicht bei dem schwierigen Basedow. Sein Ruhm als Freund, ja Anwalt der Kinder brachte ihm schließlich das Amt des Braunschweiger Schulrates ein. Man könnte sagen, daß sein leidenschaftliches Interesse für die Entwicklung junger Menschen ihn selber zu einem Mann des Fortschritts erzogen hatte: Auch die Völker sah er einem Prozeß geistigen Werdens und Wachsens unterworfen. So nannte er die Revolution in Frankreich die «größte allgemeine Wohltat... welche die Vorsehung seit Luthers Zeiten der Glaubensverbesserung der Menschheit zugewandt hat», und er fügte hinzu, daß dafür das ganze «weiße, schwarze, braune und gelbe Menschengeschlecht, rund um den Erdball herum, ein allgemeines, feierliches Hergott Dich loben wir... anstimmen sollte».

Der Vergleich mit der Reformation bewegte viele Geister in Deutschland, auch in Mainz. Johannes Müller, der Schweizer Historiker, zum Hauptberater des Kurfürsten aufgestiegen, wagte noch ein gutes Jahr später die Feststellung, daß er im Aufbruch Frankreichs die Anwesenheit Gottes wahrnehme: Der Herr der Geschichte wünsche eine neue Ordnung. Auch bei der Reformation habe man gefürchtet, sie würde sich nicht behaupten können. Der Geist der Freiheit aber sei zu tief in die Völker eingedrungen, und der Gewinn, den sie daraus zögen, sei zu klar, um ihn dahingehen zu lassen: «Der Geist wird bleiben.»

Müller hatte auch im katholischen Mainz, allen Gerüchten zum Trotz, an seinem evangelischen Glauben festgehalten. Er war ein frommer Mann. Seine homoerotischen Neigungen hatten ihn ein halbes Jahrzehnt zuvor noch in Kassel – unter Georg Forsters Augen – in die peinlichsten Konflikte gestürzt, aus denen er sich mit bejammernswerter Bußfertigkeit hinter den Schutzschild gottesfürchtiger Tugend zu retten vermochte. Er hatte Anlaß, die Toleranz des Mainzer Erzbischofs zu preisen, der sich – das war für einen geistlichen Fürsten nicht selbstverständlich – mit prominenten Protestanten vom Rang Müllers und Forsters, Sömmerrings und des Schriftstellers Wilhelm Heinse zu umgeben wagte. (Der Verfasser des Romans «Ardinghello und die glückseligen Inseln», der von einem freien Geist geprägt war, diente dem alten Herrn als Hauptvorleser, mit anderen Worten: als literarischer Berater.) Müller nannte den 14. Juli, an dem die Bastille gestürmt worden war, den besten Tag seit dem Fall des Römischen Reiches. «J'aime bien la liberté», rief er dem preußischen Regierungsrat Christian Wilhelm Conrad Dohm zu, einem anderen Gefährten aus Kasseler Tagen (der später durch eine Denkschrift der Emanzipation der Juden in Deutschland voranhelfen sollte).

«Gesegnet sei der Einfluß der Revolution auf die Nation und ihre Herrscher», schrieb Johannes Müller dem Freunde Dohm, der von seiner Position als Gesandter Preußens beim niederrheinisch-westfälischen Kreis und «Resident» seines Königs in Köln die deutschen und europäischen Dinge so genau übersah wie der Berater des Mainzer Kurfürsten. Durch seine diplomatischen Aufgaben wurde er tief in die belgischen Wirren gezogen, die Österreich und die Institutionen des Reiches aufzurütteln begannen: Die Unruhen in Brabant, die schon im Herbst 1788 begonnen hatten, waren ein seltsames, fast närrisches Spiegelbild der Ereignisse in Frankreich. Die Stände weigerten sich, Steuern zu zahlen. Konservative und Reformgeister lehnten sich gemeinsam gegen die österreichische Herrschaft auf, von den brüsken Maßnahmen verstört, mit denen Kaiser Joseph II. der Vernunft und dem Fortschritt Bahn zu brechen versuchte. Der Sohn Maria Theresias hatte nicht gezögert, die Privilegien der Geistlichen anzutasten. Er bemühte sich, den theologischen Lehrern die finstersten Vorurteile auszutreiben. Georg Forster, der die Lage in Belgien im Jahr darauf an Ort und Stelle mit Gründlichkeit prüfte, stellte weise fest: «Der große Grundsatz, daß alles Gute langsam und allmählich geschieht, daß nicht ein verzehrendes Feuer, sondern eine milderwärmende Sonne wohltätig leuchtet, die Dünste zerteilt und das schöne Wachstum der organischen Wesen befördert, scheint Joseph's Kopf und Herz gleich fremd gewesen zu sein...» Mit einer Mäßigung, die Forster nicht immer bewahrte, fuhr er fort: «Joseph's Grundsatz, nach welchem er sich verpflichtet glaubte, seine Wahrheit zum Glück der Völker mit Gewalt anzuwenden, verleitete ihn zu einem Despotismus, den unser Zeitalter nicht mehr erduldete; dies wußte der belgische Klerus, und laut und mutig ertönte seine Stimme.»

In Lüttich, das zum Deutschen Reich gehörte, hatten die Bürger den Fürstbischof verjagt, zum Entsetzen der Amtsbrüder in Mainz und in Trier. Preußen, das im benachbarten Rheinland über einen verstreuten, doch wirtschaftlich wichtigen Besitz verfügte, trat durch den Gesandten von Dohm und schließlich auch durch ein Armeekorps schlichtend auf den Plan, zunächst keineswegs zur einseitigen Parteinahme für das Ancien Régime geneigt. In den belgischen Landen aber schienen sich die Verhältnisse aufs absurdeste zu verkehren. Entsetzt notierte Forster: «Daß die Aufklärung Schuld an politischen Revolutionen sei! Hier in Brüssel sollen sie mir ihren Satz einmal anwenden! Ja, wahrlich, vollkommener war keine Unwissenheit, dicker keine Finsternis, bleierner drückte nie das Joch des Glaubens die Vernunft in den Staub.» Die flämischen Bürger, sagte er, hätten mit der Freiheit, die ihnen durch Kaiser Josephs Reformen beschert wurden, nichts anfangen wollen und können: «Sie war ihnen lästig.» – «Nous ne voulons pas être libres» – «Wir wollen nicht frei sein!» war der groteske Schlachtruf, mit dem sie ihre Resistenz gegen den verordneten Wandel der Dinge verteidigten.

Man konnte, was die österreichischen Niederlande anging, mit Fug und Recht von einer «konservativen Revolution» sprechen. Auch in seinen Stammlanden und in den katholischen Provinzen des Reiches begegneten die Reformen Josephs II. einem dumpfen und oft gereiztem Widerstand. Der Kaiser – ein nüchterner Diener seines Amtes und ein harter, ja verbissener Arbeiter – wollte in der Tat zuviel. Er wollte es zu schnell. Er plante ungeduldig an der Wirklichkeit vorbei. Kühl und realitätsfern hatte er sich in den Kopf gesetzt, die österreichischen Provinzen in den Niederlanden, in der Toskana (in der sein Bruder Leopold herrschte), in Galizien oder Istrien nach den gleichen administrativen Grundsätzen zu ordnen. Die Betroffenen lehnten sich mit Recht dagegen auf, daß ihre Traditionen durch ein paar knappe Befehle beiseite gefegt wurden.

Dies erklärte freilich nicht die bornierte Widersetzlichkeit, mit der so viele Mitglieder des hohen Klerus und ihre weltlichen Partner die Energien des Kaisers zu brechen versuchten: Sie haßten den Aufklärer, der überdies dem überkommenen Schlendrian, der Korruption, den Durchwursteleien, der menschlich-allzumenschlichen Schlamperei mit der strengen Zucht seines preußischen Vorbildes, des Alten Fritz, zuleibe zu rücken gedachte. Mit gerunzelter Stirn beobachteten die geistlichen Räte den Einfluß liberaler Geister, die in ihren Augen nichts anderes als Instrumente des Teufels waren: die Freimaurer und, noch schlimmer, der Orden der Illuminaten (der 1786, ein knappes Jahrzehnt nach seiner Gründung, verboten wurde).

Natürlich war die Revolution kein Werk der Geheimorden, wie es die Verstocktesten unter den Prälaten vermuteten, die gern die Dunkelheiten der eigenen Seele in die bizarrsten Theorien von finsteren Verschwörungen übersetzten. Die Logenbrüder, auch das muß gesagt werden, zogen mit ihrer infantilen Lust am Geheimnis, dem chronischen Versteckspiel, den merkwürdigen Ritualen, in denen sich Handwerkskulte des Mittelalters mit orientalischer Phantastik pathetisch und ein wenig lächerlich mischten, die Neugier, aber auch das Mißtrauen der Zeitgenossen auf sich. Das war ihnen vermutlich nicht unwillkommen, denn es gibt keine bessere Propaganda als die Aura des Geheimnisses, mit dem sich ein Mensch und eine Gemeinschaft umgibt.

Die Logen der Freimaurer haben die Revolution nicht angestiftet. Wohl aber boten sie die Gelegenheit, Einsichten moderner Vernunft, Erwägungen über Verfassung und Fortschritt, Kritik an den bestehenden Verhältnissen zu bereden. Dies konnte halbwegs gefahrlos geschehen, da sich die Brüder untereinander Verschwiegenheit und Vertrauen gelobt hatten. Die schönen Grundsätze wurden nicht immer beachtet. Spitzel gab es genug, wie die alten Polizeiakten belegen. Dennoch wurde bei den Versammlungen freier gesprochen, als man es sich auf öffentlichen Plätzen erlaubt hätte. Vor allem nirgendwo anders konnten sich Handwerker und Regierungsräte, Barone und Kaufleute, Grafen und Professoren mit der gleichen Unbefangenheit begegnen. In den Stunden der gemeinsamen Sitzungen waren die Klassenunterschiede (fast) aufgehoben. Sie traten, dessen darf man sicher sein, beim Abschied am Tor des Tempels unverzüglich wieder in Kraft. Dennoch wuchs in den Aussprachen, im gemeinsamen Gesang und an der brüderlichen Tafel eine Gemeinsamkeit, die das Zusammenwirken draußen in der Gesellschaft, im täglichen Handel und Wandel, in der Politik, in der Staatsarbeit leichter machte.

Man durfte die Logen mit gutem Recht Tempel der Toleranz, Schulen der Aufklärung, Werkstätten der Reformgedanken nennen. In gewisser Hinsicht war die Freimaurerei eine weltliche Gegenkirche, der in der Neige des 18. Jahrhunderts fast jeder zugehörte, der Rang und Namen besaß: Friedrich der Große und Goethe, der Herzog von Braunschweig und Herder, der Freiherr von Knigge und Mozart, Lessing und Georg Forster – die Reihe der Prominenten füllten, wenn man sie aufzählte, Seiten um Seiten. Joseph II. freilich, der durch einen kaiserlichen Erlaß Ordnung in die Wirrnis der konkurrierenden österreichischen Logen zu bringen versucht hatte, hielt sich der Bruderschaft fern.

Die Freimaurerei griff, auch das gehörte zu ihren Vorzügen, über die Sprach- und Landesgrenzen hinaus. Georg Forster war bei einem frühen Besuch in Paris ohne zu große Umstände in die

Loge der «Neun Schwestern» eingeführt worden, die man mit Fug und Recht als einen Klub der Dichter, der Künstler, der Wissenschaftler – kurz, der Intellektuellen bezeichnet hatte: Der große Naturforscher Buffon zählte zu ihren Mitgliedern (er führte Georg Forster ein), der Mathematiker Graf Condorcet, vielleicht der berühmte Diderot, gewiß sein Freund d'Alembert, der Graf La Fayette, der umschwärmte Benjamin Franklin, in jenen Jahren das Idol amerikanischer Weisheit und Schlichtheit, der Journalist Brissot, dem wir als einem führenden Kopf der Gironde wiederbegegnen werden, der Abbé Sieyès, den wir als den mächtigen Wortführer des Dritten Standes kennenlernten, der Maler Greuze, der Bildhauer Houdon, ja auch der gute Doktor Guillotin, der es sich in den Kopf gesetzt hatte, ein Wohltäter der Menschheit zu werden, indem er für eine Maschine warb, die Köpfe auf schmerzlose Weise vom Rumpf zu trennen vermochte.

Die Sitzungen bei den «Neun Schwestern» waren Georg Forsters erste intensive und unmittelbare Berührung mit der französischen Aufklärung (Franklin kannte er aus London). Als er später auf dem Weg nach Polen in Wien für lange Wochen Station machte, nahmen ihn die Logen, denen auch Mozart zugehörte, in herzlichster Weise auf. In der Tat, das Freimaurerwesen und die Gesellschaft der Illuminaten, die noch entschlossener ans Werk ging, der Menschheit ein Licht aufzustecken (wie der Name sagt), flochten ein Netz von Beziehungen, das ganz Europa und vor allem die deutschen Fürstentümer überzog. Die Gemeinsamkeit der Zugehörigen kümmerte sich um keine Grenzpfähle. Sie schufen – wie die Literatur, die Wissenschaft, die Kunst – eine höhere Einheit, in der sich die deutschen Separatismen und Partikularismen aufhoben. Sie waren ein entscheidendes Element der «Kulturnation», die in jener Epoche sehr wohl existierte. Ihre Präsenz war so stark, daß die politische Einheit nicht allzu oft und nicht allzu schmerzlich vermißt wurde. Die nützlichsten und freundlichsten Institutionen, in denen sie sich präsentierte, waren ohne Zweifel die «Lesegesellschaften», die sich in jeder größeren Stadt fanden. In ihren Räumen lagen die wichtigsten Publikationen aus, und die Klub-Atmosphäre gab den Bürgern Gelegenheit zum Austausch von

Neuigkeiten und Meinungen. Die Mainzer Lesegesellschaft, die als Beispiel dienen mag, hielt nicht weniger als 88 deutsche und ausländische Zeitschriften, darunter 23 literarische und 24 politische Journale. Die beiden Säle – der eine für die Lektüre, der andere für die Konversation bestimmt – waren von neun Uhr in der Früh bis zehn Uhr am Abend geöffnet. Der Jahresbeitrag betrug zwölf Gulden – was nicht ganz dem Lohn eines Dienstmädchens entsprach. Hans-Ulrich Wehler berichtet in seiner «Deutschen Gesellschaftsgeschichte», man habe vor dem Jahr 1800 im Reich mehr als 430 Lesegesellschaften zählen können, die da und dort auch Handbibliotheken mit Nachschlagewerken und Neuerscheinungen parat hielten. Bücher und Magazine waren für den bescheidenen Bürger in der Regel zu teuer. Selbst der Geheimrat Forster, Direktor der Universitätsbibliothek und Schriftsteller von hoher Reputation, der längst nicht so arm war, wie er aller Welt einreden wollte – er schien, nicht anders als sein Vater, stets im Begriff zu sein, sich durch den Kauf von Büchern zu ruinieren. Für die Bildung des Bürgertums gab es kaum eine wichtigere Einrichtung als jene Gesellschaften. Sie waren, nicht anders als die Logen, Schulen der Vernunft und der Aufklärung. Überdies sorgten sie dafür, daß die intellektuelle Korrespondenz zwischen den deutschen Städten und Landschaften niemals unterbrochen wurde. Man durfte sicher sein, daß Publikationen, die in Berlin oder Hamburg Aufsehen erregten, in Stuttgart oder München ohne große Verzögerung ebenfalls debattiert wurden.

Die anachronistische, manchmal fast lächerliche Zerteilung der deutschen Landkarte in wenigstens dreihundert staatsähnliche Gebilde war lästig – fast jeder Landgraf, jeder reichsunabhängige Abt, jede Reichsstadt beharrte auf eigenen Zöllen und Abgaben, ließ oft eigene Münzen schlagen und regulierte das Leben der Untertanen nach jeweils eigenen Gesetzen. Indessen, man wußte sich zu arrangieren, paßte sich an, fügte sich in praktische Kompromisse, verließ sich darauf, daß ein Auge zugedrückt würde, vielleicht auch das zweite. Golo Mann sprach von der «Milchstraße von Reichsritterschaften und Reichsstädten, Abteien und Bistümern, Mark-, Land- und Rauhgrafschaften», von einem «barocken System, das so offenbar nicht mehr zeitgemäß war, aber zähe war in der Kunst des bloßen Existierens und sich von selber nicht auflösen wollte...»

Das Bild von der Milchstraße nahm sich fast ein wenig zu liebenswert aus. Beim Anblick des Marmorthrons Karls des Großen im Aachener Dom notierte Georg Forster, daß der «Kaisername zum Gespött der Kinder» geworden sei, und er beklagte «die Possen, die man zu Regensburg» (beim Reichstag), «zu Wetzlar» (beim Reichskammergericht) «und sonst mit dem Namen des Deutschen Reiches treibt, dem Ausland nicht allein verächtlich, sondern auch der Würde denkender Menschen nicht angemessen» seien. Trotzdem war dieses Reich noch etwas anderes als eine Karikatur oder eine alte Perücke, aus der die Staubwolken wehten. Seine Aufteilung in so viele kleine und kleinste Einheiten, die sich kaum überschauen ließen, gewährte ihm auch eine gewisse Elastizität, die manche Stöße auffangen konnte. Anders als in Frankreich war der hohe und mittlere Adel von der Macht nicht ausgeschlossen, sondern nach wie vor fähig, in eigener Verantwortung zu handeln. Die zweiten und dritten Söhne der aristokratischen Geschlechter wechselten die Uniform wie andere Leute das Hemd und liefen von einem Souverän zum nächsten, wenn sie mit ihrem Los nicht zufrieden waren, im schlimmsten Fall schlüpften sie, sofern katholisch, in eine seidene Kutte. Von dorther drohte – das unterschied die deutsche Lage von der französischen – der bestehenden Ordnung keine Gefahr.

Seine Vielgestalt sicherte dem Reich, diesem angeblichen «Plunderkasten», eine Anpassungsfähigkeit, die ihm half, so viele Krisen zu überstehen. Gerade die Unregelmäßigkeit der Konstruktion und die unübersehbare Zahl der einzelnen Elemente befähigten das groteske Gebilde, Erschütterungen zu ertragen, die modernere und rationalere Konstruktionen leicht hätte zusammenbrechen lassen. Die preußisch-kleinbürgerliche Geschichtsschreibung bestand später darauf, daß die Vitalität des Reiches am Ende des Jahrhunderts erschöpft gewesen sei. Doch es bedurfte der gewaltigen Kriegsmaschine und des kalten Willens eines Napoleon, um es schließlich aus den Fugen zu heben. Johannes Willms wies in seiner verdienstvollen und originellen «Deutschen Geschichte 1789–1914», die den Titel

«Nationalismus ohne Nation» trägt, mit Recht darauf hin, das Reich habe nie eine «gute Presse» gehabt. Er nennt als Ursache des schlechten Rufes das, «was dem Reich seinen Charakter und die Garantie seines fast tausendjährigen Bestandes verlieh, seine Universalität». Überdies besaß es einen intimen Vorzug, der unter dem Diktat der «Größe», das hernach die Historie beherrschte, so oft vergessen oder arrogant übersehen wurde: es ließ sich in dem alten Gemäuer leben. Willms zitiert die schöne Einsicht Goethes, der das Reich als einen «Zustand» bezeichnete, «in welchem sich zur Friedenszeit jedermann wohlbefinden konnte».

Der Minister in Weimar betrachtete die Ereignisse in Paris, anders als die meisten deutschen Intellektuellen, kritisch und distanziert. In «Dichtung und Wahrheit» stellte er später halbwegs zutreffend fest, man habe in Deutschland den Privilegierten ihre «glücklichen Weltvorzüge» selten mißgönnt, der Mittelstand habe sich ungestört dem Handel und den Wissenschaften ergeben, durch seine Erfolge und die Technik ein gesellschaftliches Gegengewicht gebildet und «darin ein gewisses ruhiges Behagen» empfunden. Das Verlangen nach Harmonie färbte die Rückschau des Autors wohl etwas zu rosig ein, doch es ist wahr: Revolutionsbereit war Deutschland nicht, trotz der latenten Unzufriedenheit der Kleinbauern, der Handwerker, ihrer Gesellen und Handlanger, der Weber und der anderen Arbeiter, die ein karges Los zu tragen hatten, trotz der Unruhe der Intellektuellen, trotz der besagten Ohnmacht des Reiches. Johannes Müller, dem niemand vorwerfen konnte, daß er zum Revolutionär geboren war, schrieb gegen Ende September 1789 – wenige Wochen nach Campes Pariser Berichten im Hause Forster – das französische Beispiel werde die Nachbarn aufwecken und in gewisser Hinsicht hätten manche der deutschen Länder mehr Anlaß zu murren als die Franzosen. Freilich, es gebe keine Gefahr, daß sie die vergessenen Rechte des Menschen mit der gleichen Wildheit einforderten. Die Deutschen seien phlegmatischer, die Armeen disziplinierter und die einzelnen Staaten einander doch zu fremd, um sich zu einer gemeinsamen Sache zusammenzufinden. Doch er wünsche sehr, daß sich die Fürsten jene Warnung zu Herzen nähmen. Wilhelm von Humboldt bemerkte später, es sei unvermeidlich gewesen, daß die Revolution dort stattfand, wo das Verlangen nach wahrer Freiheit am mächtigsten war und wo die Regierung ihre Pflichten am sträflichsten versäumt hatte: in Frankreich...

Darin stimmten sie alle überein: Deutschland war für die Revolution nicht bereit. Sie widersprach seiner Natur, seiner Beschaffenheit, seiner Geschichte. Und dennoch: sie war für die besten seiner Köpfe, die wachsten Geister, die empfindsamsten Herzen – sie war für Millionen auch seiner braven Bürger das Ziel tiefer Sehnsucht. Nichts erregte die Gemüter leidenschaftlicher, nichts brachte das Blut heftiger in Wallung, als es die Nachrichten aus Paris vermochten. Noch vor der Ankunft Campes und Humboldts hatte Forster seinem Schwiegervater Heyne in Göttingen geschrieben: «Schön ist es aber zu sehen, was die Philosophie in den Köpfen und dann im Staate zustande gebracht hat, ohne daß man ein Beispiel hätte, daß je eine so gänzliche Veränderung so wenig Blut und Verwüstung gekostet hätte.» Zwei Wochen später, durch die Abschaffung der Adelsprivilegien in Frankreich beflügelt: «Welch eine Sitzung war die vom 5. August von der französischen Nationalversammlung! Ich glaube, sie ist noch in der Welt ohne Beispiel.» An Vollkommenheit in menschlichen Dingen glaube er nicht mehr, doch es gebe Grade und Stufen des Unvollkommenen – «und wenn da nur das Bessere errungen wird, so ist alles geleistet, was man von der Menschheit verlangen kann». Georgs Vater, der immer hellwache und fast immer schlechtgelaunte Professor Reinhold Forster in Halle an der Saale, hatte vor dem Sohn nicht verborgen, daß er die Meldungen aus Paris voller Freude (und Schadenfreude) begrüßte: «Unsere deutschen Fürsten», schrieb er (wie immer in englisch), «wollen von den Anstrengungen der französischen Nation, die Freiheit zu gewinnen, nichts hören, und sie fürchten, daß diese Denkungsart sich auch in Deutschland ausbreiten könnte...»

So dachten sie beinahe alle, die deutschen Gelehrten in ihren Stuben, die meisten der Schriftsteller (von denen es angeblich mehr als neuntausend gab), der gebildeten Frauen, der einsichtigen Pastoren, der aufgeschlossenen Beamten, der idealistischen Schulmänner, ja auch der liberalen Söhne und Töchter des

Adels, die man in der Gesellschaft des Reiches in jenen Tagen öfter antreffen mochte, als es die Geschichtsbücher hernach vermuten ließen. In Preußen, in Österreich, in den norddeutschen Staaten begegnete man den freien Geistern leichter als in den geistlichen Fürstentümern. Der alte Mainzer Erzbischof von Erthal gab sich aufgeklärt, vermutlich mit geringerem Recht als sein Amtsbruder in Bonn, der dem Erzbistum Köln vorstand. Er setzte so manche Reformen an. Mitunter riskierte er sogar ein blasphemisches Scherzchen, das manchen seiner Prälaten beunruhigt hätte. Sein Stellvertreter und künftiger Nachfolger, der Freiherr von Dalberg, der in Erfurt residierte, übertraf den Kurfürsten an Wissen und Bildung, ein wahrhaft unabhängiger und grundvernünftiger Kopf. Später stand er in engster Verbindung mit Wilhelm von Humboldt, der an Forsters Teetisch Campes hochfliegende Schwärmereien sacht korrigierte.

Der junge Freund machte mit einem kleinen Bonmot darauf aufmerksam, daß die «parisischen Zustände noch keine paradiesischen» seien. Nein, er hatte im Strom der französischen Ereignisse den kritischen Sinn nicht verloren. Das widerfuhr ihm fast nie. Selbst gegenüber Therese, die ihn auf eine magische Weise anzog, bewahrte der junge Herr – nach seinen Tagebüchern zu schließen – eine Spur der Distanz. Bei den Gesprächen, die sie bei seinem ersten Besuch miteinander geführt hatten, blieb ihm nicht verborgen, daß diese temperamentvolle, wohl auch ein wenig melancholische Frau einen Vertrauten suchte. Das mochte ihm schmeicheln. Sie sei die erste Frau, schrieb er, mit der es ihm nie an einem Gesprächsgegenstand fehle. «Es ist ein herrliches Weib. So unendlich viel Geist, so ausgebreitete Kenntnisse...» Schön sei sie nicht, manchmal sogar häßlich. Sie schiele auch mit dem einen Auge wie der Vater, ihre Züge aber könnten eine Grazie haben, die hinreiße. Doch es berührte ihn merkwürdig, daß sich ihre Eitelkeit nur auf die Schminke beschränkte, denn sie ziehe sich nachlässig an. Die junge Frau hielt es für angebracht, den Gast, der sie so lebhaft anstaunte, zu einiger Vorsicht zu mahnen: «Sie sagte mir, ich möchte sie lieben lernen, aber sie warnte mich, und wirklich auf freundschaftliche Art, mich nicht zu verlieben.» Das war ein Signal. Bis ins Alter bewahrte er für Therese eine schöne Anhänglichkeit, trotz seines kühlen Kopfes und eines gefaßten Herzens, das nicht zur Überschwenglichkeit neigte.

Er hielt Abstand: zu Frauen (die Unterwerfungsphantasien, von denen er heimgesucht wurde, änderten daran nichts), von der Gesellschaft, die er beobachtete, vom Geist der Zeit, der ihn umströmte. Die Revolution hatte niemals Macht über seine Seele, doch er durchforschte, ein Jahrzehnt nach den Mainzer Gesprächen, ihre Herkunft von neuem, beugte sich über die Quellen, las Rousseaus «Gesellschaftsvertrag», notierte: «Jeder Mensch ist frei... Das Volk ist der Souverän... Das Resultat des allgemeinen Willens ist das Gesetz... Jedes nach Gesetzen regierte Land ist Republik; und jedes rechtmäßige Gouvernement ist republikanisch.»

Dreieinhalb Jahrzehnte danach schrieb, die Revolution bedenkend, ein anderer Deutscher in Paris: «Maximilian Robespierre war nichts als die Hand von Jean Jacques Rousseau, die blutige Hand, die aus dem Schoße der Zeit den Leib hervorzog, dessen Seele Rousseau geschaffen.» Heinrich Heine fuhr im dritten Buch seiner Bemerkungen «Zur Geschichte der Religion und Philosophie in Deutschland» fort: «Die unstete Angst, die dem Jean Jacques das Leben verkümmerte, rührte sie vielleicht daher, daß er schon im Geiste ahnte, welch eines Geburtshelfers seine Gedanken bedurften, um leiblich zur Welt zu kommen?» Einige Zeit danach bemerkte er, man erweise dem Maximilian Robespierre, diesem «großen Spießbürger von der rue Saint Honoré» zuviel Ehre, wenn man ihn mit dem Immanuel Kant vergleiche, dem Königsberger Philosophen, den Heine den «großen Zerstörer im Reich der Gedanken» nannte. Voller Bosheit sagte er ihm nach, er habe Robespierre an Terrorismus weit übertroffen.

Die deutschen Leser des genialen Publizisten mag die Verbindung zwischen dem preußischen Denker und dem jakobinischen Diktator schockiert haben. In der Epoche der Restauration war man geneigt, die Erinnerung an Immanuel Kants Engagement für die Erhebungen der Franzosen aus dem Gedächtnis zu scheuchen. Heine aber hatte die Anekdote nicht vergessen, die einst ihren Weg durch alle Salons machte: daß der pedantische Philosoph seinen Spaziergang am Nachmittag nur dieses eine Mal abgebrochen habe – als man ihm die Nachricht vom Fall der Bastille zurief. Der wunderliche alte Herr sei den Zeitungen entgegengestürzt, um die Neuigkeit auf der Stelle lesen zu können. Es sei schwer, sagte Heine mit seiner unvergleichlichen, fast zärtlichen Ironie, die Lebensgeschichte Kants zu beschreiben: «Denn er hatte weder Leben noch Geschichte. Er lebte ein mechanisch geordnetes, fast abstraktes Hagestolzenleben, in einem stillen, abgelegenen Gäßchen zu Königsberg, einer alten Stadt an der nordöstlichen Grenze Deutschlands. Ich glaube nicht, daß die große Uhr der dortigen Kathedrale leidenschaftsloser und regelmäßiger ihr äußeres Tagewerk vollbrachte, wie ihr Landsmann Immanuel Kant. Aufstehn, Kaffeetrinken, Schreiben, Kollegienlesen, Essen, Spazierengehn, alles hatte seine bestimmte Zeit, und die Nachbarn wußten ganz genau, daß die Glocke halb vier sei, wenn Immanuel Kant in seinem grauen Leibrock, das spanische Röhrchen in der Hand, aus seiner Haustüre trat und nach der kleinen Lindenallee wandelte, die man seinetwegen noch jetzt den Philosophengang nennt...»

Die Lektüre der Werke Jean-Jacques Rousseaus hatte Kant, wenn nicht alles trügt, dazu veranlaßt, sein Interesse mehr und mehr der Politik zuzuwenden. Seine Schrift «Was ist Aufklärung?», die der Revolution um fünf Jahre vorauseilte, zeugte mit drastischer Schärfe von seinem Willen, die Vernunft für den Geist der bürgerlichen Freiheit zu engagieren – gegen die Übermacht einer Gesellschaft, die den einzelnen mit der drohenden Forderung umstellte: «Gebrauche Deine Vernunft nicht...» Der Denker mag es für gewöhnlich vorgezogen haben, sich in den Turm seiner Abstraktionen und hinter die Barrikaden einer Sprache zurückzuziehen, die Heine «schwerfällig» und «steifleinen» nannte. In Wirklichkeit hat er sein Bekenntnis zur Revolution niemals verleugnet, auch wenn er es nicht wie eine Standarte vor sich her trug. Er wußte sehr wohl, daß er selber durch Rede und Schrift an der Veränderung der europäischen Verhältnisse teilnahm.

«Die Welt ist die Signatur des Wortes», sagte Heine in einer schönen Paraphrase des ersten Satzes im Evangelium des Johannes. Der Rausch der Worte, der Frankreichs Revolution vorauseilte, sie begleitete und ihr hinterherschwärmte, überschwemmte vom Sommer 1789 an auch Deutschland bis in die fernsten Winkel. Er trug die Politik fast in jedes Haus. Sie hat, nach dem Zeugnis Johann Wilhelm von Archenholtz', «das Präsidium geistiger und wissenschaftlicher Interessen übernommen». Der Autor dieser exakten Bemerkung, einst Offizier in der Armee Friedrichs des Großen, danach Schriftsteller, Redakteur und Vermittler zwischen den Literaturen Europas, fügte hinzu, der Primat der Politik sei «von allem Schreien der Literaturfreunde» nicht aufzuhalten gewesen, denen «ihre Gelehrsamkeit oder ihre Lieblings-Wissenschaft oder ihre Kunst... wichtiger als alles andere schien».

Der klagende Nachsatz war nicht völlig gerecht. Die Aufklärung, so sagte Golo Mann in seiner «Deutschen Geschichte des 19. und 20. Jahrhunderts», sei unter den Deutschen, anders als in Frankreich, kein politischer Protest geworden. Das traf zu, und es traf auch nicht zu. Über Verfassung, bürgerliche Rechte, soziale Veränderung dachten die Denker und Dichter wohl nach, keiner jedoch mit der Gründlichkeit und der Schärfe wie Immanuel Kant, «der Größte unter ihnen», über den Golo Mann schrieb: «Nie, in neuerer Zeit, war Deutschland so vollkommen in Harmonie mit den Besten seiner abendländischen Umgebung, stand es so auf dem Gipfel europäischer Geistigkeit wie in der Gestalt dieses unvergleichlichen Mannes.»

Sein begabtester Schüler, der junge Philosoph und Staatsrechtler Friedrich Gentz, ließ sich zunächst fast widerstandslos von der Macht der Rhetorik fortreißen: «Nennen Sie es Schwärmerei, oder Übertreibung, oder wie Sie wollen», schrieb er noch 1791: «Der Geist des Zeitalters weht stark und lebendig in mir: Es ist wirklich Zeit, daß die Menschheit aus einem langen Schlaf erwache.» Henriette Herz, die Freundin Wilhelm von Humboldts und Friedrich Schleiermachers, bemerkte von ihm, er sei «unvergeßlich in seiner edlen Liebe für die Freiheit» gewesen. Sie habe ihn zu Beginn der Revolution oft gesehen, und sie werde niemals vergessen, «wie er fortgetragen wurde und seine Zuhörer mit sich fort trug». Die Kraft seiner Rede habe die Kraft seines Schreibens weit übertroffen. Länger als ein gutes Jahr hielt er an der Revolution fest, nicht bereit, «an der guten

Sache zu verzweifeln. Das Scheitern dieser Revolution würde ich für einen der härtesten Unfälle halten, die je das menschliche Geschlecht betroffen habe. Sie ist der erste praktische Triumph der Philosophie, das erste Beispiel einer Regierungsform, die auf Prinzipien und auf ein zusammenhängendes konsequentes System gegründet wird.» So rasch wurde keiner aus dem Sog der großen Bewegung entlassen, die Frankreich mit sich fortriß und das Wesen der benachbarten Nationen so machtvoll herausforderte. Zu lange wurden, nach einer Paraphrase Golo Manns, «die Völker in der Nacht gehalten. Nun wollten sie ans Licht...»

Es ist freilich wahr, daß sich die Ideen der Deutschen lieber ins Metaphysische und Abstrakte wandten – in die politische Tat setzten sie sich nur selten um. Man mag den Mangel an politischer Erziehung und Übung verantwortlich machen, der die deutschen Bürger von den englischen, den holländischen, in gewisser Hinsicht auch von den französischen unterschied. Man mag auf Luthers Lehre von den «Zwei Reichen» verweisen, die es den armen Erdenkindern nahelegte, das Elend des irdischen Daseins geduldig und gehorsam auf sich zu nehmen und all ihre Hoffnung auf das himmlische Leben zu richten. Man kann daran erinnern, daß die apostolische Mahnung im 13. Kapitel des Römerbriefes den Gehorsam gegenüber den Fürsten gleichsam Sonntag für Sonntag theologisch überhöhte und damit auch im Alltag verfestigte. Man darf auch die verfeinerten Mechanismen der Unterdrückung, das Muckertum und die Muffigkeit nicht vergessen, die in den katholischen Ländern seit der Gegenreformation gediehen – freilich nicht nur dort.

Man kann natürlich die wirtschaftliche Rückständigkeit immer aufs neue beklagen, um zu der ebenso eindrucksvollen wie bornierten Formel zu gelangen, das deutsche Bürgertum sei für die Revolution «nicht reif» gewesen. Die neuere Forschung weiß dies besser: Die industrielle Entwicklung blieb – obwohl sie von Region zu Region die unterschiedlichsten Leistungen vorwies – im ganzen nicht hinter jener Frankreichs zurück. Das Handwerkertum konnte sich selbstbewußt eines hohen Standards rühmen. Die Entlohnung der Gesellen dürfte nicht schlechter als in Frankreich gewesen sein. Der Landbesitz von

Bauern und Kleinbauern – wiederum laut Hans-Ulrich Wehlers «Deutscher Gesellschaftsgeschichte» von Landschaft zu Landschaft höchst different – entsprach alles in allem wohl den französischen Verhältnissen. Freilich schien in den linksrheinischen Provinzen des Reiches der Landerwerb durch die Bauern im 17. und 18. Jahrhundert zu wachsen, während er östlich der Elbe eher abnahm. Immer wieder waren auch in den deutschen Landen Proteste, Meutereien, Rebellionen des darbenden Landvolkes aufgeflackert, doch nach den Bauernkriegen hatten sie das Machtgefüge nicht mehr ernsthaft bedroht.

Man könnte schließlich sagen, daß die Möglichkeiten der deutschen Revolution schon im Dreißigjährigen Krieg erstickt wurden, der langwierigsten der deutschen Katastrophen, die weit mehr als die Hälfte der Dörfer und Städte in Nord und Süd, in Ost und West verwüstet, ganze Landstriche entvölkert und die Zahl der Seelen am Ende um ein Drittel vermindert hatte. Hilflos waren die Menschen den Einfällen fremder Mächte – ob Schweden oder Franzosen –, den Heerzügen der deutschen Feldherren, den Schwärmen der plündernden, brennenden, mordenden, schändenden Soldateska unter welcher Flagge auch immer preisgegeben. Menschen, die den Söldnern und Landsknechten entkommen waren, wurden oft genug ein Opfer der Seuchen.

Es ist kaum verwegen, das deutsche Ur-Trauma in den schrecklichen Erfahrungen des Dreißigjährigen Krieges zu suchen: Ausgang einer heimlichen Herrschaft der Angst, der permanenten Passivität, der Furcht vor Veränderungen, der kleinlauten Hoffnung auf ruhige Veränderung, des gelähmten Respektes vor den Fürsten, von denen sich Bürger und Bauern einen gewissen Schutz versprachen, Ursache der chronischen Panik, die bei jedem Signal des Mangels ins Bewußtsein brach. Und endlich: Revolutionen nach der Art der Französischen widersprechen einem föderativen System, von dem die deutsche Landkarte geprägt war. Sie setzen ein Zentrum der Gesellschaft, der intellektuellen Bewegungen, ein Zentrum des Handels, der Verwaltung, der Repräsentation und der Macht voraus.

Was der Geburt der revolutionären Dynamik ungünstig war – die Abwesenheit eines Zentrums, das Fehlen der nationalen

Hauptstadt –, kam in mancher Hinsicht der freien Entfaltung der Geister zugute. Die deutsche Zersplitterung setzte dem Vormarsch revolutionärer Prozesse tausend Hindernisse entgegen, doch zum anderen ließ er eine erstaunliche Mannigfaltigkeit der Entwicklungen zu. Während Köln in finsterer Verstocktheit verharrte, blühte in Münster ein (fast) liberales Bürgerleben auf. Wenn die württembergischen Herzöge es vorzogen, ihre Art von Aufklärung despotisch in die Köpfe zu prügeln, entwarf der Herzog von Weimar mit seinen Ministern Konzepte für ein sacht reformiertes Staatswesen. Schriften, die in Preußen verboten waren, durften ohne Anstand im dänischen Altona gedruckt werden. Die «Encyclopédie» Diderots, Werke Voltaires und die Stücke des frechen Beaumarchais, denen die französischen Zensoren die Pressen verweigert hatten – in Deutschland durften sie erscheinen (um danach heimlich über die Grenzen geschafft und im Land ihrer Entstehung verkauft zu werden). Der deutsche Partikularismus, den die nationalen Historiker und ihre politischen Adepten so ausdauernd und dröhnend verfluchten – nicht nur zu Unrecht –, garantierte, auch das darf nicht verschwiegen werden, eine gewisse Liberalität, die den Dichtern, den Denkern, den Wissenschaftlern zugute kam. Wer es in Darmstadt nicht aushielt, konnte zusehen, ob er in Karlsruhe bei dem Markgrafen von Baden ein Plätzchen fand. Wem es in Halle zu ungemütlich wurde, konnte sich in Ansbach bewerben. Wem es in Trier nicht paßte, sah zu, daß er nach Mainz gelangte. Wem Leipzig zu eng war, der fand im liberalen Göttingen unter dem hannoveranisch-englischen Regiment vielleicht den Atemraum, den er brauchte.

Nirgendwo hatte sich Klopstocks hochherzige Formel von der «Deutschen Gelehrtenrepublik» schöner erfüllt als in dieser kleinen, verwinkelt-gemütlichen Stadt am Rande des Harzes, die im Sommer 1787 mit Pauken und Trompeten das fünfzigjährige Jubiläum ihrer Hohen Schule gefeiert hatte. Die Universität war jung. Sie verdankte ihren Ruf so glänzenden Gelehrten wie Heyne, dem Altphilologen, der binnen weniger Jahrzehnte einer der reichsten Bibliotheken Deutschlands aufgebaut hatte, dem Orientalisten Michaelis mit seinen kapriziösen Töchtern, dem Physiker und genialen Aphoristiker Lichtenberg, dem Mediziner Blumenbach, dem Botaniker Murray, vor allem aber dem Historiker August Ludwig Schlözer, der es zuwege gebracht hatte, sein blitzgescheites Töchterchen Dorothea zu einer veritablen Gelehrten heranzuziehen. Im zarten Alter von 17 Jahren, exakt zum Jubiläum, erwarb sie den philosophischen Doktor. (Freilich konnte ihr der Hut nicht auf die blonden Locken gestülpt werden, da die Anwesenheit einer weiblichen Person beim Zeremoniell protokollarisch nicht vorgesehen war.) Der Vater, ein Mann von dröhnender Vitalität, war es seit langen Jahren gewohnt, in seinen Zeitschriften, zumal den «Staatsanzeigen» (die seit 1782 erschienen), mit scharfer Feder in die politische Debatte einzugreifen. Konservative und libertäre Neigungen prallten in seinem eigenwilligen Kopf oft genug zusammen, widersprachen einander, vermengten sich auch. Er führte eine freie Sprache. Freilich war er klug genug, die Obrigkeiten in Hannover und London in heiklen Fragen zu schonen. Es wurde ihm leicht, denn die Autoritäten gewährten ihm und seinen Kollegen eine publizistische Freiheit, deren Grenzen niemals genau abgesteckt wurden. Das englische Joch, sofern davon die Rede sein konnte, drückte nicht schwer. Womöglich konnte kein anderer Ort im Reich den Vergleich mit der Göttinger Liberalität bestehen – es sei denn das dänische Altona, vielleicht auch die Hansestadt Hamburg selber und der kleine Herrschaftsbereich des Markgrafen von Baden. Schlözer hatte die Versammlung der Generalstände in Versailles als «das größte Ereignis unserer Zeit» gefeiert. Nach dem 14. Juli schrieb er, alle aufgeklärten Bürger der Welt beglückwünschten die französische Nation zum Sturm auf die Bastille. Die blutigen Ausschreitungen des Mobs schienen ihn fürs erste kaum zu irritieren: Krebs werde nicht mit Rosenwasser geheilt, rief er in einer Wendung, die den Zeitgenossen rasch auf die Zunge kam; auch Johannes Müller, sein Schüler, hatte sich ihrer bedient, um die Exzesse zu rechtfertigen, nicht anders als Mirabeau und Danton. Das Blut, das man vergossen habe, sagte Schlözer, sei so viel geringer als das der ungerechten Kriege Ludwigs XIV. Außerdem müsse die Schuld auf die Häupter der Despoten gehäuft werden, die eine Revolution unvermeidlich gemacht hätten.

Der Professor scheute die exaltierten Worte nicht: Eine der

größten Nationen der Welt, die erste, was die allgemeine Kultur angehe, habe das Joch der Tyrannei abgeworfen; gewiß hätten die Engel im Himmel aus diesem Anlaß ein Te Deum gesungen. Jubel und Bewunderung sanken hernach rasch in sich zusammen, doch zunächst bestimmte sein Enthusiasmus den Göttinger Chor. Lichtenberg und Heyne äußerten sich mit gleicher Zustimmung. Auch Gottfried August Bürger, der gefeierte Balladendichter – seit den «Sturm- und Drang»-Tagen des Hainbundes als Ur-Göttinger betrachtet –, jauchzte einen Augenblick lang der Revolution entgegen. Die Euphorie währte nicht lang. Der Poet sank bald in melancholische Gefühle zurück, von den Wirrnissen seiner privaten Existenz über Gebühr beschwert.

Er war kein Mann vom Holz des Schwaben Friedrich Daniel Schubart, des tapferen Redakteurs der «Deutschen Chronik», den sein allzu wohlmeinender Herzog Carl Eugen von Württemberg aus Gründen der moralischen Erziehung ein Jahrzehnt lang auf der Feste Hohenasperg schmachten ließ. Seinen Landsleuten traute er von Beginn an nicht zu, daß sie dem Beispiel der Nachbarn folgen würden: «Mein Gott, was für eine armselige Figur machen wir krumme und gebückte Deutsche – jetzt gegen die Franzosen!» Die Menschheit sei weder alt noch schwach, rief er, wenn ein Volk, das wir in Kleinheit befangen glaubten, solche Beweise von Mut und Größe gebe. Die Revolution hatte die alten Lebensgeister in dem geprüften Mann wieder geweckt. Er klammerte sich an die neue Hoffnung: dem «Bruder Franke» rief er zu, seine Freiheit werde fest wie der Berg Gottes stehen, wenn er sie nur durch Patriotismus, Tugend und Frömmigkeit zu bewahren wisse.

Bürgers Jugendgenosse, der Homer-Übersetzer Johann Heinrich Voß, war nicht der dem Tag entrückte und pedantische Schulmeister, den spätere Generationen in ihm vermuten mochten, damit zufrieden, die Verse des Homer in ein schönes, wenngleich ein wenig angestrengtes Deutsch umzuschmelzen. Kaum einer der Dichtergefährten der Sturm- und Drangjahre nahm aufmerksamer an den Ereignissen der Epoche teil. Der Freund Friedrich Graf Stolberg folgte im ersten Aufschwung – nicht anders als der Bruder Christian – Voßens Engagement für die

Revolution. Die glorreiche Dämmerung der Freiheit in Frankreich bereite ihm wirkliche Freude, sagte er nach der Eroberung der Bastille. Die Sturzflut der Freiheit werde schließlich alle Dämme der Vorurteile brechen und Europa überfluten. Es gebe kein anderes Land, schrieb er wenig später aus Berlin an Friedrich Jacobi, den liberal-sentimentalen Dichter des «Woldemar», in dem so viele Menschen den Franzosen applaudierten wie das kosmopolitische Deutschland. Das hieß noch lange nicht, daß er wünschte, der neue Geist möge den Rhein überqueren. Die Abschaffung des Adels durch die Nationalversammlung in Versailles schreckte den Grafen auf. Er selber würde gern sein Wappenschild opfern – aber sei jene Entscheidung nicht voreilig?, fragte er nun. Warum müsse man den Adel in einer solchen Krise beleidigen? Dürfe eine bürgerliche Majorität so viele redliche Menschen ihrer alten Rechte berauben? Könne eine Monarchie ohne Adel existieren?

Der Schock, das war deutlich, war Friedrich Graf Stolberg tief ins Gemüt gefahren. Johann Heinrich Voß ließ sich durch jene Einwände nicht im geringsten berirren. Sein Engagement war fest und klar. Er feierte die Revolution in vielen Versen, die nicht zum goldenen Schatz der deutschen Lyrik gehören: «Sei uns gegrüßt, Du holde Freiheit! / Zu Dir ertönt froh der Gesang!» dichtete er zwei Jahre später nach der Melodie der «Marseillaise». «Mit Waffen in den Kampf, / Für Freiheit und Gesetz!» forderte er im Refrain mit gehobener Stimme. Übrigens war seine freie Nachdichtung des heftigen, etwas blutrünstigen Attacken-Marsches von Rouget de Lisle nicht die einzige und nicht die schlechteste in deutscher Sprache. Eine andere Version stammte aus der Feder des Philosophen Schelling, damals noch ein blutjunger Theologiestudent im Tübinger Stift, der sein Zimmer mit Hegel und mit Hölderlin teilte – alle drei, fast von Beginn an, von den Ideen der Revolution tief berührt und für ihr Leben, ihr Dichten, ihr Denken geprägt. Die drei, dessen darf man sicher sein, versäumten keine Ausgabe des «Teutschen Merkur» von Christoph Martin Wieland, des weltklugen Schwaben, der aus seinem stillen Hort in Weimar den Fortgang der Geschichte geistreich, skeptisch-amüsiert, manchmal mit überraschendem Enthusiasmus, oft mit einem etwas wunderlichen und altfränkischen Witz kommentierte. Allerdings ließ er sich selten mehr von der schieren Lust am Neuen überwältigen wie eineinhalb Jahrzehnte zuvor, als er Georg Forsters genialen Bericht von der Weltumseglung mit solchem Entzücken begrüßt hatte.

Der neue Patriotismus der Franzosen regte ihn zu leidenschaftlicher Bewunderung an, wie er sagte, doch rasch fiel er sich selber in den Arm und fragte, woher die Franzosen das Recht bezögen, ihre Verfassung zu ändern? Wenn sie einem Gesetz der Natur folgten – besäße dann nicht jede Nation, jede Provinz, jede Stadt, jedes Dorf dasselbe Recht zur Veränderung? Was würde dann aus der Ruhe und Sicherheit von Leben und Eigentum? Er wies die Revolution nicht zurück, doch er bewahrte eine vorsichtige Distanz. Er haßte alle Schwärmerei, dieser große Stilist, und in sein Urteil über die Ereignisse dieser Welt mischte sich stets das Gran Salz seiner Ironie. Die harte, oft fast verachtungsvolle Kritik, mit der Friedrich Schiller der Revolution von Beginn an begegnete, machte er sich nicht zu eigen, auch nicht die kühle Skepsis, mit der sein Nachbar Goethe über den Rhein schaute.

Die jungen Theologen im Tübinger Stift, die eine Bestätigung für ihren Enthusiasmus suchten, fanden in Weimar und Jena keine Ermutigung. Sie richteten den Blick auf den Vater der deutschen Poesie, den alten Klopstock, den der Aufbruch Frankreichs wie ein Jugendfeuer zu beleben schien. Die Versammlung der Generalstände hatte er jauchzend begrüßt:

> Gesegnet sei mir du, das mein Haupt bedeckt,
> Mein graues Haar, die Kraft, die nach Sechzigen
> Fortdauert: denn sie war's, so weit hin
> Brachte sie mich, daß ich dies erlebte!

Der Autor des «Messias» prägte das schönste Wort, das in jenen Tagen unter den Deutschen von der Revolution gesagt wurde: «Frankreich schuf sich frei...» Er fügte die melancholische Frage hinzu: «... und wir / ach, ich frag umsonst; Ihr verstummet, Deutsche!»

V

Heimkehr nach Paris

Die Revolution, man vergißt es leicht, hob den Alltag Frankreichs nicht auf. Keineswegs zogen die Bürger tagaus und tagein von früh bis spät über die Boulevards von Paris, um die Nation, die neue Freiheit, den Traum von der Gleichheit, die Menschenrechte und die Bewaffnung des Volkes zu feiern. Sie hetzten auch nicht in unermüdlicher Jagd Feinde des Vaterlandes, Spekulanten und verstockte Aristokraten durch die Gassen. In der Regel gingen die Leute wie eh und je ihrer Arbeit und ihren Geschäften nach. Freilich gewann mancher Fremde, der das Drama aus der Nähe beobachtete, auf seinen Streifzügen durch die populären Quartiere den Eindruck, daß manche Hände untätig blieben, die sich lieber in einem rechtschaffenen Beruf gerührt hätten. Die Flucht so vieler Adelsfamilien nach Deutschland, nach Italien oder England brachte nicht nur die Dienerschaft ums Brot. Die Schneider, die Modistinnen, die Perückenmacher, die Traiteure, die kunstfertigen Möbelschreiner, die Maler, die Juweliere klagten über den Mangel an Aufträgen. Unsichere Zeiten lähmten seit jeher das Gewerbe der Bauleute. Die Arbeitslosigkeit war sprunghaft gewachsen.

Die Weinhändler, die Restaurateure, die Cafétiers litten freilich unter keinem Mangel an Zulauf. Friedrich Schulz, der aufmerksame und gutgelaunte Zeuge aus Magdeburg, nahm mit scharfen Augen und Ohren zur Kenntnis, daß die Kaffeehäuser – an die sechshundert zählte man insgesamt in Paris – für die Revolution von prominenter Bedeutung waren: als Nachrichtenbörsen, Debattierklubs und Foren der Agitation – zumal die

Etablissements im Palais Royal, in dem sich jederzeit Flaneure genug fanden, um ein Publikum zu bilden. Es entging ihm auch nicht, daß sich die Stände und Parteien im Fortgang der Monate ihre Stammhäuser wählten.

Im Café de Foi mit seinen Marmortischen, Kronleuchtern und mächtigen Spiegeln sah er zunächst vor allem «alte Finanziers, Militärs und Magistratspersonen, Gelehrte, Geschäftsleute und Abbés», bunt gemischt mit «jungen Offizieren, Stutzer und Stutzerinnen jeder Art. Unter ihnen sitzen alte Damen, schon zum Teil mit wackligen Köpfen, die hier die Anbeter ihrer Jugend wiederfinden...» Die herausgeputzte Klientel verführte den Deutschen zu dem Schluß, jene gastliche Stätte müsse als ein Versammlungsort der Aristokratie betrachtet werden. Als nach dem Sturm auf die Bastille zwei abgeschnittene Köpfe durch das Palais Royal getragen wurden, blieb das Café ein paar Tage lang leer: «Die feurigsten Redner in demselben blieben weg, weil Gründe und Beredtsamkeit nicht mehr entscheiden konnten, seitdem Köpfe kugelten», schrieb Schulz: «Nach dem ersten gewaltsamen Übergang kamen sie zurück, aber mit ganz anderen Grundsätzen, weil doch einmal dem Menschen unter allem, was er nicht entbehren kann, der Kopf das unentbehrlichste ist.»

Nicht nur der Ton, sondern wohl auch der Kreis der Gäste veränderte sich. Aus dem Café de Foi wurden nun oft mehr als einmal am Tag reitende Boten nach Versailles entsandt, um die Herren in der Nationalversammlung durch Stimmungsberichte, Petitionen und Resolutionen auf den rechten Weg zu bringen. Die Stühle und Sofas waren jetzt von Vertretern liberaler Gesinnungen besetzt, die der Revolution einen «ordentlichen Verlauf» wünschten. Im Café du Caveau ging es hingegen radikaler zu: Dort dominierten demokratische Geister, die den engsten Kontakt mit den Volksrednern draußen im Garten des Palais zu halten schienen.

Der freundliche Schulz, man glaubt es ihm, wich nicht allzu gern von seinen Beobachtungsständen unter den Arkaden, in denen so viele Schätze feilgehalten und so bemerkenswerte Dienste angeboten wurden. Für sechs Livres und zehn Sous konnte man sich, nach seiner Rechnung, eine köstliche und ausführliche Mahlzeit servieren lassen: Suppe und Pastetchen, ein Stückchen Aal, Kalbsbraten, Gurke und Erbsen, eine Birne, ein Viertel Wein – mehr als ein robuster deutscher Magen aufzunehmen vermochte. Billig kam ihn die Stärkung nicht: Ein Taler und fünfzehn Groschen sächsisch – in deutscher Umrechnung – waren ein gutes Stück Geld, wenn man im Auge behielt, daß ein Diener in der Heimat selten mehr als fünfzig bis siebzig Taler im Jahr verdiente und ein Professor, wenn er gut gestellt war, ein Gehalt von siebenhundert Talern bezog. Übrigens betrugen die Diäten der Abgeordneten in der Nationalversammlung exakt achtzehn Livres pro Tag, mit anderen Worten: das Entgelt für drei gute Mahlzeiten in einem besseren Gasthaus. Reichtümer konnte sich damit keiner erwerben, doch mancher Volksvertreter, von Haus aus nicht vermögend, wußte sich diese und jene Nebeneinkünfte zu verschaffen.

Wer einen vollen Beutel hatte, konnte sich in den Boutiquen des Palais binnen einer Stunde von Kopf bis Fuß neu einkleiden, ein handgefertigtes Jackett nicht ausgenommen. Er mochte den Rest seines Vermögens in einem der vielen Spielsäle verjubeln oder er fand sein Amusement bei den Schaustellern, die Sensationen wie die «Preußische Riesin», den dicksten Mann der Welt – Paul Butterbrodt hieß er, wie sonst? –, Affenmenschen, von Kopf bis Fuß behaart, Menschenaffen, Monstren und Reptilien vorführten. Ein Aufgebot von Damen, die Schulz «Allerwelts-Mädchen» nannte, immer einige hundert zwischen zwölf und vierzig Jahren, stand spätestens vom Einbruch der Dämmerung an bereit, um mit Freunden und Fremden die Bataillen der Liebe auszufechten: «Welch reiche Wahl für rohe und künstliche Sinnlichkeit, für verschobene und gesunde Phantasien!» rief der deutsche Schriftsteller Schulz: Die Klassen der Mädchen seien so verschieden wie die Klassen des Publikums selber, berichtete er kundig. Die Preise schwanken zwischen «einem kleinen Taler bis zu zehn neuen Louisdor». «Neben einer furchtsamen Kleinen mit heuchlerisch niedergeschlagenen Augen, spreizt sich eine Große im Pfauenstaat; neben einer schmächtigen Blonden trippelt eine gedrungene Braune dahin; einem feinen blendend weißen und zarten Gesichte kommt eine schwarzgelbe Mohrin mit weiten Nüstern und aufgeworfenen Lippen entgegen... zu der ängstlichen Haltung der einen, macht das lockere, lebhafte Wesen der anderen, und zu dem einsilbigen Gespräche dieser, macht das schallende Lachen jener den Kontrast. Wenn die eine mit künstlich verschleiertem Busen mehr erraten als sehen läßt, so gibt die andre den ganzen Umfang ihrer anziehendsten Schönheit Preis; wenn jene das Spiel ihrer Formen unter dem Mantel verbirgt, so zeigt es eine andere in einem dünnen, flatternden Négligé von der Schulter bis zu den Fußspitzen, und wenn diese mit starren Blicken neben Ihnen hinstreicht, so gibt Ihnen jene einen Fächerschlag, oder mißt Sie mit funkelnden Augen, oder nickt oder winkt, doch alles mit einer gewissen Furchtsamkeit, die nur an einem fruchtlosen Abend, wegen Geld- und Brotmangel, entweder in größere Andringlichkeit oder in Bitten übergeht.»

Die schönsten und liebenswürdigsten der Damen traf man allerdings weder unter den Arkaden noch auf den Boulevards an, auch nicht in den Tanzpalästen und den prächtigen Varietés mit ihren Orchestern und Kinderballetts, nicht einmal im Garten des königlichen Tuilerienschlosses, der jedem halbwegs sittsam gekleideten Bürger offenstand – wohl aber in der Oper, in der ein üppiges Trinkgeld die Türen zu allen möglichen Logen öffnen konnte. Manch unbedarfter junger Mann verwechselte, laut Schulz, die «ausgelernten Kurtisanen» zuweilen mit einer «Frau von Stande», der er «sein gutes Herz und sein Reisegeld zu Füßen legte». Diese teuersten der Hetären befänden sich «meist schon in dem Alter zwischen zweiundzwanzig bis zweiunddreißig», und sie hätten «alle die Erfahrung, die Französinnen von diesem Handwerk in einem besonders hohen Grade besitzen. Alle verraten Erziehung und viel Geschmack, und manche sind von guter Geburt. Oft sind sie seit dem vierzehnten Jahre alle die Grade durchstiegen, die ein hübsches Gesicht... in Paris zu durchsteigen entweder durch Not oder durch Blut oder durch Eitelkeit oder durch Faulheit gedrungen wird. Die Kenntnisse, die sie sich auf dieser Laufbahn von den Männern und ihren Gelüsten erworben haben, sichern ihnen, solange sie jung sind, Auskommen, und oft, wenn sie klug sind, ein gemächliches Alter.»

Schulz sah keinen Anlaß, ihnen einen gewissen Respekt zu

versagen. Nein, er war kein Heuchler und auch kein Spießer, und er hätte sich über jenen Schweizer Wallfahrer zu den Stätten der Revolution eher belustigt, einem rechtschaffenen Demokraten, der sich so bitter darüber beschwerte, daß die Dekolletés der Damen dem Partner im Gespräch nur die Wahl ließen, den Blick gen Himmel zu richten oder zur Erde sinken zu lassen. Der Deutsche sah sich in den Bezirken, in denen die sogenannten Freuden des Lebens gefeiert wurden, ohne den üblichen Aufwand an Entrüstung um. Erheitert registrierte er die eilige Anpassung der Moden an den Geist der neuen Epoche, wie sie später von Jules Michelet, dem großen Geschichtsschreiber, und vor allem von Gosselin Lenôtre, dem König der historischen Anekdote, mit solcher Verve beschrieben wurde. Bald begannen die Damen, vom Geist der neuen Freiheit beflügelt, den einschnürenden Korsetts aus Fischbein oder Draht zu entschlüpfen. Ihre Gewänder, am liebsten aus zartem Musselin gefertigt, flossen elegant und doch völlig natürlich an den Formen des Körpers entlang. Gern erschienen sie des Morgens in einem «négligé à la patriote»: das Jackett in blau, mit einem roten Kragen und roten Säumen geschmückt, der Rock und die Manschetten in Weiß...

Seine Pflichten als Korrespondent und Reisereporter vernachlässigte Schulz über solchen Reizen nicht. Das Buch «Über Paris und die Pariser», das er im Jahr 1791 in Berlin auf den Markt warf, breitete eine Fülle anschaulicher und origineller Schilderungen vor den Lesern aus, die der Schriftsteller auf seinen langen Wanderungen durch die Stadt zusammengetragen hatte. Sie führten ihn weit hinaus in die Vorstädte, wo die Gerbereien und Schlachtereien ihre Pestgerüche verbreiteten. Er prüfte die Brotpreise, lief den Wasserträgern nach, kräftigen Männern, die meist aus der Auvergne stammten, «wohin sie, nach zwanzig sauren, sparsamen Jahren, mit einem kleinen Kapital in den Schoß der Familie zurückkehren». Er beobachtete die Savoyarden, die alle Handlanger- und Botendienste verrichteten, deren man bedurfte, besuchte ihre armseligen Massenunterkünfte. Er registrierte, daß über zweitausend Fiaker, tausend Remisen, zweihundert Tragsessel, zweihundert Schubkarren (nach Art der Rikschas) als Transportmittel verfügbar waren.

Er bewunderte das System der «kleinen Post», das an die zweihundert Briefträger «in beständiger Bewegung» hielt: «Die Briefe werden zu neun verschiedenen Tageszeiten in der Stadt selbst und zu drei in der Banlieue von Paris besorgt. Die Briefträger haben Uniformen und kündigen sich durch ein Geklapper an, das sie durch ein bewegliches Eisen auf einem Brett hervorbringen.» In fast jeder Straße fanden sich Briefkästen, die regelmäßig geleert wurden. Man durfte sicher sein, daß jedes Billett den Empfänger noch am selben Tag erreichte – eine Leistung, die in der Neige des 20. Jahrhunderts zur fernen Utopie geworden ist. Er betrachtete die «petites affiches», die Kleinanzeigen, in denen Häuser, Möbel, Pferde, Wagen, Arbeitsplätze, Aufträge, auch treue Herzen und schöne Heiratspartien feilgeboten wurden. Er bestaunte die Geschwindigkeit, mit der die Bauarbeiten ausgeführt wurden. Ein neues Haus stünde in zwei Monaten fertig da, berichtete er, und die große Oper (im Palais Royal) sei in 72 Tagen, das Lustschlößchen Bagatelle im Bois de Boulogne in sechs Wochen aus dem Boden gestampft worden. Für die Nachtarbeit der Zimmerleute und Maurer bezahle man den doppelten Lohn.

Es gab nichts, was ihn nicht interessierte. Er erkundigte sich, wie der «Unrat von einer Million Menschen, von hunderttausend Pferden, von zweimal hunderttausend Hunden und Katzen» fortgeschafft wurde: nämlich durch ein System von Abwasserkanälen, die schließlich in der Seine endeten, aus der wiederum – freilich flußaufwärts – die Ströme des Trinkwassers geschöpft wurden, das gefiltert und gereinigt durch ein Netz von Leitungen in alle Stadtviertel floß. Er studierte die Einsätze der Feuerwehr. Er suchte die Hospitäler auf: das Hôtel-Dieu mit seinen zweitausend Betten das größte und modernste, in dem jedem Kranken eine Lagerstatt zugewiesen wurde, die er mit keinem Mitpatienten zu teilen hatte – damals eine unerhörte Errungenschaft. Er schaute sich in den Schulen um, die Jahr für Jahr wichtiger und bedeutender wurden, denn mehr als vierzig Prozent der Bürger Frankreichs waren im Anbruch der Revolution des Lesens und des Schreibens kundig, das heißt aber: kraft ihrer Bildung eher zu unabhängigem Denken und eigenständigem Handeln bereit als ihre Voreltern, die das Leben im Zustand unwissender Ergebung hinter sich zu bringen hatten.

Er besichtigte die Arbeitshäuser für «liederliche Frauenzimmer» und erzählte voller Genugtuung, daß sich die Mädchen eines Tages mehr Brot und weniger Arbeit durch ein markerschütterndes Geschrei ertrotzt hätten, von dem sie Tag und Nacht nicht abließen, auch nicht unter Peitschen und Folterungen, bis das ganze Quartier in Aufruhr geriet und sich die Behörden ihren Forderungen zu beugen hatten. Er inspizierte die Gefängnisse, deren Namen wenige Jahre später mit blutiger Schrift in die Geschichtsbücher eingetragen wurden: das Hôtel de la Force, das einer vornehmen oder vermögenden Kundschaft fast eine Art Luxusunterkunft bot, die Conciergerie, das Châtelet, das Prison de l'Abbaye und das Bicêtre. «Die Bastille», fügte er hinzu, «ist nicht mehr. Ich habe dies fürchterliche Schloß noch in seiner Blüte gesehen und ließ mir nicht träumen, daß es seiner Zerstörung so nahe sei. Jetzt ist es bis auf den Grund abgetragen, und an seiner statt wird ein Obelisk der Freiheit errichtet.»

Die Spannung der Kontraste, unter der die große Stadt lebte, teilte sich dem deutschen Schriftsteller auf seinen Streifzügen kraftvoll, manchmal einschüchternd mit. Schulz unterschlug nichts. Er war ohne Vorurteil. Vielmehr bescheinigte er den Franzosen, was so viele seiner Landsleute mit derbem Hochmut bestritten: daß sie ein Herz hatten. «Wenn Paris der Sitz der Verschwendung, der Üppigkeit, der Wollust, des Leichtsinns, des Egoismus und aller übrigen Laster und Untugenden ist, welche die Menschheit erniedrigen: so ist es wiederum... der Sitz der Großmut, der Menschenliebe, der Wohltätigkeit, des Mitleids. Man muß in der Tat erstaunen, wenn man die unübersehliche Menge von Anstalten mustert, die hier für Kranke, Notleidende, Witwen, Waisen, verlorne und ausgesetzte Kinder, Unwissende, Alte, Taube, Blinde, Arbeitslose, Arbeitslustige und endlich für Liederliche, die sich bessern wollen, eine über die andere gemacht worden sind. In keiner Stadt in der Welt, London selbst nicht ausgenommen, herrscht solch eine Mannigfaltigkeit in Versorgungsanstalten, solch eine Größe in der Ausführung und solche in Raum für die Mitglieder der Gesellschaft, die deren bedürftig sind.»

Friedrich Schulz zögerte nicht, den Parisern ihren Fleiß zu bescheinigen, einem anderen deutschen Vorurteil trotzend. Allerdings bestätigte er ihnen zum anderen, daß sie den Feiertag und seine Genüsse mehr liebten als den Werktag und seine Mühsal. Die sogenannten niederen Klassen «arbeiten sechs sauere Tage hindurch, um sich den siebenten zu erholen, und trösten sich während der Mühseligkeiten jener sechse mit der lachenden Aussicht auf den siebenten. Sehr charakteristisch ist der klägliche Ausruf des Schuhflickers bei Mercier, der einen Soldaten betrunken sieht: ‹Qu'il est heureux!› sagt er, ‹Il est ivre! Je ne pourrai l'être que dimanche!›» Auf deutsch: «Der ist glücklich! Er ist betrunken! Ich kann es nur am Sonntag sein!»

Das große und vitale Porträt der Stadt Paris festigte Schulzens Ruhm, der später – zu Unrecht – so völlig verwelkte. Der Herzog von Weimar verlieh ihm den Titel eines Hofrates, gewiß nicht gegen den Einspruch seines Ministers Goethe. Kurz danach wurde Schulz als Professor nach Mitau im baltischen Kurland berufen. Schon wenige Monate nach seiner Ankunft delegierten ihn die Bürger in den polnischen Reichstag, wo er sich, nach Auskunft der «Allgemeinen Deutschen Biographie», «den Adel zum Feinde machte». Eine schwere Krankheit riet ihm bald, im warmen Italien Erholung zu suchen. Während seiner Abwesenheit wurde er als Jakobiner denunziert. Vier Jahre später starb er, erst 35 Jahre alt, schwachsinnig, mit zerrüttetem Geist. So mag man annehmen, daß er für seine Erkundungsgänge durch die Niederungen des Lebens – ob in Paris oder anderswo – mit einer syphilitischen Ansteckung zu büßen hatte.

Den Alltag der Revolution verstand er genauer als jeder andere der deutschen Zeugen. Lang vor den Sozialhistorikern unserer Epoche hatte er begriffen, daß die «Brotfrage» einer der wichtigsten Schlüssel für den Fortgang der revolutionären Ereignisse war. «Sie rebellierten noch beständig», sagte er von den Parisern, «wenn sie kein Brot bekommen konnten, so wie sie sich alles gefallen ließen, wenn nur Mehl in den Hallen und Brot bei den Bäckern war.» Hippolyte Taine, der Historiker und Philosoph, sprach mit nüchterner Ironie von der «Passionen des Magens», und auch Schulz vermutete, das Volk hätte die Freiheit vergessen, «wenn es den Magen hätte vergessen können».

Ohne zu großes Erstaunen beschrieb er das Massaker an einem Bäcker, dem die wartende Menge vorwarf, er habe sein Mehl gehortet, um höhere Preise aus dem Hunger der Leute zu schinden.

Die Ernte des Sommers 1789 war so schlecht nicht ausgefallen, wie es Sturm und Hagel befürchten ließen. Doch der Weizen war noch nicht ausgedroschen und gemahlen. Die Unruhen draußen im Land verzögerten die Transporte. Die Reserven begannen sich zu erschöpfen. Die Schlangen vor den Läden wurden lang. Furcht ging um. In den Vorstädten sammelte sich bitterer Zorn. Aus Versailles kamen selten gute Nachrichten in die Hauptstadt.

Die rauschhafte Begeisterung, die in der Nationalversammlung alle großen und kleinen Seelen in der denkwürdigen Nacht des 4. August überschwemmt hatte, sank rasch in sich zusammen. Zwar wurden am 11. August die Dekrete über die Abschaffung der Privilegien des Adels und des Klerus verabschiedet. Doch ohne die Unterschrift des Monarchen konnten sie keine Gesetzeskraft erlangen. Ludwig – unter dem Einfluß konservativer Ratgeber – zögerte mit seiner Zustimmung. Er sagte nicht schlechtweg nein, vielmehr begrüßte er den Grundsatz, daß durch kein ererbtes oder angemaßtes Recht die Würde und die Freiheit anderer Bürger beeinträchtigt werden dürfe. Doch zugleich fragte er, nicht ohne Heuchelei, nach den Entschädigungen. Mit anderen Worten: er war in Wirklichkeit nicht bereit, den Vorrang der Aristokratie zum Teufel zu schikken.

Finanzminister Jacques Necker schien am Ende seines Lateins zu sein. Die Steuererträge waren rapide geschrumpft. Am Jahresbeginn 1790 sollten die monatlichen Einnahmen nur noch fünfzehn Millionen Livres, die Ausgaben aber siebzig Millionen betragen. Der Genfer Bankier, dieses Pumpgenie, hatte Anfang August eine Anleihe über dreißig Millionen Livres aufgelegt, die mit 4,5 Prozent verzinst werden sollte. Noch nicht einmal drei Millionen wurden gezeichnet. Er versuchte es ein anderes Mal mit einer Anleihe von 80 Millionen, die 5 Prozent Zinsen tragen sollten. Sie brachte nur 27 Millionen ein. In seiner Not erwog der Minister die Erhebung eines «patriotischen Beitrags», der ein Viertel der Jahreseinkünfte betragen sollte (die kleinen Verdienste unter vierhundert Livres ausgenommen): Rückzahlung nach der Sanierung der Staatsfinanzen. Er selber ging mit gutem Beispiel voran und opferte hunderttausend Livres aus seinem Privatvermögen. Seine generöse Geste beeindruckte niemanden. Die Hingabe ans Vaterland hielt die Bürger freilich nicht davon ab, die Angaben über ihr Einkommen ohne die geringsten Skrupel zu fälschen. Sie waren, wie sie oft genug mit hellen Stimmen riefen, Tag und Nacht bereit, für die Freiheit zu kämpfen und zu sterben – aber zahlen wollten sie nicht.

Die Haupt- und Staatsaktion fruchtete nicht das geringste. Mirabeau, der löwenhafte Tribun, hatte sich für Neckers Vorlage mit Entschlossenheit ins Zeug geworfen, und seine gewaltigen Reden sicherten ihr eine Mehrheit. «Das grinsende Ungeheuer des Bankrotts steht vor Eurer Tür», donnerte der Graf, «bereit, Euch mitsamt all Euren Besitztümern und Eurer Ehre zu verschlingen – und was tut Ihr dagegen, Ihr diskutiert...» Nach der Erzählung von Oliver Welch rief ihm am Ende seiner Rede ein Schauspieler voller Bewunderung zu: «Welch eine Rede! Mon Dieu! Sie haben bei Gott Ihren wirklichen Beruf verfehlt.» Einer seiner aristokratischen Gegner wandte sich voller Grimm an den Nachbarn: «Verdammter Lump!» murmelte er. «Aber was für ein Genie.»

Der Graf – in jenen Wochen die wichtigste Stimme des Dritten Standes und neben La Fayette damals die mächtigste Figur der Revolution – schien an die Nützlichkeit des Ministers Necker nicht länger zu glauben. «Der gute Mann ist ein Idiot», sagte er seinen Freunden, «aber er wird schon noch von mir hören.» Mit anderen Worten: er war davon überzeugt, daß er selber den Minister so rasch wie möglich ersetzen sollte. Um seinen Rückhalt im Volk zu stärken, machte er dem jungen Camille Desmoulins, diesem brillanten und skrupellosen Agitator, die schmeichelhaftesten Avancen. Freilich steckte er wie immer bis über den Hals in Schulden, alten und neuen. Sein Freund La Marck, der den Titel eines Prinzen von Arenberg führte, setzte ihm ein monatliches Zugeld von fünfzig Louisdors aus, was etwa einer Summe von tausend Livres entsprach. Zugleich erkundigte sich der großmütige Freund (der übrigens Belgier war) über den Erzbischof von Bordeaux bei der Königin, ob sie und der Monarch künftig geneigt sein könnten, sich Mirabeaus Rats zu bedienen. Marie-Antoinette bemerkte kühl: «Sie werden diesen Mann nie zügeln können.» In Wirklichkeit demonstrierte der rebellische Graf in jenen Tagen ein erstaunliches Engagement für die Sache des Königshauses: In der Nationalversammlung focht er mit all seiner Beredsamkeit, ja mit Zähnen und Klauen für ein Vetorecht des Monarchen, das jeden Beschluß der Nationalversammlung außer Kraft setzen konnte.

Natürlich hatte der Tribun seinen revolutionären Einsichten nicht abgeschworen. Er dachte nicht daran, das Ancien Régime zurückzurufen. Vielmehr setzte er beharrlich – und völlig unrealistisch – auf ein Bündnis des Königs mit dem Dritten Stand (der sich für das Volk hielt) – gegen die privilegierten Stände des Adels und der hohen Geistlichkeit. Diesen Traum träumte der tumb-schlaue Ludwig gewiß nicht, und Marie-Antoinette lag nichts ferner als die Allianz mit dem «Pöbel». In Wahrheit schlug Mirabeau seine Schlacht auf eine fast trostlose Weise isoliert. Im Kampf für das Veto folgte ihm nur eine Handvoll liberaler Aristokraten – gegen die übergroße Majorität der Abgeordneten des Dritten Standes. Die Vertreter des konservativen Adels haßten ihn ohnedies, allen voran sein jüngerer Bruder, der Vicomte, den man seines gewaltigen Leibes wegen «Mirabeau-Tonneau» (das Faß) nannte – im wortspielerischen Gegensatz zu «Mirabeau-Tonnerre», dem Donnerer. Den Ruf eines wandelnden Tönnchens hatte sich der Jüngere durch seine chronischen Zechereien erworben. Der Zustand der Trunkenheit hielt ihn freilich nicht davon ab, mit dem radikalen Bruder im Glanz der Rede zu konkurrieren. Das Volk von Paris verstand, zu seinem Glück, die hohen staatspolitischen Erwägungen nicht. Camille Desmoulins weigerte sich gar, das Engagement seines großen Alliierten für das Veto zu glauben. Hätte er sonst gezögert, sein Publikum im Garten des Palais Royal zu einem Marsch nach Versailles aufzurufen? Seine Zivilarmee setzte sich nicht in Bewegung, noch nicht, vielleicht durch einen Befehl La Fayettes am Abmarsch gehindert. Die Leute begnügten sich damit, sich die Seele gegen das Veto aus dem Leib zu brüllen.

Wußten sie, wogegen sie protestierten? Verstanden sie instinktiv, daß über die Kern- und Grundfrage der künftigen Verfassung zu entscheiden sei? – Die Veto-Debatte war in der Tat aufs engste mit der Diskussion über die Menschenrechte verflochten, die rasch nach den Dekreten über die Abschaffung der Privilegien diskutiert, formuliert, geprägt und gleichsam in Erz gegossen werden sollten – im heroischen Vorgriff auf die Verfassung. Die Gespräche im Ausschuß konnten sich auf den Entwurf stützen, den Graf La Fayette schon im frühen Sommer aufgesetzt, eng ans amerikanische Vorbild gelehnt, und mit seinem kritischen Freund Jefferson geprüft hatte. Die wichtigsten Redakteure der neuen Fassung waren Mirabeau und der philosophisch gebildete Abbé Sieyès, der übrigens einige der Schriften Immanuel Kants zu lesen versuchte, wenngleich mit zweifelhaftem Erfolg (wie Wilhelm von Humboldt später in langen Unterhaltungen festgestellt hat).

Sechs Tage nur nahm die Redaktionsarbeit in Anspruch. Nach der Einsicht späterer Historiker erfüllte es die Verfasser mit großer Genugtuung, daß sie es kraft französischer Staatserfahrung zuwege brachten, das unverbindliche Pathos der amerikanischen Erklärung in juristisch faßbare Rechte und Pflichten zu übersetzen. Joseph Barnave, der liberale und so hoch talentierte Advokat aus Grenoble, noch keine 28 Jahre alt, sprach von einem «nationalen Kathechismus», François Furet zweihundert Jahre danach von der «großen Befreiungscharta».

In die siebzehn Artikel, knapp und in klassischem Stil gefaßt, mündeten die Ideen der englischen Aufklärung, der französischen Enzyklopädisten, aber auch des Protestantismus ein. Die Schlüsselwörter waren «Freiheit» und «Gleichheit» – freilich nur die Gleichheit vor dem Gesetz. Die soziale Gleichheit deutete sich höchstens als fernes Ziel an. Endlich aber wurde die völlige Glaubensfreiheit für alle Kinder Gottes etabliert: auch für die Protestanten, deren Rechte nicht länger geschmälert werden durften, auch für die Juden, die von nun an das Recht besaßen, Franzosen wie alle anderen Söhne und Töchter der Nation zu sein. Die «Erklärung über die Menschen- und Bürgerrechte» garantierte die Unverletzlichkeit der Person, den Zugang aller zu allen Ämtern, das Verbot der Verhaftung ohne richterlichen Befehl, den Verzicht auf die rückwirkende Anwendung von Gesetzen, die Freiheit der Meinung, der Rede, der Presse, die Gewaltenteilung, den Schutz des Privateigentums... Der politische Kern aber war der Artikel 3, der (laut Furet und Richet) «den König seiner jahrhundertealten Souveränität» entheben, und seine Hoheit auf die Nation übertragen sollte: «Keine Körperschaft und kein einzelner kann eine Gewalt ausüben, die nicht ausdrücklich von ihr (nämlich der Nation) ausgeht.»

In den Diskussionen jener Tage gewannen die künftigen Parteien eine deutlichere Formung. Bei den Konservativen trieb Mirabeau-Tonneau mit seinen bizarren Einfällen die Opposition ins Groteske. Den Ton bei den gemäßigten Monarchisten bestimmten der Graf Clermont-Tonnerre, der mit Rousseau und den Enzyklopädisten befreundet war, und der Graf Lally-Tolendal, der im Kampf um die Ehre seines Vaters die Unterstützung und Freundschaft Voltaires gewonnen hatte. (Man hatte den Alten, gewiß zu Unrecht, nach seiner Niederlage gegen die Engländer in der Schlacht von Madras in Indien während des Siebenjährigen Krieges als «Verräter» zum Tode verurteilt, da ihn seine irische Herkunft verdächtig machte.) Lally-Tolendal war ein geistreicher Herr von liberalen Grundsätzen, in allen besseren Salons zu Hause, mit Madame de Staël befreundet, einer grundlegenden Reform des Staates nicht abgeneigt und dennoch (oder darum) eine starke Stütze der Monarchie.

Die Wortführer der Mitte waren neben dem Donnerer Mirabeau und dem so weltklugen Abbé Sieyès der Anwalt Adrien Duport aus Paris, der Oberst Alexandre de Lameth, ein enger Freund La Fayettes, und vor allem der glänzende Barnave, der Anfang September den Streit ums Veto durch einen Kompromißvorschlag zu entschärfen vermochte: Der Einspruch des Königs sollte nur noch eine aufschiebende Kraft besitzen und, wenn die Nationalversammlung ihren Willen behauptete, nach zwei Legislaturperioden erlöschen. Man sagte von jenem «Triumvirat»: «Was Duport denkt, das sagt Barnave, und Lameth führt es aus.»

Minister Necker stimmte der ausgleichenden Anregung

Barnaves ohne Vorbehalt zu. Auch Mirabeau beugte sich der Vernunft. Das «veto suspensif» fand mit 673 gegen 325 Stimmen eine Mehrheit. Am Tag zuvor hatte die Versammlung mit 499 gegen 89 Stimmen (bei 122 Enthaltungen) die Errichtung einer zweiten Kammer – nämlich eines Oberhauses, dessen Mitglieder ernannt werden sollten – klar genug abgelehnt.

In den Debatten der folgenden Wochen machte zum erstenmal Maximilien Robespierre auf sich aufmerksam, der kleine Anwalt aus Arras. Seine Auftritte wurden als schüchtern, linkisch und pedantisch geschildert, und die Reden hörten sich an, als «bewerbe er sich um einen Klassenpreis in der Schule». Die Kollegen machten sich über den bemühten Advokaten allzuoft lustig. Man sagte über ihn, «sein Charakter sei sauer und seine Miene mürrisch» gewesen, er habe es an Herzlichkeit mangeln lassen. Zum guten Teil sei seine Person durch die Verletzung seiner literarischen Eitelkeit geprägt worden, da ihm die Akademie von Arras eine Auszeichnung verweigert und seinen Stil dem Spott preisgegeben habe. Als Ludwig es ablehnte, die Erklärung der Menschenrechte zu sanktionieren, fand aber Robespierre das entscheidende Wort: «Die Antwort des Königs», rief er, «ist den Rechten der Nation entgegengesetzt; es ist nicht Sache des Königs, die Verfassung zu zensieren, die sich die Nation geben will.» Der Monarch hatte seine Zustimmung in der Tat von umständlichen Erwägungen abhängig gemacht, die nichts als verlegene und verlogene Ausreden waren: Die Erklärung der Menschenrechte enthalte sehr gute Maximen, doch Prinzipien, die sich unterschiedlich interpretieren ließen, könnten nicht zuverlässig beurteilt werden – kurz, ihr wahrer Sinn müsse durch ausführende Gesetze fixiert werden. Jene Zurechtweisung, die sich der König kaum selber ausgedacht hatte, wurde der Nationalversammlung am 4. Oktober 1789 mitgeteilt. Sie war nicht geeignet, die Ungeduld der Abgeordneten zu zähmen und den Anwälten des Ausgleichs neuen Mut zu vermitteln.

Den Vertretern der Nation war nicht entgangen, daß der Monarch das Flandrische Regiment aus Douai im Norden nach Versailles beordert hatte. Von neuem fragte sich alle Welt, ob er die Klärung der Verhältnisse durch einen bewaffneten Konflikt erzwingen und das Land in einen Bürgerkrieg stürzen wollte.

Furet und Richet stellten fest, der König sei in jenem Augenblick zu schwach zum Siegen und zugleich zu stark gewesen, um besiegt zu werden.

In klaren Worten: sein vertrotzter und dennoch verschleierter Widerstand zwang die Revolutionäre, ihm eine neue Niederlage beizubringen. Die Taktik der Vernebelung entsprach der Absicht, Zeit zu gewinnen (obwohl weder er noch seine klügeren Ratgeber so sicher sein konnten, daß die Zeit für ihn und die Monarchie, nicht aber für die Revolution und die Demokratie arbeitete). Vielleicht aber ergab sich das zermürbende Zögern vor allem aus seiner Entschlußlosigkeit? Man weiß es nicht, da Ludwig – zu schriftlichen Äußerungen nicht im geringsten begabt und für mündliche Mitteilungen zu träge – keine präzisen Auskünfte hinterlassen hat.

Die Geschichtsschreiber unserer Tage sprachen davon, daß er in seiner Politik immer zwei Linien verfolgt habe: die des Widerstandes und die der Nachgiebigkeit. Die Zeitgenossen waren eher geneigt, die Königin für jede Verhärtung verantwortlich zu machen, während man dem dicken, gutmütigen Ludwig den Willen zum Ausgleich glaubte. Als sich die Offiziere der Gardes du Corps und des Flandrischen Regimentes am 1. Oktober bei einem Willkommensfest im Schloß von Versailles vulgäre Beleidigungen der Revolution erlaubten, gab man Marie-Antoinette und niemand anderem die Schuld für die betrunkene Demonstration. Die lärmenden Krieger hatten «bei jenem Liebesmahl» in Gegenwart des Monarchenpaares aus vollem Hals die sentimentale Ballade «Ô Richard, ô mon roi» aus der Richard Löwenherz-Oper von Grétry angestimmt. Das war gewiß kein Verbrechen, sondern eher ein Hinweis auf die beträchtlichen Mengen von Wein und Champagner, die sie konsumiert hatten. Aber als sie den König und die Königin im feierlichen Zug zu ihren Gemächern zurückgeleiteten, rissen sie in ihrem Rausch die blau-weiß-roten Kokarden von den Uniformen und ersetzten das Emblem der Revolution durch die schwarze Kokarde der Österreicher, die ein Familienabzeichen Marie-Antoinettes war. Darin freilich deutete sich eine vorbereitete Aktion an.

Als Duport den Skandal zwei Tage später vor der Nationalversammlung bekanntmachte, vermengte sich die Nachricht mit den Konspirations- und Fluchtgerüchten, die schon seit Wochen in Versailles und vor allem in Paris umgingen: Die Soldaten aus Flandern, raunte man sich zu, seien herbeizitiert worden, um die Abreise des Königs nach Metz, in die Nähe der Grenze, zu decken. Zum anderen erkannte man in dem Regiment das erste Aufgebot einer Armee, die für den Sturm auf die Hauptstadt in Stellung gebracht werde. Oder hatte Ludwig die Absicht, die Nationalversammlung auseinanderzutreiben?

Was immer er sich gedacht haben mag: bei den Armen von Paris vermengten sich die Parolen der Angst ein anderes Mal mit dem Hunger. Der Mangel an Brot machte die Leute, wie sollte es anders sein, nervös und schließlich zornig. Wie immer stellten sich am Palais Royal, auf der Place de Grève, am Pont Neuf die Scharen der Demagogen und Agitatoren ein, denen es allemal zu gelingen schien, aus den schwelenden Ressentiments die Funken des Hasses und schließlich des offenen Aufruhrs zu schlagen. Friedrich Schulz, der Zeuge aus Magdeburg, hatte wie so oft das Gras wachsen gehört. In seiner Geschichte des ersten Revolutionsjahres vermerkte er den Verdacht, daß der Herzog von Orléans die Aufwiegler bezahlt habe. Er schrieb ihm Manipulationen zu, die den Mangel an Brot wenn nicht verursacht, so doch vergrößert hätten. Der Herzog habe geplant, dem «König allen Mut zu rauben», ihn zur schmählichen Flucht zu veranlassen und sich selber dem Volk und den Führern der Revolution als Statthalter und Regent anzubieten.

Die Forschung hat diesen Verdacht nicht widerlegt. Es war gewiß kein Zufall, daß sich am Morgen des 5. Oktober Hunderte, dann Tausende von Frauen im Garten des Palais Royal zusammendrängten und voller Bitterkeit nach Brot zu schreien begannen. Nach der Erzählung von Jules Michelet wurden sie von einem jungen Mädchen zusammengerufen, das auf einer Wachtrommel den Generalmarsch schlug – doch dieses Bild war wohl die Eingebung einer allzu romantischen Phantasie. Von den Hallen eilten die «Poissardes» herbei, die gefürchteten Fischweiber, von denen nicht immer ausgemacht war, daß sie das Herz auf dem rechten Fleck hatten. Dafür war auf ihr Mundwerk Verlaß, das jede Konkurrenz an Vulgarität aus dem Feld zu schlagen vermochte. Man sagte auch, aus den Mansarden des

Palais und den Häusern der umliegenden Gassen seien ganze Bataillone von Liebesmädchen herbeigelaufen, von hübschen Handgeldern angelockt. Zuhälter und manchen ihrer Klienten schleppten sie mit.

Gegen elf Uhr formierte sich ein Zug, der zum Hôtel de Ville marschierte, verstärkt durch die Arbeiterfrauen aus dem Faubourg Saint-Antoine. Ein Sturmtrupp von Männern, der mit ihnen zog, drang mit Brechstangen, Hämmern und Hacken ins Rathaus ein, um Waffen aus den Magazinen zu holen. Gegen Mittag erst erschien La Fayette, der Kommandeur der Nationalgarde. Die Frauen forderten, daß er mit ihnen nach Versailles ziehe. Rivarol, der konservative Spötter, bemerkte später, der gefeierte Held sei «bleich, außer sich vor Erregung, ohne Energie und ohne entschlossene Pläne auf seinem Pferd durch die Mitte der riesenhaften Menge geschwebt», die seine Unschlüssigkeit als eine Weigerung betrachtet und ihn von allen Seiten bedrängt habe.

Der Heros zweier Welten machte an jenem trüben Herbsttag keine gute Figur. Schließlich riß der Gerichtsdiener Stanislas Maillard das Kommando an sich, ein eher unruhiger Bürger, der sich beim Sturm auf die Bastille ausgezeichnet hatte (und bei den September-Massakern 1792 noch einmal düsteren Ruhm gewann). Er wohnte, wie die Chronisten berichteten, nur ein paar Schritte vom Hôtel de Ville entfernt und stand stets bereit, sich in jede revolutionäre Demonstration zu stürzen. Am Châtelet konfiszierten die Männer unter seinem Kommando ein paar Kanonen und schleppten sie mit.

An die siebentausend Frauen – es mögen mehr, es mögen weniger gewesen sein – begaben sich nun auf den Weg nach Versailles, viele mit Säbeln und Piken bewaffnet, von einer maskulinen Eskorte begleitet. Man behauptete später, einige Männer hätten sich als alte Weiber verkleidet, und sie hätten die Frauen angetrieben, wenn sie müde wurden (aber dafür gibt es keinen Beweis). Indessen folgte dem «Zug der Weiber» mit einigen Stunden Verspätung ein Kommando der Nationalgarde unter dem Befehl La Fayettes, der sich allzuviel Zeit gelassen hatte, bis er sich zum Aufbruch entschloß. In seiner Begleitung befanden sich zwei Kommissare der Stadt Paris, die beauftragt waren, den

König in die Metropole zurückzubringen, die immer noch die offizielle Hauptstadt war, obwohl ihr Ludwig XIV. schon 1682 so treulos den Rücken gekehrt hatte. Auch dieser Kolonne hatten sich Frauen angeschlossen. Restif de La Bretonne, den der Baron Grimm einen «Rousseau der Gosse» hieß und freundliche Kollegen einen «Voltaire der Stubenmädchen» nannten – dieser aufmerksame Romancier und Reporter schrieb in seinen «Nuits de Paris», eine der jungen und hübschen Kriegerinnen habe sich rücklings auf eine Kanone gesetzt, die von zwei Pferden gezogen wurde. Ihren Kameradinnen rief sie zu: «Immer voran, meine Damen! Marschiert und gebt keine Gnade.» Restif, der alle Geheimnisse von Paris auszuhorchen gewohnt war (er arbeitete heimlich für die Polizei), fügte hinzu, die junge Dame habe ohne große Scheu manche ihrer Vorzüge vor den Zuschauern ausgebreitet. Voller Genugtuung notierte der Schriftsteller die witzige Bemerkung, mit der sie auf die Schreie männlicher Bewunderung antwortete: «Das», rief sie, «wird dem Grenadier gehören, der seine Pflicht am besten erfüllt.»

Es regnete. Bald genug waren die Frauen allesamt bis aufs Hemd durchnäßt. An ihrer Entschlossenheit änderte das nichts. Sie boten einen furchterregenden und zugleich bejammernswerten Anblick. Der Hunger trieb sie an, das Dorf Sèvres, das sie auf dem Weg passierten, bis zur letzten Brotkrume auszuplündern. Michelet freilich sammelte die freundlicheren Nachrichten: Maillard habe keinen Diebstahl geduldet, und die Bäcker von Sèvres hätten aus freien Stücken ihre Vorräte offeriert – acht Brote für so viele hungrige Münder! Die Schnapsflasche kreiste. Sie mochte die zarteren Geschöpfe vor Erkältungen und schlimmerem Ungemach bewahren, doch manche der Demonstrantinnen schienen sturzbetrunken zu sein, als sie gegen fünf Uhr in Versailles anlangten.

Unverzüglich besetzten sie die Ränge der Salle des Menus Plaisirs, in denen die Nationalversammlung tagte. Sie unterbrachen die Versammlung, forderten Brot und verlangten, daß der König sofort das Dekret über die Abschaffung der Privilegien und die Erklärung über die Menschen- und Bürgerrechte annehmen müsse.

Zwei Stunden lang erstickte ihr Protest die Stimme des Präsidenten Mounier, der vergebens um Ruhe und Ordnung flehte. Schließlich brachte es Mirabeaus donnernde Rede zuwege, die Frauen zum Rückzug zu überreden. Es wurde beschlossen, eine Abordnung zum Monarchen zu schicken. Sie sollte ihm den Ernst der Lage schildern, um die Öffnung der Getreidekammern und um die schließliche Billigung der Beschlüsse bitten. Ludwig hatte sich wie üblich die Langeweile mit der Jagd in den Parks von Versailles vertrieben, aber er war ins Schloß zurückgekehrt, als man ihm den Anmarsch der Frauen meldete.

Gegen acht Uhr abends empfing er den Präsidenten der Versammlung und elf Frauen, die ihn begleiteten. Die junge Louison Chabry sollte die Wünsche ihrer Schwestern vortragen, doch – so erzählte es Michelet – der Hunger und die Erregung ließen sie, kaum sie das Wort «Brot» ausgesprochen hatte, vor dem Herrscher ohnmächtig zu Boden sinken. «Der König war sehr gerührt und ließ ihr Hilfe bringen, und als sie ihm beim Fortgehen die Hand küssen wollte, umarmte er sie wie ein Vater. Sie kam als Royalistin heraus mit dem Rufe: ‹Es lebe der König!› Die Frauen, die wütend auf dem Platze warteten, flüsterten sich zu, man habe sie bezahlt; es nützte ihr nichts, daß sie ihre Taschen umwandte und zeigte, daß sie kein Geld besaß; die Frauen legten ihr die Strumpfbänder um den Hals, um sie zu erwürgen. Man rettete sie nicht ohne Mühe.»

Der Präsident blieb im Schloß, um die Entscheidung des Königs zu erwarten, der sich mit seinen Ministern und gewiß auch mit Marie-Antoinette beriet. Gegen acht oder neun Uhr teilte er mit, daß er das Dekret über die Abschaffung der Privilegien, die Erklärung über die Menschenrechte und die schon redigierten Artikel der Verfassung ohne Vorbehalt akzeptiere. Dennoch erwog er zugleich den Rückzug ins Schloß Rambouillet, das sich in den Wäldern von Fontainebleau verbirgt. Sollte sich wenigstens die Königin in Sicherheit bringen? Einer der Berater schlug die Flucht in die Normandie vor, wo der Monarch von einer königstreuen Bevölkerung umgeben sei. Necker sprach dagegen. Der König beugte sich seinen Argumenten.

Obwohl der Monarch angeordet hatte, die Weizenkammern von Senlis und Noyon zu öffnen und sämtliche Reserven nach

Paris transportieren zu lassen, hoben die Frauen ihre Belagerung der Volksvertretung und des Schlosses nicht auf. Es schien sie auch nicht zu beeindrucken, daß die Nationalversammlung Ludwigs Kapitulation vor ihrem Willen mit Jubel begrüßt hatte.

Gegen elf Uhr abends traf endlich auch La Fayette an der Spitze eines starken Détachements seiner Nationalgarden ein. Im Schloß ging das Wort von Mund zu Mund: «Cromwell meldet sich zur Stelle!» Der General hatte seinen Witz wiedergefunden. Schlagfertig antwortete er: «Cromwell wäre nicht allein ins Schloß gekommen.» Der König und seine Frau, die für den Grafen keine Spur von Sympathie empfanden, dürften den Hinweis auf den englischen Diktator ohne das geringste Amusement zur Kenntnis genommen haben. Auch die Herren der Nationalversammlung hörten das Signal nicht gern. Es zeigte freilich keine Gefahr an.

Nichts war dem General an diesem Tag seiner Schwäche ferner als der Griff nach der Macht. Vielmehr überbrachte La Fayette, von zwei Kommissaren der Stadtverwaltung flankiert, dem König die höfliche, doch energische Forderung, er möge mit seiner Familie unverzüglich nach Paris «zurückkehren» – das hieß aber: die Hauptstadt wieder in ihre Rechte einzusetzen. Fast ein Jahrhundert war vergangen, seit Ludwig XIV. seine Residenz aus der unruhigen Hauptstadt in das Prachtschloß von Versailles verlegt hatte, das von einer kunstvoll frisierten Natur, ländlichem Frieden und einer behaglichen Kleinstadt umgeben war. Nun sollte, von heute auf morgen, das freiwillige Exil des Monarchen ein Ende finden. Über die wahre Absicht des Vorschlags täuschte sich keiner, auch nicht der langsame Ludwig: Der König sollte sich den Bürgern, die nicht länger seine Untertanen waren, auf Gedeih und Verderb überantworten. Er war aufgefordert, das Geschick seines Volkes zu teilen.

Ludwig bat um Bedenkzeit bis zum Morgen. Unterdessen übernahmen die Nationalgarden gemeinsam mit den Leibwachen den Schutz des Schlosses, das noch immer Tausende von Frauen umlagerten. Die Offiziere der Nationalgarden und der königlichen Regimenter feierten Versöhnung, tauschten Kokarden und Umarmungen. Jules Michelet, der eine leicht entflammbare Phantasie besaß, schrieb das Verdienst an der Verbrüderung dem «hübschen Fräulein Théroigne de Méricourt aus Lüttich» zu, das sich überall einfand, wo das Feuer der Revolution am hellsten aufzuleuchten schien. Der Historiker nannte sie «temperamentvoll und ungestüm wie so viele Frauen aus Lüttich». Es hatte freilich den Anschein, daß sie trockenen Fußes nach Versailles gelangt war, denn nach dem Bericht Michelets hatten ihre Reize nicht im geringsten gelitten: «Pikant, originell, fremdartig mit ihrem Amazonenhut und ihrem roten Überrock, den Säbel an der Seite, sprach sie, aber dennoch mit großer Beredsamkeit, einen Mischmasch, französisch und den Jargon von Lüttich durcheinander. Man lachte, aber man gab ihr nach. Stürmisch, bezaubernd, überwältigend kannte sie kein Hindernis. Théroigne war also auf das arme Flandrische Regiment losgestürmt, verdrehte ihm den Kopf, gewann es für sich und entwaffnete es so völlig, daß es brüderlich seine Patronen den Nationalgarden von Versailles auslieferte.»

Die Szenen der nächtlichen Verschwisterungen und Verbrüderungen täuschten. Viele der Frauen hatten eine Notunterkunft in den Kirchen und öffentlichen Gebäuden gesucht. Andere hockten in dichten Scharen vor den mächtigen und kunstvoll geschmiedeten Gittern, die das Schloß beschirmten. Sie wärmten sich an ein paar Feuern. Es fehlte auch nicht an Wein und an Schnaps. Das Brot, das in der Eile verteilt werden konnte, stillte den Hunger nicht. Auch nicht die Fleischfetzen, die sie aus dem Kadaver eines geschlachteten Pferdes rissen und, kaum angebraten, gierig verschlangen. An Schlaf war draußen in der klammen Kälte nicht zu denken. So vertrieb man sich die Nachtzeit, so gut es die Verhältnisse erlaubten. Der Doktor Guillotin, den ein Chronist den Hygienekommissar der Nation nannte, beklagte später die «Gewalt, die dem Schamgefühl» angetan worden sei. Doch was waren, fügte Michel Winock in unseren Tagen hinzu, diese Stunden einer «fragwürdigen Promiskuität anderes als ein rascher Seufzer der Geschichte»?

Der König und die Königin legten sich zur Ruhe. Fanden sie, trotz der bitteren Entscheidung, die sie zu treffen hatten, wenigstens ein paar arme Stunden Schlaf? Die Abgeordneten in der Nationalversammlung, um elf Uhr noch einmal zusammengerufen, konnten und wollten dem «Druck der Straße» nicht weichen. Ein Aufgebot randalierender Frauen, die von neuem die Ränge besetzten, erlaubte ihnen keine geordnete Fortsetzung der Beratung, aber es gestattete ihnen auch nicht, sich in ihre Quartiere zu begeben. Die Frauen verlangten, daß die Volksvertretung die Getreidepreise gesetzlich fixiere. Ferner sollten die Deputierten anordnen, daß ein Pfund Fleisch künftig nur noch acht Sous kosten dürfe. Das widersprach Minister Neckers liberalem Vertrauen in die «Vernunft des Marktes» (das in Frankreich nie zu üppige Blüten trieb). Nichts interessierte diese aufgebrachten Gemüter weniger. Necker, vor wenigen Wochen noch vergöttert, hatte ohnedies seine Popularität fast schon verloren.

Gegen drei Uhr in der Früh gelang es La Fayette, den Präsidenten zur Aufhebung der Sitzung zu überreden. Auch der Kommandeur der Nationalgarden suchte einige Stunden Schlaf. Bis zum Morgen, meinte er, sei der Frieden gesichert. Die Nacht aber endete rasch. Unter den frierenden und hungrigen Frauen an den Lagerfeuern war von neuem der Haß aufgebrannt: gegen die Königin vor allem, die – das war vielleicht ihr größtes Verbrechen – für immer eine Fremde zu bleiben schien: aller Intrigen und Laster, aller Greuel und jeder Verschwendung fähig. Restif de La Bretonne, der Marie-Antoinette verehrte (oder den Zensoren nach dem Mund schrieb), seufzte in seinem Bericht: «Antoinette – eine Frau, die von der Natur noch mehr als durch ihre Geburt dafür bestimmt war, eine geliebte Königin zu sein – Du, das Muster Deines Geschlechtes, der nur vorgeworfen werden kann, daß sie zu bezaubernd ist...»

Der Polizeispitzel, der stets mit einem breiten schwarzen Hut und mit einem weiten schwarzen Glockenmantel wie ein Gespenst durch die Gassen lief, kannte ohne Zweifel alle obszönen Schmähschriften gegen diese Frau, die von den Bouquinisten im Palais Royal unter dem Ladentisch gehandelt wurden. Mit fast grotesker Inbrunst flehte er sie an: «O Königin! Unternehme alles, was in Deiner Macht steht, für die Freiheit der Presse, für die Freiheit der Drucker – und jene niederträchtigen Verleumdungen werden sich rar machen...»

Nichts hätte die Frauen vor dem Schloß in Versailles kälter

gelassen als Erwägungen über die Freiheit der Presse. Sie hatten Hunger. Sie wollten Rache. Gegen fünf Uhr fanden Männer und Mädchen, die neugierig umherschweiften, ein unbewachtes Tor. Sie drangen in einen der Schloßhöfe ein. Die Wache schoß einen der Anführer, einen jungen Tischler, über den Haufen. Schäumend vor Zorn stürzte sich der Mob auf die Soldaten. Zwei wurden getötet. Ein bärtiger Geselle schnitt ihnen – ein grausames Ritual schien es zu fordern – unverzüglich die Köpfe ab. Man steckte sie auf Piken und paradierte mit den Trophäen unter den Fenstern der königlichen Gemächer. Die Menge raste gegen die Österreicherin, die angeblich dort oben den Schlaf der Ungerechten schlief. Sie wünschten ihr den Tod an den Hals: «Wo ist sie?» fragte man schreiend. «Wo versteckt sich die Hure? Wir drehen ihr den Hals um! Wir reißen ihr das Herz aus dem Leib...»

Als die Meute über eine Treppe vordrang, die letzte Wache beiseite fegend, warf die Königin ein Negligé über. Ihre Strümpfe anzuziehen, blieb keine Zeit. «Halb nackt», berichtete Restif, «stürzte sie der sichersten Zuflucht entgegen: den Armen des Königs.» In Wirklichkeit zwängte sie sich über einen kleinen Balkon zu einem Fenster, das sich zu den Zimmern Ludwigs öffnete. In der Tat konnte ihr nur die Nähe des Herrschers einen halbwegs zuverlässigen Schutz gewähren.

Spät, fast zu spät, hatte man den General La Fayette im Hôtel de Noailles aus dem Schlaf gerissen. Er sprengte zum Schloß, organisierte mit einigen knappen Befehlen den Widerstand. Unter seinem Kommando verbrüderten sich die Leibwachen und Nationalgarden aufs neue. Unverzüglich begab er sich zum König und überredete ihn, sich dem Volk zu zeigen.

Bleich, doch gefaßt, trat Ludwig auf einen Balkon. Wie immer reagierte die Menge auf den Anblick dieses dicken und unbeholfenen Menschen mit Äußerungen einer naiven Sympathie: «Pauvre homme!» schrien die Frauen, «beau papa!» Sie forderten, die Königin möge sich zeigen. Mut und Selbstbeherrschung konnte ihr niemand absprechen. Sie hatte sich in Windeseile angekleidet. Ihre beiden Kinder, den vierjährigen Kronprinzen und die elfjährige Tochter an der Hand, trat sie neben ihren Mann. Die Menge verlangte, sie möge die beiden

Kinder zurückschicken. Das war nicht der Augenblick, ein Familienidyll zu inszenieren. Man wollte diese Frau schutzlos sehen. Als sie allein zurückkam, waren angeblich einige Büchsen drohend auf sie gerichtet.

La Fayette, dieser wankelmütige Held, zeigte sich als Herr der Situation: Er nahm die Hand Marie-Antoinettes und beugte sich, um sie zu küssen. Auf diese Geste war niemand vorbereitet. Die Drohungen verstummten. Von der Haltung der Königin und des Grafen überwältigt, ließ die Masse die ersten Hoch-Rufe aufsteigen: «Vive la reine! Vive le roi!» Ludwig rief: «Meine Freunde, ich will mich mit meiner Frau und meinen Kindern nach Paris begeben. Der Liebe meiner guten und treuen Untertanen vertraue ich meinen kostbarsten Besitz an.» Die Frauen applaudierten. Sie beglückwünschten sich. Sie umarmten einander. Der König verteidigte seine Soldaten: «Man hat meine Leibgardisten beleidigt. Ihre Treue zu mir und zur Nation gibt ihnen ein Anrecht auf die Hochachtung meines Volkes.» Dieser überraschende Beweis seiner Festigkeit riß die Masse zu einem Sturm der Begeisterung hin.

Am späten Vormittag war die Nationalversammlung von neuem zusammengetreten. Der König bat die Deputierten ins Schloß, um ihnen seine Entscheidung mitzuteilen. Nur vierzig Abgeordnete folgten der Einladung. Die Mehrheit blieb im Saal. Fürchtete sie eine Falle? Mirabeau bewies ein anderes Mal sein Genie: Die Versammlung, forderte er, möge beschließen, daß sie dem König folgen werde, wohin er auch gehe. Wenn dieser unberechenbare und so geistesgegenwärtige Mann an einem Komplott des Herzogs von Orléans beteiligt gewesen sein sollte – er verstand sofort, daß sich von nun an Ludwigs Geschick nicht mehr von dem der Nation trennen ließ. (Ein Jahr später leitete das Oberste Gericht, das im Châtelet tagte, gegen Mirabeau und den Herzog von Orléans ein Verfahren ein, in dem die beiden – neben anderen – beschuldigt wurden, sie hätten den Marsch der Frauen nach Versailles, in klaren Worten: einen Aufstand angezettelt. Beweise ließen sich nicht beibringen. Der Fall wurde zu den Akten gelegt.)

Gegen ein Uhr endlich formierte sich der seltsamste Zug, den das Jahrhundert bis dahin gesehen hatte: Einige Kompanien der

Nationalgarden setzten sich an die Spitze – frische Brotlaibe waren auf die Bajonette der Soldaten gespießt –; sie bewachten ein halbes Dutzend Wagen, die man eilig mit dem verfügbaren Weizen und Mehl beladen hatte. Die Scharen der Frauen schlossen sich ihnen an, fröhlich, johlend, manche auch jetzt wieder betrunken – wie viele der Männer. Sie trugen – Zeichen des Friedens und ihres Triumphs – langgeschnittene Zweige von Pappeln in ihren Händen. Manche ritten auf den Lafetten der Kanonen. Andere saßen zu zweit, zu dritt auf den Pferden, die von den Gardisten gutmütig am Zügel geführt wurden. Sie drangen manchmal zur königlichen Karosse vor, um das Herrscherpaar mit groben Scherzen zu unterhalten. «Ich habe alles gesehen, alles gehört und alles vergessen», seufzte Marie-Antoinette hinterher voller Würde. Der Familie des Monarchen drohte keine Gefahr. Sie war von einem dichten Ring der Nationalgardisten abgeschirmt. Graf La Fayette trabte, keine Bewegung aus den Augen verlierend, dem königlichen Gefährt hinterher.

Als die Kolonne gegen Abend Paris erreichte, riefen die Frauen, auf die Brote und die Mehlwagen verweisend: «Wir bringen den Bäcker und die Bäckerin und den kleinen Bäckerjungen (den Kronprinzen nämlich) dazu!» Friedrich Schulz, der pünktlich zur Stelle war, notierte eine zweite Parole, die das Volk von Paris gern zu hören schien: «Wir haben den Vater zu seinen Kindern geholt.»

Hinter dem Wall der Leiber sah man vom Gesicht des Königs nicht viel. Der König schien Schulz «mehr furchtsam als entschlossen» zu sein, «und seine innere Unruhe zeigte sich bald in einer ungewöhnlichen Blässe, bald in einer starren Ergebung, bald in einem erzwungenen Lachen, bald in kurzen, abgerissenen Worten...» Der Deutsche bemerkte, daß ein «Rudel junger Leute» den Wagen des königlichen Paares umgab, verschworen, der Königin «kein Leid zufügen zu lassen, parceque, wie sie sagten, notre reine est une jolie femme...»

«Wilder und schauerlicher ward das Ganze», schrieb Schulz, «als der Abend hereinbrach und große Laternen, Windlichter und Fackeln, schwarze Gesichter in dem Ausbruch roher Fröhlichkeit, halbnackte Männer und Weiber in gotischen Waffen, vom Patriotismus, vom Stolz und von starken Getränken erhitzt, große Fahnen im Winde flatternd, und hellpolierte Gewehre und Säbel, durch ein finsteres Gewimmel durchblitzend, zu beleuchten anfingen. In den engen Straßen der Stadt, die jetzt auf beiden Seiten von schwarzen Felsen besetzt schienen, drängte sich ein unruhiger Menschenstrom hin, dessen Geschrei sich zu den Trommeln und zu der rauschenden Janitscharenmusik der Nationalsoldaten mischte und mit diesen in ein einziges, erschütterndes Ganzes verfloß, welches das Angstgeschrei der Weiber, Kinder und Alten, die das Gedränge erstikkend einwickelte und mit sich fortzog, übertäubte und verschlang.»

Am Rathaus übergab der Bürgermeister Bailly dem König von neuem die Schlüssel zur Stadt. Vor dem Rat erklärte Ludwig, er sei «mit Vergnügen» in «sein gutes Paris» gekommen. Marie-Antoinette gab dem Bürgermeister einen kleinen Stoß: «Wiederholen Sie», flüsterte sie ihm zu, «daß der König gesagt hat: Voller Vergnügen und voller Vertrauen...» Monsieur de Bailly begriff und erfüllte den Wunsch. Der Beifall zeigte an, daß man die Königin verstanden hatte. Ihr politischer Instinkt war präziser als der ihres Mannes – und er führte sie dennoch so oft in die Irre.

Spät in der Nacht erreichte die Königsfamilie das Tuilerien-Schloß, das seit Jahrzehnten nicht mehr bewohnt war. Die knappe Zeit hatte nicht ausgereicht, wenigstens einige Zimmer halbwegs wohnlich zu machen. Die Räume waren kalt und ungemütlich. Der kleine Dauphin klagte, die Augen voller Schlaf: «Es ist häßlich hier...»

Restif de La Bretonne aber schrieb am Ende seines Berichts über das Drama jener Tage: «Die Hauptstadt wurde als eine Menschenfresserin geschildert. Das ist ein Irrtum. Die Stadt ist eine Spenderin von Entzücken und Vergnügen, die Maîtresse des Königreiches... Großzügiger Liebhaber: bereue Deine Gaben nicht. Wenn es auch keine größere Verführerin gibt als Deine Maîtresse – es gibt auch keine charmantere, und ihre Koketterie ist eine ihrer Vorzüge.» Diese Notiz eines Schriftstellers, der aus dem schlichten Volk stammte, klang wie ein letzter Seufzer des Rokoko. Jene Epoche aber war zu Ende. Der Chronist hatte es nicht bemerkt.

VI
Die Sturzflut der Worte

Die Männer haben die Bastille genommen», so schrieb Jules Michelet, «aber die Frauen haben den König gefangen.» Ludwig war in der Tat nicht aus freiem Willen und nicht im Triumph in seine Hauptstadt zurückgekehrt – in das unruhig-nervöse, immer launische Paris, das sich, wie Restif mit einer blumigen Formel behauptet hatte, als seine «Maîtresse» und «Geliebte», vielleicht auch als die «Tochter» des «guten dicken Papa» fühlte. Das Volk der großen Stadt, die nichts von ihrer mitreißenden und schrecklichen Vitalität eingebüßt hatte, betrachtete ihn als seinen Beschützer, doch zugleich auch als ein mögliches Opfer. Er war die Geisel der Revolution.

Die Nationalversammlung – die sich seit dem 9. Juli 1789 als «Assemblée constituante», als Verfassunggebende Versammlung, verstand – hatte unverzüglich beschlossen, dem König nach Paris zu folgen. Vier Tage nach Ludwigs Einzug ins verwahrloste und unwirtliche Tuilerien-Schloß erließ sie ein Dekret, das den Titel «König von Frankreich und Navarra» auslöschte und durch den eines «Königs der Franzosen» ersetzte: das Oberhaupt – freier – Bürger. Die Väter der Verfassung, die voller Eifer am Werk waren, hielten es nicht für angebracht, das «Gottesgnadentum» mit einem Federstrich außer Kraft zu setzen. Das hätte ihnen die Fraktion der Monarchisten niemals verziehen – denn noch immer strebte die Mehrheit nach einem breiten Konsens. Auch die liberalen Bürger scheuten sich, an eine Tradition zu rühren, die das Abendland seit Karl dem Großen so tief geprägt hatte. So einfach ließ sich der Geist eines Jahrtausends nicht auslöschen.

Oder doch? Die Monarchie sollte nach dem Willen der Mehrheit ihre Legitimität nicht länger allein aus der Gnade Gottes herleiten, sondern auch aus der «gesetzlichen Verfassung des Staates». Die Macht des Himmels wurde durch das Instrument menschlichen Rechts ergänzt, zugleich aber neutralisiert. Logik und Kenntnis des Menschenherzens, die sich die klugen Herren so bereitwillig selber zuschrieben, hätten ihnen sagen müssen, daß man Gott ganz oder gar nicht vertraut.

Indes, der politische Kompromiß war ihnen wichtiger als philosophische oder theologische Klarheit. Im zweiten Artikel der ersten Sektion des dritten Kapitels ihrer Verfassung erklärten sie mit Pomp und Würde: «Die Person des Königs ist unverletzlich und heilig.» Das war eine letzte, fast melancholische Konzession an den Mythos vom gesalbten Herrscher, der sich – neben dem Papst – als der weltliche Vertreter Gottes erkannte: ein irdischer Arm, wie der Heilige Vater sein geistlicher war, doch zugleich auch mit der Aura des Heiligen umgeben, nach französischer Überlieferung Kraft seines Amtes fähig, Krankheiten und Gebrechen zu heilen. (Von dieser Gabe machten die Herrscher freilich seit dem Mittelalter keinen Gebrauch mehr.)

Ein Jahrtausend lang schien auf den Stirnen der Kaiser und der Könige ein ferner Abglanz der gottgleichen Würde römischen Cäsarentums zu liegen. Suchte man ihn noch immer auf der hochgewölbten und so seltsamen eigensinnigen Stirn des armen Ludwig? Wie vergilbte Fahnen hingen die alten Formeln vom Gottesgnadentum und von der Heiligkeit der königlichen Person aus dem Paragraphenwerk der Konstitution, dem die Mitglieder der Verfassung in endlosen und intensiven Debatten eine dauerhafte Gestalt zu geben versuchten. Ein paar Jahre noch, dann würden sie heruntergerissen und auf den Müllhaufen der Geschichte befördert. Der «König der Franzosen» regierte nicht länger als der Souverän, der seine Hoheit und seine Macht allein von Gott dem Herrn bezog. Die Souveränität gehörte der Nation. Der König war ihr Diener – Diener des Volkes und nicht nur des Staates, wie der aufgeklärte Despot in Preußen, der Alte Fritz, von sich selber gesagt hatte.

Ludwig beugte sich dem Beschluß der Nationalversammlung ohne öffentliche Widerrede. Aber heimlich meldete er schon zwei Tage danach in einem vertraulichen Brief an den König von Spanien seine Vorbehalte und seinen Protest an. Fast gleichzeitig ersuchte sein jüngerer Bruder, der Graf d'Artois, den Kaiser in Wien um eine bewaffnete Intervention. Er stieß auf taube Ohren. Joseph II., wenige Wochen später mit einer Revolte in den österreichischen Niederlanden konfrontiert, dachte nicht daran, seiner Schwester und seinem bedrängten Schwager in Paris zu Hilfe zu eilen.

Und Ludwig? Er schien nicht einen Augenblick lang die Chance geprüft zu haben, die ihm der Beschluß der Nationalversammlung gewährte: als ein wahrer König des Volkes die äußere und innere Übereinstimmung mit dem «allgemeinen Willen des Volkes» zu suchen und damit in einem doppelten Sinn «Herr der Revolution» zu werden. Vermutlich kreuzte diese Überlegung niemals seinen beschränkten Sinn. Er war phantasielos, und er war zu tief in der überkommenen Ordnung verwurzelt, um ihre Erschütterung freien Herzens zu akzeptieren. Die feindselige Starrheit, mit der die Aristokratie dem Monarchen entgegengetreten war, hielt ihn nicht davon ab, sie (neben der Kirche) als die einzig zuverlässige Stütze des Throns zu betrachten: Er war Fleisch von ihrem Fleisch, Bein von ihrem Bein; er gehörte zuerst dem Adel, dann erst dem Volk.

Der Exodus aus Versailles war eine Niederlage, mit der er sich seufzend abzufinden schien, wie mit allen anderen zuvor. Sein kurzer Verstand riet ihm, das Beste aus der Lage zu machen und auf günstigere Zeiten zu warten. Auf eine bewaffnete Aktion der Armee konnte er fürs erste nicht hoffen. Die Volksvertretung hatte La Fayette, den Chef der Nationalgarde, auch zum Kommandanten aller regulären Truppen im Umkreis von Paris ernannt. Der General plante keineswegs die völlige Entmachtung des Herrschers, obwohl ihm seine Gegner immer nachsagten, er wolle – ein französischer «Cromwell» oder ein «Bonapartist» vor Napoleons Ankunft in der Geschichte – die Führung des Staates an sich reißen. Sein Ziel aber war nach wie vor die konstitutionelle Monarchie, die dem König wenigstens einen Teil der Autorität zubilligte, die der Präsident der Vereinigten Staaten besaß. Mirabeaus Überlegungen unterschieden sich von den seinen nur in Nuancen. Ein Bündnis der beiden hätte die Nation und den neuen Staat entscheidend zu prägen vermocht. Es kam nicht dazu. Sie schwächten einander durch eine fruchtlose und kurzsichtige Konkurrenz.

Die beiden Grafen konnten sich nicht ausstehen. Mirabeau betrachtete La Fayette als einen eitlen Flachkopf – nicht nur gedanken –, sondern auch tatenarm, zu staatsmännischem Handeln unfähig. La Fayette wiederum verachtete Mirabeau als einen korrupten und aufgeblasenen Hasardeur. Mit dem Blick auf die beiden Grafen sagte ein deutscher Beobachter, Conrad Engelbert Oelsner hieß er, voll grimmigem Witz: «Die Nachwelt wird große Talente zu bewundern haben, aber wenig große Charaktere.»

Der junge Mann täuschte sich: La Fayette war ein Charakter, aber kein Kopf, und Mirabeau war ein Kopf, doch kein Charakter – eher ein genialer Tropf. François Furet nannte Sieyès den Denker, Mirabeau aber den Künstler der Revolution. So mochte man ihn in vieler Hinsicht erkennen: als sensiblen Anreger, wortmächtigen Rhetor, als politischen Poeten und eleganten Stilisten, in seinen besten Augenblicken als Visionär und Prophet, freilich auch als Bohémien, Abenteurer, Großsprecher, verschwendungssüchtigen Hochstapler: Das alles traf zu, und es zeugte gewiß für ein grandioses Talent. Doch diesem Künstler fehlte das eine: ein bleibendes Werk. Er hat keines geschaffen, auch nicht in seinen Büchern, die nicht viel mehr als begabte Skizzen sind.

Seinen Feind La Fayette aber hat der Flügelschlag des Geistes nur flüchtig berührt. Er schrieb bemerkenswerte Briefe, doch unter seinen schriftlichen Hinterlassenschaften zählt nach dem biographischen Abriß von Patrice Gueniffey (im «Dictionnaire critique de la Révolution française») lediglich sein Entwurf für die Erklärung der Menschenrechte – der weitgehend Jeffersons Konzept für die Verfassung des Staates Virginia entsprach. Madame de Staël aber bescheinigte ihm, seinen Überzeugungen sei er unerschütterlich treu geblieben, was immer der Preis war: den Grundsätzen und Idealen einer liberalen und konstitutionellen Monarchie, die – soweit es anging – alle Vorzüge der öffentlichen Ordnung Amerikas auf Europa zu übertragen versuchte.

Der zuverlässige Haß, der sie miteinander verband, hielt

La Fayette und Mirabeau nicht davon ab, im Herbst 1790 sorgsam getarnte Gespräche zu führen. Der General fand sich sogar bereit, dem lebensgierigen und wie immer hochverschuldeten Konkurrenten fünfzigtausend Livres aus einer geheimen Schatulle zuzuschieben. Sie einigten sich, wenn nicht vieles trügt, auf eine Regierungsliste. Necker sollte zunächst die Verantwortung für die Finanzen behalten, obwohl Mirabeau sich jenes Schlüsselamt gern angeeignet hätte. La Fayette sicherte für sich selber das Kriegsministerium und den Rang eines Marschalls von Frankreich.

Plötzlich aber zögerte der General. Gouverneur Morris, der konservative Gesandte der Vereinigten Staaten, warnte ihn vor einer Allianz mit dem vulkanischen Mirabeau, dessen Temperament so unkalkulierbar war. Auch Talleyrand, der blitzgescheite und immer ironische Bischof von Autun, spann seine Intrigen gegen den Tribun. Oder war dem General eine Denkschrift Mirabeaus vor Augen gekommen, die dem König riet, Paris zu verlassen, sich in Rouen einzurichten, ein Kontingent von zehntausend Soldaten zwischen sich und die Hauptstadt zu legen, zugleich aber die Nationalversammlung zu bitten, ihm in die neue Residenz zu folgen? Wenn sich die Volksvertretung widersetzte, schrieb Mirabeau, wohlan, so war der Konflikt unvermeidlich. Paris könnte aus der strategisch günstigen Lage niedergekämpft werden. Das Memorandum wurde über den Grafen de Provence, der im Luxembourg-Palast ausharrte, an den königlichen Bruder in den Tuilerien weitergeleitet.

La Fayette war zu jenem Zeitpunkt nicht bereit, sich an der Spitze der bewaffneten Macht gegen die Nationalversammlung, gegen die Bürger, gegen das Volk zu stellen. Mirabeau schien überdies seinen Rückhalt unter den Deputierten zu überschätzen. Anfang November 1789 legte er der Volksvertretung drei Anträge vor. Der erste besagte, daß Amerika gebeten werden sollte, seine Kriegsschuld durch Weizenlieferungen abzugelten. Das war eine populäre Anregung, denn die Mehlfrachten, die der König in die Hauptstadt beordert hatte, sicherten die Brotversorgung nur für eine knappe Frist. Auch Mirabeaus zweiter Vorschlag entsprach allen Ratschlägen der Vernunft: Er verlangte die Gründung einer Zentralbank. (Damit bescheinigte er freilich dem Minister Necker sein Versagen.) Zum dritten aber forderte er, die Mitglieder der Regierung sollten künftig an den Beratungen der Nationalversammlung teilnehmen, mit anderen Worten: Sie müßten verpflichtet werden, den Deputierten persönlich Rede und Antwort zu stehen.

Dieser Vorstoß mahnte einen entscheidenden Schritt zum Ziel der parlamentarischen Regierung an. Alle liberalen Geister konnten ihm nur applaudieren. Doch niemand durfte behaupten, Mirabeau habe den Zeitpunkt klug gewählt. Die Fixierung einer parlamentarischen Verantwortung der Regierung (wenngleich einer begrenzten) hätte die Rechte des Königs eingeschränkt, der noch immer die Minister aus eigener Machtvollkommenheit berufen und entlassen konnte. Warum wollte Mirabeau den Monarchen schwächen, dessen Unabhängigkeit er zum anderen durch seine Entfernung von der Hauptstadt zu retten gedachte? Und aus welchen Gründen forderte er in diesem Augenblick die Gegnerschaft der Minister heraus, die ohnedies Grund hatten, seinen Ehrgeiz zu fürchten?

Dieser dritte Antrag begegnete, das war vorauszusehen, heftiger Opposition. Prompt wurde ein Dekret formuliert, das es den Mitgliedern der Nationalversammlung verbot, ein Regierungsamt zu übernehmen. Die Absicht war deutlich: Die Mehrheit wünschte den gewaltigen Mirabeau nicht als den starken Mann im Ministerium zu sehen. Vergebens wehrte sich der Tribun. Er nahm den Stier bei den Hörnern: «Ich gebe zu», rief er, «daß es unter Umständen nützlich sein könnte, einen bestimmten Abgeordneten von der Zugehörigkeit zum Ministerrat auszuschließen. Da es aber unstatthaft wäre, einem Sonderfall zuliebe ein grundlegendes Prinzip zu opfern, bringe ich hiermit folgenden Zusatzantrag ein: Es sollen vom Ministeramt diejenigen Mitglieder der Nationalversammlung ausgeschlossen bleiben, gegen die der Antragsteller offenbar gewisse Bedenken hegt, und ich nehme es auf meine Kappe, Ihnen die betreffenden Personen jetzt zu nennen. Unter den Volksvertretern gibt es ganze zwei Männer, auf die solche geheimen Bedenken anwendbar wären. Es sind dies der Antragsteller selbst und ich.»

Friedrich Schulz, der die Verhandlung verfolgte, nahm die «persönliche Demütigung» wahr, die der Graf zu erdulden hatte und, wie es schien, mit «seiner bekannten Energie und seiner zermalmenden Stirn, siegend... zu erwidern versuchte». Voll böser List und mit höhnischer Aggressivität spitzte Mirabeau die Debatte zu: «Der Zusatzantrag, den ich, meine Herren, hiermit stellen möchte, lautet also: Die geforderte Sperrmaßnahme soll sich auf den Abgeordneten des Dritten Standes von Aix, M. de Mirabeau, beschränken.»

Es half nichts: die Nationalversammlung brachte ihrem brillantesten Mitglied eine schmetternde Niederlage bei. Sie erkannte in ihm nicht länger, wie es Michelet später ausgedrückt hat, «die Stimme der Revolution selbst». Der Verzicht auf das Regierungsamt aber verdüsterte Mirabeaus finanzielle Lage von neuem. Um seinen teuren Haushalt, seine Mitarbeiter und die aufwendigen Maîtressen bezahlen zu können, war er auf geheime Zuwendungen aus der königlichen Schatulle angewiesen: Im Mai 1790 beglich der König seine Schulden in der stattlichen Höhe von gut zweihunderttausend Livres. Ferner bezog der Graf vom Hof nun ein monatliches Gehalt von sechstausend Livres. Nach der Auflösung der Nationalversammlung sollte er überdies eine Abfindung von einer Million erhalten, zu hinterlegen bei seinem belgischen Freund La Marck, der laut Pierre Gaxotte ein österreichischer Agent war.

«Er läßt sie nur dafür bezahlen, daß sie seiner Meinung sind», bemerkte dieser treue Gefährte sarkastisch. In Wirklichkeit schien das Herrscherpaar auf das Urteil ihres brillanten, doch stets exaltierten Beraters nicht viel zu geben. Mirabeau bombardierte den König, gelegentlich auch die Königin, mit Denkschriften, in denen kluge Analysen neben schrecklichen Narrheiten standen. Vor allem aber schienen sie dem einen Zweck zu dienen: vor La Fayette zu warnen und den Gegner mit allen nur denkbaren Mitteln von der Regierung fernzuhalten. Als seine Marionette würde er ihn bestenfalls dulden, wenn die Popularität des Generals und seine militärische Macht keine andere Lösung erlaubten, bemerkte Mirabeau. Aber es entging ihm nicht, daß sich der Konkurrent jederzeit Zugang zum Hof zu verschaffen vermochte, obwohl die Königin ihre gründliche Abneigung gegen La Fayette niemals abzuschütteln vermochte.

Mirabeau selber sah sich vom Palast ferngehalten. Im Sommer 1790 überwand er sich, dem Feind einen schmeichlerischen Brief zu schreiben und ihm von neuem ein Bündnis anzutragen: Dem General, sagte er mit einer kräftigen Portion Heuchelei, stehe nicht ein einziger ernst zu nehmender Ratgeber oder zuverlässiger Mitarbeiter zur Seite. Mit seinen Freunden könne er Schlachten schlagen und einen zweiten Unabhängigkeitskrieg gewinnen – aber keinen Staat machen. Kurzerhand hob er die Gestalt seines Widersachers mit groteskem Eifer ins Überdimensionale: «Seien Sie ein neuer Richelieu», rief er ihm zu, «aber einer, der das Volk über den Hof stellt: dann wird unter Ihrer Führung die Monarchie wieder aufblühen, während gleichzeitig die allgemeine Freiheit fortschreitet und innerlich erstarkt. Vergessen Sie aber eines nicht: Richelieu hatte seinen Kapuzinerpater Joseph; schaffen Sie sich deshalb für Ihren eigenen Gebrauch eine graue Eminenz an, sonst gehen Sie selbst zugrunde, ohne uns allen Rettung gebracht zu haben. Ihr bedeutendes Können bedarf des Ansporns und der Lenkung durch mich – mein Talent, zu lenken und anzuspornen, ist wiederum auf Ihre großen Fähigkeiten angewiesen. Sie aber schenken Ihr Vertrauen völligen Nullen, die aus kleinlicher Absicht und mit nicht minder kleinlichen Mitteln darauf aus sind, uns beide gegeneinander auszuspielen...»

Zum «Père Joseph» taugte Mirabeau nicht im geringsten. Doch er hatte so Unrecht nicht: Die beiden hätten einander zu ergänzen vermocht, wären sie weniger selbstsüchtig und eitel, vor allem aber disziplinierter gewesen. Das Angebot war zu plump. La Fayette ließ den Brief ohne Antwort. Er lehnte es auch ab, Mirabeaus Kandidatur für die Präsidentschaft der Nationalversammlung zu unterstützen. Nach dem Bericht seines Biographen Oliver Welch sagte er mit törichtem Hochmut: «Ich habe den König von England entmachtet, den König von Frankreich in seine Schranken verwiesen und die entfesselte Volkswut gezähmt – da werde ich vor Herrn von Mirabeau ganz gewiß nicht kapitulieren.»

Fast zur gleichen Stunde, in der Mirabeau dem Feind den Richelieu-Köder zuwarf, schrieb er dem König, La Fayette habe die Absicht, sich zum Generalissimus zu machen; wenn man seinem Ehrgeiz nicht in die Zügel falle, werde er als der «absoluteste und furchtbarste Diktator» enden. Eine Regierung von La Fayettes Gnaden hinzunehmen wäre gleichbedeutend mit der Preisgabe des Königreichs an die Diktatur von Paris. Dabei sei es höchste Zeit, daß das Land die Hauptstadt wieder zur Raison brächte; zu diesem Zweck bedürfe es aber einer Exekutive, die ihre Vollmachten nicht vom Befehlshaber der Pariser Miliz beziehe, sondern von der Nationalversammlung und dem ganzen Volk. Wenn ein qualifizierter Ministerrat dem General die Zähne zeige, sei es auf der Stelle um seine Macht geschehen. Hätte man aber erst einmal mit seinem politischen Einfluß aufgeräumt... so müßte er «nach dem Gesetz der Trägheit in das Vakuum seiner geistigen Passivität und seines völligen Mangels an Begabung zurückfallen». Dieses Urteil war vom schieren Haß diktiert.

Wenig später jedoch schickte er Marie-Antoinette die Botschaft: «Die Königin muß in Gegenwart des wohl vorbereiteten und entschlossenen Königs folgendes zu La Fayette sagen: ‹Sie wissen und wir wissen, daß M. de Mirabeau der einzige Staatsmann von Format im Lande ist. Nehmen Sie zur Kenntnis, daß uns nichts anderes übrig bleibt, beziehungsweise daß wir entschlossen sind, ihm in dieser verzweifelten Lage unser Vertrauen zu schenken. Ich bitte und beauftrage Sie, mit M. de Mirabeau zusammenzuarbeiten – vorbehaltlos, verstehen Sie – jeden Tag, vor aller Augen und in allen wichtigen Angelegenheiten.›» Der Tribun wurde zum anderen nicht müde, La Fayettes «Charakterschwachheit, die Furchtsamkeit seiner Seele und die kurzen Dimensionen des Kopfes» zu verhöhnen.

Vielleicht war die Wurzel seines Ressentiments schlichtweg der Neid. La Fayette – diese «ausgestopfte Schaufensterpuppe, dieser zweite Aufguß eines Cromwell, dieser cäsarische Hanswurst» – war unermeßlich reich. Seine Besitzungen gewährten ihm eine Jahresrente von hundertzwanzigtausend Livres. Er warf sein Geld nicht prahlerisch unter die Leute, war auch kein Geizhals und befand sich niemals in der Verlegenheit, einen anderen Menschen anbetteln zu müssen. Er hatte Erfolg. Er hatte Glück. Die Mediokrität seiner geistigen Gaben hielt ihn nicht davon ab, Mirabeau (und andere) mit einem bemerkenswerten taktischen Geschick immer aufs neue an die Wand zu spielen.

Hätte ihn die Eitelkeit, die manchmal ans Törichte grenzte, nicht verblendet, dann wäre es ihm vielleicht gelungen, den genialen Widersacher vor den gemeinsamen Karren zu spannen, um die konstitutionelle Monarchie und den liberalen Staat zuverlässig zu etablieren. Vielleicht auch nicht. Denn mit Mirabeau, um es zu wiederholen, schien sich kein Staat machen zu lassen.

Der General übersah keineswegs, daß der Tribun sich für die Kälte des Hofes durch gelegentliche Annäherungen an die radikalen Gruppen der Verfassunggebenden Nationalversammlung zu revanchieren versuchte. Die aufpeitschende Sprache der revolutionären Anfänge hatte er nicht verlernt. Auch zum Herzog von Orléans spann er von neuem seine Fäden, obwohl er dem ehrgeizigen Vetter des Königs eine entscheidende kritische Tat längst nicht mehr zutraute. Wilhelm von Humboldt notierte acht Jahre später in seinem Tagebuch, Mirabeau habe den Herzog mit den barschen Sätzen abgeputzt: «Vous n'êtes qu'un gent foutre. Vous savez bander le crime et ne le savez pas décharger» – «Sie wissen, wie man den Bogen spannt, aber abschießen können Sie nicht.» Mit anderen Worten – und nicht weniger anzüglich: «Sie sind mir ein schöner Schlappschwanz!» Aber galt das nicht auch für La Fayette? Und im übertragenen Sinn – freilich nur in dem – für ihn selbst?

Mirabeaus Handel mit dem Hof, obwohl so streng geheim verabredet, blieb der Welt nicht völlig verborgen. Seine Geldgier und seine Käuflichkeit, die er mit öffentlichem Gepränge selber annoncierte, minderten schließlich den Respekt, den ihm seine Talente verschafft hatten. Marie-Antoinette verachtete ihn und traute ihm nicht über den Weg. Der König bezahlte ihn, doch auf seinen Rat hörte er nicht. Die Glorie des Tribuns und, was schlimmer war, sein Einfluß in der Nationalversammlung begannen zu verblassen.

Die Deputierten hatten nach ihrer Übersiedlung aus Versailles am 19. Oktober zunächst eine Zuflucht in der Kapelle des erzbischöflichen Palastes gefunden. In den geweihten Mauern fühlten sie sich freilich nicht allzu wohl. «Man war eines Tages», schrieb Schulz, «in sehr rauschenden Debatten begriffen, als auf einmal ein fürchterliches Krachen die Gemüter zu sich selbst brachte, um sie auf eine andere Art in Bewegung zu setzen.

Zwei von den Stützen der Galerie glitten ab und der ganze Teil der Galerie, den sie halten sollten, brach mit einem fürchterlichen Krach herunter. Die ganze Versammlung drängte sich... in einem dichten Haufen im Mittelpunkte zusammen, stürzte nach den Eingängen, und wogte zurück, weil diese nur wenige auf einmal durchließen... Es war ein allgemeiner, erdrückender Tumult, der in den ersten Augenblicken gefährlicher war, als die Ursache, die ihn veranlaßte. Ein Deputierter wurde lebensgefährlich zerschmettert und einige andere weniger schwer beschädigt.» Das niederbrechende Gebälk gab manchen der Abgeordneten bittere Scherzworte über den Zustand des Staates ein: Er befand sich, das ließ sich nicht länger verheimlichen, am Rande des Bankrotts.

Der Unglücksfall – er ereignete sich am 26. Oktober – riet der Versammlung, sich so rasch wie möglich nach einer anderen Behausung umzusehen. Am 9. November wurde sie zur ersten Sitzung in die königliche Reithalle gerufen, nur einen Sprung vom Tuilerien-Schloß entfernt. Noch vor ihrem Umzug hatte sie – angesichts der Finanznot – ein Dekret erlassen, das der Nation den Zugriff auf die Kirchengüter erlaubte. Der Vorschlag stammte von Monsieur de Talleyrand-Périgord, dem Bischof von Autun, der über einen praktischen Verstand verfügte und überdies skrupellos genug war, seine Amtsbrüder ins Mark zu treffen. Seine Begründung war knapp: «Die gewöhnlichen Mittel sind erschöpft», stellte er fest, «das Volk ist von allen Seiten ausgepreßt, die leichteste Belastung würde zu Recht für unerträglich gehalten.» Der Privatbesitz werde nicht bedroht. Der Klerus sei kein Eigentümer wie andere; sein Vermögen sei ihm «nicht zugunsten von Personen übereignet worden... sondern zur Ausübung von Ämtern». Der ehemalige Generalbevollmächtigte des Geistlichen Standes von Frankreich richtete, nach den Worten seines Biographen Jean Orieux, mit diesen wenigen Sätzen «die Kirche völlig zu Grunde».

Am 19. November beschlossen die Deputierten, eine «außerordentliche Kasse» zu schaffen, die mit den Verkaufserlösen des Eigentums der Kirche gespeist werden sollte. Man rechnete damit, daß sich etwa drei Milliarden Livres abschöpfen ließen. Natürlich konnte und wollte man die Bischöfe und Priester nicht ohne Einkünfte lassen. Also galt es, einen neuen Status für den Klerus zu erfinden. Man setzte für die Pfarrer ein Mindestgehalt von zwölfhundert Livres fest, die Kosten für Wohnung und Garten nicht eingerechnet. Damit wurden die geistlichen Herren zu Angestellten des Staates.

Die Diskussion über den Zivilstatus des Klerus aber appellierte an Leidenschaften, die der Bischof von Autun, der ein wahres Weltkind war, und mit ihm die aufgeklärten Advokaten, Journalisten und Wissenschaftler in der Versammlung wohl kaum vorausbedacht hatten. Der Protest der hohen Prälaten überraschte niemanden. Doch auch die kleinen Pfarrer draußen auf dem Lande, die über keine üppigen Pfründen verfügten, wehrten sich trotzköpfig gegen den dramatischen Wechsel der Loyalität, der ihnen zugemutet wurde. Künftig sollten sie sich von den Gemeinden, die Bischöfe aber von einer Kongregation der Priester wählen lassen. Dem Papst in Rom blieb nichts mehr als eine ferne und abstrakte geistliche Autorität. Darüber mochte nicht jeder klagen. Doch wurde die «Unmittelbarkeit zu Gott», um diese lutherisch-ketzerische Formel zu gebrauchen, nicht zehnfach aufgehoben durch die drohende Vormundschaft des Staates und seiner Beamten? Die Gründung einer «Nationalkirche» entsprach in mancher Hinsicht einer Tradition des Landes: der «Gallikanismus», der die französische Priesterschaft von Zeit zu Zeit mobilisierte, hatte den absoluten Herrschaftsanspruch des Papstes immer wieder in Frage gestellt. Er war durch die Gegenreformation nicht ausgelöscht worden.

Ludwig aber konnte in seiner bedrängten Lage nicht im geringsten daran gelegen sein, den historischen Frieden der «Allerchristlichen Könige» mit dem Heiligen Vater zu brechen. Ohne den Rückhalt der Kirche konnte nach seiner Einsicht die Monarchie sowenig überleben wie ohne die Stütze des Adels. Erst im Dezember 1790 war er bereit, das Dekret über den Zivilstatus der Priester zu sanktionieren.

Populär war die Maßregelung der Kirche nur unter den vermögenden Bürgern, die sich zu bereichern hofften, bei einer schmalen Schicht von Intellektuellen, denen die Institutionen der Christenheit vor allem als Hort eines finsteren Aberglaubens galten, und in den armen Vierteln der großen Städte, in denen man die bischöflichen Paläste verdächtigte, sie seien Stätten des Luxus, und die Klöster, sie seien Höhlen des Lasters. Im Februar 1790 wurden die Mönchs- und Nonnengelübde kurzerhand verboten. Die Nationalversammlung löste alle «kontemplativen Orden» auf, deren Mitglieder sich nur der Andacht hingaben und keine irdischen Aufträge wie Schulunterricht und Krankenpflege versahen – übrigens der Zustimmung vieler Weltgeistlicher gewiß. (Der Jesuiten-Orden war ohnedies, wie beinahe überall in Europa, schon seit 1773 verbannt.) Kurz danach wurden die Priester verpflichtet, die Dekrete der Nationalversammlung von der Kanzel zu verlesen. Die Anordnung hatte den praktischen Vorteil, die Kanzeln als «Relaisstationen» zu nutzen: Dies bot sich an, da die entlegenen Dörfer selten von einer Zeitung erreicht wurden. Doch zugleich bewies die Maßnahme, daß der Staat von den geistlichen Dienern Gehorsam verlangte.

Dennoch, die Bürger, die rasch ein begehrliches Auge auf die Liegenschaften des Klerus warfen (der übrigens nur sechs Prozent des bestellbaren Landes besaß), schienen vor dem Kauf kirchlicher Güter zurückzuschrecken. Niemand wollte sich vorwerfen lassen, daß er sich an gleichsam geweihtem Eigentum vergreife. Also schien es den Deputierten im März 1790 geraten, den Kirchenbesitz zunächst den Gemeinden zu überantworten. Ihnen war es nun aufgetragen, die Güter an den Mann zu bringen. Mit den Zahlungsfristen verfuhr man großzügig. Tilgung: zwölf Prozent für die Äcker, dreißig Prozent für die Wälder, zwanzig Prozent für die Fischteiche. Der Einheitszins betrug fünf Prozent.

Der Erfolg des «gigantischen Transfer» übertraf nun sämtliche Erwartungen. Am Jahresende 1790 war die Aktion abgeschlossen. Den Löwenanteil der Beute sicherten sich ohne Zweifel die vermögenden Bürger, unter ihnen so manches Mitglied der Verfassunggebenden Versammlung (auch ihres radikalen Flügels). Dennoch gewannen auch kleine Pachtbauern zum erstenmal eine Chance, Besitzer von Grund und Boden zu werden. Das war in der Tat die produktivste Voraussetzung einer Politik, die sie an den Staat der Revolution zu binden plante. Freilich wurde solches Glück nur einer kleinen Minderheit des Landvolkes zuteil. Die

Mehrheit der kleinen Bauern und der Knechte beobachtete voller Groll, wie sich die Bourgeois aus den Städten der fettesten Äcker, der grünsten Wiesen, der kräftigsten Wälder bemächtigten. Die Herren wechselten, doch das Geschick der armen Leute schien sich nicht zu verändern.

Überdies mußte eine Gegenrechnung aufgemacht werden – und sie kam der Nation teuer zu stehen. Die gegenrevolutionäre Propaganda der Aristokraten fand nun zum erstenmal beim breiten Volk auf dem Lande Gehör. Aus der Schar der Dorfpriester liefen ihnen Verbündete zu, die einen unmittelbaren und herzhaften Einfluß auf die Bauern ausüben konnten. Die Unruhen griffen rasch auf die Städte in den Provinzen über. Die Chronik von 1790, das man nicht völlig zu Unrecht «das glückliche Jahr» der Revolution genannt hat, verzeichnete eine unablässige Serie von Aufständen und Meutereien, die den Fortgang der großen Reformen aufhielten, die Nation zerrissen, die Lager in unversöhnliche Radikalitäten trieben. Vor allem in Nîmes rotteten sich fanatisierte Söhne der Kirche immer aufs neue zusammen, um den gottlosen Revolutionären in Paris und den calvinistischen Ketzern in ihrer Nachbarschaft all ihre Frevel heimzuzahlen. In den Cevennen stürzten sie sich voller Wut auf die Protestanten, die erst wenige Monate zuvor die vollen Bürgerrechte gewonnen hatten: In ihnen glaubten sie die wahren Urheber der Versündigungen zu erkennen, denen sich Frankreich zu unterwerfen hatte. Die versprengten Erben der Reformation hatten tatsächlich in diesen und jenen Gemeinden die Gunst der Stunde genutzt, um die Macht in die Hand zu nehmen und sich – in der Regel ohne blutige Übergriffe – für die Jahrhunderte der Verfolgung und Unterdrückung zu rächen. Für sie war die Revolution wahrhaftig ein Signal der Befreiung. Als sie einst ihr Glaubensrecht zu verteidigen wagten, war von den Dragonern Ludwigs XIV. die Einwohnerschaft ganzer Dörfer und Städtchen niedergemetzelt worden. Die Soldateska des Königs hatte die trotzige Bevölkerung mancher entlegenen Flecken in den Bergen des Midi, Männer, Frauen, Kinder, Greise, in Höhlen getrieben, die sie kurzerhand zumauerten und so die Eingeschlossenen einem langsamen und qualvollen Tod durch Verhungern und Verdursten überließen. Die Greuel waren vergessen. Sie hatten sich so tief ins Gedächtnis gegraben wie hernach die Schrecken der revolutionären Diktatur. Nun wachten in den Erschütterungen des Umbruchs die alten Leidenschaften der Glaubenskriege wieder auf, vom Herrschaftsanspruch der Vernunft nicht gezähmt. In der aufgehenden Sonne der neuen Epoche warf die Vergangenheit lange Schatten. Die Geschichte ließ sich nicht außer Kraft setzen, die Leidenschaft der Religiösität nicht bändigen. Sie brach sich nur andere Wege.

Die Konfiszierung des kirchlichen Vermögens vermochte den Staat keineswegs aus seinen Finanznöten zu erlösen. Der Schuldendienst forderte mehr als 257 Millionen Livres pro Jahr. Gleichzeitig stiegen die öffentlichen Ausgaben auf 360 Millionen. Insgesamt errechnete man Verpflichtungen von 641 Millionen. Die Lage mußte verzweifelt genannt werden.

Für die Zeit bis zum Verkauf eines Teils des geistlichen Eigentums gab die Regierung – nach einem Dekret der Verfassunggebenden Versammlung vom 19. Dezember 1789 – Schuldverschreibungen oder Assignaten aus: zunächst 400 Millionen (zu fünf Prozent Zinsen), danach (bei einer Zinsminderung auf drei Prozent) weitere 800 Millionen. Das war nichts anderes als ein Rückgriff auf die Politik der Anleihen – mit anderen Mitteln. Man gewöhnte sich rasch daran, die Druckerpressen in Gang zu setzen, wann immer die Kassen leer waren.

Jacques Necker, der Finanzminister, hatte nicht alle Solidität in seiner Genfer Heimat zurückgelassen. Die Assignatenwirtschaft war ihm nicht geheuer. Beharrlich sträubte er sich gegen die Massenauflage neuer Scheine. Mirabeau bedrängte ihn mit dem üblichen Ungestüm: Die Ausgabe schlechten Papiergeldes, rief er, habe die Vereinigten Staaten im Krieg um die Unabhängigkeit gerettet. Er hatte nicht völlig unrecht. Auch die Assignaten retteten die Revolution vor dem Bankrott. Allerdings verschwieg Mirabeau, welch harte Mühe es Alexander Hamilton gekostet hatte, dem völlig verarmten Amerika danach Kredit in der Welt zu verschaffen – und wie ungerecht die kleinen Bürger für die inflationäre Wirtschaft gestraft wurden. Frankreich ersparte sich die Konfrontation mit der Realität durch die Kriege Bonapartes und die Beute, die er zusammenraffte.

Visionen von solch düsterer Größe waren dem Finanzmann Necker fremd. Da er in der Nationalversammlung keinen Rückhalt mehr fand und seine gestern noch so strahlende Popularität verwelkt war – auch mit seiner Gesundheit stand es nicht zum besten –, zog er sich im September 1790 ohne Lärm aus seinem Amt zurück. Man ließ ihn unbehelligt ziehen.

Der Wert des Papiergeldes verfiel rapide. (Schon nach einem Jahr hatte es zehn Prozent, nach drei Jahren knapp die Hälfte, nach sechs mehr als neunzig Prozent verloren.) Es half nichts, daß die Weigerung, jenes Zahlungsmittel zu akzeptieren, unter harte Strafen gestellt wurde. Die chronische Geldentwertung schmälerte die raschen Gewinne der Spekulanten nur wenig, aber sie minderte das Einkommen der Handwerker, der Arbeiter, der kleinen Bürger mit ihren bescheidenen Ersparnissen beharrlich und am Ende katastrophal. Es ließ sich nicht verbergen, daß die Finanzwirtschaft den meisten der Abgeordneten ein Buch mit sieben Siegeln war. Die Zahl der Kaufleute und geeichten Kapitalisten in ihrer Mitte war gering. Die Advokaten und Journalisten gefielen sich darin, das ist wahr, sorgsam auf administrative Ausgaben zu achten, die sich ohne zu große Schwierigkeiten kontrollieren ließen. Vor allem waren sie bestrebt, dem Hof auf die Finger zu sehen. Geld war das entscheidende Mittel, die Macht, die dem König verblieben war, tagaus, tagein einer strikten Aufsicht zu unterwerfen. Ludwig, der nicht zur Verschwendung neigte, entschloß sich, seinem Volk das Beispiel einer schlichten und sparsamen Führung des Haushalts vorzuleben. Da der Hof in seinen verschwenderischsten Jahren niemals mehr als sechs Prozent der öffentlichen Mittel gekostet hatte, schlugen die Einschränkungen des Königs kaum zu Buche. Übrigens stand dem Pensionsausschuß der Nationalversammlung seit dem Frühjahr 1790 eine Liste der Zahlungen des Hofes zur Verfügung, die einen recht genauen Einblick in das System der Abhängigkeiten erlaubte. Detailliert waren sie in einem «Roten Buch» (in Maroquinleder) verzeichnet, das man im August 1792 im Tuilerien-Schloß aus einem Versteck hervorkramte: Nun konnte es als Sensation gehandelt werden. (Waren darin die geheimen Zuwendungen an den Grafen Mirabeau verzeichnet?) Insgesamt machten die Verpflichtungen des

Hofes 228 Millionen aus. Das königliche Paar beanspruchte für seine Ausgaben 11,5 Millionen. Den Brüdern des Königs hingegen kamen 28 Millionen zu.

Das Augenmerk der Deputierten richtete sich von Beginn an gern aufs Kleine. In der Finanzpolitik des Staates verfuhren sie so leichtfertig wie die Schatzmeister der Könige. Ihre Strenge im Detail war der Leichtfertigkeit im großen aufs engste benachbart. Die Tugend wohnte wie üblich neben dem Laster, und kluge Einsicht hauste Tür an Tür mit der schieren Torheit.

Zunächst aber schien die Vernunft einen Siegeszug ohne Beispiel angetreten zu haben. Die Reformen, die von der Verfassunggebenden Versammlung im Elan jener ersten Epoche der Revolution Zug um Zug beschlossen wurden, öffneten Frankreich und Europa den Weg in die Modernität. So wurde ein Gremium ausgezeichneter Wissenschaftler beauftragt, ein einheitliches System von Maßen und Gewichten zu schaffen: damit begann das metrische Zeitalter, das unserer technischen Zivilisation zu solch mächtigen Sprüngen voranhalf.

Mit sorgsam bedachten Beschlüssen schuf die Versammlung eine rationale Verwaltungsordnung: Die alten Provinzen und Regionen mit ihren Sonderrechten wurden kurzerhand aufgelöst und durch achtzig Départements ersetzt. Die neuen Bezirke sollten durch einen Rat von 36 Mitgliedern verwaltet werden, der die Verantwortung an acht Direktoren eines Exekutivkomitees delegierte. Nach der Demokratisierung der Gemeinden war dies in der Tat ein entscheidender Schritt zur Teilnahme der Bürger an der Regierung. Das schöne Prinzip der Selbstverwaltung herrschte freilich nicht lang, denn wenige Jahre danach, unter dem Zwang des Krieges und mit der Verschärfung der Machtkämpfe, wurden – der monarchistischen Tradition gemäß – die unabhängigen Verwaltungen wieder dem Diktat der Zentralgewalt unterworfen. Kommissare der Nationalversammlung hatten bis in die letzten Winkel des Landes für den Respekt vor den Anordnungen aus Paris zu sorgen. (Napoleon etablierte schließlich durch die Einsetzung der Präfekten eine militärisch exakte Kommandokette.) Die Verwaltungsreform war eine eindrucksvolle Leistung. So die «Munizipalisierung» der Gemeinden, die bis zu einer Größe von fünfhundert Einwohnern durch drei gewählte Beamte, bis zu dreitausend von sechs, bis zu zehntausend von neun, von hunderttausend Bürgern an durch einundzwanzig regiert werden sollten. So die neue Administration, die der Stadt Paris gegeben wurde: Ihre 48 Sektionen (oder Quartiers) sollten möglichst selbständig wirtschaften, während die gemeinsamen Belange der Stadt von dem kommunalen Rat und einem gewählten Bürgermeister wahrgenommen wurden.

So die Reform des Strafrechts und der Gerichte, die Wählbarkeit der Richter und öffentlichen Ankläger, die Berufung von Geschworenen. So die Reform des Erbrechts, das mit den Privilegien der Erstgeborenen gegenüber den Jüngeren und der Söhne gegenüber den Töchtern ein Ende machte. So – zwei Jahre später – die Gesetzgebung über den «Zivilstand», die Registrierung von Geburt und Tod durch den Staat, die Legitimierung der Heirat durch Beamte vorsahen, ja zum erstenmal in der katholischen Christenheit die Auflösung einer Ehe durch zivile Instanzen erlaubte.

So die Ordnung des Wahlrechts, das allerdings noch recht undemokratisch und ungleich zwischen «aktiven» und «passiven» Bürgern unterschied: nämlich den Steuerzahlern und den armen Schluckern, die nicht genug verdienten, um dem Staat auch nur den bescheidensten Obolus zu entrichten. Die Einteilung stammte übrigens von Abbé Sieyès, dessen Begriff vom Dritten Stand der Bürger aufs selbstverständlichste an die Realität des Eigentums gebunden war. Robespierre, als Waise aufgewachsen, widersetzte sich von Beginn an der politischen Belohnung materieller Ungleichheit. Das Gesetz, sagte er, sei immer der Ausdruck des allgemeinen Willens – also müßte die Wahl des Gesetzgebers universell sein. Aber auf ihn, den unscheinbaren Advokaten, hörte man nicht – noch nicht.

Zu den Wahlen hatten nur knapp 4,3 der 26 Millionen Franzosen Zugang: die Frauen, das Gesinde, die Diener, die Handlanger und Tagelöhner, die Ackerknechte – ihnen allen war es verwehrt, das Grundrecht des souveränen Volkes auszuüben. In die lokalen Versammlungen konnte nur gewählt werden, wer Steuern im Gegenwert des Lohns von wenigstens sechs Arbeitstagen entrichtete. Die Wählbarkeit für die Verfassunggebende Versammlung aber erforderte eine Steuerleistung von einem «marc d'argent», das heißt einer Summe von acht Unzen oder einem halben Pfund Silber, und einem ganz gleich wie großen Grundbesitz. Man sprach keineswegs zu Unrecht von einer neuen «Aristokratie der Reichen», die sich zu etablieren begann. Indessen verschärfte sich der Widerstand gegen die Diskriminierung rasch. Das Gebot des «marc d'argent» fiel schon im August 1791. Ein Jahr danach hob der Konvent auch die Unterscheidung zwischen «aktiven» und «passiven» Bürgern auf. Wer keine Steuern zahlte, durfte von nun an trotzdem an den Wahlen teilnehmen und – auch darauf kam es an – das Vaterland verteidigen.

Die Debatte um das allgemeine Wahlrecht wurde – schärfer als in der Nationalversammlung – vor allem in den Journalen geführt, die seit dem Sommer 1789 in allen Winkeln von Paris geschrieben, gedruckt, vertrieben wurden. Mit der Revolution war das Zeitalter der Presse angebrochen. Fast Woche für Woche meldeten sich neue Blätter zu Wort. Sie kamen zur Welt, sie blühten oder sie siechten, verschwanden, stellten sich von neuem ein ... Ihre Auflagen waren gering, zwei- oder dreitausend Stück zählten viel. Sie repräsentierten oft nichts als ihren einsamen Autor und Redakteur, vielleicht auch eine politische Gruppe von Einfluß und Gewicht oder eine Stimme aus dem Hintergrund, die unerkannt bleiben wollte. Sie brachten keine Reichtümer ein, doch im Zweifelsfall ernährten sie ihren Mann.

Ihr Ziel war es in der Regel nicht, die Leser zu unterrichten, sondern für die Ideen des Herausgebers (oder seiner Einflüsterer) zu gewinnen: die engagierte Presse par excellence, auf Meinungsbildung und nur selten auf Aufklärung im strengeren Sinne bedacht. «Die Zeitung», schrieben die Brüder Goncourt, «das ist der Kriegsruf, die Provokation, die Attacke, die Verteidigung ... Das ist die Fahne, die redet.»

Eine Ausnahme machte der «Moniteur», den der Verleger Panckoucke am 5. Mai 1789, dem Tag des Zusammentritts der Generalstände, zum erstenmal erscheinen ließ und vom 24. November an täglich auf den Markt schickte. Das Abonnement war teuer: 72 Livres pro Jahr in Paris, 84 in der Provinz. Die einzelne Ausgabe kostete sechs Sous.

Dennoch lag der «Moniteur» bald in allen großen Städten Europas aus: die wichtigste Quelle der Information über den Fortgang der Ereignisse im revolutionären Frankreich. Mit seinen 8500 regelmäßigen Beziehern ließ das Journal alle Konkurrenten weit hinter sich, auch wenn der Glanz anderer Gazetten heller aufstrahlen mochte: «L'ami du peuple» von Marat, der im September 1889 zum erstenmal unter die Leute gelangte, das Wochenblatt «Les Révolutions de Paris» von Louis Prudhomme und Élisée Loustallot, das Hetzblatt «Père Duchesne» von Hébert, das durch die rüde Vulgarität seines Tons allen anderen Gazetten geradezu den Anschein vornehmer Zurückhaltung verlieh, selbst dem «Volksfreund» des bitteren Marat.

Konservativ-liberale Kritik an der Revolution meldete sich in der Zeitschrift des brillanten Royalisten Antoine Rivarol zu Wort, der 1784 mit einer Abhandlung über die Universalität der französischen Sprache den Preis der Preußischen Akademie der Künste und damit europäischen Ruhm gewonnen hatte. Er war Redakteur des «Journal politique national», doch zugleich gab er ein zweites Blatt heraus, in dem gelegentlich auch Mirabeau schrieb. Es trug den seltsamen Titel «Actes des Apôtres»: «Die Apostelgeschichte». Rivarol schrieb Epigramme von unerreichtem Witz. So charakterisierte er Mirabeau mit dem unsterblichen Satz: «Er ist zu allem fähig, selbst zu einer guten Tat.» Von dem hochbegabten und windigen Camille Desmoulins bemerkte er, der Kollege habe sich «mit drei hochgestochenen Worten: Nation, Laterne und Aristokrat dem Fassungsvermögen des ehrlichen Metzgerburschen, des bescheidenen Fischweibes und aller anderen neuen Leser» angepaßt, die als «Kinder der Revolution» zu betrachten seien.

Das Selbstbewußtsein des kessen Trommlers vom Palais Royal erschütterte er damit nicht. In Wahrheit hatte sich der Journalismus schon vor dem Anbruch der neuen Epoche als Macht in der Gesellschaft etabliert. Weder Voltaire noch die großen Enzyklopädisten hatten die geringste Scheu, mit ihren Essays und Satiren in die Debatten des Tages einzugreifen. Sie waren der Zensur unterworfen, vom Zorn der Obrigkeit verfolgt, mit Strafen bedroht: zuletzt hatten sie immer – durch List, Geduld und ihr befreiendes Lachen – über das Despotentum triumphiert. Hellsichtig schrieb Friedrich Schulz, die Minister hätten wohl gewußt, «daß man die Pariser unterhalten muß, wenn sie nicht rebellieren sollen, und daß man die großen Schriftsteller der Nation zu gewinnen hat, wenn man keine fürchterlichen Wahrheiten hören will».

Desmoulins, der kleine Nachfolger des großen Diderot, warf sich in seiner Zeitung «Les Révolutions de France et de Brabant» freilich frecher in die Brust als die Vorläufer, und da seine Lust an der Macht noch größer war als sein literarischer Ehrgeiz, brauchte er auch keine Banalität zu scheuen. «Me voilà journaliste», rief er, «das ist eine ziemlich schöne Rolle. Das ist nicht mehr ein verächtlicher Beruf von Söldnern, von Sklaven der Regierung. Heute in Frankreich ist es der Journalist, mit dem zu rechnen ist... der den Senat, die Konsulen und die Diktatur selber Revue passieren läßt.» Natürlich betrachtete Jean-Paul Marat, mit seinen 46 Jahren fast schon ein alter Mann, den kaum dreißigjährigen Desmoulins als ein Leichtgewicht, zumal dieser junge Mensch – mit seinen schmalen und fallenden Schultern, der langen Nase, dem Grübchen im Kinn, den so lustig verschlagenen und zugleich so melancholischen Augen und den langen unordentlichen Locken – einen unverzeihlichen Hang zum Genuß des Lebens bewies. Er spielte mit Worten, mit Ideen, mit der Macht und mit Menschen, doch ganz gewiß vor allem mit Mädchen, bis ihn die Liebe zu der hübschen und nicht ganz armen Lucile überkam, kurz: Er spielte mit dem Leben – dem seiner Feinde, auch dem mancher Freunde, zuletzt mit dem eigenen (aber das merkte er erst, als es zu spät war).

Der arme, bittere Marat! Was für ein Kontrast zu dem wieselnden Desmoulins, den man den Peter Pan der Revolution nennen könnte, hätte er mit seiner lachenden und zynischen Skrupellosigkeit nicht solchen Haß gestiftet und nicht so viele seiner Weggenossen ins Elend gestoßen. Dem kranken Arzt Marat, dessen Haut mit Ekzemen bedeckt war, verweigerte sich die heitere Süße des Lebens schon lange. War sie ihm jemals zuteil geworden? Die Natur hatte es nicht gut mit ihm gemeint: ein kleiner Mann mit einem eckig-hageren Körper, wenn die Bilder nicht trügen. Die kurze geschwungene Nase saß ein wenig schief im Gesicht; den schmalen harten Mund hatte das Leiden oder die Menschenverachtung an den Winkeln früh nach unten gekerbt; die kleinen, schwarzen, vielmehr «gelben» Tigeraugen, die man ihm nachsagte, wurden als stechend beschrieben. Besaß er noch Haare? Man weiß es nicht, da er sich stets nur mit einer Art Turban zeigte, der den Grind und die juckenden Schrunden wohl besser verbarg als eine Perücke, die er ohnedies nur ungern getragen hätte, da sie zur Staffage der Herren gehörte. Er war häßlich. Das unterschied ihn nicht von vielen anderen Protagonisten der Revolution. Auch Desmoulins mochte man keinen hübschen Jungen nennen. Der Löwenkopf Mirabeaus entsprach gewiß keinem hohen Ideal der Ästhetik, noch weniger das dicke Katergesicht Georges-Jacques Dantons mit der aufgeworfenen Nase, den aufgeworfenen Lippen, dem aufgeworfenen Kinn, den tiefliegenden Augen. Keiner der Götter hatte sich in den engen, etwas unfertigen, langweiligen Zügen Robespierres ein Ebenbild geschaffen. Nur von Saint-Just behauptete man – nicht völlig zu Recht –, er habe die Schönheit eines Todesengels besessen. Unter den Girondisten schließlich fanden sich manche Erscheinungen, die man männlich-anmutig, ja schön nennen mochte. Doch ihnen allen, auch den stockhäßlichsten, selbst dem trocken-prüden und so griesgrämigen Robespierre ließ sich eine gewisse Anziehungskraft nicht absprechen. Mirabeau und Danton vor allem verfügten über eine blitzende Intelligenz, eine brillante Rhetorik, über – wie es schien – unerschöpfliche Energie, Charme und ein hohes Talent der Verführung.

Marat konnte davon nichts zuerkannt werden. Rasch böte sich die Bemerkung an, er sei ein Mann ohne Liebe gewesen, aber es lebte eine Frau bei ihm, die nach seinem Tod ein Recht auf Erbschaft reklamierte. Hatten sie nur die Macht, sein Ruhm, sein Einkommen zu ihm gelockt? Man weiß es nicht. Man weiß überhaupt nicht viel von diesem Mann, dessen Leben so seltsam verhangen war: der Vater sardischer Herkunft, die Mutter eine Calvinistin aus dem Fürstentum Neuchâtel, in dem er aufwuchs – als preußischer Untertan, denn das Ländchen in der Schweiz, zu Anfang des 18. Jahrhunderts verwaist, hatte nach umständlicher Sippenforschung einen Erbanspruch des preußischen Königs konstruiert, der es ihm erlaubte, die Begehrlichkeit des mächtigen Königs von Frankreich und des Kaisers in Wien zurückzuweisen. Die preußische Enklave im Verband der Eidgenossen lebte mit den fernen Herrschern nicht schlecht, und die Gouverneure waren in der Regel vernünftig. Friedrich der Große hatte sich nie die Mühe gemacht, seinen Schweizer Besitz kennenzulernen. Er ließ es geschehen, daß Rousseau in seinem Hoheitsgebiet Zuflucht suchte, als ihn die Bürger von Genf verstießen.

Marat aber hielt es nicht in der Heimat. Er studierte Medizin in Bordeaux und Paris, hielt sich in Holland auf, lebte länger als ein Jahrzehnt in Großbritannien, praktizierte in London, bewies literarische und philosophische Ambitionen, war in London angeblich der Geliebte der Schweizer Malerin Angelika Kauffmann, einer begabten und attraktiven Person. Ein Roman mit dem Titel «Les aventures du Comte Potowski», den er im Jahre 1772 schrieb, blieb in der Schublade. Seine Essays fanden (mäßige) Beachtung. Ein Pamphlet mit dem Titel «Die Ketten der Sklaverei» war ein erster Hinweis auf seine Passion für die Politik, die ganz im Lebensgefühl der liberalen Aufklärung wurzelte. Nach Frankreich zurückgekehrt, fand er ein gutes Auskommen als Leibarzt des Grafen von Artois. Der jüngere Bruder des Königs schien ihm die Chance zur wissenschaftlichen Arbeit zu gewähren. Wie es sich für den Sohn der Epoche gehörte, stellte Marat Experimente mit Elektrizität, Lichtstrahlen und optischen Instrumenten an.

Indes, Aglaia Hartig bemerkte es in einem biographischen Aufsatz, die Mitglieder der Pariser Akademien versagten dem Kollegen ihre Anerkennung. Der Forscher fühlte sich unverstanden. Das blieb ein prägender Zug seines Daseins. Ein Abriß im «Dictionnaire critique de la Révolution française» sagt von Marat, er habe sich zeit seiner Tage als «verkanntes Genie» betrachtet. Er schrieb in der Tat: «In der Epoche der Revolution, erschöpft von den Verfolgungen durch die Akademie der Wissenschaften, die ich so lang zu erleiden hatte, umarmte ich voller Feuer die Gelegenheit, meine Peiniger zurückzustoßen und mir meinen gemäßen Platz zu schaffen.»

Man könnte von einem «Genie der Ressentiments» sprechen. In der Tat schien seine Seele fast immer von Haß, von Wut, von Angst und einem tiefen Pessimismus überschwemmt zu sein.

Mona Ozouf nannte Marat in ihrem brillanten Porträt «die außerordentliche Figur eines Henkers als Märtyrer».

In seiner Leidenschaft für die Sache der Armen, der Entrechteten und Unterdrückten mag man nach der Einsicht des großen Sozialisten Jean Jaurès die Leistung des Mannes erkennen, der dem Proletariat «bis zu einem gewissen Punkt das Bewußtsein gegeben habe, eine Klasse zu bilden». Das mag so sein oder auch nicht. Die Hoffnung aber, die Marat in seltenen Augenblicken verkündete, wich stets umdüsterten Prophezeiungen. Immer sah er die Nation von Katastrophen bedroht.

Nein, die Freude der Revolution und die Lust der Freiheit teilte sich durch ihn nicht mit. Sein politisches Wirkungsfeld war zunächst bescheiden: das Wahlkomitee eines Pariser Distrikts. Nach dem Sturm auf die Bastille setzte er sich durch die Denunziation einer angeblichen Verschwörung lärmend in Szene, um die Aufmerksamkeit auf sich zu lenken. Damit hatte er kein Glück. Sein Metier war das geschriebene Wort: die Anklage, die Warnung, der Angriffsbefehl – schwarz auf weiß gedruckt. Von seinem «Volksfreund» verkaufte er rasch an die zweitausend Exemplare. Manchmal ließ er zwei Ausgaben pro Tag erscheinen. Seine Alarmrufe waren schrill genug, das erregbare Publikum von Paris immer von neuem aufzuscheuchen. Vor dem Marsch der Frauen nach Versailles hatte er lauter als andere die Notwendigkeit des Aufruhrs verkündet. Hernach vermutete man, daß auch er als Werkzeug des Herzogs von Orléans agiert hatte, und es ist wahr: Die Herkunft der finanziellen Mittel, die seine Zeitung verlangte, blieb ein Rätsel. Der Vorwurf der Volksverhetzung brachte ihn hinter Gitter. La Fayette, dem die Freiheit der Presse nicht gleichgültig war, sorgte für eine schnelle Befreiung. Womöglich rechnete er damit, durch die edelmütige Tat einen Verbündeten an der radikalen Front zu gewinnen. Damit täuschte er sich.

Dankbarkeit kannte Marat nicht, am wenigsten gegenüber einem liberalen Aristokraten, dem seine Herkunft angeblich keine andere Wahl ließ, als die «Herrschaft des Volkes» zu hassen (was immer man darunter verstand). Ärgeren Nachstellungen entzog er sich durch die Flucht nach England. Doch unverzüglich nahm er nach der Rückkehr den Kampf wieder auf:

schärfer, greller, härter, peitschender, unversöhnlicher denn zuvor. Mitunter verstieg sich seine Sprache, den schwarzen Visionen des Propheten folgend, in ein biblisches Pathos. Aglaia Hartig wies darauf hin, ein zeitgenössisches Pamphlet habe Marat «des Plagiats an der Apokalypse des Johannes» überführt. Das war eine riskante Behauptung. Das Evangelium des Johannes aber beginnt mit dem ewigen Satz: «Am Anfang war das Wort.» Wie sagte Heine vier Jahrzehnte danach? «Die Welt ist die Signatur des Wortes...»

Das Wort war am Anfang der Revolution, die man eine Revolution aus dem Wort durch das Wort, am Ende auch für das Wort nennen darf. Sie war ein Sturm der Worte, der gesprochenen und geschriebenen, eine Sturzflut der Rhetorik, die chronische Entfesselung der Sprache, die manchmal alles Leben unter sich zu begraben schien. Seit dem Anbruch des Christentums, seit den Siegen der Reformation gab es keinen Augenblick in der Geschichte, der die Macht des Wortes so triumphal und so einschüchternd demonstriert hätte. Die Sprache Marats aber war der schwarze Spiegel der Magie des Wortes, von der die Epoche beherrscht war.

VII
Das Fest der Revolution

Wir werden keine dicken Bücher mehr schreiben», rief einer der Revolutionsenthusiasten im ersten Jahr des Aufbruchs, «weil wir keine Zeit haben: weder um sie zu schreiben, noch um sie zu lesen.» Das war keine Kriegserklärung an die Literatur. Jean-Baptiste Cloots, dem Autor dieses resoluten Satzes, könnte man vielmehr nachsagen, daß ihn die Worttrunkenheit noch heftiger fortriß als die meisten seiner Zeitgenossen. Nicht viel später gab er sich den aufwendigen und auch ein wenig lächerlichen Titel «Redner des Menschengeschlechtes». Er sprach viel, er sprach groß, stets voller Begeisterung, gelegentlich klug, oft auch närrisch, immer hingerissen von der eigenen Suada, die ihm so leicht über die Lippen ging und so eilig in die Feder floß. Ohne Vorbehalt gab er sich dem Journalismus, dieser neuen Passion des Zeitalters, hin. «Unsere Zeitungen und täglichen Flugschriften», bemerkte er, «werden unsere lebendigen Geister in einem köstlichen Meinungsaustausch halten.» Dazu trug er das Seine bei. Immer ungeduldig, immer drängend plazierte er seine Artikel in allen möglichen Gazetten, am liebsten in denen seines Freundes Camille Desmoulins, der sich dann und wann über ihn lustig machte, doch gern auch in der «Chronique de Paris», die eher ein unterhaltsames Anekdotenblatt war.

Der wendige Camille Desmoulins, dessen Stil soviel glanzvoller als der seine war, erwähnte die wirbelnde Tätigkeit des Gefährten, sooft sich Gelegenheit dazu bot. Cloots redete gern, doch lieber noch hörte er von sich reden; er schrieb voller Eifer und war entzückt, wenn über ihn geschrieben wurde. Er war ohne Zweifel eine etwas bizarre Erscheinung, der Baron aus Gnadenthal im preußischen Herzogtum Kleve, der sich später «Anacharsis» nannte, 35 Jahre alt, ohne Beruf, mit seiner Rente von einhunderttausend Livres pro Jahr ein steinreicher Mann, grazil von Gestalt mit einer schmalen, weit vorspringenden Nase, die zwischen fliehender Stirn und zurückweichendem Kinn prominent und spitz in die Welt ragte.

Am 19. Juni 1790 führte Cloots eine Kolonne sonderbarer Gestalten in die königliche Reithalle, in der die Verfassunggebende Versammlung beriet. «In wunderlicher Mischung» leuchteten, nach einer Beschreibung seiner Biographin Selma Stern, «die roten, grünen, gelben, hellen und dunklen Farben der Nationaltrachten aller Länder des Weltenkreises durch die ernsten Räume der Manege.» In der Delegation hatten sich Preußen und Engländer, Sizilianer und Holländer, Russen, Polen, Österreicher, Schweden, Schweizer, Inder und Araber zusammengefunden, ja man berichtete, Abgesandte der «chaldäischen Nation» hätten den Deputierten ihre Aufwartung gemacht. Höhnisch fragte mancher, ob die Chaldäer aus den Grüften vorchristlicher Zeiten ans Tageslicht getreten seien, da ihr Reich an den Ufern des Tigris schon länger als zwei Jahrtausende zu Staub zerfallen war. (Vermutlich hatten sich in der Reithalle einige Mitglieder der chaldäischen – oder ostsyrischen – Kirche eingefunden, die in der Tat existierte.)

Das Haupt der Delegation scherte sich um solche Petitessen nicht. Vielmehr ließ es sich vom Präsidenten das Wort erteilen und bat die Versammlung, sie möge ihnen erlauben, sich beim kommenden Fest der Föderation unter den Franzosen «in der Mitte des Marsfeldes» einzufinden. «Die Bürgerfeier», rief Cloots, «wird nicht nur das Fest der Franzosen sein, sondern auch das Fest des Menschengeschlechtes.» Einst habe es den Triumphatoren Roms gefallen, «besiegte Völker an ihre Wagen zu fesseln und mit sich zu schleifen. Ihr, meine Herren, aber werdet in ehrenvollstem Gegensatz in Eurem Siegeszug freie Menschen sehen, deren Vaterland noch in Fesseln liegt... Unsere Wünsche und unsere Huldigungen werden das Band sein, das uns an Euren Siegeswagen bindet. Niemals war eine Gesandtschaft eiliger. Unser Beglaubigungsschreiben ist nicht auf Pergament verzeichnet. Aber unsere Mission ist in unauslöschlichen Buchstaben eingegraben in das Herz aller Menschen.»

Mit Pathos knauserte der Redner nicht, doch der hochfliegende Gestus seiner Worte entsprach dem Geist, in dem sich die Epoche gern selber erkannte. Cloots, daran durfte niemand zweifeln, war von seiner selbsterwählten Aufgabe tief erfüllt. Er nannte sich fortan beharrlich «Botschafter des Menschengeschlechtes», und niemand verkündete feuriger den universellen Anspruch der Revolution, die am Ende allen Völkern das Licht und die Freiheit bringen werde. Seine Rede ergänzte in mancher Hinsicht die feierliche Erklärung der Nationalversammlung vom 22. Mai 1790, in der die Abgeordneten einmütig verkündeten, «daß die Französische Nation darauf verzichtet, Kriege mit dem Ziel der Eroberung zu führen, und daß sie ihre Macht niemals gegen die Freiheit anderer Völker gebrauchen wird». Der Beschluß wurde dem Verfassungsentwurf beigefügt. Er besagte nicht, daß die Völker benachbarter Staaten davon abgehalten werden sollten, sich selbst zu befreien.

Der preußische Baron wurde mit herzlichem Applaus bedacht. Durch Akklamation erteilte die Versammlung den Fremden in seinem Gefolge das Recht, dem Fest der Föderation beizuwohnen. Ein Abgeordneter sprach von der «schönsten Huldigung», die der Versammlung für all ihre Mühen zuteil werden konnte. Man bescheinigte Cloots, daß er eine «edle Rolle» gespielt habe und ein wahrer «Kosmopolitiker» sei. Seine Rede und die Antwort des Präsidenten wurden in einer hohen Auflage gedruckt und im Land verteilt. Angeblich lasen die Soldaten, unter denen sich viele Deutsche befanden, die bewegenden Worte einander mit tränenerstickten Stimmen vor.

Das Ereignis erntete freilich auch herben Spott. Rivarol amüsierte sich in seinen «Actes des Apôtres» über den Auflauf der «Huronen, Syrer und Engländer». Andere behaupteten, Cloots habe die Kostüme für seine Truppe in der Oper ausgeliehen und jedem der beteiligten Schauspieler zwölf Livres für den Auftritt versprochen, und in seiner Delegation seien bankrotte Engländer, verschuldete Holländer, sizilianische Diebe, deutsche Deserteure, spanische Vatermörder – kurz «Verbrecher allerersten Ranges und Abenteurer» vertreten gewesen –, «Menschen ohne

Scham und Reue, Kloaken des Menschengeschlechtes». Der preußische Minister Graf Hertzberg, ein aufgeklärter Kopf, beschwerte sich öffentlich, daß Cloots sich angemaßt habe, «eine Nation zu repräsentieren, die absolut nicht aufgelegt war, ihm eine solche Rolle zu übertragen».

Die Rüge trug Graf Hertzberg später ein langes Pamphlet seines Landsmannes ein, dem man nicht vorwerfen konnte, daß er auf seine preußische Herkunft allzu stolz sei. Zwar verehrte er Friedrich den Großen (wie nahezu alle Welt), doch er verachtete die Kasernenwelt (auf die sich die Macht des aufgeklärten Königs stützte). Sein Vater, ein wohlhabender Kaufmann, hatte die holländische Heimat verlassen, weil er – so die Legende – seinen katholischen Glauben im puritanisch-protestantischen Amsterdam bedroht sah. Er ließ sich nur einen Sprung weit von der Grenze in Kleve nieder, kaufte das Schloß Gnadenthal, das als ein Bauwerk von einfacher Schönheit beschrieben wurde, ließ sich vom Alten Fritz zum Hofrat, von Maria Theresia zum Baron ernennen, betrieb seine Geschäfte und wurde nicht ärmer. Im Hause wurde nur Französisch gesprochen: Das war vornehm, und es ersparte den Kindern die Wahl zwischen dem Holländischen und dem Deutschen.

Den zweiten Sohn Jean-Baptiste schickte der Vater, kaum war er neun Jahre alt, in eine geistliche Schule in Brüssel, dann zu den Jesuiten in Mons, danach an das Collège Plessis-Sorbonne in Paris, in dem auch der junge Graf La Fayette die Schulbank drückte. Dennoch schien der Papa eine preußische Karriere für den Sohn geplant zu haben: Nach sechs Jahren Unterricht in Paris fand sich der kleine Cloots bei der neu installierten Militärakademie in Berlin ein, an der es strikt untersagt war, im Dienst deutsch zu sprechen. Da der große König seine Muttersprache nur unvollkommen beherrschte und die deutsche Literatur, von der er allenfalls blasse und wunderliche Ahnungen hatte, aus tiefster Seele verschmähte, sah er nicht ein, warum seine künftigen Offiziere und Diplomaten zu einer gebildeten Verständigung mit den Kindern des eigenen Landes fähig sein sollten.

Jean-Baptiste Cloots mochte für einen Augenblick aufgeatmet haben, daß er endlich der Aufsicht der Priester entkommen war, obwohl er von seinen Leiden an der geistlichen Erziehung kein anderes Zeugnis als einen unbezähmbaren Haß gegen die katholische Kirche hinterließ. Die Kindheit unter der Autorität der Schwarzröcke mag in der Tat nicht die glücklichste gewesen sein. Die langen Jahre in Internaten könnten auch die Abwesenheit jedes unmittelbaren Interesses an Frauen erklären.

Die preußische Zucht der Militärakademie schloß ihn von neuem in eine Männerwelt ein. Er liebte die Studien und verehrte seine Lehrer, doch voller Entsetzen beobachtete er die Schinderei der Rekruten auf den benachbarten Exerzierplätzen. «Der Soldat in Preußen», schrieb er später, werde «wie ein Bär behandelt... der keine andere Aussicht hat, als Stockschläge auf den Rücken und den Bauch» zu erhalten. Seine entzündbare Phantasie übertrieb vielleicht die Bilder der Pein. Eine Bäuerin, der er sein Bedauern über die Verkrüppelung ihres Sohnes ausdrückte, hat ihm (angeblich) geantwortet: «Ihre Mutter ist mehr zu bedauern als ich, denn sie würden keine Uniform tragen, wenn sie das Glück hätten, verwachsen zu sein.» Er sah – so behauptete er – Leichen von Soldaten in der Spree treiben, die sich, an den Schikanen verzweifelt, das Leben genommen hatten. Andere, berichtete er weiter, seien so weit gegangen, ein Verbrechen zu begehen, um durch ihre Hinrichtung dem traurigen Soldatenlos zu entkommen.

Er verfügte über eine heftige Phantasie, der kleine Cloots, aber auch über einen beweglichen Geist. Zu einer Laufbahn in der Armee oder dem diplomatischen Korps konnte er sich nicht entschließen. Mit dem Hinweis, er wolle die Wirtschaft der väterlichen Güter betreiben, sagte er der Armee am Ende der Studien adieu, eilte 1776 nach Paris, das er von nun an als seine Heimat betrachtete, verschaffte sich mit Geschick und eleganten Manieren Zugang zu den Salons, in denen man Männer und Frauen von Geist und Charme fand. Der Ruhm eines Onkels öffnete ihm manche Türen: des Kanonikus Cornelius de Pauw, der mit seinen gelehrten «Recherches philosophiques sur les Américains» europäischen Ruhm gewonnen hatte, obschon manche seiner Thesen auf heftigen Widerstand stießen (zum Beispiel bei dem jungen Forscher Georg Forster).

Am liebsten hielt sich der Neffe Jean-Baptiste im Salon der

Gräfin Beauharnais auf, einer populären Schriftstellerin, «in deren Gesellschaft man die Zeit nicht mehr messen kann, wo die Stunden fliehen bei dem Wohllaut ihrer Stimme und dem Blitze ihres Geistes». Oft sei er von drei Uhr am Nachmittag bis drei Uhr in der Früh bei ihr gesessen. Er machte der alten Madame Helvétius seine Aufwartung, wurde dem achtzigjährigen Benjamin Franklin vorgestellt, lernte den Grafen Condorcet und den Dichter La Harpe kennen. Er durfte sich sogar dem todkranken Voltaire nähern – und schrieb prompt ein amateurhaftes Theaterstück, das den Kampf der Priester um die Seele des unbekehrten Spötters lächerlich machte.

Das Ziel seines jungen Daseins, soweit erkennbar, war der Dienst an der Aufklärung, dem er mit Eifer und oft eifernd nachkam. Zugleich wurde seine Feder durch das heftige Verlangen nach literarischem und philosophischem Ruhm beflügelt. Er hielt sich für befähigt, der Kirche und ihrem Aberglauben den Todesstoß zu versetzen. Im Jahr 1780 warf er, unter Pseudonym und mit der üblichen Angabe eines falschen Druckortes, den Essay «La certitude des preuves du Mahométisme» auf den Markt. Das Werk war ihm wichtig. Vier Jahre lang, behauptete er, habe er Tag für Tag fünfzehn Stunden an dem Manuskript gearbeitet. Kern der Abhandlung war die (natürlich fingierte) Niederschrift eines arabischen Gelehrten, die ihm aus Kairo auf den Schreibtisch geweht war: eine Rechtfertigung der islamischen Religion, die der Empfänger des Schreibens mit höchstem Eifer zu widerlegen versuchte. Seine Parade vermeintlicher und tatsächlicher Beweise hielt er für wissenschaftliche Akribie.

Das Ziel seines Angriffs war natürlich nicht der Islam, sondern der Katholizismus. Der junge Autor zeigte sich nicht zimperlich. «Die Quellen der Religion sind unrein», rief er, «sie haben die Lüge zum Vater und die Leichtgläubigkeit zur Mutter.» Noch massiver: «Das Priestertum ist eine Kalamität, seine Vernichtung bedeutet ein öffentliches Glück, denn sie (die Priester) verwirken die öffentliche Ruhe, sie sind Scharlatane, deren vergiftete Dogmen das Hirn der Menschen angreifen und zerstören.» Seine eigenen Einsichten waren ein eher banaler Spiegel des Geistes der Zeit. «Der Wunderglaube», sagte er schlicht, «verstößt gegen die Logik und die Vernunft; aber nur was die

Vernunft diktiert, ist wahr.» Kurz, er führte in den Worten eines deutschen Chronisten «Krieg gegen die Religion».

Der junge Baron, der sich so gern als veritabler «philosophe» etabliert hätte, segelte vergnügt und eher kritiklos auf den Strömungen und Stimmungen der Epoche einher. Jean-Jacques Rousseau war sein Abgott. Da der große Diderot in einer seiner Schriften den Autor der «Nouvelle Héloïse» mit einigen ironischen Anmerkungen bedacht hatte, zog er den innigsten Haß des holländischen Preußen auf sich. Jean-Baptiste Cloots pilgerte mit einem Freund hinaus nach Ermenonville, ans Grab des Meisters, um einen Arm voll Rosen niederzulegen, und vor allem, um das Schmähwerk Diderots zu bestrafen: «Wir holen das Buch, wir reißen die schuldigen Blätter heraus», berichtete er atemlos, «und alle beide auf den Knien... sprechen wir laut und deutlich folgende Worte: ‹Den Manen J. J. Rousseaus!› ... Wir, J. de Cloots, Baron von Gnadenthal, und Gabriel Brizard, wir bringen ein Sühneopfer dar auf dem Grabe des großen Mannes, indem wir ein Buch den Flammen überliefern, das die Lüge für sich beansprucht und das die Wahrheit verwirft...» Der 25. Juli 1783 war der Tag dieser grotesken Szene. Im gleichen Jahr versuchte Cloots sein Glück mit der Antwort auf die Preisfrage der Berliner Akademie: «Qu'est ce qui a fait de la langue française la langue universelle de l'Europe?» Die Preisrichter in der preußischen Hauptstadt zogen die geistreiche Abhandlung vor, die Rivarol eingereicht hatte. Das schien überhaupt das Geschick des reichen jungen Mannes, der so gern als Intellektueller respektiert worden wäre: die gelehrte und literarische Welt nahm ihn nur selten ganz ernst. Ein zeitgenössischer Kritiker – es war Conrad Engelbert Oelsner – nannte seinen Stil «gigantisch-orientalisch». Doch Cloots ließ sich durch keine Niederlage abschrecken, genoß sein Pariser Leben und den Komfort, der sich ihm bot.

Seinen Aufenthalt hatte er im Stift Saint-Augustin gesucht, das keine geistliche Einrichtung war, vielmehr ein elegantes Gästehaus im Marais, nur einen Sprung weit vom Palais Rohan, umgeben von einem weitläufigen Garten: «Unser Speisesaal ist prachtvoll, sowohl durch seine Weite als auch durch die reiche Täfelung... die Kost wirklich eine Kost für Feinschmecker;

guter Wein, gute Gerichte. Wir sind zu zwölft, sechs Stiftsherrn, sechs Pensionäre, ohne die zehn Herren hinzuzuzählen, die nur Mieter sind; es sind alles ordentliche Leute, Räte beim Parlament, Advokaten, Rechtsgelehrte, Mitglieder der Akademie, Mitglieder des Musée... Unsere Klosterbrüder sind keine Mönche, sondern Philosophen, und da ich gesellig bin, habe ich mich zu ihnen begeben.» Der Preis für die Miete von vier vornehm ausgestatteten Zimmern und die Verköstigung betrug nicht viel mehr als tausend Livres – für Cloots, mit seinen Jahreseinkünften von gut hunderttausend, nicht viel mehr als ein Taschengeld. In einem Porträt, das nach seinem Tod in den «Friedenspräliminarien» von Ludwig Ferdinand Huber erschien, berichtete der anonyme Verfasser (es war Conrad Engelbert Oelsner), Cloots habe sich erst als Deputierter eigene Möbel angeschafft: «Er war unabhängig vom Frauenzimmer und dem Spiel feind; überhaupt hatte er keinen kostspieligen Geschmack, die Verbreitung seines Ruhms und seines Universalreichs ausgenommen. Beide lagen ihm sehr am Herzen, und er schonte keines Geldes, sobald es darauf ankam...»

Seine Polemiken gegen die Kirche bereiteten ihm wenig Ungemach, obwohl er sein Pseudonym rasch genug lüftete. Die Prälaten und die Herren der weltlichen Obrigkeit waren zur Nachsicht geneigt, solange sie keinen Anlaß hatten, die Feder eines Schriftstellers zu fürchten. Dennoch zog Cloots es vor, Paris für eine Weile zu meiden und sich in der Welt umzusehen. Bei seiner «Grand Tour» lernte er England, Italien, Griechenland, Nordafrika und Spanien kennen. In Amsterdam ausgerechnet, der Stadt seiner Väter, ging er einem Scharlatan in die Falle, der sich Castriotto, Prinz von Albanien, nannte und sich obendrein (laut Selma Stern) als «Oberfeldherr der Montenegriner, Patriarch der griechischen Kirche, polnischer Magnat, Fürst des Heiligen Römischen Reiches, Herzog von Saba und Herzegowina, spanischer Grande, Großprior von Malta, Hochmeister des Ordens vom Heiligen Konstantin» und weiß der Teufel sonstwas ausgab – alles in allem ein begabter Kollege Cagliostros, des Grafen Saint-Germain und des Schwarms anderer Hochstapler, die das 18. Jahrhundert mit ihren phantastischen Talenten und grandiosen Lügen belebten. Dem jungen Cloots, der vor allem nach Anerkennung hungerte, begegnete Castriotto als ein wahrer Bildungsfürst, der Homer und Hesiod, Pindar und Vergil, Horaz, Dante, Tasso und Ariost angeblich auswendig kannte: Er sei, so behauptete er, bei Voltaire in Ferney, bei dem Philosophen von Sanssouci und bei den Enzyklopädisten gewesen. Aber wichtiger: er fand Gefallen am Stil des Barons, der ihm Briefe glühender Verehrung schickte: «Angebeteter Prinz, Sie rufen in mir so neue Gefühle hervor, Ihre Helden- und Menschentugenden tragen ein solch außergewöhnliches Gepräge... Sie sind ein anderer Mensch als die anderen Sterblichen...» Cloots sprach von einer «heiligen, platonischen, unlöslichen Freundschaft». Obwohl der hochgespannte Ton seiner Briefe dem sentimentalen Zeitalter entsprach, ließ es sich nicht leugnen: Cloots war in den Magier über beide Ohren verliebt, beschenkte ihn mit goldenen Ringen und erhielt als Gegengeschenk einen Pelz, der angeblich zweitausend Dukaten wert war und von Katharina der Großen stammte. Der Prinz trieb es in Amsterdam freilich ein wenig zu bunt. Man steckte ihn ins Gefängnis, wo er angab, er sei der Sohn eines venezianischen Schusters und heiße Stefan Hannibal Zaffanovitsch (was vermutlich auch nicht der Wahrheit entsprach).

Die Nachricht von der Einberufung der Generalstände erreichte Cloots in Spanien. Sofort eilte er nach Paris zurück, stürzte sich in journalistische Umtriebe und wurde Mitglied der «Gesellschaft der Verfassungsfreunde», des ersten der politischen Klubs, die später einen entscheidenden Einfluß auf den Fortgang der Revolution gewannen. Seinem Onkel, dem Kanonikus Cornelius de Pauw in Xanten, schrieb er in höchster Erregung: «Die wunderbaren und rasch aufeinanderfolgenden Ereignisse, deren Zeugen wir sind, erschüttern die Phantasie des kältesten Beobachters. Beurteile meine Situation bei meinem kochenden Blut.» Er war kein reiner Narr. Dann und wann gelangen ihm eindrucksvolle und schlichte Formulierungen: «Die Philosophie staunt selber über ihr eigenes Werk», sagte er von der Revolution. «Die Frauen und Männer von Paris sind schöner als je, seitdem sie den Vorschriften des ‹Émile› folgen... Das Blut ist besser, der Geschmack reiner, die Geister aufgeklärter, die Herzen erhobener, die Vernunft kultivierter, der Körper geübter und stärker, die Seele mutiger und energischer, die Sitten weniger lax, seitdem die Bürger weniger höflich als ehrenhaft mit der Garde ziehen, das Gewehr auf den Schultern.»

Übrigens hatte er in einer etwas naiven Analyse der Lage Frankreichs schon 1784 den Rhein als die «natürliche Grenze» seiner Wahlheimat bezeichnet, darin Georg Forster um fast ein Jahrzehnt voraus. Seine deutsch-holländische Herkunft riet ihm nicht, was nur verständlich gewesen wäre, seinem Gastland mit Sympathie und zugleich mit liebevoller Kritik zu begegnen. Er fühlte sich vielmehr herausgefordert, auf jede Distanz zu verzichten. Der übertreibende Wille zur völligen Identifikation stärkte sein ohnedies nur schwach entwickeltes Gefühl für die Realität ganz gewiß nicht.

Freilich, es war auch nicht leicht, von den Franzosen als einer der ihren anerkannt zu werden, wenn man den Titel eines deutschen Barons trug. So machte sich Jean-Baptiste Cloots die Sache der Fremden zu eigen, die in der großen Stadt Paris lebten. Er nahm sie voller Begeisterung an die Hand, um sie an den Altar des großen Vaterlandes zu führen. Die überbordende Bewunderung für sich selber sagte ihm, daß er und kein anderer dazu bestimmt sei, das revolutionäre Frankreich und das menschliche Universum miteinander zu vereinen.

Unter Cloots' energischer Führung stürzten sich seine Türken und Griechen, seine Araber und Chaldäer, seine Spanier und Italiener, seine Engländer und Holländer voller Elan in die Vorbereitungen zum Föderationsfest auf dem Marsfeld. Am 14. Juli 1790, dem ersten Jahrestag des Sturmes auf die Bastille, sollte das revolutionäre Frankreich ein unauflösliches Bündnis aller Regionen und aller Schichten feiern. Der Vorschlag stammte, wenn nicht vieles trügt, aus dem Pariser Distrikt Saint-Eustache, dessen Sprecher angeregt hatten, nach den leidenschaftlichen Debatten und den tiefen Zäsuren des ersten Revolutionsjahres mit einer Demonstration der Einheit vor die Welt zu treten, an der König Ludwig und der geringste Nationalgardist teilnehmen sollten. Die Franzosen müßten zeigen, daß sie «Vereint frei sein und nicht mehr getrennt dulden» wollten.

Der Vorschlag war populär. Er versprach eine herzerfrischende, gemütvolle und überaus wirksame Offensive gegen den Geist der Meuterei und des Partikularismus, der vor allem in den erzkatholischen Landschaften umging. Die Kunstgebilde der neuen Départements konnten das Lebensgefühl der Bevölkerung noch nicht binden. Die Eigenständigkeit der alten Provinzen aber mit ihren festverwurzelten Traditionen stand dem Weg zur Nation sperrig, mißtrauisch, oft voller Feindschaft entgegen. Die Franzosen sollten zuerst und zuletzt Franzosen sein – nicht länger (oder doch nur in zweiter oder dritter Linie) Provenzalen oder Burgunder.

In allen Dörfern, allen Landstädtchen, schließlich in den regionalen Zentren feierte man im Frühjahr und in den ersten Wochen des Sommers tausend Vorspiele des großen Pariser Festes: die Nationalgarden marschierten auf, oft mit Kontingenten der regulären Armee vereint, die Priester zelebrierten eine feierliche Messe, hielten patriotische Predigten und segneten die Flaggen, andere Reden folgten, man schwor zusammen den Eid auf den König und die Nation, tanzte schließlich ums offene Feuer, schmauste und trank und ließ es sich gut sein.

Delegationen aus allen Winkeln Frankreichs sollten sich in Paris zusammenfinden, um am 14. Juli miteinander zu jubeln, zu singen und zu schwören. Doch die Herren der Nationalversammlung machten sich nicht grundlos Sorgen, daß die Opposition im Land die Gelegenheit beim Schopf nehmen könnte, um sich in der Hauptstadt zu präsentieren – und sie womöglich im Handstreich zu stürmen. Der kluge Talleyrand vor allem riet zur Vorsicht. Er regte an, die Abordnungen aus den Nationalgarden wählen zu lassen – der Bürgersoldaten glaubte man sicher zu sein. Am 30. Mai versammelten sich in Lyon fünfzigtausend Repräsentanten aus dem Osten und Süden Frankreichs. Aus ihrer Mitte wählten sie die Vertreter, die nach Paris entsandt werden sollten: einer von hundert Nationalgardisten durfte sich auf den Weg machen. In gleicher Weise verfuhr man im Westen und im Norden. Paris erwartete eine Fest-Armee von mehr als zehntausend Männern.

Die Vorbereitungen hielten die Stadt lange Wochen in Atem. Auf dem Marsfeld zwischen der École militaire und der Seine begann man, den Festplatz auszurichten. Bataillone von Arbeitern – man zählte mehr als fünfzehntausend – machten sich ans Werk, eine riesenhafte Arena anzulegen, in der Hunderttausende von Menschen Platz finden sollten – eine gewaltigere Versammlungsstätte, als jemals eine seit den Zeiten der Cäsaren gebaut worden war. Das weite Oval, von Terrassen gesäumt, schloß sich von der Militärschule her durch einen Triumphbogen mit drei Bogen auf. Es wurde auf der gegenüberliegenden Seite von einem stattlichen Hügel überragt, auf dem die königliche Loge ihren Platz finden sollte, von mächtigen Planen beschützt und von Säulen im Stil römicher Liktorenbündel getragen. In der Mitte aber sollte über eine Folge breiter Treppen der Altar des Vaterlandes prangen, mit der königlichen Loge durch einen Zugang verbunden, an dem man links und rechts die Fahnen der damals 83 Départements aufzupflanzen gedachte.

Die Arbeiten schritten rüstig voran. Doch Friedrich Schulz berichtete, daß der «ungeduldige Charakter der Pariser» fürchten zu müssen glaubte, das Werk könne nicht beizeiten beendet werden. «Dieser Charakterzug», schrieb der deutsche Zeuge, «bot Gelegenheit zu dem schönsten Schauspiel dar, was der Menschheit je gegeben worden ist. Zwei oder drei Zuschauer ergriffen zuerst Hacke und Spaten und halfen den Tagelöhnern. Ihrem Beispiele folgten bald hunderte. Das Gerücht davon kam nach Paris und war ein Funke im Pulver. Den anderen Morgen zogen Scharen nach dem Marsfelde, von jedem Stand, Alter und Geschlecht, viele, um zuzusehen, noch mehr, um zu arbeiten. Bald teilte sich das Feuer der letzten auch den ersten mit, und keiner wollte mehr müßig sein. Abbés und Soldaten, Ludwigsritter und Mönche, Weiber und Kinder arbeiteten in einem frohen Gewühl, das mit jedem Augenblick neuen Zuwachs erhielt. Nur die besser gekleideten Zuschauerinnen standen noch fern. Auf einmal drängte sich eine aus ihrer Mitte hervor, und griff mit einer lebhaften Bewegung nach der ersten Schaufel, die sie vor sich fand. Ihr folgen im Augenblick mehrere, und diesen bald alle. Auf einmal sieht man, unter die schmutzigen Arbeiter gemischt, zarte Damen in Seide und Musselin gekleidet, und in den Gräben, die man auswarf, einen flatternden Wald von Bonnets und Federn...»

Eine der elegantesten Damen der Gesellschaft, die Herzogin

von Luynes, ließ sich in aller Eile eine Schubkarre aus Mahagoniholz fertigen, die sie mit kleinen Fuhren von Sand und Kieseln belud: zweifellos ein anmutiger Anblick, der ihr die Bewunderung aller Werkleute an ihrer Seite eintrug... Nach getaner Arbeit zog das Heer der Freiwilligen in halbwegs geordneten Kolonnen heimwärts. Pfeifer und Trommler sorgten für einen beschwingten Tritt. Die Frauen hielten grüne Zweige in den Händen. Man lachte, man sang – am liebsten das «Ça ira» mit seinem ungestümen Refrain. «Wer sich erniedrigt, den führt man hinan / und wer sich erhebt, den stellt man hintan / Ah! Das geht ran, das geht ran, das geht ran!»

In jenen Tagen war der Verkehr von Metz in Richtung Paris lebhafter, als es die Bauern der Dörfer Lothringens und der Champagne gewohnt waren. Noch war es nicht Zeit, die Ernte einzubringen. So standen die Landleute da und dort vor ihren Häusern, um den Kutschen nachzuschauen, die auf den elenden Straßen vorüberratterten, Fahnen von weißem Staub hinter sich herziehend. Zwei Reisende, die von weither kamen, beobachteten voller Staunen, daß die Passagiere in ihrem Wagen und das Volk an den Wegen von einer Hochstimmung erfüllt waren, an der keiner zu ermüden schien. «Vive la nation!» rief einer der rotgesichtigen Männer in der Kutsche, wann immer sich eine Gruppe von Leuten dem Fahrzeug zuwandte. «Vive la nation!» antworteten die Patrioten dort draußen im Chor. Der ältere der beiden Fremden schrieb später: «In der Geschichte unserer Zeit wird die Begeisterung, mit der sich 25 Millionen Menschen für ihre neue politische Organisation interessierten, eine stets denkwürdige Erscheinung bleiben...»

Der Autor dieser Notiz, ein Mann von 35 Jahren, zierlich gewachsen, eher klein, das Gesicht klug, empfindsam, weich. Er sprach ein elegantes Französisch, an dem sich kaum die Spur eines Akzentes wahrnehmen ließ. Stellte er sich den wackeren Bürgern in der Postkutsche vor? Oder machte sie sein Begleiter darauf aufmerksam, daß sie mit einem Mann von europäischem Ruhm unterwegs waren: Georg Forster, dem deutschen Schriftsteller, der mit Captain Cook, dem großen Forscher und Seemann, um die Welt fuhr? Wies Forster die vergnügten Franzosen darauf hin, daß sein Reisegeselle ein junger preußischer

Baron sei, allerdings keiner, dem der Sinn danach stand, in der Armee, die Friedrich der Große hinterlassen hatte, militärischen Ruhm zu suchen?

Der junge Mensch – er zählte noch keine 21 Jahre – bereitete sich eher auf eine wissenschaftliche Karriere vor. Seine Augen blitzten vor Intelligenz. Freilich war er meist schweigsam: ein ruhiger und genauer Beobachter, von einer unstillbaren Neugier getrieben, die er mit dem älteren Freund und Begleiter teilte: der junge Mann war Alexander von Humboldt, den man hernach als den bedeutendsten Naturforscher und Geographen der Deutschen feierte.

Forster hatte den liebenswürdigen Alexander dazu eingeladen, ihn auf einer Reise rheinabwärts nach den Niederlanden und von dort nach England zu begleiten. Die beiden wollten nicht heimkehren, ohne wenigstens einen Blick auf die Szene des revolutionären Frankreichs zu werfen. Der jüngere Humboldt durfte sich dieses Abenteuer nicht schuldig bleiben – immerhin hatte sich sein Bruder Wilhelm im Jahr zuvor, kurz nach dem Sturm auf die Bastille, an der Seite von Joachim Heinrich Campe in Paris umgesehen, wenn auch ein wenig mürrisch...

Die meisten der Reisegenossen, die mit Forster und Humboldt nach Paris strebten, waren Nationalgardisten, die ihre Mitbürger beim großen Bundesfest in der Hauptstadt vertreten sollten, neben ihnen viele Neugierige, die das große Ereignis nicht versäumen wollten. Die Mehrheit der Franzosen schwelgte in jenen Tagen – so schien es den Fremden – im Glück einer nie gekannten Harmonie. Forster, der nicht den Anspruch erheben konnte, ein unbewegt kühler Chronist zu sein, schrieb später mit kaum gebändigter Erregung: «Aus den verachteten Hütten des Bauern und des Handwerkers gingen jetzt... des Vaterlandes Stützen wie neue Sterne hervor, und mancher aufgeblähte Bewohner eines Palastes sank in der Blöße persönlicher Nichtswürdigkeit unerkannt in den Staub; denn das Andenken großer Ahnherrn war wie ein erborgter Schmuck von seinem Haupte gefallen, und der lügenhafte Schimmer fremder Tugenden erloschen. Ein Sturm der Begeisterung hob die ganze Nation zur Höhe des Selbstgefühls.

Mensch zu sein, war der schöne Stolz von 25 Millionen, das erste und letzte Ziel ihrer Befreiung.»

Georg Forster und sein Schüler Alexander von Humboldt konnten und wollten sich dem Rausch der Begeisterung nicht entziehen. Kaum in Paris angekommen, strebten sie hinaus zum Marsfeld, sahen das vorfestliche Bild der rastlosen Masse bei der Arbeit, stürzten sich, vom revolutionären Fieber überwältigt, in das Gewühl. Forster, der zarte Gelehrte, packte an, so gut es seine Schreiberhände vermochten, und bald sah man, wie auch der kleine preußische Baron Schubkarren mit Sand füllte und zum Freiheits- und Vaterlandsaltar hinüberschob.

«Ich sah die Zurüstung zu diesem Fest, das beispiellos in den Jahrbüchern der Menschheit bleibt», schrieb Forster zwei Jahre später in seinem Almanach «Erinnerungen aus dem Jahr 1790». Hunderttausend Freiwillige, notierte er, arbeiteten «im Taumel der Freiheit... mit einem Eifer, mit einer Verschwendung der Kräfte, die man kaum noch begreift, wenn man sie auch selbst gesehen hat... Hier waren keine Wachen aufgestellt, hier kannte man nicht die gebieterische Stimme des Aufsehers, und noch weniger seinen Stecken... Die Gerechtigkeit des Volkes heiligte eines jeden Eigentum, und schützte jedermann in seinem Rechte. Kleidungsstücke und Uhren, die man während der Arbeit von sich gelegt hatte, blieben den ganzen Tag unberührt an ihrer Stelle liegen. Mit Trommeln und Kriegsmusik, die Schaufeln auf der Schulter, zogen die begeisterten Scharen Arm in Arm unter Freiheitsgesängen zu ihrem Tagewerk, und später als die Sonne verließen sie das Feld. Alte und Junge, Männer und Weiber, Herzöge und Tagelöhner, Generalpächter und Schuhputzer, Bischöfe und Schauspieler, Hofdamen und Poissarden, Betschwestern und Venuspriesterinnen, Schornsteinfeger und Stutzer, Invaliden und Schulknaben, Mönche und Gelehrte, Bauern aus den umliegenden Dörfern, Künstler und Handwerker unter ihren Fahnen kamen Arm in Arm in buntscheckigem Zuge und griffen rüstig und mutig zur Arbeit... Um des Schauspiels Täuschung zu vollenden, erschien auch Ludwig XVI.: ohne Leibwache, ohne Gefolge, allein in der Mitte von zweihunderttausend Menschen, seinen Mitbürgern, nicht mehr seinen Untertanen. Er nahm die Schaufel und füllte einen Schiebkarren mit Erde, unter lautem Jauchzen und Beifallklatschen der Menge. Alles drängte sich um ihn hin, nannte ihn Freund und Vater.»

Forster und sein junger Freund mußten – das betrübte sie bitter – Paris fünf Tage vor dem Fest verlassen: der Bibliotheksdirektor und Geheimrat hatte seinen Urlaub schon um mehrere Wochen überschritten (doch daraus erwuchs ihm kein Ungemach). Die Wirtsleute ihres Hotels mochten froh sein, Platz für neue Gäste zu finden. Nie zuvor hatte die Stadt so viele Fremde beherbergt und verköstigt. Die Sorge für Seele und Leib war, wenn man so sagen darf, nahezu grenzenlos. Den Delegierten – die meisten kräftige Männer, die nicht alle mit Weib und Kind angereist kamen – sahen sich an allen möglichen Ecken zum Kauf kleiner Broschüren aufgefordert, in denen mit blumigen oder drastischen Formeln die Vorzüge der Damen aus dem Umkreis des Palais Royal geschildert wurden. In einem jener nützlicher Handbücher glaubten die Kundigen übrigens den Stil von Restif de La Bretonne zu erkennen.

«Nouvelle liste des plus jolies femmes publiques de Paris» hieß die populärste der handlichen Schriften, in der prominent «Sophie genannt Tralala» annonciert wurde, die als ihre Wohnung ein «Hôtel Radziwill» angab. Allerdings wurde auch vermerkt, daß sie dazu neigte, goldene Uhren zu klauen, während der Bericht von «Françoise-Elisabeth Dumont genannt Alphonsine» sagte, sie habe eine Uhr, die sie in ihrem Bett fand, brav zur Polizei getragen. «La Grossière» nannte sich rüde «cul-ouvert», während eine «niedliche kleine Blondine» für eine Handvoll Taler «l'amour métallique» – «Liebe aus Metall» – versprach, was immer das sein mochte. Die Nummer 5 der rue du Faubourg Saint-Antoine wurde als gute Adresse für Herren gepriesen, die dazu neigten, «Erfahrungen mit unreifen Früchtchen» zu machen. Die «Marschallin» in der rue neuve des Bons-Enfants verfügte über einen ganzen Stall von «kleinen Häschen», und Mademoiselle Dupré in der rue de Richelieu, «nahe bei der Bibliothek» wurde dafür gerühmt, daß sie die Liebe wie eine «Nonne» mache, das heiße mit «wahrer Leidenschaft». Laurence rühmte sich, sie kenne die Menschenrechte auswendig und koste zwei Assignaten. Ganz Paris lachte Tränen über eine –

ob echte oder ironische – Petition der «Zweitausendeinhundert Mädchen des Palais Royal», die sich ihrer revolutionären Gesinnung rühmten. Man möge ihr segensreiches Gewerbe nicht behindern, riefen sie den Deputierten der Nationalversammlung zu, denn «wir können ihnen, auf Ehre der guten Flittchen, versichern, daß es rechte Kerle sind, denen wir eine patriotische Erziehung zuteil werden lassen».

Der Bischof von Autun, Monsieur de Talleyrand-Périgord, war dazu ausersehen, die große Messe auf dem Marsfeld zu zelebrieren. Da er in diesem heiligen Amt seines priesterlichen Berufes nur wenig geübt war, hielt er es selber für angebracht, das Zeremoniell am Vorabend mit einiger Gründlichkeit zu probieren. Nach einem Diner bei seinem Freund de Saisseval in der rue de Lille studierte er das Ritual, von dem Grafen Mirabeau unterstützt, der die Rolle des Ministranten übernahm. Nach der Erzählung des Biographen Jean Orieux amüsierte sich die kleine Gesellschaft köstlich. Mirabeau übrigens schien die Liturgie besser zu kennen als der Bischof, da im Gefängnis «die Gottesdienste seine einzige Zerstreuung» waren: «Er hatte hinter Gittern mehr Messen angehört als der andere im Seminar.»

Am Morgen des 14. Juli sammelten sich gegen sieben Uhr die Massen an den Aufmarschplätzen, es regnete in Strömen. Dennoch setzten sich Schlag acht die Kolonnen in Bewegung.

Friedrich Schulz berichtete: «Voran zeigte sich mit Kriegsmusik ein Détachement der Pariser Nationalmiliz zu Pferde; hinter diesen kamen die Wahlmänner der Stadt Paris; hinter diesen ein zweites Détachement der Pariser Nationalmiliz zu Fuß ... An diesen Zug schloß sich ein Bataillon von Kindern, von acht bis zwölf Jahren, in der Bürgeruniform und in Waffen; zwischen diesem und dem Bataillon der Veteranen, das zum Teil neunzigjährige Greise in seiner Mitte hatte, marschierte eine Gruppe von Fahnenträgern ... Straßen und Dächer starrten von Zuschauern jeden Geschlechts und jeden Alters» – trotz des Regens, der nicht einen Augenblick nachließ.

Das Aufgebot war gewaltig. Der Eifer, Einheit und Freiheit der Nation zu feiern, scheute vor nichts zurück, auch vor keiner Geschmacklosigkeit. Die Begeisterung ließ sich von dem unaufhörlich herabströmenden Regen nicht dämpfen. «Die engeren Straßen», schrieb Schulz, «schwammen in Wasser und Kot; kein Kleid blieb trocken, kein Schuh ungefüllt; ein einziges großes Wetterdach von Regenschirmen schien sich über Armee und Zuschauer ausgespannt zu haben, aus welchem die Paniere und Fahnen schwerfällig schwebend oder an ihren Piken klebend hervorragten; alles fror bis auf die Haut durchnäßt, und doch lachte alles mit erstarrten Lippen, schrie alles: Hoch lebe die Nation! mit klappernden Zähnen. Das innere Feuer der Freude erwärmte jedes Herz, und man achtete der äußeren Beschwerden nicht... Freuden-Träne und Witzwort, Sprung und Fall, Umarmung und erdrückende Pression, Musik und Kindergeschrei, Jubel und Seufzer vermengten sich in eine einzige große Masse...»

Kommandeur und Regisseur des Festes war der Graf La Fayette. Er sprengte auf seinem weißen Roß «den Zug der Föderation herunter und herauf und schien überall zugleich und überall der Held des Tages zu sein. Als er zwischen den Tuilerien und der Barriere still hielt, um einige nötige Befehle zu geben, sprang ein Mann aus dem Volk hervor, der in der einen Hand eine Weinflasche und in der andern ein Glas hielt. Sein Auge funkelte und sein Wesen zeigte eine Erhitzung, die es zweifelhaft ließ, ob sie aus der Freude über den Tag, aus genossenem Weine oder irgendeiner Art von Fanatismus entstand. Er stellte sich vor La Fayette, schenkte ein, reichte ihm das Glas hin und sagte: ‹Buvez, mon Général› – Trinkt, General! Dieser schien auf einen kurzen Augenblick zusammenzufahren und hatte währenddessen ein starres Auge auf den Menschen gerichtet, wie das Auge der Umstehenden ängstlich und erwartungsvoll auf ihn gerichtet war. Im Nu ergriff er das Glas und trank es ohne Stocken bis auf den Boden aus. Der Mann schien bemerkt zu haben, was in ihm vorging. Er streckte rasch seine Hand nach dem Glase aus, nahm es, schenkte es mit Übereilung bis an den Rand voll und schluckte es ebenso schnell. De La Fayette sprengte davon.»

Das war seine Stunde: Der Chef der Nationalgarde fühlte sich, nicht völlig zu Unrecht, als der wahre Herr von Paris, der Abgott der Massen, der Lenker der Revolution. Jubel umbrauste ihn, als er in die Arena ritt: Der Bischof von Autun beobachtete es mit einem Anflug von Ärger, denn er wartete schon lange voller Ungeduld auf seinen Auftritt. Durch den Regen hatte sich das gesamte Programm verzögert. Auch die königliche Familie traf mit Verspätung ein.

Als der Monarch endlich in seiner Loge Platz nahm, die mit blauen, goldenen, weißen Stoffen aufs üppigste dekoriert war, wurde er kaum beachtet. Dreihundert Priester schritten nun zum Altar inmitten des Ovals, in dem sich mehr als zweihunderttausend Menschen zusammendrängten. Die Geistlichen in den weißen Chorhemden bewahrten, nach Orieux' Erzählung, eine «untadlige Ordnung». Am Ende ihres Zuges Talleyrand, «Mitra auf dem Haupt, Krummstab in der Hand... Unten stand, so ernsthaft wie es nur ihm möglich war, La Fayette, dem Talleyrand, als er vorüberschritt, die Worte zuflüsterte: ‹Ich bitte Sie, bringen Sie mich nicht zum Lachen.› Der Marquis war schockiert. ‹Ein solches Benehmen bedarf keiner weiteren Erläuterung›, schrieb er. Er konnte es nicht begreifen, denn er glaubte sich vom göttlichen Hauch angerührt und fand alles ganz natürlich und richtig.»

Dem unfrommen Bischof unterlief kein Fehler, als er das hohe Amt versah. Ein gewaltiger Chor von vielen tausend Stimmen und ein riesiges Orchester von zwölfhundert Musikern begleiteten das Zeremoniell. Talleyrand stimmte «mit seiner schönen tiefen Stimme» das Te Deum an. Ihm folgten die Musiker mit einem Hymnus, der vermutlich ebenso pathetisch wie langweilig war. Dann trat La Fayette, eine schlanke und strahlende Erscheinung, vor den Altar, um den Eid abzulegen: «Wir schwören, stets der Nation, den Gesetzen und dem König die Treue zu halten, die Verfassung, wie sie von der Nationalversammlung bestimmt und vom König akzeptiert ist, aufrecht zu halten, in Übereinstimmung mit den Gesetzen die Sicherheit von Menschen und Eigentum zu schützen, den freien Umlauf von Getreide und Lebensmitteln im Königreich, die Sammlung öffentlicher Steuern zu garantieren... und mit allen Franzosen durch ein Band unauflöslicher Bruderschaft vereint zu bleiben.»

«Alle standen zugleich auf von ihren Sitzen», schrieb Georg Forster hernach (dem Bericht von Augenzeugen folgend), «alle streckten den Arm in die Höhe; von Männern, Weibern, Kindern erscholl der schmetternde Ruf: ‹Ich schwöre!› Übermannt von diesem mächtigen Gefühl... fielen diese verbrüderten Menschen, ohne Rücksicht auf Rang, Alter und Geschlecht einander in die Arme und wiederholten ihrem unbekannten Nachbarn ihren Eid; die Nationalgarden warfen ihre Waffen weg und küßten sich, und plötzlich erscholl es erweckend und erhebend von allen Seiten: ‹Hoch lebe die Nation!›»

Schließlich erhob sich der König. Sofort bemächtigte sich des Publikums eine tiefe Stille. In das gebannte Schweigen sprach der dicke, langsame Ludwig – die Gründung der konstitutionellen Monarchie durch die Verabschiedung einer Verfassung vorausnehmend – die sorgsam bedachten Worte: «Ich, König der Franzosen, schwöre, die Macht, die mir zugeteilt wurde, zu nutzen, um die Verfassung aufrechtzuerhalten, die von der Nationalversammlung verkündet und von mir akzeptiert wird.»

Auch die Königin, die so gründlich verhaßte Marie-Antoinette, stand auf, nahm den kleinen Kronprinzen in ihre Arme und hob ihn hoch, um ihn dem Volk zu zeigen. Sie rief, daß auch sie und ihr Sohn «mit den geäußerten Gefühlen» übereinstimmten. Die Leute fragten nicht danach, ob sie jene des Königs oder die der Massen meinte. An jenem Tag war der Tochter Maria Theresias und Schwester des deutschen Kaisers alles vergeben. Das Volk rief: «Es lebe der König! Es lebe die Königin! Es lebe der Kronprinz!» In dieser Minute, so sagt die Legende, habe der Regen aufgehört – und die Sonne sei durch die Wolken gebrochen.

Das hohe Pathos, das manchmal ans Lächerliche grenzen mochte, mündete – wie es immer ist – in die Banalität, in die schöne, in die vulgäre, in die frivole, in die peinliche. Ludwig hatte den Fehler begangen, seine Loge nicht zu verlassen, um den Eid am großen Altar in der Arena abzulegen. So versäumte er es, sich selber in den Mittelpunkt des Festes zu stellen: Von neuem war eine Chance vertan, sich als der König des Volkes zu etablieren. Nachdem er den Eid geschworen hatte, schenkte man ihm kaum mehr Beachtung. Die Menge stürzte sich auf La Fayette, den sie gleichsam zu ihrem Ersatz-König ernannte.

Nach dem Bericht eines Augenzeugen «küßten sie sein Gesicht, küßten sie seine Hände, und die Glücklosen küßten seine Kleider. Kaum hatte er sich auf sein Pferd geschwungen, küßten sie, was immer sie erreichen konnten: seine Schenkel, seine Stiefel, seinen Sattel und schließlich das Pferd.» In der stürmischen Verehrung äußerte sich, nach einer Formel von Mona Ozouf, eine «gezügelte Gewalttätigkeit», die sich leicht hätte Bahn brechen können. Es kam nicht so. Kein Schatten fiel auf das gewaltige Fest.

Der Bischof von Autun aber schlüpfte am Ende der Feier unverzüglich aus dem Chorhemd, ließ sich in einen Spielsalon fahren, um sich zu entspannen – und er gewann. «Er gewann», laut Jean Orieux, «ungeheuerlich, sprengte die Bank, stand von seinem Platz auf, rief nach seinem Wagen und ging weg.» Später gestand er selber, daß er mehr Gold gewonnen hatte, als seine Taschen fassen konnten, «nicht gerechnet die Geldscheine der Wechselbank». Bei der Gräfin von Laval aß er zu Abend, den frisch erworbenen Reichtum niemandem verbergend. Sofort nach dem Diner eilte er in den Salon zurück, spielte, gewann und sprengte die Bank von neuem. Er notierte: «Wieder ging ich zu Frau von Laval zurück, um ihr das Gold und die Scheine zu zeigen. Ich war damit eingedeckt, selbst mein Hut war voll. Merken Sie wohl: es war der 14. Juli.»

Für die Delegierten und Soldaten hielt man in den Parks von Paris riesige Tische mit kalten Platten voller Köstlichkeiten parat – genug, um mehr als zwanzigtausend Menschen zu speisen. An Wein war kein Mangel. Friedrich Schulz berichtete: «Die folgenden acht Tage waren Wiederholungen des großen Tages im kleinen. Brüderliche Schmäuse, Feuerwerke, Illuminationen, Wassergefechte auf der Seine, Bälle für das Volk... Der Platz, worauf vordem die Gewährleisterin des Despotismus, die Bastille, gestanden hatte, war in einen Garten verwandelt, und über dem Eingang standen die Worte: Ici l'on danse – hier wird getanzt.»

Der Rausch verflog nicht so schnell. Wer hätte den schönen Traum des Festes der Einheit gern gegen den grimmigen Alltag mit seiner Unruhe, seinen Entbehrungen, seinen Ängsten getauscht? Die Revolution schien in der mächtigen Demonstration der Einheit ihre Erfüllung gefunden zu haben. Die Freiheit jener Tage war in der Tat mehr als die Erlösung aus dem alten Elend: sie wurde dem Volk zur Lust, zum Genuß, zur Freude. Die Nation war in sich selber verliebt – wie wohl niemals zuvor und selten danach. Kein Wunder, daß den fremden Zeugen die Augen und die Herzen übergingen. «Nur freie Nationen ... kennen dieses Gefühl», schrieb Georg Forster in seinem schwelgerischen Bericht, «denn nur freie Nationen haben ein Vaterland.»

Die Harmonie konnte nicht dauern. Der gallenbittere Marat erließ zwölf Tage nach dem rauschenden Fest einen «Aufruf an alle Bürger», in dem er vor einer Flucht des Königs warnte. Ohne jede Tarnung griff er auch La Fayette an: «Damit Ihr davon abgehalten werdet, über die Euch drohenden Gefahren nachzudenken ... haben sie Euch ständig durch Feste betört und im Alkoholrausch gehalten. Würdet Ihr geglaubt haben, daß Euer General, der kein Verführungsmittel ungenutzt ließ, soeben gegen den Willen aller Distrikte einen Artilleriepark in der Absicht gebildet hat, Euch niederzuschießen; daß der Stab der Nationalgarde sich nur aus Euren Feinden zusammensetzt, die im Sold des Königs stehen; daß Eure Bataillonskommandeure fast alle gekauft sind; daß, um dem Abscheu die Krone aufzusetzen, die Pariser Bürgerwehr fast nur noch aus eitlen oder verblendeten Männern besteht, die das Vaterland über den Schmeicheleien des Generals vergessen haben ...?»

Nein, Marats beschwerte Seele war nicht heller geworden. Der Jubel des Volkes schien ihn vielmehr zu kränken. Schäumend vor Zorn rief er seinen Lesern zu: «Sputet Euch, sputet Euch. Sonst werden sich bald viele feindliche Legionen auf Euch stürzen, sonst werdet Ihr die privilegierten Stände wiederauferstehen sehen, und der Despotismus, dieser abscheuliche Despotismus, wird furchtbarer denn je wiedererscheinen. Fünfhundert oder sechshundert abgeschlagene Köpfe würden Euch Ruhe, Freiheit und Glück sichern. Eine falsch verstandene Menschlichkeit hat Eure Arme gelähmt und Euch gehindert, Schläge auszuteilen: Sie wird Millionen Eurer Brüder das Leben kosten. Sobald Eure Feinde einen Augenblick lang triumphieren, wird das Blut in Strömen fließen. Unbarmherzig werden sie Euch umbringen, Euren Frauen den Bauch aufschlitzen. Ihre blutgierigen Hände werden das Herz aus den Leibern Eurer Kinder reißen, um unter Euch die Liebe zur Freiheit für alle Zeit auszulöschen. Marat, der Volksfreund.»

Am Ende des Jahres steigerte er die Zahl der Köpfe, die rollen müßten, auf zehntausend.

VIII
Die Revolution in den Klöstern

Die Revolution begann dem Baron Melchior Grimm, diesem letzten Zeugen einer galant-gelehrten Epoche, fremder, gewiß auch unbehaglicher zu werden. Er sagte, wie es die Brüder Goncourt ausdrückten, «sein Adieu zu jenem Frankreich, das nicht länger das hübsche Feld der kleinen Skandale, sondern das garstige Land der stürmischen Ereignisse war». Manchmal war sein altes Herz von Furcht belagert. Dennoch versäumte er keine wichtige Vorstellung des Theaters, der Oper, des Balletts, las die Gazetten voller Aufmerksamkeit, notierte das eine oder andere der Gerüchte, die unablässig durch die Stadt schwirrten. Die Eintragungen in die «Korrespondenz», die noch immer pünktlich an die fürstlichen Adressen in Rußland und Deutschland versandt wurde, besorgte in der Regel sein Vertreter, der Schweizer Jacob-Henri Meister. Dann und wann freilich schimmerte der Witz Melchior Grimms noch einmal auf: «Mitten in einer Zeit», durften die Abonnenten lesen, «in der das Theater seinen größten Verfall erlebt, verleiht ein feierliches Dekret den Schauspielern alle bürgerlichen und kirchlichen Rechte, die ihnen ein barbarisches Vorurteil bisher vorenthalten hatte... Seit sie von dem schändlichen und tyrannischen Joch der Herren Kammerjunkern befreit sind, haben sie auch die Ehre, Schauspieler des Volkes zu sein, statt bescheiden wie früher besoldete Diener des Königs.» Hier war, wenn nicht vieles trügt, die Ironie Melchior Grimms am Werk. «Seit dieser glücklichen Umstellung», fuhr er fort, «erhalten sie (die Schauspieler) nun auch mehr willkürliche Befehle und haben mehr Verdruß und Ärger als je zuvor. Das

Publikum glaubt, sie nun jeden Tag neuen Grillen, neuen Launen unterwerfen zu können; die Stadtverwaltung versäumt mit Rücksicht auf den Volkswillen keine Gelegenheit, sie das ganze Gewicht ihrer Macht fühlen zu lassen, und außerdem setzen ihnen noch die Herren Autoren zu, deren Werke ihnen heute weniger Geld denn je einbringen, und erheben Einwände, die geradezu den totalen Ruin des Theaters herbeiführen helfen...»

Die Tragödien von Marie-Joseph Chénier – der im Begriff zu sein schien, sich als der Dichter der Revolution zu etablieren – rissen Grimm und Meister zu keinem jauchzenden Enthusiasmus hin, so sehr der Autor auch gefeiert wurde. Lieber vermerkten sie die etwas dürftigen Scherze der kleinen Komödien (etwa von Puységur und Bergasse), die sich über den revolutionären Fanatismus lustig machten. Auch versäumten sie nicht den Hinweis, daß Beaumarchais, der Verfasser von «Figaros Hochzeit», mit den neuen Herren die größten Schwierigkeiten hatte: Er wurde aus der Versammlung der Pariser Gemeinderäte ausgeschlossen und verfaßte eine «schöne Denkschrift, in der er mit mehr als dreißig Versen aus seiner Oper ‹Tarare› glasklar bewies, daß er einer der ersten Urheber der Revolution war». Übrigens gab er dem Werk eine neue Fassung. Sein Komponist Salieri – Mozarts mittelmäßiger Konkurrent in der Wiener Musikwelt – führte die Veränderungen getreulich aus. Das revidierte Werk wurde nicht, wie Beaumarchais geplant hatte, zum Föderationsfest am 14. Juli 1790 aufgeführt, sondern erst am 3. August – ohne rauschenden Erfolg. Unverdrossen schlug der agile Schriftsteller und Geschäftsmann für die Feier im kommenden Jahr die Errichtung einer fünfzig Meter hohen Siegessäule auf dem Marsfeld vor, nicht zu weit von der Stelle, an der ein Jahrhundert danach der Eifelturm aufgerichtet wurde. Die Kosten schätzte er auf mehr als vier Millionen Livres.

Das große Fest der Revolution war, wie die Leser des «Journal de Paris» und der Grimmschen «Korrespondenz» erfuhren, auch jenseits der Grenzen Frankreichs gefeiert worden, ohne Gepränge, vielmehr in schlichter und demokratischer Bescheidung. Meister übersetzte den Brief eines Herrn von Voght, der aus Hamburg datiert war: «Wir haben den großen

Tag auch in Harvestehude gefeiert», berichtete der Schreiber, «einem hübschen Dorf unweit der Stadt. Wir waren achtzig Personen; die Damen waren in Weiß gekleidet und trugen Gürtel mit Kokarden in den Farben der Nation. Um 12 Uhr 32 Minuten, in dem Augenblick, da nach unserer Berechnung die Sonne ihren Meridian (in Paris) kreuzt, wurde ein Kanonenschuß abgefeuert, und die Damen haben ein Chorlied angestimmt... Herr Klopstock, den man mit Recht den deutschen Milton nennt, hat der Versammlung zwei Oden vorgelesen, von denen vor allem eine lebhaftesten Beifall fand. Dieser gute Alte weinte vor Freude, als er sie vortrug, seine Verse und er selbst glühten von jugendlichem Feuer. Doktor Reimarus hat eine ebenso kraftvolle wie schlichte Rede gehalten. Danach haben wir getanzt, gespeist, gesungen und wiederum getanzt; unsere Freude war rein und ungetrübt, das Gefühl der Vaterlandsliebe und Freiheit beherrschte alle unsere Tischgäste.»

Jacob-Henri Meister übersetzte die zwei Oden des großen Klopstock, der freilich nicht der einzige Dichter war, der sich veranlaßt sah, seine Stimme zu erheben. Auch der junge Kaufmann Georg Heinrich Sieveking hatte ein mächtig schallendes Poem aufgesetzt:

Freie Deutsche, singt die Stunde,
Die der Knechtschaft Ketten brach,
Schwöret Treu dem großen Bunde,
Unsrer Schwester Frankreich nach!
Eure Herzern sei'n Altäre
Zu der hohen Freiheit Ehre!

Der Refrain wurde von den jungen Damen, die sich im Halbkreis aufgestellt hatten, im Chor gesungen:

Laßt uns großer Taten uns freun,
Frei, frei, frei und reinen Herzens sein!

Die «Doktorin» Reimarus, Sievekings Schwiegermutter, berichtete ihrem Bruder August von Hennings in Plön, zunächst hätten nur wenige mitgesungen, «bald aber alle, und es war fast kein Auge ohnen Tränen. Es war, als ob eine Saite berührt werde, in deren Ton alle einstimmten.» Jeder habe «den Wert des Gutseins bei sich überdacht», fuhr sie fort, «und nun war auch jeder für den Tag zur Freude gestimmt». Ihre Tochter Christine, die einige Jahre später die Hand des schwäbischen Theologen, Revolutionärs und französischen Diplomaten Carl Friedrich Reinhard nehmen durfte, erinnerte sich gegen Ende des Jahrzehnts voller Rührung an die Verse des Schwagers:

Zwar auch Blut und Tränen flossen
In der Freiheit hohem Streit,
Aber Blut, für sie vergossen,
Lohnet mit Unsterblichkeit,
Und die Tränen sind die Saaten
Hoher Freuden, großer Taten!

Tapfer fügte die junge Hanseatin hinzu: «Diese Zeilen können, müssen noch wahr werden, in ihnen allein liegt Trost und Hoffnung. Gute Menschen müssen eine große Sache, für die sie und andere so viel gelitten haben, nie verlassen, selbst die Leiden müssen sie fester daran ketten...»

Übrigens saß damals in Harvestehude auch der Freiherr von Knigge am Tisch, der den neuen Geist der Epoche durch seine grundvernünftigen Bücher und sein Amt im Illuminaten-Orden unter den Deutschen auszubreiten versuchte. Er lauschte der pathetischen Erhebung in Sievekings Gedicht:

Hebt den Blick! der ganzen Erde
Galt der Kampf und floß das Blut,
Daß sie frei und glücklich werde,
Aufgeklärt und weis' und gut!
Gnädig sah Gott auf uns nieder,
Dankt ihm, dankt ihm freie Brüder!

Die Versammelten entschlossen sich zur Gründung eines «Clubs», der am 14. jeden Monats tagen sollte. Herr von Voght schrieb nach Paris: «In diesen Sitzungen wird der Präsident über die Fortschritte sprechen, die die Philosophie im vorhergehenden Monat gemacht hat, und wir werden die zum Thema erforderlichen Zeitungen und Bücher zusammentragen. Vielleicht wird das noch ein paar Jahre lang ‹vox clamantis in deserto› sein, aber Deutschlands Stunde wird schlagen», vielleicht sei sogar zu wünschen, daß sie nicht eher schlage, bis die Geister des Landes der Freiheit würdig seien. Die Deutschen seien dennoch etwas im Verzug, doch die Hamburger nehme er aus.

Nicht lange danach rief Klopstock dem Grafen La Fayette in einem herzlichen Brief zu, er würde es als eine Ehre betrachten, Bürger des revolutionären Frankreich zu sein. Nach einiger Verzögerung wurde ihm diese Auszeichnung zuteil, zusammen mit dem «Sieur Gille, publiciste allemand», der kein anderer als Friedrich Schiller war, der berühmte Autor der «Räuber», die in einer melodramatischen Umdichtung unter dem Titel «Les Brigands» mit dem größten Erfolg in Paris gegeben wurden. Ein Dekret, von Justizminister Danton unterzeichnet, verlieh jene Ehre zugleich dem Pädagogen Pestalozzi, dem Schulmann Campe, George Washington, Thomas Jefferson, Thomas Paine und dem polnischen Freiheitshelden Tadeusz Kosciuszko, aber auch dem Baron Cloots. Schiller empfing die Urkunde erst im Jahre 1798, gewissermaßen «aus dem Reich der Toten». Er legte auf die Würde wenig Wert, weder in den jauchzenden Anfängen der Revolution, die er voll mißtrauischer Abneigung beobachtete, noch in den späten Jahren. Sie konnte nach seinem Urteil keine höhere Sittlichkeit schaffen, da, wie er in den «Briefen zur ästhetischen Erziehung des Menschengeschlechts» sagte, der Weg zu ihr über die Verbindung von Empfindung und Vernunft in der Schönheit führe. In solchen Kategorien dachte man in Paris sicher nicht.

Sein Nachbar in Weimar bewahrte kühle Distanz, die sein Interesse an der großen Veränderung in Frankreich nicht einen Augenblick zu mindern schien. Unbefangen schrieb Goethe, daß in jener Zeit «das Sehnen und Streben aller nur einigermaßen mobilen Personen nach Paris gerichtet» sei. Er selber empfand kein Verlangen, sich der wachsenden Schar der Wallfahrer zu den heiligen Stätten der Revolution anzuschließen. Doch er versäumte keinen Bericht, der publiziert wurde und wußte «jedem Reisenden Dank... der seine Ansichten von jener merkwürdigen Stadt (Paris) andern mitteilen kann und mag...»

Der Zug der Pilger riß nicht ab. Wenige Tage vor dem Föderationsfest, am 12. Juli 1790, war in der französischen Hauptstadt ein vierzigjähriger Herr angelangt, den seine Papiere als preußischen Aristokraten auswiesen, doch in seiner Manier verbarg sich ruhige Höflichkeit mit unaufdringlicher Schlichtheit: Graf Gustav von Schlabrendorf, der in den vorausgegangenen Jahren vor allem in London gelebt hatte. Er übte keinen Beruf aus. Wäre er gefragt worden, welcher Tätigkeit er nachgehe, hätte er sich zu der aufwendigen Antwort verstehen können, daß er über die Freiheit verfüge, den Fortgang der Geschichte und die Händel dieser Welt zu studieren, ohne sich in sie einzumischen. Kurz: er hatte Geld, konnte leben wie und wo er wollte. Er war frei, sich seinen Neigungen hinzugeben. Keine entsprach den preußischen Idealen. Zur Armee zog es ihn niemals. Der Vater – vom Jahre 1755 an «Dirigierender Minister» Friedrichs des Großen für das jüngst eroberte Schlesien – hielt den Sohn zum Studium der Rechte (in Frankfurt an der Oder und später in Halle) an. Gustav von Schlabrendorf zählte gerade zwanzig Jahre, als der alte Graf starb. Er erbte ein großes Vermögen. Der Notwendigkeit, sein Brot zu verdienen, war er damit enthoben. Sein Pflichtgefühl sagte ihm nicht, daß er sich dennoch im Dienst des Staates und seines Königs verzehren müsse. Er schaute sich in Deutschland um, danach in der Schweiz, lernte Frankreich kennen und wählte schließlich Großbritannien als den Ort seiner unorthodoxen und wohl ein wenig willkürlichen Studien. Es gab nichts, für das er sich nicht interessierte: die Politik und die Industrien, die Gesellschaft, die Künste, die Eigenarten der Völker... Was ihm bemerkenswert zu sein schien, notierte er getreulich in die Hefte, die sich in seinem Zimmer stapelten, doch er machte selten Anstalten, seine Niederschriften in Artikel oder Bücher umzuformen. Rasch fand er sich in wechselnden Verhältnissen zurecht, und es wurde ihm leicht, das Vertrauen anderer Leute zu gewinnen. In England schloß sich ihm der junge Reichsfreiherr vom Stein an, und mit ihm bereiste er das Land. Mit dem liberal-konservativen Philosophen und empfindsamen Romancier Friedrich Heinrich Jacobi verband ihn eine zuverlässige Freundschaft. Jacobi wiederum war Goethe aufs engste verbunden, und er hatte

Georg Forster auf seiner ersten deutschen Reise in Pempelfort bei Düsseldorf in herzlicher Weise aufgenommen. Schlabrendorf redete gern, viel und lang. Doch er konnte – das war vielleicht die wichtigste seiner Eigenschaften – auch ein guter Zuhörer sein. Durch diese liebenswerte Tugend vermochte er eine Fülle von starken und interessanten Persönlichkeiten an sich zu binden. Er wollte alles wissen – und er schien fast alles zu verstehen. Das schuf Vertrauen. Durch Fragen und anregende Assoziationen hielt er jede Unterhaltung in Gang, ohne zuviel von sich selber preiszugeben. Doch oft sprach er selber Stunden um Stunden in selbstvergessener Weise, manchmal halbe oder ganze Nächte hindurch. Man durfte ihn ein Genie des Gesprächs nennen. Der «Verkehr mit anderen wirkte auf ihn wie magnetische Reibung», schrieb ein Gefährte seiner Pariser Jahre, «er geriet dann wachend in einen Zustand von Somnambulismus, der, seinen Geist aller unmittelbaren Umgebung entrükkend, wahre Genialität in ihm erzeugte.»

Wie so viele Sammler von Menschen und Freundschaften bewahrte Schlabrendorf eine gewisse Unverbindlichkeit, vielleicht sogar eine Art Kühle des Herzens. «Persönliche Anhänglichkeiten waren bei ihm nie sehr stark», schrieb sein Gefährte an Varnhagen. Doch er fügte hinzu: «Desto mehr besaß er allgemeines Wohlwollen. Er sah mich gern, er schätzte mich und bezeugte Achtung für meine Ansichten und Urteile; auch war er zu jeder Gefälligkeit geneigt, die ich hätte verlangen können. Allein ich konnte wegbleiben, ihn unbesucht lassen, solange ich wollte, ohne daß er es bemerkte.»

Der preußische Graf war nach Paris gereist, um die Revolution – die er als das bedeutendste Ereignis des Jahrhunderts betrachtete – eine Weile aus der Nähe zu studieren. Angeblich hatte er dem Droschkenkutscher die Wahl seiner Unterkunft überlassen: Er wurde am Hôtel des deux Siciles in der rue Richelieu abgesetzt, einen Sprung weit von der Bibliothek und vom Palais Royal. In zweiten Stock bezog er einige Zimmer, die er bis zum Ende seiner Tage mehr als drei Jahrzehnte später nur selten und kaum je aus freiem Willen verließ.

Nur ein paar Schritte entfernt, an der Ecke der rue Sainte-Anne und der alten rue des Valois, fand der Autor der Charakterskizze in Varnhagens Nachruf seine Wohnung: Conrad Engelbert Oelsner, der Partner so vieler Gespräche, ein paar Tage früher oder später als der Graf nach Paris gekommen, vierzehn Jahre jünger, Sohn eines Kaufmanns aus dem Städtchen Goldberg, das vier oder fünf Wegstunden von Liegnitz an der Katzbach entfernt ist, dem Ort der Schlacht Friedrichs des Großen. Wie Schlabrendorf, doch unter weniger komfortablen Verhältnissen, hatte er als siebzehnjähriges Bürschchen das Studium der Rechte an der Universität von Frankfurt an der Oder begonnen. Man sagt, daß er sich lieber über historische und philosophische Bücher als über juristische Pandekten beugte. Überdies beschäftigte er sich mit mathematischen und medizinischen Problemen. Ohne ein Examen zog er 1787 davon, schaute sich in Wien um, danach in der Schweiz, brach schließlich im Juli 1790 nach Paris auf, in seinem Herzen längst Revolutionär, von der Neugierde des geborenen Journalisten vorangetrieben, mutig genug, sich auf die Einkünfte seiner Feder zu verlassen. Sein Temperament mochte man glücklich nennen: Er war vital, lebhaft, voll drängender Energie und sprühendem Witz. Indessen schrieb er zu gut, um nicht vermuten zu lassen, daß er dann und wann von Melancholien heimgesucht werde. Heinrich Zschokke, der Schweizer Schriftsteller, sprach nicht grundlos von der «großen Reizbarkeit der Nerven»: «Ein feines, geistvolles Gesicht, in dessen beweglichen Zügen sich die wandelbare Stimmung des Gemüts unverhohlen zu lesen gab; blaue Augen, in denen gewöhnlich ein ironisches Lächeln glänzte, oder der forschende Blick des Denkers hervortrat; eine freie Stirn, vom luftigen Gekräusel seines Haars umweht – alles verkündete den Weltmann und den Weltweisen.» Kurz: eine attraktive Erscheinung, klein, eher zierlich, doch von «wohlgebauter Gestalt» und «mit beträchtlicher Muskelkraft» versehen, wie der Eidgenosse Zschokke bezeugte.

Dem jungen Mann bereitete es nicht die geringsten Schwierigkeiten, sich den Merkwürdigkeiten des Pariser Lebens mit seinen jähen Wechseln, den heftigen Erregbarkeiten, dem dennoch immer bereiten Lachen und den verborgenen Verletzlichkeiten anzupassen. Unverzüglich meldete er sich zum Dienst in der Nationalgarde, wozu Bürger ausländischer Herkunft erst nach fünfjährigem Aufenthalt verpflichtet waren. Im persönlichen Umgang und – unverkennbar – im Stil seiner Berichte demonstrierte er eine Grazie, in der man ein kostbares Geschenk seines Gastlandes erkennen durfte. Georg Forster, der ihm zwei Jahre später begegnete, schrieb an seine Frau: «Oelsner hat sich hier viel Bekanntschaften gemacht und viel Lokalkenntnisse erworben, er weiß alles mit dem rechten Ausdruck und Kunstwort zu nennen, kennt den ton de conversation, ist joli cœur bei den Damen und macht artige Bemerkungen mit einer Leichtigkeit, die an französische grenzt.»

Weder Graf Schlabrendorf noch Conrad Engelbert Oelsner hinterließen einen Hinweis, wo und unter welchen Umständen sie einander zum erstenmal begegnet sein mochten. War es im «Club allemand», der nach einem Hinweis Gerhard Anton von Halems im Hôtel de la Marine in der rue des Petits Champs zu finden war, angeblich vom Maler Johann Heinrich Füßli aus Zürich begründet, der sich auf dem Weg von Rom nach London eine Weile in Paris aufhielt? «Man findet dort», schrieb der Regierungsrat Halem aus Oldenburg, «in einigen hübschen Zimmern, wo man arbeiten kann, die besten vaterländischen Journale, das Neue Museum, Wielands Merkur, die Litteratur-Zeitung und so weiter.» Jedem deutschen und schweizerischen Landsmann, der das Empfehlungsschreiben eines Gelehrten vorweisen könne, sei der Zutritt erlaubt. Man zahle nur sechs Livres Monatsbeitrag. Der liberale Halem, auch er ein deutscher Revolutionspilger, wurde von Henri Meister eingeführt. Dort mag er auch Oelsner getroffen haben, von dessen Wohnung zum Klub der Weg kaum fünf Minuten betrug.

Die Deutschen schienen fast allesamt die Nähe des Palais Royal und der großen Bibliothek (im ersten Arrondissement) zu suchen. (Auch Forster wohnte später in diesem Viertel.) Der Schlesier öffnete Halem, das ist gewiß, den Zugang zu den Jakobinern, die nicht weit von der königlichen Reithalle, in der die Nationalversammlung tagte, ein Quartier gefunden hatten, von dem sie ihren Namen bezogen – nämlich im Kloster der Dominikaner, die man in Frankreich «Jakobiner» nannte, da sich ihr Hauptsitz in der rue Saint-Jacques befand: ein eher düsteres Gebäude in der rue Saint-Honoré, in dem die Revolutionäre zunächst das Refektorium gemietet hatten. Später zogen sie in die Bibliothek, schließlich in die Kapelle um. Man sagte, daß der Anwalt Maximilien Robespierre, der im Klub fast von Beginn an als eine Schlüsselfigur galt, den Namen «Jakobiner» nicht liebte. Die offizielle Bezeichnung der Vereinigung war denn zunächst «Société des amis de la Constitution», hervorgegangen aus dem Zusammenschluß von 44 Abgeordneten der Bretagne, die in Versailles den «Club breton» gegründet hatten. Da sie sich einen beträchtlichen Einfluß zu verschaffen wußten, schlossen sich ihnen bald so prominente Deputierte an wie der Graf Mirabeau und der Abbé Sieyès, der Grenobler Advokat Barnave und der Herzog von Aiguillon, Jérôme Pétion, der spätere Bürgermeister von Paris, der Abbé Grégoire, der sich um die Emanzipation der Juden verdient gemacht hatte, und – Robespierre.

Fremde gewannen ohne zu große Schwierigkeiten Einlaß in die Gesellschaft, wenn sich ein angesehenes Mitglied für sie verbürgte. Auch das Zeugnis eines Filial-Klubs mochte genügen, die in allen Städten und in allen Winkeln Frankreichs wie Pilze aus dem Boden schossen, offen oder heimlich, auch in manchen deutschen Städten und Universitäten, ja selbst in Amerika. Man zählte schließlich mehr als zweitausend geschwisterliche Gründungen. Sie waren in den Anfängen keineswegs nur Sammellager radikaler Geister. Ohne Übertreibung durfte man zunächst von liberalen Mehrheiten sprechen. Graf La Fayette gehörte selbstverständlich den Jakobinern an. Die Historiker Furet und Richet vermerkten, daß sich im Präsidium der Gesellschaft der Herzog von Aiguillon mit dem Grafen Alexandre de Beauharnais und dem Prinzen de Broglie ablösten.

In der Tat, dank der bürgerlichen Revolution schien der Adel einen guten Teil des politischen Einflusses zurückzugewinnen, den er unter Ludwig XIV. verloren hatte. Mit völliger Selbstverständlichkeit saßen die Aristokraten mit Männern und Frauen des Volkes auf den gleichen harten Refektoriumsbänken, um den Rednern zu lauschen, die Abend für Abend nach sechs Uhr – wenn der Klub seine Tore geöffnet hatte – aufs Katheder stiegen, um Beschlüsse der Nationalversammlung zu loben oder herber Kritik zu unterziehen, die Fragen des Tages zu bedenken, sich in Diskussionen über die Prinzipien der Konstitution zu verlieren, taktische Direktiven zu verkünden und Mehrheiten für kommende Entscheidungen zu formen. Voller Enthusiasmus schrieb Conrad Engelbert Oelsner: «Ich führte vor einigen Tagen den Doktor T... aus H... in die brüderliche Gesellschaft... Mein Fremder war erstaunt (denn es gibt Leute, die sich immerfort einbilden, daß nur die Hefen des Volks es mit der Gleichheit halten), unter einer Menge ehrbarer Dienstmägde und Bürgertöchter, einige Damen vom hohen Ufer zu erblicken. Was mich unendlich mehr rührt, ist nicht, einige Personagen vom Kothurn herabgestiegen zu sehen, sie haben nicht wohl anders gekonnt und ihre Bekehrung bleibt zweideutig, aber brave Bürgersleute, Handwerker, die sich mit ihren Frauen, Kindern und Gesinde versammeln, in der edlen Absicht, sich über das allgemeine Beste zu unterrichten und wo möglich dazu beizutragen, das entzückt Herz und Seele.» Die Standesgleichheit, bemerkte Oelsner später, die «noch lange bloße Theorie zu bleiben gedachte», sei mit Hilfe der Gesellschaften unmittelbar «in die Sitten übergegangen». Mehr als siebzig Prozent der Klubmitglieder in Marseille zählten sich 1790 zum Stand der Bürger und knapp dreißig Prozent zu den Arbeitern – ein Verhältnis, das sich bis 1794 fast genau verkehrte. Der Grobschmied, fuhr Oelsner in der Schilderung der Pariser Klubs fort, werde gegen den Hofmann gestellt. Mit dem einen mache man nicht mehr Umstand als mit dem anderen. Man pfeife den einen aus, wenn er schlecht, beklatsche den anderen, wenn er gut spräche. «Der Bürgersmann hat Gelegenheit gefunden, seine Kräfte gegen den Herzog zu messen... Wieviele Illusionen sind dadurch zerstört worden!» Doch voller Hoffnung setzte Oelsner hinzu, beide, Herzog und Bürgersmann, gelangten zu «richtigeren Begriffen über sich selber».

Da sich in der Nationalversammlung mehr als zwölfhundert Abgeordnete auf den harten Bänken drängten, war es nur natürlich, daß die politische Willensbildung in den privaten Zirkeln prominenter Mitglieder, in den Salons einflußreicher Damen und vor allem in den Klubs vorbereitet wurden. Das entsprach nicht völlig Jean-Jacques Rousseaus Ideal der «volonté générale», die sich am klarsten und getreusten in der direkten Demokratie nach schweizerischem Muster ausdrücken konnte. Doch das Verlangen, sich in Gruppen abzusondern, war eher stärker als der Drang, sich täglich mit der Masse zu vereinen. Überdies konnte auch unter den Zeichen der Égalité nicht geleugnet werden, daß – nach der Formel George Orwells – manche «gleicher als die Gleichen» waren.

Die Klubs nahmen den Auftrag der Bildung und Aufklärung des Volkes ernst. Ihre Veranstaltungen dienten der Erbauung, die viele der Bürger nicht länger in den Kirchen suchten. Niemals, schrieb Oelsner, seien die patriotischen Gesellschaften glänzender als am Sonntag. Der Eintritt betrage nur zwei Sous pro Person. «Der Rednerkanzel gegenüber sehen Sie die Büste des Landesheiligen, Rousseau's. Zwei weibliche und gleich viel männliche Sekretäre stehen dem Präsidenten bei. Die Damen sitzen von den Männern abgesondert. Sie Dimplizität, mit der man sich dort Bruder und Schwester nennt, kontrastiert überraschend angenehm mit dem Tone, an den die sogenannte gute Gesellschaft gewöhnt ist. Man würde unter Quäkern und Herrnhutern zu sitzen glauben, wenn nicht bald die Leidenschaft, welche hier Sprache und Gebärde belebt, aus dem Traume hälfe...»

Oelsners Hinweis auf die schwärmerischen Gemeinden der Pietisten zeugte nicht nur vom behenden Witz des Autors, sondern von genauer Intuition. Michel Winock wies in seiner Analyse des ersten Revolutionsjahres darauf hin, daß sich im Jakobiner-Kloster an der rue Saint-Honoré das Grab des Dominikaners Tommaso Campanella befand, der 1639 in Paris gestorben war: Autor einer idealkommunistischen Utopie, der er den Titel «Die Sonnenstadt» gab – einer jener religiös-revolutionären Visionen, von chiliastischem Geist beseelt, die den modernen Entwürfen der «idealen Gesellschaft» vorausgingen. Vor den Verfolgungen durch die Inquisition hatte der Mönch Campanella bei seinen Pariser Brüdern Zuflucht gefunden. Es ist nicht anzunehmen, daß Robespierre oder sein Jünger Saint-Just etwas von der Nachbarschaft des großen Vordenkers aus dem 17. Jahrhundert ahnten. Vermutlich hatten sie niemals seinen Namen gehört. Dennoch schien es, als wandelte mitunter der Geist Campanellas durch die Säle des Klosters mit den dumpfen Tonnengewölben.

Träume von einer idealen Ordnung der Menschheit waren dem jungen Oelsner nicht fremd, aber er verlor sich nicht in grandiosen Konzepten, in denen taghelles Licht jeden Winkel des Lebens ausleuchtete und dennoch – die Paradoxie totalitärer Entwürfe – die klirrende Kälte der Ewigkeit herrschte. Seine Träume waren naiv und voller Witz, fröhlich und menschlich, ganz irdisch und dennoch vom Charme des Märchenhaften erfüllt. Als er 1795 und 1797 seine Beobachtungen über die ersten Jahre der Revolution in zwei Bänden unter dem ironischen Titel «Luzifer» sammelte, sprach er von einem «bürgerlich-heroischen Trauerspiel, dessen letztem Akt unser leidendes Zeitalter sehnsuchtsvoll entgegenschaut». Doch er vergaß nicht, daß es «mit einer hinreißenden Symphonie philanthropischer Grundsätze eröffnet» worden sei: «Wehe dem Herzen», rief er, «das nicht mitfühlte!» Herbe und desillusionierende Erfahrungen waren ihm seit der ersten Niederschrift seiner Berichte nicht erspart geblieben. Trotzdem hatten ihn weder der Mut noch sein Witz verlassen. Im Zorn und in der Ironie seiner Prosa kündigte sich – wie in der Anspielung des Titels auf den gefallenen Engel – das Genie Heinrich Heines an, dessen glanzvolle Sprache sich – wie jene Oelsners – aus der Berührung von deutscher Poesie und französischem Geist ergab. Warnend deutete der Schlesier auf die Gegner, die sich rüsteten, in Deutschland jedes «glimmende Fünkchen Freiheit auszulöschen». «Statt mit Vernunft zu unterhandeln», rief er, «sind Sie bemüht, diese allmächtige Federkraft zu unterdrücken. Nehmt Euch in acht, Ihr Herren! Es könnte ein Schnellgalgen sein!»

Wut und Enttäuschung hielten ihn nicht davon ab, ein Wort an den Beginn seines Buches zu setzen, das man Heinrich Heine zuschreiben würde, wüßte man es nicht besser: «Ich liebe die Freiheit, weil ich das Vergnügen liebe.» Das mag man kein deutsches Bekenntnis nennen, denn Lachen und Vergnügen widersprachen auch in jener Epoche dem Ernst bürgerlicher Lebensführung so entschieden wie in unseren Tagen den strengen Ansprüchen der politischen Philosophie. Oelsner indes fand lange vor dem religiös-marxistischen Prediger Ernst Bloch das

Bild vom «aufrechten Gang». «Niemand», hieß es in seinem Bekenntnis, «wird dem andern mehr von Geburts wegen auf den Nacken treten, alle werden aufrecht gehen, keiner mehr gezwungen kriechen. Man wird sich ohne Rückhalt über alles, was unser Bestes betrifft, unterhalten, kühner reden, schreiben und handeln können; unser Kopf wird sich auf eine mannigfaltigere Weise bereichern, unsere Denkungsart vergrößern und veredeln. Der Ackerbau, die Industrie, die Künste werden von ihren Fesseln losgelassen, jede Arbeit ihrem natürlichen Eigentümer zugehören. Wohlstand wird sich über die ganze Masse meiner Mitbürger verbreiten. Ich werde wenig und selten Hungrige und Nackende sehen. Das Volk wird sich besser kleiden und besser essen. Es werden keine Mißheiraten mehr möglich sein. Der Reiche wird ohne Erröten die wohlerzogene Tochter des Armen wählen. Der kräftige junge Pächter wird das gnädige Fräulein glücklicher machen, als ein liederlicher Marquis...»

Oelsner übersetzte sein – liberal moderiertes – Ideal der Gleichheit unbekümmert in eine freundliche Vision prosperierender Wirtschaft: «Der Reichtum des Weiland-Herzogs wird in gleichen Strömen über die Erben fließen. Sie werden Fabriken anlegen, die Kultur verbessern und durch Erwerb gemeinnütziger Verdienste die Achtung ihrer Mitbürger zu erwerben suchen. Kein Vorurteil setzt sich mehr der oder jener ehrbaren Beschäftigung entgegen; jeder nicht unehrbare Schritt wird erlaubt sein. Die Heiraten, die Geburten werden von dem Eigensinn der Eltern und dem Rauchfaß der Priester unabhängig. Kein grausames Gesetz schmiedet mehr unter das Joch der Ehe freie Herzen auf lebenslang. Bei gleicherer Verteilung der Glücksgüter wird es weniger freche Begierden und weniger verworfene Sklaven geben.» – Der Schlesier war Kind seiner Zeit genug, um in der römischen Kirche eine entscheidende Barriere auf dem Weg des Fortschritts zu sehen. Er empfahl nicht, sie zu vernichten, er dachte sie einfach fort: «Die Priester hören auf, Gewissenstyrannen zu sein... Die Erziehung wird unabhängig von ihnen und folglich besser sein, keine theologischen Mißgeburten, keine falschen Begriffe mehr einpfropfen, Kenntnisse, die wir vergessen müssen, wenn wir uns als gescheite Leute durch die Welt bringen wollen.»

Schließlich schwang sich seine Vision für einen Augenblick in die Nähe sozialistischer Ideen: «Weil in Zukunft alle arbeiten, muß jeder einzelne weniger zu tun haben, wir werden also mehr Zeit auf Wissenschaft und Künste verwenden, mehrere und schönere Konzerte und Schauspiele hören und sehen ...» Knapp und entschieden schloß er: «Das ist, was sich mit recht von der Freiheit erwarten läßt, was sie zu leisten verspricht und leisten wird. In der Tat, wenn sie ein anderes Ziel suchte, möchte ich ihrer nicht.» (Es erstaunt nicht weiter, daß Oelsner seine Feder später dem Grafen Saint-Simon lieh, in dem man einen der Väter des französischen Sozialismus erkennt. Man sagt, weite Passagen seiner Lehren seien von dem Deutschen formuliert worden.)

Der feurige Oelsner war in Wirklichkeit von einer radikalen Liberalität geprägt, die er (zunächst) mit der Mehrheit der Jakobiner gemein hatte. Frühsozialistische Versuchungen, für die das Volk, nach naiv-marxistischer Interpretation, «noch nicht reif» war, fochten ihn selten an. Dem Klub kehrte er konsequent den Rücken, als er zum Instrument des Machtwillens einer Minderheit wurde, die bereit war, für die «Rettung der Revolution» so viele der eben erst eroberten Freiheiten und Rechte außer Kraft zu setzen. Mit bemerkenswerter Klarsicht beschrieb er die Gefahr, daß die Klubs die legitimen Regierungen aus ihrer Verantwortung verdrängten. Er beobachtete, daß sie in den Départements «wie konstituierte Gewalten agiert, Administratoren vor ihre Schranken gefordert ... Prozesse kassiert, die Akten verbrannt, durch Herolde das Volk versammelt», ja sogar Verordnungen angeschlagen hatten. Oelsner übersah keineswegs, daß die Revolution ein chronischer Ausnahmezustand war (so sehr sich die Bürger und Bauern nach Normalität und Ruhe sehnen mochten): «Niemand mag so verwegene und gefährliche Eingriffe in die Maschine der Regierung in Schutz nehmen», stellte er fest, doch fügte er sofort hinzu: «allein was in gewöhnlichen Zeiten ohne Entschuldigung wäre, kann in einer Epoche, wo alle alten Anstalten aus ihren Wurzeln gerissen sind und sich die neuen noch nicht in den Grund eingepaßt haben, Nachsicht verdienen.»

Dann schrieb er kategorisch: «Was zu keiner Zeit und unter

keinen Umständen Nachsicht verdient, das sind die Verbrechen gegen die Moral.» Die Gefahr war um so größer, da ohnedies nur eine Minorität der Bürger von ihren demokratischen Rechten Gebrauch machte. Bei der Wahl des Bürgermeisters von Paris hatten, nach Oelsners Schätzung, nur etwa 10000 von 87000 «aktiven» Bürgern ihre Stimme abgegeben. Diese Gleichgültigkeit habe zur Folge, «daß sich die unruhigen Köpfe der Wahlen bemeistern» und das Volk weder die Ämter noch die Gewählten respektiere. Er habe, bemerkte er später, die «Gebrechen und Sünden» der Jakobiner immer ohne Nachsicht aufgedeckt. Dennoch sprach er ihnen einen «Fond von Charakter zu, der dem ganzen übrigen Teil der Nation fehlt, wenn man die von der unmittelbaren Arbeit ihrer Hände lebende Volksklasse ausnimmt». Den Anhängern des Klubs billigte er zu, daß sie eine «höchst heilsame Revolution in den Sitten» – als «Folge der neuen bürgerlichen Institutionen» – zu beschleunigen vermochten. Zum anderen bescheinigte er ihnen einen fatalen Mangel an Toleranz und sagte manchen einen Fanatismus nach, der «selbst den Schatten ihrer Widersacher durchbohren» wolle.

Nein, er hielt die fortgesetzte Unruhe und die permanente Bereitschaft zur Rebellion nicht notwendig für demokratische Tugenden. Voller Mißtrauen notierte er, daß schon im April 1790 eine Schar der aufsässigsten Geister sich als «Gesellschaft der Freunde der Menschen- und Bürgerrechte» in einem Kloster der Franziskaner etabliert hatte. Sie nannten sich, nach den weißen Schnüren an den Kutten der Mönche, die «Cordeliers». Später zogen sie in die Salle Musée de Paris in der rue Dauphine, in der vordem eine protestantische Gemeinde ihre Andachten veranstaltet hatte – als private Zusammenkunft getarnt, wie es den harschen Gesetzen entsprach. Nun räumte die Gemeinde Calvins ihren Platz und nahm Besitz von der einstmals katholischen Kirche Saint-Thomas du Louvre. Dort zelebrierte sie – welch ein Triumph! – ihren ersten öffentlichen Gottesdienst seit dem Widerruf des Toleranzediktes. Die Bindungen der Klubs an religiöse Gemeinschaften der einen oder anderen Art, die nur der Lokalität gelten mochten, möchte man dennoch nicht zufällig nennen. In der Wahl der Orte schien, wie so oft, eine ironische List der Geschichte am Werk zu sein. Dem Namen «Cordeliers» blieben die Radikalen treu. Oelsner sagte von ihnen, sie seien «wahrer patriotischer Alkohol». Niemand werde in ihre Reihen aufgenommen, der sich nicht als «dezidierter Tyrannen-Mörder» ausgebe. Bis jetzt sei freilich noch keine von ihren «pomphaften Ankündigungen in Erfüllung gegangen», obwohl «ihr Kern aus Fleischhackern und Lohgerbern» bestehe, «die geschicktesten Professionisten in der Tat.»

Den handfesten Gesellen stand eine revolutionäre Elite vor, die entschlossen und von geringen Skrupeln aufgehalten ins Zentrum der Ereignisse drängte: Jean-Paul Marat, der Journalist, dieser unermüdliche Warner und genialische Prediger des Hasses und der Ressentiments, neben ihm der vierzigjährige Advokat Georges-Jacques Danton, der sich in seinem Pariser Distrikt eine Hausmacht geschaffen hatte, die er im Januar 1790 mit eindrucksvoller Energie für Marat mobilisierte, als der düstere Prophet wegen Mißachtung der Pressegesetze verhaftet werden sollte. Anders als der kränkliche und für gewöhnlich so schlecht gelaunte «Volksfreund» war Danton von einer berstenden Vitalität, von unerschöpflichen Energien, Lebensfreude, ja von einer wahren Lebensgier erfüllt: breitschultrig, untersetzt, rasch in seinen Bewegungen, fleischiger Kopf auf einem kurzen Nacken, die Stirn hoch, die Augen klein und tief ins Gesicht gesetzt, von blitzender Intelligenz, die Nase knollig, die Lippen ein wenig aufgeworfen, geschwungen und sensuell, das Kinn wuchtig, die potentielle Brutalität des Mannes verratend. Louis Legendre, der Sohn eines Fleischers – des Schreibens kaum fähig, aber ein gewaltiger Redner – trat gern als Dantons «Leutnant» auf. Der vierte im Quartett der Chefs war Antoine-Joseph Santerre, ein reicher Brauer aus der Vorstadt Saint-Antoine – ein glänzender Reiter, habitué aller Rennbahnen, großzügig und ehrgeizig –, der draußen in seinem Faubourg durch seine offene Hand einen beträchtlichen Anhang um sich zu sammeln vermochte.

Es war deutlich, daß die Cordeliers bald genug im Begriff sein würden, dem radikalen Flügel der Jakobiner den Rang unter den kleinen Bürgern und Arbeitern in den Vorstädten abzulaufen. Indes, die Dirigenten des Klubs in der rue Saint-Honoré waren nicht bereit, noch nicht, auf die Vorzüge einer großen und umfassenden Koalition ihrer Anhänger zu verzichten. Die Spannungen zwischen den aristokratischen, den großbürgerlichen und den kleinbürgerlichen Gruppierungen, den liberal-konservativen, den radikal-liberalen und den extremistischen Flügeln nahmen fast täglich zu, und sie streiften manchmal die Grenze des Unerträglichen. Graf La Fayette, im Kern seiner Seele trotz seiner libertären Passionen ein Mann der Ordnung – von Beruf immerhin ein Militär – empfand nach dem Triumph des Föderationsfestes die dringende Notwendigkeit, der Disziplinlosigkeit in der Armee Herr zu werden. Wie anders sollte der neue Staat den fortgesetzten Meutereien und Rebellionen draußen in den Provinzen entgegentreten können? Noch nicht einen Monat nach der generellen Verbrüderung auf dem Marsfeld schickte er einen Brief an Graf Bouillé, den Armeekommandanten im Nordosten: es müsse, verlangte er, mit einem «großen Schlag» der Gehorsam in den Streitkräften wiederhergestellt werden. Der Troupier führte den Befehl ohne Fackeln aus. Seine Linienregimenter, voran die Schweizer, rückten Ende August 1790 in Nancy ein, um die aufsässige Garnison zur Raison zu bringen. Bei dem Gemetzel verloren einige Dutzend Nationalgardisten und reguläre Soldaten das Leben.

Marat, der längst gefordert hatte, den General La Fayette samt seinem Stab zu verhaften, sah sich bestätigt. Zeternd verlangte er außerdem die Einkerkerung der «Österreicherin», die er für den Quell alles Bösen hielt. Der König müsse unverzüglich von seiner Sommerresidenz in Saint-Cloud, wo er nur Fluchtpläne aushecke, in das wohlbewachte Tuilerien-Schloß zurückbefördert werden. La Fayette hatte den Journalisten einmal aus dem Arrest befreit. Das half ihm nicht das geringste. Marat überzog ihn nur noch unversöhnlicher mit seinem schwarzen Haß. Im Untergrund begannen Pamphlete zu zirkulieren, die den Chef der Nationalgarde verdächtigten, er habe sich in wüste Orgien mit Marie-Antoinette eingelassen. Der anonyme Autor der Satire übertrug, nicht ohne Witz, die Rolle des Erzählers dem kleinen Spaniel der Königin, die ihrerseits den General beschuldigte, er habe die Krone aller Macht beraubt: Rachsucht bestimmte sie, den tugendhaften Grafen zu verführen, der wiederum versicherte, er führe nichts anderes im

Schild, als die Revolution zu unterminieren und das Land dem König zu Füßen zu legen. Seine Beteuerungen sanken allerdings jäh in sich zusammen: Der Held zweier Welten erwies sich als impotent. Olivier Bernier, der Biograph La Fayettes, bemerkte nicht zu Unrecht, Sex und Politik hätten sich in der Revolution stets miteinander vermengt, und der rascheste Weg, einen Feind zu diskreditieren, sei es immer gewesen, ihn sexueller Exzesse zu beschuldigen.

Der Lack des Heldenbildes begann zu splittern. Es half nicht viel, daß der Graf das Angebot des Stadtrates zurückwies, ihn mit hunderttausend Livres zu besolden – obwohl sein privates Einkommen auf die gute Hälfte dieser Summe geschrumpft war. Nach dem «Massaker von Nancy» wurde es Marat und seinen Verbündeten nicht schwer, protestierende Horden in den Vorstädten aufzustacheln. Als die Demonstranten auf ihrem Marsch in die Nähe der Tuilerien gerieten, jagte sie der General mit Gewalt auseinander. Mirabeau, der Konkurrent und Gegenspieler, stellte in einem Brief an seinen Freund La Marck nicht ohne Befriedigung fest: «Aufstände sind der Ruin des Herrn von La Fayette, denn... sie machen ihn jedem zum Feind, der durch die gegenwärtige Zügellosigkeit verärgert und stets bereit ist, ihm seine Nachlässigkeit, seine Inkompetenz, gar seine Komplizenschaft vorzuwerfen... Es ist möglich, daß seine Scham über die Duldung von Rebellionen... Herrn von La Fayette eines Tages dazu bringen wird, seinen Truppen den Befehl zu geben, auf das Volk zu schießen. Das würde ihn tödlich treffen.»

Mirabeau täuschte sich nicht. Im Februar 1791 machte sich eine meuternde Masse aus der Vorstadt Saint-Antoine ans Werk, die Befestigungsanlagen von Vincennes zu zerstören. La Fayette trat ihr mit seiner Nationalgarde energisch entgegen. Am selben Tag versammelten sich im königlichen Schloß vierhundert Aristokraten, die meisten mit Dolchen bewaffnet, um Ludwig vor einem vermeintlich geplanten Anschlag zu schützen. Der General ließ sie verhaften. Doch zwei Wochen später wurden die «Dolch-Kavaliere» wieder auf freien Fuß gesetzt. Mit den plebejischen Rebellen verfuhr man so großherzig nicht.

Unterdessen verschärfte sich der Konflikt mit dem Klerus. Tag für Tag wurde deutlicher, daß der Kirchenkampf eine Zeitbombe war, die niemand anders als die Revolutionäre selber im Keller des neuen Staatswesens eingebaut hatten. Ende November 1790 war von den Priestern, die ein öffentliches Amt innehatten, verlangt worden, binnen zweier Monate auf die Verfassung zu schwören und den zivilen Status der Priesterschaft zu akzeptieren. Lediglich ein Drittel der geistlichen Abgeordneten in der Gesetzgebenden Versammlung zeigten sich bereit, dem Gebot zu folgen. Talleyrand war der erste Bischof, das verstand sich, der im Januar 1791 den Eid ablegte. Ihm folgten nur sechs von mehr als 140 Prälaten. Da die Versammlung beschlossen hatte, die Diözesen den Départements anzugleichen und ihre Zahl damit von 130 auf 83 zu reduzieren, war es ohnedies notwendig, für die Bistümer neue Häupter zu wählen. Am 10. März legte der Papst mit seinem Breve «Quod aliquantum» schärfste Verwahrung ein, aber das half weder ihm noch seinen geistlichen Kindern. Fünf Tage später wurde der Elsässer Jean-Baptiste Joseph Gobel aus Thann in den Vogesen zum Erzbischof von Paris gewählt: mit 501 von 600 Stimmen (gegen 26 für den Abbé Sieyès, der sich um das Amt keineswegs beworben hatte).

Ein aufmerksamer Bürger, der die Ereignisse sorgsam in seinem Tagebuch notierte, hielt das Ergebnis fest: Monsieur Célestin Guittard, der seinem Namen gern ein vornehmes «de Floreban» anhängte. Dieser bedächtige Herr respektierte Kirche und Glauben, aber der Fanatismus der Priester behagte ihm wenig. Immerhin hatte er 66 Jahre hinter sich gebracht, wollte seinen Frieden haben, schätzte eine gute Mahlzeit und das Vergnügen, das ihm eine hübsche und (wie er sich ausdrückte) pikante junge Dame von 31 Jahren bereitete, deren Besuche in seinem Journal allemal knapp vermerkt wurden: «Damsel» nannte er sie. Er lebte von seinen Renten, nicht üppig, aber auch nicht schlecht. Am 19. März 1791 schrieb er auf, daß ihn der Hals kratze und daß die Nase laufe. Am 27. aber nahm er rüstig an der Amtseinführung des neuen geistlichen Oberhauptes der Hauptstadt teil: «So wie ihn», schrieb er, «hat man noch nie einen Bischof von Paris empfangen. Um elf Uhr läuteten alle Glocken von allen Kirchen... Die Kanonen schossen Salut.» An den Nachmittagen schwatzte er gern mit Freunden und Fremden in seinem Stammcafé, dem «Procop» – dessen Räume schon damals mit den prächtigsten Tapeten in Ochsenblut und Gold ausgeschlagen waren –, über die Ereignisse des Tages. Ihn bedrückten vor allem die Rebellionen der Mulatten und Sklaven auf der Zuckerinsel Santo Domingo, denn er hatte einen Teil seines Geldes – wie so viele – in einer lukrativen Plantage investiert.

Am 14. April verdammte der Papst ein zweites Mal die Zivilkonstitution des Klerus. Das Sendschreiben gab einer Horde fanatisierter Kirchenfeinde den Anlaß, ein Spottgericht über den Heiligen Vater zu halten. Geschworene sollten das Urteil über die päpstliche Strohpuppe sprechen, die man im Garten des Palais Royal vor einen Scheiterhaufen gesetzt hatte. Conrad Engelbert Oelsner beschrieb die Szene: «Ein Popanz in rotem Wamse und Hosen, mit einer dreifachen Krone auf dem Haupte, den Fischerring am Finger und das Kreuz auf der Brust... Die Jury fand Seine Heiligkeit schuldig, die Richter verurteilten ihn. Fischerring und Brustkreuz wurden ihm vom Leibe gerissen, und mein Strohmann ohne Barmherzigkeit in die Flammen gestürzt.» Den Bürger Célestin Guittard aber schien das beklemmend-lustige Schauspiel nicht weiter zu bewegen, obwohl er stolz den päpstlichen Titel eines «Ritters vom goldenen Sporn» trug (den er womöglich in besseren Tagen gekauft hatte). Für ihn war das Autodafé nicht viel mehr als eine Abwechslung in der Serie täglicher Amusements des Palais Royal: des Auflaufs um die politischen Agitatoren, der Schausteller, der Parade der Élégantes, der rauschenden Auftritte großer Damen, der kleinen Coquettes und des Geflüsters undurchsichtiger Schlepper, die erotische Spektakel riskanter Art anzupreisen versuchten...

Paris vergaß schnell. Rasch schüttelte es die Erinnerung an die peinliche Aufführung ab. Es waren kaum vier Wochen vergangen, seit es mit Pomp und teuerstem Aufwand den Tod Mirabeaus am 2. April gefeiert hatte. Ende März hatte den Tribun eine plötzliche Krankheit niedergeworfen, nach einem liebenswürdigen Souper mit zwei Tänzerinnen der Oper. Entsetzliche Krämpfe. Eine Darmentzündung. Vielleicht Krebs, vielleicht eine Darmverschlingung, niemand weiß es. Der Tribun ahnte, daß er sich nicht mehr erheben würde. Des Tages und des Nachts wachten Menschen aus dem Volk vor seiner Tür, um auf

Nachrichten vom Befinden des bewunderten und gehaßten Mannes zu warten, Frauen vor allem, die ihn noch immer anzubeten schienen. «In Mirabeau sind alle Frauen verliebt gewesen», schrieb Wilhelm von Humboldt sieben Jahre später in sein Tagebuch, obwohl er sie nicht gut behandelt und oft geschlagen habe. Er zitierte Madame de Nera: «J'aime mieux être battue par lui que d'être adorée par d'autres.» («Ich würde lieber von ihm geschlagen als von anderen verehrt werden.»)

Talleyrand, der von der Magie des Eros dieses und jenes verstand, hatte Mühe, zu dem Kranken vorzudringen. Er berichtete ihm von der Menge, die sich vor der Tür drängte. Mirabeau antwortete (nach dem Bericht des Biographen Oliver Welch): «Wenn einer stirbt, dann ist das immer ein großer Tag für die Leute.» Beim Abschied drückte er dem schwierigen Freund eine schriftliche Erklärung in die Hand und bat ihn, den Text in der Nationalversammlung zu verlesen. «Mirabeau macht von seinem Tod viel daher», bemerkte der Bischof ohne allzuviel Zartgefühl. Humboldt aber sagte von dem gewaltigen Mann, er sei «doch mehr Natur und Wahrheit» gewesen, «als sonst in französischer Manier».

Er war der erste Bürger, dem seine Nation ein Ehrengrab in ihrem neuen Tempel, dem Pantheon, gewährte. (Freilich war er auch der erste, dessen Gebeine aus diesem Heiligtum der Revolution wieder entfernt wurden: nur einundzwanzig Monate später, als sich Robespierre und der Terror Frankreichs bemächtigt hatten.) Das klassizistische Bauwerk gegenüber der Universität, das der heiligen Genoveva gehören sollte, war noch nicht vollendet und vor allem noch nicht geweiht. Einen Tag nach Mirabeaus Tod wurde es durch Beschluß der Verfassunggebenden Versammlung den Großen Frankreichs als letzter Aufenthalt zugewiesen.

Das revolutionäre Frankreich – auf Feste und Begräbnisse verstand es sich glänzend. Dem Leichenzug der Tribunen ritt ein Détachement der Nationalgarde voraus. Danach Abordnungen der sechzig Bataillone von Paris, La Fayette an der Spitze eines Zuges von Infanteristen. Der «Moniteur» berichtete: «Ein düsterer Trommelwirbel und die herzzerreißenden Klänge eines Trauermarsches ließen alle Herzen in Gottesfurcht erschaudern.» Für manche Mitglieder der Nationalversammlung, die hinter dem Sarg einherschritten, mag es eher die Todesfurcht, am Ende auch nur die Menschenfurcht gewesen sein, die sie in jener Stunde beben ließ. Die Mitglieder des Jakobinerklubs hatten sich, wie Welch notierte, zur Leichenfeier ohne Ausnahme eingefunden: eine letzte Demonstration der Einigkeit. Ihre Reihen sollten sich bald lichten.

Wenn die Legende der Wahrheit entspricht, sagte Mirabeau als letztes Wort: «Ich nehme das Leichentuch der Monarchie mit mir: nach meinem Tod sollen sich die Parteien über seine Fetzen streiten.» Nur vierzehn Tage später bestieg Ludwig mit seiner Familie eine Karosse, um sich in sein Schloß in Saint-Cloud zu begeben, angeblich weil er die Ostermesse bei einem unvereidigten Priester hören wollte. Die Wachen der Nationalgarde stellten sich dem königlichen Gefährt entgegen. Sie lehnten es ab, dem Monarchen die Tore zu öffnen. Hilflos saß der Herrscher in seiner Kutsche, Marie-Antoinette und die Kinder neben ihm. Er ließ La Fayette alarmieren. Der General erschien. Die Nationalgardisten aber weigerten sich, dem Befehl ihres Kommandeurs zu gehorchen. Ludwig war nicht länger mehr die Geisel seiner Hauptstadt, sondern in seinem Palast gefangen.

IX
La Fayette und ein schwäbischer Vikar

Drei Tage rang der verstörte General La Fayette um eine Entscheidung. Er schien es nicht fassen zu können, aber dies war die bittere Realität: Soldaten der Nationalgarde hatten ihm, dem geliebten und bewunderten Chef, den Gehorsam aufgesagt. Es war kaum anzunehmen, daß die braven Männer nur nach eigener Einsicht handelten, als sie dem König die Ausfahrt nach Saint-Cloud verweigerten. Auch mag die Vermutung ein wenig zu unschuldig sein, daß sein Wunsch, die Ostermesse mit einem unvereidigten und papsttreuen Priester zu feiern, ihre patriotischen Gefühle so heftig in Wallungen versetzt hatten. Marat hatte lange genug vor einer Flucht des Herrschers gewarnt.

Es blieb ihm nichts anderes: La Fayette legte das Kommando über die Nationalgarden nieder und nahm seinen Hut. Vor dem Stadtrat verlas er eine wohlformulierte Erklärung und fiel, ein Sohn des Zeitalters der Empfindsamkeit, auf eindrucksvollste Weise in Ohnmacht. Anderntags schon schickten ihm die Räte eine dringende Botschaft: Er möge seine Entscheidung doch bitte sofort revidieren. Der Graf begab sich ins Rathaus und erklärte den revolutionären Vätern der Stadt: «Wir sind Bürger, wir sind frei, aber wenn die Gesetze keinen Gehorsam finden, bleibt nichts als Anarchie, Verwirrung und Despotismus...» Wenn er den Befehl über die Bürgerwehr noch einmal übernehme, dann müsse er gewiß sein, daß die Gardisten einmütig an die Verankerung des Schicksals in der Verfassung und an die Herrschaft des Rechtes glaubten, daß ihnen die persönliche und religiöse Freiheit, die Sicherheit der Wohnungen und der

Respekt vor allen legitimen Autoritäten so heilig seien wie ihm selber. Da dies nicht garantiert sei, lehne er es ab, sich dem Wunsch des Rates zu beugen. Als er sich auf den Heimweg machte, liefen ihm Hunderte der Bürgersoldaten hinterdrein. Pathetische Gesten scheuten die Männer nicht: sie knieten vor einer Statue der Freiheit, die vor La Fayettes Haustür stand. Zweiundvierzig von sechzig Bataillonen der Nationalgarde beauftragten ihre Delegierten, dem alten Kommandeur ihr Vertrauen zu bezeugen. Mit der angebrachten Rührung fügte er sich endlich ihren Wünschen. Er hatte Zeit gewonnen, mehr nicht.

Auch der langsame König schien begriffen zu haben, daß sich die Frist des Wartens, des Zögerns, des Schwankens zum Ende neige, daß es nicht länger angehe, das revolutionäre Bürgertum durch dumpfe Widerstände zu verärgern, um sich hernach schwach und schwammig dem härteren Willen zu beugen... Doch zugleich hatte er sich mit heimlichen Botschaften an die Höfe von Madrid und Berlin, vielleicht auch von Wien, gewandt: man möge dem Schein nicht trauen, er habe unter Erpressung gehandelt und halte in Wahrheit an der alten Ordnung unverbrüchlich fest. Der schlichte Ludwig war in mancher Hinsicht ein komplexer Charakter. Seine bescheidene Intelligenz stand – falls das Wort für einen König erlaubt war – einer Art von Bauernschlauheit nicht im Wege. Seine Treuherzigkeit, die er nicht nur spielte, schloß eine gewisse Verschlagenheit keineswegs aus. Überdies wurde seine Unsicherheit immer wieder durch die herrische Sicherheit Marie-Antoinettes verdrängt. Sie war, nach einem Wort Mirabeaus, der einzige Mann in seiner Umgebung. Sie wußte vermutlich genauer als er, daß die Zeit rasch verrann. Es mußte ein Entschluß gefaßt werden. Da Ludwig sich nicht bereit finden konnte, La Fayettes Mahnungen zu folgen und – trotz allem – der König der Bürger zu werden, befahl er die Vorbereitung der Flucht.

Vom Scheitern dieses bewegenden und so kläglichen Unternehmens ist hundert-, vielleicht auch tausendfach erzählt worden. Das Versagen aller Beteiligten wurde in den Berichten wortreich begründet, doch eine Erklärung für die nicht faßbare Häufung der Versäumnisse und Schludereien, des Leichtsinns und der Wirrköpfigkeit, der Stümpereien, Nachlässigkeiten, der sorglosen Arroganz und eines verachtungswürdigen Kleinmuts boten sie nicht. Übrigens galt dies nicht allein für den Monarchen und seine Umgebung. Das unglückselige Unternehmen war durch eine Kammerfrau Marie-Antoinettes schon Tage vor seiner Ausführung an Mitglieder der Verfassunggebenden Versammlung verraten worden. Aber die Abgeordneten rührten keinen Finger, um den Fluchtversuch zu vereiteln. Glaubten sie den Warnungen nicht? Wünschten sie heimlich, den König loszuwerden? Ludwig ließ den Aufbruch um vierundzwanzig Stunden verschieben. Damit wurde der Zeitplan des Generals Bouillé, der die Armee in Metz kommandierte, von Beginn an über den Haufen geworfen. Die Karosse, die der Graf Fersen – der schwedische Vertraute Marie-Antoinettes – bereitgestellt hatte, war schwer und langsam. Sie brauchte eine Bespannung durch sechs Pferde. Die Abfahrt, als es denn am 20. Juni 1791 endlich soweit sein sollte, verzögerte sich noch einmal um über zwei Stunden. Die Pferdewechsel an den Poststationen dauerten länger als geplant. Ludwig ließ, zu allem Unglück, des öfteren anhalten, um sich – als ein freier Mann, wie er dachte – in der schönen Natur zu ergehen. Die Eskorte von einigen Dutzend bewaffneten Reitern sagte jedem Dorftrottel, der an der Straße stand, daß Persönlichkeiten hohen und höchsten Ranges des Weges kämen. Die stärkeren Détachements indes, die den Schutz der Flüchtlinge übernehmen sollten, hatten sich nach allzu langem Warten von den verabredeten Treffpunkten entfernt und in ihre Kasernen zurückgezogen.

Dem Posthalter von Sainte-Menehould, einem Städtchen an der Marne, auf halbem Weg zwischen Châlons und Verdun, schien der Aufwand ungewöhnlich, mit dem die angeblich russische Baronin von Korff unterwegs war. Überdies glaubte er das Gesicht ihres Kammerdieners zu erkennen: Es erinnerte ihn an den König. Doch Drouet, so der Name des Mannes, wagte es nicht, die Reisenden aufzuhalten. Sein Verdacht aber war geweckt. Auf Nebenwegen sprengte er voraus nach Varennes, der nächsten Station, um die Behörden zu warnen. Die Brücke über das Flüßchen Aire wurde von einer Handvoll Bürgersoldaten gesperrt. Sie waren kaum bewaffnet. Die Begleiter des Königs hätten die Bahn wohl freizuschlagen vermocht. Die gesamte Gesellschaft, auch den König, selbst Marie-Antoinette, schien aber eine Lähmung überfallen zu haben. Die Flucht war zu Ende – gut fünfzig Kilometer von der Grenze nach Belgien entfernt.

Conrad Engelbert Oelsner, den die Nachricht in Paris erreichte, schrieb in einem Brief an seine Leser in Deutschland und der Schweiz: «In solchen Augenblicken muß man alles wagen. Wer es unterläßt, ist Gimpel oder Memme.» Er nannte die Flucht «ein Meisterstück von verkehrtem Sinn». Freilich war er rasch mit dem Verdacht zur Hand, die «linke Seite» der Nationalversammlung habe die Eskapade womöglich geduldet oder begünstigt. Monsieur Célestin Guittard, der «Bourgeois de Paris», notierte in seinem Tagebuch: «Paris ist in Trauer.»

In der Hauptstadt ging freilich rasch das Gerücht um, La Fayette müsse an der Verschwörung beteiligt sein. Man machte ihn, nicht völlig zu Unrecht, für die Mängel bei der Bewachung des Schlosses verantwortlich. War es denkbar, daß ausgerechnet ihm, der bei Hofe täglich aus und ein ging, keine der schwirrenden Vermutungen zu Ohren gekommen sein sollten? Wenn es sich so verhielt, dann zeugte dies für eine Art von eitler Unschuld, doch kaum für sein politisches Talent. In Wahrheit aber zerstörte die Flucht all seine Arbeit für die Stabilisierung der konstitutionellen Monarchie. Er fühlte sich betrogen. Unverzüglich beriet er die Lage mit dem Bürgermeister Bailly und Alexandre de Beauharnais, dem Präsidenten der Nationalversammlung (der mit Napoleons Joséphine verheiratet war). Er fragte die beiden – so schrieb er in seinen Memoiren –, ob sie eine Verhaftung Ludwigs für notwendig hielten, um den Bürgerkrieg zu vermeiden. Die Antworten waren klar. Also fertigte er einen «Befehl zur Verhaftung des Königs» aus. Der Text der Order war weniger deutlich. Er besagte, daß die Feinde der Revolution den Herrscher entführt hätten. Es werde im Namen des Vaterlandes befohlen, Ludwig aus ihren Händen zu befreien und ihn nach Paris zurückzuführen. «In der Zwischenzeit übernehme ich selber die volle Verantwortung für diesen Befehl.» Man warf dem Grafen so oft die Beschränktheit seiner geistigen Gaben vor. Aber in jenem Augenblick handelte er umsichtig und phantasievoll. Auch wenn ihm das Stichwort nicht selber eingefallen sein sollte – er war wach genug, es sofort aufzunehmen: Die Lüge von der «Entführung», so unglaubwürdig sie war, bot die einzige Möglichkeit, das Leben des Monarchen zu schützen und dem Land ein Blutbad zu ersparen. Robespierre, seit zehn Tagen öffentlicher Ankläger des Kriminalgerichts von Paris, trat unverzüglich auf den Plan, um die «Bestrafung» Ludwigs zu fordern.

Im Klub der Jakobiner prasselten auf La Fayette die heftigsten Angriffe nieder. Danton wies in schneidender Rede auf die Zweideutigkeit seiner Haltung. Oelsner, schon lange kein Bewunderer des Generals mehr, war bei jener Sitzung am 22. Juni dabei: «Ich befand mich ganz nahe bei La Fayette. Während der ganzen Rede Dantons sah er sich zerstreut rechts und links um, mit einer Gleichgültigkeit, oder vielmehr mit dem ihm gewöhnlichen, einnehmenden, aber nichts sagendem Lächeln, als wenn er hundert Meilen weit vom Redner gesessen hätte. – Jedermann erwartete La Fayette auf der Bühne ... Er blieb sitzen. Es entstand eine unruhige Stille. Regnaux de S. Jean d'Angely stieß ihn an: La Fayette, Ihr müßt ein paar Worte sagen. Endlich regte er sich und bestieg die Bühne wie ein Mann der eigentlich noch nicht weiß, wovon er reden will ...»

Der General, als er endlich sprach, hielt es für angebracht, jede Verbindlichkeit zu vermeiden: «... ohne mit einem Jota auf die vorgebrachten Beschuldigungen zu antworten, warf (er) sich in Gemeinplätze über Freiheit und Revolution, sprach der Gesellschaft Mut ein, als wenn sie verzagen wollte, kurz, redete in dem kalten und steifen Tone eines Degenknopfs zu seinen Grenadieren – ich habe in meinem Leben nichts Frostigeres weder gesehen noch gehört. Wir saßen da, wie aus den Wolken gefallen, hatten Orakel zu erfahren gehofft und erfuhren nichts...»

Oelsner meinte, La Fayette wäre es ein leichtes gewesen, an jenem Abend neue Anhänger zu erobern, «brave Leute, die nichts sehnlicher wünschten, als seine Tugend triumphieren zu sehen, und der Verleumdung auf lange die Zunge zu binden». Etwas altklug fügte er hinzu: «Ein Parteihaupt soll keine Gelegenheit ungenutzt vorüberlassen, seinen Anhang zu verstärken, und den seiner Gegner zu schwächen.» Es war nicht ausgemacht, daß der Jakobinerklub, in dem die Pressionen des «harten Kerns» der Revolutionäre täglich zunahmen, in diesem Augenblick das geeignete Forum für eine politische Werbung sein konnte. Überdies betrachtete sich La Fayette, das war seine Stärke und war seine Schwäche, nicht als einen Mann der Parteien. Den Klub der Cordeliers aber, der am Abend des 24. Juni mehr als zehntausend Bürger zu einer Protestkundgebung auf der Place Vendôme zusammengetrommelt hatte, zwang er durch den Aufmarsch seiner Nationalgarden, sich ruhig zu verhalten. Nach dem Zeugnis des «Bürgers von Paris» stand er nicht an, einige Kanonen auffahren zu lassen.

Drei Abgeordnete waren unverzüglich nach Varennes entsandt worden, um die königliche Familie zurückzugeleiten: der brillante Barnave aus Grenoble, dessen Jugend, Spontaneität und Hochherzigkeit selbst von seinen Feinden gerühmt wurde. Neben ihm der «unbeugsame» Jérôme Pétion, damals noch ein Mann des verfassungsgebundenen Königtums, doch im Begriff, die Nähe Robespierres zu suchen. Schließlich der Graf Latour-Maubourg, ein Berufsoffizier und Freund La Fayettes. Barnave schien sich – so erzählte man in Paris – auf der traurigen Heimreise ein wenig in die Königin verliebt zu haben, die einen tapferen Charme bewies. Der eitle Pétion, den man einen bel'homme nannte, schwadronierte hernach mit der indiskreten Behauptung, er habe es in der Kutsche zuwege gebracht, Madame Élisabeth, die Schwester des Königs, zu erotischen Wallungen zu verführen.

Dem König hatte man in Varennes gesagt, daß Paris vielleicht schon von «Feuer und Blut» überzogen werde. Betreten antwortete er: «Wenn das hätte sein sollen, so wäre ich nicht abgereist.» In der Tat, die Rückfahrt versprach nichts Gutes. «Alle Bildnisse von Königen und Prinzen wurden bedeckt oder abgerissen», berichtete Oelsner, «es fehlt nicht viel, so hätten die Statuen Ludwigs XIV. und XV. das gleiche Schicksal geteilt. Selbst die Wörter König, Königin, Königlich wurden von den öffentlichen Schildern ausgelöscht... Man heftete an das Tor des Tuilerien-Schlosses einen Zettel: Hier ist ein Haus zu vermieten...» Nicht nur in den Klubs, sondern in allen Ecken und Winkeln der Stadt wurde davon gesprochen, daß es an der Zeit sei, die Monarchie abzuschaffen. «Die Flucht des Königs hat seinen Kredit zugrunde gerichtet», schrieb Oelsner. Die Bürger werfen Ludwig vor, er habe seinen Eid gebrochen. Eine schmählichere Anklage, die überdies berechtigt war, konnte ein gesalbtes Haupt nicht treffen.

Zunächst enthob die Nationalversammlung den Monarchen seiner Funktionen, bis der Bericht eines Untersuchungsausschusses vorliegen würde. Sie feierte den Postmeister Drouet und seine Gehilfen, diese Helden der Stunde, die im Triumphzug durch Paris geführt wurden. Die angebotene Belohnung von dreißigtausend Livres schlug der 29jährige Bürger angeblich aus. Seine Tat fand dennoch ihren Lohn: Er wurde als Stellvertreter in die Legislative, ein Jahr danach als Abgeordneter in den Konvent gewählt, befreundete sich mit Marat, geriet in österreichische Gefangenschaft, doch wurde er mit einigen seiner revolutionären Kameraden – die Auszeichnung konnte nicht größer sein – im November 1795 gegen die Tochter Ludwigs und Marie-Antoinettes ausgetauscht. Unter Napoleon brachte er es zum Unterpräfekten, und die Restauration ließ ihn unbehelligt, da er sich einen falschen Namen zulegte. Kurz: zur Tüchtigkeit der Gesinnung gesellte sich ein bemerkenswertes Talent zum Überleben.

Das konnte seiner kostbaren Beute, dem königlichen Paar, nicht nachgesagt werden. Bei der Rückkehr nach Paris am Abend des 25. Juni – die Nacht war gefallen – wählte der Zug mit den Gefangenen die großen Boulevards und mied die engen Gassen: Man befürchtete ein Attentat. Die Szene, von Fackeln beleuchtet, war gespenstisch. «Es schien», berichtete Pétion, «als sei ganz Paris und Umgebung zusammengekommen. Die Dächer und Häuser wimmelten von Männern, Frauen und Kindern, die Stadttore und -gitter starrten von Menschen, die Bäume waren dicht besetzt. Alle behielten sie ihren Hut auf dem Kopf, und es herrschte ein geradezu majestätisches Schweigen.»

Diskussionen über die Beseitigung der Monarchie und die Etablierung der Republik brannten im Klub nun täglich von neuem auf. Sie fanden ein mächtiges Echo draußen im Land. Die Gegensätze unter den Bürgern verschärften sich. Die Konservativen litten an der Demütigung des Herrschers und der Knechtung der Kirche durch den Staat; die Liberalen fürchteten die Verschwörung gegen die Revolution und witterten Verrat. Dem älteren der beiden Brüder des Königs, dem Grafen von Provence, war die Flucht über die Grenze geglückt. Neue Schwärme adliger Familien suchten Schutz in Deutschland, in England, in Italien. So schwächte sich die Partei der Royalisten selber. Ein Dekret befahl den Emigranten, innerhalb von zwei Monaten ins Vaterland zurückzukehren. Die Drohung war deutlich: andernfalls würden Besitz und Vermögen zugunsten des (nahezu bankrotten) Staates eingezogen. Der Herzog von Orléans fühlte sich veranlaßt, seinen Rechten auf eine Regentschaft vor der Nationalversammlung zu entsagen. Damit war fürs erste der ehrgeizigste seiner Träume verflogen.

Am 15. Juli verfügte die Nationalversammlung, daß die Person des Königs unverletzlich und jeder Bestrafung entzogen sei. Die Mehrheit der Abgeordneten hielt es für angebracht, die fadenscheinige Behauptung einer «Entführung» zu akzeptieren. Anderntags aber geboten die Deputierten, daß die Rechte des Monarchen bis zur Ratifikation der Verfassung außer Kraft gesetzt blieben. Damit war über die Zukunft der Nation noch nicht viel gesagt. Der gescheite Barnave fragte: «Wollen wir die Revolution beenden? Wollen wir sie neu beginnen? Sie haben alle Menschen vor dem Gesetz gleich gemacht, Sie haben feierlich die rechtliche und politische Freiheit verkündet, Sie haben alles, was Sie der Volkssouveränität genommen haben, dem Staat zugewiesen. Ein einziger Schritt weiter wäre verderblich und gefahrvoll; ein Schritt weiter auf dem Wege der Gleichheit würde die Zerstörung des Privateigentums bedeuten.»

Nein, an den Privatbesitz wollten die Abgeordneten nicht rühren lassen. Die Mehrheit neigte der Meinung zu, daß es an der Zeit sei, die Revolution zu beenden. Die Radikalen bestanden darauf, Marat allen voraus und Danton nicht weit hinterher, daß Köpfe rollen mußten, wolle man die Revolution retten. Die Geister schieden sich. Hier gab es keine Brücke mehr: die liberal-konservative Majorität der Jakobiner unter La Fayette, dem die Angriffe der Weggenossen von links zu lästig geworden waren, kehrte dem Kloster in der rue Saint-Honoré den Rücken und suchte sich eine neue Unterkunft: übrigens wiederum in einem Konvent, und gleich nebenan bei den Feuillantinern (die aus der Gemeinschaft der Zisterzienser stammten). Von ihnen bezogen sie ihren Namen. Barnave und Duport, die beiden Lameth, Sieyès und Talleyrand: mithin die Elite des alten Clubs – schlossen sich der rechten Bruderschaft an.

Im Jakobinerkloster war es eine Zeitlang still. Doch Paris kam so rasch nicht zur Ruhe. Zu Anfang des Monats hatten die hungernden Arbeitslosen lärmend protestiert. Nun rottete sich am 17. Juli, drei Tage nach dem zweiten Föderationsfest, das in gedämpfter Stimmung gefeiert wurde, auf dem Marsfeld einiges Volk aus den Vororten zusammen, um die Absetzung des Königs zu fordern. La Fayette – um jeden Preis entschlossen, die Ordnung zu garantieren – trat den vier- oder fünftausend Männern mit seiner Nationalgarde entgegen. In solcher Lage drängt sich der Teufel immer ins Spiel: Ein Schuß fiel, angeblich auf den General gezielt. Der Kommandant befahl, in die Menge zu feuern. Das mochte nicht das große Blutbad sein – aber das Gemetzel war böse genug: Fünfzehn Menschen verloren ihr Leben. Auf dem Champ de Mars, der Stätte seines größten Triumphes beim ersten Föderationsfest, erfuhr der liberale Graf La Fayette die bitterste Niederlage seines Lebens.

Nun fackelte er nicht länger: Ordnung mußte sein. Am 18. Juli verurteilte die Nationalversammlung in feierlicher und scharfer Form die «Herausforderung zum Mord», die «Aufhetzung der Bürger zum Ungehorsam», die «Publikation und Kolportierung (volks-)verführender Schriften». Danton zog es vor, nach England zu fliehen. Marat suchte im Untergrund Schutz. – Und der König? Rieb er sich im ungemütlichen Tuilerien-Schloß heimlich die Hände? Oder ahnte er, daß er mit seiner Flucht das Band zwischen sich und der Revolution zerrissen hatte, was immer die Verfassung besagte, die nun endlich in Kraft treten sollte?

Zu Anfang des Jahres 1791 hatte einer der merkwürdigsten unter den deutschen Paris-Pilgern, der Dramen- und Komödienschreiber August von Kotzebue den Scherz notiert, im Dorf Romecourt sei eine Frau mit drei Knaben niedergekommen, denen man die Namen «Nation», «Gesetz» und «König» gegeben habe: «Nation und Gesetz sind gestorben, aber der König lebt und befindet sich wohl», meldete die Anekdote. Politischer

Scharfblick gehörte nicht zu den ausgeprägten Talenten des populären Bühnenautors, dessen Stücke – Kitsch hin, Melodramatik her – auch von Goethe an seinem Theater in Weimar mit dem größten Erfolg inszeniert wurden. Es war nicht die Revolution, die ihn nach Paris zog: vielmehr hatte der Schmerz über den Tod seiner Frau Friederike den Schriftsteller zur Flucht an den Schauplatz fremden Lebens getrieben. Dem Schatten der Toten entkam er auch dort nicht. Er verwehrte ihm nahezu alle unschuldigen und sündigen Vergnügungen, denen sich Reisende in der französischen Hauptstadt seit jeher so gern überlassen. Das Genie der Schauspieler in den Pariser Theatern entzückte ihn, obschon er die meisten Stücke enttäuschend fand. Er rügte mit einer trefflichen Formel die «ungesalzene Musik» von Grétry, damals der populärste Komponist in Paris. «Lieber Gott!», schrieb er, «welch' ein sonderbares Ding ist das doch mit dem Geschmack. Ich lachte bei (allzu passionierten) Stellen, und die Franzosen weinten und klatschten und schrien Bravo! – was ist denn das? Die Franzosen sind ja doch gescheite Leute, und ich glaube doch auch, keinen schlechten Geschmack zu besitzen; woran liegt es denn, daß wir so himmelweit auseinander sind? – Ich liebe die Natur, und die Franzosen die Kunst. Aber wie ist es denn möglich, daß sie mit ihren reizbaren Herzen die Natur nicht auch lieben? Und wie ist es möglich, daß sie eine Kunst lieben, welche nicht die Natur nachahmt? Ich glaubte fast immer, die Kunst sei nur liebenswürdig, insofern sie die Natur erreiche.»

So alt sind die Klischees, die bis heute nicht völlig verdorrt zu sein scheinen. So tief hatten sie sich, schon damals, in die Köpfe eingefressen. Nein, Kotzebue fühlte sich, anders als in Sankt Petersburg an den wärmenden Kaminen der Zarin, nicht allzu behaglich. Dies war nicht seine Welt. Mit grimmiger Zustimmung zitierte er einige Sätzchen aus der Komödie «Epimenidens Erwachen», in der ein Tanzmeister voller Verzweiflung ruft: «Frankreich ist ausgeartet ... man tanzt nicht mehr! Man schreibt! Man schreibt! Man ist Publizist oder Soldat, und einige Hofleute sind schon als Jünglinge Staatsmänner geworden.»

Man tanzte sehr wohl. Das Volk tanzte auf allen Straßen, wenn sich eine Gelegenheit bot, man tanzte im Schauspiel und in der Oper zwischen den Akten, tanzte fast immer nach der gleichen Melodie, deren Worte jedes Kind und jeder Greis auswendig kannten: «Ça ira! Ça ira!», von der Menge immer wieder gefordert, bis der Schlager nach der Melodie des «Carillon national» von Becourt, der zugleich ein so zündendes Kampflied war, vom September 1792 durch die südfranzösische Carmagnole verdrängt wurde.

Der Langweiler Grétry hatte mit seiner Oper «Richard Löwenherz» immerhin den Royalisten eine Erkennungsmelodie geschrieben, die plötzlich wieder laut und öffentlich gesungen wurde. Wie rasch sich die Launen der Pariser wandelten! Der schlecht aufgelegte Kotzebue hatte zu Anfang des Jahres vermerkt, das Publikum habe mit höchstem Mißmut reagiert, als in Glucks «Iphigenie» der Chor «Chantons, célébrons notre reine!» angestimmt wurde. Die Herzogin von Biron warf damals, um Marie-Antoinette zu feiern, einen Lorbeerkranz auf die Bühne: «Man schrie, man lärmte, man nahm sich die Freiheit, der Herzogin den Ehrentitel Catin (gleich Hure) beizulegen, alles stürzte hinaus, kaufte und raubte Orangen, Äpfel und Birnen, harte und weiche. Die ganze Loge war in einem Augenblicke mit Obst, die arme Duchesse mit blauen Flecken bedeckt und konnte noch froh sein, daß ein Messer, welches mit herauf flog, sie nicht traf...» Die Herzogin indes, berichtete Kotzebue weiter, «hieß alle die Äpfel, Birnen und Orangen sammeln, vergaß nicht das Messer beizulegen, und übersandte das ganze Bündel dem Marquis de La Fayette, wobei sie ihm sagen ließ: er sehe hier die preuves frappantes de la liberté française, und sie bitte ihn, all dieses in ihrem Namen auf dem Altar der Freiheit niederzulegen. – Sie soll gleich darauf Paris verlassen haben.»

Nun aber jubelte das Publikum ohne die geringste Hemmung, als auf der Bühne aus vollem Halse «Ô Richard, ô mon roi» gesungen wurde: das Lied der Monarchisten, das die Revolutionäre einst zur Raserei gebracht hatte – das Lied des Verrats und der adligen Verschwörung. Nun keine Spur von Ärger. Der König selber begab sich anderntags in die Oper, um die Akklamation des Publikums entgegenzunehmen. Selbst der Königin wurden, zu ihrer Überraschung, Gunstbeweise der Menge zuteil, freilich gedämpfter. Eine Woche zuvor hatte Ludwig die Verfassung sanktioniert. Es kostete ihn viel, sein Herz über die

Hürde zu werfen, doch es gab keinen anderen Ausweg. Seine inneren Vorbehalte hatte er längst schriftlich niedergelegt. Sie hielten ihn nicht davon ab, die Konstitution vor der Nationalversammlung am 14. September feierlich zu beschwören. Der biedere Bürger Célestin Guittard de Floriban, der vor allem um seine Renten, sein gutes Essen, die anregende Unterhaltung im Café und die gute Laune seiner Freundin besorgt war, notierte in seinem Tagebuch, dies sei «einer der schönsten Tage Frankreichs und des Königs». Die Revolution schien in der Tat beendet zu sein. So sagte Ludwig. So verkündete der Deputierte Adrien Duport, der mit Barnave und Alexandre de Lameth im «Triumvirat» die Geschäfte der Verfassunggebenden Versammlung lenkte: «Die Revolution ist vollendet. Nun muß, auf so vielen Ruinen, aufgeräumt und aufgebaut werden.» So proklamierte es die Versammlung, in Auflösung begriffen: «Die Revolution ist zum Abschluß gelangt.»

Mit einem Fest auf dem Marsfeld, eben noch die Stätte blutiger Zusammenstöße, wurde das Ereignis gefeiert. Da nun alles wieder gut zu sein schien, rüstete Ludwig nur sieben Tage später ein zweites Fest für die Bürger von Paris aus und stiftete den Armen fünfzigtausend Livres.

Aber war alles gut? Danton, dem beruhigende Signale geschickt wurden, kehrte ohne zu großen Lärm aus London zurück. Auch Marat verließ sein Versteck. Die Kampagne gegen die Monarchie pausierte. Sie war nicht tot. Die Agitatoren bewegten sich auf leiseren Sohlen. Schon Anfang Oktober verlangte ein Dekret, eingebracht von dem Abgeordneten Georges Couthon in der Gesetzgebenden Versammlung, die die Verfassunggebende abgelöst hatte – Advokat auch er, blitzgescheit, vom Rheumatismus verkrüppelt, später der wichtigste Gehilfe Robespierres –, daß dem König künftig die Anrede mit den Titeln «Sire» und «Majesté» verweigert werden sollte. Der Beschluß wurde anderntags revidiert. Indes, der Schaden ließ sich nicht ganz reparieren. Niemand durfte sich täuschen: Die Flucht und der Treuebruch waren unvergessen.

Die Bürger, vor Tagen noch in Wogen des öffentlichen Glücks schwimmend, begannen über die drohende Knappheit des Zuckers und des Kaffees zu murren, die immer seltener in den Regalen der Kaufleute zu finden waren, da die Lieferungen aus Santo Domingo ausblieben. Auch das war die Realität der Revolution: Immer schien irgend etwas zu fehlen. Schlangen vor den Brotläden waren die Regel. Fleisch verschwand selten vom Markt – es wurde nur teurer. Nun der Mangel an Zucker und Kaffee. Was taugte die ganze Revolution ohne den Schwatz im «Procop» oder im «Café de Foi», die von dem schwarzen Getränk so belebt wurden? Es war den Bürgern so wichtig geworden wie ihr Glas Rotwein.

Aber schlimmer noch: so viele Pariser, die über ein kleines oder großes Vermögen verfügten, hatten hübsche Sümmchen in die Plantagen der karibischen Zuckerinsel investiert: unter ihnen Célestin Guittard. Was waren die Anteile jetzt noch wert? Am 22. August 1791 hatten sich die Sklaven auf der Kolonialinsel Santo Domingo – die das heutige Haiti einschloß – zu einem vernichtenden Sturm gegen die weißen Herren erhoben. In wenigen Tagen und Nächten wurden über sechshundert Plantagen zerstört. Die hellen klassizistischen Schlößchen mit den üppigen Gärten, die so heiter über den sanftgrün wogenden Feldern des Zuckerrohrs prangten, gingen samt und sonders in Flammen auf. Nichts blieb von der Herrlichkeit als einige gemauerte Torbogen, die noch immer pathetisch und rührend in die Landschaft ragten. Die Zuckerbarone, ihre Verwalter, die Sklaventreiber wurden zu Hunderten erschlagen. Frauen, Kinder fanden wenig humane Schonung. Es wurde geschändet, geplündert, gefoltert und gemordet.

Die Rache für das unsagbare Leid, das die Sklaven seit ihrer Verschleppung aus Afrika zu dulden hatten – zur Ware Mensch erniedrigt und oft genug schlechter behandelt als die Hunde auf dem Hof –, war entsetzlich. Aber sie war wohl auch unausbleiblich. Vielleicht – aber auch nur vielleicht – hätte die Nationalversammlung dem Aufruhr der Schwarzen in den Arm fallen können, wäre sie bereit gewesen, die Arroganz der Herrenmenschen zu zügeln und – wenn notwendig mit militärischer Gewalt – eine Reformgesetzgebung zu erzwingen. Sie dachte nicht daran. Das Dekret vom 27. September 1791 – einen Monat nach dem Aufstand, von dem die ersten Nachrichten womöglich noch nicht eingetroffen waren – erklärte alle Menschen für «frei», die in Frankreich lebten, gleichviel, was ihre Hautfarbe sei, erklärte endlich auch die Juden zu gleichberechtigten Bürgern der Nation – aber an die Sklaverei in den Kolonien rührte es nicht. Im Gegenteil, die Volksvertreter hatten am 12. Oktober 1790 die «Legalität der Sklaverei» bestätigt. Sie ließen sich durch den Aufstand der Mulatten, durch die Rebellion der Sklaven auf Mauritius – das damals «Île de France» hieß –, durch eine erste Erhebung der vierhunderttausend Schwarzen in Santo Domingo nicht beirren.

Baron Cloots aus Gnadenthal bei Kleve, der so gern als «Sprecher und Gesandter des Menschengeschlechtes» auftrat, hatte dem schamlosen Dekret zugestimmt, mit dem sich die Revolution selber verriet. Vergebens beschwor Jacques-Pierre Brissot, der einstige Polizeiagent und Gründer des «Patriote français», die Mitglieder der Versammlung, ihren Idealen treu zu bleiben. Er hatte ein gutes Jahr vor dem Zusammentritt der Generalstände eine «Gesellschaft der Freunde schwarzer Menschen» gegründet, der Mirabeau, La Fayette, der Herzog von Rochefoucauld, der Abbé Grégoire und Jérôme Pétion angehörten, der spätere Bürgermeister von Paris.

Aber Cloots? Der schwärmerische Revolutionär trug nicht länger die christlichen Namen Jean-Baptiste: «Ich schicke sie», schrieb er, «nach Palästina zurück, nachdem ich meine Titel nach Preußen zurückgesandt habe. Ich mache es umgekehrt wie die Wiedertäufer und schwöre, da ich ins Alter der Vernunft gekommen bin, den Narrheiten von Peter und Paul ab.» Er nannte sich nun Anacharsis, nach dem skythischen Prinzen, der Athen und den weisen Solon besucht hatte, von Lukian (laut Selma Stern) «als Typ eines unverdorbenen Natursohnes gegenüber der griechischen Zivilisation» charakterisiert.

Barnave, der Advokat aus Grenoble, hatte sich zum Anwalt der Pflanzer gemacht, deren Interessen von den Abgeordneten genau genug verstanden wurden. Manche unter ihnen waren ohne Zweifel an den blühenden Zuckerpflanzungen beteiligt. Auch Cloots? «Ich hasse», rief der Apostel, «die Spanier und Negerhändler ebenso heftig, wie sie Brissot, Pétion, Grégoire und Fauchet hassen. Ich liebe die Freiheit für mich und meinen Nächsten. Ich würde mich aus Paris verbannen, um einer Nationalversammlung in Afrika oder Peru beizuwohnen. Aber ich sage... wir müssen den Optimismus schlafen lassen, bis günstige Umstände uns erlauben, die Politik auf die Höhe der Moral zu erheben.» Er weigerte sich sogar, der Verleihung des aktiven Bürgerrechts an die freien Mulatten zuzustimmen und behauptete, das «übereilte, vorschnelle inkonsequente Dekret» werde Ströme von Blut kosten.

Am 15. Mai 1791 bestätigte die Nationalversammlung noch einmal die Aufrechterhaltung der Sklaverei. «Sie haben sich für den Gesandten der Nation und den Redner des Menschengeschlechtes erklärt», schrieb eine Gruppe von farbigen Bürgern und freien Schwarzen an Cloots. «In dieser Eigenschaft erschienen Sie im vorigen Jahre vor den Schranken der Assemblée. Einige von uns begleiteten Sie dabei. In welch seltsamem Widerspruch mit Ihren Prinzipien mißbilligten Sie das Dekret der Gesetzgeber Frankreichs, die uns in die ewigen Rechte der Freiheit einsetzen, welche Sie doch für alle Bewohner der Erde beanspruchen? Sind denn wir nicht auch Glieder des unterdrückten Souveräns?» Sie verlangten von ihm, er solle klar bekennen, daß er seine Mission verraten habe oder in den schwarzen Menschen keinen Teil des Menschengeschlechtes erkenne. Der idealistische Feuerkopf deutsch-holländischer Prägung ließ sich nicht umstimmen. Er schwatzte von seinem Universalstaate daher, in dem es keinen Unterschied der Hautfarbe und der Nationen mehr geben werde. Doch unterdessen trage ihm seine Sorge für die «allgemeine Freiheit auf, mißtrauisch gegen alles zu sein, was die Interessen Frankreichs verletzen könne». Der Baron beherrschte, noch ehe sie etabliert waren, das opportunistische und abstrahierende «Zwiedenken» totalitärer Ideologien auf eindrucksvolle Manier. (Erst am 4. Februar 1794 wurde die Sklaverei im Herrschaftsbereich Frankreichs endlich durch Gesetz beseitigt. Napoleon führte sie freilich im Mai 1802 wieder ein.)

Viele Bürger hatten durch die Aufstände harte Verluste erlitten, und manche fragten sich voller Entsetzen, ob das noch «ihre Revolution» sei. Conrad Engelbert Oelsner schrieb in seiner Korrespondenz: «Im Jahre 1789 arbeiteten alle Kapitalisten, alle Bankiers, alle Notarien *für* die Revolution; seit achtzehn Monaten arbeiten die nämlichen Personen *dagegen*, mit einem Fonds von vielleicht 600 Millionen.» Das mochte in gewisser Hinsicht zutreffen (wenngleich seine Zahl wohl willkürlich war). Dennoch machten es sich dogmatische Marxisten zu einfach, die in ihrer Phantasielosigkeit diese erste, die liberale Phase der Revolution ausschließlich aus dem Diktat der Interessen einer großbürgerlich-liberalen Oberschicht zu erklären versuchten. In der Nationalversammlung und der Verfassunggebenden Versammlung gaben nicht die Vertreter des Kapitals, sondern Advokaten, Journalisten, Wissenschaftler, Philosophen und Literaten den Ton an, die in der Regel nicht von einer blassen Ahnung wirtschaftlicher Zusammenhänge heimgesucht waren. Manchmal beugten sie sich dem Einspruch der Interessenten, wie es die Abstimmungen über Santo Domingo – Haiti traurig bewiesen. Oft genug ließen sie sich auch bestechen. Doch für gewöhnlich kümmerten sie sich um die ökonomischen oder sozialen Konsequenzen ihrer Unternehmungen nur wenig.

Mehr noch als auf die Verfassunggebende Versammlung traf dies auf die Gesetzgebende Versammlung, die «Legislative», zu, die am 1. Oktober 1791 ihre Eröffnungssitzung abhielt. Mit der Verabschiedung der Konstitution wurde die erste Volksvertretung, die aus den Generalständen hervorgegangen war, aus ihrer Pflicht entlassen. Ein grotesker und dennoch nicht völlig unsinniger Beschluß hatte – auf Betreiben Robespierres und seiner Freunde – verfügt, daß kein Mitglied der alten Versammlung in die neue gewählt werden dürfe. Man wollte, angeblich, frische Gesichter in der Manege sehen und dem revolutionären Staat «unverbrauchte Talente» zuführen, die von der Korruption der Macht noch nicht heimgesucht waren.

In Wahrheit versprach die personelle Erneuerung eine Verschiebung der politischen Gewichte nach links. Die Zahl der Deputierten hatte sich auf 745 vermindert. Das konnte nur ein Vorteil sein. Etwa 260 zählte man zu den «Feuillants», die zum Teil von La Fayette, zum Teil von Barnave aus dem Hintergrund dirigiert wurden. An die 350 Abgeordnete machten die Mitte aus. Ungefähr 140 waren mit den Jakobinern liiert. Noch intensiver als bei der ersten Versammlung vermischten sich – das war die Schwäche der Konstruktion – legislative und exekutive

Funktionen. Vom Prinzip der Gewaltenteilung, dem die Staaten der amerikanischen Union gehorchten, wollten die französischen Freunde der Freiheit nichts wissen. So hatte die neue Volksvertretung das Recht, Bürger zu verhaften, zu richten und zu verurteilen. Die Minister durften aber bei der Bestimmung des Etats und der Besteuerung nicht mitreden. Der König mußte, wenn es ums Geld ging, auf sein Vetorecht verzichten, mit dem er jedes andere Gesetz aufhalten konnte: Erst nach drei Legislaturperioden war es möglich, ihn zu überstimmen. Das hieß: nach drei Jahren, denn die Versammlung sollte jedes Jahr neu berufen werden, und eine Wiederwahl der Abgeordneten war ausgeschlossen.

Die Wahlbeteiligung bei der Berufung der Legislative erwies sich, wie üblich, als kläglich und beschämend. Die Nominierung der Kandidaten war von den politischen Gesellschaften besorgt worden, die man ohne Übertreibung als die entscheidenden Mächte im Staat bezeichnen konnte. Ein kluger Beobachter notierte, daß «vielleicht zwei Dritteile der neuen Legislatur aus den Mitgliedern der Clubs» hervorgingen. Das «Volk» – oder auch nur die privilegierte Schicht, die über das «aktive» Bürgerrecht verfügte – hatte an dem Verfahren wenig Anteil. Der Schreiber fügte seinem Hinweis eine wenig schmeichelhafte Beschreibung der Vertreter der Nation hinzu: «Der herrschende Zug in ihrer Physiognomie ist unverstellter leidenschaftlicher Patriotismus, aber um diesen her schlängeln sich so viele kleinliche Nebenzüge, daß das Ganze dadurch zu einer widerlichen Karikatur wird...» Jeder wolle die erste Rolle spielen. So entstehe ein «unerträglicher Zusammenstoß der Eitelkeit und Eigenliebe, eine über alle Begriffe gehende Intoleranz gegen Meinungen... ein Tumult, der selbst einen Biersaal entehren würde». Ungewöhnliche Talente fanden sich nur wenige, und sie wurden entweder durch den «Argwohn des großen Haufens zurückgeschreckt oder durch ihr eigenes Selbstgefühl zurückgehalten».

Der Autor dieser grimmigen Darstellung hieß Carl Friedrich Reinhard, dreißig Jahre alt, von Beruf Theologe, erst wenige Wochen zuvor im Gefolge von jakobinischen Abgeordneten, mit denen er befreundet war, von Bordeaux nach Paris übersiedelt. Die Schilderung seiner Eindrücke von den ersten Sitzungen in der «Manege» fand sich in einem langen Brief, den er an seinen Landsmann Friedrich Schiller schrieb, dem er genau ein Jahrzehnt zuvor in Stuttgart zum erstenmal begegnet war: auch er ein junger und hoffnungsvoller Poet voller Elan, obwohl in seinem Temperament ein wenig gemessener als der rothaarige Rebell aus Marbach am Neckar, der sich den Ruf als genialer Tollkopf verdient hatte.

Der Brief an Schiller war scharfsichtig, abwägend, voller Skepsis. «Ich sah in der französischen Revolution nicht die Angelegenheit einer Nation», schrieb Reinhard, «mit der ich vielleicht niemals ganz sympathisieren würde, sondern einen Riesen-Schritt in den Fortgängen des menschlichen Geistes überhaupt, und eine glückliche Aussicht auf die Veredelungen des ganzen Schicksals der Menschheit.» Der Autor schien Schillers kritische Distanz zu den französischen Dingen zu kennen. Dennoch warf er sein Herz nach vorn. Auch wenn alle «die fürchterlichen Schilderungen wahr» sein würden, «die man im Ausland von den Exzessen der Freiheit gemacht hat» – er hätte dennoch «der Göttin ihre blutige Rache verziehen». Er ging einen Schritt weiter: «Der Plan der neuen Konstitution schien mir eine Erfahrungsprobe zu sein, die Frankreich auf seine Kosten zu Gunsten des Menschengeschlechtes anstellte», und niemals habe er's seinen Landsleuten vergeben, daß sie «aus positiven Rechtsbegriffen ein so großmütiges Unternehmen tadelten». Er habe «das Gegengewicht der menschlichen Leidenschaften in der Aufklärung» gefunden. Aus ihr stammten die Grundsätze, auf die sich das Gebäude der neuen Gesellschaft stelle. Der Erfolg habe «bis jetzt die Erwartung vollkommen gerechtfertigt. Die Nation im Ganzen hat an intensiver und extensiver Aufklärung bereits unendlich gewonnen.» Beinahe alle herrschenden Vorurteile seien zertrümmert worden. «Der Widerstand des Adels führte zur Vernichtung der Titel; der Widerstand der Geistlichkeit führte zur Auflösung des Knotens, der die katholische Religion an den Staat knüpfte... Sie sehen, wie in Varennes der letzte heilige Schimmer verschwand, den politischer Aberglaube um die Krone gezogen hatte; in einem zweiten Varennes würde vielleicht die Krone für immer verloren gehen.»

Doch Reinhard verbarg die Gefahren auch nicht: die Mittelmäßigkeit, den Mangel an Würde, an Erziehung in der Versammlung. Die Verwirrung der Finanzen. Die Konvulsionen des Fanatismus. Das Ungewitter, das von den Kolonien her drohe. Die Pläne der Emigranten. Der Mangel an barem Geld und die hohen Getreidepreise. Schließlich die düsterste Bedrohung: daß die Macht, die «den Gang einer so neuen, so verwikkelten Maschine» leiten und anhalten soll, sich in den Händen einer unzuverlässigen Regierung befinde.

Man weiß nicht, ob sich Schiller jemals zu einer Antwort entschloß. Die Entschiedenheit der Sprache Reinhards konnte ihn kaum verstören, da sie von nüchternen und ruhigen Erwägungen aufgefangen wurde – Grund genug, den Schreiber später zur Mitarbeit an der «Thalia» einzuladen. Er witterte wohl auch, daß sich in dem Schwaben, der sich noch als eine Art Zaungast der Revolution betrachten mochte, eine schwere grübelnde Natur verbarg, zu philosophischer Spekulation geneigt, wie so viele seiner Landsleute. War Reinhard nicht auf seine Weise ein Schicksalsgenosse – auch er ein Flüchtling aus der Atemnot des Ländchens, der Verstelltheit seiner Gesellschaft, der Bedrängung durch die brütende Enge, der Bedrückung durch den launischen Herzog Carl Eugen, der sich als einen aufgeklärten Herrscher betrachtete, es in gewisser Hinsicht auch war, und dennoch als ein kleinlicher Tyrann regierte? Die schwäbische Emanzipation: sie war wohl stets ein Produkt der Drangsal. In der schwäbischen Provinz gediehen die Begabungen womöglich ein wenig dichter als anderswo, und sie waren dort mehr als irgendwo sonst in Gefahr, sich die Schädel einzurennen. Was blieb ihnen, als genial oder verrückt, vielleicht auch beides zu werden – oder zu emigrieren? Wenn dies für die talentierten Bürgerkinder galt, dann traf es für die Sprößlinge der Pfarrhäuser wohl in doppeltem Maße zu. Reinhard, 1761 in dem Städtchen Schorndorf am Ausgang des anmutigen Remstales zur Welt gekommen, war der Älteste von vierzehn Geschwistern, von denen neun überlebten. Es war eine unruhige Sippe, die der Stadtpfarrer und spätere Dekan Reinhard und seine Pfarrfrau heranzogen. Nur einen Bruder hielt es im Ländchen: als Gerichtsnotar in Blaubeuren. Den zweiten trieb es nach Moskau, wo er den Bojaren-Söhnen deutsche Philosophie in die Köpfe paukte. Ein dritter, er war Kaufmann, folgte Carl Friedrich nach Bordeaux und starb in Amerika. Ein vierter lehrte nach langer Wanderschaft Mathematik und Naturwissenschaften in Brüssel. Eine Schwester verheiratete sich nach Offenbach. Ein zweiter Kaufmann starb in Gibraltar. Die andere Schwester zog mit ihrem Mann, einem Mediziner, nach Königsberg. Der dritte Kaufmann ließ sich in Christiansund in Norwegen nieder, wo er Preußen und Hamburg als Konsul vertrat. Die Jüngste heiratete wiederum nach Moskau, wo sie bis zum Ende ihrer Tage blieb.

Wilhelm Lang, ein Biograph Carl Friedrich Reinhards, vermutete wohl nicht zu Unrecht, das Beispiel des Ältesten habe das Fernweh in den Jüngeren geweckt. Das mochte so sein. Carl Friedrich aber schien zunächst bereit, sich einer Grundkonvention des protestantischen Pfarrhauses zu beugen, das heißt: in der Nachfolge des Vaters den Weg zum Reich Gottes durch theologische Ämter zu beschreiten. Also unterzog sich der Knabe nach württembergischer Regel dem sogenannten «Landesexamen», das begabten Kindern aller Schichten die Tore der berühmten Klosterschulen und hernach des Tübinger Stiftes öffnete. Denkendorf über Esslingen war die erste Station, die den Dreizehnjährigen aufnahm. Sie erschien ihm hernach als ein Alptraum: «Enge, traurige, feuchte Zellen... In diesen Mauern, wie in einem Kerker verschlossen, ohne Erlaubnis, freie Luft zu schöpfen oder einen Fuß hinaus zu wagen, als eine Stunde des Tages, und im Sommer etwa noch eine Stunde drüber, wovon aber... Sonnabend und Sonntag ausgenommen sind, dieser, weil er der christliche, jener, weil er der jüdische Sabbath ist.» Die Studien empfand er als stumpfsinnig. Seine Bilanz war bitter: «Wer sich ganz im Geist dieser Anstalten bildet, wird ein gelehrter einseitiger Pedant. Aber ein brauchbarer Mann wird er niemals.»

In Maulbronn, ein Kleinod unter den romanisch-gotischen Klöstern des deutschen Südwestens, herrschten liberalere Sitten. Dann und wann schien es sogar erlaubt zu sein, die schwarze Klostertracht – die den Zöglingen den Namen «die Raben» verschafft hatte – für ein paar Stunden abzulegen. Des jungen Reinhards Neigung zur Poesie fand die ersten Ermutigungen. Seine Neugier wandte sich sogleich auch naturwissenschaftlichen Phänomenen zu. Er verschaffte sich Kenntnisse, mit denen er lange Jahrzehnte danach Goethes Interesse gewann. In seinen Tübinger Stiftsjahren aber war – wie sollte es anders sein? – der junge Schiller sein Held:

Denn das Herz
Schlägt höher bei dem großen Namen Ruhm
Und höher auch bei deinem Namen: denn
Du bist ein Dichter meines Wirtembergs.

Poesie sprengte die Grenzen. An den Herzenserhebungen der Mitglieder des Göttinger Hainbundes nahmen die Studenten im Tübinger Stift den innigsten Anteil. Sie jubelten Voß und Bürger, Overbeck und den beiden Grafen Stolberg wie fernen Brüdern zu, freilich auf ihr Schwabentum pochend, mit einem trotzig-kindlichen Stolz:

Sinkt vielleicht vom Himmel nieder
Schwabens goldne Zeit nun wieder,
Ha! durch mich und meine Brüder?...
Auch in meinen Adern wallet
Schwabens unverdorbnes Blut.
Schwabentreu und Schwabenmut!

In den Tübinger Klostermauern aber, in denen Generation um Generation schwäbischer Gottesgelehrter herangebildet wurde, verstand man die «Prometheische Auflehnung» gegen das Schicksal, die gleichsam die heiligste Pflicht jedes jungen Dichters war, nicht nur als einen Sturm der Seele, der sich in pathetischen Versen liebenswürdig und unverbindlich verlieren durfte. Der Haß gegen Zopfigkeit und Pedanterie, gegen die Knebelung des Geistes und die Despotie der Fürsten war rabiat, und er wurde durch die frommen Übungen der Klosterzucht nicht aufgehoben. Die Jünglinge schwärmten wie überall – und in jener Epoche der Empfindsamkeit mit besonderer Passion. Die Lektüre von Georg Forsters Buch über seine Weltreise regte auch in der Neckar-Stadt Träume von der idealen und unschuldigen Gesellschaft auf den Inseln der Südsee an. «Paradies und Elysium waren hier verwirklicht», sagte Wilhelm Lang: «Bei den deutschen Jünglingen, die von diesen Schilderungen ergriffen wurden, war nur das noch die Frage, ob man sich auch die Frauen nach diesem Paradiese aus der Heimat mitnehmen oder vielmehr die Gattin aus den Kindern der heiligen Unschuld wählen solle. Schon im November 1777 schrieb im ersten Enthusiasmus der sanfte Lyriker Overbeck, einer der Göttinger Hainbündler, an (Johann Heinrich) Voß, er habe sich mit Gerstenberg (dem Sturm- und Drang-Poeten in Altona) vereinigt, ‹sämtliche Freunde aufzubieten, um diese falsche europäische Welt zu verlassen›. Forster selbst, hoffte man, werde die Führung übernehmen.» Das Fernweh, in Schwaben ohnedies drängender als in anderen, bemächtigte sich auch der Tübinger Geister. Reinhard schrieb – ein Gruß an den Weltumsegler – die verzückten und naiven Verse:

Mich erwartet das allumgrenzende Weltmeer: ich segle
Glücklichen Inseln und friedlichen Wohnungen zu!
Ah! wie flattern die Wimpel! wie hallen die Jubel des Schiffsvolks:
Dort im südlichen Meer hebt sich Atlantis empor!
Bruder! dort liegt es im Glanz der Morgenröte, Taheiti!
Dort Taheiti, der Luft Eden, der Thron der Natur!
Hier will ich wohnen und hier will ich Taten tun, edel und groß, weil
Niemand sie kennet, denn nur ich und ein glückliches Volk!
Dort von den Kindern der heiligen Unschuld – ihr Brautschatz sei Einfall,
Grazie sei ihr Gewand – wähl' ich die Gattin mir aus...

Noch eine halbe Generation danach wurde im Stift eine «Verschwörung» aufgedeckt, deren Mitglieder nichts anderes im Sinn hatten, als an einem pazifischen Gestade die ideale Republik zu begründen. Ja, selbst Eduard Mörikes Traumland «Orplid, das fernher leuchtet», war ein letzter Abglanz dieser romantischen Utopien.

So sehr der schwäbische Sinn aber aufs Ferne, aufs Jenseitige (als das ganz Fremde) gerichtet war: Der Landesgeist band ihn zugleich in die Realität. Schiller war der Richtpunkt. Im Jahr

1781 sah Reinhard «zum ersten- und letztenmale nur drei Tage lang Schillern, der soeben die Karlsakademie verlassen hatte. Eine hohe, hagere Figur, mit hochblondem Haar, blasser Farbe und militärischem Schnitt, nicht Haltung; so erschien er mir damals. Er hatte zu mir eine Zuneigung, die ihn nie verlassen hat.» Schillers Rebellion scheuchte Reinhards Seele immer wieder auf. Später schrieb er dem Landsmann, er danke dem Stift, in dem er fünf Jahre verloren habe, nichts als ein «gespanntes Freiheitsbedürfnis», das die peinliche Entbehrung geweckt habe. «Ich weiß nicht, hab' ich's der Elastizität meines Charakters oder der Schonung meines Aufsehers zu danken, daß mein Geist gerade nur bis auf den Punkt niedergedrückt wurde, wo er den Druck noch aushalten konnte, ohne zu brechen.»

Aber dem Beispiel des Dichters der «Räuber» zu folgen, der seinen Herzog herausgefordert hatte, das wagte er nicht. Er las Rousseau. Er wandte seine Aufmerksamkeit den französischen Dingen zu, die im Stift stets durch einige junge Theologen aus Montbéliard präsent waren, dem alten «Mömpelgart» bei Belfort, das seit altersher Besitz der württembergischen Herzöge und darum protestantisch war. Dennoch: er legte brav die geforderten Examina ab und trat hernach als Vikar gehorsam in den Dienst des Vaters, der unterdessen Dekan in Balingen am Fuß der Schwäbischen Alb geworden war, einem eher grauen Städtchen von Ackerbürgern, damals wohl nicht zu reich mit Anregungen gesegnet. Sein Selbstbewußtsein nährte sich aus der regelmäßigen Mitarbeit bei einigen angesehenen Zeitschriften, in denen seine Gedichte und Aufsätze willkommen waren. Drei Jahre hielt er es aus. Dann wollte er endlich ein Stück von der Welt sehen und verdingte sich zunächst an eine französisch-schweizerische Familie in Vevey bei Lausanne. Danach fand sich, 1787, eine Stelle in Bordeaux. Beim Herzog kam er, noch immer ein korrekter Untertan, um Genehmigung für den Wechsel ein. Sie wurde erteilt.

In der großen Hafenstadt traf Carl Friedrich Reinhard Deutsche genug: Kaufleute vor allem aus den Hansestädten, deren einträglichste Tätigkeit der Export der prächtigen Weine war – übrigens oft genug auch ihre Wiedereinfuhr, denn die Erfahrung hatte gezeigt, daß für das milde Reifen der Bordeaux-

Weine nichts gedeihlicher zu sein schien als einige Jahre Aufenthalt in der kühlen und feuchten Luft der nordischen Häfen. Man sagte, daß die deutschen Handelsherren die schönsten Häuser an der Chartrons, dem Quai an der Garonne, bewohnten.

Nicht weniger als siebzehn deutsche Namen fand Alain Clément, der Historiker, Deutschland- und Amerikaspezialist von «Le Monde», im Mitgliederverzeichnis des «Clubs der Verfassungsfreunde», dem sich nach Beginn der Revolution auch Carl Friedrich Reinhard anschloß. Sein Engagement hielt den Theologen nicht davon ab, die Ereignisse mit analytischem Blick zu prüfen. In der Zeitschrift «Schwäbisches Museum», das ein Professor der Hohen Karlsschule des Herzogs Carl Eugen herausgab, berichtete Reinhard vom Gang der Revolution. Freilich richtete er immer wieder den Blick auch auf Paris. Den Abbé Sieyès nannte er «einen der größten Denker in der Versammlung» und «den wärmsten Verteidiger der Rechte des Volkes». Er hielt fest, daß sich Sieyès «im Namen der Gerechtigkeit» der Enteignung der Kirchengüter widersetzt habe. Diese freundlichen Hinweise mochten ihm später zugute gekommen sein. Summierend riet er seinen Lesern in der Heimat: «Wenn Sie Rousseaus Contrat social, Montesquieus Geist der Gesetze, die englische und die neue amerikanische Staatsverfassung aus dem Grunde kennen, nur dann sind Sie imstand, über die unendlich wichtigen Debatten, welche die Grundsäulen der Konstitution veranlaßten, vollständig zu urteilen.»

Dem Publikum des «Journal de Bordeaux» aber rief er zu: «Nicht alle meine Landsleute lieben Eure Revolution, und zumal sind es die Gelehrten, die am meisten kläffen.» Diese Beschwerde hielt ihn nicht davon ab, selbstbewußt, ja fast eigensinnig auf seine deutsche Herkunft zu pochen. Es kränke ihn, schrieb er aufrichtig genug, daß man ihn so oft für einen Engländer halte. Er habe seinen Freunden geschworen, als er die Heimat verließ, «immer ein Deutscher zu bleiben». Um so schlimmer, daß man zu Hause nicht begreifen wollte, welcher Geist nun in Frankreich wehte: «Nun findet sich aber Eure Verfassung noch nicht in den Büchern der Gelehrten. Was mich betrifft, der ich weder Gelehrter bin, noch ein System habe, ich finde sie einfach bewundernswert, weil ich sie in dem Buch der Natur geschrieben finde...» Den Leuten, die der Despotismus auf den «Isolierschemel des Egoismus» gestellt habe, erscheine die «allgemeine Brüderlichkeit als eine Chimäre», wie alle die anderen Reformen auch. Das erinnere ihn «an das Erlebnis eines deutschen Professors, der vom Katheder herab die Unmöglichkeit des Luftballons mathematisch erwies; er hatte noch nicht ausgesprochen, als zwei Luftschiffe majestätisch in die Wolken stiegen».

Sein Eifer und seine Klugheit verschafften Reinhard die Ehre, einen Monat lang dem Club zu präsidieren. Der Biograph Wilhelm Lang vermutete, daß er in jener Phase Freundschaft mit den jakobinischen Advokaten geschlossen habe, die ihm halfen, den Sprung nach Paris zu vollziehen: Pierre Vergniaud aus dem Département Limoges vor allem, hernach einer der prominentesten Girondins, neben ihm Marguerite Élie Guadet aus Saint-Émilion, der geraume Zeit dem Konvent vorstand, und Roger Ducos, einer der wenigen Mitglieder jenes Kreises, die der Rache Marats und Robespierres entgingen.

Die Flucht des Königs hatte Reinhards Willen, sein Geschick mit dem der Revolution zu verbinden, nur gestärkt. Als die dramatische Nachricht Bordeaux erreichte, gelobte er, daß er nun entschlossen sei, «als Franzose zu leben und zu sterben». So lag es nahe, daß er Glück und Karriere in der Hauptstadt suchte. Unverzüglich schrieb er nach seiner Ankunft in Paris einen Brief an den Grafen La Fayette, in dem er um eine Empfehlung bat, die ihn bei Thomas Paine, dem brillantesten Propagandisten der amerikanischen Revolution, einführen sollte. Der gefeierte Autor der Kampfschrift «Common Sense» und der großartigen Antwort an Edmund Burke, die er unter dem Titel «The Rights of Man» auf den Markt warf, war kurz nach seiner Ankunft in Frankreich (zu Anfang des Monats) zum Mitglied der Jakobiner von Bordeaux gewählt worden. Man hatte Reinhard beauftragt, dem Amerikaner die Botschaft von jener Ehrung zu überbringen. Wenn nicht vieles täuscht, hatten dabei seine Freunde aus Bordeaux die Hand im Spiel, denn Guadet war es, der später die Verleihung des französischen Bürgerrechts an Thomas Paine betrieb.

Was für ein schlauer Einfall: sich bescheiden an La Fayette zu wenden und dabei eine erste Beziehung zu dem mächtigen Kommandeur der Nationalgarden aufzunehmen... «Ich habe mich einem Gefühl des Stolzes überlassen», sagte Reinhard mit eleganter List und dennoch ganz ehrlich, «indem ich den Vorwand ergriff, an den Helden zweier Revolutionen zu schreiben, die das Antlitz der Welt zu verändern bestimmt sind. Ich bin Deutscher, mein Herr! Ihr Name war bis in meine Einsamkeit gedrungen. Ich segnete Sie, während Sie die Einöden Amerikas durchwanderten. Dann kam ich nach Frankreich und fand Sie in der Nationalversammlung ebenso wie Sie im Feldlager von Yorktown gewesen waren...» Wer von Paine spreche, müsse auch von La Fayette sprechen. Er fuhr fort: «In dem Bericht, den ich der Gesellschaft von dem Werk Paines erstattete, war eine Stelle, die Sie betraf, und der einstimmige Beifall, den sie fand, ermutigt mich, sie Ihnen vorzulegen, als einen Beweis, daß 600 Patrioten von Bordeaux Ihnen Gerechtigkeit erweisen.»

Weltklugheit ließ sich dem schwäbischen Theologen nicht absprechen. Er wußte wohl, daß sich der General von den Pariser Jakobinern im Zorn getrennt hatte. Es konnte ihn nicht gleichgültig lassen, daß ihm die radikalen Patrioten von Bordeaux dennoch gewogen blieben. «In einer Revolution», schloß Reinhard, «wo inmitten des Strudels der Ereignisse alle Ideen sich verwirren, die Gefühle abirren oder sich fälschen, ziemt es sich vielleicht, Herrn von La Fayette zu sagen, daß er Freunde hat, weil es eine Tatsache ist, daß er Feinde hat...»

Der Graf mochte solchen Trostes bedürfen. Nach der Spaltung der Klubs hatte er Anlaß, sich zu fragen, ob seine Autorität nicht rasch vollkommen unterminiert sein würde. Ein guter Teil der Pariser Bürger, die in der Nationalgarde dienten, suchten ihre Sympathien eher bei den radikalen Jakobinern als bei den Parteigängern der liberalen Verfassungsmonarchie. Überdies gebot es die gute Form, daß er mit der Auflösung der Verfassunggebenden Versammlung auch seinen Auftrag zurückgab, zumal er nicht Mitglied des Nachfolge-Parlaments, der Legislative, sein konnte. Seine Aufgabe sei erfüllt, stellte er in einer Adresse an den Stadtrat fest: Frankreich besitze eine freie Verfassung und die Revolution sei beendet. Guten Gewissens dürfe er sich auf seine Güter in Chavaniac in der Auvergne zurückziehen. Man ließ ihn in Ehren gehen. Seine Nationalgarde stiftete ihm einen Degen mit goldenem Griff, und die Gemeinde von Paris beschloß, eine Medaille mit seinem Bildnis prägen zu lassen.

Eine Gruppe seiner Anhänger indes nominierte ihn für die Wahl des Bürgermeisters von Paris – gegen den wortmächtigen Jérôme Pétion, auch er ein Mann der Gironde, der mit Barnave den König und die Königin aus Varennes zurückgeleitet hatte. Der populäre Demokrat zog 6728 Stimmen auf sich, La Fayette nur 2123 – noch nicht einmal die Hälfte. Achtzig Prozent der Wahlberechtigten hatten es nicht für nötig erachtet, sich an der Abstimmung zu beteiligen: unter ihnen vor allem die konservativen Bürger, die dem Grafen sein Bündnis mit den Revolutionären nicht verziehen. Das törichte Unternehmen, dem La Fayette in einem Augenblick der Verblendung zugestimmt hatte, zeigte mit deprimierender Drastik an, daß sein politischer Ruhm verblaßt war: ein General ohne Waffen, ein Staatsmann ohne Macht, ein Führer ohne Anhang.

X

Das Abenteuer der Demokratie

Nein, die Revolution war nicht zu Ende. Die Gärung im Lande und vor allem in der Hauptstadt kam so rasch nicht zum Stillstand, nicht die revolutionäre, nicht die gegenrevolutionäre. Kaum eine Woche verging, in der Paris nicht von Nachrichten über Rebellionen und Meutereien in den Provinzen erreicht wurde. Im Juli 1791 entsandte die Verfassunggebende Versammlung eine Kommission in die Vendée und die benachbarten Départements an der Loire und an der Küste, um die Ursachen des hartnäckigen Widerstandes der Bauern gegen das neue Regime zu untersuchen. Die Antwort war einfach genug: Dem Klerus war es gelungen, seinen Widerstand gegen die Kontrolle der Kirche durch den revolutionären Staat zur Sache der schlichten Ackerbürger zu machen. Gleichsam aus Trotz zeigten sie sich bereit, der alten Ordnung ihre Sünden zu verzeihen. So fanden schließlich die Propagandisten, die von den Brüdern des Königs und den Prinzen Condé und Conti ausgesandt wurden, offene Ohren und bereitwillige Aufnahme. Auch in dem – wie man sagte – «glücklichen» Revolutionsjahr 1790 und in den Fristen des trügerischen Friedens vor und nach der Flucht des Königs war Frankreich niemals vor der Gefahr des Absturzes in das Chaos geschützt. Im Schatten der Revolution ging ihre düstere Schwester, die Anarchie, durch die Gassen.

Also waren die Väter der Verfassung bestrebt, die zerbrochene Autorität des Königs durch ein moralisches Korsett zu ersetzen, das die Gemeinschaft der Bürger enger umschloß als die hehren und manchmal ein wenig zu luftigen Prinzipien der

Volkssouveränität und der Menschenrechte. Am zweiten Tag der abschließenden Debatte über die Verfassung erließ die Nationalversammlung ein Dekret, das die «eine und unteilbare Nation» verkündete. Damit umarmte die Revolution die Geschichte des Landes. Der Stolz, Franzose zu sein, wurde von der Monarchie gelöst. Die Integrität des Staates galt künftig als oberstes Gesetz des Gemeinwesens. Aufstände, gewaltsame Veränderungen, vor allem aber separatistische Neigungen wurden entschiedener denn je mit dem Makel des Verrats gezeichnet. Die Formung des modernen Nationalstaates schloß sich mit der Deklaration der «Unteilbarkeit» auf eine fast beiläufige Weise ab. Niemand schien zu bemerken, daß seine Interessen dem universellen Auftrag der Revolution widersprachen. Vielmehr betrachteten die Abgeordneten – sofern sie bereit waren, sich über solche Probleme die Köpfe zu zerbrechen – den Nationalstaat als erste Stufe auf dem Weg zu einer neuen, humanen Ordnung der Menschheit. Die Nation sah sich selber am liebsten im Zustand der geschwisterlichen Umarmung mit den Nachbarn und allen Völkern des Erdkreises (sofern sie nicht von schwarzer Haut und damit zur Sklaverei bestimmt waren). Von Begeisterung und Opfersinn erfüllt, eilte das revolutionäre Frankreich, das sich zuerst die neue Souveränität und damit einen Zustand der Auserwähltheit verliehen hatte, den Brudervölkern um lange Schritte voraus: Sie würden ihm eines Tages allesamt folgen, in der Regel willig, doch vielleicht eine Zeitlang aus schierer Unvernunft widerstrebend, um sich am Ende dem Gesetz der Vernunft und der Pflicht zum Glück zu beugen. Was Wunder, daß mancher der braven Revolutionäre die Mission seines Landes allzu simpel interpretierte und sich dem Mißverständnis hingab, daß der Dienst an seiner Nation nicht nur Frankreich, sondern auf völlig logische und natürliche Weise auch den Nachbarn zugute komme, mit denen man, leider, zu kriegerischer Auseinandersetzung gezwungen war. In gewisser Hinsicht traf das auch zu.

Das Element des Nationalismus mischte sich von Monat zu Monat kräftiger ins Lebensgefühl der Revolution. Das Prinzip der «einen und unteilbaren Nation» war freilich auch auf ein handfestes außenpolitisches Ziel gerichtet: Frankreich wollte nicht länger die Besitzungen fremder Fürsten auf seinem Territorium dulden. Dies betraf vor allem das Elsaß, auch Lothringen, betraf vor allem die päpstliche Herrschaft in Avignon. Die Territorien links des Rheins – wie das württembergische Montbéliard-Mömpelgart – waren durch die Abschaffung der Feudalrechte bedroht (und sie wurden später, was einer gewissen Logik entsprach, der Republik zugeschlagen). Die alten Herren erhoben lauthals Protest. Auch der Kaiser stimmte – in gemessenen Worten – in ihre Verwahrung ein. Die Regierung in Paris bot Entschädigungen an, die, das versteht sich, nicht akzeptiert werden konnten, weil man damit kostbare Rechtstitel preisgegeben hätte.

In Avignon fochten die päpstliche und die französische Partei zunächst einen kleinen Bürgerkrieg aus, der – gottlob – nicht zu viele Opfer gefordert hat. Dann erklärten sich in einer Volksabstimmung zwei Drittel der Bevölkerung für den Anschluß ans Mutterland, der im September 1791 feierlich vollzogen wurde. Der Heilige Vater mußte ihn zähneknirschend dulden. Um so entschiedener häufte er seinen Segen auf den Häuptern der Königsbrüder und der Prinzen, die sich angeschickt hatten, Streitkräfte zu sammeln, mit denen sie zu gegebener Zeit über die Grenzen stoßen und sich – das war die Hoffnung – mit den Armeen der aufständischen Provinzen, zumal im Südwesten, an der Loire oder in der Bretagne vereinigen könnten.

Kaiser Leopold II. aber, der nach dem plötzlichen Tod Josephs II. zum Nachfolger gewählt wurde, zeigte nur geringe Neigungen, sich für seinen Schwager Ludwig und seine Schwester Marie-Antoinette in einen blutigen Krieg zu stürzen. Am 27. August 1791 hatte er mit dem König von Preußen und dem Kurfürsten von Sachsen im Städtchen Pillnitz bei Dresden eine Deklaration unterzeichnet, die besagte, daß die beiden Monarchen die «Wünsche und Vorstellungen» des Grafen von Provence und des Grafen von Artois zur Kenntnis genommen hätten, und daß sie «die Lage, in der sich der König von Frankreich im Augenblick» befinde, als einen «Gegenstand des gemeinsamen Interesses aller Souveräne Europas» betrachteten. Sie bekräftigten das Verlangen, den König von Frankreich «wieder in einen Zustand zu versetzen, der es ihm erlaubte, die Grundlagen einer monarchistischen Regierung zu festigen». Sie fügten hinzu, daß sie entschlossen seien, «in gemeinsamer Übereinstimmung prompt und mit der notwendigen Gewalt zu handeln, um das vorgeschlagene und gemeinsame Ziel zu erreichen».

Die Autoren des Kommuniqués hatten eine Sprache gewählt, die drohend wirkte und dennoch niemanden eine klare Verpflichtung auferlegte. In Wahrheit hatte der deutsche Kaiser und der preußische König andere und für den Augenblick wichtigere Interessen im Auge: Die polnischen Wirren forderten aufs neue ihre Gier nach einer fetten Beute an Land und Leuten heraus. Die russische Zarin war im Begriff, mächtige Stücke des wehrlosen Landes an sich zu reißen. Das war für König Friedrich Wilhelm II. in Berlin Anlaß genug, seine feierlich beschworene Pflicht zur Verteidigung der polnischen Verfassung kurzerhand zu vergessen. Österreich sah sich nicht länger zur Enthaltsamkeit veranlaßt. So waren die diplomatischen Energien der mitteleuropäischen Großmächte vor allem von der «polnischen Frage» absorbiert. Im Osten hinreichend beschäftigt, konnten sich weder die Preußen noch die Österreicher einen Konflikt im Westen leisten. Ihre Kanzler und Minister rieten zur Mäßigung, als König Ludwig am 14. Dezember 1791 in einer überraschend scharfen Erklärung vor der Gesetzgebenden Versammlung die Erzbischöfe von Trier und Mainz aufforderte, die Streitkräfte der Emigranten, die sich in ihren Herrschaftsgebieten versammelt hatten, bis zum 15. Januar 1792 aufzulösen. Der Kaiser verteidigte in einer Note die geistlichen Herren, aber er schwächte zugleich die Erklärung von Pillnitz ab. Dem Erzbischof von Trier blieb nichts anderes, als der massiven Mahnung aus Paris zu gehorchen. Auch sein Amtsbruder, der Kurfürst von Mainz, hielt es nun für ratsam, Distanz von den Royalisten zu suchen, die sein Ländchen überschwemmten und sich am Hof nicht immer als bescheidene und wohlerzogene Gäste aufführten. Die deutschen Bürger, ob in Trier, in Koblenz, in Mainz oder Karlsruhe begrüßten die Zähmung der Emigrantenschwärme mit einem Seufzer der Erleichterung.

Manche der adligen Flüchtlinge, man schätzte ihre Zahl im Jahr 1791 auf mehr als vierzigtausend, waren bettelarm. Sie schlugen sich bescheiden und honorig als Sprachlehrer oder

Fechtmeister durch, versetzten ihren Schmuck. Manche mußten ihre Familien von den Handarbeiten der Frauen ernähren lassen. Andere, junge Offiziere zumal, traten geckenhaft und arrogant wie Herren eines unterworfenen Landes auf. Sie zogen rasch den Haß der biederen Leute auf sich. Varnhagen von Ense – Diplomat, Schriftsteller, vor allem aber der große Zeuge und literarische Porträtist des 19. Jahrhunderts – erzählte in seinen Kindheitserinnerungen, alle bürgerliche Ordnung habe sich aufgelöst, «die Hausrechte wurden verletzt, junge Edelleute quartierten sich willkürlich ein, wo eine artige Frau, ein hübsches Mädchen ihnen in die Augen fiel». Am meisten empörte die Deutschen «der Hohn, der gegen das Schwarzbrot verübt wurde»: die Franzosen, an ihr Weißbrot gewöhnt, spielten mit den dunklen Laiben Fußball, oder legten die Kruste «wie Überschuhe um ihre Stiefel».

Das kränkte die Deutschen – mehr noch als die Konkurrenz bei den jungen Frauen. Der Magister Friedrich Christian Laukhard, ein Pfarrerssohn aus dem Pfälzischen, entlaufener Theologe, durch Saufereien und Schulden in die preußische Armee geraten, schrieb in seiner freimütigen Biographie, in Koblenz gäbe es «vom zwölften Jahr an keine Jungfer mehr ... alle Mädchen und alle noch brauchbaren Weiber, selbst viele alte Betschwestern nicht ausgenommen», seien «vor lauter Liebelei unausstehlich». Immerhin war dies ein Hinweis, daß die Fremden nicht von allen Deutschen gehaßt wurden ... Im Gegenteil: auch diese zweite Welle einer französischen Emigration begründete enge Freundschaften und manche bleibenden Bindungen – auch wenn sie nicht so tiefe Spuren hinterließ wie die hugenottische Einwanderung, die in Berlin und manchen Regionen des Südwestens eine Art von deutsch-französischer Symbiose geschaffen hatte.

In ihrem Jubel über die Züchtigung und Entmachtung des Exil-Regimes in Koblenz, in Trier, in Mainz übersahen die Bürger, daß der Wille zu einem friedlichen Ausgleich zwischen den deutschen Staaten und dem revolutionären Frankreich durch den Sturz des preußischen Ministers Graf Hertzberg einen bitteren Schlag erlitten hatte. Der alte Herr, mehr als vier Jahrzehnte im Dienst der Krone, Unterzeichner des Friedens von Hubertusburg, der den Siebenjährigen Krieg beschloß – dieser enge Vertraute des Alten Fritz hatte fast zeit seiner Tage die «österreichische Drohung» durch eine Annäherung an Frankreich zu neutralisieren versucht. Er war auf seine altmodische Art ein Mann der Aufklärung. In einem Vortrag vor der Preußischen Akademie der Künste und Wissenschaften, der er präsidierte, erklärte er nach seiner Entlassung aus dem Regierungsamt am 6. Oktober 1791, daß die Französische Revolution die «außerordentlichste» sei, die sich in der Geschichte finde. Er schrieb der Nation den Willen zu, «aufgeklärt und angetrieben von den neueren Philosophen, die bestmöglichste Constitution (zu) gründen und sogar die englische (zu) übertreffen... indem sie Monarchie und Republik vereinigt». Der Historiker Horst Möller bemerkte, daß Hertzberg danach – «in der verklausulierten Form des Diplomaten – Kritik an den Gewalttätigkeiten der Revolution mit Kritik am ancien régime» verbunden habe. Er hoffe, sagte der Graf, die Revolution werde «die Mißbräuche der französischen Monarchie, die vielleicht mehr aristokratisch als despotisch waren... bessern... und... mildern». Es sei nicht zu fürchten, fügte er hinzu, daß «andere europäische Nationen dem Beispiel und Muster der französischen Revolution so bald nachfolgen möchten», denn ihre Übereilungen seien den Augenzeugen sichtbar geworden, und er bescheinigte allen Regierungen des Kontinents, auch den monarchischen, daß sie nun einen gemäßigten Charakter besäßen: «Sie zeichnen sich durch Ordnung und durch innere Kraft aus und nähern sich allmählich der Sanftmut der republikanischen Regierung, die in manchen Ländern weit härter ist als die monarchische».

Die Rede des friderizianischen Ministers zeichnete sich durch kühne Überlegungen aus, die man in seinen Kreisen nicht allzuoft antraf. Übrigens knüpfte Hertzberg seine Spekulationen auf eine Schwächung des österreichischen Erzfeindes an die «türkischen Händel», die den Kaiser in Wien und die Zarin in Sankt Petersburg neben Polen immer wieder aufs intensivste beschäftigten. Die Staatsleute beider Höfe lagen stets auf dem Sprung, das morsche Reich der Osmanen niederzuzwingen und seine Besitzungen auf dem Balkan an sich zu bringen. Hertzberg hoffte, sie würden sich in den Konflikten gründlich zerfleischen. Nach seinem großen Plan sollten Bessarabien an Rußland, Moldavien und die Walachei an Österreich fallen, das wiederum Galizien an Polen zurückzugeben hätte – dafür müßten die armen Polen Danzig und Thorn an Preußen abtreten. Die Russen ließen sich auf das Geschäft nicht ein. Auch die Engländer wollten von ihm nichts wissen. Schließlich kehrte auch Friedrich Wilhelm II. dem bombastischen Konzept den Rücken. Mit der Convention von Reichenbach vom Juli 1790 fiel die Konstruktion in sich zusammen. Von nun an waren Hertzbergs Tage im Amt gezählt.

Doch es blieb wahr, die englischen Politiker beobachteten Österreichs und Rußlands Unternehmungen in Osteuropa und auf dem Balkan mit höchstem Mißtrauen. Ihnen war daran gelegen, daß keine der kontinentalen Mächte durch einen ungemäßen Zuwachs an Territorien und Macht in Versuchung geriet, das europäische Gleichgewicht zu gefährden.

Der jüngere William Pitt, der im erstaunlichen Alter von 24 Jahren zum britischen Premierminister ernannt worden war – nun zählte er gerade 32 Jahre –, konnte keiner Sympathie für die Französische Revolution verdächtigt werden, im Gegenteil: Die beiden großen Nationen waren seit dem Hundertjährigen Krieg, der im 14. Jahrhundert begonnen hatte, die eigentlichen Erbfeinde in Europa, verbissen in der Konkurrenz um die Herrschaft zur See und im Welthandel, bis an die Schwelle der Revolution nahezu unablässig in Kriege verstrickt, in Europa, in Indien, in Amerika. Zur Stunde aber schien von Frankreich keine Gefahr auszugehen. Es war geschwächt, ohne eine zuverlässige Armee, nahezu bankrott, von inneren Unruhen gequält. Freilich fürchtete man in London, der revolutionäre Funke könnte über die Grenzen, am Ende sogar auch über den Kanal springen. Adel und Bürgertum in Großbritannien zogen eine dosierte Demokratie der radikalen beharrlich vor, was von ihrem Standpunkt aus nicht unverständlich war. Wohl verkündeten liberale Geister wie Dr. Price die Botschaft der Menschenrechte selbst von englischen Kanzeln – oder von den Kathedern hoher Schulen wie Dr. Priestley, Thomas Jeffersons gelehrter Freund (er wanderte später nach Amerika aus).

Ihnen trat mit seiner brillanten Feder und einer Argumentation von schneidender Logik der Abgeordnete Edmund Burke entgegen, auch er ein Mann von eher liberaler Gesinnung, der im Kampf um die amerikanische Unabhängigkeit nüchterne Symphatie für die Sache der Rebellen bewiesen hatte, lange Jahre ein politischer Bundesgenosse von Charles Fox, den man als William Pitts talentiertesten Gegenspieler betrachten durfte. Burke warf den französischen Revolutionären vor, es sei ihr Grundfehler, daß sie alles von vorn anfangen wollten, «als hätten sie noch nie in bürgerlicher Verbindung gelebt... Sie begannen schlecht, weil sie damit begannen, daß sie alles verachteten, was sie bereits besaßen.» Unverzüglich präsentierte der Autor ein Beispiel, das dem praktischen Sinn seiner Leser einleuchten mußte: «Sie fingen ihren Handel», sagte er von den Franzosen, «ohne ein Kapital an.» Mit anderen Worten: er verzieh ihnen nicht, daß sie französische Revolutionäre und keine englischen Reformer waren, die sich auf die natürliche Entwicklung der Verhältnisse und ein gemessen-vernünftiges Tempo des Fortschritts verließen. Ihre Ideale waren ihm zu abstrakt. Knapp und bündig erklärte er, weder eine «uneingeschränkte Demokratie» noch eine «uneingeschränkte Monarchie» sei zu den «rechtmäßigen Regierungsformen zu rechnen». Er wollte, auch darin ganz der Sohn seines Volkes, den Kompromiß. Nein, er war nicht bereit, «den festen Boden der britischen Constitution» zu verlassen. Er bewundere, wie er schrieb, die «verzweifelten Flüge der tollkühnen Luftschiffer von Frankreich», aber ihr Gefährte wolle er niemals sein.

Selten hat eine politisch-philosophische Kampfschrift tiefere Wirkung erzielt als Burkes «Betrachtungen über die Französische Revolution», die von Friedrich Gentz 1791 – nach einer Formulierung Golo Manns – in die «schönfließende, vergoldete Sprache von Schillers ‹Dreißigjährigem Krieg› übersetzt wurden». (Schiller schrieb sein Geschichtsbuch im gleichen Jahr.) Gentz, der junge preußische Diplomat, war von der Bewegung in Frankreich zunächst tief fasziniert, wie die Mehrheit der deutschen Intellektuellen. Unter dem Einfluß des Briten und der Schreckensmeldungen aus Paris aber fraßen sich Zweifel in den Köpfen fest. Sie wurden nicht überall von der kongenialen Antwort ausgelöscht, die Thomas Paine, der Erzpropagandist der amerikanischen Revolution, seinem einstigen Landsmann Burke entgegenschleuderte: Burke verteidige eine geschichtliche Ordnung, rief er dem Widersacher zu, die sich auf dem Rückzug befinde. Überall in Europa befänden sich «repräsentative, das heißt gewählte Regierungen auf dem Vormarsch», und es wäre «ein Akt der Weisheit, sich auf ihr Kommen einzurichten». Kurz: man könne sich dem Geist der Geschichte nicht entgegenstellen. Die «Revolution der Vernunft» sei nur in der Übereinstimmung mit den vorwärtsdrängenden Mächten möglich. Traditionen dürften das Leben der Völker nicht für immer und alle Zeiten binden: jedes Zeitalter und jede Generation müßten frei sein, für sich selber zu handeln. «Die Eitelkeit und Anmaßung, über das Grab hinaus regieren zu wollen, ist die lächerlichste und unverschämteste aller Tyranneien. Der Mensch hat kein Besitzrecht auf Menschen, ebensowenig kann eine Generation ein Besitzrecht über die nachfolgende ausüben.» Der gewaltige Erfolg der Broschüre erklärte sich gewiß nicht nur aus Paines politisch-philosophischen Erörterungen, sondern vor allem aus den sozialen Anklagen, die der Autor voller Zorn formulierte: Es sei schmerzlich zuzuschauen, wie sich alte Leute zu Tode arbeiten, er protestierte gegen die Kinderarbeit, und er schlug vor, für jeden Jungen und jedes Mädchen unter vierzehn Jahren vier Livres im Jahr auszusetzen, um ihnen eine Schulbildung zu verschaffen.

Auch dieses Werk fand sofort den Weg nach Deutschland, von der schönen und temperamentvollen Göttinger Pfarrerstochter Margerite Dorothea Forkel übersetzt, der Schwester des kurfürstlichen Leibarztes (und späteren Revolutionärs) Georg Christian Wedekind, Freundin und Mitarbeiterin Georg Forsters. Meta, wie sie von aller Welt genannt wurde, war eine reizvolle und gescheite Person, couragiert und von unabhängigem Geist – in vieler Hinsicht die emanzipierteste unter den Göttinger «Universitäts-Mamsellen», die seit ihrer Kindheit aufs innigste miteinander befreundet und verfeindet waren: Therese Forster, die Tochter des berühmten Heyne, mit ihren manchmal exzentrischen Launen, die romantische Moralistin Caroline Böhmer, geborene Michaelis, Dorothea Schlözer, mit siebzehn Jahren zur Doktorin der Philosophie gekrönt... Sie hatten allesamt nicht einen Tag lang auf einer regulären Schulbank gesessen, hatten Lesen und Schreiben von den Müttern und Geschwistern, Geschichte, Literatur, ein bißchen Latein, womöglich auch Griechisch von den Studenten, die im Haus zur Miete wohnten, vielleicht auch von den Vätern selber gelernt, den nicht zu strengen Professoren, deren Stolz auf die klugen Töchter der maskulinen Privilegierung aufs liebenswürdigste widersprach.

Meta Forkel hielt sich von der gesellschaftlichen Konkurrenz der ehrgeizigen Altersgenossinnen fern. Mit fünfzehn Jahren hatte sie den Musikdirektor der Universität, Johann Nikolaus Forkel, geheiratet (der hernach die erste Monographie über Johann Sebastian Bach schrieb), hatte mit siebzehn einen sentimentalen und nicht talentlosen Briefroman unter dem Titel «Maria» publiziert, in dem sich einige der Göttinger Herren zu ihrem Ärger wiedererkannten, hatte ihrem Gatten einen Sohn geboren, wie es die Pflicht gebot, und sich von Stund an mit ihm eher gelangweilt. Die Gerüchte von ihren Flirts schienen in den Salons des Universitätsstädtchens niemals zu verstummen. Mancher prahlsüchtige Schwätzer wie Gottfried August Bürger, der Balladen-Dichter, rühmte sich, ihre Gunst besessen zu haben, ob zu Recht oder zu Unrecht. Schließlich entlief sie ihrem Mann und dem gebildeten Nest, das Göttingen war, reiste zu einem Freund nach Berlin, fing an, ihr Geld durch Übersetzungen zu verdienen, gelangte nach Mainz, für längere Besuche zuerst; dann richtete sie sich dort auf Dauer ein, von Forster, der eine freundliche Frauenseele neben sich brauchte, immer wieder mit Aufträgen versorgt. Therese Forster, die ihre Ehe mit dem Weltumsegler nur noch als eine bittere Bürde empfand, schien die Nähe Metas zu dulden. Madame Forkel gehörte aufs selbstverständlichste zu dem Kreis, der sich Abend für Abend um den Forsterschen Samowar zum Tee versammelte.

Georg Forster hatte die Übertragung von Thomas Paines brillanter Kampfschrift gegen Edmund Burke bei seinem Berliner Verleger Voss energisch betrieben. Vier Editionen des Werkes, sagte er, seien schon vergriffen. Das Buch sei «aber so demokratisch», daß er es wegen seiner «Verhältnisse» nicht übersetzen könne: das besorge Madame Forkel, und er wolle ihre Arbeit redigieren. Die Last der eigenen Pflichten erlaubte ihm nicht, sein Versprechen zu halten (wohl aber schrieb er ein Vorwort). Theo Stemmler bemerkte in seiner Einleitung zur Neuausgabe des Buches, Forster habe den Zweifeln des Verlegers an der Qualität der Übertragung allzu devot zugestimmt, ohne den Text zu kennen und sich «in nicht gerade anständiger Weise» von Madame Forkel distanziert. Die Freundschaft der beiden hat nicht darunter gelitten. (Stemmler bescheinigte Meta, daß sie eine durchaus anerkennenswerte Leistung vorgelegt habe, obschon ihr dieser und jener Fehler unterlaufen sei – doch auch in der zu Recht gerühmten Übersetzung Burkes durch Friedrich Gentz fänden sich Fehler.)

In ihrem Herzen war Meta Forkel längst, wie Forster, wie seine Frau, wie der Hausfreund Ludwig Ferdinand Huber, der sächsische Legationssekretär, Feuer und Flamme für die Revolution der Franzosen, die man damals in Deutschland die «Neu-Franken» zu nennen begann. Das Haus des Weltfahrers in der Universitätsstraße zog liberale Geister, die voller Bewunderung über die Grenze auf die Nation der Freiheit blickten, auf eine fast magische Weise an. Der lebhafte und so heitere Medizinstudent Justus Erich Bollmann aus Hoya an der Weser, 22 Jahre alt, hatte auf dem Weg nach London über Paris, wo er sich weiterzubilden gedachte, in Mainz Station gemacht, um dem berühmten Anatomieprofessor Soemmering einige seiner Künste abzuschauen. Der quirlige junge Mann dachte allerdings nicht daran, tagaus, tagein im Kolleg zu hocken oder am Seziertisch zu stehen. Er liebte das Leben, das vor allem, aber auch die Literatur, die Philosophie, die Geschichte. Er mag kein großer Kopf und kein tiefer Denker gewesen sein, doch er verfügte über einen raschen Verstand, Witz und eine Art von sinnlicher Klugheit. Seine Neugier war unersättlich. In Göttingen hatte er sich August Wilhelm Schlegel angeschlossen. Er kannte wohl auch die Brüder Humboldt. Der Geist der Veränderung, der aus Frankreich herüberwehte, hatte ihn ohne Zweifel stärker berührt als seine Kommilitonen. Seine Gymnasialjahre in Karlsruhe, als Gast einer gutherzigen Tante, machten es ihm leichter, die Ereignisse im Land des westlichen Nachbarn zu verstehen. Am 6. September 1791 schrieb er an den Vater, den besten Umgang finde er im Hause Forster. Überdies sei eine Dame von Göttingen anwesend, die täglich ins Haus komme – ihren Namen verriet er nicht. «Fast jeden Abend bringe ich in dieser Familie zu, wo mehrere gescheite und interessante Menschen freien Zutritt haben...»

Im nächsten Brief nach Hause nannte er Therese Forster, die ihn tief faszinierte, «das erste aller Weiber... nicht nach meinem Urteil allein, (sondern) nach dem Urteil jedes Mannes von Kopf und Herz, der sie kennt». Forsters Frau hatte dem jungen Menschen, kein Zweifel, ein wenig den Kopf verdreht. Er schrieb ihr «eine unbegrenzte Fülle von Witz und niemals versagender guter Laune», von «immer durchscheinender Güte des Herzens... eine liebenwürdige Naivität in allem» zu und glaubte an ihr die «vollkommenste Abwesenheit von Prätention und Eitelkeit, die zärtlichste Anhänglichkeit an ihren Mann, an ihre Kinder» zu beobachten. Die Anwesenheit des Legationssekretärs Huber aus Dresden entging ihm nicht: «Ein Busenfreund von Schiller ... ein rechtschaffener Mann... von viel und originellem Witz und von durchaus männlichem Charakter». Die Madame Forkel aus Göttingen nannte er nun bei Namen, und er fügte hinzu, daß sie «einige schlechte Menschen in ihrer Heimatstadt zu unerbittlichen Feinden» habe. Aber niemand könne sie beurteilen, der ihre Geschichte nicht ganz genau kenne.

Hatte ihm Meta ihre verwirrten Verhältnisse gebeichtet? Hatte ihm Huber von ihrem Geschick erzählt? Der Legationssekretär, freundlich, unauffällig, ein wenig indolent, wurde ihm zum engen Freund. Die Verbindung hatte Folgen: für ihn selber und vor allem für Georg Forster, als sich das unruhige Leben des Revolutionärs zum Ende neigte... Die politischen Konversationen im Zirkel um die «Tee-Maschine» fanden ein genaues Echo in Bollmanns Berichten: «Der Kurfürst», schrieb er, «begünstigt ausnehmend die Aristokraten! Ob dies von Scharfblick in die Zukunft zeugt?» Er ergreife «zum nicht geringen Ärgernis viel gescheiter Leute, die strengsten Maßregeln», sein Land gegen die vermeintliche Propaganda zu schützen: «Briefe werden erbrochen; Messen für den Untergang der französischen Constitution gelesen; alle Fremden scharf examiniert; aktuelle öffentliche Reden über Religion und Staat streng verboten! alle Bewegungen durch schlaue Spione belauscht etc., kurzum, der Despotismus unterläßt nichts, sich zu verschanzen, nicht ahnend, daß Widerstand die Kräfte nur erhöht, und daß diese Verschanzungen die Losung sind, um ihn zu stürzen...»

Bollmann selber schien die Zensur nicht zu fürchten –, vielleicht weil er ein Untertan des Kurfürsten von Hannover und damit des englischen Königs war: «Übrigens bin ich Demokrat mit ganzer Seele», bekannte er dem Vater, «und freue mich in diesen Tagen, wo die Menschheit so tätig sich rührt und regt, zu leben. Ich freue mich der französischen Constitution, wäre sie auch nur ein glänzendes Meteor am politischen Himmel, und hoffe, daß das französische Volk Energie genug haben wird, um sie zu behaupten.»

An einem Wirtshaustisch in Mannheim begegnete er einer Gruppe kurpfälzischer Offiziere. Als der Hannoveraner seine Symphatie für die neue Verfassung Frankreichs verriet, geriet einer der Krieger in Rage: «Er deklamierte wütend gegen die Constitution, er sagte, jeder ehrliche Mann müsse ihr Feind sein, er habe selbst einen Bruder in Frankreich, aber er würde den Augenblick segnen, wo er ihm einen Dolch in die Brust stoßen könnte.» Noch auf der obersten Stufe der Galgenleiter, mit dem Strick um den Hals, würde er die Constitution verfluchen, auch wenn man ihn dafür hänge. Schließlich rief er, er hoffe, in einigen Monaten selbst in Paris zu sein «und mit dem Schwerte in der Hand die demokratische Kanaille» in die Schranken zu weisen. Der Medizinstudent machte darauf aufmerksam, daß er sich auf dem Weg nach Paris befinde, so bete er wohl am besten im voraus um sein Leben, sagte er voller Spott. «Das wird darauf ankommen», antwortete der zornige Offizier, «ob ich Sie mit dem Schwert in der Hand finde oder mit dem Zeichen eines braven Aristokraten...» Nein, nicht mit dem Schwert, entgegnete Bollmann, er habe die Absicht, sich in der Hauptstadt Frankreichs in der Chirurgie zu üben. Also werde er ihm mit einer Lanzette entgegentreten, «um durch einen Aderlaß den üblen Folgen des zu heftigen Echauffements... zuvor zu kommen – damit war's zu Ende!»

Der Verfasser des Briefes hatte vermutlich den Gang des Gesprächs mit flinker Hand redigiert. Sein Talent für die Anekdote wäre bei einer journalistischen Karriere überaus nützlich geworden. Er zog das Abenteuer vor: das Abenteuer der Demokratie, das Abenteuer des Widerstandes, das Abenteuer des Lebens.

XI
Die rote Mütze

Das Idealbild eines preußischen Offiziers erfüllte der reisende Literat ganz gewiß nicht, trotz der energischen Züge und des verkrüppelten Beins, das er freilich keiner Schlacht, sondern einem ganz gewöhnlichen Reitunfall in Rom verdankte: Dennoch unterschlug Johann Wilhelm von Archenholtz in keinem Gespräch, daß er in der Armee Friedrichs des Großen gedient und es im Siebenjährigen Krieg – über den er ein Buch schrieb – zum Hauptmann gebracht habe. Die Bewunderung für den Alten Fritz gab er bis zum Ende seiner Tage nicht preis. Doch ihm konnte nicht nachgesagt werden, daß er den Tugenden des Soldatenstaates in musterhaftem Stil nachzuleben gewohnt war.

Georg Forster, bei dem er im Herbst 1791 Station machte, kannte ihn aus den Jahren seiner Londoner Kindheit, als der belesene Soldat, den es in den Journalismus verschlagen hatte, des öfteren beim raunzigen Vater Forster anklopfte, mit dem sich Archenholtz nicht schlecht zu vertragen schien. Beide waren in der Nähe Danzigs zu Hause. Beide waren Söhne der Aufklärung. Beide waren vom Geist angelsächsischer Liberalität geprägt. Für den einstigen preußischen Offizier verstand sich das nicht von selbst. Indes, Archenholtz mochte aus der Art geschlagen sein. Friedrich Ruof, Verfasser einer biographischen Studie, deutete auf diskrete Weise an, der Hauptmann sei nicht der erlittenen Blessuren wegen, sondern durch seine Leidenschaft fürs Spiel veranlaßt worden, den Dienst in der Armee im Alter von nur 22 Jahren zu quittieren. Nach dem Abschied wanderte er neugierig, immer unruhig durch die deutschen Lande, bereiste Skandinavien, Holland, Frankreich und Italien. Vom preußischen Ehrensold konnte er sein Dasein kaum bestreiten. Also darf man annehmen, daß er sich noch immer dann und wann an den Spieltisch setzte. Ruof wies, gleichsam hinter vorgehaltener Hand, darauf hin, daß Archenholtz die Kosten seiner Reise durch «manchmal nicht ganz einwandfreie kaufmännische Betätigung» wenigstens zum Teil gedeckt habe – was immer man darunter verstehen mochte. In England, wo er sich sechs Jahre aufhielt, schien seine Liebe zu den Büchern ganz erwacht zu sein. Er fing an, eigene journalistische Arbeiten zu publizieren. Die Vermittlung fremder Literaturen wurde zur eigentlichen Aufgabe seiner Existenz. Forster bat er schon zu Anfang der achtziger Jahre in einem Brief aus Karlsbad um seine Mitarbeit beim «Journal für Litteratur und Volkskunde», das Archenholtz, aus Rom zurückgekehrt, unterdessen gegründet hatte. Er ließ sich in Dresden nieder, heiratete, nahm sich den polternden Schlözer in Göttingen, den tapferen Schwaben Schubart, den eleganten Wieland in Weimar zum Vorbild, bildete sich selber zu einem Redakteur von seltener Produktivität heran, gab Magazine und Almanache heraus, übersiedelte 1787 nach Hamburg, da die Hansestadt mit ihren liberalen Gewohnheiten die Freiheit zu garantieren schien, die Archenholtz für seine Blätter unentbehrlich war. Überdies konnte man, wenn Gefahr in Verzug war, ins dänische Altona ausweichen, in dem eine Zensur nicht stattfand.

Im gleichen Jahr überredete er Forster, eine Art von Chronik über die Ereignisse der englischen Literatur zu schreiben, die er in seinen «Annalen der Britischen Geschichte» publizierte: ein mühseliges Unternehmen, dem sich Georg, der eine Art entlaufener Sohn Englands war, bis in die Tage des revolutionären Aufbruchs am Rhein unterzog. Frankreich aber lenkte nun mehr und mehr Archenholtz' Interesse auf sich. Er zählte vierzig Jahre, doch die Unruhe in seiner Seele war nicht völlig erloschen. Im Sommer 1791 hatte er sich samt seiner Familie auf den Weg nach Paris gemacht. Er wollte, wie er an den Schulrat Campe in Braunschweig schrieb, «die politischen Wunder» aus der Nähe anstaunen, und er hoffte, in der Hauptstadt der Freiheit eine neue Heimat zu finden. Georg Forster dürfte ihm bei ihren Konversationen im Haus an der Universitätsstraße – in dem er auch Justus

Erich Bollmann begegnete – von dem kühnen Plan nicht abgeraten haben, zumal sich Archenholtz natürlich mit der Absicht trug, neue Zeitschriften ins Leben zu rufen, die den französischen Ereignissen gewidmet sein sollten. Er war ein Journalist von Talent, der sein Publikum kannte. Da er gute, wenn auch nicht üppige Honorare zahlte, durfte vermutet werden, daß seine Publikationen auch finanziell nicht völlig erfolglos waren. Wie anders hätte er sich die teuren Reisen leisten können?

Er ließ sich Zeit, suchte auf dem Weg die alten Freunde auf, bemühte sich, neue Mitarbeiter zu gewinnen, schaute sich gründlich um. Er warf ein besonders kritisches Auge auf die militärischen Vorbereitungen der französischen Emigranten. «Man erlaube einem Mann», schrieb er, «der unter Friedrichs Heeren im Krieg gedient hat, hier einige Bemerkungen. War je ein Entwurf mit geringer Sachkenntnis gemacht und dessen Ausführung großen Zweifeln unterworfen, so war es das Projekt der französischen Prinzen, mit zahlreichen Corps in Frankreich einzudringen, sich darin zu behaupten, und alles darin nach Wohlgefallen umzuändern.» – «Das Geschrei so vieler tausend Adliger und Priester», fuhr er fort, hielt die «Häupter der Aristokraten, von ihrer eigenen Eitelkeit geblendet», davon ab, «die starke... ruhige Stimme des Volkes» zu hören. Es gehe aber in Frankreich nicht darum, ob «dieser oder jener Mensch König» sei, sondern ob «eines der kultiviertesten und mächtigsten Völker der Erde... wieder ruhig den Nacken unter das Joch beugen und die zerbrochenen Ketten wie Spielsachen betrachten würde». Er wagte den klaren Satz, daß eine Gegenrevolution nicht denkbar sei: «In der Tat gibt es nur ein einziges unfehlbares Mittel, alles wieder auf den vorigen Fuß zu bringen, und dies ist kein anderes, als den größten Teil der Nation auszurotten.»

In Straßburg, das den deutschen Freiheitspilgern als eine Art Probierstand der Revolution diente, hielt sich Archenholtz einige Tage auf, als mit Jubel und Gepränge die Sanktionierung der Verfassung durch König Ludwig gefeiert wurde. Die Leitung des Festes, schrief Ruof, sei Eulogius Schneider anvertraut worden, dem einstigen Franziskanerpater aus dem Dörfchen Wipfeld in Franken, dem seine Herkunft und sein Werdegang ganz gewiß nicht zum Revolutionär bestimmt hatten. Man schätzte ihn als einen der vielen Kleinpoeten des Rokoko und der gefühlsseligen Vorklassik, die mit dem Sturm und Drang einherging. «Daß ich Minette küßte / Und daß michs frisch gelüste, / Sie wieder frisch zu küssen, / Das darfst, das sollst / Du wissen...» sang Schneider als junger Mensch mit neckischem Vergnügen und ganz in der Nachfolge der Anakreontiker – um seinen geistlichen Stand nicht sehr bekümmert. Zum anderen verkündigte er, ein «aufgeklärter» Theologe und völlig dem Zeitgeist verhaftet, von seiner Kanzel die Botschaft der Vernunft und Toleranz, las dem württembergischen Herzog Carl Eugen als Hofprediger nicht allzu unsanft die Leviten, lehrte an der Universität in Bonn Literatur, begeisterte sich für die Neuerungen in Frankreich. Der Dichter Schneider schlug jetzt kräftige und melodramatische Töne an:

Dort lieget sie im Schutte, die Bastille,
Der Schrecken einer Nation!
Dort lieget sie! Die fürchterliche Stille
Durchbricht nicht mehr des Jammers Ton.

Hier schickt nicht mehr die vorgezogne Dirne
Die Opfer ihrer Rache her:
An diese Felsen spritzet kein Gehirne
Des Fremdlings, und des Bürgers mehr.

Nicht fürder wird ein Vater hier vermodern,
Weil er sein Kind nicht schänden ließ;
Sein Erbe darf nun laut der Weise fordern,
Den einst der Bassa schweigen hieß...

Kein Federzeug, kein: Dies ist unser Wille,
Entscheidet mehr des Bürgers Los.
Dort lieget sie im Schutte, die Bastille,
Ein freier Mann ist der Franzos!

Dem Kurfürsten und Erzbischof von Köln, seinem Dienstherrn, behagten die aufsässigen Reden des Professors nicht, der überdies im Geruch der Frivolität stand. Man sagte, Eulogius

Schneider habe seinen Studenten in den Kollegs gern schwärmerische Briefe vorgelesen, die ihm verliebte Mädchen und Frauen ins Haus schickten. Auch über Mönche und Nonnen habe er sich, die eigene Herkunft nicht verleugnend, lustig gemacht. Als ihn sein geistlicher und weltlicher Oberherr in einer Unterredung ernsthaft, doch sanft zu einer besseren Aufführung mahnte, wurde Eulogius Schneider grob. «Schafft mir den Pfaffen vom Hals!» habe der Fürst zornig gerufen. Schneider sei, so die Legende, die freche Antwort aus dem Mund gefahren: «Und was (als ein Pfaffe) sind denn Eure Durchlaucht?» Damit war der Professor entlassen. Immerhin zahlte ihm die kurfürstliche Kasse ein Jahresgehalt und hundert Louisdor Reisegeld aus. Den Ruf nach Straßburg hatte Eulogius wohl schon in der Tasche. Am 12. Juni 1791 langte er in der Münsterstadt an, bezog in der heutigen rue Dauphine eine Wohnung, wurde am 28. Juni zum bischöflichen Vikar und zugleich zum Professor des «Kirchenrechtes und der geistlichen Beredsamkeit» am Priesterseminar ernannt. Am 10. Juli hielt er seine Antrittspredigt im Münster, in der er – nicht ohne Geist und Witz – Jesus Christus als den göttlichen Herold der revolutionären Tugenden Freiheit und Gleichheit pries. Er leistete den Eid auf die Verfassung und wurde ohne langen Aufenthalt in den Jakobinerklub aufgenommen, in dem die Verhandlungssprache von Sitzung zu Sitzung zwischen dem Deutschen und dem Französischen wechselte.

Sekretär der deutschen Sektion des Klubs, der übrigens in der Sankt Nikolai-Kirche tagte, war exakt seit dem Tag der Ankunft Schneiders in Straßburg ein junger Mann aus Schwaben, 21 Jahre alt, voller Enthusiasmus und meist voller Fröhlichkeit, ein paar Monate zuvor zum Doktor der Medizin promoviert (seine Dissertation hatte er sich, nach dem Zeugnis des jüngeren Bruders, von Freunden zusammenschustern lassen, die einige Themen über Metastasen formuliert und die Beweisfälle dazu erfunden hatten): Georg Kerner, Sohn des Oberamtmannes von Ludwigsburg. Seinem Bruder Justinus Kerner, der als Dichter, Geisterseher, Arzt und Menschenfreund hernach den größeren Ruhm gewann, war er um sechzehn Jahre voraus. Unter den Deutschen, die sich der Revolution in die Arme warfen, gewann Georg freilich die schöne Reputation, liebenswert und herzlich wie kaum ein anderer zu sein. Forster schrieb von ihm an Therese, er sprühe «Freiheit wie ein Vulkan» und sei «gutherzig, wie ein junger Schwabe sein muß, er hat Kopf und Energie...»

Der Geist der Rebellion war in dem jungen Menschen, als gehöre es sich so, in der Hohen Karlsschule des Herzogs Carl Eugen gewachsen. Freilich betrachtete er die fürstliche Zuchtanstalt fürs erste nicht als ein Gefängnis, sondern, der Strenge des eigenen Vaters entkommen, als Vorstufe zu einer unabhängigen Existenz. Ihn drängte es, Offizier zu werden, vielleicht weil ihn das Abenteuer lockte. Davon wollte der Obertamtmann in Ludwigsburg nichts wissen. Georg beugte sich dem Geheiß. Doch nun begann er, gegen die militärische Ordnung der Schule aufzubegehren. In seinem Widerwillen gegen das pedantische und harte Regiment sah Kerners Biograph Adolf Wohlwill den Keim der Sympathien für die Revolution. Mit seinen Vertrauten – unter ihnen der spätere Landschaftsmaler Joseph Anton Koch, der Jurist Marschall von Bieberstein, hernach Minister in Hessen-Nassau, und der klassizistische Bildhauer Johann Heinrich Dannecker, der seit 1790 an der Anstalt lehrte – gründete Kerner einen geheimen Klub, der den Jahrestag des Sturms auf die Bastille mit Reden und Gesängen feierte. Auch der Professor Christoph Friedrich Cotta, ein Bruder des Verlegers, gehörte zu diesem Kreis. Georg ging, nach Wohlwills Erzählung, bei jenem bizarren Fest soweit, einen Adelsbrief zu verbrennen, den er aus dem Familienpapieren gestohlen hatte. In den Oster- und Herbstferien zog er mit dem Freund Marschall von Bieberstein über den Schwarzwald nach Straßburg, das die beiden (angeblich) in zwei Tag- und Nachtmärschen erreichten. Hinter der Grenze schmückten sie sich unverzüglich mit der Kokarde, und die beiden pilgerten schwärmerisch bewegt zu dem Freiheitsaltar, der auf der Metzgerau errichtet war: «Wann wird man denn endlich», schrieb Georg, «in Deutschland solche Altäre erblicken, wann wird man in Deutschland auch anfangen, endlich den Himmel zu versöhnen!» Er fuhr in seinem Brief (an Johann Gotthard Reinhold) fort: «Schon blickt mir in der Ferne eine glückliche Zukunft, ein Land, wo jeder seinen eigenen Wert in der Gesellschaft bestimmen wird, das Land der Freiheit, wo man hinwandern wird aus

Deutschland und andern Staaten, um hier, entfernt von der Gewalt einzelner Despoten, dieser Göttin zu huldigen, Ruhe und ein neues Vaterland zu finden.»

Von einem dieser Ausflüge gelangte Georg Kerner mit einer Verspätung von drei Minuten in die Karlsschule zurück. Es blieb ihm keine Zeit, sich in die vorgeschriebene Uniform zu stürzen. Carl Eugen, der selten einen Appell seiner Zöglinge versäumte, bestrafte die Verspätung und den zivilen Auftritt mit einigen Tagen sogenannten «Carierens»: die Gemaßregelten durften sich nicht bei den Mahlzeiten zu Tisch setzen, sondern mußten an ihrem Platz stehen, ohne einen Bissen zu essen. Oft war der Herzog beim Abendessen seiner Zöglinge anwesend und tafelte später selber, wie Wohlwill erzählte, in einem der kleineren Säle mit den Lehrern, seinen Beamten und Offizieren, zog oft auch durchreisende Gäste an seinen Tisch in der Schule: Goethe zum Beispiel und seinen Weimarer Herzog Carl August. Später schrieb Kerner (in der Schweizer Zeitschrift «Klio»): Kein Fürst habe «in einem kleinen Bezirk der Freiheit so viele Proselyten durch seine Laster geworben». Anstalten wie die Hohe Karlsschule verdankten ihre Entstehung eher «seiner Eitelkeit als seiner Philosophie» und «mehr seiner Ruhmsucht als seiner Vaterlandsliebe». Doch Kerner unterschlug die positiven Eigenschaften des seltsamen Mannes nicht, von denen das kleine Land profitierte: den «unternehmenden Geist» und den «umfassenden Regentenblick».

Maskenbälle des Stuttgarter Hofes gaben den Verschwörern der Karlsschule Gelegenheit, ihr Aufbegehren gegen die alte Ordnung in der Heimat ohne allzu großes Risiko zu demonstrieren. Der Besuch französischer Aristokraten in der kleinen Hauptstadt – der prominenteste unter ihnen Comte d'Artois, der Bruder Königs Ludwig – mag sie vor allem gereizt haben, dies und jenes provozierende Spiel zu versuchen. In einer Pantomime stellten sie – mit verdeckten Gesichtern – die Entmachtung des Adels dar. Ein paar Wochen danach trug ein verkleideter Kavalier eine hübsche Urne in den Ballsaal der Redoute, stellte sie neben Kerner ab und machte sich aus dem Staub. Das Gefäß enthielt Pamphlete kräftig revolutionären Inhalts, die Kerner durch eine hastige Bewegung wie unabsichtlich über den Boden verstreute. Seine Frau Friederike schrieb später, den Erzählungen ihres Mannes folgend: «Die Verschworenen drängten sich unterdessen zu den Polizeioffizianten, boten ihre Dienste wenigstens im Einsammeln der Zettel an. Sie wurden gerne angenommen; aber die Verräter mißbrauchten ihr Amt, indem sie in allen Teilen des Saals ähnliche Zettel, von denen ihre Taschen vollgepropft waren, verstreuten.» Sie übergaben den Polizeidienern wenigstens einige der Flugschriften als Belege ihres Eifers und ihrer guten Gesinnung.

Der launische Herzog, der mitunter zu einer erstaunlichen Großzügigkeit fähig war, erteilte dem Medicus Kerner ohne zu langes Sträuben die Genehmigung, seine Studien in Straßburg fortzusetzen. Doch als Nachrichten von einer Rede Georgs im Jakobinerklub nach Stuttgart drangen, entzog er ihm prompt die Erlaubnis, da er sich «auf das schlechteste aufgeführt und sich sogar an die Spitze (revolutionär) gesinnter Leute gestellt» habe. Vater Kerner befand nun, nach Adolf Wohlwills Bericht, daß der Sohn in Wien besser aufgehoben sei. Georg jedoch strebte nach Paris. «Der Kummer, Frankreich verlassen zu müssen, brächte mich ins Grab», seufzte er mit einer gehörigen Portion Pathos in einem Brief an die Eltern. Mit sentimentaler List gestand er, daß er im Schlaf geweint habe, als er nur davon träumte – obwohl er nicht sagen könne, daß er in Straßburg im schieren Vergnügen lebe, er habe «im Gegenteil tausend Ursachen, mißvergnügt zu sein». Das war ein schlaues Argument. Doch er konnte die Heuchelei nicht zu weit treiben: «Der Gedanke», schrieb er, «freier als in jedem anderen Land mitwirken zu können zum Ganzen, bindet mich mit eherner Stärke an dieses Land.»

Was immer des Herzogs Sinn geändert und sein Gemüt erweicht haben mag: am 31. Oktober 1791 hielt Georg einen Erlaß in Händen, der ihm die Übersiedlung in die französische Hauptstadt erlaubte. Allerdings sah er sich nun dazu verurteilt, für seine Existenz selber aufkommen zu müssen. So machte er sich zu Fuß auf den langen Weg. Ludovike Reichenbach, eine kunstsinnige Dame, mit Schiller befreundet, die den jungen Mann in Paris kennenlernte, berichtete später dem Bruder Justinus, er habe wohl keinen Gulden in der Tasche getragen und unterwegs von Milch gelebt. In Châlons und in Paris habe er in den revolutionären Klubs Reden gehalten. «Die Jakobiner der Hauptstadt lachten über seinen Akzent, denn er behielt den schwäbischen Dialekt in der französischen Sprache, selbst als er ihrer ganz mächtig war...» Seine jakobinischen Freunde hätten sich daran nicht aufgehalten, berichtete die Dame weiter und Georg ohne Umstand als Mitglied aufgenommen. «Er war ganz von der Revolution ergriffen», erzählte Ludovike Reichenbach – so sehr, daß sie ihn wegen der Vernachlässigung seiner medizinischen Studien rügen zu müssen glaubte. Das half nicht viel: «Es ging ihm die große Sache der Menschheit über alles.»

Dem Schlesier Conrad Engelbert Oelsner und seinem Landsmann Carl Friedrich Reinhard mag Kerner bei den Jakobinern in der rue Saint-Honoré, vielleicht auch im deutschen Klub an der rue des Petits Champs begegnet sein. Durch Oelsner gewann er engen Anschluß an den Grafen Schlabrendorf, der den jungen Mediziner mit Wohlgefallen betrachtete: Jeder kannte jeden in der Kolonie der Deutschen. Man darf vermuten, daß Kerner auch dem Preußen Archenholtz über den Weg lief, der sich in jenem Pariser Herbst auch im Klub der Jakobiner umschaute. Von dem Enthusiasmus, der so viele der Diskussionen im langgestreckten, tonnengewölbten Refektorium des einstigen Klosters erfüllte, ließ sich der Preuße jedenfalls nicht anstecken. In einem rückblickenden Bericht schrieb er mit dramatisierender Verve: «Ich wurde ein Feind dieser scheußlichen Sozietät von dem Augenblick an, da ich... zu meiner Belehrung ihre Höhle betrat.» Die Kunst der Rede, die er an den großen englischen Parlamentariern Burke, Fox und den beiden Pitts bewundert hatte, suchte er bei den Prominenten des Klubs vergebens. Mit unverborgener Abneigung charakterisierte er sie als intrigant, ohne Genie, in ihren Kenntnissen beschränkt. Von Robespierre, der die Zügel täglich fester in die Hand zu nehmen schien, stellte er mit einem Gran Bewunderung fest, niemand wisse wie er, «den Pöbel zu gewinnen durch Freiheitsfloskeln und Schimpfreden»: Er präpariere sich für die Jakobiner-Versammlungen, wie sich eine Dame zum Ball vorbereite.

Dennoch, in der Legislative, die am 1. Oktober 1791 die Verfassunggebende Versammlung abgelöst hatte, vermißte Archenholtz Männer vom Format eines Mirabeau, eines Bailly, eines La Fayette und Barnave. Mit scharfem Blick registrierte er, daß durch den Ausschluß aller Mitglieder der Konstituante «unwissende Menschen» in die Legislative eingerückt seien, «die nie den engen Bezirk ihrer Provinz verlassen hatten». Ihren Mangel an Bildung und Kenntnissen schienen die Deputierten, die in der Mehrzahl überraschend jung waren, durch ihre lärmende Zuchtlosigkeit in wahren Rüpelszenen zu überschreien, an denen sich nahezu alle der deutschen Revolutionsreisenden aufhielten. Den Abgeordneten bereitete es, so Archenholtz, eine besondere Lust, die Minister zu demütigen. Zugleich notierte er, daß sich auch in der neuen Verfassung jene Fronten bildeten, die den folgenden zwei Jahrhunderten der Politik in Europa (und in gewisser Hinsicht überall auf der Erde) das Gepräge gaben: Am Anfang habe man, schrieb er, in der Legislative «von keiner rechten und linken Seite» gewußt – einer Unterscheidung, die in der vorhergehenden Versammlung Anlaß zu so vielen Auseinandersetzungen gewesen und daher zunächst «von vielen Rednern laut verabscheut» worden sei: «denn alle wollten Patrioten sein. Allmählich aber», fuhr Archenholtz fort, «formierten sich Parteien... und so entstand unvermerkt abermals eine rechte und linke Seite...»

Manche der deutschen Beobachter nahmen, was mir natürlich war, die politische Ortsbestimmung aus der Sicht des Zuschauers. Archenholtz definierte sie, wie es künftig zur Regel wurde, vom Sitz des Präsidenten her: rechts saß die Partei des Hofes, links hatten die Gegner ihren Platz – die Jakobiner und ihr Anhang, zu denen etwa 140 Deputierte zählten. Den liberalkonservativen Feuillants rechnete man 260 zu. Für die gemäßigte Mitte, deren Mitglieder sich einer Zuordnung entzogen, fand ein witziger Kopf die Ortsbestimmung «marais» – der Morast oder Sumpf, in dem sich eine geprägte Gesinnung leicht zu verlieren schien.

Die Gereiztheit der Herren mochte sich zum guten Teil durch eine neue Krise der Wirtschaft erklären. Das System der Assignaten, mit dem sich so bequem die Löcher des Haushalts stopfen ließen, hatte eine Inflation bewirkt, die viele der Bürger ins Elend zu treiben drohte. Der nüchterne Archenholtz machte sich die Mühe – der sich kein anderer der deutschen Paris-Pilger unterzog –, die finanzielle Wirrnis mit einem strengen Blick zu prüfen. Der Druck von Papiergeld sei früher, so sagte er, nur in belagerten Städten üblich gewesen. Nur wirtschafte man in Frankreich fast ausschließlich mit Assignaten. Das berüchtigte System des Finanzzauberers John Law, der zu Anfang des 18. Jahrhunderts Frankreich mit seinen Aktien in eine wahre Hysterie gepeitscht hatte, sei nur «ein Miniaturstück gegen diese ungeheure Finanzoperation», von der Mirabeau gesagt habe, sie sei «ein Verbrechen der Politik, aber ein Meisterstück der Revolution». Archenholtz stellte fest, vielleicht habe keine Nation je eine härtere Probe bestanden als die französische, da der Mangel an Bargeld die Lieferung von Nahrungsmitteln aufhalte. Die Franzosen ertrügen die Lage standhaft. Da keine kleinen Münzen mehr im Umlauf seien, habe man überall im Land Gesellschaften gegründet, die auf eigenen Kredit kleine Geldscheine ausgäben: «In Paris, wo das Bedürfnis am größten war, trat unter dem Namen Caisse patriotique eine Gesellschaft zusammen, legte ein Kapital von sechs Millionen Livres als Sicherheit nieder» und gab Papiere von zwanzig, zehn, fünf und dreieinhalb Livres aus – «Billets de confiance», die gegen Assignaten eingehandelt werden konnten. Die kleinen Scheine ließen sich, das war ihr Nachteil, ohne Schwierigkeiten fälschen. Die Gesellschaften zogen es vor, auch das schlechte Geld zu akzeptieren, um das Volk nicht noch tiefer zu beunruhigen. Um so eher waren Schmarotzer in der Lage, durch wilde Spekulationen über Nacht Schätze zu sammeln. Archenholtz notierte, daß der Louisdor, der im September 1791 noch mit 24 Livres und 29 Sous gehandelt wurde, bis zum Dezember auf 33 Livres gestiegen war. In jenem Monat aber betrug der Kurs der Assignaten nur noch 77 Prozent des Nennwertes, und er verfiel von Monat zu Monat immer rascher. Bollmann schrieb empört an seine Tante in Karlsruhe, «alle schlechten Menschen» würden die Gelegenheit wahrnehmen, «die Schulden abzutragen, die sie in barem Geld gemacht hatten».

Fremde, die Gold- und Silbermünzen in den Taschen hatten, profitierten von der Zerrüttung der Finanzen. Johann Friedrich Reichardt, der königliche Kapellmeister in Berlin, erzählte in seinen «Vertrauten Briefen über Frankreich», die er 1792 und

1793 drucken ließ, mit der größten Unbefangenheit von den prächtigen Einkäufen, die ihm glückten. Er war kein reicher Mann und zählte nach, wieviel er für ein gutes Essen und eine Flasche Wein auf den Tisch legen mußte. Der günstige Wechselkurs aber erlaubte es ihm, sich manche Begehrlichkeit zu erfüllen. Als im März 1792 der Nachlaß Graf Mirabeaus versteigert wurde, faßte er die Juwelen des Tribuns genau ins Auge: «Was für eine Menge Bijoutieren und prächtige Möbel der Mann gehabt hat! ... Mich verlangt danach, irgend etwas von seinen Sachen zu haben: einen kleinen Petschierring, deren es hunderte gibt; oder noch lieber eine sehr viel getragene silberne Taschenuhr mit einem großen R (für Riqueti, dem Familiennamen des Grafen) darauf...»

Der Musikus zweifelte, daß jene Herrlichkeiten für ihn erreichbar seien, aber gemach – nur wenig später meldete er seiner Frau: «Ich war so glücklich, zwei Steine zu erstehen, von denen eine kleine Victoria, in schwarzem Achat von zwei Lagen geschnitten, ganz vortrefflich ist. Der andere, eine Fortuna in einem Ringe, ist weniger sicher antik. Beide trugen indes noch Spuren, daß Mirabeau damit gesiegelt hatte, und dieser Umstand bestimmt mich. Außerdem kaufte ich seinen Trauerdegen und eine Sammlung Amerikanischer und Französischer Freiheits-Medaillen, unter denen auch das schöne Brustbild Franklins ist.» Die Vorstellung, daß er in künftigen Trauerfällen den Degen des großen Mannes tragen könne, sei ihm «sehr lieb»!

Reichardt publizierte seine Berichte aus Paris anonym, doch er gab sich wenig Mühe, den Autor streng zu tarnen. Seitenblicke auf das Pariser Musikleben verrieten dem Kenner deutlich, welche Feder hier am Werk war. Der Verfasser hatte sich längst als Musikschriftsteller einen glänzenden Namen gemacht. Die «Briefe eines aufmerksamen Reisenden, die Musik betreffend» wurden fast soviel gelesen wie Charles Burneys lebhafte Chronik von den Zuständen des europäischen Musiklebens. (Der englische Kollege und Konkurrent war übrigens aufs engste mit Edmund Burke, dem großen Gegner der Revolution, befreundet.)

Der Berliner Hofkapellmeister – vital, temperamentvoll und voller Witz – konnte mit gutem Recht ein produktiver Kopf genannt werden. Im Gang eines nicht zu langen Lebens (er wurde 62 Jahre alt) schrieb er über tausend Lieder, fertigte Symphonien, Klavierkonzerte, Kammermusiken, schuf deutsche Operetten, die man «Singspiele» nannte, schrieb eine Reihe von Büchern, gründete Zeitschriften, verfaßte ungezählte Artikel, reiste, pflegte Freundschaft und Feindschaft mit hoher Intensität – kurz, er lebte wahrhaftig als ein «soziales Wesen». Es war zum guten Teil sein Verdienst, daß die deutsche Sprache, die anders als die italienische dem Fluß der Melodien so sperrig entgegenzustehen schien, die Bühnen und die Konzertpodien zu erobern vermochte. Einer der großen unter den Komponisten war er gewiß nicht, aber auch mehr als ein Handwerker von mäßigem Talent: immerhin mit einem guten Gespür für die Anmut begabt, mit der sich die Musik in jener Epoche der Übergänge vom barocken Pathos und den Galanterien des Rokoko löste, um in einer sentimentalen Natürlichkeit ihre neue Erfüllung zu finden. Seine Stücke waren gefällig genug, den Beifall des Alten Fritz zu finden, der ihn, er war kaum 23 Jahre alt, zu seinem Kapellmeister in Potsdam ernannt hatte. Goethe schätzte seine Vertonungen und war zu einer herzlichen Freundschaft bereit, obschon er sich von dem Herold der Revolution kühl und ironisch distanzierte. («Schreib' die Journale nur anonym», spottete er in den «Zahmen Xenien», «so kannst du mit vollen / Backen deine Musik loben, es merkt kein Mensch.»)

Im Vorwort seiner «Vertrauten Briefe» schrieb Reichardt, daß «ein deutscher feier Mann» nach Frankreich gereist sei, um sich «mit der wahren Lage der sehr wichtigen französischen Sache näher bekannt zu machen». Er unterzeichnete die Einleitung symbolisch und mit durchsichtigem Witz als «J. Frei». Seinen Landsleuten empfahl er die dramatischen Veränderungen in Frankreich keineswegs zur Nachahmung – dazu verstand sich fast keiner der Revolutionspilger, aus Gründen der Vorsicht, aber auch einer kritischen Einsicht folgend. Seine Sympathien galten nicht, daran ließ er keinen Zweifel, dem Königshaus und seiner Partei, sondern der Bürgerelite, die im Bergriff war, die Geschicke der Nation ganz in ihre Hände zu nehmen. Das Landvolk im Südwesten Deutschlands fand Reichardt nahezu revolutionsbereit: Die deutschen Fürsten sollten beten, notierte er mit erstaunlichem Mut, «daß die Franzosen nicht über die Grenze gehen. Die pfälzischen und mainzischen Bauern sagen ganz laut: sobald die Franzosen zu uns kommen, schlagen wir uns zu ihnen.»

Da ihm der starke Eisgang des Rheins in jenem Januar 1792 nicht erlaubte, über den Fluß zu setzen, versäumte er die Gelegenheit, seine Beobachtungen mit Johannes Müller, dem alten Freund in Mainz, in ruhigen Gesprächen zu erörtern. Gewiß hätte ihn der Berater des Kurfürsten auch zu Georg Forster geschickt. Es kam zu keiner Begegnung. Reichardt strebte um so rascher nach Straßburg, zumal alle Gasthäuser im Badischen «so gepfropft von Franzosen» waren, «daß wir... kaum einen Stuhl und Tisch für uns erhalten konnten». Amüsiert nahm er zur Kenntnis, daß sich unter den Emigranten auch der Kardinal Rohan befand, der lächerliche Unheld der «Halsband-Affaire» Marie-Antoinettes: Er hatte in Ettenheim und im Kloster Sankt Blasien auf den Höhen des Schwarzwaldes eine nicht unbequeme Zuflucht gefunden.

Die Zollformalitäten wurden großzügig erledigt. Eine halbe Stunde nach der Ankunft im Elsaß trugen Reichardt und sein ungenannter, unbekannter Begleiter dreifarbige Kokarden an den Hüten, die es in Wollstoff oder in Seide zu kaufen gab. (Der Kapellmeister wählte, das verstand sich, die seidene Ausgabe.) Auf solche Weise verfassungstreu gerüstet, eilten die beiden unverzüglich in den «Club des amis de la Constitution», wie die Jakobiner mit offiziellem Namen genannt wurden. An jenem Tag wurde nach dem Turnus französisch verhandelt. Im Präsidenten erkannte Reichardt den Monsieur Laveau, der ehedem «in Berlin als französischer Sprachlehrer viele Achtung und als kritischer Schriftsteller vielen Haß erwarb». Danach hatte Laveau – die Welt war klein – eine Lehrstelle an der Karlsschule in Stuttgart inne, der Zuchtanstalt Herzog Carl Eugens, der er den Rücken kehrte, «um hier als freier Bürger zu leben und eine französische Zeitung zu schreiben».

Anderntags: «Gegen 7 Uhr trafen wir uns alle wieder in der Gesellschaft der Constitutionsfreunde, welche diesen Tag Deutsch gehalten ward. Ein Geistlicher, der sich, aus Bonn dünkt mich, hierher begeben hat, Professor Schneider, war der

Präsident, und wurde mir gleich durch seine hochmütige Selbstgenügsamkeit etwas fatal...» Eulogius Schneider las ein «ziemlich mittelmäßiges Gedicht auf die Constitution» vor, das ein pfälzischer Bauer geschickt hatte, er las, wie Reichardt mit unverborgener Abneigung hinzufügte, auch noch schlecht, «und ließ sich darauf selbst mit großer Behaglichkeit von einem Redner der Gesellschaft einen der besten deutschen Dichter schelten...»

Baron de Dietrich, den liberalen Bürgermeister, von Schneider hernach mit tödlichem Haß verfolgt, betrachtete der Reisende aus Berlin mit freundlicheren Augen: «Er zeichnete sich durch eine sehr edle, imposante Bildung aus», schrieb Reichardt, und er empfing seine Gäste «sehr artig», obschon, wie der Kapellmeister bemerkte, mit ein wenig ministerhaften Allüren, da man täglich erwartete, daß er tatsächlich zum Minister des Inneren berufen werde (es kam nicht soweit). Den Musiker und seinen unbekannten Freund lud er, wann immer sie wollten, auf neun Uhr abends zum Essen ein. Man setzte sich freilich nach französischer Sitte nicht vor elf Uhr zu Tisch, sprach von Politik und gelehrten Dingen, riskierte später auch ein Spielchen. Die Kriegsgerüchte, durch die nahe Grenze bedrohlicher als in Paris, schienen die gute Laune der regierenden Herren und des Volkes nicht zu schmälern, obwohl es Dietrich für notwendig hielt, für seine Stadt vorbeugend den Kriegszustand zu erklären, um sie gegen innere Unruhen und die Übergriffe der Emigranten schützen zu können. Gewiß war ihm nicht entgangen, daß im Klub, wie Reichardt notierte, «sehr widrige, heftige und hämische Diskussionen» gegen ihn geführt wurden. Eulogius Schneider begann sich zu rühren.

Die Bälle der Saison aber fanden statt wie eh und je. Entzückt sah Reichardt die «jungen Mädchen, gewiß zweihundert, alle von sehr frischem Blut und blühender Gesundheit, in sehr eleganten und feinen Anzügen... Nur eine einzige Frau tanzte mit ihnen, und das war die Frau des Maire, die, wie ihr Mann, wohl nur aus Politik ein paar Englische Tänze mitmachte. Unbegreiflich ist es aber, wie das junge Volk die Französischen Tänze, in denen es unaufhörlich fußhoch und rings herum nach allen Seiten springt, von 6 bis 12 Uhr aushalten kann! Mitunter ward, wie zur Erholung, rundum gewalzt; und selbst dabei sprangen einige unaufhörlich. Auch spielte man einigemal zum Tanz ça ira, das eine hübsche Tanzmelodie hat, und schrie: Vive la nation!»

In Lyon, der nächsten Hauptstation der französischen Reise, herrschte ein härterer Ton. Reichardt lobte die «herrlichen Quais» und die «prächtigen Plätze». Die Stadt an der Rhône, befand er, sei für das Auge die schönste, die er jemals gesehen habe, doch er rügte den Händlergeist, der sich den Spekulationen mit dem Papiergeld unbefangener hinzugeben schien als anderswo. Die Fabrikarbeiter, stellte er fest, würden in Assignaten bezahlt, die man nicht überall in Zahlung nehme. Manche Kaufleute verlangten für Waren, die mit Papiergeld gekauft würden, einen Aufschlag, um den Wertverlust auszugleichen. Die Fabrikanten aber gewännen an dem Assignaten-System dreißig bis vierzig Prozent, da sie die Produktion vor allem ins Ausland lenkten, das mit harter Münze bezahle. (Die Kaufleute in Frankfurt, Hamburg und Berlin allerdings schienen im Begriff zu sein, das Assignaten-Spiel selber mitzuspielen, um sich den Vorteil nicht entgehen zu lassen.)

Nicht immer nahm der Musikmeister am Geschick des Volkes mit solch aufmerksamer Güte teil. Wenn ihm die robusteren Mitglieder der niederen Stände zu nah auf den Leib rückten, bezeichnete er sie voller Empörung als «Pöbel». Mit hochgezogenen Augenbrauen registrierte er, daß die Damen und Herren des gehobenen Lebens nicht zuverlässig mehr mit «Monsieur» oder «Madame» angeredet wurden: Die Titel «Citoyen» und «Citoyenne» kamen mehr und mehr in Übung, doch sie wurden erst gut eineinhalb Jahre später zur einzig gesetzlich erlaubten Anrede – samt dem «Du» – dem revolutionären «tutoiement», das im Herbst 1793 zur öffentlichen Pflicht avancierte.

Die Stunde der Sansculotten war gekommen. Die kleinen Handwerker und ihre Gehilfen in den Pariser Vorstädten Saint-Antoine und Saint-Marcel fingen an, die langen Beinkleider, die sie zur Arbeit trugen, als Teil einer revolutionären Uniform zu betrachten. Vielleicht waren sie tatsächlich bestrebt, mit ihren heftigen Demonstrationen Geschichte zu machen, obwohl sie sich zuerst und zuletzt ums tägliche Brot für ihre Familien sorgten: Ohne Zweifel aber machten sie Mode. Die Kniehosen, die «culottes» genannt wurden, gehörten in den ersten Jahren der Revolution zum üblichen Erscheinungsbild der Bürger und der Aristokraten. Nun wurden sie bei den «einfachen Männern» immer öfter durch die bequemeren und billigeren Langhosen ersetzt – und die revolutionären Stutzer, von denen es nicht wenig gab, ahmten ihr Beispiel nach. Sie setzten sich den halbhohen halbsteifen Hut, der den Dreispitz verdrängte, keck und schräg aufs Haupt. Die Haare fielen ungepudert und lang, doch des öfteren dank der Brennschere als eine wahre Kaskade von Locken über Schläfen und Nacken. Dazu bunte Halstücher, lokker geknotet, und ein grobes Hemd, an dem für elegante Spitzen kein Platz war ... Journalisten und der politische Nachwuchs in den radikalen Sektionen überboten die Handwerksgesellen aus den Faubourgs an echter Volksverbundenheit, wenigstens in der Erscheinung. Sie eilten damit dem Hang zur proletarischen Camouflage voraus, der seitdem zum Ausweis flott-angepaßter Fortschrittlichkeit wurde. Zugleich schaffte sich, nach dem Zeugnis von Oelsner, «die ärmere und bis jetzt noch unbewaffnete Klasse der Einwohner von Paris ... Piken an»: eine Art Hellebarden, wie sie in der Zeit der Bürgerkriege von den Landsknechten ins Gefecht geführt wurden, zum Hauen, Spießen, Stechen geeignet, seit der Bestürmung der Bastille auch gern genutzt, um abgeschlagene Köpfe im Triumph durch die Gassen zu tragen. Über den Demonstrationszügen schwebten ganze Wälder von Piken, die laut Oelsner den «sogenannten ehrbaren Leuten ... Furcht einjagten».

Die Deutschen, die an den Franzosen stets ihre eleganten Manieren und die unverdrossene Höflichkeit bewundert hatten, gewöhnten sich ungern an die Robustheit der neuen Manieren und des neuen Tons. Die Rüpeleien in der Nationalversammlung entsetzten auch den Kapellmeister aus Berlin, der keine Zimperliese war. Mit zorniger Zustimmung zitierte er einen Abgeordneten: «Nous sommes actuellement le plus mauvais Club de France.» («Wir sind zur Zeit der schlechteste Klub in Frankreich.») Schärfer konnte man den Gegensatz zum britischen Parlament, das sich (wie später der amerikanische Senat) als den «vornehmsten Klub der Welt» betrachtete, nicht betonen.

Dennoch fanden sich Reichardt und sein Begleiter nach der Ankunft in Paris Morgen für Morgen pünktlich am Tor der königlichen Reithalle ein, um von den Schwarzhändlern Karten für einen guten Sitzplatz zu erwerben (das Stück zu fünf Livres), sofern sie nicht ein Deputierter mit Freibilletts versorgte, die freilich den Volksvertretern nur in knappster Beschränkung zur Verfügung gestellt wurden (nämlich nur zwei Billetts alle neun Tage). Die sogenannten Volkstribünen an den schmalen Seitenwänden mieden die beiden, da sie «stets vom gemeinsten Pöbel» besetzt zu sein schienen. Reichardt meinte, daß sie «kein rechtlicher Mann je beträte». Er sah dort droben nur «vier- bis fünfhundert Diebes- und Mörderphysiognomien... Für die meisten hätte ich mir einen Hogarth gewünscht: von einem alten Kerl an, der ein großes Gebiß immer offen hatte, daß man ihm bis in den Hals sehen konnte und dabei unaufhörlich kalt grausam grinste, bis zu einem langen, blaßen, jungen Galgenschwengel, der über dem vorigen saß und unaufhörlich gähnte, dabei aber allezeit wie rasend klatschte. Das Gesindel soll übrigens dafür reichlich bezahlt werden, und rührt sich nicht von der Stelle.»

In der Regel durfte Johann Friedrich Reichardt den demokratischen Prozeß von einem privilegierten Schauplatz aus beobachten. Die Mitglieder der Versammlung fanden ihre Plätze in sechs amphitheatralisch erhöhten Reihen, und ihre Sitze waren mit grünem Saffian-Stoff ausgeschlagen. In der Mitte der erhöhte Sessel des Präsidenten, mit einem Gitter umgeben und von zwei Saaldienern flankiert, die vor allem damit beschäftigt waren, nach den Weisungen des Hausherrn «Silence!» zu schreien. Davor sechs Sekretäre an einem mit grünem Tuch bedeckten Tisch. An der gegenüberliegenden Wand befand sich «ein freier, von einer Balustrade umgebener Platz, welchen diejenigen einnehmen, die vor die Schranken (à la barre) gefordert werden. Etwas zurück... ein erhöhter Katheder, den die Redner betreten, wenn sie sich ausführlich hören lassen wollen oder sollen.»

Die Saaldiener hatte man in schwarze Galakleider gesteckt und mit einem vergoldeten Degen versehen. Die Distinguiertheit der Faktoten schien die Deputierten freilich wenig zu beeindrucken. Sie liefen, nach Reichardts Reportage, «großenteils in tiefem Negligé», manche auch in Stiefeln und Sporen «unaufhörlich in dem Mittelgang umher», klopften «mit ihren Stöcken an die Stiefel», husteten und schneuzten sich ungebärdig, sprachen laut miteinander... «Da mag nun der Präsident mit einer ungeheuren Glocke klingeln und Silence! en places Messieurs! rufen, wie er will; die huissiers mögen sich neben solch herumirrende oder laut redende Deputierte stellen, zischen und in die Hände klatschen, wie sie wollen: die Herren kehren sich eben so wenig daran; wie ungezogene Knaben in einer Schule, die schon wissen, daß der alte Herr Rektor nicht zuschlägt...»

Solch anarchische Aufführung verletzte den Ordnungssinn der Deutschen. Es empörte sie besonders und nicht zu Unrecht, daß die Minorität stets ausgezischt und ausgelacht wurde: «Dadurch», schrieb Reichardt, werde «schlechterdings alle Freiheit der Meinungsäußerung und der Stimmabgabe aufgehoben», kurz, in der ganzen Form sei «nicht die geringste Spur von Anstand und Würde». Trotzdem zog es Reichardt und seinen unbekannten Begleiter immer wieder zur Manege zurück. Oft saßen sie wie gebannt von morgens neun bis nachmittags um vier auf ihren Plätzen, aßen danach in einem der Restaurants des Palais Royal teuer und gut zu Mittag, eilten gegen sieben in die rue Saint-Honoré zu den Jakobinern, wo sie oft bis elf Uhr in der Nacht den Reden lauschten. Im Klub traf der Kapellmeister seinen schlesischen Landsmann Oelsner an, der ihm die Prominenz der revolutionären Gesellschaft vorführte, vor allem den Bierbrauer Santerre aus der Vorstadt Saint-Antoine, der nicht viel später Kommandeur der Pariser Nationalgarde werden sollte: «Ein großer, starker, schöner Mann mit sehr tüchtigem und zugleich feinem Gesicht», der sich übrigens rühmte, nach dem Herzog von Orléans der beste Reiter von Paris zu sein.

Der Zeuge aus Berlin wollte, wenn es denn anging, alle großen Köpfe der Revolution besichtigen. Er sah den Grafen Condorcet und beschrieb ihn als einen «wohlgebildeten Mann, etwas über vierzig Jahre» (in Wirklichkeit war er fast fünfzig): «Eine fein gebogene Nase, ein angenehmer Mund, eine etwas blasse Farbe und auch eine ganz angenehme... Gestalt geben ihm» – wie anders? – «das Ansehen eines feinen Mannes». Doch auch dies registrierte das kritische Auge des Preußen: «Eitelkeit und Selbstzufriedenheit leuchten aber aus jedem Zug, jedem Wort und jeder Bewegung... hervor. Dies ist überhaupt der herrschende physiognomische Charakter der Nationalversammlung...» An Brissot, dem passionierten Redner des linken Flügels, beobachtete er den kleinen Wuchs und das fast «gemeine Ansehen»: «Seine gelb-graue Farbe und etwas gelb gefärbten Augäpfel verraten seine stets kochende, überlaufende Galle», auch habe er bei ihm «nie einen heiteren Blick, ein freies Lächeln» bemerkt. Alles was er ihn sagen hörte, weise auf eine «boshafte Absicht» hin, und fast alles was er vorbringe, laufe «auf Denunziationen heraus». Dennoch war es tief beeindruckt als Brissot, eine berühmte Passage aus einer Rede Mirabeaus paraphrasierend, auf das benachbarte Tuilerien-Schloß deutete und ausrief: «Ich sehe von dieser Tribüne die Fenster des Palastes, wo verräterische Ratgeber den König, den uns die Constitution gab, irre führen und betrügen; wo verräterische Ratgeber Ketten schmieden, um das Volk in Fesseln zu legen; wo verräterische Ratgeber die Intrigen bereiten, die (das Volk) dem Österreichischen Hause überliefern soll. Ich sehe die Fenster des Palastes, wo man eine Gegenrevolution anspinnt und wo man die Mittel berechnet, wodurch man uns in die Schrecknisse der Sklaverei zurückstürzen will, wenn man uns erst durch alle Unordnungen der Anarchie und durch jede Wut des Bürgerkrieges gejagt haben wird.»

Jaques-Pierre Brissot, Sohn eines Gastwirts, aus Chartres gebürtig, hatte in der Legislative seinen Platz unter den Abgeordneten der Gironde gesucht, und er wurde rasch ihr prominentester Sprecher: hart und unversöhnlich in seiner Kritik am Königshaus und der Hofpartei, immer peitschender in seinen Anklagen, zugleich zu einer kriegerischen Auseinandersetzung drängend, um dem drohenden Angriff der Emigranten-Armeen und der deutschen Großmächte zuvorzukommen. Robespierre warnte: «Auch ich will den Krieg, doch wie ihn das Interesse der Nation gebietet. Zähmen wir (zuerst) unsere inneren Feinde, marschieren wir dann gegen die äußeren Feinde...» Man müsse die Nationalgarden mit Waffen ausrüsten, man müsse das Volk bewaffnen!

Brissot aber rief, die Revolution habe die gesamte Diplomatie erschüttert. «Die Völker werden sich erheben!» verkündete er voller Hoffnung. Vermutlich stellte er sich den fast flehentlich herbeigewünschten Krieg als einen Blumenfeldzug vor. Robespierre aber meinte skeptisch und realistisch, daß niemand «bewaffnete Missionare» liebe.

Beide schien es wenig zu scheren, daß der Konflikt der Parteien die Nation immer tiefer zerriß – im Gegenteil: Sie wollten die Verschärfung des inneren Kampfes. Reichardt bediente sich eines etwas zu harmlosen Vergleichs: Wie man einst (bei seiner ersten Pariser Reise) während des großen Opern-Krieges die Anhänger Glucks und die Gefolgsleute seines Gegners Piccini nie in der gleichen Gesellschaft hätte antreffen können, so suchten sich jetzt Royalisten, Feuillants und Jakobiner zu meiden. Manchmal wurde selbst von den Fremden ein Bekenntnis verlangt, zu welcher der politischen Konfessionen sie sich zählen mochten (was der Kapellmeister mit einigem Geschick vermied).

Nein, das war nicht mehr die Welt des Barons Melchior Grimm, der im Herbst des Vorjahres von einer Reise nach Deutschland (die schon eine halbe Emigration gewesen sein mochte) noch einmal nach Paris zurückgekehrt war, um seine irdischen Güter zu ordnen. Im Frühjahr 1791 bereitete er den zweiten und endgültigen Abschied aus der Wahlheimat vor. (Sein Haus und sein Vermögen verfielen, wie aller Emigrantenbesitz, der Beschlagnahme durch den Staat.) Reichardt suchte, die Briefe deuten es an, vergebens Kontakt zu dem alten Herrn. Von seinem Freund Marmontel, dem Hausdichter des Herzogs von Orléans, sagte man, er wolle ganz Paris im Blut schwimmen sehen, um die Jakobiner zu vertilgen, die von den Schülern der Enzyklopädisten nicht geliebt wurden. Der Graf Condorcet war die Ausnahme.

Die inneren Spannungen wuchsen. Kein Tag verging ohne Reibungen und Händel zwischen den Soldaten der königlichen Garde, unter ihnen die Schweizer und die Deutschen, und den bewaffneten Bürgern der Nationalgarde. Noch immer waren fast alle Offiziere der regulären Armee aristokratischer Herkunft, Reichardt verstand sehr wohl, daß ihnen Begriffe wie

«Volkssouveränität» und «Bürgertugend» fern bleiben mußten. Doch er fügte dieser Einsicht mit kühnem Vorausblick hinzu: wenn die Truppen künftig von Männern mit echten militärischen Kenntnissen kommandiert würden, dann werde man sehen, daß der Franzose ein braver Soldat sei. Es werde sich zeigen, daß die unglücklichen Feldzüge (im Siebenjährigen Krieg), die ihn bei den Deutschen lächerlich und verächtlich gemacht hätten, eine Folge der schlechten Führung gewesen seien. Er zweifelte nicht mehr an dem Nahen einer blutigen Krise, und er war erstaunt, daß sich die Greueltaten und Frevel der deutschen Bauernkriege und der englischen Revolutionen noch nicht wiederholt hatten. Die Signale künftigen Terrors übersah er nicht, obwohl er sie kaum wörtlich genug verstand.

In langen Passagen zitierte er die Revue des Hasses, die der Journalist Jacques-René Hébert, Mitglied des Klubs der Cordeliers, in seiner Gazette «Le Père Duchesne» täglich demonstrierte – mit einer Gossensprache, die gelegentlich amüsant, auf die Dauer freilich eher abstumpfend und schließlich langweilig sein mochte: Kaum ein Satz ohne das stereotype «foutre», das bieder mit der deutschen Verwünschung «Zum Teufel!», doch genauer mit dem angelsächsischen «fuck you» übersetzt werden kann. Reichardt notierte Marats schreckliche Sätze: «... was wird das Ende aller der Verschwörungen sein! Wird das Volk siegen, oder nicht? Ludwig XVI., seine Frau, seine Minister und alle die Hauptverschworenen – werden sie auf dem Grèveplatze hingerichtet werden, oder nicht?» Diese «Kannibalen», sagte der bittere «Volksfreund», seien des Hochverrats überführt. Nun müßte «gegen die Minister und alle gekrönten Ungeheuer» ein förmlicher Prozeß eröffnet werden: «Laßt uns die Anarchie durch feierliche Hinrichtungen beenden. Wohlan, Ihr Herren Repräsentanten! Zeichnet Euch aus!»

Tag für Tag wurden Gerüchte über gegenrevolutionäre Machenschaften des Hofes kolportiert, und sie waren nicht alle unbegründet. Tag für Tag wurden die warnenden Stimmen dringlicher. Tag für Tag steigerten sich die Ressentiments – oft bis an den Rand der Hysterie. Eine republikanische Grundwelle drohte die konstitutionelle Monarchie, die nicht viel älter als ein halbes Jahr war, schon wieder aus den Angeln zu heben. Am

Eingang des Jakobinerklubs wurden, nach Reichardts Erzählungen, nun die roten, die phrygischen Mützen zum Kauf angeboten, die man «bonnets de la liberté» nannte. Angeblich entsprachen sie der Kopfbedeckung, die von den freigelassenen Sklaven im klassischen Griechenland getragen wurden. Der Präsident des Klubs, seine Schriftführer, der Redner, viele der anwesenden Deputierten hatten tatsächlich die Freiheitsmütze auf ihre Köpfe gestülpt. «Es ist doch eine gar zu häßliche Form!» rief Reichardt: Auf den deutschen Theatern pflegten die Galeerensklaven mit einer solchen Sack-Mütze aufzutreten. Als ein Redner ohne jene Kopfbedeckung die Tribüne bestieg, schrien die Zuhörer «Le bonnet! Le bonnet!», bis der Gerügte sie aufsetzte. Célestin Guittard, der «Bürger von Paris», schrieb in sein Journal, in acht Tagen werde man fünfzigtausend rote Mützen auf den Köpfen sehen: «Das wirkt wie eine Raserei... Die Mützenmacher können mit der Nachfrage nicht Schritt halten; das ist eine Krankheit, die ganz Frankreich heimsuchen wird.» Wenig später erschien die Mütze, nach Reichardts Bericht, zum erstenmal im Theater: «Auf allen Plätzen, selbst im ersten Rang, saßen eine Menge Männer», die sich mit ihr schmückten. Man gab, mit dem größten Erfolg, Voltaires Tragödie «Der Tod des Cäsar». Beifall von «höchstem Fanatismus», bejubelte das Wort des Brutus: «On demande du sang... Rome sera contente!» – «Man fordert Blut – Rom soll glücklich sein... Tod sei unser Los, ihr tapferen Freunde, wenn nur auch Cäsar stirbt!»

Solch heftigen Applaus für den Aufruf zum Königsmord hatte Reichardt nicht erwartet. Der Sturm, das spürte auch er, würde nicht mehr so lang auf sich warten lassen. Am Ende rief das Publikum nach dem Autor, der sich ein halbes Jahrzehnt zuvor von der Welt verabschiedet hatte (und seit einigen Monaten in der Krypta des Pantheon ruhte). Der Direktor ließ die Büste Voltaires auf das Podium tragen. Unverzüglich erhob sich ein Mensch im Parterre und beantragte feierlich, der Dichter müsse mit der Freiheitsmütze geschmückt werden. «Sie wurde dem feinen alten Faunsgesicht aufgesetzt», berichtete Reichardt, und sie «stand ihm nicht besser als den Statuen Ludwigs XIV. die nationale Kokarde».

Der Bürgermeister Pétion aber ließ die Mitglieder des Jakobinerklubs am 20. März wissen, er zöge es vor, wenn sie sich der «roten Mütze» entledigten, da dieses Zeichen nur Händel und Zwietracht ins Volk trage. «Auf das erste Signal», berichtete Reichardt, «das der brave kluge Präsident dazu gab, fuhren alle... Mützen in die Taschen, und es ward keine mehr im Club gesehen». Der weltkundige Musikant, ein so leidenschaftlicher Freund der Revolution, erlag einer Täuschung. Die Freiheitsmütze kehrte wieder – in einer Szene, die Frankreich und der Welt unvergeßlich sein würde.

XII
Der Krieg und die endlose Krise

Der Kaiser ist tot», notierte Justus Erich Bollmann, der junge Arzt aus Hoya im Hannoverschen, Anfang März 1792 in einem Brief an den Vater: Die Nachricht schien seine gute Laune nicht zu verscheuchen. Erschütterung oder auch nur eine Spur der Betrübnis über das plötzliche Ende Leopolds II., der nur zwei Jahre regiert hatte, heuchelte er nicht. Respektlos fügte er hinzu, zwar trügen König Ludwig – den er den «Fleischklump» nannte –, Marie-Antoinette und der ganze Hof Trauer, aber die Franzosen – die freuten sich. Der Kurs sei gestiegen. Man bekomme für den Louisdor nun schon acht Livres. Allerdings werde der Tauschwert bei der nächsten unangenehmen Nachricht, die nicht ausbleiben könne, auch wieder fallen: «Wer das Geld hätte, könnte was verdienen! – Sehen Sie wohl, daß ich kaufmännisch werde!»

Daß der jähe Wechsel in der Führung des Reiches die letzten Hoffnungen auf einen Ausgleich zwischen Frankreich und den Staaten Deutschlands zunichte machte, sah der gewitzte junge Mensch freilich nicht. Leopold hatte im Dezember des Vorjahres durch seinen Kanzler, den alten Fürsten Kaunitz, eine Note nach Paris schicken lassen, die nicht nur im Jakobinerklub und unter den Mitgliedern des radikalen Flügels der Nationalversammlung als grobe Einmischung in die inneren Angelegenheiten Frankreichs betrachtet wurde, da sie dem Nachbarvolk vorschreiben wollte, wie es seine nationalen Verhältnisse zu ordnen habe. Dennoch hielten der Kaiser und sein Kabinett ein vorsichtiges Zögern für ratsam: den Blick noch immer auf das wehrlose Polen, auf die russische, auf die preußische Konkurrenz gerichtet. Franz II., jünger und forscher, war zur Härte entschlossen, und er schien nicht daran zu zweifeln, daß es einer Koalition der deutschen Fürsten gelingen werde, die Revolutionsarmeen zu Paaren zu treiben und seine Tante Marie-Antoinette samt dem armen Ludwig aus ihrer Gefangenschaft zu erlösen. Die Krönung in Frankfurt – sie fand mit Vorbedacht am 14 Juli 1792 statt – ließ er mit dem ganzen Pomp traditioneller Feierlichkeit ausrichten. Sie wurde – aber das ahnte er nicht – zu einer letzten Demonstration imperialen Glanzes. Georg Forster war Zeuge des grandiosen Schauspiels. Das Pathos des Augenblicks ließ ihn nicht gleichgültig: «Der Kaiser sieht so jung, gutartig und unschuldig aus, daß sein Anblick zu Pferde, mit der Haus-Krone auf dem Haupt, wie er in die Kirche zog, mir und anderen unwillkürlich die Tränen in die Augen brachte...»

Der alte Kurfürst von Mainz, der es unter dem Einfluß seines Beraters Johannes Müller eine Zeitlang vorgezogen hatte, die Nähe Preußens zu suchen und Frankreich mit einer neutralen Haltung zu begegnen, war unterdessen mit einem radikalen Schwenk an die Seite der Österreicher gerückt. Immerhin bewahrte er offiziell noch seine Neutralität. Nun richtete der Freiherr von Erthal für Franz II. einen Fürstentag aus, bei dem sich nach Georg Forsters Beschreibung in seiner Residenzstadt ein ganzes «Pantheon von kleinen Erdengöttern» versammelte. Solchen Glanz hatte die Stadt am Rhein selten gesehen: «Alle Gasthöfe waren mit Prinzen besetzt, die in den kurfürstlichen Palästen nicht mehr Platz gefunden hatten, und alle Privathäuser beherbergten Gäste oder Freunde aus irgendeinem entfernten Winkel von Deutschland. Selbst der mainzische Adel, dessen Ungeselligkeit... berüchtigt ist, sah sich durch den Drang der Umstände zu einigen Schritten veranlaßt, die beinah für Höflichkeit gelten konnten... Bei Hofe folgten Feste, Schmäuse, Konzerte, Bälle, Erleuchtungen, Feuerwerke, verherrlicht durch den unnachahmlichen Zauber unserer Gegend und die majestätische Pracht des Rheins, mehrere Tage hindurch in ununterbrochener Reihe aufeinander...» Zu den Gästen zählten neben dem preußischen König auch der Herzog von Braunschweig, des Schulrats Campe liberaler Landesherr, noch immer der prominenteste unter den deutschen Freimaurern, der dazu ausersehen war, den Oberbefehl über die Koalitonsarmeen zu übernehmen, die sich nun in der Nähe der Grenzen formierten.

Ludwig begegnete den Affronts der Österreicher mit Festigkeit und Würde. Vor einer bewaffneten Auseinandersetzung schien er sich nicht zu scheuen, obwohl er den miserablen Zustand seiner Armee gut genug kannte. Nach seinem törichten Ausbruchsversuch waren angeblich sechstausend von neuntausend seiner Offiziere über die Grenzen geflüchtet. Es fehlten Waffen. Es fehlten Soldaten. Es fehlte vor allem die Disziplin. Die Zahl der regulären Truppen schätzte man auf 120000 Mann. Sie sollten durch Freiwilligenbataillone der Nationalgarde verstärkt werden. Doch nur dreißigtausend von den vorgesehenen hunderttausend Kriegern hatten sich unter den Fahnen versammelt. Seit Anfang Dezember 1791 amtierte Graf Louis de Narbonne als Kriegsminister: ein enger Vertrauter La Fayettes, von dem man sagte, er sei ein illegitimer Sprößling, den König Ludwig XV. – dem er sprechend ähnlich sah – mit der Herzogin von Narbonne-Lara gezeugt habe. Rivarol, der konservative Journalist mit der unvergleichlich frechen Feder, setzte das Gerücht in die Welt, Narbonne habe seine Ernennung zum Kommandeur der Nationalgarden von Besançon im Jahre 1790 einem Zertifikat des Bischofs von Autun verdankt: des Herrn von Tallerand, der mit soviel Brillanz hinter und manchmal auch vor den Kulissen agierte. Den kundigen Lesern deutete Rivarol (in seinem «Petit Dictionnaire des Grands Hommes de la Révolution») ohne allzu behutsame Umschreibung an, daß sich die beiden die Gunst der Madame de Staël zu teilen verstanden. Narbonne indessen avancierte zum offiziellen Freund der gescheiten und temperamentvollen Dame, die ihrem Gatten, dem schwedischen Botschafter de Staël, keine zu zarte Rücksicht schuldig zu sein schien.

Narbonne war willens, sich als ein energischer und tüchtiger Minister zu beweisen. Er trieb die Rüstung voran, so weit es die elende Lage der Finanzen erlaubte. Wie La Fayette, wie fast all seine Freunde unter dem liberalen Adel, wie die meisten Generale der alten Schule erhoffte er vom Krieg die Rettung der konstitutionellen Monarchie. Der Minister äußerte sich präzis: «Der Kriegsschrei wird das Signal der Ordnung sein.»

Nichts anderes erwartete der König. Er wollte den Krieg wie sie alle: vor allem die Girondins, die radikalen Bürger, die Mehrheit der Jakobiner, die Aristokraten von konstitutioneller Gesinnung, die Militärs. Ludwig aber überlegte unter den Einflüsterungen der List, die sich manchmal in der dumpfen Trägheit seines Gemütes regte, daß er nach dem Gebot seiner Interessen nicht den Sieg, sondern die Niederlage Frankreichs wünschen müsse. Er spielte den Patrioten. Er riskierte es, seine gesalbten Schwägern und Vettern auf den Thronen Europas öffentlich vor den Kopf zu stoßen. Doch durch geheime Botschaften setzte er sie alsbald von seinen wahren Absichten ins Bild. An seinen alten Hofminister, den Baron de Breteuil, der sich in Hamburg aufhielt, schrieb er schlau und zugleich verblendet, ein politischer Krieg werde den Bürgerkrieg verhindern und «die Dinge zum Guten wenden». Er setzte hinzu: «Der physische und moralische Zustand Frankreichs läßt es einem Krieg nicht gewachsen sein.»

Trotzdem (und gerade darum): Krieg sollte sein. Doch zu welchem Ziel? Die Königin äußerte sich drastischer als ihr Mann. In hastigen Zeilen an einen Vertrauten sagte die Österreicherin ohne umständliche Tarnung, daß sie den Sieg der französischen Waffen nicht wünsche. Dies war, nicht nur nach revolutionärer Moral, glatter Verrat.

Natürlich versuchten Marie-Antoinette und Ludwig mit oft verzweifelten Mitteln, ihre Krone, ihre Kinder, ihre Köpfe zu retten, und sie glaubten, den Herren der Revolution, die ihnen Konzession um Konzession, Niederlage um Niederlage, Demütigung um Demütigung abgezwungen hatten, Treue, Loyalität oder Ehrlichkeit nicht schuldig zu sein. Aber bei einem Einsatz auf Leben und Tod, auf Krone und Glück muß kühn und zugleich mit der größten Umsicht gespielt werden. Fahrlässigkeiten werden gnadenlos bestraft. Der Dilettantismus, der Leichtsinn, die blanke Torheit des Herrscherpaares und seiner Umgebung aber schienen ans Närrische zu grenzen. Im Herbst 1792 fielen den Radikalen kompromittierende Dokumente in die Hände, die der König in einem Kästchen sorgsam aufbewahrt hatte, nur oberflächlich verborgen, vor Zugriffen kaum geschützt – in seinem Schloß, mitten in Paris, im Zentrum des

Sturms! Es schien ihm nicht in den Sinn gekommen, daß er die Papiere besser verbrennen oder durch einen Vertrauten in ein sicheres Versteck draußen auf dem Land bringen lassen sollte. Es war, als sehnte er den eigenen Untergang heimlich herbei.

Ludwigs Politik, die man früher eher zerstreut, inkonsequent und auf erschreckende Weise schlecht informiert nennen mochte, war fahrig geworden. Sie entsprach damit der Nervosität der revolutionären Eliten, die auf die Zusammensetzung des Kabinetts und den täglichen Gang der Geschäfte nur einen begrenzten Einfluß hatten. Viermal wechselte der König in einem halben Jahr die wichtigsten Minister aus. Narbonne wurde am 11. März 1792, nach einer Amtszeit von gut vier Monaten, schon wieder entlassen. Vielleicht hatte er seinen Auftrag zu ernst genommen. Oelsner nannte ihn einen «Mann von Genie und wirklicher Aufklärung». Einige unbedachte Ausdrücke des Ministers, so schrieb er an seinen Freund Halem, hätten genügt, die Abgeordneten gegen ihn aufzubringen. Unverzüglich wurde ihm «das Portefeuille abgefordert». Es war auch denkbar, daß Marie-Antoinette bestrebt war, den engen Freund La Fayettes so rasch wie möglich aus der Verantwortung zu entfernen. Ihr Haß auf den Grafen, dessen Ruhm längst nicht mehr blühte, schien unerbittlich zu sein. Ihn und niemand anders machte sie für ihr Elend verantwortlich. Marat aber forderte in seinem «Volksfreund», keiner der entlassenen Minister dürfe sich aus Paris entfernen, auch Narbonne nicht, ehe sie nicht Rechenschaft über die Verwaltung der Gelder abgelegt hätten, die ihnen anvertraut waren. Die Gesetzgebende Versammlung debattierte aufs heftigste ein Dektret, das diesem Verlangen genügen sollte.

Mißtrauen war angebracht – vielleicht nicht gegenüber Narbonne, dem keine Bereicherung nachgewiesen wurde, sondern nur seine hochmütige Verachtung bürgerlicher Tugend. Der Musiker Reichardt berichtete, einer seiner Pariser Freunde habe eine lange Unterhaltung mit dem Minister über die Begriffe «liberté» und «libertinage» geführt. Wenn er sich durchaus für eines von beiden entscheiden müsse, habe ihm Narbonne geantwortet, «so nehme er keinen Anstand, sich für libertinage zu erklären». Seinem Freund Talleyrand konnte man weder eine erotische, noch eine pekuniäre Enthaltsamkeit nachsagen. Der Bischof brachte, vom Spielteufel besessen, in den Kasinos in einer Nacht ganze Vermögen durch (nur einmal, nach dem Föderationsfest 1790, war das Gold in all seine Taschen geregnet). Ihn trieb ein unersättlicher Hunger nach Geld um. Angeblich ließ er sich vom spanischen Hof Hunderttausende zuschieben, und er akzeptierte, laut Jean Orieux, horrende Summen von dem russischen Agenten Baron Simolin (wie Mirabeau auch). Der heimliche Bevollmächtigte der Zarin in Sankt Petersburg behauptete später in seinen Memoiren, er habe in Paris eine Million und zweihunderttausend Pfund verteilt. «Alle waren gekauft oder käuflich», schrieb Orieux.

Conrad Engelbert Oelsner schienen die chronischen Gerüchte über die generelle Korruption mitunter zu quälen: «Die unaufhörlichen Klagen über Bestechung», schrieb er, «fallen ins Abgeschmackte» – es gebe keine Meinung, die nicht als bezahlt verschrien werde. Doch seufzend fügte er hinzu: «Aber zuverlässig ist die Korruption ungeheuer und bei weitem größer, als sich die ehrlichen, ununterrichteten Leute vorstellen.» In einem seiner nächsten Briefe teilte er den Verdacht mit, der Hof bezahle selbst die Pariser Leierkastenmänner, um sie davon abzuhalten, das verhaßte Kampflied «Ça ira!» zu spielen.

Dies mochte eine Übertreibung sein, doch keine allzu absurde, denn die Parteien versuchten, einander in einem Kleinkrieg der Bösartigkeiten, der Prestigeverletzungen und lächerlichen Provokationen aufzureiben. Jenes schlechtgelaunte Dekret, das dem König die Titel «Sire» und «Majestät» verweigern sollte, wurde zwar korrigiert, aber es blieb dabei, daß Ludwig auf seinen goldbestickten Thronsessel verzichten mußte, wenn er in der Nationalversammlung erschien: sein Stuhl durfte nicht größer, nicht höher, nicht prächtiger sein als der des Präsidenten der Legislative. Der geschwächte Monarch rächte sich durch die unwirsche Behandlung, mit der er diese und jene Abgeordneten bestrafte. Doch es gab keinen Zweifel, daß er den Gang der Dinge immer weniger zu bestimmen vermochte. Auch mit der Waffe des Veto richtete er nicht mehr viel aus. Er reizte den radikalen Flügel der Gesetzgebenden Versammlung, verärgerte die Mitglieder der Klubs, brachte vor allem das Volk in den Vorstädten auf, dem es durch Mangel und Teuerungen ohnehin die Stimmung verschlagen hatte. Dank der guten Ernte des Jahres 1791 hätte die Brotversorgung in der Hauptstadt gesichert werden können. Aber die Lieferungen stockten, weil es die Bauern störrisch ablehnten, sich mit Assignaten bezahlen zu lassen. So flammten von neuem Hungerunruhen auf. Dem geringen Einkommen der Handwerker und ihrer Gehilfen liefen die inflationären Preise davon. Kaffee und Zucker waren fast unerschwinglich geworden. Revoltierende Meuten brachen in den ersten Monaten des Jahres 1792 plündernd in die Kaufläden ein. Selbst die Textilarbeiterinnen in der rue des Gobelins streikten, und sie stahlen, was das Zeug hielt. Für die Zeiten der Krisen schienen die liberalen Begriffe von der Wirtschaft, denen die gesamte aufgeklärte Bürgerschaft anhing, die Mehrheit der Jakobiner nicht ausgenommen, kaum geeignet zu sein. So forderten die Vertreter der ärmeren Sektionen von Paris mit zunehmender Heftigkeit den Erlaß eines «Maximums» – nämlich die Fixierung von Höchstpreisen, wie sie der dirigistischen Tradition der vergangenen Epoche entsprachen.

Um die wachsenden Pressionen aufzufangen, entschloß sich die Hof-Partei im März 1792, einige prominente Politiker der Gironde und ihrer radikalen Gefährten in das Kabinett zu berufen. Jean-Marie Roland de la Platière, ein erfahrener Generalinspektor staatlicher Manufakturen – 58 Jahre alt, redlich und rechtlich –, wurde zunächst mit dem Justiz-, dann mit dem Innenministerium betraut. Damit erfüllt sich vor allem der Ehrgeiz seiner begabten und unruhigen Frau Jeanne-Manon Philipon, einer jungen Pariserin aus mittleren Verhältnissen, die sich zu lang in der Provinz gelangweilt hatte. Man sagte ihr nach, daß sie eine lebhafte erotische Ausstrahlung aufs erfolgreichste mit ihrer Lust an der Macht zu verbinden wußte. Sie führte eine glänzende Feder, und sie hatte eine böse Zunge. Ihre Briefe und Memoiren gehörten zu den bewegenden Zeugnissen der Epoche. Der Charme ihres Stils ließ das hochgespannte Pathos, das bei so vielen der Revolutionäre zur Routine erstarrte, erträglicher, ja manchmal liebenswürdig werden.

Für Manon, ihren Mann, ihre Freunde war die konstitutionelle Monarchie nur ein fragwürdiger Zwischenhalt auf der

Straße des Fortschritts. Sie wollten, wie es der Schweizer Historiker Urs Bitterli ausdrückte, eine «kontrollierte Revolution», aber ihr Ziel war die Republik: der Bürgerstaat von römischer Größe und griechischer Würde. Der Krieg würde helfen, ihm näherzukommen. Ludwig und Marie-Antoinette erhofften freilich das Gegenteil.

Das Finanzministerium übernahm Étienne Clavière, ein Schüler seines Genfer Landsmannes Necker, lange Jahre der Hauptgehilfe des Grafen Mirabeau. Das Außenministerium eroberte der Generalleutnant Charles François Dumouriez, 53 Jahre alt, ehrgeizig, temperamentvoll, aufgestiegen unter der Protektion der Gräfin du Barry, dieser heimlichen Herrscherin am Hof Ludwigs XV. Seine Karriere wurde durch einen Aufenthalt in der Bastille auf unleidliche Weise unterbrochen: Man warf ihm vor, er habe einen Teil der geheimen Gelder in den eigenen Sack gesteckt, die ihm für seine diplomatischen Missionen in Polen und Schweden anvertraut worden waren. Am Anfang der Revolution suchte er die Nähe La Fayettes. Später fand er seine Verbündeten eher beim linken Flügel der Jakobiner. Schließlich verband er sich mit Brissot und den Girondins. Man sagte von ihm, daß er Österreich hasse und Preußen bewundere. Damit war ein Akzent gesetzt.

Am 20. April 1792 wurde dem König von Böhmen und Ungarn der Krieg erklärt: Die Erklärung galt nicht dem deutschen Kaiser, konnte es auch nicht, weil Franz II. noch nicht gekrönt war. Den Franzosen kam dieser Umstand gelegen. Man wünschte zunächst nur den Konflikt mit dem Stammhaus der verhaßten «Österreicherin», nicht mit den Fürsten des Reiches, vor allem nicht mit Preußen, das – so die Absicht des neuen Außenministers – womöglich doch überredet werden könnte, sich von einer bewaffneten Auseinandersetzung fernzuhalten. Das war Augenwischerei.

Also war Krieg. Der Bürger Célestin Guittard vermerkte in seinem Tagebuch trocken, die Kriegserklärung lasse keinen Kompromiß zu. Nun gelte es eben, «zu siegen oder zu sterben». «Ich finde», sagte er noch, «das heißt, viel zu riskieren.» Fürs erste hefteten die revolutionären Armeen keinen Ruhm an ihre Fahnen. Am Vorabend des Ausbruchs der Feindseligkeiten hatten die Kommandeure – der alte Luckner, der Amerika-Veteran Rochambeau und La Fayette, dem die dritte Armee anvertraut worden war – von der Regierung gefordert, man müsse zunächst der inneren Unruhe Herr werden. Dies setze voraus, daß man den Respekt vor der Religionsfreiheit wiederherstelle. Das war kein unvernünftiges Verlangen, denn immer wieder brannten draußen in der Provinz Rebellionen auf, geschürt vom Haß der unversöhnten Priester.

Der drohende Krieg hatte einige der Revolutionstouristen aus Deutschland rasch vertrieben. Der Kapellmeister Reichardt war seiner Wege gezogen, ernüchtert, kritisch, doch keineswegs zum Gegner der Revolution geworden. Der Preuße Archenholtz verzichtete ohne zu großen Schmerz auf die Hoffnung, im Land der Freiheit eine neue Heimat zu finden. Vergebens war seine Reise nicht. Er hatte wichtige Einsichten gesammelt. Der Krieg, davon war er überzeugt, würde für die deutsche Koalition kein Sonntagsausflug sein, trotz des elenden Zustandes der französischen Armee: Die friderizianische Strategie erlaube, das war sein wichtigstes Argument, durch die schwerfällige Organisation des Nachschubes nur einen langsamen Vormarsch. Überdies bescheinigte er dem französischen Patriotismus, daß er gegenüber dem alt-preußischen Drillsystem Soldaten von überlegenen Qualitäten erziehe.

Seit Januar 1792 erschien unter Archenholtz' Verantwortung die Zeitschrift «Minerva» (bei Unger in Berlin), deren Inhalt sich auf die Darstellung der Ereignisse in Frankreich konzentrierte. Der Redakteur hatte in Paris die wichtigsten seiner Mitarbeiter angeworben: Oelsner vor allem, der für ihn eine Serie von «Briefen» zu schreiben bereit war, trotz des unterschiedlichen Urteils, das die beiden – vom Beginn ihrer Gespräche an – voneinander entfernte.

Der Schlesier stand nun ganz im Bann der Girondins. Er teilte ihr tiefes Mißtrauen gegen die Hof-Partei der Feuillants, gegen den König selber und mehr noch gegen Marie-Antoinette. In seinem Herzen war er vermutlich ein heimlicher Republikaner, und die Verfassung – darauf wies Klaus Deinet in seiner Studie über Oelsner mit exakter Beweisführung hin – galt ihm nicht länger als sakrosankt. Archenholtz hielt es, was Wunder, schon nach einigen Ausgaben der «Minerva» für nötig, sich von Oelsner, den er als einen Jakobiner «von der sehr gemäßigten Klasse» bezeichnete, in seinen redaktionellen Anmerkungen auf etwas nasale Weise zu distanzieren. Der Schlesier fand, als eine Kooperation nicht länger möglich war, ein neues Publikationsfeld in Ludwig Ferdinand Hubers «Friedenspräliminarien», die der Schüler Georg Forsters und Hausfreund der Therese nach der Übersiedlung der beiden ins schweizerisch-preußische Neuchâtel mit einigem Erfolg publizierte. Ein anderes Forum bot später der radikale Schweizer Demokrat Paul Usteri mit seiner «Klio».

Der freche Bollmann, der Archenholtz zuerst in Mainz, dann in Paris des öfteren begegnet war, betrachtete den einstigen Offizier ohne Sympathie: er sei «ein roher, physisch und moralisch häßlicher politischer Kannengießer», sagte er. Ein Freund aus Deutschland habe ihm geschrieben: «Archenholtz ist der Mann nicht, von einem solchen Schauspiel (wie der Französischen Revolution) den Geist aufzusuchen; er hascht nur nach Anekdoten, und was er hört und sieht, ist ihm ein Warenartikel; es bedürfte gegenwärtig in Frankreich eines wirklichen Abgesandten der Menschheit, dieser ist nichts als ein literarischer Krämer!!» Seine größte Stärke sei seine Kenntnis der «Buchhändlerkniffe». Natürlich fand Bollmann die Honorare zu schäbig. In der Liste der Mitarbeiter war sein Name denn auch nur einmal verzeichnet, obwohl der junge Mediziner mit der Feder talentiert, unbefangen und voller Ironie umzugehen vermochte.

Ein kleines Zubrot hätte er wohl gebraucht. Der Londoner Erbonkel, der auch Geschäfte in Paris betrieb, erwies sich als ein knauseriger Patron: Ein «trauriges, bemitleidenswertes Gemisch von Gutheit im Stolz, Anmaßung und Kleinheit» nannte ihn der respektlose Neffe. Der Alte setzte ihm dreihundert Taler aus und nicht einen Groschen mehr. Bollmann befand, daß er sich mit seinen (noch kaum geübten) Künsten als Chirurg durchschlagen müsse und kaufte das notwendige Besteck. «Ein gichtbrüchiger Ludwigritter», erzählte er der Tante in Karlsruhe, «behaftet mit dem Spleen des übermäßigen Glaubens an ausländische Ärzte, verschaffte mir bald eine ziemlich beträchtliche gichtbrüchige Bekanntschaft, wodurch ich in den Stand gesetzt wurde, zuerst wenigstens rechtlich zu existieren...»

Nach und nach fanden sich andere Patienten ein – leider «nur zwei, bei denen ich auf eine Belohnung rechnen kann, wenn ich sie wieder herstelle». Die übrigen waren Arme, denen er die Medikamente kaufen mußte.

So blieb ihm Zeit genug, das Leben in Paris zu studieren. Die Häuser, sagte er, seien so hoch, daß man glaubte, sich in einer Felsspalte fortzubewegen. Die Leute in den unteren Stockwerken könnten den Himmel nicht sehen, «es sei denn, daß sie rückwärts den Kopf zum Fenster hinausstrecken...» Das Pflaster senke sich von den Häusern zur Mitte der Straße, sei stets von dickem Kot bedeckt: «Pferde, Kutschen, Karren, Menschen und Esel arbeiten denselben gemeinschaftlich durcheinander» – einen Fußweg suche man vergebens. Doch das Ungemach des Verkehrs schien, nach der Einsicht dieses raschen Hannoveraners, einen gewissen Einfluß auf den französischen Nationalcharakter auszuüben: «Jeder weiß, daß körperliche Gewandtheit, Umhersicht, Schlauheit, leichter Übergang der Ideen etc. seine Hauptzüge sind. Allein eben des vielen Schmutzes wegen ist man gezwungen, beständig auf den Fußspitzen zu balancieren, und die Notwendigkeit, sich beständig um Savoyarden, Perückenmacher und dergleichen Leute (herum-)zuschieben, macht tausend Biegungen und Stellungen unentbehrlich, wenn man anders das Aussehen eines rechtlichen, reinlichen Mannes zu bewahren wünscht. Zugleich ist die Menge der schnellfahrenden Kutschen und Kabriolen so groß, daß man fast zu gleicher Zeit vorwärts und rückwärts sehen muß, um sein Leben in Sicherheit zu bringen. Diese Umstände nun zusammen geben die Behendigkeit des Körpers und Geistes, welche den Franzosen auszeichnen. Beim ersten Anblick kann dies lächerlich scheinen, es ist's aber nicht, wenn man bedenkt, daß der Charakter eines Volkes nach dem Charakter der Hauptstadt sich bildet, und daß kleine Umstände, die aber beständig wirken, die größten Dinge hervorbringen.»

Der Pariser betrachte die Revolution als sein Werk, bemerkte er, und in der Hauptstadt sei der «Demokratismus» stärker ausgeprägt als draußen im Land – damit freilich auch die Zwietracht unter den Parteien. Schon in Straßburg hatte er festgestellt, wie tief die Gesellschaft zerklüftet sei. An die Karlsruher

Vertraute berichtete er, die Mitglieder des deutschen Jakobinerklubs seien so heftig aneinander geraten, «daß die Wache kommen mußte, sie zu beruhigen». Er zitierte auch einen «sehr einsichtsvollen Mann», der ihm sagte: «Die Klubs sind ein Zusammenfluß der Kanaille, die guten Köpfe und redlichen Männer müssen schweigen. Die Kanaille ruiniert den Staat.» An anderer Stelle warf er den Klubs vor, sie tyrannisierten das Volk, und ihre Mitglieder seien der «neue Adel». In Paris notierte er: «Die Demokraten haben die Wut und die Aristokraten den Witz auf ihrer Seite. Geforscht, gegrübelt und gesprochen wird unendlich viel, ausgemacht wird nichts. Und wo wird das Alles hinausgehen? Die französische Konstitution muß das Herz jedes Biedermanns ergreifen, wenn er sie liest; sie ist ein herrliches Ideal, so wie die Republiken von Plato, Diogenes...» Oelsner – erfahrener und sensibler – schrieb: «Wenn die (Häupter) der Jakobiner Schwärmer sind, so sind die Feuillants Heuchler.» Beide betrügen sich wie triftige Polemiker, die in ihrer Bibel alles fänden, was sie daraus beweisen wollten, kurz: Sie verhielten sich wie rechte Ideologen, die sich rasch daran gewöhnten, die Realitäten nach ihren Ansichten zu ordnen.

Die Verfassung, bemerkte der junge Bollmann etwas altklug, setze ein «unverdorbenes» Volk voraus, das «unmittelbar aus der Hand der Natur käme». Was aber sei die Konstitution, fragte er, für ein Volk «auf dem Gipfel des Luxus und der Kultur? – Eine schöne Maschine, aber die nie gehen kann, weil jedes der einzelnen Räder zuviel Widerstand und Reibung findet.» Viele glaubten das nicht. Sie seien hingerissen von der «idealischen Schönheit», sie kämpften mit Leib und Seele, doch sie seien nichts anderes als «Ritter von der traurigen Gestalt». Die Verfassung betrachtete er als eine Art «reiner Religion» – doch «eine Religion für den Denker, nicht für das Volk». Ein Freund des Ancien Régime war der junge Mann freilich nicht, eher von grundliberaler Gesinnung. Den König nannte Bollmann wie alle Welt in Paris «Monsieur Veto»: Er befinde sich recht wohl und er sähe, «wegen der Dicke seines Bauches seine Kniee nach der Revolution so wenig als vor derselben».

Eine Prosa von solch herzhafter Unbefangenheit, darum der Realität der Ereignisse oft näher als manche gelehrte Abhandlung, schmeckte dem ernsten Archenholtz nicht. Der Preuße aber war zufrieden, daß er in Paris dennoch einen Korrespondenten gefunden hatte, der seinem Anspruch auf Seriosität und seinem Respekt vor der Würde der Geschichte eher entsprach. Viele kleine und große Artikel in den ersten Heften der «Minerva» waren mit der Initiale «R.» gezeichnet. Sie stand für Carl Friedrich Reinhard, den schwäbischen Theologen, der im vergangenen Jahr mit den Abgeordneten der Gironde von Bordeaux in die Hauptstadt gelangt war. Er verfaßte «historische Nachrichten», übersetzte Anekdoten, Zitate aus den Pariser Journalen, Auszüge aus Reden und Abhandlungen. Mit vollem Namen zeichnete er, wie sein Biograph Wilhelm Lang berichtete, nur einen Beitrag: das Postskriptum zu einem Brief des eher konterrevolutionären Essayisten und Polemikers André Chénier, ein Bruder von Marie-Joseph Chénier, den man als eine Art Großdichter der Revolution bezeichnen könnte. André hatte den Klub der Jakobiner frontal attackiert. Er sprach von «zwei- oder dreitausend Usurpatoren der Volkssouveränität», und die Rebellen aus den Vorstädten denunzierte er als «einige Haufen von Banditen, die die Krämerläden plünderten» – man nenne sie «mit beispielloser Unverschämtheit das Volk!» Da Reinhard selber dem Klub angehörte, kostete es ihn wohl einige Überwindung, das Stück zu präsentieren. Es ist anzunehmen, daß er damit einen Wunsch des Herausgebers erfüllte.

Ob durch die Vermittlung von Conrad Engelbert Oelsner oder des Grafen Schlabrendorf, ob durch ein Arrangement seiner Freunde von der Gironde: wichtiger war seine Begegnung mit dem Abbé Sieyès, der an dem schwerblütigen, ein wenig verschlossenen Schwaben mit den strengen Zügen Gefallen fand. Reinhard schien, dank seiner philosophischen Bildung, der rechte Mann zu sein, dem Abbé das Denken Immanuel Kants aufzuschließen. In einem Brief hatte Sieyès gefragt, ob es der Mühe wert sei, Zeit auf das Studium des Königsberger Weisen zu verwenden und ob die Vertretung seiner Lehre dem allgemeinen Nutzen diene. Reinhard schrieb zurück, die Kantschen Schriften seien «weitläufig und schwer und erforderten schlechterdings mehr Zeit und mehr Muße als Ihre unruhevollen politischen Geschäfte Ihnen verstatten». Es sei indessen nicht so schwierig, eine bündige Vorstellung von Kants Werken zu geben: «Ich werde ihnen nicht die Worte, sondern den Geist derselben mitteilen, und sie mögen dann selbst urteilen...»

Man konnte Reinhard nicht vorwerfen, daß er die intellektuellen Kapazitäten des Abbé Sieyès zu heftig herausgefordert hätte. Seine Briefe blieben, nach einer Formulierung Wilhelm Langs, «im Vorhof der Kantischen Lehre stehen», und noch ein halbes Jahrzehnt später bemerkte Wilhelm von Humboldt, daß die Begriffe des Abbé von deutscher Philosophie eher oberflächlich seien. Sieyès aber, darauf kam es an, war nach wie vor ein Mann von Autorität, obwohl er sich auf der Bühne der Revolution nun seltener zeigte und sich eher im Hintergrund hielt. War er es, der Reinhard dem Außenministerium empfahl? Oder lenkten die Freunde von der Gironde die Aufmerksamkeit des neuen Ministers Dumouriez auf den Schwaben, der Fleiß, Gründlichkeit, eine eindrucksvolle Bildung mit einer nicht unbeträchtlichen Fähigkeit zur Anpassung an wechselnde Situationen zu verbinden schien? Seine etwas fleischige Nase zeigte wohl den Eigensinn an, der in seiner Heimat des öfteren gedieh, freilich auch eine Art von erdhafter Sensualität. Der Mund aber schien früh eine Tendenz zur Säuerlichkeit zu verraten, die auch nicht völlig unschwäbisch war. Später hielt Wilhelm von Humboldt in seinem Tagebuch fest, Reinhard zeige in seinem Äußeren einen «kalten Stolz», der wohl mehr «aus einer Art der Verlegenheit und Ungelenkigkeit» rühre: «Denn eine gewisse deutsche und schwäbische Breite und Steifigkeit verraten sich überaus sichtbar in seiner Gestalt und in seinen Manieren.» Seine Figur sei merkwürdig: «Er ist ungewöhnlich groß und breitschultrig, und zwischen dem Ober- und Unterteil seines Leibes ist ein gewisses Mißverhältnis und eine sonderbare Verschiedenheit der Richtung. Das Gesicht geht von der Stirn zum Kinn flach nach vorn herunter und ist vorzüglich in den Kinnladen sehr breit. Sein Auge aber ist nicht ohne Geist und Feuer.»

Mitte April 1792, noch vor der Kriegserklärung an den König von Böhmen und Ungarn, schickte die französische Regierung einen neuen Gesandten nach London, der die Aufgabe hatte, die Briten davon abzuhalten, in die Koalition Österreichs und Preußens einzutreten: den jungen Herzog von Chauvelien, dem keine diplomatischen Erfahrungen nachgesagt werden konnten. Diesem liberalen Aristokraten war allerdings eher die Funktion eines Strohmannes zugedacht worden – für den einstigen Bischof von Autun, den Herrn von Talleyrand-Périgord, der sich im Januar jenes Jahres schon einmal nach London begeben hatte, um den Premierminister Pitt und seinen König zu einer neutralen Haltung zu verpflichten. Das Unternehmen war kein Erfolg. «Der König beachtete ihn nicht», schrieb Jean Orieux. «Als der Königin sein Name genannt wurde, drehte sie ihm den Rücken zu.» Pitt tauschte nur einige kühle Floskeln mit ihm aus: Seine Mission sei nicht offiziell und könne darum keine Ergebnisse bringen.

Dem Marquis de Chauvelin wurde als Legationssekretär Carl Friedrich Reinhard zugeordnet, der vor dem Antritt seines Amtes – auch als Revolutionär stets korrekt – den Herzog Carl Eugen von Württemberg um Entlassung aus dem Verband des Tübinger Stiftes und damit aus dem Dienst der Kirche ersuchte. Sie wurde ihm von dem gnädig gestimmten Despoten gewährt – «und zwar in Hinsicht seines bisherigen rechtschaffenen Betragens ohne Kostenersatz». Wollte der angeblich so grimmige Tyrann in Paris um ein wenig gut Wetter bitten? Oder war er generöser, als es ihm die Legende zubilligen will?

Wie immer es sich damit verhielt: Reinhard und der Gesandte hatten den Auftrag, eine zweite Reise Talleyrands vorzubereiten. Der einstige Prälat hatte nun einen Brief des Königs in der Tasche, und es gelang ihm in der Tat, die Briten zu einer Neutralitätserklärung zu überreden. Das war weniger als das eigentliche Ziel seiner Verhandlungen: den Abschluß eines Bündnisses. Orieux nannte das Unternehmen, zu Recht, einen «halben Erfolg». In Paris hatte man Anlaß, auch für dieses Ergebnis dankbar zu sein.

Der Krieg nahm keinen guten Gang. Der patriotische Schwung, den Archenholtz vorausgesagt hatte, wollte sich fürs erste nicht einstellen. Wohl hatte Merlin de Thionville, ein feuriger Abgeordneter von heftiger Radikalität, mit hohem Enthusiasmus verkündet: «Man muß den Königen den Krieg und den Nationen den Frieden erklären!» Die Nationen jenseits des

Rheins aber, so schien es, wollten nicht hören. Der Graf Condorcet präzisierte die Formel in der «Chronique de Paris»: «Friede den Hütten, Krieg den Palästen!» rief er mit schönem Elan. Doch das grandiose Wort verfing nicht – noch nicht. Die Generale nahmen es nicht auf. Ihr Angriffswille erlahmte rasch. Sie zögerten, kein Wunder, mit ihren unzulänglichen und schlecht gerüsteten Truppen den Gegner zur Schlacht herauszufordern. Überdies wollten sie, wie es ein Historiker ausdrückte, «Paris im Auge behalten». Das galt zumindest für La Fayette, den der König am Ende des vergangenen Jahres schweren Herzens zum Befehlshaber der Mittleren Armee mit dem Hauptquartier in Metz ernannt hatte. Ihn flankierte zur Linken die Nordarmee unter dem Befehl des Grafen Rochambeau, dem Veteran des amerikanischen Unabhängigkeitskrieges, der mit Washington und La Fayette die entscheidende Schlacht von Yorktown gegen die Engländer geschlagen hatte: ein alter Herr von fast 67 Jahren, dem niemand im Ernst vorwerfen konnte, daß er die Loyalität gegenüber dem König nicht mit dem Respekt vor der Verfassung zu vereinen suchte. Er war im Dezember 1791 zusammen mit dem deutschen Baron Nicolas Luckner zum Marschall von Frankreich ernannt worden – auch der ein betagter Krieger von siebzig Jahren. Beide hatten den höchsten militärischen Rang, den Frankreich zu vergeben hatte, nicht durch den Ruhm genialer Strategie oder durch Beweise ihrer Brillanz als Heerführer erlangt, sondern eher durch die bloße Anciennität und ihre Bereitschaft, auch für die revolutionäre Nation gehorsam zu Felde zu ziehen.

Luckner, der aus Cham im Bayerischen Wald stammte, erfüllte das klassische Bild des alten Troupier. Er hatte dem Kurfürsten seines Heimatstaates Bayern, dem deutschen Kaiser und dem Kurfürsten von Hannover mit gleichem Eifer und gleicher Korrektheit gedient. Erst 1763, am Ende des Siebenjährigen Krieges, war er in die Dienste des französischen Königs getreten und hatte sich redlich nach oben exerziert: eher ein Mann der Kasernen und der Feldlager als des Hofes von Versailles, an dem er sich ein wenig verloren fühlte – schon weil sein Französisch zeit seiner Tage holprig blieb. In Holstein besaß dieser Vorfahr des «Seeteufels» ein Gut, auf dem er gern nach dem Rechten schaute, wenn ihn nicht ein Kommando vom beschaulichen Dasein eines Landedelmannes abhielt. Nach der versuchten Flucht Ludwigs XVI. zeigte er sich ohne Umstand bereit, die Nationalversammlung von seiner Zuverlässigkeit zu überzeugen. Es schien ihn keine Überwindung zu kosten, den Treueid auf die Verfassung zu schwören. Der Ruf der Solidität verschaffte ihm den Befehl über die Rhein-Armee: eine hohe Auszeichnung – und vielleicht eine zu hohe Verantwortung.

Der Alte hatte aufs engste und voller Vertrauen mit dem Kriegsminister Narbonne zusammengearbeitet, um den kommenden Feldzug vorzubereiten. Dem Kapellmeister Reichardt, der ihn in seiner Pariser Wohnung besuchte, gestand er, der König habe ihn durch die Entlassung Narbonnes in die tiefste Verlegenheit gestürzt: «Ich habe ihn um Gottes Willen gebeten, den braven, tätigen, klugen Narbonne nur noch einige Wochen zu behalten, bis es sich entscheide, ob wir Krieg haben werden oder nicht...» Der König aber habe geantwortet, er spreche immer nur von dem Minister: «Habt Ihr denn kein Vertrauen zu mir selbst?» Luckner entgegnete in einer seltenen Anwandlung von Geistesgegenwart, er habe den Minister zwei Tage zuvor nachts um zwei Uhr aus dem Bett geholt, um ihm eine dringende Bitte vorzutragen: «Kann ich um zwei Uhr vor das Bett Eurer Majestät kommen? Kann ich Sie in die Nationalversammlung schikken? Ich muß mich immer an den Minister halten... sonst ist es nichts.»

Oelsner betrachtete den greisen Marschall voller Skepsis: «Das Unglück ist, daß Luckner kein Französisch versteht», sagte er (mit einer guten Portion Übertreibung), daß er «seine Briefe nicht selbst schreibt, außer seinem Fach ein aberwitziger alter Schwachkopf ist, ohne Menschenkenntnis, und bereit, nach Tisch, wenn er getrunken hat, alles zu sagen, was man ihn sagen zu lassen Lust hat». So komme es, daß jeder «verschmitzte Ränkemacher Fangball» mit ihm spielen könne, doch er besitze das volle Vertrauen seiner Soldaten, könne es wohl auch rechtfertigen, «denn die Weinflasche hat nie einem deutschen Feldherrn im Wege gestanden, eine Schlacht zu gewinnen».

Es wurden aber keine Schlachten gewonnen. Der General Dillon, ein Militär irischer Herkunft, trug unter Rochambeaus

Kommando in den späten Apriltagen 1792 den Krieg über die Grenze in die österreichischen Niederlande. Als er vor einem Gegenangriff der kaiserlichen Armee zurückwich, um, wie man sagte, seine Truppen neu zu ordnen, meuterten die enttäuschten Soldaten. Den General Bertois, den Oelsner «brav und patriotisch» nannte, hängten seine Untergebenen an den Füßen auf, ehe sie ihn erschossen. Der Schlesier behauptete, auch Rochambeau und der Herzog von Biron, wie der Marschall ein glänzender Offizier der alten Schule, seien nur mit knapper Not einem ähnlichen Schicksal entgangen. Wenige Tage später lief das Regiment Royal Allemand zum Feind über. Ihm folgte das Regiment der sächsischen Husaren. Scharenweise desertierten die adligen Offiziere. La Fayette und Luckner taten nichts. Sie wollten Zeit gewinnen. Aber wofür? Um den Feind zu schlagen oder am Ende die Revolution zu erwürgen?

In der Hauptstadt wuchs die Unruhe. Die Bürger, zumal in den radikalen Sektionen der Vorstädte, die Mitglieder der Klubs, die Abgeordneten – sie wollten Siege sehen. Aber sie beobachteten einen fatalen Mangel an Angriffsgeist. Sie witterten Verrat. Gerüchte, die von der Wahrheit nicht zu weit entfernt waren, machten den König und die Königin für die Abwesenheit des militärischen Elans im Offizierskorps verantwortlich. Die Deputierten glaubten – auch das nicht völlig zu Unrecht –, sie müßten vor einem Putsch auf der Hut sein. Die Minister der Gironde, mit der wachsenden Feindseligkeit der Hof-Partei konfrontiert (und selber gewiß nicht mit Takt und Diskretion begabt), veranlaßten die Legislative, die konservative Opposition und die Macht des Monarchen durch drei Dekrete weiter zu schwächen. Sie ordneten zunächst – das war nichts als eine törichte Herausforderung – die Deportation der Priester an, die sich weigerten, den Eid zu schwören. Zwei Tage danach lösten sie die königliche Leibgarde auf, und schließlich befahlen sie zehn Tage später, daß vor den Toren von Paris ein Lager für zwanzigtausend Soldaten der Nationalgarden angelegt würde – zweifellos, um einen Marsch der regulären Truppen auf die Hauptstadt zu blockieren. Ludwig ließ sich den Verzicht auf die Leibgarde gefallen. Doch gegen die Deportation der Geistlichen und gegen das Heerlager legte er sein Veto ein, an dem er genauso starr festzuhalten gedachte wie an seinem Widerstand gegen die Beschlagnahme des Eigentums der Emigranten. Der Innenminister Roland wies ihn auf die unguten Konsequenzen seiner Weigerung hin. In der Tat gärte es in den Vorstädten. Radikale Sektionen forderten nun ganz offen die Republik. Ludwigs Antwort: er entließ am 13. Juni 1792 die Minister der Gironde auf brüske Manier und ersetzte sie durch Vertreter der konservativen Feuillants. Angeblich gehorchte der König damit einem Rat von Dumouriez, der erst kurz zuvor das Kriegsministerium übernommen hatte und sich rasch von den Girondins zu distanzieren versuchte. Das mochte so sein oder auch nicht: Die Versammlung erzwang nach wenigen Tagen auch seinen Rücktritt. Nun tobte der Zorn erst recht in den Gassen. Die Nationalgarden verhinderten mit harter Mühe einen Marsch der radikalen Massen aus den Vorstädten zum königlichen Schloß.

In dieser Lage beschloß der Graf la Fayette, daß es Zeit sei, zu handeln. Am 16. Juni schickte er einen Brief an die Legislative, in dem er feststellte, der Staat sei in Gefahr. Das Schicksal Frankreichs hänge vor allem von seinen Vertretern in der Versammlung ab: «Können sie sich weigern zu sehen, daß die Jakobiner-Fraktion die ganze Unordnung verursacht hat?» Diese Sekte, fuhr er fort, bilde einen eigenen Körper inmitten des französischen Volkes, dessen Macht sie an sich reiße, indem sie sich seine Vertreter unterwerfe. «Weil wir die Fremden bekämpfen müssen, die sich in unsere inneren Streitigkeiten einmischen wollen – müssen wir nicht eben darum unser Vaterland von einer inneren Tyrannei befreien? ... Laßt die königliche Macht intakt», forderte er. Der Monarch müsse frei sein, sich seine Minister zu wählen – «und wenn es Verschwörer gibt, laßt sie unter dem Schwert des Gesetzes sterben». Er verlangte mit anderen Worten die Auflösung der Klubs und die Rückkehr zur Verfassung, die in den vergangenen Monaten – kaum in Kraft getreten – in vieler Hinsicht ausgehöhlt worden war. Oliver Bernier, La Fayettes Biograph, bescheinigte dem Grafen, daß er sich zum erstenmal seit dem Juli 1789 geweigert habe, dem populären Willen seine Prinzipien zu opfern.

Die Empörung unter den Abgeordneten war heftig. Einem Militär, so urteilten auch viele der Gemäßigten, stehe es nicht zu, sich in die politischen Händel einzumischen. Danton rief: «Es kann keinen Zweifel geben, daß La Fayette das Haupt der Adeligen ist, die mit den Tyrannen Europas verbündet sind.» Robespierre drückte sich knapper und härter aus: «Schlagt La Fayette, und die Nation ist sicher!» Conrad Engelbert Oelsner, kein Freund des Hauptsprechers der Jakobiner, empfand für La Fayette nichts anderes mehr als Haß und Verachtung. «Er ist ein Schurke», schrieb er, «oder ein hirnloser Schwachkopf».

Die Intervention des Generals aber fachte wie eine Sturmböe das Feuer der Rebellion noch stärker an. In den Gasthäusern und auf den Märkten der Faubourgs ging die Nachricht von Mund zu Mund, im Schloß sammelten sich 18000 adlige Kavaliere – warum 18000?, das weiß der Teufel –, die mit Dolchen und Pistolen bewaffnet seien, zum Vernichtungskrieg gegen die Revolution bereit. Also galt es, den Feinden der Freiheit zuvorzukommen. Propagandisten des Klubs der Cordeliers um Danton, aber auch der radikalen Jakobiner riefen zu einem Protestmarsch gegen das Veto auf. Am Morgen des 20. Juni wälzte sich, von Kirchenglocken geweckt, von Trommelschlägern und Ausrufern alarmiert, eine Masse von wenigstens 20000 Handwerkern, Arbeitern, unter ihnen viele Frauen, aber auch (das ließ sich niemals verhindern) manch großstädtisches Gesindel, der Manege entgegen, in der die Gesetzgebende Versammlung tagte. Sie trugen die Piken auf den Schultern, die zur wahren Volkswaffe geworden war, dazu Sensen, Spieße und Säbel, Messer und Holzprügel. Dem Zug voraus der Bierbrauer Santerre, der alle Posen des Bürger-Generals glänzend beherrschte und zu Pferd eine gute Figur machte, neben ihm Saint-Hurugue, ein einstiger Offizier, Erbe eines großen Vermögens, in stürmischer Ehe mit einer gefeierten Schauspielerin der Epoche verbunden, mit einer Stentorstimme begabt: Man nannte ihn den «Generalissimus der Sansculottes». Überdies galt er als ein enger Vertrauter Dantons, dessen Einfluß längst über die Sektionen hinausgewachsen war. Der gedrungene und agile Anwalt mit den starken und gescheiten Augen hatte seine Macht in Paris unterdessen fest etabliert: Robespierres talentiertester Konkurrent und der dröhnende Propagandist einer revolutionären Dynamik, die sich von niemandem und von nichts aufhalten lassen wollte – noch nicht.

Die Masse durchbrach ohne Schwierigkeiten die schwachen Postenketten vor den Türen der Nationalversammlung. Hunderte, wenn nicht Tausende drangen in die Reithalle ein und verlangten brüllend, daß endlich das königliche Veto beiseite gefegt und die entlassenen Minister der Gironde wieder ins Amt gesetzt würden. Radikale Abgeordnete beeilten sich, die Boten des Volkes brüderlich zu umarmen. Der Rest beobachtete die Parade der Piken in einem Zustand der Lähmung. Das «Volk» hatte immer wieder lärmend von den Tribünen in den Gang der parlamentarischen Geschäfte einzugreifen versucht. Aber dies war neu: Die Nationalversammlung wurde durch die drohende Anwesenheit einer Masse bewaffneter Demonstranten unter Druck gesetzt. Sie war durch keine Bannmeile gesichert. Die Nationalgarden traten den Kohorten nicht entgegen, sondern standen Gewehr bei Fuß. Bürgermeister Pétion, ein ehrgeiziger Mann von sanguinischem Temperament, folgte dem Beispiel La Fayettes, der die erregten Rebellen gewähren ließ, solange sie sich nicht anschickten, ein Blutbad anzurichten. Überdies war die Macht des Stadtoberhauptes schon lange von der Laune der Vorstadt-Tribunen abhängig.

Oelsner hätte den dramatischen Auftritt beinahe versäumt, obwohl er, nach seinen eigenen Worten, «über alles neugierig» war und «die Handlung liebte». Er hatte ruhig an seinem Pult gearbeitet und sich nicht weiter darum geschert, daß die Trommeln den Generalmarsch schlugen. Paris, sagte er, sei «so groß, daß an dem einen Ende eine Schlacht geliefert werden kann, während man am andern tanzt und singt». Erst am Nachmittag, als er durch die rue Saint-Honoré spazierte, begriff er, daß aufregende Ereignisse in Gang sein mußten. Er lief zum Tuilerien-Garten, sah, daß man Kanonen aufgepflanzt hatte, erfuhr aus den Zurufen, daß die Türen des Schlosses gesprengt worden seien. Die Anführer der Demonstranten hatten aus der Manege einen Zugang zur Passage des Feuillants geöffnet. Die Masse stand lang zusammengedrängt: dort, wo heute die rue de Castiglione in die breite und repräsentative rue Rivoli einmündet. Marie-Antoinette schaute, nach der lebhaften Erzählung des Historikers André Castelot, voller Entsetzen auf den Wald der Piken herab, an ihrer Seite die schöne Prinzessin Lamballe, die aus der Emigration zurückgekehrt war, um in der Gefahr ihrer Freundin nahe zu sein. Die Königin zeigte keine Furcht. Sie erwartete täglich das Ende. Man sagte, daß sie jeden Morgen mit ihrem Mann und ihren Kindern die Kommunion empfange.

Der Chronist Conrad Engelbert Oelsner fand sich in den Massen, die ihn umgaben, gefangen. Es blieb ihm nichts, als sich mit ihnen vorwärtstreiben zu lassen. «Wenn ich eigentlich sagen sollte, wie ich die Treppe heraufgekommen sei, so wüßte ich es nicht, ich weiß bloß, daß ich nicht willens war, ins Schloß zu gehen.» Plötzlich war er dennoch im Empfangssaal, den man das «Ochsenauge» nannte. Dann der Schrei: «‹Der König, der König!› Ich hob mich bei diesem Rufe auf meine Zehen und sah, so gut ich ohne Gläser konnte, denn es war an keine Möglichkeit zu denken, sie aus der Tasche auf meine Nase zu versetzen. Glücklicherweise ist die Figur des Königs von so auffallendem Umrisse, daß es auch den blödesten Augen gelingen muß, sie herauszufinden...»

Laut Castelot hatte sich die Menge keineswegs, einer spontanen Eingebung folgend, Zugang zum Palast verschafft. Santerre hatte ihr den Weg gewiesen: «Warum seid ihr nicht im Schloß? ... Für nichts anderes sind wir gekommen!» hatte man ihn rufen gehört. Der König stand – oder saß? – in eine Fensternische gedrängt. Einer der Männer, die ihm am nächsten waren, reichte ihm die rote Mütze mit der Kokarde. Ludwig stülpte sie sich ohne Zögern aufs Haupt. Wochen zuvor schon war bei den Jakobinern seine Bemerkung kolportiert worden, er würde den «bonnet rouge» gerne selber tragen, wenn er damit den Frieden und die Einigkeit der Franzosen wiederherstellen könnte. Nun trat ein Grenadier auf ihn zu, eine Flasche Wein in der Hand: «Sire», sagte er, «Sie müssen recht durstig sein – ich selber sterbe fast vor Durst. So wage ich es, Ihnen einen Schluck anzubieten...» – «Ja», soll der König geantwortet haben, «ich trinke auf Ihr Wohl und auf das der französischen Nation.»

Oelsner war Zeuge eines historischen Augenblicks, in dem sich (wie so oft) Lächerlichkeit und Entsetzen mischten. «Ich sah also ziemlich genau den König, den Rücken gegen das Fenster gekehrt, mit einem roten Mützchen gekrönt, auf dem eine Nationalkokarde saß. In meinem Leben einen tragisch-komischeren Anblick gehabt zu haben, erinnere ich mich nicht. Der ehemalige Gebieter vieler Millionen Menschen, die mehr taugten als er, der Schiedsrichter von Europa, saß da – Sie kennen die bourbonische Ungestalt – mit einer erzwungenen heitern Miene, wie Policinello, wenn er trotz seiner heftigen Kolik im Fastnachtsspiele lustig sein muß...»

Hatte der König tatsächlich aus der Flasche getrunken? Hatte man ihm ein Glas gereicht? Die Berichte der Anwesenden widersprachen einander. Nach Oelsners Bericht wurde die populäre Geste nicht überall mit Beifall aufgenommen. Der Chronist hörte heisere Stimmen in seiner Umgebung: «Ist es nicht genug, daß er sich bei Tisch besäuft, muß er sich auch hier noch besaufen?» Der Schlesier fügte hinzu, es lasse sich nicht beschreiben, was dem König dieser Trunk geschadet habe: das Volk besitze ein inneres Gefühl, dem solche Entgleisungen nicht entgingen. Zu anderen Zeiten und unter anderen Umständen wäre es dem König hoch angerechnet worden, wenn er mit einem Mann aus dem Volk aus einem Glas getrunken hätte, nun aber betrachte man den Schluck aus der Flasche, die von Mund zu Mund gegangen sei, auch unter den Sansculottes als eine «niederträchtige und heuchlerische Schmeichlerei».

Nein, nach Oelsners Bericht war die Stimmung nicht gutartig. Es regnete Flüche und Beleidigungen. Man habe den König einen Hahnrei, einen Verräter, ein Schwein und alles mögliche genannt, «was sich nicht übersetzen läßt». Lange habe er sich vergeblich bemüht, zu Wort zu kommen, eine Glocke und – so sagte man – die Karte der Jakobiner in der Hand. Santerre sei es schließlich gelungen, ihm Gehör zu verschaffen. Mit gefaßter Stimme rief Ludwig: «Ich habe geschworen, die Konstitution aufrechtzuerhalten, jetzt schwöre ich, ihr unverbrüchlich anzuhängen.» Der Rest seiner Sätze ging, nach Oelsners Bericht, schon wieder im Getöse unter. Man schrie dem Monarchen entgegen: «Ihr habt uns das oft versprochen und nicht Wort gehalten. Wir glauben Euch nicht mehr. Wir verlangen keine Meineide, sondern daß Ihr das Veto zurückzieht und uns die patriotischen Minister wiedergebt.» Der König blieb unbeugsam. Die rote Mütze, den Schluck aus der Flasche, die Demütigungen – all das nahm er hin: Aber die politische Kapitulation vollzog er nicht. Plötzlich, wenn nicht mit dem Rücken zur Wand, dann zum Fenster, entschloß sich der schwerfällige Ludwig zu jener Eindeutigkeit, die man so lange vermißt hatte. Er zeigte Haltung. Marie-Antoinette war nicht mehr der einzige «Mann» am Hof. Ruhig begegnete auch sie der Menge, mit der sie schließlich konfrontiert war. Sie zeigte, laut Castelot, die Kraft, ihre schluchzenden und zitternden Gefährtinnen zu beruhigen. Sie war es gewöhnt, eine Verräterin, eine Teufelin, eine Hure genannt zu werden. Als eine Frau sie anfauchte «Du bist ein Drecksweib», antwortete sie, ohne die Stimme zu heben: «Habe ich Ihnen jemals Böses angetan?» Santerre rief ihr zu: «Madame, Sie wissen, daß Sie das Volk verabscheut, und dennoch sind Sie sicher in seiner Mitte, ich stehe Ihnen dafür, daß Ihrer Person nichts zu Leide geschehn wird... Legen Sie den Haß gegen die französische Nation ab! Feuern Sie Ihren Gemahl an, der Konstitution treu zu sein, und Sie werden eine Reihe viel glücklicherer Tage vor sich aufgehen sehen...»

Glaubte der Bürger-General seinen eigenen Worten? Soviel ist sicher: Marie-Antoinette gab keinen Sou auf das grandiose Versprechen. Sie schrieb im geheimen flehentliche Briefe an ihren Freund, den schwedischen Grafen Fersen, schilderte die verzweifelte Lage, beschwor ihn, sich mit den geplanten Rettungsaktionen zu beeilen. Doch wußte sie wohl, daß es in Wahrheit zu spät war. «Wenn mich die Aufrührer ermorden, wird es nur ein Glück für mich sein: sie befreien mich von einer Existenz, die nur noch schmerzhaft ist», sagte sie einer Vertrauten. Zugleich quälte sie der Gedanke, wer für die Kinder sorgen werde.

Dem Bürgermeister Pétion gelang es schließlich, die Demonstranten – nach Oelsner in der Mehrzahl ehrbare Handwerker und Vorstadtbürger – zum Rückzug zu überreden: «Ihr habt dem König eine Bittschrift überreicht», rief er, «Ihr habt getan, was Ihr zu tun befugt ward. Des Königs Antwort, wenn sie auf der Stelle gegeben würde, könnte nicht frei sein. Er ist berechtigt, sie Euch zu verweigern. Aber Ihr seid nicht berechtigt, hier wider seinen Willen zu bleiben. Ihr verspracht mir, Euch mit Anstand und Würde zu betragen. Ich glaube, daß Ihr das getan habt – zieht Euch zurück, besudelt einen schönen Tag nicht durch eine gesetzwidrige Aufführung. Gebt Euren Feinden keinen Stoff, Euch aufs neue zu verleumden.» Die Demonstranten zogen davon.

Als die Nachricht von der Besetzung des Schlosses La Fayette in seinem Metzer Quartier erreichte, versuchte er unverzüglich, Marschall Luckner zu überreden, ihre beiden Armeen nach Paris marschieren zu lassen, um den König zu befreien. Der Alte wollte davon nichts hören, vermutlich weil er wußte, daß ihm seine Soldaten nicht folgen würden. Der Graf aber ließ seine Truppen durch einen Tagesbefehl wissen, daß er sich in die Hauptstadt begebe. Er dachte nicht daran, für die Reise die Genehmigung des Kriegsministers einzuholen, wie es die Pflicht geboten hätte. Am 28. Juni trat er vor die Legislative und verlangte das Wort. Er sei gekommen, rief er, um gegen die Invasion der Tuilerien zu protestieren, und er forderte die unverzügliche Rückkehr zur verfassungsgemäßen Ordnung. Eine leidenschaftliche Debatte folgte. Sein Mut wurde honoriert. Die Mehrheit der Deputierten billigte den Auftritt des Generals.

Oelsner freilich schäumte: La Fayette habe sich zum Schiedsrichter zwischen den Repräsentanten des Volkes und dem König aufgeworfen, schrieb er, und dieses monströse Volksschauspiel sei von der Nationalversammlung nicht nur ertragen, sondern mit lautem Beifall aufgenommen worden. «La Fayette mag die Freiheit lieben und den Despotismus hassen», fügte er später hinzu, doch seine Zweideutigkeit und seine Neigung zu einsamen Entschlüssen «machen ihn zum Verräter». «Nicht gegen die Österreicher, sondern mit der Nationalversammlung will er sich schlagen», warf er ihm vor. Daß ein Feldherr der Volksvertretung Befehle erteilen wolle, sei ebenso empörend wie ihre Bedrohung durch die «Piken einer Vorstadt».

Von der Majorität in der Legislative mit ermutigendem Applaus entlassen (während die Linke schäumte), eilte der Graf ohne Aufenthalt weiter zum Hof. Er wurde kühl empfangen. Zuvor schon hatte er Ludwig schriftlich von seinem Geheimplan unterrichtet: Der König möge der Gesetzgebenden Versammlung persönlich mitteilen, daß er den Sommer in seinem Schloß in Compiègne zubringen würde. Er, La Fayette, wolle dort an der Spitze der Armee seinen Schutz übernehmen, danach die Jakobiner verhaften und die Ordnung wiederherstellen.

Das war, ohne Zweifel, ein fast närrischer Vorschlag. Niemals hätte (wie Bernier zu Recht argumentierte) die Legislative, hätte die Nationalgarde unter dem Befehl von Santerre, hätte das aufgebrachte Volk eine Abreise des Monarchen erlaubt. Niemals wären die Soldaten La Fayette nach Compiègne gefolgt. Oelsner spottete: Wenn der Graf es wagte, gegen die Hauptstadt anzurücken, würde seine Armee «wie Schneeflokken» schmelzen. Außerdem: die störrische Marie-Antoinette wollte die Hilfe des Generals nicht. «Ich sehe wohl», soll sie eisig bemerkt haben, «daß uns Herr von La Fayette retten will – aber wer rettet uns dann vor dem Herrn von La Fayette?»

Dennoch sagte der General seinen eitlen Hoffnungen so rasch nicht adieu. Er appellierte noch einmal an die Pariser Nationalgarden, die ihm einst so jubelnd gehorcht hatten. Nun zeigten sie ihrem alten Kommandeur die kalte Schulter. La Fayette kehrte nach Metz zurück. Den Vorwurf des Ungehorsams und den Verdacht der Verräterei konnte er nicht mehr abschütteln. Der Kriegsminister befahl ihm, sein Kommando mit Luckner zu tauschen. Die Absicht des Manövers ließ sich leicht durchschauen: Keine persönliche Loyalität zwischen Truppen und Kommandeur sollte die Versuchung zu einem Staatsreich aufkommen lassen. Indessen forderte der Abgeordnete Basire, der sich bei der extremen Linken aufhielt, daß La Fayette des Verrates angeklagt werde. Die Nationalversammlung lehnte dies ab. Robespierre zeigte sich hartnäckig. Er verlangte die Verhaftung des Grafen: «Wenn La Fayette nicht bestraft wird», sagte er, «heißt das, daß wir keine Verfassung besitzen – denn es kann keine Verfassung geben, wenn es einem Mann erlaubt wird, sich über das Gesetz zu stellen.» Der Antrag wurde mit großer Mehrheit zurückgewiesen.

Aber das war nur eine letzte Gnadenfrist. Nach der Entmachtung Ludwigs wurde La Fayette seines Kommandos enthoben (und Dumouriez zu seinem Nachfolger bestimmt). Zugleich erging ein Verhaftungsbefehl. Der General entschloß sich zur Flucht. Mit einer Entourage von dreißig Offizieren überschritt er die Linien. Er hoffte, an der belgischen Küste ein Schiff zu finden, das ihn nach Amerika bringen würde: zurück in die zweite Heimat, zurück zu George Washington, der den Grafen liebte wie einen eigenen Sohn, zurück in das gesegnete Land, in dem die Freiheit durch eine zuverlässige Verfassung vor dem Chaos geschützt und der Bürger durch öffentliche Disziplin vor blutiger Willkür bewahrt zu sein schienen. Dem Kerker der Revolution war La Fayette entkommen. Dafür nahmen ihn die Preußen in Haft.

XIII
Zweite Revolution und Erster Terror

Am 20. März 1792 schrieb M. Célestin Guittard, der «Bürger von Paris», nach dem üblichen Vermerk über das Wetter – «Wind südwest; in der Nacht und am Morgen geregnet, sehr schön für den Rest des Tages» – die dürren Sätze in sein Journal: «Gestern der Erlaß, daß der König den Auftrag erteilen wird, für ganz Frankreich Maschinen – die Guillotines – zum Kopfabschneiden zu fertigen. Man wird nicht mehr Hängen.»

So hatte es der gute Doktor Guillotin mit seiner Hartnäckigkeit nach langen Jahren der Überredung schließlich zuwege gebracht, die Nation für die Konstruktion einer humanen Tötungsmaschine zu gewinnen, deren fallendes Messer die Delinquenten nur als ein «kühles Säuseln im Nacken» empfänden. Das Gerät, von Doktor Louis konstruiert, dem Sekretär des Collège des chirurgiens – daher zunächst auch «Louisette» genannt –, würde zweifellos eine Besserung gegenüber den sinistren Übungen des Räderns und Vierteilens oder der umständlichen Hantierung des Henkers mit dem Beil bedeuten. Doch mit der Ausführung ließ man sich Zeit. Sollte die Todesstrafe nicht überhaupt abgeschafft werden? Und vor allem: war die Maschine des Doktor Louis nicht unverantwortlich teuer? Sie sollte 5660 Livres kosten. Mit dem Bau wurde der deutsche Instrumentenbauer Tobias Schmidt beauftragt, der in der rue des Bons-Enfants nicht weit vom Palais Royal eine Wohnung besaß. Man sagte, der große Ritter Gluck habe den tüchtigen Schmidt nach Paris geholt, weil er Cembali, Clavichorde, später auch Hammerklaviere und Harfen mit besonders schönem

Klang zu fertigen wußte – einer der angesehensten unter den deutschen Handwerkern, die ihr Glück in der Hauptstadt Frankreichs zu machen verstanden. In den «Tagebüchern der Henker von Paris», die 1862 unter dem Namen von Henri Sanson, des letzten der Scharfrichterdynastie, auf den Markt geworfen wurden, findet sich der Hinweis, der Klavierfabrikant Schmidt sei «wie fast alle seine deutschen Landsleute ein leidenschaftlicher Musiker» gewesen, und er habe diese Passion mit dem Großvater des Verfassers, Charles Henri Sanson, geteilt, von dem der Enkel mitteilte, daß er «die Violine und das Violoncello leidlich zu spielen» verstand. Jene «Tagebücher», die vor allem eine sentimental-sensationelle Kolportage waren, schwärmten von dem Band inniger Freundschaft, das angeblich zwischen dem Henker und dem Handwerker entstand: «Das Spielen Gluckscher Stücke näherte sie einander mehr und mehr», erzählte der Nachfahr (vielmehr der Kolporteur). Der Scharfrichter Sanson war es nach jener Legende, der nach einer Arie aus dem «Orpheus» und vor einem Duett aus der «Iphigenie» Schmidt von den Plänen für den Bau der Tötungsmaschine erzählte. Der Deutsche versprach, die Sache in die Hand zu nehmen. Danach musizierten die beiden weiter: «Klavier und Violoncello klangen so schön zusammen wie nie zuvor», schrieb der Verfasser des schauerlich-schönen Berichts (wer immer es war).

Die Arbeit schritt rasch voran. Strittig schien nur zu sein, welche Form dem Fallmesser gegeben werden müsse, damit es seinen Dienst so rasch und präzise wie möglich verrichte. Schmidt neigte zu der Ansicht, so Sanson, daß eine halbmondförmige Scheibe die wirksamste sei. Der König aber, dem man – immer der romanhaften Geschichte folgend – die Entwürfe habe vorlegen lassen, sei dank seiner Erfahrungen als Amateur-Schlosser davon überzeugt gewesen, ein schräges Messer arbeite ganz gewiß exakter. Die Versuche, die im April 1792 im Hof des Hospitals Bicêtre angestellt wurden, zunächst mit Schafen, dann mit Leichen, hätten Ludwig recht gegeben. Der Enkel Sanson bestand darauf, daß die Maschine «den menschenfreundlichen Wünschen und Hoffnungen ihrer Erfindung» entsprach. Sein Hinweis auf zweifelnde medizinische Autoritäten galt vermutlich vor allem Georg Forsters Freund, dem berühmten Arzt und

Anatom Sömmerring, der später in einer Denkschrift geäußert hat, das Leben entfliehe den Delinquenten nicht auf der Stelle (wie ja auch ein Huhn ohne Kopf noch eine Weile renne und die Flügel schlage): also würde der Hingerichtete den Schmerz des Halsabschneidens noch einige Minuten lang «in gräßlicher Weise» empfinden. Der berühmte Gelehrte nahm unter anderem die vielzitierte Anekdote zum Beweis, daß eine Röte auf die Wangen der Charlotte Corday getreten sei, als einer der Henkersknechte ihren abgetrennten Kopf geohrfeigt habe. Sömmerrings Untersuchung wurde von Conrad Engelbert Oelsner ins Französische übertragen. Sie erregte bei ihrer Publikation 1795 in Paris beträchtliches Aufsehen. Der Autor der «Tagebücher», von denen mehrere Versionen existieren (eine soll von Balzac stammen), hatte sich zumindest mit einiger Gründlichkeit kundig gemacht: man vermutet, daß der (längst vergessene) Journalist und Romancier d'Olbreuse am Werk gewesen sei, dem wiederum (laut Lenôtre), ein «berühmter Schriftsteller» die Feder geführt haben könnte – vielleicht war es Alexandre Dumas.

Zuverlässigere Auskünfte geben die Akten der Nationalarchive in Paris. Am 5. Juli 1792 teilte der Finanzminister Beaulieu der Nationalversammlung mit, «le Sieur Schmidt» habe im Auftrag seines Vorgängers Clavière unter der Direktion der Akademie für Chirurgie eine Enthauptungsmaschine für das Département Paris gefertigt, und er sei bereit, gleiche Maschinen für die anderen Départements zu bauen, zu 824 Livres das Stück, doch wolle man darauf drängen, daß Herr Schmidt mit dem Preis auf fünfhundert Livres nachgebe. Den Abgeordneten wurde darauf unverzüglich der Entwurf eines Dekrets vorgelegt, in dem der Preis von 824 Livres als überhöht bezeichnet wurde: folglich sei die Abmachung zwischen dem einstigen Finanzminister und Herrn Schmidt zu annulieren; es müßten neue Angebote für eine perfektionierte Maschine auf der Basis von fünfhundert Livres eingeholt werden. Das Dekret wurde nicht angenommen. Der Klavierfabrikant Schmidt bestand auf seiner Kalkulation. Ein ergänzendes Memorandum vom selben Tag bestätigte, daß der Preis von 824 Livres von Minister Clavière festgelegt worden sei und für 29 Maschinen gelte, von denen vierzehn schon in die Départements versandt, fünfzehn im Bau weit fortgeschritten seien. Für fünfzig weitere Guillotinen versuche man sich auf fünfhundert Livres pro Stück zu einigen, wobei die Konstruktion aufs äußerste beschleunigt werden müsse, da sie für die Strafjustiz von essentieller Wichtigkeit sei und eine Verzögerung ernste Probleme schaffe. Schmidt behielt den Auftrag, der ihn zu einem wohlhabenden Mann machte, da der Bedarf an Guillotinen im Gang der nächsten Jahre mit bedrückender Konsequenz stetig zunahm. Die öffentliche Premiere der Maschine, wenn davon die Rede sein kann, fand am 25. April 1792 auf der Place de Grève statt. Der Räuber Nicolas Jacques Pelletier, der einem Bürger das Portefeuille und 800 Livres in Assignaten entrissen hatte, bestieg als erster das Schafott.

Als Ort der künftigen Exekutionen wurde das «Carrousel» gewählt, der weite Platz zwischen dem Louvre und dem Tuilerien-Schloß. Doch bestimmte der Erlaß ausdrücklich, die Hinrichtungen sollten in den Mittagsstunden und am frühen Abend stattfinden, um die Arbeiter im Garten der Tuilerien nicht von ihrem Tagwerk abzulenken. Der «Bürger von Paris» aber hielt am Donnerstag, dem 12. Juli 1792, mit seiner üblichen Nüchternheit fest: «Heute um vier Uhr habe ich auf der Place de Grève gesehen, wie der Kopf des Abbé Geoffroy, Großvikar von Dijon, abgetrennt wurde, weil er Assignaten gefälscht hat.» Der Zufall fügte es, daß Célestin Guittard wenige Tage später vermerken konnte, daß seine Freundin und Bettgenossin «Dasel» angefangen habe, das Klavierspiel zu erlernen: «Dasel incipit hodie à apprendre du calvecin.» Über die Herkunft des Instrumentes sagte er nichts.

Am 14. Juli verzeichnete Monsieur Guittard mit einem knappen Satz, zum dritten Föderationsfest auf dem Marsfeld hätten sich mehr Menschen versammelt denn jemals zuvor. Der König zeigte sich den Bürgern, wie es seine Pflicht war, aber er wirkte, nach der Auskunft anderer Zeugen, «traurig, wenn auch würdig, die Königin sehr bleich, ihre Augen erloschen». Ludwig erneuerte den Schwur auf die Verfassung und das Vaterland. Als er an die Estrade trat, begrüßten ihn die Truppen mit dem Schrei: «Vive le roi!» In seinem Gesicht sei der Ausdruck des

Erstaunens sichtbar geworden, berichtete ein Zeuge, als habe er sich gefragt, ob es denn möglich sei, daß ihn sein Volk wieder liebe.

Die Euphorie währte nicht lang. Sie war nur ein Nachhall des Versöhnungsversuches, den Monsignore Lamourette, der vereidigte Bischof des Départements Rhône-et-Loire, in der Gesetzgebenden Versammlung mit einer Rede von hohem Pathos unternommen hatte. Seine bewegenden Worte trieb die Mitglieder aller Fraktionen dazu an, einander friedensbereit zu umarmen. Ludwig, der in die Manege geeilt war, betrachtete die Szene voller Rührung, vielleicht sogar voller Hoffnung.

Die Erklärung für jene Explosion der Gefühle war einfach genug: Am Tag zuvor hatte Paris die Nachricht vom Eintritt des Königreichs Preußen in den Krieg ereicht. Am 11. Juli proklamierte die Versammlung (auf den Vorschlag Brissots): «Das Vaterland ist in Gefahr!» Das hinderte die Parteien nicht, mit der gegenseitigen Zerfleischung so rasch wie möglich fortzufahren. Am gleichen Tag warf Robespierre im Klub der «perfiden Regierung» vor, sie konspiriere mit dem Hof, «um die Verfassung mit der Verfassung zu töten». In seinem Hausblatt «Le défenseur de la Constitution» druckte er (laut Klaus Deinet) eine Ansprache ab, in der er sagte, er sei immer «der Apostel der Verfassung und der Verteidiger der Gesetze» gewesen, aber das erste aller Gesetze sei jenes, auf das sich die Verfassung stütze: die Gleichheit und die Freiheit. Mit anderen Worten: der Chef der jakobinischen Fraktion kündigte seine Bereitschaft an, die Verfassung den Geboten der Freiheit und Gleichheit zu opfern – was immer er darunter verstehen mochte.

Robespierre hatte – wie Marat und Danton, mit denen ihn eine unsichere Allianz verband – das Mandat in der Legislative dem Prinzip der dynamischen Demokratie geopfert, die eine stete Erneuerung der Volksvertretungen verlangte. Bedauerte er den Irrtum? Auch diesem kühlen Rechner blieb die banale Erfahrung nicht erspart, daß in der Regel nur recht hat, wer anwesend ist. Die radikal-bürgerlichen Konkurrenten, die sich in der Gruppe der Girondins zusammengefunden hatten, bestimmten die Initiativen in der Versammlung. Sie waren schon einmal, wenngleich nur für wenige Monate, an der Regierung beteiligt gewesen. Nun bedrängten sie den verstörten Ludwig Tag für Tag mit wachsender Härte, ihnen die Führung der nationalen Geschäfte von neuem zu übergeben. Konsequent hatten sich Robespierre, Danton und Marat ein alternatives Instrument der Machtausübung geschaffen: die «Munizipalität» von Paris, das heißt: Administration, Gemeinderat und Volksvertretung der Hauptstadt, die sie zum gefügigen Instrument ihres Willens geformt hatten.

Der Anhang der Girondins aber hatte in der Metropole nicht viel zu bestellen. Bürgermeister Pétion, der zu den Freunden Brissots zählte, war nach dem 20. Juni wegen seiner lauen und kraftlosen Haltung des Amtes enthoben worden. Der kleine unscheinbare Anwalt aus Arras hatte es mit dem dröhnenden Danton und dem unerbittlichen Marat zuwege gebracht, eine Art alternativer Regierung zu schaffen, die mit der Legislative und den schwachen Ministern des Königs einen zähen und nicht immer stillen Kampf um die Macht führte. Die heimlichen Regenten der Stadt hatten den Vorteil, über die Nationalgarde zu gebieten, und sie scheuten sich nicht, auch den Départements draußen im Land ihre Weisungen zu erteilen – an der Regierung vorbei.

Conrad Engelbert Oelsner hatte sich längst auf die Seite der Girondins geschlagen, gewiß auch von persönlichen und privaten Sympathien gelenkt, die in der gelebten Geschichte nicht geringer wiegen als politische Doktrinen und theoretische Konsequenzen, in denen wir so oft das Produkt einer nachgelieferten Logik und ideologisch gefestigter Interpretationen erkennen. Von Brissot sagte er, er sei «kein Mann von Genie, aber ein reich mit Kenntnissen möblierter Kopf». Er kenne niemanden, der «hartnäckiger, sicherer und reiner einen gefaßten Plan» verfolgte, und er bewunderte ihn, weil er den Mut hatte, den Krieg zu erklären, «der unvermeidlich geworden war». Überdies rechnete er ihm hoch an, daß er sich um die Frauen durch ein «weises und notwendiges Ehescheidungsgesetz» verdient machte (das am 2. September 1792 verkündet wurde). Ihm entging nicht, daß Brissot – darin seinem früheren Mentor La Fayette verwandt – den französischen Staat am liebsten durch eine Verfassung nach amerikanischem Vorbild geordnet hätte.

Das entsprach in mancher Hinsicht Oelsners eigenen Idealen, obschon er den Hobel der Demokratie radikaler angesetzt hätte. – Seine intellektuelle Sensibilität konnte sich auch der Brillanz von Pierre Vergniaud aus Limoges nicht verschließen, der so oft als der bedeutendste Redner der Girondins gefeiert wurde. Er respektierte Jean-Marie Roland, den Innenminister, und er teilte die schwärmerische Verehrung, die seine Frau Jeanne-Manon Philipon bei so vielen Revolutionären empfänglichen Gemütes genoß. Sie sei, schrieb er verzückt, eine «Ehre ihres Geschlechtes», und die «große, schöne Seele um ihren reizvollen Körper» sei wie ein «kräftiger Wohlgeruch aus einer alabasternen Vase».

Robespierre war ihm fremd – mußte es schon darum sein, weil dieser Mann eines dürftigen Herzens gegenüber dem erotischen Zauber Madame Rolands stumpf war (obwohl sich die ehrgeizige junge Frau lebhaft darum bemüht hatte, ihn für eine politische Allianz mit ihrem Mann zu gewinnen). Im Mai 1792 war Oelsner der chronischen Denunziationen, mit denen Robespierre seine Feinde verfolgte, endlich überdrüssig geworden. Er konnte es nicht länger ertragen, daß dieser kleine, immer gespannte Mann, der sich tagaus, tagein von Verschwörern umstellt sah, jeden vermeintlichen oder tatsächlichen Gegner als «Bösewicht und Verräter» an den Pranger der Jakobiner stellte. So verließ Oelsner den Klub – gewiß nicht laut protestierend. Vermutlich hielt er es auch nicht für ratsam, seine Mitgliedschaft offiziell aufzukündigen. Er blieb den Sitzungen einfach fern. Natürlich täuschte er sich, als er Robespierre kurzerhand zum «Instrument des Hofes» erklärte, weil er Zwietracht unter den Revolutionären säte und damit, so glaubte Oelsner es sehen zu müssen, den Interessen des konservativen Widerstandes diente. Er irrte sich genauso, als er Marat beschuldigte, er handle im Sold der royalistischen Emigration, da er mit der Peitsche seines Hasses unheilbare Wunden in die Seelen der wahren Revolutionäre schlage.

Der Parteigeist machte auch Oelsner gelegentlich blind – wie fast jeden der Akteure und Zeugen der Revolution, die nahezu niemals aus dem Zustand der Erregung entlassen wurden: vom Zorn geschüttelt, von Furcht gejagt und manchmal von

Triumphen überwältigt. Dennoch vergaß der aufmerksame Chronist nur selten, daß Worte nicht alles waren und sich manche Ereignisse einer klaren Deutung entzogen. Er marschierte nicht in den Reihen der Täter. Zwar gehörte er seit seinem ersten Pariser Jahr der Nationalgarde an, doch die Uniform trug er selten, und niemals berichtete er in seinen öffentlichen Briefen von der Erfüllung dienstlicher Pflichten. Er mischte sich in die Debatten ein, vermutlich mit der Vorsicht und dem Takt, die nicht-französische Zaungäste der Revolution sehr bald für ratsam hielten, zumal nach dem Ausbruch des Krieges, als die Polizei anfing, in allen möglichen Winkeln der Stadt nach Agenten und Spionen zu suchen. Die Ausländer, gestern noch von kosmopolitischem Wohlwollen hofiert, wurden bald gewahr, daß sie ein Netz von Mißtrauen umschloß. Oelsner hatte niemals der Versuchung nachgegeben, sich in die Reihen der Handelnden zu stellen. Er war Journalist. Er bestritt sein Leben – soweit es ging – von den Honoraren, die er sich erschrieb. Wovon sonst? Konnte er sich vom wohlhabenden Vater, die Bankverbindungen des Grafen Schlabrendorf nutzend, diese und jene Summe überweisen lassen? Es mag auch sein, daß ihm der Freund in der rue Richelieu, den er fast täglich besuchte, dann und wann eine Summe zusteckte – der seltsame Landsmann war generös und geizig zugleich. Niemand hat Oelsner jemals vorgeworfen, daß er im Sold französischer Ämter oder Parteien stand.

Er war sozusagen Zeuge von Beruf, freilich ein engagierter. Er war Schriftsteller, doch unbestreitbar keiner, der sich den Niederungen des Alltags enthoben fühlte. Er war ein Beobachter der Gesellschaft, obwohl er seinen Ruhm nicht in den Salons suchte. (Freilich klagte er, daß sich die «Gesellschaftlichkeit» unter den Deutschen noch in der Wiege befände.) Er faßte – oft mit einem erstaunlichen psychologischen Scharfblick – die Menschen ins Auge, nicht nur ihr Programm und nicht nur ihre Aktionen.

In Robespierre witterte er früh den Sektierer. Er sehe, schrieb er, «wie alle Schwärmer nur eine einzige Seite des Gegenstandes... und sich selbst (als) den Auserkorenen des Himmels». Auf alles übrige werfe er «einen Blick der Verachtung». Er rede nicht gut, doch in der Regel lange: «Glänzende Gemeinplätze über Tugend und Verräter, über Freiheit und Despotismus...» Seine «gallegeschwängerte Einbildungskraft» führe ihm stets die gleichen Ungeheuer vor, nach denen er im Kreise herumjage – «so wiederholt er sich unausbleiblich». Immer aufs neue spreche er vom Märtyrertod, der ihm drohe, und beschwöre «die herzerhöhenden Beispiele der Vorzeit». Er sehe sich von Feinden umringt, die ihm das einzige Verdienst rauben wollten, nach dem er trachte: «der treueste Freund und Gefährte des Volkes zu sein». Von sich und vom Volk rede er mit der «Entzükkung eines Liebhabers». Seine Herzensergießungen würden mit «Trunkenheit» aufgenommen: «Ein Wink von ihm könnte den Jubel in Todesgesang verwandeln für alle seine Widersacher.» Das Volk sei so sehr von Robespierres Tugend überzeugt, daß er vor aller Augen einen Diebstahl begehen könnte – und es würde das Gesehene nicht glauben. Er kenne sich weder in der Geographie noch in den Staatsverfassungen der benachbarten Völker aus. Auch über die Gesetzgebung habe er wenig nachgedacht: «Ich speiste neulich mit ihm, mit Pétion, Brissot bei B... Robespierre fiel über das repräsentative System her und antwortete auf Pétions sehr gesunde Widerlegung durch verachtendes Stillschweigen und durch beleidigende Halblaute, die zu ertragen man so gutmütig sein muß wie Pétion...» Er lasse nicht davon ab, schrieb Oelsner an anderer Stelle, «zu gestikulieren und zu deklamieren, das Volk zu hetzen und sich auf die unverschämteste Weise Weihrauch zu streuen; er ist sein eigener Gott und Priester». Eines Tages, zwischen den Büsten Voltaires und Mirabeaus stehend, habe er «Blicke und Worte der Verachtung» auf beide geworfen und erklärt, alles was ihm vorausgegangen sei, Rousseau ausgenommen, lohne keine Erhebung.

Es mag wohl sein, daß Phantasie und Haß den Schriftsteller Oelsner manchmal zu weit trieben. Dennoch drang sein Blick in die Tiefe. Bei der Madame de Keralio, einer populären Autorin jener Epoche, habe er Robespierre beobachtet, wie er lange Stunden – von der Gesellschaft abgesondert – sich mit einem großen Hund unterhielt. «Der Mann wird von schwarzen Leidenschaften gequält, er sehnt sich und strebt, ich weiß nicht, nach was. Bereit in allem, was nicht blindlings seiner Meinung folgt ... häßliche Motive zu vermuten, setzt er seine Gegner in die Klasse der Schurken oder der Dummköpfe ...»

Er ahnte den Diktator voraus, von dessen Notwendigkeit Marat so oft sprach: «eines Diktators, der das Recht habe, alle Köpfe herunterschlagen zu lassen, die ihm nicht anstehen». Der Mann, den der «Volksfreund» zu diesem abscheulichen Geschäft berufen finde, sei Danton, Robespierre oder er selbst – Marat. An die klarsichtige Beobachtung knüpfte Oelsner freilich die Behauptung, die «Rotte der Cordeliers» sei – wie Robespierre – «von der Aristokratie selbst in Bewegung gesetzt», um die Girondins zu schwächen. Das war blanker Unsinn. Der Chronist verbohrte sich in die idée fixe, daß nur die Girondins berufen und in der Lage seien, die Revolution zu retten. So verfiel er selber dem Irrtum, ihre Gegner im wahren Sinne des Wortes zu verteufeln. Der Gang der Ereignisse bestätigte manche seiner deprimierenden Einsichten, doch zugleich setzten ihn – den Mann der liberalen Vernunft – seine eigenen ganz und gar unvernünftigen Anfälle von Fanatismus ins Unrecht: nicht anders als seine Helden, die Girondins, die schließlich, durch ihre partielle Blindheit verwirrt, die Macht und die Revolution verloren.

Nicht einmal der Einmarsch der gefürchteten Preußen brachte es zuwege, die zerstrittenen Geister zusammenzuzwingen. Alle Parteien bemühten sich, wenigstens das, den schwachen Armeen durch eine aufwendige Rekrutierungskampagne rasche Verstärkung anzukündigen. Célestin Guittard, der «Bourgeois de Paris», beobachtete am 22. Juli bei seinen Spaziergängen durch die Stadt, daß man in acht großen Zelten an die zehntausend Personen registriert habe. «Das ist wie ein Anfall von Wahnsinn», schrieb er. «Jedermann will sich einziehen lassen. Der patriotische Eifer blüht im Übermaß ... Niemand scheint mehr um sein Leben zu fürchten ... Alle möchten gegen den Feind marschieren.» Er fügte voller Stolz hinzu: «Der Fremde wird nicht umhin können zu sagen, daß man niemals eine Nation wie die französische gesehen habe.»

In Wirklichkeit entsprach der Andrang nicht ganz den Erwartungen. Am 30. Juli ordnete die Nationalversammlung an, daß nicht nur die «aktiven» Bürger, sondern auch die «passiven» –

die keine Steuern zahlten und auch nicht das Wahlrecht besaßen – künftig in der Nationalgarde dienen durften. Doch das volle Bürgerrecht, wie es die Sektion Théâtre Français sofort beantragte, verlieh sie den Franzosen zweiter Klasse noch nicht. Einige Wochen später versprach ein Dekret jedem Soldaten und Unteroffizier eine Leibrente von hundert Livres, gesichert durch eine Hypothek auf die beschlagnahmten Güter der Emigranten. Das würgende Gefühl der Ohnmacht, von öffentlicher Begeisterung überschrien, forderte wie üblich Schuldige, die man anklagen könne, um sich zu entlasten. Konspirationsgerüchte, von Marat und anderen geschürt, gingen von neuem um. Die untätigen Generale hatten sich – wie anders? – mit den Feinden verschworen, und der Hof bereitete – auch dies verstand sich – die Kapitulation vor. Selbst Oelsner sprach, wenn er das Tuilerien-Schloß passierte, mit einem scheelen Blick auf Marie-Antoinette von «österreichischem Gebiet». Der König, ließ er sich sagen, der nicht länger erwarte, daß man an seine Aufrichtigkeit glaube, sei nur noch mit der eigenen Sicherheit beschäftigt und scheine «hinter die doppelten eisernen Gitter des Schlosses verschanzt, ungeduldig des Augenblickes der Erlösung zu harren. Sieht es nicht aus, als wenn er sich mitten in seiner Hauptstadt für eine Belagerung rüste?»

Der aufmerksame und unbefangene Justus Erich Bollmann trug andere Beobachtungen zusammen: «Der Hof lebt in klösterliche Stille», schrieb er. «Man fährt nicht, man geht nicht spazieren. Man besucht weder Schauspiel noch Oper. Es ist nicht einmal Konzert; bloß abends spielt man unter sich oder mit den fremden Gesandten Kartenspiele. Die Königin übt die äußerste Sparsamkeit, sie läßt sogar ihre Kleider flicken ...» Ihr Ansehen sei immer heiter, fest und ruhig. Aber ihre unpopuläre Zurückgezogenheit schade der «guten Sache». Man könne den Gedanken nicht unterdrücken, «daß diese Stille etwas Gefährliches brüte».

Natürlich wünschten Ludwig und Marie-Antoinette nicht den Sieg der Revolution. Aber war ihnen die Macht nicht längst aus den Händen genommen? Blieb dem König noch etwas anderes als der bloße Schein der Regierungsgewalt? Forderte nicht Jean-Nicolas Billaud-Varennes, Sekretär und Vizepräsident des

Klubs der Cordeliers (von Beruf Advokat, Dichter aus Neigung und ohne Erfolg) – verlangte nicht dieser Freund Dantons schon einen Tag nach dem dritten Föderationsfest offen die Deportation des Monarchen? Wurde nicht drei Wochen später von 47 der 48 Sektionen der Stadt Paris Ludwigs Absetzung verlangt? Der junge Bollmann hörte in manchen Gesprächen die kleinen, vielsagenden Sätze: «Nur noch ein paar Tage – nur noch ein wenig Geduld...» Immer wieder sah er kleine und große Menschengruppen, auf die Sprecher «vom niedrigsten Stande» mit Leidenschaft einredeten. Er schaute Straßenschauspielern zu, die sich auf Stühle stellten und in Fragen und Antworten «zuvor abgefaßte Gespräche» vortrugen, «deren einziger Inhalt Königsmord und Aufhetzung gegen La Fayettes Partei war». Er hörte Bänkelsänger, die mit einer Geige herumzogen und in «rezitativischen Gesängen» die Sünden der Herrscher anklagten. «Sie waren zum Teil wirklich witzig und sehr gut», schrieb Bollmann. «Keiner von den Menschen, die immer an den selben Plätzen wieder erschienen, und die ich oft halbe Tage lang verfolgte, forderte jemals Geld von den Zuhörern. Nie ist ihnen von der Polizei Stillschweigen auferlegt worden...»

Die Nationalgarden, die zum Föderationsfest nach Paris delegiert waren, hielten sich noch immer in der Stadt auf. Sie schienen es nicht eilig zu haben, an die Front zu marschieren. Am 30. Juli zogen, mit einiger Verspätung, die Bataillone der Nationalgarde von Marseille in Paris ein. Sie sangen den Kriegsgesang der Rhein-Armee, den einige Monate zuvor der Hauptmann Rouget de Lisle im Haus des Bürgermeisters von Straßburg gedichtet und komponiert hatte. Die Pariser hörten das Lied zum erstenmal. Sie nannten es unverzüglich die «Marseillaise». Der heftige Text, der keine Botschaft vom Frieden unter den Völkern verkündete, entsprach dem leidenschaftlichen mediterranen Charakter. Nach einem Bankett, das die Stadt den Gästen aus dem Süden auf den Champs-Élysées offerierte, gerieten sie – gewiß vom Wein beflügelt – in wilde Händel mit den Pariser Nationalgarden, die Verwünschungen des Königs und ihres einstigen Generals La Fayette nicht dulden wollten. Es gab Tote und Verletzte. Dennoch setzte sich die Truppe aus Marseille fürs erste in der Hauptstadt fest, zweifellos auf Geheiß der

Stadtbehörden, die von Robespierre, Danton und Marat kontrolliert wurden.

Die Unruhe steigerte sich zum hellen Zorn. Dem Fürstenkongreß von Mainz gehorsam, hatte der Herzog von Braunschweig am 25. Juli – in einem Anfall von Verblendung, die man dem gescheiten Mann nicht zutrauen wollte – ein Manifest in die Welt geschickt, das auf «kaiserliches und königliches Ehrenwort» erklärte, die Majestäten würden «wenn das Tuilerien-Schloß gestürmt oder sonst verletzt, wenn die mindeste Beleidigung dem König, der Königin und der gesamten königlichen Familie zugefügt, wenn nicht unmittelbar für ihre Sicherheit, ihr Leben und ihre Freiheit gesorgt wird, eine beispiellose und für alle Zeiten denkwürdige Rache nehmen und die Stadt Paris einer militärischen Exekution und dem gänzlichen Ruin preisgeben, die Verbrecher selber aber dem verdienten Tode überliefern». Es folgte ein Satz, den die Franzosen nur mit blankem Hohn zitieren konnten: «Ihre Majestäten versprechen dagegen den Einwohnern von Paris ihre Verwendung bei Seiner Allerchristlichsten Majestät (Ludwig XVI.), um ihnen Begnadigung für ihre Fehler und Irrtümer zu erwirken...» Die Nationalgarden wurden aufgefordert, für Ruhe und Ordnung zu sorgen; wenn sie mit der Waffe in der Hand gegen die Preußen und Österreicher anträten, würden sie als «Aufrührer» behandelt. Das Linienheer solle sich auf der Stelle dem König unterwerfen. Der Bevölkerung aber, die sich den «Armeen Ihrer Majestäten» widersetze, «im offenen Felde oder aus Fenstern, Türen und anderen Öffnungen ihrer Häuser» schieße, wurde eine Bestrafung «nach der ganzen Strenge des Kriegsrechtes», die Zerstörung ihrer Wohnungen oder ihr Niederbrennen angekündigt.

Das erstaunliche Dokument fertigte der Herzog in Koblenz aus, dem Hauptquartier der aristokratischen Emigration. Man sagte denn auch, der Autor des Manifestes sei ein Monsieur de Linon, dem bescheinigt werden konnte, daß er, wenn nicht von Gott, so von allen guten Geistern verlassen gewesen sein muß. Keine halbwegs intelligenten Spione schienen die Preußen, die Österreicher, erst recht nicht die Exilanten über die Stimmung der Franzosen und vor allem der Pariser ins Bild gesetzt zu haben. Vermutlich berichteten die Agenten, wie es in ihrem Gewerbe nicht unüblich ist, nur das, was ihre Auftraggeber hören und lesen wollten. In Wirklichkeit zeichnete der Aufruf des Herzogs ein Revolutionsprogramm vor, das die radikalsten der Akteure noch kaum laut zu denken gewagt hatten. Vergebens verwahrte sich Ludwig, vermutlich ehrlichen Sinnes, gegen die unglückselige Intervention, die sein Schicksal besiegelte. Es half ihm nichts. Man glaubte ihm nicht. Man wollte ihm nicht mehr glauben, konnte es wohl auch nicht. Das Manifest von Koblenz, das die Monarchie retten sollte, war das Signal, ihr den letzten tödlichen Stoß zu versetzen (der freilich auch ohne die Erklärung wohl nicht mehr allzu lange auf sich hätte warten lassen). Der Hof war nicht unvorbereitet. Die Schweizergarden wurden aus ihren Kasernen vor den Toren herbeigeordert. Söhne adliger Familien übernahmen die Wachen im inneren Bezirk. Die Berater Ludwigs aber scheuten zu großes Aufsehen, um keine schlafenden Hunde zu wecken. Die Maßnahmen waren, wie fast immer, halbherzig. Die Hunde überdies schliefen schon lange nicht mehr.

In der Nacht vom 9. auf den 10. August versammelten sich die Kommissare der Sektionen, einer Order Dantons folgend, im Rathaus. Sie drängten die legale Gemeindevertretung, die womöglich nicht willfährig genug gewesen wäre, brüsk beiseite und etablierten eine zweite, revolutionäre Stadtregierung, die Furet und Richet eine «Gegenstadtverwaltung» nannten: die Commune. Graf Mandat, der offizielle Kommandeur der Nationalgarden, ein Herr von 61 Jahren, hatte sich am Abend im Schloß eingefunden, um bei einem Angriff die Verteidigung selber zu übernehmen. Seine Autorität war in Wirklichkeit längst von dem Bierbrauer Antoine-Joseph Santerre unterlaufen. Als er zum Hôtel de Ville zurückeilte, vielleicht um sich den Delegierten der aufständischen Sektionen entgegenzustellen, sah er sich seines Amtes enthoben. Zum Nachfolger wurde – wer sonst? – der agile Santerre gewählt. Den alten Mandat aber gab man der Menge preis, die sich in den frühen Morgenstunden um das Rathaus gesammelt hatte. Er wurde massakriert.

Um elf Uhr in der Nacht begannen die Sturmglocken zu läuten. In allen Straßen wurde der Generalmarsch getrommelt. In den Vorstädten, zumal in Saint-Antoine, sammelten sich bewaffnete Haufen. Im Palast wagte niemand, sich zur Ruhe zu legen. In einem der Seitenhöfe stand ein kleiner Nationalgardist auf Posten, der sich manchmal fragen mochte, welch merkwürdiges Geschick ihn dazu verurteilt hatte, für den König der Franzosen Wache zu stehen: Doktor Georg Kerner, der junge Arzt aus Schwaben. Sagten ihm am frühen Morgen die Offiziere, die genauere Nachrichten besaßen, daß der König erwäge, für sich und seine Familie in der Nationalversammlung Schutz zu suchen. So hatte Pierre-Louis Rœderer aus Metz, als Prokurator und Generalsyndikus der höchste Beamte des Départements von Paris, Ludwig dringend geraten. Der König zögerte. Marie-Antoinette widersprach: «Mein Herr», sagte sie, «es gibt hier Soldaten, und es ist endlich Zeit, daß man weiß, was zählt: der König und die Verfassung oder die Parteien.»

Sie war, wie André Castelot in seiner Geschichte der Revolution erzählte, völlig ruhig: «Keine Überspanntheit, kein Zorn, keine Verzweiflung... auch keine unnütze Kühnheit.» Rœderer bestätigte später, die Königin habe in jener fatalen Nacht keine heroischen, keine affektierten, keine romantischen Gesten, keinen Geist der Rache demonstriert: «Sie war eine Frau, eine Mutter, eine Gattin, die sich in Gefahr befand; sie hatte Angst, sie schöpfte Hoffnung, sie war betrübt, und sie beruhigte sich...»

Indes faßte sich Ludwig ein Herz und inspizierte die Wachen, vielleicht um ihnen Mut zuzusprechen. Über die Absperrung, an der sich schon die Menschen drängten, flogen ihm Beleidigungen zu: «Fort mit dem dicken Schwein» war noch die geringste. Bleich kehrte er zum Schloß zurück. Die ersten Kolonnen aus den Vorstädten rückten heran, mit Spießen, Sensen, Prügeln, Säbeln und Flinten bewaffnet, keine ordentliche Truppe, die einem gelernten Soldaten Respekt abfordern würde, sondern ein ungeordneter Haufen, lächerlich und gerade darum zum Fürchten.

Die Uhren zeigten halb acht. «Sire», sagte Rœderer, «es sind keine fünf Minuten zu verlieren...» Noch einmal begehrte Marie-Antoinette auf: «Monsieur, wir haben eine Streitmacht im Schloß...» – «Madame», antwortete Rœderer, «ganz Paris ist auf dem Marsch.» – «Sind wir allein?» fragte die Königin. «Gibt es niemanden, der handelt?» – «Allein», sagte Rœderer, «Widerstand ist sinnlos.» Nach dem Bericht des Prokurators hob der König den Kopf, musterte ihn ein paar Sekunden, wandte sich der Königin zu und befahl: «Marchons.» Sie waren schon auf dem Weg, als Marie-Antoinette noch einmal daran erinnerte, man lasse die braven Leute im Stich, die zum Schloß gekommen seien, um den König zu verteidigen.

Der Einspruch kam zu spät. Ludwig hatte kapituliert. Die Prinzessin Lamballe, die mit der königlichen Familie zur Reithalle eilte, bemerkte zu ihren Gefährten: «Wir werden niemals zurückkehren.» Zweihundert Schweizergardisten eskortierten den kleinen traurigen Zug zum Manege-Saal. Als er die Nationalversammlung erreichte, rückten die Marschkolonnen auf die Tuilerien vor: die Kerntruppe der Sansculottes aus dem Faubourg Saint-Antoine, verstärkt durch die Freiwilligen-Bataillone aus Marseille und der Bretagne, die nun begriffen, warum sie so lange im Pariser Quartier gelegen hatten. Nach dem Zeugnis Kerners waren die Linien der Nationalgarden von Parteigängern des Aufstandes durchsetzt. Sie sorgten, das war ihr Auftrag, für gründliche Verwirrung. Doch der Schwabe bemerkte auch, daß die «Unentschlossenheit Ludwigs» und seine Flucht in die Nationalversammlung den Kampfgeist, soweit vorhanden, gebrochen habe: «Die Kommandanten verloren den Kopf, man gab keine Befehle, machte keine Anordnungen mehr und der gemeine Soldat war auf diese Art ganz sich selbst überlassen.» Der Nationalgardist Kerner betrachtete die Verfassung als einen fast heiligen Auftrag. Darum fühlte er sich verpflichtet, sich im Notfall auch für den König zu schlagen. Für die Partei der Royalisten rührte er keinen Finger. Er klagte die «Chevaliers und die Hof-Kanaille» an, die in der Nacht in das Schloß gekommen sei, um «von den Fenstern aus zu schießen», sie habe viel zum unglücklichen Ausgang beigetragen.

Justus Erich Bollmann, Kerners norddeutscher Kollege, war an jenem Morgen durch den Lärm früh aufgescheucht worden. Bei einem Blick aus dem Fenster sah er den Haufen der Sansculottes – «sich gebärdend wie rasend Tolle» – auf dem Marsch zu den Tuilerien. «Ich verließ sogleich mein Zimmer, um zu sehen, was es geben würde. Ich kam noch vor Ankunft der Horde in den Garten der Tuilerien. Ich sah einen großen bewaffneten

Haufen von braven Schweizern und Nationalgarden sich langsam vom Schlosse weg gegen die Nationalversammlung hinbewegen. Der König, seine Schwester, seine Frau und seine zwei Kinder waren in ihrer Mitte.» Bollmann war keiner, der sich durch drohende Massen oder grimmige Gesichter der Türsteher abweisen ließ. Vielleicht flunkerte er auch ein wenig und machte sich wichtig. Doch seine Reportage war ein so glaubwürdiges Zeugnis wie viele andere auch. Er sah den König die Manege betreten und brachte es zuwege, sich in den Saal zu drängen: «Nie vergesse ich diesen merkwürdigen Anblick. Der König stellte sich zur Seite des Präsidenten. Die Frauenzimmer setzten sich gegenüber auf eine Bank an den Schranken der Nationalversammlung.»

«Der König», schrieb er, «war wie einer, der nichts weiß, was mit ihm ist und mit ihm werden soll, betäubt und kraftlos. Die Königin voll Hoheit und Würde...» Die Deputierten befanden sich in einer grotesken Lage: Die Legislative durfte in Gegenwart des Königs laut Verfassung keine Verhandlungen führen – und dennoch mußte darüber gesprochen werden, welcher Aufenthalt für ihn gefunden werden könne. Bollmann betrachtete Ludwig mit einem nüchternen, kritischen Blick: «Während der Beratschlagungen darüber lag der König auf seine Hände gestützt, mit dem Bauche halb über den Tisch, der vor dem Präsidenten stand. Kindlich läppisch und kindisch gutmütig, sorglos und unbekümmert, in diesem ernsten, gefährlichen Augenblick auch ohne die mindeste Spur von Würde, von Überlegung, von Ideenarbeit, hörte er den Reden für und wider der verschiedenen Mitglieder zu, ungefähr wie einer, der zum erstenmal so etwas hört und in einer dummen Erstarrung halblachend zu sich sagt: ‹Das ist doch närrisch.›» Anders die Königin. Bollmann fand alles in ihrem Gesicht, was er in dem des Königs vermißte. Marie-Antoinette war schlicht gekleidet, dem bitteren Augenblick gemäß. «Sie hatte Rock und Kammisol an von blauem Sitz mit weißen Blumen, ein einfaches weißes Tuch ohne Spitzen und Verzierung um ihren Hals, eine Art von Haube auf ihrem Kopf. Sie hatte den Dauphin auf ihrem Schoß – einen kleinen bildschönen Knaben. Sie drückte ihn zuweilen an sich, mit Beklemmung, als dächte sie, was wird aus dir werden? Sie sah tiefsinnig und kummervoll von Zeit zu Zeit um sich her, sie faßte mit Ernst und hoher Verachtung jedes Mitglied ins Auge, dem in diesem Augenblick der Schonung und Menschlichkeit unglimpfliche Ausdrücke entschlüpften. Ich versichere Sie, die Königin war sehr rührend in diesem Augenblick... Ihre Fehler hat sie hart gebüßt. Ihre Haare sind grau geworden seit acht Monaten.»

Die Deputierten entschieden sich für einen Kompromiß, dessen List in einer anderen Lage manches Gemüt erheitert hätte: Man wies Ludwig und seiner Familie die kleine Loge der Protokollführer zu, die vom Versammlungsraum durch ein hölzernes Gitter abgetrennt war. So konnte man mit einigem Recht behaupten, daß der König nicht gegenwärtig sei – und er war es doch. Dort, in jenem Gelaß, hatten er und die Seinen drei Tage auszuharren. Sie schliefen – immer nur wenige Stunden – in den Zellen des benachbarten Klosters der Feuillantiner, in dem einst La Fayette und sein Anhang getagt hatten.

Draußen machten unterdessen einige der Schweizergardisten Anstalten, sich mit den Aufständischen zu verbünden: sie verstanden nicht mehr, wofür sie kämpfen sollten. Viele fragten (laut Justus Erich Bollmann): «Für wen sollen wir fechten, und was geht uns das Schloß an?» Das Gros ihrer Einheiten aber zog sich in den inneren Schloßhof zurück. Von beiden Seiten waren Kanonen aufgefahren. Hernach konnte keine Seele mehr ausmachen, wer den ersten Schuß gefeuert hatte. Die Kavaliere in den Fenstern? Die Schweizer, von denen sich die Masse verraten fühlte? Die Sansculottes in ihrem drängenden Ungestüm? Als der Lärm der ersten Kanonenschüsse in die Manege drang, erstarrten, nach Bollmanns Zeugnis, die Deputierten: «Die ganze Versammlung verlor den Kopf.» Er selber rannte nach draußen. Dort aber «ging die Not erst an; überall Waffen und Schießen; – wir konnten nicht vor- und nicht rückwärts... alle Zugänge der Nationalversammlung waren besetzt, und man feuerte von allen Seiten... die Föderierten feuerten, die Schweizer feuerten wieder. Auf beiden Seiten lud man die Kanonen mit Mitraille. Die Schweizer, kaum tausend Mann, verließen sich auf die Unterstützung der Nationalgarde, aber diese ließ sie schändlicherweise im Stich, floh zum Teil, machte zum Teil gemeinschaftliche Sache mit der angreifenden Horde.» Die Aufständischen bezahlten den ersten Ansturm mit mehr als hundert Toten und Verletzten. Die Schweizer setzten zum Gegenangriff an. Doch den Kolonnen der Sansculottes strömten Verstärkungen zu. Die Schlacht stand unentschieden.

«Kaum brüllte der erste Donner», berichtete Kerner, «so nahm die zusammengeschmolzene Garnison reißaus.» Er selber hatte sich in die Wachstube zurückgezogen: «Ich war wie betäubt, tausend Bilder von den schrecklichen Folgen, die diese Blutszene haben würde, drängten sich mir nacheinander mit Gewalt dar, ich konnte mich nicht zur Flucht entschließen – und da saß ich allein in meiner Wachstube – plötzlich fliegen einige Flinten-Kugeln an die Fenster-Rahmen: vermutlich wurden sie nicht gerade geflissentlich dahin abgeschickt und sollten an den hervorragenden Teil des Schlosses gehen! Jetzt fing ich an, an meine Selbsterhaltung zu denken und einen Zufluchtsort zu suchen, ich fand denselben unter dem Feldbett oder der hölzernen Bank, auf die man sich legt. Kaum war ich unten, und alle Augenblicke glaubte ich, die Bank stürze über mir zusammen, so drängt' ein Haufen von Leuten in die Wachstube, an deren entblößten Füßen ich sah, daß es keine Hofherren waren. Sie fanden einen guten Vorrat geladener Flinten, suchten überall über mir in den Strohsäcken und sahen zu allem Glück nicht unter das Lager. Ich hielt in diesem Augenblick meinen Tod für gewiß, übrigens behielt ich die größte Geistesruhe bei.»

In der Nationalversammlung wurde der König bedrängt, der Schweizergarde die Einstellung des Feuers zu befehlen. Ludwig unterzeichnete die verlangte Order, ohne Bedingungen für die Sicherheit der Männer zu stellen. Sein Kopf war zu langsam, an die Gefahren zu denken, die den Soldaten nach der Kapitulation drohen mochten. Jeder Festungskommandant hätte die Folgen für seine Männer erwogen... Vielleicht war der Herrscher zu sehr mit sich selbst, dem eigenen Geschick, dem seiner Familie beschäftigt, um an seine Garde zu denken. Vielleicht lenkte ihn das ungewohnte Schauspiel der Debatte zu sehr ab. Der Kapitulationsbefehl war der letzte, den er zu geben imstande war. Kurz danach enthoben ihn die Abgeordneten seines Amtes und seiner Würden. Der Ausgang des Tages, schrieb Bollmann später, wäre anders gewesen, wäre der König im Schloß geblieben. Das war nicht ausgemacht. Aber warum brachte er nicht seine Familie in Sicherheit und harrte inmitten seiner Truppen aus? Er hätte der Monarchie wenigstens ein würdiges Ende bereitet.

Bollmann schilderte das Schicksal der Söldner: «...nachdem sie sich ergeben hatten, fiel man... über sie her, zwanzig über einen, und ermordete sie jämmerlich. Man hat sie totgeschlagen, wo man sie fand; in den meisten Straßen von Paris lagen Leichen. Ich habe Szenen gesehen, worüber die Menschheit schaudert. Man hat sie lebendig ins Feuer geworfen; man hat sie geschunden und verstümmelt. Weiber, immer die wütendsten, die grausamsten, sogen ihr Blut. Selbst die toten Körper blieben von keiner Art der Mißhandlungen frei... Ihre zerrissenen Kleidungsstücke, ihre Köpfe auf Stangen hat man im Triumph umher getragen...»

Conrad Engelbert Oelsner, der andere Zeuge aus Deutschland, hatte die Sturmglocken verschlafen. Beim ersten Gang, vermutlich auf dem Weg zu einem späten Frühstück, stellte er fest, daß alle Kaffeehäuser und alle Läden im Palais Royal verschlossen waren: «An dem Orte von Europa, wo es gewöhnlich am lautesten rauscht, herrschte tiefes Stillschweigen... ich blieb indes nicht lange in meiner ängstlichen Ungewißheit. Mit dem Schrei: ‹So straft man Verräter›, zog mir eine Gruppe Maurer- und Bäckerjungen entgegen, ein blutiges Haupt auf der Pike.» Etwa zweihundert der Schweizergardisten hatten versucht, sich mit dem Volk zu verbünden: «Man gab sich die Hände, die Bärenmützen wirbelten auf den Bajonetten, von beiden Seiten wurde gerufen: ‹Es lebe die Nation!› Aber dann von irgendwoher der Schrei: ‹Die Schweizer haben uns verraten›... Es setzte in den Tuilerien ein fürchterliches Blutbad. Zu gleicher Zeit verkündigt das Getön der Pferdehufe den Anmarsch der Gendarmerie. Sie flog in die elysäischen Felder, dem Feind den Rückzug abzuschneiden. Als sie nachher von der Expedition zurückkam und ihr das Volk zurief: ‹Lebt ihr noch?› antworteten sie: ‹Wir stehen aus unserer Asche wieder auf...› Wo sich Schweizer oder nur rote Röcke blicken ließen, wurde Jagd auf sie gemacht; Feind oder Freund, der Tod schwebte über allen Köpfen.»

Der kleine Kerner harrte, bis die Gefahr vorüber schien, in

seinem Versteck unter den Holzpritschen der Wachstube aus. Als er seinen Winkel verließ, geriet er «mitten in einen Haufen von Sansculottes, die zum gegenüber befindlichen Tor hereinkamen; ich nahm eine Miene an, und mein Gang war so unbekümmert, daß sie mich für einen der ihrigen hielten, und so gelangte ich in einem naheliegenden Café an, nachdem ich noch vorher hart an einem gemordeten Schweizer vorüber mußte... ich eilte nach Haus, wurde unterwegs zweimal angehalten, indem ich zu zweienmalen auf an mich gemachte Fragen antworten mußte, und man aus meinem deutsch-französischen Akzent schloß, daß ich ein verkleideter Schweizer sei; mein Brevet –» war es sein medizinisches Diplom? Ein Ausweis der Nationalgarden? – «half mir glücklich durch und bis zu der Wohnung eines Freundes... das erste, was ich tat, war mich auf das Bett zu werfen, wo ich vierzehn Stunden ununterbrochen fortschlief.»

Oelsner, der unermüdliche Chronist, lief, nicht anders als Bollmann, bis zum späten Abend durch die Stadt. Er war tapfer genug, den Blick von den Szenen des Grauens nicht abzuwenden. Die Schlächtereien erinnerten ihn an die Verfolgungen der Waldenser und an die Bartholomäusnacht. An der Place de Grève sah er achtzig Männer, die meisten keine Schweizer, die «nach einem hartnäckigen Kampf die Waffen niedergeworfen» hatten. Sie wurden von Soldaten der Nationalgarde bewacht. Ein Kommissar der Stadtverwaltung gab den Befehl, sie ins Abbaye-Gefängnis zu führen: «Aber das war es nicht, was die wütende Menge erwartete, was die ergrimmte, blutdürstige Brut des Pöbels wollte. ‹Nein! Nein! Keine Gnade!› brüllt es über den ganzen Grève-Platz. ‹Ein Todesurteil! Verräter müssen sterben! Schießt sie nieder!›, rasen die Weiber, in schäumende Furien verwandelt, ‹oder ihr seid des nämlichen Verbrechens schuldig. Sie haben unsre Brüder, sie haben meinen Gemahl, meinen Sohn gemordet. Wir begehren Rache, gebt ihr sie uns nicht, so nehmen wir sie selbst an ihnen und Euch!› – Um Erbarmung schreien die Unglücklichen, sie stürzen, sie winden sich... Die Nationalgarde kämpft für das Mitleid, gegen ihre eigene Gefahr. Sie bittet, sie fleht – umsonst, schon wird sie des Verständnisses beschuldigt, die Piken dringen auf sie ein, einige der ihren fallen. Sie läuft Gefahr, Opfer ihrer Menschlichkeit zu werden, und da sie ihr eigenes Heil nur in der Zerstörung der Verurteilten sieht, drückt sie, mit abgewandtem Gesichte, ihre Mordgewehre los. Alles wird unbarmherzig niedergemacht.» Tiefer als alles andere verstörte auch Oelsner die Grausamkeit der Frauen: «Das Jauchzen der Weiber bedeckt die Wehklagen der Todesangst...» Frauen, stöhnte er, seien bei «allen stürmischen Auftritten der Revolution» immer die ersten gewesen, die «Entsetzlichkeiten ersannen», und er fügte den bizarren Satz hinzu: «Ich könnte die Weiber verabscheuen, wenn nicht eben die Reizbarkeit, welche sie in dem Ausbruche des Hasses und der Rache zu ekelhaften Ungeheuern macht, die Haupttriebfeder ihrer Tugenden wäre.»

Bollmann teilte jene deprimierenden Eindrücke, die durch die Beispiele der tapferen Großherzigkeit nichts von ihrem Schrekken verloren. Der Hannoveraner notierte: «Die Menschen waren durchaus nicht dieselben vom 14. Juli 1789; es war nicht wie damals ein blinder durchbrechender Enthusiasmus, erzeugt von einem gerechten, schleunig in jeder Brust erwachten, starken Gefühl; es war ausbrechende Wut, die man lange aufgehetzt und nach und nach durch niedrige, elende Künste bis zu diesem Punkte hin mühsam gesteigert hatte: ein Produkt von Bosheit, Leidenschaft und Eigennutz; nicht der kühne Aufschwung eines nach langer Bedrückung endlich auf einmal seine Kräfte wieder fühlenden Volkes.»

Auch der junge korsische Artillerieoffizier Bonaparte, der sich in der Hauptstadt aufhielt, stellte fest, in den Straßen sei «die übelste Kanaille» am Werk gewesen, der «niederträchtigste» Teil der Bevölkerung. (Doch mit fast größerem Erstaunen sprach er von der Schwäche des Widerstandes.) Der «Bürger von Paris» aber verzeichnete lakonisch wie immer, daß die Reiterstatuen aller Könige, auch die des geliebten Henri quatre auf dem Pont Neuf, gestürzt worden seien, und im Rathaus habe man die Büsten von La Fayette, von dem einstigen Bürgermeister Bailly und dem Minister Necker in Stücke gehauen. Dazu zeichnete er mit seiner Feder – wie so oft – kindhaft schlichte Skizzen: Höhlenmalereien, die mit einer Art von nüchterner Unschuld das Abgründige ins Alltägliche verwandelten.

Den deutschen Zeugen war jenes Talent, die Dämonie der

Ereignisse durch ein Achselzucken zu bannen, nicht gegeben. Der junge Bollmann hatte den Abend bei einem Freund zugebracht, der in einem entlegenen Viertel wohnte. Erst nachts zwischen eins und zwei lief er nach Haus: «Es war ein Weg von drei Viertelstunden; ich mußte ganz Paris durchkreuzen – solch einen Weg habe ich nie gemacht.» Seinem Vater schilderte er die gespenstische Szene: «...fürchterlicher war nichts als endlich die Totentstille im sonst so geräuschvollen, so lebendigen Paris. Die ganze Stadt war erleuchtet, der Sicherheit wegen, wie gewöhnlich bei solchen Vorfällen; aber keine Seele war in den Straßen, kein Wagen rollte, kein Geräusch ließ sich vernehmen, weder nah noch fern. Nichts sah man als große, breite Patrouillen, die in den Straßen nicht umhergingen, sondern schlichen; es war, als wenn selbst diese sich vor den Geistern der Erschlagenen fürchteten!» Er setzte an anderer Stelle hinzu: «Die Bürger waren satt und müde und besoffen für diese Nacht vom geraubten Wein in den königlichen Kellern.»

Oelsner hielt verwandte Eindrücke fest: «Die Totenstille, welche dem Orkan des Tages folgte, das Geflüster an den Türen, was nur halblaut zu sein wagte, die erleuchtete Nacht, das einsame Rollen einiger Fiaker, die vielleicht Proskribierte führten, alles lud nicht zum Schlafe, aber zu ernsthaften Betrachtungen ein.» Er fragte angstvoll: «Wer steht nun dafür, daß die Reform der bürgerlichen Gesellschaft nicht das Werk der Gewalttätigkeit sei? Wer steht für einen Einfall neuer Hunnen und Wandalen und Sikambern» – er meinte die Zimbern –, «die schon unter uns sind?»

Anders als die zeitgenössischen deutschen Beobachter oder als Bonaparte befand die spätere Geschichtsschreibung – keineswegs nur die marxistische –, daß an jenem blutigen Freitag, dem 10. August, kein krimineller Pöbel aus dem Abschaum der Stadt, sondern Krämer und Kaufleute, Handwerker und Arbeiter zu den Tuilerien marschiert waren und ihre Gegner, die wirklichen und die vermeintlichen, hernach so gnadenlos niedergemacht hatten. Zwei Jahrhunderte später, nach den bedrükkendsten Ereignissen der Menschengeschichte, fand es niemand mehr überraschend, daß sich biedere Kleinbürger unter der Peitsche der Fanatisierung und dem Sturz der Ereignisse rasch in

Bestien verwandeln – und nicht nur sie: Großbürger und Aristokraten waren gegen das Böse in sich selber nicht besser gefeit. Auch sie hatten in den Kriegen – den Bauern-, den Religions-, den Kolonialkriegen vor allem – sich oft genug schlimmer als alle Teufel aufgeführt.

Oelsner wollte so rasch nicht zur Kenntnis nehmen, daß der 10. August die Ouvertüre der «Zweiten Revolution» war. Er war nicht bereit, die erste, an der sein Herz hing, ohne Skrupel preiszugeben. Der Monarchie weinte er keine Träne nach. Im Gegenteil, in seinen nächsten «Korrespondenzen» gab er sich alle erdenkliche Mühe, die Verantwortlichkeit des Königshauses und seiner Verbündeten für den eignen Untergang nachzuweisen. Doch er war nicht der Mann, sein Fähnchen nach dem Wind zu hängen. Voller Verachtung schrieb er, die Menschen seien immer geneigt, «um sich die Demütigung ihres eigenen Gewissens zu ersparen, dem Sieger Recht zu geben».

Aber wer war der Sieger? Mehr als achthundert Tote hatte der Tag gefordert. Wem kam das Opfer zugute? Was bewies es außer der monströsen Willkür, die in allen sogenannten historischen Ereignissen am Werk ist, gleichviel, welchen Gesetzen sie von den Interpreten (nach ideologischer Neigung) hinterher unterworfen werden? Eine zweite Etappe des großen Aufbruchs war erreicht. Die Entmachtung des Monarchen entsprach, daran besteht kein Zweifel, den Parolen, die von den Cordeliers und vom radikalen Flügel der Jakobiner in den vorausgegangenen Wochen ausgesät waren. Hatte sich «das Volk» nach einem Marschplan der Geschichte, der vom Schicksal in seiner Seele vorgezeichnet war, oder einer «spontanen» Erleuchtung folgend in Marsch gesetzt? Das tat es so gut wie nie. Überdies war «das Volk» an jenem Tag – wie fast immer – eine Minderheit unter den Bürgern, die es in der Mehrzahl für ratsam hielten, die Köpfe einzuziehen oder aus halbwegs sicherer Entfernung das Spektakel zu betrachten und den Ausgang abzuwarten.

Der junge Bollmann sprach mit seiner naiv-gewitzten Intuition von der «Revolution des 10. August», und er bemerkte, an ihr hätten Marat, Robespierre und Danton mehr Anteil als die Girondins Roland und Vergniaud, denen sich Oelsner nahe fühlte. Also sah sich der Schlesier, wenigstens im Augenblick, auf der Seite der Verlierer. Er fürchtete, nicht zu Unrecht, daß die bürgerlichen Freiheiten, kaum errungen, wieder verlorengingen. Die Legislative wählte zwar als Ersatz für die verscheuchte Regierung einen «Exekutivrat», dem Roland für den Bereich des Innern und Clavière für die Finanzen angehörten – die beiden prominenten Girondins, die Ludwig aus dem Kabinett verjagt hatte. Doch Danton übernahm das Ressort der Justiz. Das zählte, wie sich bald genug zeigen würde, im Gebrauch der Macht entschieden mehr, dank der kraftvollen Persönlichkeit des neuen Tribuns der Vorstädte. Die vollziehende Gewalt aber befand sich in den Händen der Commune. Die Gemeindebehörden wurden ermächtigt, Verhaftungen vorzunehmen. In Paris eigneten sich die Überwachungskomitees der Sektionen die Befugnisse an, Bürger festzunehmen und zu verhören, Wohnungen zu durchsuchen, Papiere zu beschlagnahmen, Eigentum zu versiegeln. Von den Radikalen wurde in der Legislative die Etablierung eines Volkstribunals beantragt. Sie fanden dafür keine Mehrheit. Zwei Tage später drohte eine Delegation der Commune mit einem neuen Aufstand. Nun gab die Legislative nach und installierte am 17. August ein «tribunal criminel», einen Sondergerichtshof, zu dessen Präsident Robespierre gewählt wurde, der freilich klug genug war, von dem Amt sofort zurückzutreten, um nicht über seine Feinde urteilen zu müssen (wie er sagte).

Die Gefängnisse füllten sich. «Es wird Hinrichtungen geben», schrieb Oelsner mit bitterer Klarsicht, «und zwar viele, weil eine Partei die andere richtet, weil, ihre Gegnerin zu vertilgen, sie die Häupter derselben dezimieren zu müssen glaubt...» Der große Haufen wolle durch das Schauspiel der Guillotine unterhalten werden, setzte er grimmig hinzu. Oelsner war – und blieb – ein unversöhnlicher Gegner der Todesstrafe, gewiß einer der ersten in Europa, die er als eine «abscheuliche Barbarei der europäischen Nationen» bezeichnete. Der Triumph jeder Partei, so fürchtete er, würde vom Scharfrichter begleitet: «Aber die Philosophie verabscheut Blutgerüste, verabscheut die Rache, es ist ihr genug, zu siegen... Voltaire wünschte den Philosophen die Hartnäckigkeit der Priester, jetzt ist die Philosophie eine Sekte geworden, deren Bekenner, die keine Philosophen sind, sie mit Feuer und Schwert predigen wie die Dominikaner das Evangelium. Sie wollen die Mutter der Duldung mit Gewalt über die zermalmten Vorurteile in die Gemüter führen.»

Mit anderen Worten: er hatte Angst, daß sich die Revolution der Vernunft in eine neue Inquisition verkehrte, und er sah die paradoxe Gefahr, daß sich die Anwälte der Freiheit bereit fänden, die Menschen zu ihrem Glück zu zwingen. Er ahnte, daß die «Zweite Revolution» den Schritt zum «Ersten Terror» («la première terreur») bedeutete – und wollte es zugleich nicht wahrhaben. «Glauben sie nicht», rief er seinem Redakteur Johann Wilhelm von Archenholtz in Hamburg und den Lesern der Zeitschrift «Minerva» zu, «daß ich den 10. August verschreien wolle, nein...» Obwohl er «einzelne Abscheulichkeiten» verdammte, sah er ihn «als die letzte Ressource der Freunde der Freiheit an, von der leider, vielleicht schon zu spät, Gebrauch gemacht worden ist.» Zu spät, weil Robespierre, Danton und Marat rascher und wirkungsvoller agiert hatten als die Girondins. Im Interregnum jener Tage hatte die Commune das Sagen. Sie weigerte sich, dem König und seiner Familie nach dem Vorschlag der Legislative ein neues Quartier im Palais Luxembourg zuweisen zu lassen, in dem zuletzt der Bruder des Königs residiert hatte.

Noch immer hockten Ludwig, Marie-Antoinette und ihre Kinder tagsüber in der engen Loge der Protokollführer, in der die Luft jener schweren Sommertage fast zum Ersticken war. Die Wut gegen das einstige Herrscherpaar hatte sich von neuem gesteigert, denn im verwüsteten und halb ausgebrannten Tuilerien-Schloß war den Männern der Commune ein eiserner Kasten in die Hände gefallen, der die geheimen Korrespondenzen des Königs erhielt: Dokumente, die den vermeintlich nur tölpelhaft-gutartigen Ludwig aufs fatalste kompromittierten. Nach drei Tagen endlich wurden der Ex-Monarch und seine Familie in den Turm des Temple gebracht – einer weiträumigen Anlage, die einst dem Templerorden, dann den Johannitern, schließlich dem Prinzen Conti gehörte, der in einem seiner Säle den jungen Mozart konzertieren ließ. Nach der Emigration des Fürsten wurde die Anlage beschlagnahmt. Im Turm hauste

– nicht unbequem – Monsieur Barthélmy, der die Archive des Malteserordens verwaltete. Die Beauftragten der Gemeindebehörde liehen kurzerhand seine Möbel und seine Bibliothek für den Gebrauch der königlichen Familie. Ihm blieben nur wenige Stunden, seine wichtigste Habe zusammenzuraffen. Die revolutionäre Commune, nicht die Gesetzgebende Versammlung, übernahm die Versorgung und Bewachung der Gefangenen. Der Turm glich, nach Oelsners Beschreibung, dem Gelaß, in dem Richard Löwenherz nach der Szenerie von Grétrys sentimentaler Oper eingekerkert war. Die Erkennungsmelodie jenes eher belanglosen Werkes war, man erinnert sich, von den Royalisten oft genug als ihre heimliche Hymne gesungen, gesummt und gepfiffen worden: was für eine Ironie. Das «schwarze, hohe, gotische Mauerwerk» nahm sich nach Oelsners Schilderung finster aus. Die schmalen Fenster schenkten wenig Licht. Um die Überwachung zu erleichtern, machten sich nach wenigen Tagen Arbeiter ans Werk, die Nebengebäude abzureißen. Der Turm sollte durch einen zwanzig Fuß tiefen und breiten Graben isoliert werden. man wollte auch das Dach abtragen, um auf der Plattform Kanonen zu installieren.

Der wortmächtige Autor schrieb: «In der Revolution wird mehr aus Verkehrtheit des Verstandes als des Herzens gesündigt.» Nein, Oelsner ließ von seinem Ideal nicht ab. In manchen düsteren Augenblicken drohte die Lust der Freiheit in ihm zu verdorren. Doch das ließ er nicht zu. Wenn er sich selber Mut machte, blühte sie wieder auf. Nicht so prächtig wie zuvor, aber sie lebte. «Der einzige Trost», bemerkte er, der «in seinem Jammer dem Menschenfreunde» bleibe: die Revolutionäre stritten sich wenigstens für ein Prinzip, das den Greueln der Lynchjustiz und der Todesstrafe auf immer ein Ende zu machen verspreche. Das lasse sich von Despoten nicht erwarten.

XIV
Wer ist das Volk?

Die Angst in der Hauptstadt schwoll täglich an. Sie stieg wie das Hochwasser in den Flüssen, in die sich die Sturzfluten immer neuer Unwetter ergossen. Keine Zeitung ohne schlechte Nachrichten von den Fronten. Die preußische Armee schien sich wie eine gigantische und perfekte Maschine über die Grenzen zu wälzen. Die Truppen des Herzogs von Braunschweig belagerten Longwy. Drei Tage später fiel die Festung. Sie stampften durch die Ardennen in Richtung Verdun, das sie am 30. August erreichten. Graf La Fayette hatte zwar vergeblich versucht, seine Regimenter gegen die Hauptstadt und die Herrschaft der Radikalen in Marsch zu setzen, aber die Flucht des einst so strahlenden Helden hatte den Kampfgeist gewiß nicht beflügelt. Auch Baron de Dietrich, der Bürgermeister von Straßburg, hatte sich vergeblich bemüht, die Soldaten seiner Stadt zum Aufstand gegen das neue Regime in Paris zu überreden, das er als eidbrüchig und illegal betrachtete. Doch plötzlich wurde die Gefährdung der wichtigsten Festung am Rhein offenbar. Der alte Marschall Luckner, dem die Abgeordneten nicht länger vertrauten, wurde durch den Straßburger General Kellermann ersetzt, der verzweifelt auf Verstärkung wartete. In Paris wurden Freiwillige zu Tausenden registriert, aber es brauchte seine Zeit, sie mit Waffen und Uniformen zu versehen. Überdies zeigten sie – sowenig wie die Nationalgarden aus der Provinz – keine zu große Eile, dem Feind entgegenzumarschieren.

In der Stimmung der Bürger vermengten sich Hysterie und ein exaltierter Patriotismus zu einem explosiven Gemisch. Die

Legislative, unter der steten Pression der Commune, glaubte die drohende Panik durch die verschärfte Jagd auf Sündenböcke einfangen zu können. Sie gab – das ließ sich verstehen – das Eigentum der Emigrierten (übrigens auch den Landbesitz der Gemeinden) zum Verkauf frei, um neues Geld in die leeren Kassen zu lenken. Zugleich wurden munter Assignaten im Wert von vielen hundert Millionen gedruckt.

Vom Klerus aber forderte, da der König seines Amts enthoben und damit die Verfassung außer Kraft gesetzt war, die Versammlung durch ein Dekret den Schwur auf die Prinzipien der Freiheit und Gleichheit. Vier Tage später wurden die letzten Orden aufgelöst. Acht Tage danach drohte die Legislative den Priestern, die den Eid verweigerten, ihre Ausbürgerung an: Binnen zwei Monaten sollten sie Frankreich verlassen. In Paris aber verweigerte man ihnen die Pässe. Die Barrieren an den Toren der Stadt waren seit dem 10. August fast ständig geschlossen. Célestin Guittard, der «Bürger von Paris», schrieb am 29. August in sein Journal: «Genaue Durchsuchungen aller Häuser von Paris während der ganzen Nacht.» Er fügte später hinzu, seit mehreren Tagen würden die Priester gejagt, und man habe alle, die gefangen wurden, ins Karmeliter-Gefängnis gesperrt. Am Mittwoch, dem 29. August, seien sämtliche Einwohner aufgerufen worden, sich in ihren Sektionen zu versammeln, da wichtige Dinge mitgeteilt würden: Man gab um acht Uhr abends den Befehl der Stadtbehörden aus, daß sechzig bis achtzig Kommissare in jeder Sektion benannt werden müßten, und ordneten weiter an, sämtliche Häuser hätten während der ganzen Nacht erleuchtet zu sein. Um elf Uhr habe sich jeder in der eigenen Wohnung zu befinden. Niemand dürfe mehr in den Straßen sein. Jedermann müsse die Türen seines Hauses unverschlossen lassen, ebenso die Hintertüren... «Alle die benannten Kommissare versammelten sich, jeder bei seinem Komitee, um die Weisungen entgegenzunehmen... Alle Welt war unter Waffen. Um zehn Uhr schlug die Trommel das Signal, daß jeder in seine Wohnung heimkehren müsse. Man begann, Truppen am Eingang aller Straßen zu plazieren, und starke Haufen marschierten vor den erleuchteten Häusern auf und ab. Um elf Uhr machten sich die Kommissare, immer zu zweit und mit einer guten

Eskorte bewaffneter Männer, auf den Weg, um mit der Durchsuchung sämtlicher Häuser zu beginnen, von oben bis unten, vom Dachboden bis zum Keller.» Man beschlagnahmte Feuerwaffen, blanke Waffen, vor allem aber verhaftete man die Priester, die sich versteckt hatten. Die Aktion dauerte die ganze Nacht und den nächsten Morgen bis zum Mittag an: «Es gab kein Mittel, sich zu verbergen... und wenn Du nicht zu Hause warst oder wenn Du nicht aufmachen wolltest, versiegelte man Deine Tür... Man hätte eine Maus durch die Straßen laufen hören. Die Soldaten marschierten leise und sprachen nicht. Das war eine einzigartige Stille. Alles geschah ohne Lärm. Man verhaftete viele verdächtige Leute und beschlagnahmte eine Fülle von Waffen. So ist diese unvergleichliche Nacht in großer Unruhe vorübergegangen. Niemand hat geschlafen...»

Monsieur Guittard war freilich ein ruhiger und verständiger Bürger: «Eine einzigartige Operation», notierte er schließlich, «und zugleich eine kluge. Sie war das einzige Mittel, die Feinde zu entwaffnen...» Eine gesinnungstüchtige «Bürgerin von Paris», dreißig Jahre jünger als der trockene Guittard, die bei den Jakobinern aus und ein ging, berichtete ihrem Mann mit einem Unterton des Entzückens: «Um zwei Uhr nach Mitternacht empfing ich den nächtlichen Besuch eines Trupps unserer braven Männer, von denen ein halbes Dutzend bei mir eintrat. Ich habe ihnen unsere Büchse als eine patriotische Opfergabe übergeben – und nicht als ein Beutestück. Sie wollten sie nicht haben. Der Kommissar, der mich und meinen Patriotismus kennt, erwies mir nur Höflichkeiten, und ich habe sie durch das herzliche Angebot kleiner Erfrischungen erwidert, die freilich nicht akzeptiert wurden. Ich billige diese Maßnahme und die Überwachung des Volkes so sehr, daß ich bravo und vive la nation gerufen habe...»

Die Generaldurchsuchung der großen Stadt war eine bemerkenswerte organisatorische Leistung, die erst im Zweiten Weltkrieg während der deutschen Okkupation wieder eine Entsprechung fand. Natürlich suchte man Waffen, holte man Priester aus ihren Verstecken, nahm man Verdächtige fest. Darüber hinaus hatte die Razzia den Vorzug, Paris einer strikten Kontrolle der revolutionären Autoritäten zu unterwerfen. Nach der Vermutung Conrad Engelbert Oelsners hätte der Chef der Jakobiner durch seine Anhänger, die der Korrespondent durch ein Wortspiel in «Robespierrots» verwandelte, in jenem Augenblick am liebsten eine «direkte Demokratie» etabliert, in der jede Anordnung durch das Volk bestätigt werden sollte. Der Deutsche fürchtete nicht zu Unrecht, damit werde der schlimmsten Demagogie Tür und Tor geöffnet. Jeder politische Gegner – wie der Abbé Sieyès oder der Graf Condorcet (die beide den Girondins nahestanden) – könne als «Volksfeind» verdächtigt werden. Oelsner betrachtete die Abschaffung der Unterscheidung zwischen «aktiven» und «passiven» Bürgern, die nicht nur gleichheits-, sondern auch freiheitsfeindlich war, mit einem Unbehagen, das diesem grundliberalen Mann schlecht zu Gesicht stand. (Er korrigierte sich später). Fürs erste schien er nicht begreifen zu können, daß die Expansion des Wahlrechts, das freilich die Frauen noch länger als ein Jahrhundert ausschloß, einer der großen Leistungen der Revolution war, gleichviel welchen parteiegoistischen Zielen sie dienen mochte.

Das Ansehen des Bürgermeisters Pétion sei «null und nichtig» geworden, schrieb er in einem seiner «Briefe» für die «Minerva». «Seine Sanfmut macht ihn der Kommission verdächtig und es steht zu fürchten, daß... er aus der Munizipalität gestoßen und als Aristokrat laterniert» werde (wie nun das Verb für eine populäre Hinrichtungsart zu lauten schien). Die Commune verwalte «unstreitig die ganze Souveränität der Nation», und die legislative Versammlung sei nichts als ein «wahres Gaukelmännchen, das sie nach ihrer Pfeife tanzen läßt». Die Presse sei nicht frei, also sei alles der Willkür Robespierres und Marats preisgegeben. Ihr Arm erstrecke sich über das ganze Reich. Die Commune lasse arretieren und hinrichten, wen sie wolle, und sie habe auch die «Caisse extraordinaire» unter ihr Siegel genommen. Oelsner beobachtete darum die Wahlen zur neuen Versammlung, die am 26. August begonnen hatte, voller Mißtrauen.

Nach dem Vorbild des Gremiums, das den Vereinigten Staaten ihre Verfassung gegeben hatte, sollte die neue Volksvertretung «Convention» heißen. Ihr wichtigster Auftrag nach dem

Sturz des Königs: die Formung einer neuen und ohne Zweifel republikanischen Konstitution. Die alte Verfassung, seufzte Oelsner, an der die Deputierten 28 Monate gearbeitet und die so viele Millionen beschworen hatten, als sei sie für die «Ewigkeit geschaffen» – sie sei «vorübergegangen gleich dem Traum eines Berauschten». Nur elf Monate habe sie gedauert. Warum? «Weil sie weder den Aristokraten noch den Demokraten behagen konnte...»

Aber während die neue Volksvertretung zur Wahl stand, trieb man in den Gefängnissen von Paris viele hundert Verdächtige zusammen. Tag für Tag wurden Verhaftungsbefehle gegen Männer erlassen, die gestern, die vorgestern noch das Vertrauen der Deputierten, der Bürger der Hauptstadt, ja der ganzen Nation genossen zu haben schienen. Eine Dame von bemerkenswerter Bildung – sie beherrschte Latein, sprach Italienisch und Englisch –, die ihrem Mann und ihrem Sohn die Ereignisse in langen Briefen aufs eindringlichste beschrieb, notierte am 29. August, daß (unter anderem) ein Anklagedekret gegen den einstigen Verteidigungsminister Narbonne erlassen worden sei: eine verspätete Strafe für die falsche Sicherheit, die der Graf und seine Helfer den Franzosen eingeflößt und die «unsere ganzen Desaster verursacht» habe. Madame Jullien, so ihr Name, fügte mit hohem Pathos hinzu: «Ich weine blutige Tränen.» Der Mann der «Bourgeoise de Paris», wie sie von ihrem Enkel, dem radikalsozialistischen Politiker Édouard Lockroy genannt wurde, war Abgeordneter der Verfassunggebenden Versammlung, hielt sich danach als Kommissar der Legislative in Romans auf und bewarb sich nun von neuem um ein Mandat im Konvent. Der Sohn, dem die Eltern die beste Erziehung zukommen lassen wollten, ging in England zur Schule. Dort aber befand sich inzwischen der angeschuldigte Minister Narbonne – und mit ihm Justus Erich Bollmann.

Der blutjunge Arzt hatte sich dank seiner unbefangenen Neugier, seinem Witz und einer Art von herzhaftem Charme den Weg in die Pariser Gesellschaft geebnet. Die Damen, das verbarg er nicht, fanden Gefallen an seiner unbekümmerten Vitalität. Dank des Predigers an der schwedischen Gesandtschaft lernte er Madame de Staël kennen, die durch ihren Geist, ihre

Bücher und ihre erotischen Energien längst eine Pariser Berühmtheit war, von der man in allen Salons sprach – mit Bewunderung und stets auch mit einem Gran Ironie. Das hartnäkkige Interesse, das sich ihr zuwandte, galt längst nicht mehr nur der Tochter eines einst so mächtigen Vaters und einer Mutter, deren Gesellschaften zu den brillantesten der Hauptstadt gehörten. Die Ehe mit dem schwedischen Botschafter Baron de Staël bot Germaine einen moralischen und übrigens auch politischen Schutz, der ihr bequem war. Ihr Bett teilte sie dann und wann mit Monsieur de Talleyrand und öfter mit dem Grafen Narbonne, mit dem sie mehr als das schiere Vergnügen, vielleicht sogar eine Art Liebe, ganz gewiß die herzlichste Freundschaft verband. Den jungen Bollmann beeindruckte sie tief.

«Die Staël», schrieb er später an die vertraute Tante in Karlsruhe, «ist ein Genie, eine außerordentliche, exzentrische Frau in allem, was sie macht und tut. Sie schläft nur wenige Stunden, und ist die ganze übrige Zeit hindurch in einer ununterbrochenen fürchterlichen Tätigkeit. Ihre Reden sind Abhandlungen oder eine zusammengehäufte Masse von Laune und Witz. Sie kann nur nicht alltägliche Leute um sich leiden. Während sie frisiert wird, während sie frühstückt, im Ganzen genommen ein Drittel von jedem Tag, bringt sie mit Schreiben zu. Sie hat nicht Ruhe genug, um das geschriebene wieder vorzunehmen, um auszubessern, um zu vollenden; aber selbst die rohen Ausgüsse ihrer unablässig gedrängt vollen Seele sind von dem äußersten Interesse und enthalten Bruchstücke voll des feinsten Scharfsinns und der lebendigsten Kraft. Sie hat mehrere Werke von sehr ernstem Inhalte fertig zum Druck liegen und arbeitet immer noch fort. Ich habe manches von ihren Sachen gelesen, indem sie's schrieb...» Ihren Salon nannte man, nach den Brüdern Goncourt, die «Hitzkammer» von Paris.

Bollmann war Feuer und Flamme für die formidable Dame (obschon sie damals schwanger zu sein schien), doch sein Blick blieb kühl. «Sie ist ziemlich gut gewachsen», schrieb er weiter, «aber ihr Gesicht ist nicht schön. Sie ist ein bißchen kupfrig und hat einen etwas aufgeworfenen Mund.» Immerhin war er galanter als der amerikanische Verfasser einer biographischen Skizze, der von ihr bemerkte, an ihr sei nichts anziehend gewesen als die großen Augen und die üppige Figur. Auch Jean Orieux, der Biograph Talleyrands, schildert sie, wenig schmeichelhaft, als eine «große, starke junge Frau, gebaut wie ein Lastträger, ihre Décolletés stellten gewaltige Fleisch- und Muskelmassen zur Schau. Breite Schultern, ein mächtiger Hals, Arme eines Ringers, gebräunte Haut, grobe Gesichtszüge, dichte Augenbrauen. Wie viele andere solcher kolossalen Frauen behängte sie sich mit Flitter, mit überflüssigem Tand, sie hatte einen bizarren Geschmack, sie trug verrückt gewundene Turbane, unter denen glänzende schwarze Haarsträhnen hervorkamen. Ja, es muß gesagt werden, die berühmte Germaine war weder mondän noch gepflegt. Doch sie besaß tiefschwarze, wundervolle Augen, in deren Feuer sich eine großartige, brennende, immerwache Intelligenz mischte, hinzu kamen ein großherziges Gemüt, eine feine, zarte Empfindsamkeit.»

Auf ihren Mann war der freche Bollmann nicht gut zu sprechen. Er sagte von ihm, daß er «nicht einmal die Zubereitung eines Kartoffelgerichtes und also noch viel weniger das Pulver erfunden haben würde». Kein Wunder, bemerkte er generös, daß sie Narbonne liebe – einen «der liebenswürdigsten Männer, die ich jemals gesehen habe». Der Graf hatte nach seiner Entlassung aus dem Ministerium ein Regiment in der Armee La Fayettes übernommen. Doch in den düsteren Tagen nach dem Königssturz war er nach Paris zurückgeeilt, vielleicht um seiner Freundin beizustehen, vielleicht um sich an Ort und Stelle zu erkundigen, wie es um sein eigenes Schicksal bestellt sei. Es blieb ihm nicht lange verborgen, daß seine Sicherheit aufs höchste gefährdet war. In solcher Not erinnerte sich Germaine de Staël gern ihres Gatten: Narbonne fand einige Tage Zuflucht in der schwedischen Botschaft unter der Obhut des lutherischen Hausgeistlichen Charles Christian Gambs aus Straßburg (der später völlig allein im Missionsgebäude hauste und die zurückgebliebenen Kirchenbücher mit Energie gegen die Beschlagnahmung verteidigte).

Nach der Flucht La Fayettes gab es keinen Zweifel mehr: Narbonne mußte außer Landes, wenn er seine Haut retten wollte. In dieser bedrückenden Lage entsann sich der Prediger Gambs Justus Erich Bollmanns, den er vielleicht durch Georg Kerners

Vermittlung kennengelernt haben mag. Kam der junge Arzt nicht aus Hannover? Das Kurfürstentum hatte Frankreich noch nicht den Krieg erklärt. Waren seine Bürger durch die Personalunion des herrschenden Hauses nicht auch Untertanen des englischen Königs? Konnte Bollmann ein Paß zur Ausreise nach England verwehrt werden? Der junge Mann verstand sofort, was zu tun sei. Zum Glück gab es einen hannoveranischen Freund in Paris, Friedrich Heisch hieß der gutmütige Mensch, der bereit war, dem gefährdeten Narbonne seinen Namen zu leihen. Die meisten Pläne mißlängen, sagte später der weltkluge junge Herr aus Niedersachsen, weil sie «zu weitläufig und zu verworren angelegt» seien: «Die Maschine muß klein sein», bemerkte er, und man dürfe nur wenige Personen einweihen. So hielten sie es bei der Vorbereitung jenes Unternehmens, das den Freund von Madame Staël in Sicherheit bringen sollte. Bollmann und Heisch ließen ihre Papiere vom englischen Botschafter bestätigen. Sie liefen zum Außenministerium, um ein Visum für die Abreise zu erlangen, wurden weitergeschickt zum Bürgermeister, der immer noch Pétion hieß. Die Personalbeschreibung Heischs, den Bollmann als einen Mann von «kaltem Blut und Courage» schilderte, paßte zur Not auch auf Narbonne.

In der letzten Nacht schlief Narbonne bei seinem jungen Freund. «Ich führte ihn Abends als einen Engländer ins Haus», erzählte Bollmann, «mit dem ich morgen fortreisen würde. Ich hatte einen Wagen gekauft; die Postpferde kamen um vier Uhr morgens und so gings fort.» Narbonne hatte sich schlicht gekleidet und gab vor, das Französische kaum zu verstehen. Doch die beiden stiegen ohne alle Umstände aus, wenn man sie anhielt, folgten den Posten ohne Widerstreben auf die Wachtstuben, verzogen keine Miene, wenn ihre Pässe sorgsam geprüft wurden. Vielleicht steckten sie auch diesem und jenem Aufpasser an den Barrieren eine Münze zu – Bollmann deutete es an. Bei allen Kontrollen ließ man sie ungeschoren passieren, während vor und hinter ihnen andere Flüchtlinge arretiert wurden. Narbonne mischte sich nicht in die Gespräche der Mitreisenden, stellte sich vielmehr schläfrig, hielt sich, wenn möglich, «träge immer im Hintergrund oder in meinem Schatten». So gelangten sie ohne jede Schwierigkeit nach Boulogne sur Mer. Dort mieteten sie ein kleines Schiff. In drei Stunden «flogen» sie über den Kanal, wie Bollmann schrieb, denn das Wetter war stürmisch: «Die Wellen schleuderten uns auf und nieder, von den Schiffen neben uns sahen wir zuweilen nichts als die Flaggen, und zuweilen sahen wir unter sie hin... Ich hatte mich auf dem hohen Teil des Verdecks an die Taue geklammert, verließ meinen Posten nicht um nichts zu verlieren, trank mit den Bootsknechten zu seiner Zeit Rum, behielt auch keinen trockenen Faden am Leibe, wiewohl ich Rock und Überrock anhatte, wurde aber dennoch nicht im mindesten seekrank, während mein Freund sich auf der Treppe balancierte... und von sich gab, was er an schönen Fischen in Boulogne zu sich genommen hatte.»

Mit einem fast übermütigen Stolz meldete sich Bollmann am 23. August aus London bei seinem Vater: «Die Jakobiner hatten Teufelsanstalten getroffen, damit keines der Schlachtopfer entwische; ich habe sie dennoch überlistet... seit zwölf Stunden bin ich mit Narbonne hier.» Er setzte hinzu, in der englischen Hauptstadt versammelten sich sowohl die Feinde des Despotismus wie auch die Gegner der Jakobiner: «Eine kleine Kolonie, der gesündeste Teil der Franzosen! Ich bin ihr Arzt. Ich lebe mit den ausgesuchtesten Menschen beiderlei Geschlechts. Ich habe einstweilen fünfzig Guineen in der Tasche. – Ich sehe den glücklichsten Verhältnissen entgegen...» In der Tat setzte ihm Narbonne unverzüglich eine Leibrente von fünfzig Pfund pro Jahr aus, notariell bestätigt. Das war kein Vermögen, doch ein hübscher Batzen Geld für einen 23jährigen Menschen. Als seine Adresse gab Bollmann an: «chez Mr. Talleyrand, Ancien Évêque d'Autun, in Kensington-Square». Der einstige Bischof von Autun befand sich zu jenem Zeitpunkt gar nicht in London, sondern zu seinem großen Ungemach in Paris, verzweifelt darum bemüht, mit einer dritten Mission beauftragt zu werden, die es ihm gestatten sollte, so rasch wie möglich nach England zu reisen. Hatte er vorsorglich ein Quartier behalten, als er Anfang Juli nach Paris zurückkehrte? Das mochte so sein. Sein Biograph Jean Orieux berichtete, daß Talleyrand, «ehe er an sich selbst dachte», Narbonne und Beaumetz (einem liberal-konservativen Abgeordneten in der Verfassunggebenden Versammlung, Mitglied der Département-Regierung von Paris) zur

Flucht verholfen habe: «Persönlich brachte er sie in einem Cabriolet an die Grenze. Das war keine geringe Tat...» Sie wäre es nicht gewesen, hätte sie stattgefunden. Gewiß stützte sich Orieux auf Behauptungen seines genialen und schurkischen Helden, der es mit der Wahrheit nicht immer allzu genau nahm: Beaumetz emigrierte zum Beispiel zuerst nach Deutschland, dann erst nach England.

Talleyrand, der schon das «kühle Säuseln» der Guillotine in seinem Nacken zu spüren glaubte, nahm deprimiert zur Kenntnis, daß die Legislative nicht geneigt war, ihn mit einem neuen diplomatischen Auftrag zu versehen. So bat er um einen persönlichen Paß, auf dem dennoch vermerkt sein sollte, daß er in offizieller Funktion unterwegs sei. Bei Danton, Justizminister «von der Kanone Gnaden» (wie Desmoulins sagte), antichambrierte er Tag und Nacht, lief ihm mit flehentlichen Bitten hinterher. Der Tribun ließ sich schließlich erweichen und gab seine Unterschrift her. Am 7. September, nach vielen Stunden des bitteren Zagens, konnte Talleyrand endlich abreisen, von der Schlächterei verschont, die fünf Tage zuvor in Paris begonnen hatte. Es war höchste Zeit. Wenig später fand man unter den Dokumenten, die Ludwig XVI. in seinem eisernen Kasten aufbewahrt hatte, kompromittierende Schreiben des ehemaligen Bischofs.

Madame Jullien aber, die revolutionäre Bürgerin, schrieb unter dem Datum des 2. September 1792 mit einer Erregung, die bei ihr nicht unüblich war: «Höre und zittere: die Alarm-Kanone dröhnt gegen Mitternacht; die Glocke tönt, man schlägt den Generalmarsch. Man läuft auf die Straßen. Alles befindet sich in der heftigsten Krise; die leidenschaftlichen Proklamationen der Stadtregierung lenkt die Aufmerksamkeit des Volkes auf sich und berührt sein Herz: ‹Eilt zur Rettung Eurer Brüder! Zu den Waffen, zu den Waffen!›... Der kriegerische Aufruhr, der alle Pariser ergriff, ist überwältigend; die Familienväter, die Bürger, die Soldaten, die Sansculottes – alles zieht davon. Das Volk hat gesagt, wir lassen unsere Frauen, unsere Kinder in unseren Heimen, inmitten unserer Feinde: säubern wir die Erde der Freiheit! Mein Freund, ich werfe hier, mit einer zitternden Hand, einen Schleier über die Verbrechen, die man das Volk zu begehen gezwungen hat...» Sie sprach von «schwarzen Komplotts», die ringsum aufgedeckt worden seien, von dem Geschick, das die Patrioten bedrohe: «Wenn sie die anderen nicht umbringen, werden sie umgebracht! Grausame Notwendigkeit, unheilvolles Werk unserer Feinde! Abgeschnittene Köpfe, massakrierte Priester...» Rasch schrieb sie weiter: «Die Preußen und die Könige hätten wohl ebenso und tausendfach schlimmer gehandelt. Wenn das Volk... Ah! Unglückliches Volk, wie schützt man es vor Verleumdungen!»

Célestin Guittard notierte knapper: «Heute hat man in den Zuchthäusern und in den Straßen alle Gefangenen getötet, die des Todes schuldig sind, und alle Priester, die den Eid verweigerten... Man kann die Zahl der Menschen, deren man sich entledigt hat, noch nicht beziffern. Die Gefängnisse sind leer.» Doch auch der alte «Bürger von Paris» stellte ohne Zögern fest: «Die Notwendigkeit hat geboten, diese Exekution vorzunehmen.» – Niemand, fast niemand in der Hauptstadt schien in der Lage zu sein, sich der Sprachregelung zu entziehen. Die Furcht drängte jedem die Ausreden auf, die gewitzte Propagandisten ausgestreut hatten. Die Festung Longwy war am 23. August gefallen, Verdun stand im Begriff zu kapitulieren: Nichts und niemand schien der preußischen Kriegsmaschine den Angriff auf Paris mehr verlegen zu können. In der Vendée, dieser erzkatholischen Landschaft an der Loire, begannen sich reguläre Rebellenbataillone zu formieren. Im Süden geriet Carcassonne den Aufrührern in die Hand. Inmitten der fieberhaften Rüstungen wurde die Angst vor dem großen Komplott durch Verhaftungen fast stündlich geschürt. Vergebens hatte Roland, der Exekutivrat für die inneren Angelegenheiten, am 30. August versucht, die Hysterie zu bannen, hatte die Auflösung der revolutionären Commune und die Wahl einer neuen Gemeindevertretung in Paris befohlen. Die Parteigänger Robespierres, Dantons und Marats dachten nicht daran, sich der Weisung zu fügen. Doch sie nahmen zur Kenntnis, daß Gefahr im Verzug sei. Also galt es, die gewonnene Position durch revolutionäre und unkorrigierbare Taten zu sichern. Gerüchte wurden in Umlauf gesetzt, daß die Royalisten planten, alle Gefangenen, auch die Kriminellen, zu befreien, zu bewaffnen und den Bürgern auf den Hals zu hetzen. Danton hatte am 25. August erklärt: «Es gibt Verräter in Eurer Brust, ohne sie wäre die Schlacht bald beendet, doch Eure aktive Wachsamkeit kann nicht verfehlen, sie zunichte zu machen.» Marat rief seine Leser auf, sich bewaffnet auf den Weg zum Abbaye-Gefängnis zu machen, «die Verräter herauszuholen, vor allem die Offiziere der Schweizergarden und ihre Komplizen, und sie über die Klinge springen zu lassen». «Welcher Wahnsinn», schrieb er in der letzten Ausgabe des «Ami du Peuple» vom 19. August, «ihnen den Prozeß machen zu wollen! Alles ist klar! Ihr habt sie mit der Waffe in der Hand, gegen das Vaterland kämpfend, gefangengenommen. Ihr habt die Soldaten niedergemacht – warum wollt ihr nicht das Gleiche mit den Offizieren anstellen, die um vieles schuldiger sind als jene!» Stanislas Fréron, ein enger Freund von Camille Desmoulins – zu jener Zeit die rechte Hand des Justizministers Danton –, forderte in seinem Blatt «L'Orateur du peuple» noch massiver die «Reinigung der Gefängnisse», seinem späteren Titel «Missionar des Terrors» schon damals gerecht.

Mit anderen Worten: die radikale Fraktion schien beschlossen zu haben, ein Exempel zu statuieren, das nicht nur den Anhang des Königs, sondern die lauen, die allzu bedenklichen und bedächtigen unter den Bürgern zittern lassen sollte. Die Angst ging ohnedies um, genährt von der Nähe des Feindes, von der Flucht La Fayettes, von Verschwörungsgerüchten, von der Enthüllung der Geheimpapiere des Königs.

Anders als Madame Jullien ihrem Mann berichtete, donnerte die Alarmkanone schon am Nachmittag jenes 2. September, der ein Sonntag war. Totschlägerkommandos aus der Vorstadt Saint-Antoine fielen zuerst über einen Zug von Priestern her, die auf die Teufelsinseln vor der Küste Guayanas deportiert werden sollten – die «trockene Guillotine», wie jene Sträflingskolonie bald genug genannt wurde. Die Gefangenen wurden in ihren Wagen zur Abbaye und zum Karmeliter-Gefängnis zurückgeschleppt. Dort begann das Massaker. Man zählte an die fünfzig Schinder: kein Pack aus der Gosse, sondern kleine Handwerker und Kaufleute, dazu einige Nationalgardisten aus Marseille und aus der Bretagne, Rollkommandos, deren Mitglieder sorgsam rekrutiert zu sein schienen, nach manchen Berichten mit einem Handgeld von sechs Livres entlohnt, vor allem stets mit Wein versorgt, um die Lebensgeister anzuregen – die ihren, wohlverstanden. Vielleicht waren manche von ihnen ohne Arbeit: Die Flucht der Aristokraten hatte ganze Berufszweige ruiniert.

Die Schergen wählten eine Art Schnellgericht, das sich nur wenige Minuten Zeit ließ, über das Geschick der Gefangenen zu entscheiden. Den Vorsitz in der Abbaye führte der schwindsüchtige Gerichtsdiener Maillard, der einst den Zug der Frauen nach Versailles dirigiert hatte. Freilich war er wahrhaftig kein Anführer, sondern schien immer von anderen gelenkt zu sein. Später sprachen Historiker, die für jedes Verbrechen eine Entschuldigung wissen, wenn es die «Linie» verlangt, von «Volksgerichten». Die Trupps der Mörder aber hatten mit dem Volk so viel oder so wenig zu schaffen wie die Liquidationsbeauftragten späterer Regimes. Man fragte die Delinquenten, welches Verbrechens sie schuldig seien. Sagten die Mord-Richter: Du kannst gehen, mochte sich der Gefangene für eine Sekunde der Hoffnung hingeben, er sei gerettet. In Wirklichkeit war dies das Todesurteil. Die Opfer wurden in den Hof geschleppt, mit Knüppeln erschlagen, mit Säbeln in Stücke gehauen, von Spießen durchbohrt, im gnädigsten Fall über den Haufen geschossen. Allemal schnitt man ihnen die Köpfe ab, um sie auf Piken durch die Straßen zu tragen. Wenn das «Gericht», das den Namen nicht verdiente, den einen oder anderen Gefangenen unschuldig fand, schrie der Anführer: «Vive la nation!» Dies war das Signal, den Beschuldigten ziehen zu lassen. Die Hälfte der Gefangenen in den Pariser Kerkern gewannen die Freiheit.

Man schätzte die Zahl der Ermordeten auf (maximal) vierzehnhundert – wenigstens aber auf etwa elfhundert. Drei Tage dauerten die Schlächtereien an. In der Abbaye verloren 140 bis 180 Menschen das Leben, unter ihnen vor allem Priester und Offiziere der Schweizergarden, die man in jenem Gefängnis festgesetzt hatte. Im Châtelet waren es 115 bis 223, bei den Karmelitern 115, in der Conciergerie 250 bis 350, im Bicêtre 160 bis 172, im Gefängnis La Force 160 bis 168. Dort holten die Häscher die Prinzessin Lamballe, diese enge Vertraute der Königin, aus ihrem Verlies. Sie wurde, nach dem Bericht des Schriftstellers und Polizeispitzels Restif de La Bretonne, auf viehische Weise niedergemacht. Der Mob stürzte sich auf die zerstückelten Glieder und zog mit dem abgeschnittenen Kopf zum Temple, damit Marie-Antoinette sehen könne, welches Geschick auf sie warte. Auch Madame de Tourzel, einst die Ehrendame der Königin, wurde erschlagen. Madame Jullien aber, die Bürgerin von so zuverlässig angepaßter Gesinnung, rühmte die Anwandlung von Humanität, die den Schergen befahl, die zwölfjährige Tochter der Aristokratin, auch die schwangere Madame Bithe zu schonen und beide «unter die Obhut des Volkes zu stellen».

Oelsner machte «eine Bande von zweihundert Bösewichtern» für die Mordgerichte verantwortlich. Als er einen Rapport las, in dem es hieß, das Volk habe gerechte Rache geübt, rief er höhnisch: «Das Volk!» Jedermann wisse, daß vor keinem Gefängnis mehr als zwanzig Personen den Zirkel der Exekutionskommandos geformt hätten. Die Zuschauer freilich seien nicht unbeteiligt geblieben. Oft genug hätten sie sich auf die Opfer gestürzt, um sie bestialisch zu zerfleischen.

Auch der deutsche Chronist zeigte sich willens, das Argument vom «präventiven Mord» aufzunehmen, doch er sprach zugleich von einer «blutigen Staatsarglist». Dem Rechtfertigungsgerede, man habe im Bicêtre und in La Force zwölftausend Gewehre gefunden, traute er nicht. Natürlich wies er darauf hin, daß Roland, Exekutivrat für die inneren Angelegenheiten und damit für Ruhe und Ordnung verantwortlich, sich tapfer bemüht habe, den Massakern Einhalt zu gebieten, und er schrieb ihm das Verdienst zu, daß die Metzelei nach vier Tagen ein Ende fand. Doch der schwache Einspruch des promientesten der Girondins richtete gar nichts aus. Am 3. September notierte der Minister vorsichtig: «Gestern war ein Tag, über den man wohl den Schleier des Vergessens breiten muß.» Robespierre hielt sich bedeckt. Danton, der für die Justiz, also für das Gerichtswesen, die Gefangenen und ihre Sicherheit verantwortlich war, pochte hernach darauf, er habe seinen Kommissaren befohlen, sich den Mördern entgegenzustellen. In Wirklichkeit rührte der mächtige, so lebensvolle und angeblich so menschliche Tribun keinen Finger. Vermutlich waren ihm die Morde widerwärtig (wie Robespierre und den meisten der Radikalen). Aber er fiel den Würgern nicht in den Arm. Er sah (aus gebührender Entfernung) zu. Er hatte sich geweigert, der Anweisung einer Sonderkommission der Legislative zu gehorchen, die ihm auftrug, Marat zu verhaften: den Einpeitscher, der die kriminelle Wut geschürt hatte – wenn auch er nicht allein, sondern als einer der Dirigenten, die Angst, Verstörung, Bitterkeit der so leicht erregbaren Bürger mit genauem Kalkül zu nutzen verstanden. Zum anderen hob Danton (laut Deinet) einen Haftbefehl der Commune gegen Roland und Brissot (beschuldigt der Konspiration mit dem Herzog von Braunschweig) nach einigem Zögern auf.

Auch das war die Realität der Tage des großen Aufbruchs: die taktischen Winkelzüge von so böser Verkniffenheit, mit denen sich die Protagonisten bekämpften. «Revolutionen werden nicht mit Rosenwasser getauft», hatte Danton bei anderer Gelegenheit bemerkt. «Diese Exekution war notwendig», sagte er, um das Volk von Paris zu beruhigen... ein unerläßliches Opfer, doch zum andern täuscht sich das Volk nicht... Vox populi, vox Dei, das ist das wahrste, das republikanischste Sprichwort, das ich kenne.» Er liebte den Mob so wenig wie Robespierre und Marat. Die Revolutionshistoriker Furet und Richet zitierten die Behauptung, die radikalen Demokraten hätten «einen geradezu körperlichen Ekel vor dem Volk empfunden».

Aber noch einmal: wer war das «Volk»? Es ist selten eines Geistes, war es auch in jenen düsteren Tagen nicht, konnte es nicht sein. In manchen Sternstunden und in manchen Stunden der Finsternis mag es – die Summe so vieler einzelner – als ein kollektives Wesen handeln, unbewußten Antrieben wie in Trance oder unter Zwang gehorchend. Die «volonté générale», der «allgemeine Wille», von dem Rousseau gesprochen hatte, existiert – dann und wann – als eine Strömung, die das Bewußtsein der Öffentlichkeit prägt. Doch als handelnde Macht überdauert jener Wille kaum den Tag, erst recht keine Wochen. Die «Masse» ist immer ein vorübergehendes Phänomen. Stets wird sie, ehe sie sich in Bewegung setzt und für Augenblicke ihre eigene Dynamik entwickelt, von jemandem angetrieben und gelenkt. In Wirklichkeit ist das «Volk» immer jemand, der sich mit Namen nennen ließe, wenn man die Schleier der Vergangenheit und der Propaganda durchdringen könnte: Es gibt sich in denen zu erkennen, die sich seiner bemächtigen.

Das Volk als die Vereinigung mitverantwortlicher Bürger: das war die grandiose Errungenschaft der Revolution. Das Volk als die große Ausrede: das war die Ursünde der Demokratie, die mit ihr zusammen auf die Welt gekommen zu sein schien. Die Heuchelei mit dem «Volk» fing an, die Heuchelei mit der Religion zu ersetzen, die den europäischen Monarchien und Feudalstaaten ein Jahrtausend lang als Vorwand für die tägliche Unterjochung ihrer Untertanen, als Vorwand für ihre Eroberungszüge, die Vernichtung ganzer Völkerschaften und oft genug für die blutigsten Verbrechen gedient hatte.

Die Würger in den September-Massakern des Jahres 1792 gingen nicht im Namen einer abstrakten Gerechtigkeit an ihr schreckliches Werk. Es ist nicht einmal sicher, ob sie sich als Rächer empfanden. Sie waren das dumpfe Werkzeug eines Machtwillens, den sie nicht durchschauten. Der Beschluß, die Gefängnisse zu leeren, war den Städten in der Provinz durch fliegende Boten mitgeteilt worden. Greuel wie in Paris vollzogen sich, durch Warnbriefe vor einer «großen Verschwörung» angefeuert, in Versailles, in Reims, in Lyon, in Meaux – keineswegs ausgelöst durch eine Art Wiederholungszwang, sondern in den gleichen Tagen wie in der Hauptstadt. Nichts an diesen Demonstrationen der «Volksjustiz» war spontan. Sie geschahen auf Geheiß und nach Plan. Nur die obszönen Exzesse, die ihnen folgten, entsprachen menschlichen Neigungen, die auf keine Befehle warteten, sondern auf die Gelegenheit, sich auszutoben. Oelsner wies, tief verwirrt, auf das «sonderbare Gemisch von Barbarei und Sittlichkeit» hin, auf das man in den Revolutionen stoße. «Ich habe mich geschämt», rief Madame Roland, die weder den Verstand noch ihre Menschlichkeit verloren hatte: «Schufte haben der Revolution den Glanz genommen. Sie ist sehr häßlich geworden.»

War es nur das? Historiker unserer Tage betonten, daß mehr als die Hälfte der Ermordeten ordinäre Kriminelle gewesen seien, Geldfälscher vor allem, Spekulanten. Dies änderte nichts an der Entsetzlichkeit und Verächtlichkeit der Schlächterei. Sie ließ sich auch nicht durch die erdrückende Summe des Unrechts, der Willkür und der Niedrigkeiten des alten Regimes rechtfertigen, nicht durch die drohende Rache der feindlichen Mächte und der zurückdrängenden Emigranten. Die Revolution sollte, das war ihr Versprechen, die Justiz aus der Knechtschaft der Herren befreien. Nun aber waren die Bürgerrechte, kaum in die Welt gesetzt, von einem neuen Despotismus fortgefegt worden: nicht einmal dem der Straße, sondern einer Handvoll ehrgeiziger Männer, die wohl für die Revolution (wie sie auch ihre Ideale und Notwendigkeiten verstanden), zugleich aber für ihren Anspruch auf die Macht mit nahezu jedem Mittel zu kämpfen bereit waren, Legalität hin oder her. Der Makel der September-Massaker konnte, was immer die Advokaten der revolutionären Konsequenz ins Feld führen mochten, niemals ausgelöscht werden, auch nicht der Blutfleck – es war nicht der einzige – auf dem Schild des großen Danton. Erst recht nicht ließ sich der Schmutz fortwischen, mit dem Marat, Fréron und andere durch ihre Mord-Reden die Revolution kompromittiert hatten. Marat selber begriff es wohl. Nur dank einer massiven Intervention Robespierres wurde er in den Konvent gewählt. In einer Rechtfertigungsrede drohte der «Volksfreund» pathetisch damit, sich vor der Versammlung zu erschießen. «Hätte die Versammlung heute (am 25. September) gegen mich einen Anklagebeschluß gefaßt, hätte ich mir zu Füßen der Rednertribüne den Kopf zerschmettert», rief er, die Pistole in der Hand. Danton distanzierte sich von ihm – und nahm ihn zugleich in Schutz. Von seiner Zeitung wollten selbst die härtesten der Montagnards nichts mehr wissen. Er hatte übrigens nicht gezögert, beim Herzog von Orléans durch öffentlichen Anschlag eine Spende von fünfzehntausend Livres zu erbitten. Der Bürger Égalité, wie der Vetter des Königs seit dem 14. September 1792 laut Beschluß der Commune hieß, ließ sich nicht erweichen. Oder doch? Ende September gelang es Marat, ein neues Blatt unter dem Titel «Journal de la République française» auf den Markt zu bringen.

Wohl fuhr der Mehrheit der Pariser in jenen Schreckenstagen das Entsetzen ins Gemüt, wohl wandten sich einige Sektionen von den Greueln ab – aber der Konvent unternahm nichts, natürlich auch nichts die Commune, nichts die Gerichte. Oelsner überkam der Zorn: «Robespierre, Marat und Danton leben noch?» fragte er. Frankreich sei «unauslöschlich besudelt ... wenn sich nicht ein Dolch findet, die geschändete Menschlichkeit an den Bluthunden zu rächen». Dann besann er sich. Er hielt trotz allem, wie so viele, tapfer an der Überzeugung fest, daß «eine bessere öffentliche Moral... sich mit Gewalt durch die Greuel empor zu arbeiten strebt, welche die gegenwärtige Generation entstellen». Es sei «der Vernunft würdig, sich über die Mördergrube menschlicher Leidenschaften zu erquickenderen Aussichten zu erheben». Europa, sagte er schließlich mit angemessenem Realismus, versinke «in eine anscheinende Barbarei», und das bedürfe «einer Reihe von Jahren und Konvulsionen, ehe Vernunft und Moral geläutert und eine größere Fläche bedeckend» zurückkehrten. Immerhin hatte er den Mut, dem Furchtbaren ins Auge zu schauen. Madame Jullien aber, die getreue Schülerin der Jakobiner, rief ihrem Sohn zu: «Frankreich ist gerettet... Man kennt kein anderes Interesse mehr als das des Vaterlandes. Es gibt kein anderes Gefühl mehr als die Liebe zum Vaterland. Sein Wohl ist das teuerste Ziel unserer Wünsche und saugt alle anderen Gedanken in sich auf.» Diese revolutionsfromme Frau, der sich eine wache Sensibilität nicht absprechen ließ, gab sich, ohne es recht zu wissen, der republikanischen Religion hin, die sich in den Massenfesten und den Begräbnisfeiern der vergangenen Jahre angekündigt hatte. Nun rief sie zum großen Opfergang für die Nation.

Niemals bot Paris ein schmählicheres, selten ein großartigeres Bild als in jenen dramatischen Tagen des frühen Herbstes im Jahre 1792: Während die Gefängnisse durch die Schlächterkommandos leergeräumt wurden, rafften sich die Bürger zu einer mitreißenden Demonstration ihrer Energien und ihrer Operbereitschaft auf. Dem Augenblick der Panik folgte eine generelle Entschlossenheit, zu der die Könige das Volk niemals überreden konnten und niemals gewinnen wollten. Das war noch nicht die «levée en masse», die Mobilisierung der gesamten wehrfähigen Gesellschaft, die im Jahr danach proklamiert wurde. Aber Oelsner, der passionierte Chronist, schrieb in jenen Tagen, der Krieg sei zur «einzigen Handlung», zum «einzigen Gedanken aller» geworden. «Die Andacht ist aus den Kirchen gebannt... Wo früher die Priester geplärrt hatten» – der Schlesier war kein

Freund der Pfaffen –, «berieten sich nun die Patrioten, und an Stelle der Betschwestern arbeiteten Bürgerinnen für die Bedürfnisse des Krieges.» Paris sei in ein Lager verwandelt, «wo nur Schlachtgesänge und Trommeln ertönen, und es außer der Versammlung kein anderes Schauspiel mehr gibt, als Scharen Freiwilliger, welche mit dem Eide Freiheit und Gleichheit zu verteidigen gegen den gemeinschaftlichen Feind ausziehen.»

Danton, der Tribun, war die Stimme des Widerstandes. An jenem 2. September, an dem sich das makaberste Verbrechen der Revolution vollzog, von ihm geduldet, vielleicht heimlich mit ins Werk gesetzt, fand er die Worte, denen die Bürger entgegenlechzten: «Die Sturmglocken, die nun läuten, sind kein Signal der Not. Sie rufen zum festen Tritt gegen die Feinde des Vaterlandes. Um sie zu bezwingen, brauchen wir nur Mut, Mut und nochmals Mut...» Auch Oelsner konnte später nicht anders als von dem gewaltigen und zugleich so verachtungswürdigen Danton zu sagen, er sei «der kühnste Mann in der Revolution» – «ein verwegener Sterblicher».

Madame Jullien schrieb in hoher Erregung: «Der Patriotismus erlebt seinen Triumph... Fröhlichkeit und Gewißheit marschieren zu den Trommelschlägen des Tambours. Man sieht nur noch Soldaten, man hört nur noch Militärmusik. Die Straßen quellen über von einer ungeheuren Menschenmenge, die glauben läßt, alle Welt sei in Paris, und überall ruft man: Vive la nation...» In der Tat war in der Hauptstadt ein nationaler Elan erwacht, dem sich keiner zu entziehen vermochte, auch Oelsner nicht, dem es nicht leicht wurde, den Alptraum der Massaker zu verscheuchen. «Was es an männlichen Individuen in Frankreich gibt, scheint aus seinen Sitzen gerissen», schrieb er. «Man begegnet Wäldern von Piken und Bajonetten; die Heerstraßen sinken unter den Reisigen ein.» Er sparte nicht mit starken Worten, unser Zeuge. Wie sollte er? Selbst die männlichen Mitglieder der Theaterensembles eilten geschlossen zu den Fahnen. Talma, der gefeierte Schauspieler, trat als Hauptmann in die Armee ein, der Komiker Dugazon übernahm die Aufgabe eines Adjutanten, der große Maler Louis David – Regisseur aller wichtigen Feste der Epoche – schulterte die Büchse des gemeinen Soldaten. Gleichmütig hatte er zuvor noch – als Nationalgardist zur Wache ins

Gefängnis La Force kommandiert – die verzerrten Grimassen der Leichen gezeichnet, die den Boden bedeckten. Voller Abscheu sagte Oelsner von ihm, er sei jenseits seiner Kunst ein ebenso «grausam-boshaftes wie dummes Ungetüm». Dumm war er gewiß nicht; im übrigen hatte Oelsner recht: als Mitglied des Sicherheitsausschusses im Konvent erfüllte David gehorsam, ja mit Eifer, was immer seine schreckliche Pflicht war, und dieser geniale Künstler scheute sich nicht, den einen oder anderen seiner Konkurrenten als Feind der Nation zu denunzieren.

Vulgärste Gemeinheit und leuchtender Idealismus, abscheuliche Barbarei und menschlicher Adel – sie wohnten in jenen Tagen des Sturms noch enger beieinander, als sie ohnedies in der Brust der Menschen vereint sind. «Die Revolution ist ein Block», sagte ein Jahrhundert später Georges Clemenceau, der republikanische Tiger, zu seinem Freund, dem Dramatiker Victorien Sardou: Man müsse sie im Ganzen nehmen, ja oder nein, die Schrecken wie ihre Glorie. Das eine, meinte dieser passionierte Protagonist des radikalen und nationalistischen Linksbürgertums, gebe es nicht ohne das andere.

Oelsner, der Chronist, zog es vor, Paris für eine Weile den Rücken zu kehren, da es «nur noch den Liebhabern des Schrecklichen interessant» sei. Seine Freundin, die englische Dichterin und Journalistin Helen-Mary Williams, die in der rue de Verneuil einen Salon unterhielt, in dem die Girondins, Thomas Paine, aber auch Graf Schlabrendorf und andere Deutsche zu Hause waren, fuhr mit dem Chronisten für ein paar Tage aufs Land, um Atem zu schöpfen. Sie hielten sich bei Herrn la Bord in Merville auf, einem «Göttersitz» mit dem «schönsten englischen Garten, den es in Frankreich gibt»... Ein Aufenthalt, «den sich eine Kompanie deutscher Reichsfürsten, wenn sie ihre Einkünfte zusammenschössen, kaum erlauben würde, nachzuahmen. Reichtum, Größe und Geschmack wetteifern in den Perspektiven, den Seen, den Werken der Architektur...» Nach den barbarischen Ereignissen in der Hauptstadt waren die Tage auf dem Lande ein Bad in Schönheit und Luxus, für die sich der Revolutionschronist empfänglich zeigte.

Dann eilte er nach Norden an die Front, um Zeuge der großen Wende des Kriegsglücks zu sein, die sich in den Septembertagen so plötzlich und dramatisch vollzog. Vermutlich hatte ihm die Bekanntschaft mit Dumouriez, dem einstigen Kriegsminister, die notwendigen Pässe verschafft. Dem General, nachdem er das Kommando über die Armee des geflüchteten La Fayette an sich gerissen hatte, war es gelungen, den Soldaten Mut, Zuversicht und Energie zu vermitteln. Überdies erwies er sich als ein rascher und strategisch versierter Kopf. Mit einigen klug berechneten Bewegungen verlegte er den Preußen den Weg. Er war im Begriff, der Abgott des Krieges zu werden. Oelsner schwärmte: «Er lebt von einigen Löffeln Suppe, Stücken Brot, einigen Gläsern Wein, schläft auf Stühlen und gewöhnlich nur drei Stunden die Nacht...»: ganz wie sein Vorbild, der Große Friedrich, dessen Kriegsmaschine er zu vernichten gedachte. Unter und neben ihm agierte mit Entschlossenheit und Geschick der General Kellermann, der den alten Luckner ersetzte.

Bei dem Dörfchen Valmy in der Champagne, das nichts als ein langweiliger Fleck mit einer stattlichen Mühle war, brachte die Armee des Straßburgers die preußischen Truppen zu einem knirschenden Halt. Oelsner hatte es prophezeit: die Herbstregen des französischen Nordostens, die Schwierigkeiten des Ersatzes und der Proviantierung wurden für den «germanischen Kriegshaufen» eine tödliche Gefahr. In der Tat war die sogenannte Moral der Truppe durch die allgegenwärtige Nässe und den Mangel an Nachschub geschwächt. Die Soldaten hatten Hunger. Sie litten an der Ruhr, die Tausende dahinraffte – mehr als die Kanonaden des Gegners.

Der Magister Friedrich Christian Laukhard aus der Pfalz, den die Schulden und der Suff in die Armee der preußischen Werber getrieben hatten, marschierte elend und geschwächt in den Haufen des einst so glorreichen Heeres mit. Nichts, schrieb der beherzte Mann in seinen Erinnerungen, habe die Soldaten ärger mitgenommen als der «allgemeine Durchfall», nicht einmal die Läuse, denen selbst die Offiziere nicht entgehen konnten, die nun «das volle Elend des Krieges erkennen» lernten. «Delikate Leser würde es aufbringen und ihren Ekel rege machen, wenn ich über diesen Gegenstand alles sagen wollte. Aber für delikate Leser ist dieser Teil meiner Schrift nicht, sondern für Männer, deren Absicht es ist, das Elend unserer Feldzüge gegen die Neu-franken in seiner wahren Gestalt kennen zu lernen; und diese suchen nur Wahrheit, auch ekelhafte Wahrheit, wenn sie nur Resultate daraus ziehen können. Also – die Abtritte, wenn sie gleich täglich frisch gemacht wurden, sahen jeden Morgen so mörderisch aus, daß es jedem übel und elend werden mußte, der nur hinblickte. Alles war voll Blut und Eiter, und einigemal sah man sogar Unglückliche darin umgekommen... Ich bin versichert, daß nicht drei Achtel der ganzen Armee von dem fürchterlichen Übel der Ruhr damals frei waren, als wir das Sumpflager verließen. Die Leute sahen alle aus wie Leichen und hatten kaum Kräfte, sich fortzuschleppen, und doch klagten nur wenige über Krankheit – aus Furcht vor den Lazaretten oder vor jenen Mordlöchern, worin man die Erkrankten schleppte, und worin so viele, viele um ihr trauriges Leben noch trauriger gekommen sind. Es wurden also nur die dahin gebracht, die gar nicht mehr fort konnten, und deren war eine sehr große Menge.» Ein unbekannter Soldat schrieb die eher deftigen Verse:

Ach das Elend, das da liegt!
Wer weiß, was soll das heißen?
Diese Preußen unbesiegt
samt den Austros haben gekriegt
das Scheißen, das Scheißen, das Scheißen.

Am 19. September brach Laukhards Regiment aus dem «Sumpflager» auf. Der Nachschub blieb aus. Kein Marketender wagte der Truppe zu folgen: «Einige Weiber und Menscher zogen zwar mit, aber die hatten leider selber nichts, konnten also auch nichts verkaufen.» Ein prominenterer Chronist der Kampagne berichtete, die Armee sei verdrossen «wie der Heerzug Moses durchs Rote Meer» im knietiefen Schlamm gewatet. Die Nacht zum 20. brachten die Soldaten ohne Zelte unter offenem Himmel zu. Laukhard schrieb: «Der Wind brauste... fürchterlich, und es war gewaltig kalt. Waldung war dort in der Nähe nicht; wir liefen also scharenweise in die Dörfer und holten, was von Holz uns in die Hände fiel, ins Lager und machten Feuer wie in der Hölle. In den Dörfern... wurde Feuer in die Bauernhöfe getragen, und man zündete mit Strohfackeln in den Scheunen und Ställen herum. Was von Vieh noch übrig war, wurde mitgeschleppt, und im Lager in Töpfen und Kesseln, die man gleichfalls in den Dörfern gelangt hatte, gekocht und verzehrt... Einer unserer Offiziere, Major von Massow, wollte dem greulichen Plündern und Anzünden steuern, aber seine Bemühungen waren fruchtlos.»

Abmarsch im Morgengrauen... «gegen sieben Uhr fing es heftig an zu regnen und wir wurden bis auf die Haut naß. Dennoch ging der Zug weiter bis gegen die Höhen von Dampierre, worauf Dumouriez sich postiert hatte, und hier fiel die bekannte Kanonade von Valmy vor.» Den Preußen setzte, nach Laukhards Beobachtungen, besonders eine Batterie zu, die an einer Windmühle postiert war. Sie sei zwar hinterher von den eigenen Kanonen zusammengeschossen worden, doch sie habe einen Infanterieangriff der Preußen zu vereiteln vermocht. Die Verluste an Toten und Blessierten bezifferte der Magister auf hundertundsechzig Soldaten. «Die Verwundeten wurden auf ein Fuhrwerk gebracht, wo sie wegen der elenden Pflege schon meistens in der ersten Nacht unter den heftigsten Qualen hinstarben... Es war entsetzlich kalt den Abend nach der Kanonade, der Wind ging scharf und mit Regen vermischt, und wir mußten da unter freiem Himmel stehen bis den anderen Tag gegen Abend, aus Furcht, Dumouriez möchte sich seines Vorteils bedienen und uns angreifen. Der Hunger quälte uns alle; denn unser Brot war schon lange verzehrt...»

Ein anderer Zeuge des Feldzugs notierte: «... man sah sich nicht an, oder wenn es geschah, so war es, um zu fluchen oder zu verwünschen. Wir hatten, eben als es Nacht werden wollte, zufällig einen Kreis geschlossen, in dessen Mitte nicht einmal wie gewöhnlich ein Feuer konnte angezündet werden; die Meisten schwiegen. Einige sprachen, und es fehlte doch eigentlich einem Jeden Besinnung und Urteil. Endlich rief man mich auf, was ich dazu denke, denn ich hatte die Schar gewöhnlich mit kurzen Sprüchen erheitert und erquickt; dies Mal sagte ich: ‹Von hier und heute geht eine neue Epoche der Weltgeschichte aus, und ihr könnt sagen, ihr seid dabeigewesen.›»

Valmy, das war nach einem Wort von Paul Reynaud (dem Ministerpräsidenten Frankreichs beim Debakel von 1940) «die Schlacht, bei der man sich nicht geschlagen hat». Dennoch hatte

Goethe recht. Die Bataille, die nicht stattfand, war der grimmige Auftakt eines neuen Zeitalters: Ein Bürgerheer hatte der regulären Armee einer hochmilitarisierten Monarchie ihren Willen aufgezwungen. Niemand konnte das Signal übersehen. Paris würde nicht erobert, Frankreich dem Ancien Régime nicht zurückgewonnen werden, und niemand würde das Heer der Freiwilligen davon abhalten können, über die Grenzen zu fluten und die Revolution über den Kontinent zu tragen. Als hätten die Abgeordneten des Konvents das notorische Wort von der «neuen Epoche» mitgehört (den «Werther» des Autors kannten sie alle): Am Tag darauf, man schrieb den 21. September, verkündeten sie die Abschaffung des Königtums, am 22. September proklamierten sie das «Jahr I der Französischen Republik», damit – nach ihrem Willen – nichts weniger als den Beginn einer neuen Ära der Geschichte des Menschengeschlechtes, für die sie nur den einen Vergleich: den Beginn der christlichen Zeitrechnung duldeten. Drei Tage zuvor hatten sie übrigens das Musée du Louvre gegründet. Jacques-Pierre Brissot aber, der wichtigste Sprecher der Girondins, der mit solcher Leidenschaft zum Krieg gerufen hatte, wurde wenige Tage später, am 10. Oktober, aus dem Klub der Jakobiner ausgeschlossen.

Den munteren Bollmann, in der schönen Unverschämtheit seiner Jugend, ging das welthistorische Getöse in jenen Wochen nicht allzuviel an. Er genoß die Gesellschaft seiner geistreichen Freunde, zerstritt sich in seinem wenig vernünftigen Stolz mit Narbonne, versöhnte sich wieder, lauschte seinen Gesprächen, von denen er freilich fand, daß sie auf die Dauer ermüdeten. Talleyrand aber, der Mitte September wieder in London angelangt war, gestand er gern zu, daß man ihm «jahrelang zuhören» könne: «Was Narbonne sagt, ist sehr glänzend; was Talleyrand sagt, mehr anmutig, fein... Talleyrand, ohne weniger moralisch verdorben zu sein als Narbonne, kann selbst die bis zu Tränen rühren, welche ihn verachten! – Ich weiß hiervon merkwürdige Beispiele.» Der kleine Hannoveraner verliebte sich nach der Madame de Staël in die Madame de la Chatre, die aufs bitterste litt, weil sie glaubte, ihr Freund, der Marquis de Jaucourt, ein Herr aus altem protestantischem Adel und bis zum 30. Juli Mitglied der Gesetzgebenden Versammlung, befände sich unter den

Opfern der Pariser Massaker. (Auch er wurde durch Germaine de Staëls Intervention gerettet.)

Unverzüglich verliebte sich Bollmann ein drittes Mal: in Madame Rilliet, die sich entschlossen hatte, mit ihrem Mann und dem reichen skandinavischen Kaufmann Erichsen nach Frankreich zurückzureisen. Den Abenteurer schien der Teufel zu reiten: Er ließ sich dazu überreden, die Gesellschaft auf der Exkursion ins Land der Revolution zu begleiten. Vielleicht hatte ihn auch ein Auftrag der prominenten Emigranten zu dem waghalsigen Unternehmen verführt. Da Monseuer Rilliet seekrank in der Kajüte lag, durfte er während der Nacht Madame auf Deck umsorgen. Seiner Karlsruher Tante, die er beharrlich «Base» nannte, schwärmte er hernach voller Feuer vor: «Ihre gebogene Nase... hätte ein bißchen kleiner sein können, aber der Mund war desto hübscher, und ihre großen schwarzen, nie stummen, sanften Augen waren unbeschreiblich schön.» Sie zählte 24 Jahre, war eine Freundin der Madame de Staël und wollte dem Verehrer wohl.

Natürlich bestritt der junge Mann seine amourösen Gefühle, aber das mag taktvolle Rücksicht auf die weibliche Verwandtschaft so befohlen haben. Er begleitete das Ehepaar Rilliet nach Rouen, wies ein großzügiges Geschenk zurück, «drückte einen glühenden Kuß auf ihre Hand – die größte Kühnheit, welche ich mir jemals mit ihr erlaubte –» und reiste weiter nach Paris. Daß er damit Kopf und Kragen riskierte, wollte er nicht wissen – oder er verschwieg es. Dem Vater schrieb er: «Paris ist gegenwärtig äußerst ruhig, und ich befinde mich in der größtmöglichsten Sicherheit...» Fast einen Monat blieb er in der Hauptstadt der Revolution, und der Himmel weiß, was er dort trieb. Dann kehrte er über Dieppe nach England zurück. Bei den Grenzkontrollen belästigte ihn niemand, obwohl ein (nicht allzu exakter) Bericht über Narbonnes Flucht unterdessen in einem Göttinger Journal erschienen war, das der konservative Mediziner Girtanner herausgab – womöglich nicht ohne Bollmanns (oder seines Vaters) Zutun, denn zur Diskretion neigte er nicht. Zu seinem Glück reisten die Journale nicht allzu schnell.

Der kleine Abenteurer aus Hannover machte, was immer der Sinn seines zweiten Ausflugs nach Frankreich war, der Weltgeschichte, der neuen Epoche und der Revolution eine lange Nase. Inzwischen war auch sein Landsmann und Freund, der Kaufmann Heisch, in London angekommen – jener gutmütige Mensch, der seinen Namen für die Flucht des Grafen Narbonne geliehen und damit seinen Platz in einer Fußnote in der Geschichte jener Epoche verdient hat.

XV
Die Bluttaufe

Der brutale Umbruch in Paris beflügelte die französischen Truppen an allen Fronten. Schlag auf Schlag brachten sie den Heeren der Koalition böse Schlappen bei. Ende September 1792 stieß General Custine, ein schneidiger und halbwegs intelligenter Haudegen aus der Schule der alten Armee, in die Pfalz vor, kassierte am 1. Oktober Speyer und besetzte einige Tage später Worms, diese würdige Festung lutherischen Geistes. Die Bauern und die Bürger begrüßten die verwegene Avantgarde der Revolution mit gemischten Gefühlen: Die Freiheit schien ihnen willkommen zu sein, die Unordnung nicht. Überdies hatten sie nicht vergessen, daß Frankreichs Soldaten in der Pfalz zu oft guten Tag gesagt hatten. An Widerstand dachten sie kaum. Custine drängte blitzenden Auges weiter. Zugleich wurden die Preußen und Österreicher an der Nordfront zurückgeworfen. Am 7. Oktober zogen die Belagerer von Lille unverrichteter Dinge davon. Eine Woche später wurde Verdun, fünf Tage danach Longwy geräumt. Custine erschien vor Mainz. Die Koalitionsheere drohten vom Rhein abgeschnitten zu werden. Sie nahmen den Rückweg so eilig unter die Füße, wie es die aufgeweichten Straßen erlaubten. Ohne die Umsicht des Herzogs von Braunschweig wären die zerschlissenen Armeen im Chaos versunken.

Im Osten besetzten die Soldaten der Revolution das Basler Land und Mühlhausen. Das alte Bistum wurde in die «Raurasische» Republik verwandelt (der kein langes Leben beschieden war). Die Okkupation von Savoyen indes erwies sich als haltbar: Der Alpenstaat schloß sich im November Frankreich an.

Dem neuen, dem 84. Département wurde der stolze Name «Mont-Blanc» verliehen. Nüchtern, vielleicht auch mit einem sachten Unterton des Erstaunens notierte der Bürger Célestin Guittard: «Also sind heute die Savoyarden Franzosen geworden.» Er kannte sie nur als Holz- und Wasserträger, Laufburschen, Straßenkehrer und Hausdiener: kurzum als Gastarbeiter, die sich in Paris unentbehrlich gemacht hatten, arme Teufel, von denen so mancher Bürger meinte, sie hätten kein besseres Schicksal verdient. Im Süden fiel das italienische Nizza und wurde, nach gehöriger Plünderung, der siegreichen Republik einverleibt.

General Dumouriez entschloß sich, Belgien zu überrennen – während Kellermann zum Rhein stürmen sollte, um den geschlagenen Kohorten des Herzogs von Braunschweig den Weg zu verlegen und sich so rasch wie möglich mit Custine zu vereinen. Bei Jemmapes errangen Dumouriez' Truppen, «die Marseillaise auf den Lippen» und mit dem Kriegsruf «Vive la République» (wie die Kriegsreporter schrieben), einen brillanten Sieg, den alle Welt «revolutionär» nannte. Der Außenminister Lebrun war so entzückt, daß er eine Tochter, die in jenen Tagen geboren wurde, auf die anspruchsvollen und ein wenig umständlichen Namen Civilisation-Jemmapes-République taufen ließ.

Dumouriez, dieser kleine, drahtige, nervös-vitale Militär mit seinem dicken Ego und einem unstillbaren Ehrgeiz, hatte sich in den Kopf gesetzt, das Land der Wallonen und Flamen zu einem selbständigen Staat zu machen, freilich aufs engste mit Frankreich verklammert. Hoffte er tatsächlich, wie man ihm später nachsagte, die Belgier würden ihm eine Krone aufs Haupt setzen? So töricht konnte er nicht sein. Die radikalen Abgeordneten des Konvents (und viele der gemäßigten aus der «Ebene» dazu) waren eher geneigt, die nördliche Nachbarregion zu annektieren. Danton, der sich in jenem Herbst vor allem in Belgien aufhielt, forderte mit mächtiger Stimme die Annexion: Es sei unsinnig, rief er, eine zu große Ausdehnung der Republik zu fürchten. Manche der Deputierten hegten noch Skrupel gegen Eroberungskriege, denen die erste Nationalversammlung so feierlich abgeschworen hatte. Sie wurden mit dem Dekret vom 19. November 1792 beschwichtigt: Frankreich sprach sich mit jenem Erlaß das Recht zu, allen Völkern, die ihre Freiheit erlangen wollten, zu Hilfe zu eilen.

Hinter dieser liebenswürdigen Formel verbarg sich in Wahrheit ein brüsker Wechsel des Kurses. Robespierre hatte gewarnt: man könne die Freiheit nicht auf Bajonettspitzen exportieren. Doch auch er vermochte sich der Logik der Revolution nicht zu entziehen, die expansiv sein mußte. Wie sollte die Freiheit, sollten die Menschenrechte an einer Grenze einhalten? Die universelle Botschaft verwandelte sich freilich unter der Hand zu einer Strategie der Aggression und Annexion, die ihre Urheber – zum Teil die Betroffenen auch – nur als wohltätig, segensreich und human zu betrachten vermochten. Der Girondin du Chambon, Abgeordneter des Corrèze (er wurde ein Jahr später viehisch ermordet), sagte voller Hochmut, es gebe Völker, die unfähig seien, sich selber zu revolutionieren: «Es fehlt ihnen die Erfahrung oder die Kraft oder der Mut. Frankreichs Sache ist es, sie damit zu versorgen...» Anaxagoras Chaumette aus dem Klub der Cordeliers, gelernter Anatom (sofern er überhaupt etwas gelernt hatte), erklärte im begeisterten Überschwang jener Tage, den Furet und Richet «imperialistisch» nannten: «Das Gebiet zwischen Paris... und Moskau wird französisiert, munizipalisiert und jakobinisiert werden.»

In der Tat sprach auch Jean Jaurès, der große Führer der französischen Arbeiterbewegung, in seiner sechsbändigen «Histoire socialiste de la Révolution Française» vom «Imperialismus der Revolution». Er begründete die «Notwendigkeit der Eroberung» unter anderem durch die finanziellen Bedrängnisse der Republik: Bis zum Herbst 1792 hätten die Güter des alten Regimes, die Güter der Kirche und des emigrierten Adels die Revolution genährt. Doch es sei nicht möglich gewesen, eine universale Revolution (nur) aus nationalen Mitteln zu betreiben... In der Tat stand der Republik, von Beginn an, das Wasser am Hals. Immer wieder wurden aberhundert Millionen Assignaten unters Volk gebracht. Die Folge: man rechnete in zwei Währungen – in Hartgeld (das immer knapper wurde) und in Papiergeld (das alle Kassen überschwemmte). Die Preise klafften bald unerträglich auseinander. Die sozialen Gegensätze wurden schroffer. Aus Spekulanten, Kriegslieferanten, kleinen und großen Politikern rekrutierte sich eine Schicht von Neureichen, die sich Hartgeld zu beschaffen wußten – und damit immer reicher wurden. Steuern zahlten sie ungern. Trotz steigender Abgaben waren die Staatskassen immer leer.

Die vorwärtspreschenden Armeen wurden angewiesen, «aus dem Lande zu leben», mit anderen Worten: Getreide, Fleisch, Wein, Futter für die Pferde und am Ende die Pferde selber zu requirieren. Sie bezahlten – *wenn* sie bezahlten – in Assignaten. Das machte sie nicht überall beliebt. Da und dort bemächtigten sich die Kommandeure der öffentlichen Gelder. Sie zwangen den Bürgern harte Kriegslasten auf. Plünderungen ließen sich nicht vermeiden. Die Befreier konnten nicht als Bettler auftreten, das verstand sich. Also waren sie dann und wann gezwungen, die Herren zu spielen, was nicht allen sehr schwer wurde. Der General Dampierre rief den Bürgern von Aachen zu: «Ihr seid nicht reif für die Demokratie. Ihr seid wie Invaliden, die von ihren Freunden gezwungen wurden, sich einer schmerzlichen, aber wohltätigen Operation zu unterziehen.» General Custine erklärte, seinen gewaltigen Schnauzbart zwirbelnd, den Bürgern der eroberten Städte: «Ihr seid frei, Eure Verfassung zu wählen.» Später fügte er hinzu, Frankreich werde keine Gewalt ausüben, aber jedem Widerstand mit Gegengewalt begegnen: Was sollte er anderes sagen? Und wie sollte er anders handeln? So begriff der General (der aus einem alten lothringischen Grafengeschlecht stammte) die Regeln des Krieges. Der nordamerikanische Feldzug, in dem er seine Sporen verdient hatte, war keine ausreichende Schule der Demokratie. Jean Jaurès sprach einhundert Jahre später von dem «schrecklichen Dilemma»: Sollte die Republik ringsum die immer bedrohliche Sklaverei dulden oder der Freiheit eine neue Form der Tyrannei aufzwingen? fragte er, «Frankreich büßte für den großartigen und furchtbaren Vormarsch der Revolution über die Welt. Das war der Ruhm, aber auch die Gefahr einer Nation, die den anderen Völkern voraus eilte...»

Am 21. Oktober rückte die Armee Custines in der Bischofstadt Mainz ein. Längst hatte sich der alte Kurfürst davongemacht, die Hofschranzen und die Adelsfamilien im Gefolge. Der Bibliotheksdirektor Georg Forster war nach reiflicher

Überlegung zu dem Entschluß gelangt, in der Stadt auszuharren – keine so leichte Entscheidung, wie man denken sollte, obwohl er längst ein Mann der Revolution und der Republik war; für Frankreich, versteht sich, nicht für die Staaten des Deutschen Reiches, für die er nicht nur aus Gründen weltkluger Vorsicht den Weg der Reform vorgezogen hätte. Er verbarg diese Einsicht keineswegs, aber er schwenkte sie nicht wie ein stolzes Banner, um sie jedermann so lebhaft wie möglich zu demonstrieren. Nicht nur sein Fürst und die vorgesetzten Behörden, sondern auch manche Freunde durften Rücksicht verlangen: Johannes Müller zum Beispiel, der Berater des Erzbischofs, dessen Stellung ohnedies nicht mehr völlig gefestigt war. Ein berühmter Besucher schrieb später über zwei angeregte Abende im Hause Forster: «Von politischen Dingen war die Rede nicht, man fühlte, daß man sich wechselseitig zu schonen habe: denn wenn sie republikanische Gesinnung nicht ganz verleugneten, so eilte ich offenbar, mit einer Armee zu ziehen, die ebendiesen Gesinnungen und ihrer Wirkung ein entschiedenes Ende machen sollte.» Goethe, der sich damals auf dem Weg «zur Campagne in Frankreich» befand, unterhielt sich gern mit dem geistreichen Forster, der lebhaften Therese, der schönen und ein wenig schwermütigen Caroline Böhmer, geborene Michaelis, der er hernach so oft noch begegnen sollte, in Jena und Weimar, als sie die Frau August Wilhelm Schlegels und schließlich des Philosophen Schelling geworden war. Sömmerring saß am Tisch, mit dem der Minister so sachkundig über den «Zwischenkieferknochen», dieses mythische Steckenpferd, reden konnte, der stille Huber, der im Begriff war, sich mit dem gemeinsamen Freund Schiller gründlich zu überwerfen, die schöne Meta Forkel, deren freies Wesen so viele Männer verzauberte. Die Verwirrungen der Herzen in dem seltsamen Kreis übersah Goethe nicht, und ihre unsicheren Spuren zeichnete er sehr viel später behutsam nach...

Seit geraumer Zeit korrespondierte Georg Forster mit dem Grafen Hertzberg in Berlin, von dem er in den «Erinnerungen aus dem Jahr 1790» ein schmeichelhaftes Porträt entworfen hatte: Wiederum nicht nur aus opportunen Erwägungen –, er zog vielmehr, wie so viele, den fast schon altväterlich-aufgeklärten Geist des greisen Herrn dem frömmelnden Konservativismus seiner Nachfolger Wöllner und Bischoffwerder vor. Der einstige Minister Friedrich des Großen hatte Forster auf diesen und jenen Umwegen den Hinweis zukommen lassen, daß er mit seiner Berufung in die preußische Akademie der Wissenschaften und Künste rechnen dürfe, übrigens als Nachfolger des Professors Jean Alexis Borelli, der wegen seiner Sympathie für die Jakobiner des Landes verwiesen worden war. Der kleine ironische Akzent störte Georg durchaus nicht. Ungeduldig wartete er auf den Ruf nach Berlin – und ungeduldiger noch auf den angekündigten Kredit, der ihn von den drängendsten Schulden erlösen sollte: kein Vorschuß wohlgemerkt, denn sein Verleger Voß hatte für die verabredeten Arbeiten mehr bezahlt, als es seine Kalkulationen erlaubten, sondern ein finanzieller Rettungsring, der ihm hier zugeworfen wurde. Die versprochene Summe verpflichtete Forster zu nichts. Aber er durfte sie, wenn er sein Gewissen genau genug prüfte, vielleicht als eine diskrete Einladung erkennen, die preußische Politik mit Verständnis, womöglich mit einem Gran Sympathie zu beobachten. Oder waren – in verlorenen Briefen, durch verschwiegene Mittelsleute, heimliche Besucher – Erwägungen angestellt worden, wie er einer preußisch-französischen Verständigung voranhelfen könnte? Man weiß es nicht. Die Annäherung zwischen dem (angeblich) so vernünftigen Militärstaat im Osten und der Republik der revolutionären Vernunft beschäftigte Forster bis ans Ende seiner Tage. Er hätte für jenes große Ziel lieber in Berlin gewirkt. Aber die ersehnte Nachricht blieb aus. Von einem Kredit wußten die Banken in Frankfurt noch nichts zu melden. Den Befreiern sah er mit gemischten Gefühlen entgegen: er wünschte ihr Kommen und hoffte zugleich, sie blieben noch eine Weile fort. Mainz war für eine Verteidigung miserabel gerüstet. So handelte Oberstleutnant Eickemeyer – der kurz darauf in französische Dienste trat – rasch die Kapitulation aus. Custine gewährte den frcien Abzug dcr Besatzung gegen das Ehrenwort der Offiziere, daß sie ein Jahr lang nicht gegen die Republik ins Feld ziehen würden.

Von ihrer Neugier getrieben liefen Therese und Georg mit einigen Freunden vors Tor. «Vive la République!» rief Forster den Soldaten zu. «Ein schwarzbärtiger Nationalgardist antwortete mit einem derben Fluch: elle vivra bien sans vous...» Das war kein höflicher Dank. Hatte ihn der Nasenstüber für einen Augenblick verstört? Empfand er ihn als eine Mahnung zur Vorsicht? Ihm gefiel das Selbstbewußtsein der Soldaten, die sich jede Anbiederei zu verbieten schienen. Auch Georg hielt Zurückhaltung für angebracht. Mit einem Hauch von Unbehagen beobachtete er, mit welchem Eifer sich seine Kollegen um die französischen Offiziere scharten, Professoren der Universität, dazu der eine oder andere intellektuelle Glücksritter wie Georg Wilhelm Böhmer, ein Schwager der Caroline, 31 Jahre alt, der mit den Franzosen von Worms herübergekommen war. Mit flinker Feder verfaßten sie Flugblätter und Zeitungen. Böhmer, der sich Custines Vertrauens rühmte, warf die «Mainzer Nationalzeitung» auf den Markt. Georg Christian Wedekind – der 31jährige Bruder Meta Forkels, Medizinprofessor und einer der Leibärzte des Kurfürsten – folgte einen Monat später mit dem Wochenblatt «Der Patriot». Die Publikation wurde, nicht zu Unrecht, für ihr Niveau gelobt. Überdies ließ sie, auch das rechnete man ihr zugute, gelegentlich eine andere Meinung zur Geltung kommen.

Dem Herausgeber sagte man nach, daß er geraume Zeit vor Custines Einmarsch Verbindungen zu den Jakobinern im Elsaß gesucht habe. Lange schon zählte er zu Georg Forsters engen Freunden, war Pate eines der Kinder, und er hatte den berühmten Mann um den gleichen Dienst gebeten. Martin Weber beschrieb in seiner Biographie des Arztes, wie Wedekind auf eigenen Wegen ins Netz der intellektuellen Bezüge hineinwuchs, in denen Forster zu Hause war: durch seine Verbindungen zu dem empfindsamen Philosophen Fritz Jacobi in Pempelfort, zum preußischen Gesandten Dohm, zur aufgeklärten und zugleich so frommen Fürstin Gallitzin in Münster. Freilich war er ein schwieriger Charakter: rasch verletzt, zur Isolation neigend, von Ressentiments nicht frei. In Mainz fühlte er sich verkannt, vom Kurfürsten entfremdet, durch einen ärgerlichen Prozeß zu Unrecht verfolgt. Er war, kein Zweifel, ein Mann der vorwärtsdrängenden liberalen Vernunft, darin ganz ein Geschöpf des Jahrhunderts, doch zugleich trieben ihn vielleicht auch Unsicherheit und Ärger an, die Nähe der Revolutionäre zu suchen.

Bei den Korrespondenzen mit den Revolutionären im Elsaß mag Anton Joseph Dorsch nützlich gewesen sein, der einstige Dorfkaplan von Finthen bei Mainz. Er hatte zwei Jahre in Paris studiert und hernach Philosophie an der Kurfürstlichen Universität gelehrt: ein enthusiastischer Bewunderer der Lehren Immanuel Kants. Das war für einen katholischen Moraltheologen ungewöhnlich. Die Courage trug dem redlichen Mann einigen Ärger ein. Er legte sich mit dem konservativen Minister Albini an, der Johannes Müller als engsten Berater des Erzbischofs verdrängt hatte, kündigte seine Stellung und ließ sich 1791 in Straßburg nieder, wo ihm ohne Schwierigkeit eine Professur und das Amt eines bischöflichen Vikars eingeräumt wurde. Anfang November 1792 kehrte er in die Mainzer Heimat zurück. Drei Wochen danach ernannte ihn Custine zum Präsidenten der provisorischen Administration. Christoph Friedrich Cotta wiederum – ein Bruder des Stuttgarter Verlegers – kam wenig später aus Straßburg nach Mainz: 34 Jahre alt (wie Dorsch), gelernter Jurist, bis zum Sommer 1791 Lehrer an des Herzogs Carl Eugen Hoher Karlsschule in Stuttgart, wo der junge Kerner zu seinen Studenten und Vertrauten zählte; überdies war er ein versierter Redakteur, wie sich's für einen Mann seiner Familie gehörte, der eine Zeitung in der württembergischen Hauptstadt und die Zeitschrift «Teutsche Staatsliteratur» herausgegeben hatte. Nun schrieb er für die Revolution. Seine Flugschriften «Über die Staatsverfassung in Frankreich» und «Wie gut es die Leute am Rhein und an der Mosel haben könnten» wurden landauf und landab verbreitet.

Der eifrige Böhmer und seine Freunde gründeten zwei Tage nach dem Einzug Custines die «Gesellschaft Deutscher Freunde der Freiheit und Gleichheit», deren Satzung dem Statut des Klubs der Straßburger Jakobiner entsprach. Wedekind trat ohne Zögern bei. So Cotta. Ihnen folgten Felix Blau, ein Theologe von sanfter Gelehrsamkeit, der Mathematikprofessor Matthias Metternich und der Jurist Andreas Hofmann, dem eine «volkstümlich kräftige Redeweise» nachgesagt wurde. Man konnte wohl sagen, daß sich eine Elite der Mainzer Köpfe der republikanischen Sache verschrieb, wie in Franz Dumonts Standardwerk über die Mainzer Republik nachzulesen ist. Die Gesellschaft, die zwei Wochen nach der Gründung einhundertfünfzig Mitglieder zählte, tagte zunächst im Schloß, in dem auch General Custine Residenz nahm. Später zogen die Jakobiner ins Theater, das für ihre Versammlungen eher geeignet war: nach den Forschungen des Historikers Walter Grab war nach einem Monat die Mitgliedschaft auf fast fünfhundert Männer gewachsen – ein hoher Anteil bei einer Einwohnerschaft von gut 25000 Menschen. Nach Berufen aufgeschlüsselt (laut Grab): «14 Geistliche, 35 Juristen, 81 Angehörige freier Berufe (Professoren, Ärzte, Lehrer, Schriftsteller, Künstler), 11 Kaufleute, 62 Krämer und Wirte, 170 Handwerker, 23 Diener, 30 Bauern, 26 Franzosen und 4 Juden» (die in der Tat separat aufgeführt wurden).

Die Handwerker und die kleinen Kaufleute stellten nahezu die Hälfte aller «Clubisten», wie sie rasch mit einer Prise Spott genannt wurden. Manche unter ihnen mögen sich der Gesellschaft, wie üblich, aus furchtsam-opportunistischen Erwägungen angeschlossen haben, auf die Aufträge der neuen Behörden und der französischen Besatzung angewiesen, da sie durch die Emigration des kurfürstlichen Hofes und der großen Familien – wie ihre Kollegen in Paris – die wichtigsten Kunden verloren hatten. Die Vertretung der Intellektuellen mit mehr als zwanzig Prozent überragte bei weitem ihren Anteil an der Bevölkerung. Sie führten das große Wort und bestritten mehr als achtzig Prozent aller Reden.

Vier Tage nach Custines Einzug entschloß sich Georg Forster, dem General im Namen seiner Kollegen über die Lage der Universität zu berichten. Die Professoren wollten wissen, von wem sie künftig ihr Gehalt beziehen würden. Der General ließ die Delegation, wie es Herrenart war, zwei Stunden warten. Dann hörte er der Rede Forsters aufmerksam zu. Ein Mann, der mit Captain Cook um die Welt segelte, den Spuren Bougainvilles folgend und ein so glänzendes Französisch sprach, obendrein einen hohen Ruf als Schriftsteller genoß, konnte den Grafen nicht unbeeindruckt lassen. Er bat sich eine schriftliche Fassung der Studie aus. Forster war von Custines glänzenden Manieren und seinem behenden Verstand beeindruckt. Es war ihm und vor allem seiner Frau Therese nicht gleichgültig, daß sie nun des öfteren an die Tafel des Kommandeurs gebeten wurden, den seine Soldaten, des pandurenhaften Schnurrbartes wegen, den «Général moustache» nannten. Alles in seinem Gesicht schien überkräftig ausgeprägt zu sein: die schwarzen Augenbrauen, die starken dunklen Augen, die dicken Tränensäcke, die starke Nase... Dennoch war er mehr als ein polternder Krieger: ein Mann von Welt, mit einer Prise Esprit begabt. Warb er um Forsters Engagement für das neue Regime? Deutete ihm der Schriftsteller das Mainzer Dilemma an? Die Freiheit hatte hier wie anderswo unter den Befehlen der schneidigen Militärs ihren Einzug gehalten. Die Republik zog mit dem Kriegskarren ein. Die Revolution hieß Niederlage und Hilflosigkeit – wie 1918...

Patriotische Skrupel hielten Forster nicht zurück. Wie sollten sie? Er war in Polnisch-Preußen geboren, in England aufgewachsen, hatte in Kassel unter dem Landgrafen von Hessen-Kassel, in Wilna unter dem König von Polen, in Mainz unter dem Kurfürsten gelebt: «... wo ich war, arbeitete ich für das Brot... Ubi bene ibi patria muß der Wahlspruch des Gelehrten bleiben», schrieb er an seinen Verleger. Ein «guter Deutscher» war er in seiner Liebe zur vererbten Kultur und im Dienst einer Sprache, die er so meisterlich wie wenige seiner Zeitgenossen beherrschte. Warum sollte er nicht Preuße werden? Die Zugehörigkeit zur Berliner Akademie der Wissenschaften und Künste hätte er nicht nur als Garantie eines guten Einkommens, sondern auch als eine Auszeichnung betrachtet. Doch er hörte von Hertzberg nichts. Am 5. November warf er endlich sein Herz über die Hürde und trat der Gesellschaft der Jakobiner bei.

Der Vorstand des Klubs war keineswegs, der DDR-Historiker Heinrich Scheel deutete darauf hin, die heimliche Regierung der Stadt. Vielmehr verstand sich die Vereinigung als eine Stätte der Erziehung, der Bildung, der Unterrichtung, auch der Propaganda. Die Geschäfte wurden von der Besatzungsmacht und ihren Beauftragten gelenkt. Von Beginn an aber drangen die Franzosen auf die sogenannte «Munizipalisierung» nach eigenem Muster: die demokratische Bestellung einer repräsentativen Stadtregierung. Damit ging es freilich mühsam voran. Die Bürger zögerten, sich in die Listen einzutragen, denn schon nach wenigen Wochen fochten sie lebhafte Zweifel an, ob sich die republikanische Herrschaft sehr lange halten könne.

Die Unsicherheit konnte ihnen keiner verdenken. Custine hatte zwei Tage nach der Besetzung von Mainz auch das reiche Frankfurt im Handstreich genommen. An die Adresse der hessischen Bevölkerung erließ er ein Manifest, das so töricht war wie der drohende Aufruf des Herzogs von Braunschweig an die Pariser, da es von den Bürgern den Sturz ihres Landesherrn forderte. Sein Kriegsglück hielt nicht vor. Frankfurts Verlust hatte die Preußen empfindlich getroffen. Sie legten sich ins Zeug. Nach fünf Wochen eroberten sie die freie Reichsstadt zurück. Die Freunde der Revolution und die französischen Verteidiger büßten bitter für die rasche Wendung des Geschicks.

Mainz aber sollte nicht wieder preisgegeben werden. Bald wurden drüben in Kastel und bei Hochheim Schanzen angelegt. Man brauchte Arbeiter. Da Freiwillige nicht herbeiströmten, wurden Bauern herankommandiert. Die fremden Soldaten requirierten, wie im Kriege üblich, Futter- und Getreidevorräte, schleppten Kühe und Schweine fort, spannten den Landwirten die Pferde aus. Die Quartiergäste in den Bürgerhäusern der Stadt betrugen sich, auch das war nicht überraschend, nicht immer musterhaft. Das schuf Unmut. Anhänger der Revolution bedrückte die Angst, ob die Franzosen das eroberte Terrain würden halten können.

Niemand wünschte sehnlicher, daß dauerhafte Verhältnisse geschaffen würden, als Forster: Er hatte den Sprung gewagt. Er konnte und wollte nicht mehr zurück. Der Rhein, schrieb er an seinen Verleger Voß, müsse jetzt die Grenze sein, «die das Land der Republikaner von Deutschland absondert». Warum sollten sich die Preußen darauf nicht einlassen? Sie verloren nicht viel. Der Friede mit Frankreich würde sie nur einige Besitzungen am Niederrhein kosten. War es für sie so wichtig, wer die beiden Erzbistümer Trier und Mainz kontrollierte?

Die Berliner Akademie hatte sich Forster schließlich aus dem Kopf geschlagen. Wichtiger: das so dringend notwendige Darlehen war in Frankfurt eingetroffen. Ein Brief seines Verlegers mahnte ihn freilich, ein «guter Preuße» zu bleiben. Zornig fuhr er auf. Ein preußischer Untertan war er niemals gewesen. Warum sollte er jetzt so fühlen, da man ihn in Berlin nicht haben wollte? Wenn man ihm nun zumuten wollte, beschwerte er sich, «das Interesse des preußischen Hofes, des Kabinetts, der Geisterseher» (er meinte die Rosenkreuzer Wöllner und Bischoffwerder) «und allenfalls des Königs» im Auge zu behalten, dann verlange man etwas, wofür er verdiente, «an den nächsten Laternenpfahl geknüpft zu werden». Dennoch bekräftigte er, daß er gern daran mitwirken wolle, die «natürliche Allianz zwischen Preußen und Frankreich wiederherzustellen». Im übrigen gedenke er, «als Republikaner zu leben und zu sterben». Das Geld aber wolle er fürs erste nicht anrühren. Einige Tage später holte er es trotzdem ab, da ihm einige gutartig-kluge Zeilen seines Verlegers versicherten, daß der Kredit ohne Bedingungen gewährt sei.

Zehn Tage nach seinem Eintritt in den Klub hielt Forster die erste große Rede «Über das Verhältnis der Mainzer gegen die Franken»: ein glänzendes, manchmal pathetisch übersteigertes Beispiel hoher Rhetorik. Er nannte – dies war der Kern – den Rhein die «natürliche Grenze» Frankreichs. Der Konvent in Paris bediente sich jener Formel und verkündete im Dezember, Frankreichs «natürliche Grenzen» seien durch den Rhein, die Alpen und die Pyrenäen gegeben...

Der Hinweis auf die Rheingrenze war in Wirklichkeit noch einmal an die Adresse der preußischen Freunde Forsters gerichtet: Am Rheinstrom würde die Revolution ein für allemal einhalten, gab er ihnen zu verstehen, wenn nur ein gescheiter Friede geschlossen würde. Die deutschen Länder seien für eine Herrschaft des Volkes nicht bereit und nicht reif, die Verhältnisse im alten Reich darum eher für Reformen von oben geeignet. Daran hielt er fest. Den Mainzern aber rief er zu, sie sollten sich mit der Anwesenheit der Besatzung abfinden.

Am 16. November setzte Custine eine zivile Administration ein: Präsident wurde Professor Dorsch, sein Vizepräsident Georg Forster, dem die Hauptarbeit zufiel. Freunde bescheinigten ihm, er sei von früh bis spät für die Bürger auf den Beinen gewesen, den Besatzungsherren oft mutig entgegentretend, um gegen Willkür und Schikanen zu protestieren. Dem aufmerksamen Schriftsteller entging nicht, daß sich die Stimmung der Bürger rasch verdüsterte. Natürlich hatte man in Mainz – wie überall, wo die Revolution ihren Einzug hielt – einen Freiheitsbaum aufgepflanzt und ihn mit der roten Mütze geschmückt. Eines Nachts wurde der Baum gefällt, die Mütze gestohlen. Das waren keine guten Zeichen.

Die Nachrichten aus Paris waren nicht geeignet, die Mainzer Bürger zu Freundlichkeit und Vertrauen zu überreden. Der Jubel über die Siege der Revolutionsarmeen war verstummt. Die September-Massaker, so lauthals sie jedermann zu rechtfertigen oder wenigstens zu entschuldigen versuchte, hatten – wenn es sie jemals gab – die revolutionäre Unschuld zerstört. Mangel sorgte wie üblich für Mißmut. Im Fortgang des Herbstes und Winters war die Versorgung immer wieder gefährdet. Santerre, der Kommandeur der Nationalgarde, empfahl den Bürgern, Hunde und Katzen schlachten zu lassen, da sie nichts als unnütze Fresser seien: Was sie pro Tag vertilgten, würde genügen, um wenigstens tausend Menschen zu nähren. Der Abmarsch so vieler Männer an die Front hatte zwar die Arbeitslosigkeit beträchtlich gemindert, die Armut freilich nicht. Die Preise stiegen. Célestin Guittard, der «Bourgeois», vermerkte, daß Seife dreißig Sous je Pfund koste, Zucker drei Livres und dreieinhalb Sous. Ende Februar 1793 wurden Unruhen in 32 Sektionen der Stadt gemeldet. Man drohte, die Bäcker aufzuhängen, Frauen stürmten die Lebensmittelgeschäfte und kauften, so der alte Guittard, zu Preisen ein, die sie für angemessen hielten. Der «Bürger von Paris» war der Meinung, niemand habe sich zu Plünderungen hinreißen lassen. Das traf nicht überall zu. Die Nationalgarde unterdrückte schließlich die Rebellion. Mördereien seien, schrieb Célestin Guittard erleichtert, gottlob vermieden worden. Robespierre aber war alarmiert: «Ich sage nicht», erklärte er phantasielos und erregt zugleich, «daß sich das Volk schuldig gemacht hat... aber wenn das Volk aufsteht, dann sollte es ein würdigeres Ziel haben als die Gier nach jämmerlichen Nahrungsmitteln.»

Der Priester Jacques Roux, der in donnernden Predigten die Ansprüche der Entrechteten und Entwürdigten auf ihren Anteil am Reichtum der Nation verkündete, hatte seit dem Herbst eine eifernde Gemeinde unter seiner Kanzel gesammelt, die Sonntag für Sonntag zu wachsen schien: «Enragés», die «Rasenden», die von den radikalen Bürgern um Robespierre nicht weniger gefürchtet wurden als von den gemäßigten Anhängern der Gironde. Hinter der politischen Revolution des Bürgertums wurde der riesenhafte Schatten einer anderen Revolution sichtbar, die alle Erfolge, alle Errungenschaften des Umbruchs von 1789 zu bedrohen schien: die Revolution der Armen. Der Dritte Stand – seit jeher eine Koalition der unterschiedlichsten Interessen – war keine Einheit mehr. Die «niederen Klassen» schienen sich, von dieser Furcht waren alle besessen, zum Aufstand zu rüsten. So hielt es der Konvent für ratsam, den Parisern durch Subventionen ihr billiges Brot zu garantieren. Die 662 Bäcker der Hauptstadt wurden einer strikten Aufsicht unterworfen.

Pierre-Gaspard Chaumette, der sich «Anaxagoras» nannte, holte mit dem linken Flügel der Cordeliers weit aus, um die wilde und kaum bezähmbare «Bewegung von unten» durch seine naiven, ungeformten Utopien einzufangen. In Paris, sagte er, sei «der Arme zu arm». Da hatte er recht. Er sagte auch, der Arme habe «wie der Reiche und mehr als der Reiche, die Revolution gemacht». Daran konnte man zweifeln, denn meist war der «Volkszorn» von irgendwoher und von irgendwem angestachelt, und immer wurde er von irgendwem gelenkt. Die Cordeliers und die Jakobiner, die wieder zusammengerückt waren, brauchten die mobilen Massen der Hauptstadt als das entscheidende Instrument ihrer Macht. Danton wies – laut Jean Jaurès – die Gironde «diskret auf ihren taktischen Irrtum» hin: daß sie immer aufs neue die «bewunderswerte Rolle von Paris» unterschätzte – diese «Triebkraft der französischen Macht, das Zentrum, das durch seine unmittelbaren und starken Vibrationen auf den Schock der Ereignisse antwortet, das ist die Kraft Frankreichs ... in einem großen Herzen versammelt.» Der Tribun fand wie so oft das Wort, das seine Zuhörer hinriß: «Es braucht Paris ... mit seinem brennenden Bürgergeist», sagte er, «um das Vaterland zu retten.»

Ob Danton, ob Marat, ob Robespierre: sie führten den Tiger gern vor, aber sie hielten wie alle Dompteure die lange Peitsche parat. Die bewunderte Stadt, die alle umschmeichelten, mußte zugleich der striktesten Aufsicht unterworfen werden. Monsieur Célestin Guittard notierte am 5. Oktober, daß er – nach einem amourösen Nachmittag mit «Dasel» – zwei Stunden mit der Überwachungspatrouille unterwegs gewesen sei. Er versah den Dienst in der Nationalgarde, für den er in Wahrheit zu alt war, nur selten, war oft indisponiert und schickte einen (bezahlten) Ersatzmann. Er registrierte, daß die Stadt nun Kennkarten ausgeben ließ. Die seine trug die Registriernummer 2108 der «Section Luxembourg»: «Der Bürger Célestin Guittard, wohnhaft in Paris seit 23 Jahren, place Saint-Sulpice Nr. 486, 68 Jahre alt. Gezeichnet: Violette (Präsident) und Guérin (Sekretär).» Es folgte die Personenbeschreibung: «Größe fünf Fuß und vier Daumen» – 1 Meter 76 –, «Stirn sehr kahl; Augen grau-blau, Gesicht oval, Nase sehr adlerhaft und groß, Mund mittel, Kinn viereckig, Haare sehr weiß, Augenbrauen rasiert.» In seiner Personalakte war vermutlich darüber hinaus vermerkt, daß er seit dem Jahre 1783 Witwer war und eine Jahresrente von etwa dreitausend Livres beziehe (zum Teil aus Papieren, die der Herzog von Orléans aufgelegt hatte).

Jedermann, schrieb der «Bürger von Paris», müsse seinen Ausweis bei sich tragen, vor allem in der Nacht. Wer keine Karte vorzeigen könne, werde zur Wache geführt. Ohne das Personalpapier konnte sich kein Bürger an einer Abstimmung beteiligen. Seiner Wahlpflicht genügte Monsieur Guittard mit gemessenem Eifer. Als Nachfolger des Rhetors Pétion, der bei Robespierre in Ungnade gefallen war, hätte er gern den Grafen d'Ormesson im Amt des Pariser Bürgermeisters gesehen. Schließlich stimmte er für den Arzt Chambon, der sich nur widerstrebend für das Amt zur Verfügung gestellt hatte, vermutlich einem Wunsch seines Patienten Brissot gehorchend. (Nach gut zwei Monaten wurde er schon wieder aus dem Rathaus gejagt.) Am Freitag, dem 7. Dezember 1792, notierte der alte Guittard mit einem Anflug von Erstaunen, gestern habe man im Jakobinerklub die Büste von Mirabeau zerschlagen, denn er sei nun als Verräter erkannt worden. Man wolle auch seine Gebeine aus dem Panthéon entfernen. «So ist das!» schrieb er: «Man hebt einen Mann in den Himmel, und dann endet er in der Verachtung.»

Dokumente, die im Eisenschrank des Tuilerien-Schlosses gefunden wurden, machten den Jakobinern die postume Vernichtung des ersten Helden der Revolution gleichsam zur Pflicht.

Mirabeaus Bestechlichkeit konnte sie nicht überraschen. Die Todsünde war sein Versuch, das Königshaus mit der Revolution auf der Basis der Verfassung versöhnen zu wollen. Die Verfassung des Jahres 1791 aber, für die der gräfliche Tribun so leidenschaftlich gekämpft hatte, war durch den Sturz des Monarchen Makulatur geworden. Der Konvent erklärte sich zur zweiten Verfassunggebenden Versammlung. Die Jakobiner aber schienen es nicht eilig zu haben, ein neues Grundgesetz zu entwerfen. Auch die Girondins hatten Wichtigeres zu tun: Sie führten Krieg, und sie regierten – oder glaubten es doch zu tun.

La Fayettes Anhänger, die liberal-konservativen Feuillants, hatten nicht mehr allzu viele Vertreter in den Konvent zu schikken vermocht, der übrigens wiederum nur von einer Minderheit der stimmberechtigten Bürger gewählt worden war. Die Partei der konstitutionellen Monarchie existierte nicht mehr. So fanden sich die Girondins und ihr Gefolge zur eigenen Überraschung am rechten Flügel der 749 Abgeordneten: ein Zirkel von Freunden und Partnern, die sich um Brissot und Roland gruppierten. Robespierre sprach am 1. September 1792 zum erstenmal von der Fraktion der «Gironde», klagte sie des Verrats und der «Verkaufs von Frankreich an den Herzog von Braunschweig» an. Die Majorität der Deputierten suchte ihren Platz in der «Ebene» (oder dem «Sumpf») – zwischen den Parteien, programmatische und personelle Fixierungen klug oder auch nur opportunistisch vermeidend. Die Jakobiner und die Cordeliers besetzten die oberen Ränge am linken Flügel: so hießen sie fortan «Montagnards» – «Bergmänner», wie sie Eulogius Schneider in Straßburg nannte, der unterdessen über seinen Erzfeind, den liberalen Bürgermeister de Dietrich, triumphiert hatte und der unumschränkte Herrscher des Klubs in der elsässischen Metropole war.

Die «Bergpartei», in sich selber ein Bündnis der unterschiedlichsten Interessen und Charaktere, wurde vor allem durch das Verlangen vereinigt, die Revolution nicht zum Stillstand kommen zu lassen. Jedes Atemholen schienen die Anhänger Robespierres und Dantons als den Anfang des Rückschritts zu betrachten. Also mußten Brücken abgebrochen, jeder Weg zurück blockiert werden. Der Royalismus war in ihren Augen noch immer eine Gefahr – war es, solange der armselige und ohnmächtige Gefangene im Turm des Temple noch lebte. Fürchteten sie im Ernst seine Befreiung? Die Gärung in den Départements an der unteren Loire, in der Bretagne, im Zentralmassiv war heftiger geworden. Die aufsässigen Banden der Chouannerie stürzten sich bei ihren Überfällen in der Tat mit dem Ruf «Vive le roi! Vive la croix!» auf ihre Gegner. Das waren noch nicht die Rebellenarmeen, die in den kommenden Monaten weite Landstriche erobern sollten, sondern kleine verwegene Haufen von Partisanen, angeführt von den vier Brüdern Cottereau, die sich den gemeinsamen Tarnnamen «Chouan» zulegten, nach «chat-huant», dem populären Namen des Käuzchens, mit dessen nächtlichen Rufen sie sich einander zu erkennen gaben.

Louis de Saint-Just, ein hübscher junger Mann von 25 Jahren, prellte im November 1792 mit einer Rede vor: Es gebe keinen Mittelweg, rief er. Der König müsse herrschen oder sterben. Das war – im besten Fall – eine ruchlose Vereinfachung des Problems. Die Existenz des Gefangenen im Temple war eine Peinlichkeit, das konnte nicht geleugnet werden. So rasch vergaß ihn dort niemand. Man wollte ihn loswerden. Das war die Realität hinter Saint-Justs kalter Phrase. Diesem jungen Menschen, der sich gern im Schatten von Robespierre hielt, gingen die grandios-bornierten Formeln glatt über die Lippen. Er sagte auch: «Man kann eine Revolution nicht zur Hälfte machen.» Das Wort eilte von Mund zu Mund. Niemand fragte, was die erste, was die zweite Hälfte sei.

Den Anfang und Ausgang der Revolution kannte man wohl. Das Ziel kannte man nicht: ein Traumbild am Horizont... Kaum einer hatte die Zeit, es auch nur in Umrissen zu beschreiben. Die Sorgen des Augenblicks hetzten voran. Dennoch ließen die Akteure allesamt die schönen, die dramatischen, die nichtssagenden, die pathetischen und poetischen Worte wie Fahnen im Winde flattern. Sie lebten aus der Rhetorik – eindrucksvolle Redner waren sie fast alle. Von den Weggenossen im Klub unterschied Saint-Just nur das kühle Feuer, das seine Persönlichkeit prägte. Er stammte aus einem Dörfchen im Norden von Paris, war (wie so viele Jakobiner) bei den Oratorianer-Mönchen in die Schule gegangen, hatte in Reims die Rechte studiert und in der Pariser Nationalgarde eine steile Karriere gemacht. Seine immer adrette, schlanke Erscheinung, die ebenmäßigen, fast klassischen Züge seines Gesichts (mit einer freilich niedrigen Stirn) waren seinem Aufstieg gewiß nicht im Wege. Man sagte ihm nach, daß er als halber Knabe ein deftig-erotisches Gedicht verfaßt habe, in dem Szenen der Gewalt nicht ausgespart waren. Das mußte nicht viel besagen: Bizarren Phantasien hing nicht nur der Marquis de Sade nach (der übrigens am 5. Dezember 1793 wieder hinter Gitter gesteckt wurde. Ein Jahr lang hielt ihn die revolutionäre Justiz bei den Carmelitern, dann in Saint-Lazare fest. Man warf ihm vor, ein Gefolgsmann der Gironde zu sein. Er hatte Glück. Er überlebte).

Wenn der junge Saint-Just Geheimnisse nach de Sades Art durch die Welt trug, dann wußte er sie durch die konventionelle Gemessenheit seiner Erscheinung zu verbergen. Nur in seiner Sprache, in der sich auch die Huldigungen an die Adresse der Tugend drängten, schien er das Ungewöhnliche zu riskieren. Seine verbale Radikalität überdeckte vermutlich einen Abgrund von Langeweile (wenn es denn einen Abgrund gab).

Die drohende Rede gegen den Gefangenen Ludwig ging einer Erklärung seines Mentors Robespierre voraus, der einen Prozeß gegen den einstigen König als unangemessen, ja schädlich betrachtete. Den Abgeordneten rief er zu: «Ludwig ist kein Angeklagter, und Ihr seid keine Richter. Ihr seid nur Staatsmänner und Vertreter der Nation; nichts anderes könnt Ihr sein. Ihr habt kein Gerichtsurteil für oder gegen einen Menschen zu fällen, sondern eine Maßnahme des Staatswohls zu treffen, einen Akt nationaler Vorsehung zu vollziehen... Mit Schmerz spreche ich die verhängnisvolle Wahrheit aus: es ist besser, daß Ludwig stirbt, als daß 100000 tugendhafte Bürger umkommen. Ludwig muß sterben, weil das Vaterland leben muß.»

Mit anderen Worten: wie Saint-Just plädierte Robespierre dafür, daß der König ohne einen Richtspruch auf die Guillotine geschleppt werde. Er sagte es so deutlich wie möglich: «Ludwig kann nicht gerichtet werden, er ist schon gerichtet, er ist verdammt, oder die Republik ist verurteilt.» – «Ihr habt die Republik proklamiert», rief er am 15. November im Konvent, «aber habt Ihr sie uns gegeben? Die Republik – und Ludwig lebt noch immer?» Marat drückte sich vier Tage später in seinem Journal drastischer aus: «Ich glaube nicht an die Republik, solange der Kopf Ludwigs XVI. auf seinen Schultern sitzt.»

Wollten sie damit sagen, daß Ludwig – in abstrakten Rechtsbegriffen – trotz der Abschaffung der Monarchie noch immer König sei und über den Gesetzen stehe? Daß es darum keinen Prozeß gegen ihn geben könne? Fürchteten sie von einem öffentlichen Verfahren nicht eher eine Steigerung des Mitleids, das der Häftling im Temple ohnedies auf sich zog? Gewiß hatten sie auch im Sinn, von taktischen Überlegungen selten frei, den Gegensatz zu den Girondins, diesen bürgerlichen Erzkonkurrenten, drastisch zu verschärfen. Die «Gemäßigten» scheuten den Prozeß. Brissot, ihr wichtigster Sprecher, schon seit dem 10. Oktober aus dem Klub der Jakobiner verjagt, warnte vor einer Herausforderung Englands. Seine Freunde zogen ein Verfahren, das wenigstens den Anstrich der Rechtlichkeit hatte, einer Exekution ohne Umstand vor. So wurde am 5. Dezember entschieden, daß Ludwig der Prozeß gemacht würde: vor dem Konvent, der die Vertretung der souveränen Nation war.

Conrad Engelbert Oelsner aber schrieb seinen deutschen Lesern ganz im Sinne der Gironde, man hätte besser daran getan, «den Prozeß des Königs noch lange lange schlafen zu lassen. Kein gebietender Beweggrund trieb (dazu) an, die Gefangenen des Temple aus der Vergessenheit zu ziehen.» Doch er setzte hinzu: Ludwig Capet, wie der König nun mit bürgerlichem Namen nach dem Begründer der Dynastie genannt wurde, sei «unstreitig ein Verbrecher», obwohl sein Privatleben «von Untaten rein» zu sein scheine. Auch in seinen Augen mußte Ludwig schuldig sein, weil er König war. Georg Forster in Mainz urteilte nicht anders: «Ein Tyrann, ein König beleidigt die ersten Grundbegriffe des bürgerlichen Vertrages.» Dennoch, die Rache von 27 Millionen Franzosen an einem «ohnmächtigen Individuum» hieß für Oelsner, «mit der Keule des Herkules ein Insekt zu zertrümmern». Er zitierte Voltaires unsterblichen Satz: «Jedermann hat das Recht, ihn zu töten, nur der Scharfrichter nicht.» Wäre es nicht besser, fragte er, man würde Ludwig erlauben, in Frankreich als Privatmann zu leben? Sollte man ihn und seine Familie nicht, fragten andere, einfach des Landes verweisen?

Aber nun stand der einstige Herrscher am 11. Dezember 1792 vor dem Konvent, nach Oelsners Bericht in eine weiße Weste gekleidet: dazu habe er einen dunklen Frack und einen nußfarbenen Überrock getragen. Er sei unrasiert gewesen und magerer geworden, habe den Hut in der Hand gehalten, doch «sein Anstand war ruhig, würdevoll und äußerte eine natürliche, gelassene Hoheit, die den vorteilhaftesten Eindruck für ihn machte». Die Fragen, von einer Anklagekommission vorbereitet, bezeichnete Oelsner voller Verachtung als «zusammengepfuscht». So richtete er seine Aufmerksamkeit eher auf Marat, den er aus tiefster Seele haßte. Der «Volksfreund» trat, ganz gegen seine Gewohnheit, in einem neuen und sauberen, soutanenartig geschnittenen Gewand auf. «Der Tag», zitierte ihn Oelsner, «da der Tyrann sterben wird, soll ein Festtag sein, für mich und die Republik» – daher der feierliche Aufzug des Mannes, den der Chronist, wenig höflich, mit einer «gewissen Gattung englischer Bullenbeißer» verglich: «Sein schwarzes Auge sprüht Feuerfunken und ist das Thermometer des siedenden Quecksilbers, das in seinen Adern rollt...» Das Ressentiment Marats schien auch seine Kritiker anzustecken. Fast betreten fügte Oelsner hinzu: «Es verdroß mich, seine helle und kurzatmige Stimme sanft zu finden.»

Der deutsche Zeuge hatte gute Gründe, der Verhandlung nicht allzu aufmerksam zu folgen. Was immer Ludwig sagen mochte: die Abgeordneten, die entschlossen waren, ihn aufs Schafott zu schicken, würden trotz allem für seinen Tod stimmen. Vergebens rief einer der Advokaten der Versammlung zu: «Ich suche unter Ihnen die Richter, aber ich sehe nur Ankläger.» Die Argumente der Verteidiger, die Romain de Sèze vortrug, beeindruckten die Deputierten nur flüchtig: Der alte Graf Malesherbes, einst vom König aus dem Amt des Justizministers in Ungnaden entlassen, und François-Denis Tronchet beriefen sich auf die Verfassung des Septembers 1791, die ausdrücklich die Unantastbarkeit der Person des Monarchen bestätigt hatte. Vergniaud stellte für die Gironde fest, das Volk selbst habe durch die Verfassung den König für unverletzlich erklärt – nur das Volk könne ihm die Unverletzlichkeit wieder entziehen. In klaren Worten: seine Partei verlangte eine Volksabstimmung. Am 11. Januar lehnten 424 von 707 Deputierten die Ratifikation des Urteils durch ein Referendum ab: Die Mehrheit der «Ebene» hatte mit dem «Berg» gestimmt. Ein zusätzlicher Antrag, der eine Mehrheit von Zweidritteln forderte, wurde von Danton niedergeschmettert. Also mußte am 16. Januar 1793 das Urteil gesprochen werden.

Der Abstimmungsprozeß schleppte sich über 36 Stunden durch die Nacht bis um zehn Uhr des folgenden Tages hin. Fast jeder der Abgeordneten legte Wert darauf, sein Votum zu begründen. Mit angehaltenem Atem warteten die Mitglieder der Versammlung und die Zuschauer auf der Tribüne auf die Stimme des Herzogs von Orléans, der nun «Philippe Égalité» hieß. Nach André Castelots Erzählung legte sich eisige Stille über den Saal. Angeblich murmelte Danton: «Der Unglückliche, nur ihm war erlaubt worden, sich als befangen zu entschuldigen, aber er hat davon keinen Gebrauch zu machen gewagt.» In der Tat schuldete der Tribun dem Vetter des Königs wenigstens diesen Anflug von Mitleid. Die Summen, die er sich – wenn die vielen Gerüchte nicht trogen – von Orléans-Égalité hatte zustecken lassen, brauchten nicht zurückbezahlt werden.

Der einstige Herzog zog einen Zettel aus der Tasche und las mit belegter Stimme vor: «Nur meiner Pflicht gehorchend und davon überzeugt, daß alle, die sich gegen die Souveränität des Volkes vergangen haben oder vergehen werden, den Tod verdienen... stimme ich für den Tod.» Hernach soll er in den Armen seines zweiten Sohnes – der erste, der Herzog von Chartres, hielt sich bei der Armee des Generals Dumouriez auf – seine Schande bitterlich beweint haben. Von einem «Verrat» aber konnte keine Rede sein: Orléans hatte Ludwigs Herrschaft von Beginn an offen und auf verschwiegene Weise bekämpft. Ungetarnte Unmenschlichkeit hatte niemand von ihm verlangt. Sie lag, wie man so sagt, in der Konsequenz der Entwicklung – und sie half ihm am Ende nicht das geringste. Seine Stimme war es nicht, die den Ausschlag gab (entgegen aller Legenden). Von 721 Abgeordneten votierten 366 für den Tod – das waren fünf

Stimmen mehr als die absolute Mehrheit. Ein zweiter Stimmgang wurde gefordert: Die Zahl der Ja-Stimmen erhöhte sich auf 387. In dieser Zahl waren 26 Stimmen enthalten, die für den Tod votierten, jedoch eine Aussetzung des Vollzugs befürworteten: Daraus ergab sich in der Tat genau die absolute Mehrheit für den Tod ohne Bedingung. Der Antrag des Girondin Jean-Baptiste Mailhe, die Exekution zu verschieben, wurde mit 387 gegen 310 Stimmen verworfen. Drei Tage später, am 20. Januar, wurde noch einmal der Aufschub beantragt. Es stimmten dieses Mal nur 693 Deputierte ab. Sie verwarfen jede Verzögerung mit 383 gegen 310 Stimmen. Manche der Deputierten mögen sich dem Druck des radikalen Flügels gebeugt haben. Die Mehrheit der Abgeordneten aber wollte den bitteren Konflikt hinter sich wissen, so oder so. Die Nerven schienen der Belastung nicht länger gewachsen zu sein. Selbst Robespierre gestand: «Ich fühlte in meinem Herzen die republikanische Tugendstrenge wankend werden, als ich den gedemütigten Schuldigen vor der souveränen Gewalt stehen sah.»

Am 21. Januar 1793 gegen acht Uhr wurde Ludwig vom Temple zur Place de la Révolution geschafft, auf der die Hinrichtung stattfinden sollte. Die Engländerin Mary Wollstonecraft, Graf Schlabrendorfs kluge Freundin, hielt die Bilder jenes Vormittags fest: «Etwa um 9.00 Uhr heute früh kam der König unter meinem Fenster vorbei. Der Zug bewegte sich schweigend, ausgenommen einige Schläge der Trommeln dann und wann, welche die Stille in den leeren Straßen nur schrecklicher machte. Er war von Nationalgarden umgeben, die sich dicht an das Fahrzeug hielten und ihren Namen zu verdienen schienen. Die Bewohner der Häuser drängten sich in den Fenstern. Aber die Läden waren alle geschlossen. Man hörte nicht eine Stimme. Ich sah auch nichts, das einer beleidigenden Geste glich. Zum erstenmal, seit ich nach Frankreich kam, verbeugte ich mich vor der Majestät des Volkes, und ich achtete die Angemessenheit seines Benehmens, das so völlig mit meinen eigenen Gefühlen übereinstimmte. Ich kann Ihnen kaum sagen warum, aber eine Verbindung verschiedenster Gedanken ließ Tränen aus meinen Augen fließen, als ich Ludwig dort sitzen sah – mit größerer Würde, als ich sie von seinem Charakter erwartet hatte, in einer ordinären Mietkutsche auf dem Weg, dem Tod an einem Platz zu begegnen, auf dem so viele seines Schlages triumphiert hatten.»

Conrad Engelbert Oelsner beobachtete, wie sich die Trauerprozession langsam dem Ort der Exekution näherte, bedeckt von «einer beträchtlichen Kavallerie, welche Santerre kommandierte. Der König saß in einem bedeckten und zugemachten Wagen, zwei Geistliche ihm zur Seite. Sobald der Wagen hielt, wollte er aussteigen. Man hieß ihn warten, weil noch nicht alles gerüstet stand. So vergingen einige Minuten. Sie müssen Jahrhunderte für ihn gewesen sein. Endlich war es Zeit. Er erschien mit nachlässig aufgeputzten Haaren, in bräunlichem Überrocke, ein dunkleres Kleid darunter. Dem Schafotte sich nähernd, hat er gesagt, man habe ihm wohl eine irdische Krone rauben können, daß er aber einer höhern und bessern entgegengehe. Die Scharfrichter entkleideten ihn seines Mantels und des Fracks, zogen ihm ein weißes Kamisol an, das den Nacken entblößt hielt, schnitten ihm den Catogan (den Haarkranz über dem Hals) ab und banden ihm die Hände auf den Rücken. Alles das dauerte kaum einige Minuten.»

Er sei blaß geworden, berichtete Oelsner weiter und habe sich geschüttelt – vielleicht weil er in der Morgenkälte fröstelte. Da seine Hände auf dem Rücken zusammengebunden waren, sei es ihm, der ohnedies nur schwerfällig ging, mühsam geworden, den Richtplatz zu ersteigen. «Als sich Ludwig auf dem Schafotte sah, betrachtete er die Maschine, trat zwei Schritte vorwärts bei ihr vorbei, in der Absicht, wie man aus der Bewegung seines Kopfes sah, zu sprechen. Sogleich verstummte die Musik. Man hat ihn darauf mit starker Stimme äußern gehört, daß er unschuldig und mit der Überzeugung sterbe, nicht das französische Volk wolle seinen Tod, sondern seine persönlichen Feinde. Er verzeihe ihnen. Mehr hielt Santerre nicht für gut, verständlich werden zu lassen, er schrie: ‹Man muß ihn nicht hören, das ist nicht der Augenblick zu sprechen!› und befahl den Trommeln und Pfeifen, von neuem zu spielen.» Der König, schrieb Oelsner, habe wie einer gewirkt, der nicht zu deuten wisse, was um ihn vorgehe, doch «nach einem leichten Widerstand» sei er den Henkersknechten gelassen gefolgt. Er «stellte sich der Maschine gegenüber, schien die Distanz zu messen und legte sich hinein. Das Messer fiel. Der Kopf blieb mit der Unterhaut des Halses am Rumpfe hängen und mußte abgerissen werden, welches aber dem Sterbenden durchaus keine Empfindung mehr erregen konnte, weil das Genick vollkommen durchgeschnitten war. Der abgeschlagene Kopf, bei den Haaren emporgehalten, wurde dem Volke vorgewiesen. Sogleich erscholl unter Waffengeklirre das Jubelgeschrei: ‹Es lebe die Nation, es lebe die Republik!›...»

Er habe sich in zu großer Entfernung befunden, fügte der Chronist seiner Erzählung wahrhaftig hinzu, «um alle... Details genau gesehen zu haben». Doch, sich auf einen republikanischen Zeugen berufend, glaubte er feststellen zu können, daß der König mit «Seelengröße» und «Fassung gestorben sei». Wenige Minuten nach seinem Tod aber habe ein wahrer Hexensabbat begonnen: mit dem Blut Ludwigs hätten die Henkersknechte den Neugierigen Schnurrbärte ins Gesicht gemalt. Die «Weiber wollten Königsblut auf ihren Fingern, die Männer auf ihren Säbeln haben, einige füllten die Scheiden damit an. Die Kleider des Delinquenten wurden in die ersinnlich kleinsten Fetzen geteilt, die Haare des Catogans büschelweise und sehr teuer verkauft. Am Ende ist die Carmagnole ums Schafott getanzt worden.»

Dansons la Carmagnole,
Vive le son
Dansons la Carmagnole
Vive le son
Du canon!
Ah! ça ira, ça ira, ça ira
Les aristos on les pendra
On les pendra,
Et si on les pend pas
On leur cass'ra la gueule,
Et si on les pend pas
La gueule on leur cass'ra,
Dansons la Carmagnole,
Vive le son

Dansons la Carmagnole,
Vive le son
Du canon!

Tanzt die Carmagnole
Und hoch der Ton
Der Kanon!
Ah, das geht ran, geht ran, geht ran,
Die Adligen an die Latern,
Und denen die nicht hängen
Wollen wir die Schnauze versengen!
Tanzt die Carmagnole,
Und hoch der Ton
Der Kanon!

Célestin Guittard hielt die Ereignisse mit der gewohnten Nüchternheit fest. Am Montag, dem 21. Januar, trug er ein: «Thermometer drei Grad unter Null. Wetter den ganzen Tag feucht und gegen Abend ein wenig trockener. – Heute ... ist der vormalige König Ludwig XVI. exekutiert worden, das will sagen, daß ihm auf der Place Louis XV. um 10 Uhr und 20 Minuten des Morgens der Kopf abgeschnitten wurde; sein Leichnam wurde sofort auf den Friedhof der Madeleine-Kirche gebracht, wo er in einer Grube von zwölf Fuß Tiefe und sechs Fuß Länge beerdigt wurde. Die Guillotine hatte man zwischen dem Piedestal, auf dem einst die Statue Ludwigs XV. stand, und den Champs-Élysées aufgestellt. Er hatte sein Testament am 25. Dezember 1792 gemacht.»

In den Provinzen aber flammte unter dem Bauernvolk, das von der Priesterschaft angetrieben wurde, die Revolte gegen das revolutionäre Regime mit neuer Wut auf. In Deutschland, auch in England, selbst im republikanischen Amerika schienen die Herzen bei der Nachricht vom «Königsmord» zu erstarren – auch die Herzen der Freunde Frankreichs und der Parteigänger der Revolution. Dem «Bürger von Paris» entging keineswegs, daß sich zu Anfang des Jahres 1793 die politische und militärische Lage dramatisch verändert hatte. Der junge britische Premierminister Pitt hatte verstanden, daß er die Neutralität seines

Landes nicht länger behaupten konnte. General Dumouriez stand nach der Eroberung Belgiens an der holländischen Grenze. Die französische Flotte war vor Antwerpen aufgekreuzt: Das war die direkte Herausforderung britischer Interessen. Ohnedies hatte die Verhaftung des Königs alle Beziehungen erstarren lassen. Der Hof von Saint-James legte nach der Hinrichtung Ludwigs Trauerkleidung an. Für den Gesandten der französischen Republik und seinen Legationsrat Carl Friedrich Reinhard war in London nichts mehr auszurichten.

Der tüchtige Schwabe, dem der Ruf der Bescheidung und des Fleißes anhing, unterhielt offen oder heimlich eine angeregte Verbindung mit Talleyrand, dem einstigen Bischof, der schamlos genug war, dem Konvent in einem Schreiben zu versichern, daß er «nie in irgend einer direkten oder indirekten Beziehung zum König» gestanden habe. In Paris glaubte ihm niemand. Er wurde mit seiner gesamten Familie auf die Liste der Emigranten gesetzt, und man schickte den Grenzwachen seinen Steckbrief, falls er auf den Einfall geraten sollte, seinem Heimweh nachzugeben. Zwischen ihm und Reinhard gab es keine Verstimmung. Die englischen Behörden händigten dem Gesandten der Republik und seinem Vertreter am 22. Januar die Pässe aus. Reinhard blieb fünf Tage länger als sein Chef, um die Hinterlassenschaft in der Mission zu bestellen (und die wichtigsten Papiere zu verbrennen).

Dem jungen Diplomaten war in Paris nur ein Urlaub von zwei Wochen erlaubt. Schon Mitte Februar wurde er wieder auf die Reise geschickt: Nun sollte er in Neapel den König zur Bewahrung seiner Neutralität überreden. Damit verband sich der Auftrag, die Voraussetzungen für einen Einfall in Rom vorzubereiten, um den Mord an dem arroganten französischen Vertreter Hugo de Basseville zu rächen und zugleich den Papst, diesem gefährlichsten aller Aufwiegler, Mores zu lehren. Reinhard hatte auch mit diesen Aufgaben wenig Glück, doch seine Karriere nahm daran keinerlei Schaden. Ihm und seinem Begleiter wurde ein Aufenthalt in der heiligen Stadt mit kluger Umsicht verwehrt. Die Kuppel von Sankt Peter sah er, wie Wilhelm Lang erzählte, nur aus der Ferne. Enttäuscht schrieb er die wutschnaubenden (und ziemlich elenden) Verse:

Es sei! Verschließe mir, des neuen Frankens Sohne,
Die Stadt, die sieben Hügel deckt,
O Priester, am Altar und auf dem morschen Throne
Vom Ruf der Freiheit aufgeschreckt.

Ich eile stolz vorbei an Buonarrotis Ehre,
Des fabelhaften Peters Dom.
Mit dieser Woge, wo sich gattet mit dem Meere
Der gelbe Tiber, flieh' ich Rom...

Albion, dem treulosen England, warf der Dichter vor, es habe seine «freiheitsvollen Jahre» vergessen. In der Tat, seit dem 1. Februar 1793 war Krieg zwischen Frankreich und Großbritannien. Die Erklärung der Feindseligkeiten hatte Pitt dem Konvent in Paris überlassen. Am 7. März erklärte die Versammlung auch Spanien den Krieg. Eine wahrhaft große Koalition Europas hatte sich gegen das revolutionäre Frankreich vereinigt. Auch Rußland trat ihr schließlich bei. Die Deputierten hatten, in einem Aufwasch mit England, auch den Niederlanden den Krieg erklärt. Damit war für General Dumouriez der Weg zum Einmarsch in Holland frei. Er sollte nicht lange dort bleiben. Schon einen Monat nach dem Beginn der Invasion brachten ihm die Österreicher bei Neerwinden eine Niederlage bei, die ihm der Konvent niemals verzieh.

XVI
«Seien wir schrecklich!»

Was immer die Zeitungen melden mochten: Georg Forster ließ sich in seinem Bekenntnis zur Revolution nicht mehr beirren. Seiner Frau Therese, die ihn mit seinen beiden kleinen Töchtern verlassen hatte, schrieb er nach Straßburg, Ludwigs Tod sei eine «Sicherheitsmaßregel» gewesen. Dieser warmherzige Mann hatte rasch gelernt, in revolutionären Konsequenzen zu denken – und er dachte sie oft mit schneidender Kälte. Dennoch wurde es ihm Tag um Tag mühsamer, sich aus seinen Melancholien zu erheben. Er litt unter der Trennung von Therese, die er trotz aller Zerwürfnisse liebte, litt an der Entfernung der Kinder, litt an seiner wachsenden Isolierung. Er gab sich gleichmütig, aber es ließ ihn nicht unberührt, daß sich seine Freunde in der «geistigen Republik» der Deutschen nun von der Revolution, damit auch von ihm, allesamt abzuwenden schienen: der Philosoph und Dichter Friedrich Heinrich Jacobi in Düsseldorf, fast ein Urfreund, der die ersten Verbindungen zwischen ihm und Goethe geschaffen hatte, die beiden jungen Humboldts, die er als seine Schüler betrachten mochte, der kauzig-geniale Lichtenberg in Göttingen, mit dem er einst eine gelehrt-unterhaltende Zeitschrift herausgegeben hatte, Schiller natürlich, der Ehrenbürger der französischen Republik, für die der Schwabe mit seiner steilen Moralität keinen Funken von Sympathie empfand.

Goethe, wahrhaftig kein Bewunderer der neuen Epoche, die er selber angekündigt hatte, hielt sich taktvoll zurück. Von ihm hörte man kein Wort des Hasses. Der alte Wieland in Weimar rückte sein Käppchen zurecht und distanzierte sich von den «gräßlichen Ausbrüchen» des Fanatismus, wobei er den aristokratischen nicht vergaß. Die Revolution aber und das Gute, das sie bewirkt hatte, gab dieser kauzig-weltschlaue Literat nicht völlig verloren. Er zeigte mehr Courage als Herder, der sich nach dem «Königsmord» in ein bedrücktes Schweigen zurückzog. Klopstock bekannte seine traurige Enttäuschung:

Ach, des goldenen Traums Wollen ist dahin
mich umschwebet nicht mehr sein Morgenglanz,
und ein Kummer, wie verschmähter
Liebe kümmert mein Herz.

Sein französisches Bürgerdiplom sandte er nicht zurück, allen gegenteiligen Behauptungen zum Trotz, doch als Bonapartes Legionen nach Deutschland hereinbrachen, sprach er von der «Verwilderung Europas». Matthias Claudius, der unpolitische Dichter des schönen deutschen Biedersinnes, klagte entsetzt:

Sie dünkten sich die Herren aller Herren,
zertraten alle Ordnung, Sitt' und Weise
und gingen übermütig neue Gleise
von aller wahren Weisheit fern...
Sie mordeten den König, ihren Herrn,
sie morden sich einander, morden gern
und tanzen um das Blutgerüste.

Schon kündigten sich auch die harschen Stimmen des deutschen Gegennationalismus an. Der alte Gleim, der Friedrich den Großen bejubelt hatte, setzte die Trompete an: «Ein deutscher Mann zu sein ist Ehre, / gottlob daß ich ein Deutscher bin.» Erst später im Jahr meldete sich eine mutige Stimme, in der Forster Spuren seiner Einsichten erkannt hätte: Sie gehörte Johann Gottlieb Fichte, 1794 zum Professor für Philosophie in Jena ernannt – fortan ein Nachbar und Kollege Friedrich Schillers. «Die französische Revolution», schrieb er, «scheint mir wichtig für die gesamte Menschheit.» Den Despotismus zu schützen, sagte er in der Vorrede seiner Betrachtung über die Revolution, gebe es kein Mittel, doch gewaltsame Revolutionen zu verhindern, gebe es ein sehr sicheres, nämlich «das Volk gründlich über seine Rechte und Pflichten zu unterrichten». Die Französische Revolution biete dazu die Weisung. Er spottete kräftig über die «Abneigung gegen alles Selbstdenken» und die «Schlaffheit des Geistes», über die «Anstrengung, doch ja nichts an seiner bisherigen lieben Existenz verrücken zu lassen» und die «schüchterne Scheu vor der Wahrheit oder die Gewalt, mit der man seine Augen verschließt, wenn sie wider unseren Willen» die andere Seite beleuchte... «Gegen das letztere Übel gibt es kein Mittel. Wer die Wahrheit fürchtet als seine Feindin, der wird sich immer vor ihr zu verwahren wissen.» – «Keine Staatsverfassung ist unabänderlich», rief er voller Mut. Er berief sich auf Jesus und Luther, die «heiligen Schutzgeister der Freiheit», und nannte die «Kultur zur Freiheit» den «einzigen Endzweck der Staatsverbindung». Das war eine starke und riskante Sprache. Dennoch duldeten ihn die Behörden bis zum Ende des Jahrhunderts auf seinem Katheder.

Forster vermerkte nirgends, daß ihn ein Echo jener tröstenden Stimme erreichte. Auf ihm lag der Makel des Verrats, seit der Kaiser über alle Jakobiner zu Anfang des Jahres die Reichsacht verhängt hatte. Angeblich setzte man ein Kopfgeld von hundert Gulden auf den Schriftsteller aus. Georg Forster fragte freilich zu Recht, an wem er, in aller Welt, Verrat begangen haben sollte. Am Kurfürsten von Mainz, seinem Dienstherrn? An Deutschland, das es nicht gab? Das Reich, das wußte er wohl, war nicht nur der Popanz, den er verspottet hatte. Er wußte ebensogut, daß es ein deutsches Nationalgefühl jenseits aller landesherrlichen Loyalitäten gab. Stets hatte er sich als einen Bürger der deutschen Republik des Geistes betrachtet: Die verriet er gewiß nicht. Ein gutes Jahr zuvor hatte er geschrieben, daß nur freie Völker ein Vaterland besäßen. Dieses freie Land wollte er schaffen, dort, wo es die Kriegsverhältnisse noch erlaubten: im Rheinland und in der Pfalz. Er drängte hartnäckig darauf, eine rheinisch-deutsche Republik zu gründen, die so rasch wie möglich den Anschluß an Frankreich suchen würde.

Am 15. Dezember 1792 hatte der Konvent in Paris beschlossen, in den besetzten Gebieten Wahlen auszuschreiben. Zuvor sollten die Bürger von Mainz den Eid auf die Prinzipien der Volksherrschaft leisten. Die Adligen, die Geistlichen, die Staats- und Kirchenbeamten, die Professoren wurden aufgefordert, mit jenem Schwur ihre Gehorsamspflicht gegenüber dem Kurfürsten aufzukündigen und allen ihren Privilegien zu entsagen. Die Mainzer traten freilich nur zögernd zum Schwur an. Sie drückten sich mit jeder möglichen Ausrede. In wenigen Wochen, das ahnten sie wohl, würden die Preußen und Österreicher wieder vor den Toren stehen. Die wirtschaftlichen Verhältnisse in der Stadt waren elend. Arbeiten für die Besatzungsmacht wurden in Assignaten bezahlt, deren Wert täglich weiter fiel.

Draußen bei den Bauern war die Revolution zunächst mit besserer Laune willkommen geheißen worden. Das Ende der Fronarbeit, der Erlaß der Abgaben an die Herren des Adels und an die Klöster: das waren Gründe genug, den Freiheitsbaum aufzurichten, mit dreifarbigen Bändern und roten Mützen zu schmücken – so wie Goethe ihn biedermeierlich-harmlos bei seiner Reise durch die rheinischen Lande gezeichnet hatte. Man tanzte, man trank, man sang alte Lieder, vielleicht auch neue, deren Texte auf gedruckten Zetteln standen:

Freut euch alle liebe Kinder!
Holla! Holla! wir sind frei!
Kauf sich jeder Haus und Rinder,
nehm ein Weibchen noch dabei...

Revolutionäre Gesinnung schien die Neigung zur Poesie kräftig anzuregen. Es wurde viel und meist schrecklich gedichtet. Das «Bürgerlied der Mainzer» hub an:

Auf Brüder! auf! die Freiheit lacht,
Die Ketten sind entzwei,
Uns hat sie Custine losgemacht,
O Bürger, wir sind frei!

Der anonyme Dichter fuhr fort:

Ihr Mainzerinnen freuet euch!
Ihr Schönen jubiliert!
Nun seid ihr Edeldamen gleich,
Die stolz euch sonst regiert,
Nun hat bei Ball, bei Spiel und Sang
Die Bürgerin den ersten Rang;
Der Mainzer ist nun frei!

Die Rufe: «Auf!», «Weh'» und «Heil», «Wohlan» und «Komm», «Ach» und «Wie», die Worte «Kampf» und «Blut» beherrschten das Vokabular der revolutionären Lyrik. Selten gelangen Verse von der kräftigen Unmittelbarkeit wie im parodistischen «Lied eines Leibeigenen»:

Mir graut, wenn ich nach Hause keiche,
Zu sehn die Hungersnot.
Da sitzt mein Weib, wie eine Leiche;
Da weint das Kind um Brot!
Verlassen, dünkt michs, Gott, von dir,
Werf' ich aufs Stroh mich nieder;
Kömmt je ein Schlaf ins Auge mir,
Bald weckt mich Hunger wieder.

Wir habens wohl sehr schwer verbrochen,
Daß Gott so hart uns straft...

Die revolutionäre Realität war freilich nicht viel rosiger. Die Laune der Wohlmeinenden sank, zumal auf dem Lande, rasch in sich zusammen, als die Requirierungskommandos der Besatzung härter darauf bestanden, daß ihnen Getreide, Schlachtvieh und Bespannung ausgeliefert werde. Für die Überwachung der Wahlen delegierte der Konvent drei Kommissare nach Mainz (immer waren es drei, die einander auf die Finger schauten): Merlin de Thionville, einen Mann von kühnen Zügen, kühnen Reden und kühnen Gesten, hochmütig, voller Charme und den Kopf voll hübscher Locken – er gehörte zu den linken Deputierten der radikalen Bergpartei. Neben ihm den Elsässer Reubell, auch er ein «Montagnard», später Mitglied des Direktoriums, das nach Robespierres Tod die revolutionäre Regierung ablöste. Schließlich Nicolas Hausmann, ein Jakobiner aus Colmar. Sie beschlossen mit den Herren der deutschen Verwaltung, daß ein neuer Freiheitsbaum aufgerichtet werden sollte, um den republikanischen Geist zu ermutigen. Vom «Comödien-Haus», in dem nun der Klub untergebracht war, marschierte ein Festzug hinter Trommeln und Pfeifen durch die Stadt: General Custine in großer Gala voraus, danach die Jakobiner und die Kommissare. Kapellen intonierten die Marseillaise, und sie spielten voller Schwung das «Ça ira».

Der Andrang zur Eidesleistung nahm dennoch nicht zu. Auch die Wahl für den Deutschen Nationalconvent verzögerte sich, denn sie durfte nicht ohne die Anwesenheit einer neuen Delegation aus Paris begonnen werden. Mitte Januar traf sie endlich ein. An der Abstimmung aber konnte sich nur beteiligen, wer zuvor den Eid geleistet hatte. Einige der Verweigerer des Schwures, Priester zumal, jagte man aus der Stadt. Das schuf neuen Ärger. Auch draußen auf dem Land stießen Forster und seine Freunde bei der Agitation oft auf harten Widerstand, zum Beispiel in dem pfälzischen Städtchen Grünstadt. Seiner Nerven wohl nicht mehr völlig Herr, ließ sich der gutherzige Schriftsteller – im Umgang mit der Macht nicht geübt, wohl auch nicht begabt – zu Drohungen gegen die gräfliche Familie hinreißen, die in dem Marktflecken ausharrte, ließ sie zuletzt durch seine französischen Freunde über die französische Grenze schleppen, lieferte sie damit einem ungewissen Schicksal aus (das gottlob nicht zu hart war). Der Revolution gewann er damit keine Freunde.

Der aufgeregte und robuste Wahlkampf fruchtete nicht allzuviel. In Mainz nahmen nur etwa acht Prozent der 4800 Stimmberechtigten ihr demokratisches Urrecht wahr: Doch dies entsprach fast den französischen Zahlen. In Worms und Speyer fiel das Ergebnis günstiger aus: Man zählte 28 bis 30 Prozent Wähler. Einen schönen Triumph errang der sanfte Philosoph und Landwirt Adam Lux im Dörfchen Voxheim bei Wöllstein: einst Hauslehrer bei den reichen Dumonts in Mainz, ein glühender Bewunderer Rousseaus, der sich eines Tages entschlossen hatte, getreu der Lehre des Genfer Meisters den Acker zu bestellen, von den Früchten seiner Arbeit zu leben und die ländliche Bescheidung mit dem Dienst an der Philosophie, der Kunst, der Politik zu verbinden. Die Bauern bewiesen ihm einmütig ihr Vertrauen. Auch Forster, der in einem Mainzer Stimmbezirk und zugleich in dem Flecken Wöllstein kandidierte, erzielte ein schönes Ergebnis, das ihm Auftrieb und überdies Gelegenheit gab, sich als einen populären Mann zu betrachten.

Am 17. März 1793 trat der Deutsche Nationalconvent im Mainzer Deutschherrenhaus zusammen, von dreißig Salutschüssen und dem Glockengeläut der Kirchen begrüßt. Am Vortag hatte Forster in seiner Zeitung den Mitbürgern zugerufen, dies sei «der heiligste Tag», den sie je erlebten, der große Tag der Befreiung... Die erste deutsche Republik, die erste Gesellschaft der Freien und Gleichen: sie zählte freilich kaum eine Viertelmillion Menschen, umspannte nicht mehr als das Gebiet zwischen Landau und Bingen – kein Staat, mit dem sich viel Staat machen ließ, und dennoch das erste deutsche Gemeinwesen, in dem die Menschenrechte gelten sollten, denen sich Frankreich und Amerika unterstellt hatten.

Merlin und die anderen Kommissare hießen die Deputierten willkommen. Custine versprach Frankreichs Schutz. Professor Andreas Hofmann wurde zum Präsidenten des Konvents, Georg Forster zu seinem Vertreter gewählt. Zu den führenden Männern zählten die Weggenossen Dorsch und Böhmer, der Mathematiker Metternich und vor allem der Mediziner Georg Christian Wedekind, der voller Hoffnung geschrieben hatte: «Wie wenig werden wir also, in Vergleich mit andern Staaten, die sich frei machten, in Vergleich mit Frankreich selbst, an Revolutionsschmerzen zu leiden haben!»

Das war eine freundliche Täuschung. Doch zunächst bemächtigte sich die republikanische Elite ihrer Pflichten voller Elan. Schon am zweiten Tag wurde der Versammlung der Antrag auf die Vereinigung mit Frankreich vorgelegt. Das Ergebnis der Abstimmung am 21. März 1793 entsprach den Erwartungen. Unverzüglich beschlossen die Abgeordneten, eine Delegation von drei Mitgliedern des Hauses nach Paris zu entsenden, um dem Konvent den Wunsch nach der Vereinigung zu unterbreiten: der Kaufmann André Patocki, der aus dem Elsaß stammte, Adam Lux von der Donnermühle (im Tal hinter Kostheim) und Georg Forster wurden für die Mission bestimmt. Am 25. März reisten sie ab. Forster schrieb an seine Frau, er hoffe, in drei Wochen zurückzukehren. Es kam anders.

Nur sechs Tage später schloß sich der Belagerungsring der Preußen und Österreicher um die Stadt Mainz. Die Kommissare Merlin de Thionville und Reubell hatten zuvor mit einem Teil der französischen Truppen einen vergeblichen Versuch unternommen, nach Süden auszubrechen. Der Professor Wedekind schlug sich nach Westen durch und fand sich schließlich in Straßburg ein. General Custine oder die Offiziere seines Stabes hatten ihm Hoffnungen auf eine hohe Position im Sanitätswesen der Armee gemacht. Daraus wurde nichts. Wedekind, dieser ernste, talentierte und schwierige Mann, hatte sich mit der Stelle eines schlichten Arztes in einem Militärhospital zu begnügen.

Spät, sehr spät machten sich auch Forsters Freundinnen Caroline Böhmer und Meta Forkel mit Wedekinds Frau und Mutter auf den Weg, um nach Mannheim zu entkommen. Bei Hattersheim vor Frankfurt wurden sie von einer preußischen Wache arretiert. Man sperrte die vier Frauen auf der Festung Königstein ein: eine harte Prüfung, vor allem für Caroline, die verbergen mußte, daß sie schwanger war. Der neunzerhnjährige Leutnant Dubois-Crancé, der Vater ihres Kindes, war in Mainz zurückgeblieben. (Sein Vater wiederum, prominentes Mitglied des Militärkomitees, hatte dem Konvent unterdessen einen Bericht vorgelegt, der die Mobilisierung von einer halben Million Menschen verlangte.)

Die Kasematten der Feste Königstein füllten sich mit «Clubisten» und ihrem Anhang. Über die Revolutionäre brachen bitterer Zorn und das primitive Verlangen nach Rache herein. Es gab Anlaß, vom «weißen Terror» zu reden. Der Theologe Blau und einige seiner Genossen wurden mit Stricken aneinandergebunden durch Frankfurt getrieben. Es wurde erbarmungslos geprügelt. Einige der Gefangenen erhielten beim Empfang fünfzig Stockschläge verpaßt. Dank der Intervention einflußreicher Freunde – vor allem Wilhelm von Humboldt warf sich ins

Zeug – erlangten Caroline Böhmer und Meta Forkel nach einigen bitteren Monaten im Kerker die Freiheit. Wedekinds Frau aber wurde erst im späten November 1794 entlassen. Hartnäkkige Versuche ihres Mannes, einen Austausch mit adligen Damen zu arrangieren, die in Frankreich festgehalten wurden, scheiterten an der Starrköpfigkeit der Behörden hüben und drüben. Die Mutter des Arztes war unterdessen gestorben.

Der Kampf um Mainz war hart. Ende Juni trieb der französische Kommandant Greise und Kranke, Frauen und Kinder aus der Festung, in der der nackte Hunger herrschte. Goethe, der im Stabe seines Herzogs an der Belagerung teilnahm, notierte vier Tage später, daß der Dom, viele Häuser in seiner Umgebung, in der Nacht auch die Jesuitenkirche in Brand geschossen wurden. Am 22. Juli kapitulierte die Besatzung. Goethe mahnte die Mainzer Bürger, die sofort in die Stadt zurückdrängten, sie sollten auf Haß und Rache verzichten, weil sich das Unglück sonst verewige. Seine Worte richteten wenig aus. Voller Spannung beobachtete er den Auszug der französischen Garnison: erst eine «Kolonne Marseiller, klein, schwarz, buntscheckig, lumpig gekleidet... Hierauf folgten regelmäßigere Truppen, ernst und verdrießlich, nicht aber etwa niedergeschlagen oder beschämt.» Dann die Jäger zu Pferd: «Sie waren ganz still bis sie gegen uns herangezogen, als ihre Musik den Marseillermarsch anstimmte. Dieses revolutionäre Te Deum hat ohnehin etwas Trauriges, Ahnungsvolles, wenn es auch noch so mutig vorgetragen wird; dieses Mal aber nahmen sie das Tempo ganz langsam, dem schleichenden Schritt gemäß, den sie ritten. Es war ergreifend und furchtbar, und ein ernster Anblick... einzeln hätte man sie dem Don Quixote vergleichen können, in Masse erschienen sie höchst ehrwürdig.» Schließlich erschien «Merlin von Thionville in Husarentracht, durch wilden Bart und Blick sich auszeichnend». Der Kommissar «hatte eine andere Figur in gleichem Kostüm links neben sich, das Volk rief mit Wut den Namen eines Clubisten und bewegte sich zum Anfall. Merlin hielt an, berief sich auf seine Würde eines französischen Repräsentanten... er wolle raten, sich zu mäßigen, denn es sei das letzte Mal nicht, daß man ihn hier sehe...» Einen Tag danach aber wurde Johann Wolfgang von Goethe Zeuge der brutalen Lynchjustiz, zu der sich die Menge ermutigt fühlte: Aufgeputschte Schergen prügelten einen Clubisten, «bis alle Glieder seines Leibes zerschlagen und sein Gesicht unkenntlich war».

Das Geschick der Jakobiner, die den Rächern in die Hände fielen, war grausam. Ihre Genossen, denen die Flucht nach Frankreich geglückt war, beklagten voller Bitterkeit, daß die Kommandeure und die Kommissare der Freiheitsarmee nur einige halbherzige Versuche unternommen hatten, ihre deutschen Brüder zu schützen. Sie versäumten in der Tat, präzise Bedingungen auszuhandeln, die ihren Mitkämpfern die Sicherheit von Leib und Leben oder (soweit denn möglich) den freien Abzug garantiert hätten. Christoph Friedrich Cotta, der sich nach Straßburg retten konnte, fragte (nach der Studie von Hellmut G. Haasis) den Kommissar Merlin de Thionville, warum Mainz den Feinden auf so schändliche Weise ausgeliefert worden sei – schändlich, weil Männer «mit übergeben wurden, welche die Fahnen der Tyrannen verlassen und für die Freiheit die Waffen ergriffen hatten», schändlich, weil in der Kapitulationsurkunde «der Deutschen mit keinem Wort gedacht wurde, welche sich mit uns verbrüdert hatten. Verkleidet versuchte man sie wegzustehlen, aber die deutschen Aristokraten erkannten die meisten; die preußischen Soldaten rissen sie aus den Gliedern der Truppe heraus.» Andreas Hofmann konfrontierte den mächtigen Merlin zwei Jahre später mit seinem ungezähmten Zorn. Er wollte wissen, ob die Herren in Paris ein anderes Mal im Begriff seien, die Deutschen zu hintergehen, «die euren schönen Worten vertraut haben... Oder handelt ihr ebenso wie eure Könige mit menschlichem Fleisch, ja sogar mit dem Fleisch eurer Brüder? Wagt ihr noch, von eurer Wiedergeburt, Menschlichkeit und Brüderlichkeit zu reden?» Der Arzt Wedekind war von gleichem Zorn erfüllt, und er verbarg ihn nicht.

Nach dem Fall der Festung Mainz blieb der Republik nur noch ein letzter Brückenkopf jenseits der Grenzen: das belagerte Landau. Die revolutionären Armeen, die sich im Angriff mit solcher Bravour auf den Feind geworfen hatten, ließen, in die Verteidigung gedrängt, den Mut rasch sinken. Nun erwies sich der Verzicht auf die Routine des Drills als Verletzlichkeit und Schwäche. Überdies standen nicht nur Freiwillige an der Front, die als Avantgarde des neuen Geistes ihre Pflichten erfüllten, sondern meist gepreßte Bauernburschen, denen es ziemlich gleichgültig war, wer in Paris regierte. Der König – von ihm hatten sie sich wenigstens ein Bild machen können. Vielleicht hatten sie ihn und das Gepränge seines Hofes gehaßt. Vielleicht hatten sie ihn verehrt, wie ihnen die Priester von Kind auf befahlen. Die Monarchie war mythisch. Sie hatte darum ihre Realität. Die Konstituante aber, die Legislative, nun der Konvent – das waren blasse Vorstellungen, fast abstrakt, kein Appell an Gefühl und Phantasie. Sollten sie sich für die Abgeordneten und ihre Parteien schlagen, die von Freiheit und Gleichheit sprachen? Für sie Hunger und Durst leiden? Kälte und Krankheit ertragen? Sterben? Sie liefen den Armeen tausendweise davon. Auf 400000 Männer wurde (laut Furet und Richet) die Stärke der Armee am 1. Dezember 1792 geschätzt. Drei Monate danach standen noch 230000 Soldaten unter Waffen.

Am 9. März 1793 beschloß der Konvent, unverzüglich 300000 Männer zu rekrutieren. Einen Tag später etablierte die Versammlung – einer Forderung Dantons gehorchend – das «Tribunal révolutionnaire», das nach den Worten des Justizministers «den obersten Gerichtshof der Volksrache ersetzen» sollte. Der Zwischenruf «September!» war unvermeidlich. Der Tribun rief: «Da man es in dieser Versammlung gewagt hat, uns jene blutigen Tage ins Gedächtnis zurückzurufen, vor denen jeder gute Bürger gezittert hat, so möchte ich meinerseits sagen: das Volk, dem man diese Tage so häufig in so grausamer Weise zum Vorwurf gemacht hat, hätte sich nicht mit Blut befleckt, wenn damals schon ein Tribunal bestanden hätte.» Das schlechte Gewissen trieb ihn weiter: Keine menschliche Macht sei in jenen Tagen imstande gewesen, «die Flut der nationalen Rache einzudämmen». Donnernd fuhr er fort: «Laßt uns aus den Fehlern unserer Vorgänger lernen. Tun wir, was die Gesetzgebende Versammlung versäumt hat: Seien wir schrecklich, damit das Volk es nicht zu sein braucht!»

Dies war ein unfreiwilliges Geständnis und zugleich eine Drohung: Frankreich sollte ein zweites September-Massaker erspart bleiben – aber wenn der Konvent nicht gehorche, auch das signalisierten seine Worte, dann ließe sich eine neue Schlächterei womöglich nicht vermeiden. Zum Chefankläger des Tribunals wurde Fouquier-Tinville ernannt, ein 37jähriger Vetter des Journalisten Camille Desmoulins, der als Generalsekretär des Justizministers Danton für sich selber ein wichtiges Amt gewonnen hatte, für das er nicht allzu viele Voraussetzungen besaß. Fouquier, ein intelligenter Funktionär ohne überragende Talente, hatte sich in einigen Verfahren gegen royalistische Feinde des neuen Staates Verdienste erworben, die ihn nicht nur Danton, sondern auch den Deputierten empfahlen. Der Girondin Vergniaud aber warnte vor einer neuen «Inquisition, die tausendmal furchtbarer als die spanische» zu werden drohe.

Die Bürger von Paris nahmen von dem neuen Revolutionstribunal nur beiläufig Kenntnis. Sie hatten sich an vieles gewöhnt. Sie lehnten sich nicht dagegen auf, daß am 21. März 1793 jeder Gemeinde und jeder Sektion das Recht zugesprochen wurde, ein Überwachungskomitee einzurichten, das jeden Verdächtigen festnehmen lassen konnte. Célestin Guittard interessierte eher, daß der Konvent – darin so bürgerlich wie der alte Chronist in dem Haus Nr. 486 an der Place Saint-Sulpice – die Enragés mit ihren wilden (und so verständlichen) Träumen von sozialer Gerechtigkeit in die Schranken wies: Ein Gesetz verbot alle «eigentumsfeindlichen Theorien»; auch ihnen drohte, wenn sie sich der Zensur nicht beugten, fortan die Todesstrafe.

Die Pariser stöhnten, wie so oft, unter dem Mangel, der ein mißratenes Kind der Revolution zu sein schien. Manchmal gab es halbe Wochen kein Brot. Die Bäckereien mußten durch Kommandos der Nationalgarden bewacht werden. Der Bürgermeister empfahl, zweimal in der Woche Kartoffeln und Reis zu essen. Bedrückt notierte Célestin Guittard am Freitag, dem 8. März, daß die Theater geschlossen worden seien. Der Feind stehe in Brüssel und habe die Stadt Valenciennes genommen. In den Sektionen seien Mitglieder des Konvents erschienen, um zu verkünden, daß wiederum das Vaterland in Gefahr sei. Alle Männer zwischen achtzehn und vierzig Jahren hätten sich in die Rekrutierungslisten der Sektionen einzutragen: «das richtete große Bestürzung in Paris an.»

Der Aufruhr in der Provinz war beunruhigender. Die Massenaushebung für die Streitkräfte, das wußten die Bauern wohl, holte vor allem die Söhne von den Höfen. An der Loire und in der Bretagne rotteten sich die jungen Männer zusammen, bewaffneten sich – wie die Sansculottes in Paris – mit allem, was zum Schießen, Hauen, Stechen dient. Sie steckten, von royalistischen Agenten angeleitet, die weißen Kokarden des Königshauses an ihre Hüte. Innerhalb von wenigen Wochen formierten sich Kompanien, Bataillone, Regimenter, und zum erstenmal fanden die Rebellen fähige Anführer: Jean-Nicolas Stofflet, den 42jährigen Jagdaufseher eines gräflichen Hauses, den Grafen Henri de la Rochejaquelein, einen 22jährigen Jüngling, der am 10. August 1792 den Sturm auf die Tuilerien erlebt hatte, seinen Vetter, den Herzog Louis-Marie de Lescure, 27 Jahre alt, auch er ein Zeuge des Kampfes um das königliche Schloß in Paris.

Die Rebellen begnügten sich nicht länger mit dem Partisanenkrieg der «Chouannerie», sondern faßten ihre Haufen zusammen, um den revolutionären Truppen regelrechte Schlachten zu liefern. Ihre miserable Ausrüstung glichen sie durch Tollkühnheit aus. La Rochejaquelein feuerte seine Männer mit dem Zuruf an, der eines Revolutionsgenerals würdig gewesen wäre: «Wenn ich vorgehe, folgt mir, wenn ich weiche, tötet mich, wenn ich sterbe, rächt mich.» Zug um Zug eroberten die aufständischen Truppen, die sich nun die «Große katholische und königliche Armee» nannten, wichtige Stützpunkte und Städte in den westlichen Départements. Im späten Frühjahr 1793 beherrschten sie fast die gesamte Region südlich von Nantes und nördlich von La Rochelle, zwischen Saumur an der Loire und dem Atlantik.

Am 19. März verhängte der Konvent per Dekret die Todesstrafe über jeden Aufrührer, der mit einer Waffe in der Hand angetroffen wurde. Die Drohung schwächte den Widerstand nicht, im Gegenteil. Die Grausamkeit war nicht einseitig. Jean Jaurès schilderte in seiner Revolutionsgeschichte das «Massaker von Machecoul»: Das republiktreue Dorf wurde schon im März 1793 von Royalisten in Trümmer gelegt. Sie ermordeten gnadenlos ein Drittel der etwa fünfzehnhundert bis zweitausend Einwohner, schonten keine der patriotischen Frauen, keinen vereidigten Priester, ja man warf ihnen vor, sie hätten Menschen lebendig begraben.

Die Rebellen waren in der Tat nicht gesonnen, mit ihren Feinden gnädiger zu verfahren als die Revolutionssoldaten mit der royalistischen Bevölkerung. Der Bürgerkrieg – wie immer grausamer als alle anderen Kriege – schlug Wunden, die jahrzehntelang nicht heilen sollten. Auch die «Germanische Legion» wurde in den Kampf geworfen, zur Erbitterung der Rebellen: eine nicht allzu glänzende Truppe, im späten Sommer 1792 nach einer Anregung von Anarcharsis Cloots geschaffen, der sie lieber «Legion der Vandalen» genannt hätte. Der «Vertreter des Menschengeschlechtes» hatte damals mit großer Geste zwölftausend Livres gestiftet, um vierzig bis fünfzig der Krieger ausrüsten zu lassen. Spiritus rector des Unternehmens war neben dem aufgeregten Baron der sächsische Arzt Johann Gottfried Saiffert, der einst die Prinzessin Lamballe von ihren epileptischen Anfällen geheilt hatte. Das Kommando fiel dem Obersten von Dambach zu, der sich (nach der Auskunft von Cloots) im Siebenjährigen Krieg «mit Narben bedeckt» hatte. Ihm stand der Oberst Friedrich Heyden zur Seite, den der revolutionäre Baron vermutlich seit den Knabenjahren in der Berliner Militärakademie kannte. Die Mannschaften rekrutierten sich im wesentlichen aus österreichischen und preußischen Deserteuren. Ihre Gesamtstärke war auf etwa 2600 Männer berechnet – vor allem Kürassiere und Jäger –, für die man, das schien wichtig zu sein, die prächtigsten Uniformen entwarf. Die Gesamtzahl der Soldaten dürfte indessen kaum je mehr als tausend betragen haben.

Ende des Jahres 1792 empfing die Truppe ihre republikanische Feuertaufe: Man ließ sie eine Meuterei in Orléans niederschlagen. Danach wurde sie in die Vendée geworfen. Das Gemetzel erwies sich als eine harte Prüfung ihrer Moral. Scharenweise liefen die Soldaten zu den Rebellen über. Das schärfte das Mißtrauen der Deputierten von der Bergpartei, die das Unternehmen ohne zu großes Wohlwollen beobachtet hatten. Marat, der den anschwellenden Haß auf die Fremden nicht ungern schürte, denunzierte die Arroganz der Offiziere und forderte, daß Elsässer oder Lothringer den Befehl zu führen hätten. Nicht nur die «Deutsche», auch die anderen Legionen: die «Batavische», in der die Freiwilligen Hollands dienten, die «Polnische», die «Nordische» scheiterten an der Xenophobie, die den universellen Geist der Revolution langsam erwürgte. Die Reste der «Germanischen Legion» wurden schließlich an die spanische Grenze beordert – soweit wie möglich von ihren Landsleuten und von den Aufrührern in der Vendée entfernt.

Die Niederlage des Generals Dumouriez bei Neerwinden schien den Zerfall der revolutionären Streitkräfte zu signalisieren. Schon lange haderte der Kommandeur mit dem Konvent in Paris. Er wetterte gegen den fatalen Beschluß, Belgien zu annektieren, der vor allem unter den Flamen nichts als Feindseligkeit erregte: Sie waren jede fremde Herrschaft leid, und sie sahen wenig Anlaß, die französische der österreichischen vorzuziehen. Am 15. März, noch vor der Schlacht bei Neerwinden, hatten die Deputierten den Justizminister Danton zu Dumouriez entsandt, um seine Absichten zu erkunden. Der Tribun wußte wohl, daß der herrische General eher den Girondins zuneigte, soweit er es überhaupt mit einer der Parteien zu halten gedachte. Dennoch schienen sich die beiden eigenwilligen Männer mit Respekt, ja einer Spur Sympathie zu begegnen. Über das Datum ihrer Verhandlung können sich die Historiker nicht einigen: Fand sie vor der Schlacht von Neerwinden oder zwei Tage nachher statt (was näher lag)? Worüber sprachen sie?

Danton hielt es für angebracht, sich der Öffentlichkeit nach seiner Rückkehr zunächst für vier oder fünf Tage zu entziehen. Lähmte ihn die Trauer um seine Frau Gabrielle, die im Februar gestorben war? Er war ihr nicht treu, machte auch kein Hehl daraus, aber er liebte sie, mehr als jeden anderen Menschen, liebte sie mit solcher Verzweiflung, daß er einige Tage nach ihrer Beerdigung ihren Sarg noch einmal ausgraben ließ, um sie ein letztes Mal zu sehen. Oder war er schon wieder mit einer Intrige beschäftigt? Steckte er den Kopf in den Sand und wollte er warten, was sich ergab? Als er wieder sichtbar wurde, äußerte er sich über seine Unterhaltung mit dem General nur in Andeutungen, die mehr verschleierten als preisgaben. Nicht lang zuvor hatte er noch enthusiastisch über Dumouriez gesprochen: er rühmte sein Genie, den Soldaten zu ermutigen. «Die Geschichte», sagte er, «wird seine Talente, seine Leidenschaften und seine Laster beurteilen, aber dies ist gewiß, daß er sich für den Glanz der Republik engagiert.» Im Streit mit der Gironde behauptete er freilich,

Dumouriez habe ihm einen Brief von Jean-Marie Roland, dem einstigen Innenminister gezeigt, der (angeblich) den Vorschlag enthielt, die Montagnards und vor allem Danton zu vernichten. Roland stritt den Vorwurf aufs heftigste ab.

Hielt der Tribun es für notwendig, seinen Gegner mit einer der Unwahrheiten zu denunzieren, die in der Tarnsprache späterer Generationen «Schutzlügen» genannt wurden? Warum fand er es angebracht, mögliche Drohungen des Generals gegen den Konvent und die Herrschaft der «Anarchie» in der Hauptstadt zu verschweigen? Wollte er die Republik nicht ihres fähigsten Heerführers berauben? Wollte er abwarten, ob ein geplanter Staatsstreich am Ende gelinge?

Dumouriez glaubte nicht länger, daß er, den mörderischen Streit der Parteien im Rücken, erfolgreich Krieg zu führen vermochte. Dem gelernten Militär, daran gab es keinen Zweifel, hatte die verfassungsgebundene Monarchie mehr als die Republik behagt, die das Militär und seine Chefs den unberechenbaren Launen der Politiker auslieferte. Conrad Engelbert Oelsner neigte der Meinung zu, das Glück und der Ruhm seiner Siege hätten ihn allzu eitel gemacht: «Ein Mann von Geist... aber ohne feste moralische Grundsätze», hätte er sich jedem bequemt, der seinen Ehrgeiz befriedigte.

Aber warum sollte es ihm nicht schmeicheln, «Feldherr der Republik» zu sein? Von «Marat und seinem Gelichter», schrieb Oelsner, sei Dumouriez «wie ein Bube behandelt» worden. Danton, das stand fest, war es nicht geglückt, den General «entweder vor den Convent oder zur Raison zu bringen». Er schien vielmehr den Marsch auf Paris vorzubereiten. Marat, den die Witterung des Bösen manchmal sehr klarsichtig machte, sah ihn auf den Spuren La Fayettes.

Am 23. März, nur fünf Tage nach dem Debakel von Neerwinden, schickte Dumouriez in der Tat seinen Adjutanten zu General Mack, dem österreichischen Befehlshaber, um mit ihm die kampflose Räumung Belgiens zu verabreden. War das schon Verrat? Oder zog er es vor, was vernünftig gewesen wäre, seine geschwächten Truppen nicht völlig aufreiben zu lassen? Hatte er sich ausbedungen, daß man ihm freie Hand für die «Wiederherstellung der Ordnung» in Paris lasse? Am 27. März rief er seine

Armee und die Franzosen dazu auf, der Anarchie in der Hauptstadt ein Ende zu machen. Wußte Danton von jener Absicht? Das blieb sein Geheimnis. Die alarmierten Deputierten schickten eine zweite Delegation nach Norden, angeführt von dem Kriegsminister Graf Beurnonville. Sie besaß die Vollmacht, Dumouriez zu verhaften, wenn er sich weigern sollte, der Vorladung vor den Konvent zu gehorchen. Der General dachte nicht daran, seinen Kopf freiwillig unter das Fallbeil zu legen. Kurzerhand arretierte er den Minister samt den vier Kommissaren und ließ den Trupp an die Österreicher ausliefern.

Der General konnte diesen kühnen und unverschämten Handstreich als Notwehr rechtfertigen oder als Vorbereitung eines Putsches erklären, gleichviel: Er hatte Hochverrat begangen. Die Abgeordneten des Konvents ahnten davon noch nichts, als sie am 1. April eine große Debatte erzwangen, in der die Girondins von Danton Auskunft über seine Verhandlungen mit Dumouriez verlangten. Der General hatte unterdessen ohne weitere Tarnung verkündet, daß er zum Staatsstreich entschlossen sei. Der Anlaß kam den Gegnern des Tribuns gelegen. In Danton glaubten die Männer der Gironde ihren gefährlichsten Feind zu erkennen. Ihn wollten sie treffen, angetrieben von Madame Roland, die sich der Magie seiner Kraft und seiner grandiosen Häßlichkeit gewiß nicht völlig zu entziehen vermochte. Um so weniger wollte ihm die ehrgeizige Frau verzeihen, daß er mit seiner brutalen Dynamik und seiner Ruchlosigkeit ihren bedächtigen Mann beiseite gedrängt hatte. Sie trug ihm die September-Massaker nach, die ihr Gemüt um so tiefer verletzt hatten, da ihr Mann, der Innenminister Roland, in jenen schrecklichen Tagen zu schwach und zu mutlos war, die Schlächtereien zu verhindern.

Danton schien bereit zu sein – so sagte er wenigstens –, seinen Frieden mit den Männern der Gironde zu machen. Später behauptete er ein ums andere Mal, er habe ihnen den Burgfrieden und ein großes Bündnis der Linken angeboten: «Laßt das Vergangene vergangen sein», soll er – so die Legende – ihren Führern zugerufen haben. Guadet, der Deputierte aus Saint-Émilion, auch er einer der passionierten Rhetoren, an denen die Gironde so reich war, wollte (immer der Legende folgend) von einer Versöhnung nichts wissen: «Krieg muß sein», antwortete er voller Hochmut, «eine Seite muß untergehen.» Dem Tribun, erzählte man weiter, sei der Zorn ins Gemüt gefahren: «Also Krieg?... Das wird Euer Tod sein.»

Seine Rechtfertigung an jenem 1. April war eher kläglich. Er verstieg sich zu der Behauptung, bei Neerwinden sei er ins Feuer der Schlacht geraten. Das war gelogen. Er verlor sich in undeutlichen Redensarten. In einem zweiten Anlauf aber ging er zum Gegenangriff über. Am Abend zuvor hatte er bei den Jakobinern dafür geworben, alle Deputierten aus dem Konvent zu verjagen, die gegen das Todesurteil für den König gestimmt hatten. Nun holte er die Drohung wieder hervor. Er wandte sich Robespierre und seinem Anhang auf dem Berg zu: «Euer Urteil», rief er, «war besser als das meine.» Marat feuerte ihn an. Also dröhnte der gewaltige Danton weiter: «Wollt Ihr in einem Wort wissen, worum es geht?... Es kann keine Waffenruhe geben zwischen dem ‹Berg›, den Patrioten, die den Tod des Königs wollten, und den Feiglingen, die uns in ganz Frankreich verleumdeten, um ihn zu retten.»

Das Urteil über Ludwig stand nicht zur Debatte. Doch es bot dem Tribun eine bequeme Ausflucht. Den Männern vom «Berg» war die Anklage willkommen. Sie jubelten dem Redner zu. Er hatte ihnen das Stichwort geliefert, das sich zu gegebener Stunde nutzen ließ, um eine Entscheidung zu erzwingen – in der Tat, wie Danton voraussagte, ein Votum über Tod und Leben. Danton hatte sich glänzend (und zugleich auf eher verachtungswürdige Weise) aus der Affäre gezogen. Indes bemerkte Norman Hampson, der englische Autor einer nüchternen Biographie, er habe durch seine Allianz mit den Montagnards und die Kriegserklärung an die Gironde seine Bewegungsfreiheit verloren.

Marat versäumte keine Zeit. Er formulierte noch an jenem 1. April ein Dekret, das es erlaubte, jedes Mitglied des Konvents unter Anklage zu stellen, wenn der Verdacht vorliege, es hätte sich einer «Verschwörung» mit den «Feinden der Freiheit und der Gleichheit» schuldig gemacht. Damit war das Prinzip der Unverletzlichkeit, das die Volksvertreter schützte, beiseite gewischt. Die Deputierten der Gironde ahnten die tödliche Gefahr nicht. Der bürgerliche Radikalismus, der sie geprägt hatte, riet ihnen, dem Gesetz ihre Stimme zu geben. Überdies hofften sie, ein wenig zu schlau, sie könnten den «Volksfreund» als ersten in seiner eigenen Schlinge fangen. Sie täuschten sich. Marat war härter. Er rief: «Die Freiheit muß mit Gewalt geschaffen werden...»

Wann erreichte die Nachricht von Dumouriez' Rebellion, der Auslieferung des Kriegsministers und der vier Kommissare an die Österreicher, dieser brillante Schurkenstreich, die Abgeordneten im Konvent? Wie schnell war die Stafette der Boten? Am 3. April wurde dem General per Dekret jeder Schutz des Gesetzes entzogen. Er war vogelfrei. Jeder Soldat, der ihm ein Bajonett durch den Leib rennen würde, konnte sich ein Verdienst für das Vaterland erwerben. Dazu kam es nicht. Aber die Armee versagte ihrem Kommandeur den Gehorsam, als er noch einmal zum Marsch auf Paris drängte: Sie folgte ihm so wenig wie einst dem Grafen La Fayette. So blieb Dumouriez nichts anderes, als die Fronten zu wechseln. Am 5. April ritt er mit fast seinem gesamten Stab durch die Linien, unter den Offizieren der junge Herzog von Chartres, Philippe Égalités ältester Sohn. Der junge Mann hatte sich in manchen Schlachten ausgezeichnet. Die moralische Kapitulation seines Vaters im Königsprozeß aber schien er nicht zu ertragen. Der Bürger Égalité wurde in Sippenhaft genommen, wie es immer üblicher wurde, und in ein Gefängnis von Marseille abgeschoben, da er in Paris über zu viele gute Verbindungen verfügte – dank seines Geldes, mit dem er so viele Mitglieder der revolutionären Avantgarde zu kaufen versucht hatte. Auch Dumouriez? Wollte ihn der General tatsächlich, wie man sich erzählte, als Regenten einsetzen? Das märchenhafte Vermögen des Herzogs war übrigens erschöpft. Seine Gemäldesammlung hatte er verkauft. Man sagte, der einstige Herzog sei im Augenblick seiner Einkerkerung nahezu bankrott gewesen. So konnte er in Wirklichkeit niemanden mehr bestechen? Seine Freunde von gestern – wie Desmoulins, dem er die Hochzeit ausgerichtet hatte – rührten für ihn keinen Finger. – Übrigens erlaubten die Alliierten dem General Dumouriez, in der Schweiz Zuflucht zu suchen. Später ließ er sich in England nieder, mit einer Pension der Regierung versorgt. (Dort starb er, fast vergessen, im Jahr 1823, 74 Jahre alt, ohne sein Vaterland wiedergesehen zu haben.) Graf La Fayette aber ließen die Preußen zuerst in der Festung Wesel, dann in Magdeburg schmachten – «in Trencks Loch», wie der junge Bollmann sagte.

Noch ehe die neue Hiobsbotschaft in der Hauptstadt eintraf, forderte Robespierre, alle Komplizen des Generals Dumouriez müßten angeklagt (das heißt: verhaftet) werden, vor allem Brissot, der erste Mann der Gironde. Der «Volksfreund» Marat, dessen Zeitung seit dem vergangenen Herbst den Titel «Journal de la République Française» trug, prellte wie üblich weiter vor. Am 5. April – dem Tag der Flucht Dumouriez' – formulierte der Klub unter seinem Vorsitz ein Zirkular, das die Jakobiner in den Départements aufforderte, sie sollten die Abberufung aller Deputierten verlangen, die im Januar das Geschick des Königs einer Volksabstimmung unterwerfen wollten. Ein anderes Mal rief er die radikalen Sektionen zur Rebellion auf: «Ja, Brüder und Freunde, die Konterrevolution haust in der Regierung und im Nationalkonvent! Erheben wir uns! ... Stellen wir alle Feinde unserer Revolution und alle verdächtigen Personen unter Arrest. Vertilgen wir ohne Gnade alle Verschwörer, wenn wir nicht selbst von ihnen vertilgt werden wollen. Zu den Waffen! Wir wissen zu kämpfen und zu sterben!»

Dem «Volksfreund» stand für seine eifernden Proklamationen nun das prominenteste Forum zur Verfügung, das er sich wünschen konnte: die Rednerkanzel der Jakobiner. Einen Monat zuvor hatte er sich entschlossen, seine politische Heimat im mächtigen Ur-Klub der Revolution zu suchen. (Auch Danton war zu den Jakobinern zurückgekehrt.) Die Gesellschaft in der rue Saint-Honoré hatte Marat an jenem 5. April zu ihrem Präsidenten gewählt. (Der Vorsitz wechselte, wie im Konvent, von Monat zu Monat.) Die Ehrung verlieh ihm eine neue Autorität. Dennoch verhallte sein Aufruf. Die Kohorten der Vorstädte ließen sich zu keinem neuen Marsch auf die Tuilerien zusammentrommeln – noch nicht. Die Girondins aber hatten den Alarmruf nicht überhört.

Der Fall Dumouriez war zum großen Stein des Anstoßes zwischen den Parteien geworden – zum Stolper- und zum Prüfstein: für die Girondins und vor allem für Danton. Die Montagnards drängten hart darauf, das Militär einer strikten Kontrolle durch den Konvent zu unterwerfen. Allen Armeen wurden Deputierte zugeordnet, die uneingeschränkte Handlungsvollmacht besaßen – in den Worten von Furet und Richet die «Vorläufer der politischen Kommissare bei der Roten Armee». Das «Comité de salut public», am 6. April 1793 etabliert, übernahm die Überwachung der Regierung, die immer noch den Titel «Exekutivrat» trug. Seine neun Mitglieder hatten das Recht, alle notwendigen Maßnahmen für die innere und äußere Verteidigung zu befehlen. Sie durften jedoch keine Vorführ- und Haftbefehle erlassen (das sollte sich ändern).

Herr des «Ausschusses für die öffentliche Wohlfahrt», der von nun an die Schlüssel der Staatsgewalt besaß, war Danton, der Tribun: vielleicht der brillanteste Kopf der Revolution, ein Politiker von brennender Leidenschaft – und eine große Natur, häßlich und anziehend zugleich, von bewundernswertem Mut und oft so beklagenswert feige, in dramatischen Augenblicken zu resoluter Handlung fähig, doch manchmal zögernd, entschlußlos, paralysiert von seinen Bedenken, gelegentlich vielleicht auch nur faul. Er war, mehr denn je, für die Bürger die Verkörperung der Revolution – mit einer Stimme begabt, die «wie die Posaune des Aufruhrs» klang.

Robespierre, der gefährlichste Konkurrent in den eigenen Reihen, hielt sich gegenüber dem Wohlfahrtsausschuß – dieser Überregierung der Republik – fürs erste zurück. Der unermüdliche Arbeiter im Komitee war Bertrand Barère, ein Mann der Mitte mit Kontakten zur Bergpartei, ein Grundhasser Marats, den er ins Irrenasyl von Charenton gesperrt wissen wollte (der düsteren Anstalt, die zum letzten Aufenthalt des Marquis de Sade wurde). «Er weiß alles, er kennt alles», sagte Robespierre später von Barère, der trotz seines Fleißes noch Zeit für die liebenswürdigen Lockungen der eleganten Salons fand. Man nannte ihn den «Anakreon der Guillotine», was eine höfliche und schreckliche Schmeichelei gewesen sein mag. Als sein Gegenüber von der Gironde galt der 33jährige François Buzot, zu Anfang ein Weggenosse des Anwalts von Arras, danach ein schwärmerischer Verehrer der Madame Roland. Der Philosoph Graf Condorcet hatte seinen Platz in dem Gremium gefunden, neben ihm der aufsässig-heitere Camille Desmoulins, der große Redner Vergniaud, der Dichter Fabre d'Églantine, dem es aufgetragen wurde, seine poetischen Gaben für den Entwurf eines republikanischen Kalenders nach neuer Zeitrechnung zu engagieren, schließlich Edmond Dubois-Crancé, der im Militärkomitee einen wichtigen Platz einnahm – der Vater des kleinen Leutnants in Mainz, dem die empfindsame Caroline Böhmer für einige Nächte verfallen war. Die Girondins, die Bergpartei, die Männer der «Ebene» – sie alle waren mit gleichmäßigen Anteilen vertreten. Man konnte – nach dem Urteil des Historikers Jean Tulard – den Wohlfahrtsausschuß einen gerechten Spiegel der Machtverhältnisse im Konvent nennen: wenigstens zum Zeitpunkt seiner Einsetzung. Das änderte sich rasch.

Die Girondins unternahmen nun einige Anstrengungen – an Mut fehlte es ihnen nicht –, sich der drohenden Diktatur entgegenzustemmen: lärmend und umständlich, ohne taktisches Geschick, oft halbherzig, oft ohne Glück, keineswegs im Übermaß mit politischen Talenten gesegnet. In Paris war ihre Basis schwach und brüchig. Sie beherrschten kaum ein Drittel der Sektionen. Danton selber hatte sie, man erinnert sich, darauf hingewiesen, daß sich das Geschick der Nation in der Hauptstadt entscheide. Sie aber pochten darauf, daß sich hinter ihnen die Mehrheit der Franzosen in den großen Städten der Provinzen, den regionalen Zentren, den ländlichen Gebieten vereine. Sie verträten die große Idee des revolutionären Anfangs, verkündeten sie lauthals: die «Föderation» der Patrioten in Nord und Süd, in Ost und West, alle Landschaften, alle Klassen in sich bindend. Der Anspruch wurde bestritten. «Föderalisten!» schrieb Buzot in seinen Memoiren, «Und warum? Weil man die September-Schlächter bestrafen wollte, deren Anführer und Chefs Robespierre und Danton waren.» Ihre Gegner aber schleuderten ihnen den Vorwurf entgegen, sie wollten das Königtum in Gestalt des Föderalismus etablieren. Sie brachten es zuwege, das Kennwort «Föderalist» innerhalb weniger Wochen in eine Anklage zu verwandeln. In Marseille, in Lyon, in Bordeaux geriet der Streit zur blutigen Fehde. Als die Girondins – Ende April bis Anfang Juni – dort die Macht an sich rissen, ließen auch sie die Köpfe rollen. Die Republik schien dazu verurteilt, in Bauern- und Bürgerkriegen unterzugehen.

Nein, kampflos wich die Gironde auch im Zentrum der Ereignisse, in Paris, nicht zurück. Sie verstand Marats Aufruf zur Bewaffnung der Bürger und zur Rebellion als ein Signal zum Gegenangriff. Am 12. April gewannen sie die Majorität der Abgeordneten für den Beschluß, den «Volksfreund» zu verhaften und vor das Revolutionsgericht zu stellen. Sie schossen auf den falschen Feind. Natürlich war der finstere Agitator gefährlich, darin geübt, die Bataillone der Sansculottes zusammenzutrommeln und in den Sturm zu schicken: Über das Talent zum großen Operateur oder – wie die geschwollene Formel sagt – zum «politischen Strategen» verfügte er nicht. Die Anklage kam überdies seiner (verbalen) Lust am Martyrium zugute. Stets sah er sich – wie Robespierre – von Verfolgern gehetzt, von Feinden umringt, von Verschwörern verraten... Nun glaubten sie endlich, über ihn triumphieren zu können.

Marat entzog sich zunächst der Verhaftung. Er verschwand, wie so oft, im Pariser Untergrund. Oelsner vermutete, daß er abwarten wollte, bis ein Gericht gebildet werde, dessen er sicher sein konnte. Unterdessen wandte er sich in einem pathetischen Brief an den Konvent: immer habe er «dem Vaterland und dem Volke» gehört, immer werde er «der Sache der Freiheit» durch seine Arbeit voranhelfen. Der Kollege Desmoulins, der Maler David, der Rüstungsexperte Dubois-Crancé riefen zur Verteidigung. Der mächtige Danton verhielt sich zurückhaltend. Auch Robespierre schwieg. Vielleicht war es ihnen nicht ganz unwillkommen, den oft so lästigen Partner ein wenig schmoren zu lassen.

Am 24. April wurde verhandelt. Der Saal war von den Anhängern des «Ami du peuple» überfüllt. Einige radikale Sektionen hatten vorsorglich bekanntgegeben, daß sie die Verurteilung ihres Helden nicht dulden würden. Die Fragen der Anklage zeichneten sich nicht durch Präzision aus. Oelsner bemerkte, sie wären besser nicht gestellt worden, denn sie hätten nur in einer «elenden Farce» resultieren können. So war es denn auch. Es wurde den Geschworenen leicht, die zornigen Parolen Marats mit dem «Verrat von allen Seiten» zu entschuldigen.

Der «Volksfreund» wurde freigesprochen und im Triumph in den Konvent zurückgetragen. «Ich begegnete dem Aufzug in der Straße Honoré», erzählte Oelsner voller Erregung: «Mein Lebtag hab' ich kein schmutzigeres Possenspiel gesehen. Sechs- bis siebenhundert Lumpenkerle, alte und junge Vetteln, mit Spießen, Säbeln und Flaschen bewaffnet, gingen vor und hinter dem Helden des Stücks. Auf beiden Seiten trabten, nebst einigen Fiedlern, die zu ihrer eignen Musik tanzten, einige Soldaten daher, die den Neugierigen geboten: es lebe Marat! zu schreien. In einer von vier Piken formierten Schranke, mit einem Munizipaloffizier in ruppigem Gewande zur Rechten und Linken, stolzierte der vorgebliche Freund des Volkes. Er ist, wie Sie wissen, ein wunderlich kleiner Daus, der häßlichste Molch, den man sehen kann; und es war zum Totlachen, den alten, gelben Fratzenkerl, mit Rosen und Tausendschönchen gekrönt, patzig wie ein Sekundaner, durch den Straßenkot im Triumphe ziehen zu sehn. Nie ist das Volk in einen häßlichern Günstling verliebt gewesen...»

Die grimassenhaften und in der Tat nicht liebenswürdigen Züge des «Volksfreundes» waren eine Obsession seiner Gegner. «Er ist häßlich wie das Verbrechen», schrieb der Girondin Buzot: «Er schwitzt aus allen Poren seines scheußlichen und durch Ausschweifungen vernichteten Körpers, ein wildes Tier, ein Feigling und Blutsäufer.» Zimperlich war die Sprache der Revolutionäre nicht. Oft genug bedienten sich die Gegner Marats seiner eigenen Sprache. Keiner von ihnen schien zu verstehen – Oelsner unterschied sich nicht von den anderen –, daß Marat die Häßlichkeit und die Krankheit zu seinem Markenzeichen gemacht hatte: Er brachte es zuwege, den Makel in eine propagandistische Waffe zu verwandeln. Das Geschick des Gezeichneten und Ausgestoßenen erlaubte es ihm, sich als Anwalt und Führer der Erniedrigten aufzuführen: der Armen und Geschundenen, die nicht reich genug waren, um sich hübsch zu machen, der Gescheiterten, die ins Elend geschleudert wurden, der Hoffnungslosen, der Bresthaften und der Außenseiter, gewiß auch der Verluderten und der Verrohten...

Es konnte nicht überraschen, daß Marat nicht ruhen würde, bis er die Gironde vernichtet hatte. Robespierre und Danton brauchten ihn nur gewähren zu lassen. Conrad Engelbert Oelsner meinte einen Augenblick lang, Marat begnüge sich nach seinem Freispruch mit dem «Triumph der Eitelkeit». Er täuschte sich. Die Gelegenheit der Rache sollte kommen. «Marats ganze Weisheit besteht in Kopfabschlagen», rief der Chronist, eines Besseren belehrt, seinen Lesern zu, «als wenn er Auktionen hielte, steigerte er in jedem Jahr sein Ausgebot. Anfangs forderte er fünfhundert Köpfe, jetzt verlangte er fünfmal hunderttausend...» Das war eine Übertreibung. Marat sprach von 200000 Feinden der Republik. Allerdings ließ er keinen Zweifel daran, daß er sie ausgemerzt sehen wollte.

Trotz all dieser Wirren und der tausend Intrigen, mit denen die Revolutionäre allen höfischen Ränken den Rang abliefen, vergaßen die Deputierten nicht, es war erstaunlich, daß sie der Republik eine Verfassung geben sollten. Graf Condorcet war mit der Formulierung des Entwurfs für die erste Konstitution von 1791 beauftragt gewesen und er hatte im Vorjahr, eine der großen Leistungen der Revolution, ein System der allgemeinen Schulpflicht entworfen, das mit Enthusiasmus akzeptiert worden war. Das Konzept der neuen Konstitution entfernte sich weit von seinen Vorstellungen. Der Graf protestierte lebhaft und vergebens. Seine Girondins wollten die Rechte des einzelnen über die sozialen Rechte (des Ganzen) stellen – die Montagnards hielten es umgekehrt. Condorcet dachte – wenn man so will – «amerikanischer» als Robespierre und sein Anhang. «Begriffe der französischen Menschenrechtserklärung wie Société, Corps Social, Distinctions sociales, Nation und La Loi – das Gesetz als kollektive, soziale Vernunft – fehlen in der amerikanischen Bill of Rights», schrieb Margarita Mathiopoulos in einer vergleichenden Studie «Über die Amerikanische und Französische Revolution»: «In den amerikanischen Zusätzen zur Verfassung war von der persönlichen Sicherheit des Individuums die Rede, seinem Schutz vor der Willkür des Staates und der Justiz, seinem Recht auf persönliche Unversehrtheit und freie Lebensgestaltung...» Anders als in Frankreich sei in Amerika der Primat der individuellen Rechte zum Verfassungsgrundsatz geworden. Condorcet selber hatte die fundamentale Verschiedenheit der beiden Revolutionen in einer klassisch-prägnanten Sprache beschrieben: «Sie war umfassender als die amerikanische, daher verlief sie im Inneren weniger friedlich; denn die Amerikaner hatten kein mangelhaftes Steuersystem zu reformieren, weder eine feudale Tyrannei und erbliche Klassenunterschiede, noch reiche oder mächtige privilegierte Körperschaften und ein System religiöser Unduldsamkeit zu beseitigen und konnten sich deshalb darauf beschränken, neue Gewalten einzuführen und sie an die Stelle derjenigen zu setzen, durch die bislang die britische Nation über sie regiert hatte. Diese Neuerungen betrafen in keiner ihrer Einzelheiten die Masse des Volkes; nichts änderte sich in den Beziehungen, die sich zwischen den Individuen bereits herausgebildet hatten. Aus dem entgegengesetzten Grunde mußte die Revolution in Frankreich die gesamte Einrichtung der Gesellschaft erfassen, alle sozialen Beziehungen verändern und noch die letzten politischen Zusammenhänge durchdringen, bis hin zu den Individuen, die friedlich von ihrem Besitz oder ihrem Gewerbe leben und an öffentlichen Bewegungen weder durch ihre Ansichten und Beschäftigungen noch durch ihr Streben nach Vermögen, Ehre oder Ruhm anteilnehmen.» In der Tat: Amerika hatte es besser.

Am 24. April trat Robespierre mit seinen Vorschlägen für eine neue Erklärung der Menschen- und Bürgerrechte vor den Konvent, die mit einigen Sätzen tatsächlich in die moderne Sozialphilosophie vorstießen. Er deutete – freilich in ungenauen Beschreibungen – ein Recht auf Bildung, ein Recht auf Fürsorge, ein Recht auf Arbeit, ein Recht auf Widerstand und die Notwendigkeit einer Begrenzung des Eigentums an. Zugleich behauptete er, die Grundrechte der Versammlungs-, der Meinungs- und Pressefreiheit verstünden sich von selber; sie hätten lediglich erwähnt werden müssen, solange sie von der Despotie bedroht worden seien. Dies ging den Deputierten zu weit. Sie erwiesen der Begründung des schmächtigen Mannes, der sich nun kühl und entschlossen aus dem Schatten Dantons entfernte, eine höfliche Reverenz, doch die Rechte wollten sie geschrieben und gedruckt sehen. (Sie wurden dennoch nicht respektiert.) Die Redaktion des Textes wurde Saint-Just und Marie-Jean Hérault de Séchelles, dem hübschen, reichen und intelligenten Anwalt anvertraut, der – ein Wunderkind der Juristerei – schon im zarten Alter von achtzehn Jahren seine Zulassung als Advokat erlangt hatte. Seine politische Laufbahn begann er im Schatten La Fayettes; dann lief er neben den Girondins her – und nun zählte er zu den Montagnards. Die beiden arbeiteten rasch. Am 24. Juni konnte die erste Verfassung der Republik verabschiedet werden. Das Volk akzeptierte sie ohne Widerstreben. Allerdings gingen nur 1,8 von 7 Millionen Wählern zur Urne. Wenige Tage später setzte man die neue Verfassung bis zu einem Friedensschluß außer Kraft. Ein witziger Kopf bemerkte, sie sei vermutlich zu schön, um abgenutzt zu werden. Der Willkür waren nun keine Schranken gesetzt.

Der missionarische Gestus, den Robespierre bei seiner Rede über die Menschenrechte deutlicher denn je zuvor demonstriert hatte, konnte Condorcet, diesen letzten Aufklärer der großen Schule, kaum überraschen. In seinem Tagebuch fragte er, warum so viele Frauen im Gefolge Robespierres, bei ihm zu Hause, auf der Tribüne der Jakobiner, bei den Cordeliers, im Konvent zu sehen seien. Seine Antwort: «Die französische Revolution ist eine Religion, und Robespierre hat in ihr eine Sekte begründet; er ist ein Priester, der eine ergebene Gemeinde besitzt ... Robespierre predigt, Robespierre teilt Noten aus, er ist ernst, zornig, melancholisch, exaltiert bis kalt ... er tönt gegen die Reichen und die Großen; er lebt wenig und kennt keine physischen Bedürfnisse. Er hat nur eine Mission: das ist zu reden, und er redet beinahe immer ...» Es bestätigte seine Einsicht, daß Robespierre die Enzyklopädisten – Diderots «kleine Kirche» der Aufklärung – als die «Väter der Gironde» bezeichnete. Zugleich warf ihnen der Advokat aus Arras vor, sie seien die «Folterer» des armen Rousseau gewesen, der sein Idol war. Dafür mußten die Erben büßen.

Den heimlichen Messias erkannte Condorcet genau. Die Fähigkeit fürs exakte Kalkül des Politikers blieb ihm verborgen. Er hielt, wie so viele, Robespierre letztlich für einen Narren, der über seine geistigen und moralischen Verhältnisse dachte, sprach, schrieb und handelte – über sich selber hinausstrebend der Glorie des Religionsstifters, des Märtyrers, des Erzheiligen der Revolution entgegen. Man glaubte ihn belächeln zu können. Danton war von anderem Format: Ihn konnte man lieben oder hassen. Den Anhängern der Gironde, dieser Partei der Rhetorik, schien es eine gewisse Lust zu bereiten, ihn zum Feind zu haben. Es lohnte sich, an ihm gemessen zu werden. Er war kein zimperlicher Gegner. Gern schickte er den kleinen Camille Desmoulins vor, wenn er sich selber die Hände nicht schmutzig machen wollte. Dieser muntere Journalist, der als sein Staatssekretär agierte, warf Mitte Mai ein Pamphlet gegen Brissot auf den Markt, das die Girondins – ohne jeden Beweis – beschuldigte, sie führten Geheimverhandlungen mit den Preußen und Engländern, planten die Restauration der Monarchie und zugleich die Aufteilung der Republik in eine Föderation von zwanzig oder dreißig Einzelstaaten.

War Desmoulins mit den politischen Plänen seines Mentors vertraut? Wußte er, daß Danton der Einsicht zuneigte, die Zeit für einen Friedensschluß sei gekommen? Daß er womöglich schon erste Fühler zu den Engländern ausgestreckt hatte? Daß er und der Außenminister Lebrun erwogen, den Mainzer Deputierten Georg Forster an die Nordfront zu schicken, um mit den Briten Gespräche über den Austausch von Kriegsgefangenen zu führen, in Wirklichkeit (nach dem Urteil von Albert Mathiez), um mit den englischen Generalen Verbindung aufzunehmen? (Die Versuche führten zu nichts.) War die wilde Attacke Desmoulins' eher ein Ablenkungsmanöver? Daher der künstliche Schaum vor dem Mund? Der Schützling Dantons sprach von «Reptilien» und «Kannibalen» – aber das war dem Stil der revolutionären Polemik gemäß. Wichtiger: er rief den Konvent auf, «die Girondins aus seinem Bauch zu spucken».

Das war ein Alarmruf. Unermüdlich rannten Brissot und Guadet – spät genug – gegen die Pariser Commune an und forderten ihre Auflösung: Schon im April hatten 35 von 48 Sektionen die Verhaftung von 22 prominenten Girondins gefordert. Die Mehrheit des Konvents folgte ihrem Antrag nicht. Immerhin wurde ein Ausschuß von zwölf Mitgliedern gebildet, der die Umtriebe im Pariser Hôtel de Ville und in den Sektionen untersuchen sollte. Kein einziger Montagnard, kein Deputierter der «Ebene» gehörte dem Gremium an. Die bloße Existenz des Komitees reizte die Chefs der Sansculottes in den Vorstädten bis aufs Blut. Sie bebten vor Zorn, als Hébert, Redakteur des populär-polemischen Blattes «Père Duchesne» und stellvertretender Prokurator der Commune, samt einigen seiner Freunde verhaftet wurde. Danton sorgte wenig später für ihre Freilassung – und Danton verfügte auch die Auflösung des Zwölfer-Ausschusses: eine Entscheidung, die sofort wieder revidiert wurde.

Nichts konnte Marat und Robespierre willkommener sein als dieser Angriff auf die Commune. Mit einem Appell schürten sie – man schrieb den 26. Mai – die Bereitschaft zum Aufruhr: Vielleicht um nicht vom Sturm fortgerissen zu werden, den sie selber gesät hatten. Schon vor dem September-Massaker 1792 hatte Robespierre die Vernichtung der Gironde zu fordern begonnen. Nun war es soweit. Der girondistische Deputierte Isnard hatte einen Tag zuvor – so töricht wie der Herzog von Braunschweig – damit gedroht, Paris werde dem Erdboden gleichgemacht, «wenn ein Aufruhr die Vertretung der Nation in Mitleidenschaft ziehen sollte». Den großen Zorn feuerte er damit nur an. Fünf Tage später notierte Célestin Guittard: «Gestern abend (30. Mai) hat man um zehn Uhr die Schließung der Barrieren angeordnet... Um vier Uhr heute früh haben alle Tambours mehrmals den Appell geschlagen, und alle Welt griff zu den Waffen. Um halb fünf Uhr tönten die Glocken von ganz Paris. Jeder war erschrocken. Jeder stellte die ängstlichsten Überlegungen dieser und jener Art an, ohne die Ursache eines so einzigartigen und plötzlichen Vorgangs zu kennen... Zwischen neun und zehn Uhr schoß die Alarm-Kanone... All das hatte auf mich eine so große Wirkung, daß ich dreimal hintereinander zur Garderobe lief und mich kaum auf meinen Beinen halten konnte, die ganz zittrig waren... Den ganzen Tag wich der Schwindel nicht aus meinem Kopf, ich hatte das Verlangen zu spucken, meine Beine blieben schwach, und die Hände flatterten. Ich fürchte, das hat keinen guten Einfluß auf meine Gesundheit, die ohnehin schwach ist, da ich so alt bin...» Dies war das unvergnügte Ende eines heiteren Monats, in dem der «Bürger von Paris» öfter denn je zuvor den Besuch seiner «Dasel» verzeichnet hatte.

Die Nationalgarde in Paris berief durch eine umstrittene Wahl einen neuen Kommandanten: den Zollbeamten François Hanriot, 34 Jahre alt, nicht auf den Kopf gefallen, zuweilen schlagfertig, wenn auch grob, das Gesicht mit der aufgeworfenen Nase, den dicken Lippen, der nicht allzu hohen Stirn und dem fliehenden Kinn auf eine merkwürdige Weise unfertig. Am 31. Mai um sechs Uhr marschierten bewaffnete Aufrührer zu den Tuilerien. Der Konvent tagte nicht länger in der Manege. Da der Schloßherr sich für immer verabschiedet hatte, war die Volksvertretung am 10. Mai in den umgebauten Theatersaal des Palastes gezogen. Die Sansculottes kannten die Richtung. Jean-Henri Hassenfratz, ein 38jähriger Chemiker, dessen Familie aus Freiberg in Sachsen stammte und der im Laboratorium des großen Lavoisier gearbeitet hatte, führte den Zug an. Das Ziel der bewaffneten Demonstration war klar: die Mitglieder der Gironde sollten verschwinden – und das sofort. Der Katalog ihrer Forderungen – jene 22 Girondins, die, um den König zu retten, für einen Volksentscheid plädiert hatten, sollten verhaftet werden, ebenso die Mitglieder des «Ausschusses der Zwölf» und die Minister Clavière und Lebrun. Die Aufrührer verlangten die Gründung einer revolutionären Sansculotten-Streitmacht in allen Städten und Dörfern; Fabrikation von Waffen für die revolutionäre Armee; Fixierung des Brotpreises auf drei Sous pro Pfund; Säuberung der gesamten Verwaltung; Entwaffnung, Verhaftung, Bestrafung aller Verdächtigen; Beschränkung des Wahlrechts auf die Sansculottes; Erweiterung des Revolutionstribunals; Einrichtung von Asylen für die Alten und Schwachen; eine Zwangsabgabe der Reichen in Höhe von einer Milliarde; sofortige Auszahlung einer Entschädigung für die Verteidiger des Vaterlandes; Säuberung des Wohlfahrtsausschusses und des Exekutivrates.

Die Wunschliste war offensichtlich ein wenig hastig und ohne rechte Ordnung aufgesetzt worden. Dennoch entsprach sie in mancher Hinsicht den Vorstellungen Marats und Robespierres. Die Sansculotten-Armee und die Beschränkung des Wahlrechts auf die Männer der Vorstädte – das ging freilich auch ihnen zuweit. Danton versuchte den Volkszorn, den sogenannten, durch einen rhetorischen Kraftakt und eine bedeutsame Konzession aufzufangen. «Paris», tönte er, «hat sich von neuem um das Vaterland verdient gemacht. Ich wünsche die Auflösung des Ausschusses der Zwölf und eine Prüfung des Verhaltens seiner Mitglieder. Man muß dem Volk die Gerechtigkeit übergeben!» Ein Zwischenruf aus der Gironde fragte: «Welchem Volk?» Dantons Antwort klang groß: «Welchem Volk? sagt Ihr. Dieses Volk ist unermeßlich, dieses Volk ist die vorgeschobene Wache der Republik.» Eine prächtige Phrase, die nichts besagte. Sie verdeckte, was Danton nicht sagen konnte, nicht sagen wollte: daß eine bewaffnete Minderheit, die niemand mit einer Legitimation versehen hatte, der gewählten Vertretung des Volkes ihren Willen gewaltsam aufzuzwingen versuchte. Die Attacke war mühsam abgewehrt worden. Doch das war nur ein kurzer Aufschub. Roland, der einstige Innenminister, ahnte, was die Stunde geschlagen hatte. Er floh aus Paris. (Seine Frau wurde am Abend des 1. Juni auf Anordnung des Revolutionskomitees der Commune verhaftet.) Vergniaud wurde niedergeschrien. Seine «klassische Eloquenz», von der Jean Tulard sprach, wollte keiner mehr hören. Robespierre, von einem Girondin voller Ironie um ein abschließendes Wort gebeten, sagte kalt: «Ja, ich gelange zu einer Schlußfolgerung – gegen Euch. Mein Schlußantrag ist das Anklagedekret gegen alle Komplizen von Dumouriez und gegen alle, die von den Bittstellern bezeichnet wurden.» «Les pétitionnaires» – das war seine liebenswürdige Umschreibung für den bewaffneten Haufen, der die Volksvertreter mit seinen Forderungen konfrontiert hatte. Um so genauer berechnet der Hinweis auf Dumouriez. Zuckte Danton zusammen?

In der Nacht zum 2. Juni läuteten die Sturmglocken von neuem, und am Sonntag früh war der Konvent ein anderes Mal umstellt. Man sagte, achtzigtausend Menschen hätten das Tuilerien-Schloß belagert. Den Soldaten der Nationalgarde war von ihrem Kommandanten jeder Kontakt mit den Abgeordneten untersagt worden. Keiner der Deputierten durfte den Sitzungssaal verlassen. Auf einer der Tribünen saß, wie fast immer, der Chronist Conrad Engelbert Oelsner und versuchte, die Reden der Deputierten mitzuschreiben. Für ihn war Jean-Denis Lanjuinais der Mann der Stunde, Anwalt und Professor des Kirchenrechtes aus Rennes, ein kleiner, magerer, beweglicher Aristokrat, vierzig Jahre alt, mit lebhaften Augen und kahler Stirn, ein strenger Katholik und ein strenger Charakter, der keine Sitzung des Konvents versäumt hatte. Er trat der johlenden Horde furchtlos entgegen: «Ich sage denen, welche mich unterbrechen: die Schlachtopfer wurden früher mit Blumen und Bändern geschmückt, doch der Priester, der sie zu Tode brachte, verhöhnte sie wenigstens nicht.» Oelsner merkte an, diese Worte stammten aus einem der Augenblicke, in denen «sich die Seele über sich selbst erhebt». Der Konvent sei von allen Seiten belagert, fuhr Lanjuinais fort, von bewaffneten Mannschaften umringt, es seien Kanonen auf ihn gerichtet. Niemand dürfe sich, ohne sein Leben zu gefährden, auch nur an den Fenstern des Saales zeigen. Er rief den Deputierten zu: «Wenn Ihr frei wäret... Bürger, hätte ich nichts zu sagen...» Aber da sich offensichtlich keiner der Volksvertreter frei nennen konnte, sagte er, daß unter Kanonen und Bajonetten jedes Dekret seine Gültigkeit verliere. Oelsner: «Einer der Rebellen hielt ihm in diesem Augenblick eine Pistole vor die Stirn. Lanjuinais drückte die Augen zu und blieb fest auf dem Rednerpult. Nachdem sein Gegner die Pistole weggenommen hatte, blickte er wieder auf und fuhr in seiner Rede fort: ‹Noch habe ich das Vermögen, meine Stimme hier zu erheben... Ich will mich dieses Vermögens bedienen, um Euch einen Eurer würdigen Rat zu geben, der Euch mit Ruhm bedecken und vor der Schande retten wird... Hebt alle Obrigkeiten auf, welche das Gesetz nicht anerkennt, verbietet den Bürgern, ihnen zu gehorchen... Wenn Ihr diesen Mut nicht besitzt, so ist es um die Freiheit getan. Ich sehe Frankreich vom Bürgerkrieg zerfleischt. Ich sehe das entsetzliche Ungeheuer der Diktatur oder Tyrannei, gleichviel, unter welchen Namen es sich erkennen mag, über Hügel von Ruinen und Leichen anrücken...›»

Die Belagerung des Konvents dauerte bis zum Nachmittag fort. Schließlich schlug Bertrand Barère den Deputierten vor, sich zu einer Demonstration ihres noblen Geistes aufzuraffen: Geschlossen sollten sie hinter ihrem Präsidenten, dem eleganten Hérault de Séchelles, vor die Nationalgardisten treten, um die Belagerung zu brechen. Doch Hanriot, der junge Chef der Bürger-Soldaten, fragte die Abgeordneten voller Hochmut, ob der Konvent seine Arbeit für die Sache des Volkes getan habe.

Die Versammlung könne nicht auseinandergehen, bis sie dem Volk Gerechtigkeit zuteil werden lasse – das heißt: bis sie die Forderungen der Sansculotten, die Girondins auszuliefern, erfülle. Dann befahl er: «Zu den Waffen! Kanoniere an die Geschütze!» Die Gardisten brüllten «Her mit den Verrätern!» und zündeten die Lunten an. Durch die Seitenhöfe gab es kein Entkommen. Der Konvent zog sich, einer spöttischen Aufforderung Marats folgend, in den Theatersaal zurück.

Nach einer Stunde des Zögerns billigte die Versammlung durch Akklamation den Antrag des halb gelähmten Deputierten Couthon, der sich aus seinem Rollstuhl zum Rednerpult hatte tragen lassen, 29 Abgeordnete der Gironde unter Hausarrest zu stellen. Das war, jeder wußte es, nichts als Augenwischerei. Der Arrest hieß Verhaftung, und die Verhaftung hieß Tod. Marat las jeden der Namen langsam vor, den Schock der Betroffenen voller Genuß erwartend. So stürzte die Partei der Gemäßigten – nach einem Wort des Dichters Lamartine – wie einst der König durch ihre eigene Schwäche und Unentschiedenheit.

Auf der Tribüne saß, vielleicht neben Oelsner, der Mainzer Abgeordnete Adam Lux: ein hübscher junger Bürger von 27 Jahren. «Seine Stirne war faltenlos», beschrieb ein Freund die jünglinghafte Erscheinung, «seine Stimme ruhig... der ernste Blick seines Auges schien mitten in einer Art von glänzender Heiterkeit... zu schwimmen.» Er war mit Georg Forster und dem Kaufmann André Patocki am 29. März 1793 aus Mainz nach Paris gekommen, um dem Nationalkonvent den Wunsch der Rheinisch-Deutschen Republik nach dem Anschluß an das revolutionäre Frankreich vorzulegen. Wie Forster bewohnte der deutsche Demokrat eine der Dachkammern des «Hauses der holländischen Patrioten» in der kleinen rue des Moulins, nur ein paar Schritte hinter dem Palais Royal, das nun «Palais Égalité» hieß. Er hatte sich in jenen bewegten Tagen keine Stunde vom Ort der dramatischen Ereignisse entfernt. Ohnedies gab es für ihn nichts Besseres zu tun. Wann immer der Konvent verhandelte, folgte er den Reden mit der größten Aufmerksamkeit. Der Tumult am 31. Mai verstörte ihn tief. Am 2. Juni schien eine Hoffnung in ihm zu zerspringen.

Einige Tage später setzte er in etwas unbeholfenem Französisch eine Rede auf, die er vor der Volksvertretung zu halten plante. «Zuerst habe ich über Eure Streitigkeiten nur geseufzt», wollte er den Deputierten zurufen, «über diesen Parteigeist, mit dem der eine die Aufrichtigkeit des anderen so heftig bestritt... Gebe Gott, daß es mir glückt, Euch um den Preis meines Lebens den Abgrund zu zeigen, in den Ihr die Freiheit gestürzt habt... Volksvertreter von Paris! Wacht auf, laßt diesen unheilvollen Streit, schart Euch zusammen, oder Ihr seid verloren und die Republik ist es mit Euch... Ich schwöre es, frei zu sein oder zu sterben! Deshalb ist es Zeit, daß ich nun scheide... Laßt mich versuchen, Euch durch meinen Tod zur Einheit und zu Euren Pflichten zurückzuführen... Adam Lux, Deputierter aus Mainz.» In einer Nachschrift bemerkte er, daß er neben Rousseau draußen im Garten von Ermenonville begraben zu werden wünsche.

Lux, der «herrliche Lux mit dem himmlischen Herzen», wie ihn der Dichter Jean Paul hernach besang, hatte es sich in den feinen und ein wenig verwirrten Kopf gesetzt, vor dem Konvent Selbstmord zu begehen, wenn nicht mit dem römischen Schwert, dann doch mit einem französischen Dolch. Seinen Plan trug er in kleinen Briefen dem girondistischen Abgeordneten Marguerite-Élie Guadet und dem einstigen Bürgermeister Pétion vor: «Der heftige Unwille», schrieb er, «den ich gegen den Triumph des Verbrechens empfinde, und die Hoffnung, daß mein Tod in einer solchen Krisis einiges Aufsehen unter den Bürgern erregen und vielleicht die gänzliche Auflösung des Konvents verhindern werde, haben mich bestimmt, mein Blut zu opfern... Das ist der erste und entscheidende Beweggrund. Der andere ist, das Andenken meines Lehrers J. J. Rousseau durch einen Akt des Patriotismus zu ehren.» Das Schreiben trug das Datum des 3. Juni. Einige Tage später wandte er sich ein zweites Mal an den «Bürger Guadet»: «Als ich Ihnen vor acht Tagen meine Absicht zu sterben mitteilte, versuchten Sie, meinen Entschluß zu ändern. Ich habe Ihre Gründe geprüft, aber ich fand sie nicht stichhaltig...»

Guadet aber stand, wie Pétion, auf der Liste der Girondins, deren Verhaftung vom Konvent an dem fatalen 2. Juni erpreßt worden war. Am 11. Juni waren die beiden längst geflohen.

Oder? Ein Denunziationsbrief in den Polizeiakten besagt, daß ein Spitzel Guadet, Brissot und andere Girondins im Hôtel des Patriotes hollandais in der rue des Moulins gesehen haben wollte. Es war freilich eher anzunehmen, daß sie sich (wie andere ihrer Freunde) so rasch wie möglich auf den Weg nach Caen gemacht hatten, wo in jenen Tagen eine junge Dame in einsamen Beratungen mit sich selber zu dem Entschluß gelangte, daß sie dazu berufen sei, Frankreich durch eine große Tat zu retten.

Hatte der freundlich-naive Lux Mittel und Wege gefunden, sich mit den geflüchteten Girondins in Verbindung zu setzen? Konnte er seine Briefe in ihr Versteck schmuggeln lassen? Gab er noch immer seine Mitteilungen im Konvent ab (der Weg zum Tuilerien-Schloß war nicht weit – zehn, vielleicht fünfzehn Minuten)? War ihm entgangen, daß sich die beiden – wie Roland, wie Barbaroux und viele andere – vermutlich nicht mehr in Paris aufhielten? Klärte ihn der wohlinformierte Forster nicht auf? Oder sprach er damals mit keiner Seele? Befand er sich in einer Art Wahn? In seinem Prozeß ließ sich der Vertreter der Anklage auf solche Fragen nicht ein. Warum sollte er sich damit aufhalten? Ihm genügte, daß Lux nach seinen eigenen Angaben Verbindung mit den «Verrätern» der Gironde gehalten hatte. Das schien alle Behauptungen von einem Komplott zu bestätigen...

Was immer es mit den Briefen auf sich hatte: die Verzweiflung des empfindsamen jungen Philosophen von der Donnermühle bei Kostheim ließ sich nicht mehr verscheuchen. Der Gedanke an den heroischen Selbstmord nach dem Beispiel des Römers Curtius gehörte zu den Mythen der Epoche, auf die sich jeder gebildete junge Mensch berief, der seine Klassiker gelesen hatte und danach trachtete, mit einer dramatischen Geste unsterblich zu werden. Selbst Marat, der dem Bild des opferbereiten römischen Jünglings nicht völlig entsprach, hatte im Jahr zuvor damit gedroht, sich vor dem Konvent zu entleiben.

Die Schmach über den Verrat an der Revolution quälte den empfindsamen Lux nun Tag und Nacht. Er wollte nicht länger zusehen, wie die Republik – diese große Hoffnung der Völker – von ihren Gründern zerstört würde. Er war in der Tat zum Sterben entschlossen.

XVII
Die heilige Republik

Die Deutschen in Paris, sie waren fast alle – den aufgeregten Cloots ausgenommen – leidenschaftliche und vor allem leidende Parteigänger der Gironde: Oelsner besonders, der flinke junge Kerner, der stille, melancholische Adam Lux aus Mainz, ganz gewiß Carl Friedrich Reinhard, der das Glück hatte, die Geschäfte der Republik weit drunten im Süden, im sonnigen Neapel, zu betreiben, wohl auch Graf Schlabrendorf, der ihrem Kreis eine Mitte gab, obwohl er sich immer tiefer in seine kleine Höhle von Büchern und Papieren in der rue Richelieu zurückzog.

Und Georg Forster? Er war umsichtig genug, von den Männern der gemäßigten Partei, die nun als die «Moderantisten» verschrien wurden, sorgsam Abstand zu halten, obwohl ihre Ideen in den großen Linien den seinen entsprachen. Er verfiel ihrer Rhetorik nicht, darin nüchterner und kühler als der so rasch entflammbare Oelsner, von dem ein später Verehrer, der französische Historiker Jacques Droz, bemerkte, daß er der «wahrscheinlich ... bedeutendste politische Kopf des damaligen Deutschlands» gewesen sei. Überdies hütete sich der weltkundige Forster davor, aufs falsche Pferd zu setzen: Danton, angeblich der mächtigste Mann der Republik – im Wohlfahrtsausschuß für die Außenpolitik verantwortlich –, hatte darüber zu entscheiden, ob der deutsche Deputierte in geheimer Mission an die Nordfront entsandt werde, um eine Verbindung zu den Kommandeuren der englischen Truppen zu knüpfen. Von ihm hing er ab – nach ihm richtete er sich aus. Das war immerhin der handfesteste der vielen Pläne, denen Georg Forster nachrannte, von den drückenden und so banalen Sorgen des Emigranten-Daseins getrieben. Mit dem Außenminister Lebrun hatte er über die Herausgabe einer deutschen Zeitung verhandelt, die sich an die Bürger der besetzten Gebiete wenden sollte. Aufklärung tat ihnen wahrhaftig not, da sie nicht samt und sonders verstehen wollten, daß sie befreit waren, vielmehr – nach einem zynischen und realistischen Bonmot, das Georg noch in Mainz notiert hatte – darauf warteten, daß ihnen die Freiheit befohlen werde. Doch die Truppen der Republik waren längst hinter die Grenzen zurückgetrieben. Sie klammerten sich nur noch in Landau fest. Mainz war schon so gut wie verloren. Immer wieder hoffte der einstige Bibliotheksdirektor, beim Aufbau der Nationalbibliothek – sie war im vergangenen Jahr durch ein Dekret der Versammlung begründet worden – werde er seine Erfahrungen nutzen können. Er schrieb dies und das, doch ohne rechten Elan. Therese, seine Frau, hatte in einem ihrer Briefe angeregt, er möge sich an eine Geschichte der Revolution setzen, dafür sei er der Mann. Der Vorschlag überschwemmte ihn mit Bitterkeit: «Alles ist blinde, leidenschaftliche Wut», schrieb er, «rasender Parteigeist und schnelles Aufbrausen, das nie zu vernünftigen, ruhigen Resultaten gelangt...» Ihn trieb der Verdacht um, er könne einem «Unding» seine letzten Kräfte geopfert haben, das nur ein Deckmantel der Leidenschaften sei: «Ich die Geschichte dieser greuelvollen Zeit schreiben? Ich kann es nicht. Oh, seitdem ich weiß, daß keine Tugend in der Revolution ist, ekelt mich's an...»

Erst neun Tage vor diesem Ausbruch hatte er dem Konvent in einer hochgestimmten Rede das Verlangen der rheinisch-deutschen Republik nach der Vereinigung mit Frankreich vorgetragen: die Deputierten applaudierten lebhaft, und sie stimmten – das war zu erwarten – dem Antrag durch Akklamation zu. Am Abend waren die Delegierten in den Jakobinerklub geladen, wo der beredte Forscher und Weltfahrer lebhafte Zustimmung fand, als er den Mitgliedern zurief, die Deutschen besäßen zwar nicht die Lebhaftigkeit des Geistes und den Schwung, der die Franzosen charakterisiere, sie seien langsamer, doch wenn sie sich für eine Sache entschieden hätten, blieben sie ihr treu bis in den Tod. Nach ihm hatten auch Patocki und Lux die Stimme erhoben und geschworen, als Bürger der Französischen Republik zu leben oder zu sterben. Damit war ihre Mission erfüllt.

Der Sturz in die Ernüchterung war schrecklich. Georg teilte seine Melancholien mit Lux und Georg Christian Wedekind, dem Freund aus Mainzer Tagen, der im April 1793 nach Paris gekommen war, um sich im Kriegsministerium für eine bessere Position als die dürftige Militärarztstelle in Straßburg zu bewerben. Keiner von den dreien wußte, was mit ihnen geschehen würde. «Oftmals fühlten wir uns bis zu Tränen der Wehmut hingerissen», schrieb Wedekind zwei Jahre später: «Unser Vaterland, für dessen Freiheit wir aus den reinsten Absichten gerungen, dem wir alles, was uns lieb und teuer war, aufgeopfert hatten, malte sich unsere Imagination im Bilde des Schreckens und der Verwüstung. Wir sahen Europa mit Staatsinquisitionen besät, wir sahen allenthalben das Grab der Freiheit, der Aufklärung, der Tugend...» Dennoch weigerten sie sich, der Revolution den Rücken zu kehren. Sie trösteten einander: «Der Triumph des Despotismus» könne nur von kurzer Dauer sein...

Sie nahmen fast täglich an den Sitzungen des Nationalkonvents teil, beobachteten den Streit der Parteien, wie Lux ihn in seinem Brief zu dem geplanten Selbstmord so leidenschaftlich beklagt hatte, richteten ihr Auge vor allem auf Marat, der sich als ein leicht erkennbares Ziel allen Unbehagens anbot. Hernach unterschied Wedekind nicht ohne Geist den «Realismus auf der rechten und den Idealismus auf der linken Seite» des Konvents. Die Differenz schien unversöhnlich zu sein. Dort die Männer der Verfassung und der Mäßigung, die nicht länger bereit waren, «weitere Schritte vorwärts zu tun» und darum in Gefahr gerieten, die Revolution zum Rückschritt zu zwingen. Dort die andere Partei, die in Wedekinds Worten nach einer «vollkommenen Republik» zu streben schien – jedenfalls erhob sie den Anspruch, alle Leidenschaften, alle Bedürfnisse zu zügeln, ihnen die Richtung zu weisen und so über die «Austeilung der Glücksgüter» zu wachen. «Dazu war aber ein ferneres ununterbrochenes Revolutionieren das traurige Mittel», bemerkte Wedekind, der mit scharfem Auge das Prinzip der permanenten Revolution erkannte.

Kein Satz in diesen Erinnerungen des Arztes deutete darauf hin, daß er an Lux eine krankhafte Überspanntheit wahrgenommen hätte. Der Freund war zunächst entschlossen, regelmäßig an den Abendgesellschaften der Jakobiner in der rue Saint-Honoré teilzunehmen. In seinem Bekenntnisbrief aber schrieb der empfindsame Mann: «Schon die zweite Sitzung genügte, um sie mir zu verleiden. Ich hörte nur Verleumdungen und Abscheulichkeiten...» Der Philosoph von der Donnersmühle wurde gewiß von tieferen Melancholien heimgesucht als die Freunde. Für ihn gab es keine Arbeit. Er pilgerte hinaus nach Ermenonville ans Grab des geliebten, des heiligen Jean-Jacques. Er wanderte durch den Bois de Boulogne, wenn der Konvent nicht tagte, las die römischen Klassiker, las immer wieder Rousseau.

Wedekind reiste schließlich – seine Bittstellerei war ohne Erfolg geblieben – nach Straßburg zurück. Forster eilte geschäftig hierhin und dorthin. Er wußte längst, was sich wenige Tage später durch die Meldungen des «Moniteur» bestätigen sollte: daß Mainz abgeschnitten war. Er habe nichts als sechs Hemden und den Rock, den er auf dem Leibe trage, schrieb er seiner entlaufenen Frau in die Schweiz. Zur Not konnten sich die versprengten deutschen Republikaner mit den achtzehn Franken Tagesgeld über Wasser halten, die ihnen nach den Sätzen des Konvents ausgezahlt wurden, allerdings in Assignaten, die nur noch die Hälfte ihres Wertes besaßen. Freilich besaß Forster noch den Rest des preußischen Kredites: gutes Geld, das sich vorteilhaft eintauschen ließ. In dem kleinen Hôtel des Patriotes hollandais in der rue des Moulins, in dem auch die korsischen Deputierten und ein junger Hauptmann mit dem italienischen Namen Bonaparte abzusteigen pflegten, lebte er sparsam, bescheiden, doch nicht völlig unbehaglich.

Anders als für den Hausgenossen Lux gab es für ihn keinen Anlaß, sich allzu einsam zu fühlen. Durch Schlabrendorf und Oelsner hatte er Verbindung zu den Engländern und Amerikanern gefunden, die im Salon von Mary Helen Williams aus und ein gingen: Die junge Schriftstellerin, eine Vertraute von Madame Roland, Tochter eines walisischen Artillerieoffiziers, hatte als junges Mädchen gelernt, sich in literarischen Zirkeln zu Hause zu fühlen. Ihre Gedichte wurden von Robert Burnes, dem so lebensvollen schottischen Poeten geschätzt. Sie kannte den Maler Joshua Reynolds und den genialen Schauspieler Garrick. Durch die Freundschaft mit Augustin Thomas du Vosse, der ein Opfer der Lettres de cachet und ihrer brutalen Willkür war, gelangte sie zum erstenmal mit ihrer Schwester nach Frankreich. In Rouen wurde sie Mitglied der Société des Amis de la Constitution. Auch sie schrieb, wie ihre Freundin Mary Wollstonecraft, eine Antwort auf Edmund Burkes kritische Reflexionen über die Französische Revolution. Man vermutete, daß sie auf zarte Weise an Jean Hurford Stone gebunden war, der allen möglichen finanziellen, politischen und literarischen Geschäften nachging und in dem – vielleicht ungerechten – Ruf stand, ein windiger Herr zu sein. Freilich war man in Paris (und anderswo) mit Gerüchten so rasch bei der Hand wie mit unseriösen Krediten oder den kleinen und großen Durchstechereien. Ihre Begeisterung für die Sache der Revolution trug ihr bei den Landsleuten zu Hause den nicht völlig unberechtigten Vorwurf der Einseitigkeit ein. Kritiker nannten sie eine intelligente, doch nur flüchtig gebildete Frau, die ihre Überzeugungen mit der «Selbstsicherheit der Ignoranz» vortrage. Ihr Stil freilich hatte Charme, und ihre Sprache besaß eine vitale Unbefangenheit. Sie hatte Geist und war liebenswürdig genug, in späteren Jahren die Freundschaft eines Mannes vom Rang Alexander von Humboldts zu gewinnen, dessen großes Werk über seine südamerikanische Reise sie zum Teil ins Englische übertrug.

Mary Helen Williams – 31 Jahre alt, ein wenig spitznasig, vielleicht sogar von ersten Spuren der Altjüngferlichkeit gezeichnet, nicht reizlos – hatte ihren Salon vor allem den Deputierten der Gironde geöffnet: Sie entsprachen ihren liberalen Neigungen und ihrem bürgerlichen Hintergrund eher als die strengen, oft so kleinlichen und zugleich so schwer kalkulierbaren Jakobiner. Der Schotte Thomas Christie zählte zu ihren engsten Vertrauten, ein Neffe des großen Naturwissenschaftlers Priestley: auch er ein Mann der Feder, von der Nationalversammlung beauftragt, eine Übersetzung der ersten Verfassung zu fertigen (die Makulatur geworden war, als seine Arbeit schließlich erschien). Zugleich betrieb er für eine Weile die Geschäfte des Bankhauses Turnbull and Forbes. Durch seine Frau war er an einer lukrativen Teppichfabrik beteiligt. Die Familie besaß überdies eine Druckerei, die vielleicht übernehmen würde, wer die Hand von Christies junger Schwester Jane gewänne. Forster erwähnte die begehrenswerte junge Dame des öfteren in den Briefen an seine Frau, und er vergaß auch die Druckerei nicht: «Das Mädchen hat viel Leichtigkeit und Richtigkeit in ihrem Fassungsvermögen», schrieb er, «und ihre Ideen reihen sich angenehm und ohne Zwang in die Konversation. Ich muß sie zuweilen im Französischen üben und habe dabei den Vorteil, mich wieder ganz in das Englische zu gewöhnen...»

Indes erzählte man sich immer wieder, Miss Christie sei dem Grafen Schlabrendorf versprochen, der zwar ein hartnäckiger Junggeselle, doch wahrhaftig kein Feind der Frauen war. Um eine Nuance engagierter gerieten Forster seine Hinweise auf die schöne Mary Wollstonecraft, die einst mit dem schweizerisch-englischen Maler Johann Heinrich Füßli eine heftige Passion durchlebt und durchlitten hatte. Da der Künstler verheiratet war, stand sie nicht an, ihm und seiner Frau eine «ménage à trois» vorzuschlagen, doch darauf ließ sich die rechtmäßige Mrs. Füßli (oder Fuseli) nicht ein.

Georg sagte von Mary Wollstonecraft, sie habe «viel Liantes». Sie gingen miteinander ins Theater, in die Oper, besuchten vielleicht auch den Grafen Schlabrendorf, der sich selten aus seiner Höhle entfernte. Von ihm schrieb Georg nach Neuchâtel: «Sein Charakter ist durchaus edel, sein Herz rein und gut, sein Kopf nicht brillant, aber reich und richtig und hell denkend; er ist der praktischste Philosoph, den ich noch gekannt habe. Seine große Erfahrung und seine Kenntnis neben unendlicher Bescheidenheit, Sanftmut und Festigkeit erfreuen mich...» Der grundliberale Aristokrat beeindruckte auch Mary Wollstonecraft, und er ließ ihr unruhiges Herz nicht gleichgültig. Zwischen den beiden gedieh eine zuverlässige Freundschaft. Joel Barlow, der amerikanische Dichter – Autor des satirischen Poems «The Hasty Pudding» –, zählte zu Miss Williams Zirkel – und so vor allem auch Thomas Paine, der große englisch-amerikanische Polemiker, der den Wahlkreis Calais im Konvent vertrat. Forster sagte von dem schwierigen Kollegen trocken: «Er ist besser in seinen Schriften zu genießen. Das Launige und Egoistische mancher Engländer hat er im höchsten Grade. Sein Gesicht ist feuerrot und voll purpurner Knöpfe, die ihn häßlich machen; sonst hat er eine spirituelle Physiognomie und ein feuriges Auge.»

Der rote Kopf kam nicht von ungefähr: Paine liebte den Wein und die «Lebenswasser», die man in Frankreich so kunstvoll destillierte, mehr als ihm zuträglich war. Das Französische beherrschte er noch immer höchst unvollkommen. Sein polternder Charme, der die Kollegen im Konvent zunächst nur entzückte, prüfte nun des öfteren ihren Gleichmut. Auf dem «Berg» begegnete man dem Amerikaner mit wachsendem Mißtrauen: Er hatte dafür plädiert, gegen den König Gnade zu üben, und, schlimmer noch, er war in dem so gründlich mißglückten Prozeß der Girondins gegen Marat als Zeuge der Anklage aufgetreten. Die Deputierten hatten diesen brillanten Wortführer der amerikanischen Revolution zum Bürger ihrer Republik ernannt. Die Montagnards vergaßen dennoch nicht, daß er ein Fremder war. Der generelle Argwohn, der den Bürgern des bedrängten Landes gepredigt wurde, richtete sich mehr und mehr gegen die Ausländer. Spitzel überwachten ihre Schritte. Sie denunzierten die Inhaber eines Cafés, die vor allem deutsche Zeitungen auflegten, verdächtigten die Besitzer eines Unterhaltungslokals, in dem zuviel deutsche Tänze gespielt wurden. Die Überwachungskomitees der Commune und ihrer Sektionen waren bei ihrer Einsetzung im März angewiesen worden, die Fremden nicht aus den Augen zu lassen.

Jene fatalen Ausschüsse waren eine gute Woche vor der Ankunft Forsters und seiner Freunde in Paris gebildet worden. Das Kontrollgesetz betraf nach dem Buchstaben weder ihn noch Adam Lux oder André Patocki (der elsässischer Herkunft war). Durch den formellen Anschluß der rheinisch-pfälzischen Region waren sie Bürger der Republik. Doch durfte man sicher sein, daß sich die Behörden der Logik des Rechtes beugen würden? War der größere Teil der deutschen Gebiete, noch ehe sie den Status ordentlicher Départements gewonnen hatten, nicht schon wieder beim Teufel?

Im April verlangte Robespierre im Klub die Entlassung aller ausländischen Generale. Er meinte vor allem die Deutschen und die Iren, die alles in allem ihre Pflichten brav erfüllten. Der Chef der Jakobiner aber entdeckte in der bedrängten Lage Frankreichs eine Arznei von magischer Wirksamkeit, die dem siechen und fiebernden Land unermeßliche Kräfte einzuflößen schien: den Nationalismus. Robespierre forderte eine generelle Gesetzgebung gegen die Fremden, die Danton – damals noch Justizminister – mit einiger Mühe zurückweisen konnte. Später notierten die Historiker, Robespierre und auch Danton sei angesichts «einer Welt von Feinden», die das Vaterland bedrohten, nichts anderes geblieben, als sich auf die Verteidigung der Nation zurückzuziehen: nur unter dem Druck von außen hätten sie auf die universelle Mission des großen Aufbruchs von 1789 verzichtet, um gleichsam die «Revolution in einem Lande» zu Ende zu bringen (wie schließlich auch Stalin mit Lenins Revolution verfuhr).

Natürlich war es in der bedrängten Lage ihr erster und wichtigster Auftrag, die Republik zu retten. (Zugleich nutzten sie jede Möglichkeit, die eigene Macht zu erhalten und womöglich zu mehren.) Was lag näher, als das weltbürgerliche Pathos der Anfänge dem Nationalstolz zu opfern, den die Könige mit der Expansion ihrer Herrschaft längst in den Gefühlen der Untertanen verankert hatten? Der Fremdenhaß mußte nur aufgescheucht werden: Er liegt in jeder Gesellschaft stets auf der Lauer. In Zeiten der Not braucht es allemal Sündenböcke – Danton wußte es so gut wie Robespierre. Es entsprach der «Nationalisierung» der Revolution, daß der Konvent zu Beginn des Jahres 1794 das Französische (anstatt des Lateinischen) zur Kultursprache der Republik erhoben und damit (laut Jürgen Voss) jenen Sprachzentralismus schuf, der die Regionalsprachen wie das Flämische und Baskische, das Katalanische, Provzenzalische und Elsässische in den Hintergrund zu drängen begann.

Chauvinistische Hitzköpfe verlangten alsbald, man möge alle Nicht-Franzosen in die zwei Kategorien «feindlich» und «nichtfeindlich» einteilen. Die Fremden sollten am linken Arm ein Band mit den Farben der Republik tragen, in das der Name ihres Herkunftslandes und das Wort «Hospitalité» eingeschrieben werde. Der Deputierte Bréard ging weiter: Alle Fremden gehörten eingesperrt, rief er, gleichviel ob freundlich oder feindlich gesinnt. Die Wohlmeinenden würden die Sicherheitsmaßnahmen zum Schutz der Nation schon verstehen... Als später ausgerechnet ein Gefolgsmann des ultraradikalen Jacques-René Hébert eine Einschränkung zugunsten der Fremden erbat, die in ihrem eigenen Land um der Freiheit willen verfolgt würden, trat ihm der angeblich so humane Danton entgegen: Wenn sich unter den Ausländern Patrioten befänden, rief er mit kalter Ironie, «dann sollen sie sich glücklich schätzen, für die Freiheit zu leiden... Wir können keine Ausnahme machen. Ich sage zugleich, daß jene, die uns mit der größten Verschlagenheit Schaden zufügen, auch jene sind, die sich am lautesten über die Opfer beschweren, die sie der Sache des Volkes bringen...» Robespierre redete später nicht anders, als er seine Schläge gegen die Ausländer führte.

In den letzten Mai-Tagen 1793, als in den Faubourgs der Sturm gegen die Gironde vorbereitet wurde, hatte es Forster vorgezogen, sich mit den Christies nach Luciennes (bei Saint-Germain-en-Laye) ins Landhaus des Bankiers Lecouteulx zurückzuziehen. Er erging sich im Garten und lauschte den Nachtigallen, Paris hätte er gern für geraume Zeit vergessen. Aber der deprimierende Verfall der Revolution quälte seine Seele auch draußen in jenem Idyll. Die Commune beherrsche den Konvent und schreibe ihm die Gesetze vor: «Die dazu erforderliche Grimasse nennt man hier eine Insurrektion», bemerkte er in einem seiner Briefe an Therese. «Die klügsten Köpfe, und ich glaube zugleich die tugendhaftesten Herzen unterliegen den Ruhestörern und Intriganten, die unter der Larve der Volksfreundschaft sich bereichern und sich zu Herren von Frankreich machen wollen. Hätte man alles das aus der Ferne wissen können!»

Das Gewäsch vom «Zorn des Volkes» wischte er beiseite: «Was man hier in diesen Tagen einen Aufstand nannte, war keiner, sondern eine Maschine, die der Gemeinderat (die Commune) in Verbindung mit denen vom ‹Berge› und den Jakobinern spielen lies, um endlich ihren großen Anschlag gegen die 22 Mitglieder, die ihnen so verhaßt sind, durchzusetzen. Die Feigheit des Nationalconvents war Schuld, daß es ihnen gelang.» Er ahnte, daß mit der Verhaftung der Girondins kein Schlußstrich gezogen war. Die «vom Berg» hatten einen Machtkampf gewonnen. Der nächste würde nicht lang auf sich warten lassen. Wie sagte Saint-Just: Man könne keine halbe Revolution machen? Die Feinde wechselten. Wer entschlossen war, der Revolution seinen Willen aufzuzwingen, mußte sie ganz und gar beherrschen, womöglich entgegen der eigenen Absicht – und allen Idealen, die man wie Fahnen geschwenkt hatte, zum Trotz. Die Dynamik des Willens, die «vollkommene Republik» zu schaffen, ließ sich so leicht nicht wieder einfangen – wenn es denn je gelänge.

Mit kalkulierbarer Logik wandte sich Robespierre zunächst nach links – gegen die Enragés, sekundiert von Marat, der sich ganz der Strategie der Jakobiner verschrieben zu haben schien. Die ersten Siege gegen die aufständischen Bauernarmeen und die antijakobinischen Revolten in den Städten verschafften ihm die Bewegungsfreiheit, die er dringend brauchte. Er fand, nun sei es an der Zeit, sich gegen die Extremisten von links zu wenden, die dem Konvent vorwarfen, er stimme nur über Vorlagen ab, die «von den Reichen für die Reichen» gemacht würden. Der schmächtige Anwalt aus Arras, der so bescheiden in seinen Stuben in der rue Saint-Honoré lebte, ohne Luxus, ohne Vergnügen, ohne Frauen, vermutlich ohne Liebe – dieser puritanische Biedermann schätzte die «unkontrollierte Revolution» von unten durchaus nicht. Zwar verstand er sich glänzend darauf, die Erregung der kleinen Leute als Instrument seiner Macht zu nutzen. Nun aber mußte, nun konnte die «Wut des Volkes» gezähmt werden, die er und Marat, auch Danton so oft hatten aufstacheln lassen. Das Proletariat, so befand die vulgärmarxistische Geschichtsschreibung in ihrer formelhaften Einfalt, sei für die Revolution «nicht reif» gewesen: Die Revolution hatte eine bürgerliche zu bleiben. Robespierre handelte nach ihrem Urteil logisch und vernünftig, als er die Linke zum Schweigen zu bringen versuchte. Marat schloß sich seinen Attacken an. Der Erzdemagoge, von seinen Ressentiments schlimmer verkrüppelt denn je, schien zu fürchten, daß er von den Radikalen überholt werde. Genauer als der Bürger Robespierre sah er den Vierten Stand hinter dem Dritten einhermarschieren.

Am 8. Juni wetterte Marat in seiner neuesten Zeitung, die «Le Publiciste de la République française» hieß, gegen die «Konterrevolutionäre» an der Spitze der Regierung, der Verwaltung, der Armeen. Die Bürger lud er ein, sich auf dem Marsfeld zu versammeln, um «untereinander und mit der ‹Bergpartei› ein heiliges Bündnis zu schließen...» Sein Appell schien ungehört zu verhallen. Wenig später beschwor er die Revolutionäre, auf die «falschen Grundsätze der unbeschränkten Presse- und Meinungsfreiheit» zu verzichten und «streng mit jenen Strolchen» zu verfahren, «die mit ihrer Stimme und ihrer Feder der Sache der Konterrevolution dienen». Dann folgte ein grandioser Satz, den der «Volksfreund» allen künftigen Diktatoren hätte vermachen können: «Es muß alles erlaubt sein, was zum Guten führt.» Der logische Anschluß: «Es darf jedoch nichts erlaubt sein, was sich nachteilig auswirkt: die Partei der Patrioten muß die Partei der Feinde vernichten, oder sie wird selbst vernichtet werden.» Für «gekaufte Pamphletisten» empfahl er keine Schonung: Ihre Druckerpressen sollten zerstört und sie selber in Zuchthäuser eingesperrt werden. «Aus dem selben Grunde sollte die Post überwacht, sollten alle gefährlichen Schriften aus dem Umlauf gezogen werden.» Am 12. Juli schließlich klagte der düstere Prophet, der die Freiheit nur durch die Unfreiheit retten zu können glaubte: «Es bringt mich zur Verzweiflung, daß ich immer und ewig die Kassandra der Revolution bin.» Dieses Amt hatte er gewählt, an ihm ging er zugrunde.

Jahr um Jahr hatte er seinen Anhang mit der Vision des drohenden Martyriums eingeschüchtert. Sehnte er den Opfertod heimlich herbei – als letzte und unkorrigierbare Bestätigung seines geschichtlichen Auftrags, als die Verklärung und glorreiche Rechtfertigung seines geschundenen, geduckten Ichs? Seine Todessucht, wenn es denn eine war, fand eine Gehilfin, die durch ihn unsterblich werden sollte: Charlotte Corday d'Armont, die Tochter eines kleinen normannischen Adeligen, 25 Jahre alt, für jene Zeit fast schon ein altes Mädchen. Die Mutter hatte sie früh verloren. Sie wuchs in Klosterschulen auf, lebte danach, da der Vater zum zweitenmal geheiratet hatte, bei einer alten Tante in Caen. Zwei ihrer Brüder dienten in der Emigranten-Armee des Prinzen Condé. Sie selber schien von keinem Heimweh nach der Monarchie erfüllt zu sein. Später stellte sie ruhig fest, sie sei Republikanerin schon vor der Revolution gewesen. Sie war Barbaroux begegnet, dem Marseiller Abgeordneten aus dem

Kreis der Girondins, der sich in Caen verborgen hielt. Eine Legende sagte ihr nach, daß sie ihn geliebt habe. Man sprach auch von einer Passion für einen jungen Mann, von dem man nicht viel weiß, Franquelin hieß er angeblich, doch Jules Michelet hielt den Spekulationen streng entgegen, daß Taten wie die ihre die «Jungfräulichkeit des Herzens» forderten. Wie die Jeanne d'Arc sei sie bis zu ihrem Tod ein Mädchen geblieben, und ihre Stimme sei rein und ganz kindlich gewesen.

Die Stadt Caen war ohne Zweifel ein Zentrum des rebellischen Geistes, der die Bauern der Vendée immer wieder zum Angriff gegen das revolutionäre Regime trieb. Nirgendwo aber fand sich der geringste Hinweis, daß Charlotte Corday eine Verbindung zu den Aufrührern unterhielt. Es war nicht einmal sicher, ob sie an der Unterdrückung der Religion und der Kirche gelitten hat, deren Freiheit nur auf dem Papier existierte. Sie lehnte hernach jeden Beistand der Priester ab. Sie wollte – wenn irgend etwas – eine Republik, die nicht von Blut und Haß besudelt sein sollte. Am 2. Juni war in ihren Augen das Recht, damit die Freiheit, damit der Friede zerstört worden. Das zählte mehr als die Gironde. Ihre Ideale glichen, nach einem schönen Hinweis von Nino Erné, denen des Deutschen Adam Lux, der sein Leben und seinen Tod wie ein Bruder, wie ein Geliebter mit ihrem Leben und mit ihrem Tod verweben sollte. In Marat sah sie – wie Lux, wie Oelsner, wie so viele – das Prinzip des Bösen verkörpert. Sie war besessen von dem Gedanken, ihn töten zu müssen. Die Folgen kannte sie.

Am 9. Juli 1793 bestieg Charlotte Corday die Eilpost von Caen nach Paris. Dem Vater hinterließ sie einen Brief, der für die Abreise ohne Abschied um Entschuldigung bat. Als ihr Ziel gab sie England an, denn sie hatte die Absicht, in Paris ihre Herkunft zu verschweigen, um die Familie nicht zu belasten. Diesem Vorsatz blieb sie nicht treu. Sie konnte es nicht, da sie den Auftrag übernommen hatte, für eine Freundin auf einer Pariser Behörde vorzusprechen. Im Wagen saß eine Gruppe von lärmenden Männern, die nach ihrer Gesinnung zur Bergpartei zählten. Sie versuchten, mit der hübschen jungen Dame zu tändeln, machten ihr diesen und jenen allzu durchsichtigen Antrag. Sie stellte sich schlafend und schlief schließlich wirklich. Nach ihrer Ankunft am 11. Juli begab sie sich unverzüglich in ein kleines ruhig-sauberes Hotel in der rue des Vieux-Augustins, nun die rue Hérold im 1. Arrondissement, nur einen Sprung weit vom Palais Royal entfernt. «La Providence» – «die Vorsehung» – hieß das Etablissement. Es wurde ihr ein Zimmer im ersten Stock zugewiesen. Von der Reise ermattet, legte sie sich nach einer Mahlzeit zu Bett. Sie ruhte lange und gut. Anderntags erledigte sie ihre Besorgungen, lief zum Tuilerien-Schloß und verfolgte von der Tribüne aus die Debatten. Marat war nicht anwesend. Man sagte ihr, er sei krank und halte sich in seiner Wohnung auf.

Am Morgen des 13. Juli begab sie sich, laut Gerichtsprotokoll, gegen acht Uhr zum Palais Égalité, kaufte in einer Boutique für Haushaltswaren ein scharfes Messer für zwei Livres, nahm einen Wagen und fragte den Kutscher, wo der Bürger Marat wohne. Er brachte sie zur rue de l'École de Médicine, wo der berühmte Mann das Haus Nr. 20 bewohnte, ein paar Schritte vom alten Kloster der Cordeliers entfernt, in dem er seine politische Karriere begonnen hatte. Da sie nicht vorgelassen wurde, kehrte sie in ihr Hotel zurück und schrieb dem «Ami du peuple» ein kleines Billett, in dem sie dringend um eine Unterredung ersuchte, da sie ihm Wichtiges mitzuteilen habe. Sie gab das Briefchen zur «Kleinen Post», die für eine rasche Besorgung garantierte. Am Abend gegen 7 Uhr 30 machte sie sich – wiederum mit dem Fiaker – auf den Weg über die Seine zum Hause Marats, und wieder vertrat ihr Simone Évrard, die Freundin des berühmten Mannes, den Weg. Umsichtig hatte Charlotte einen zweiten Brief aufgesetzt, in dem sie Marat noch einmal beschwor, er müsse ihr Gehör schenken, wenn er nicht versäumen wolle, dem Vaterland einen großen Dienst zu erweisen.

Der kranke Mann, der in einer hölzernen Badewanne Linderung für seine Hautkrankheit suchte, hörte draußen die Stimmen. Die erste Mitteilung Charlottes hatte er gelesen. So wies er Madame Évrard an, die junge Frau eintreten zu lassen. Ihr Wunsch, mit ihm allein zu sein, wurde respektiert. Der untere Teil der Wanne war mit Planken bedeckt. Die Szene konnte keine schamhafte Seele verstören. Dennoch beschäftigte sie die

Gemüter durch viele Generationen: La Belle et la Bête... Michelet schrieb voller Drastik: «Seine fettigen Haare, die mit einem Taschentuch oder Handtuch umwunden waren, seine gelbe Haut und seine dünnen Glieder, sein Froschmund gaben nur eine schwache Vorstellung davon, daß dieses Wesen ein Mensch war.» Das war eine schlimme Übertreibung – der große Geschichtserzähler wurde hier seinem eigenen Niveau nicht mehr gerecht. Aber in der Tat hatte der «Volksfreund» kaum eine Ähnlichkeit mit dem edlen und pathetischen Bildnis des Toten, das Louis-David gemalt hat.

Charlotte berichtete Marat von den Führern der Gironde in Caen. Er notierte sich die Namen und versicherte ihr, die Genannten würden binnen acht Tagen auf der Guillotine sein. Die junge Frau war völlig ruhig und beherrscht. Mit einer raschen Geste nahm sie das Messer zur Hand, das sie in ihrem Brusttuch verborgen hatte, und stach zu. Der Stoß war kraftvoll und erstaunlich präzis. Die Klinge drang unter dem rechten Schlüsselbein zwischen der zweiten und dritten Rippe in den Körper, durchschnitt die Lunge und die Aorta. Die Ärzte nahmen an, Marat sei auf der Stelle tot gewesen.

Es ist zweifelhaft, ob ein Hilfeschrei nach draußen drang. Der Aufruhr aber rief die Freundin und einen Diener ins Zimmer, der Charlotte mit einem Stuhl auf den Kopf schlug. Sie dachte nicht daran zu fliehen. Nachbarn kamen herbei, dann der Polizeikommissar, seine Gehilfen, schließlich einige Abgeordnete, unter ihnen der einstige Kapuzinermönch Chabot und Louis Legendre, ein gelernter Metzger, der sich im Klub der Cordeliers als der «Leutnant Dantons» nützlich gemacht hatte. Er wollte wissen, ob Charlotte am Morgen bei ihm im Gewand einer Nonne vorgesprochen habe. Nein, das müsse eine andere Person gewesen sein. Gern hätte er bestätigt gesehen, daß auch sein Leben in Gefahr war. Diesen Gefallen konnte sie ihm nicht erweisen: Sie wolle nicht die ganze Welt strafen, bemerkte sie spöttisch. Von Chabot sagte sie in einem Brief, den sie aus dem Gefängnis an Barbaroux schrieb, er wirke wie ein Narr. «Alle beide, die mich zum erstenmal sahen», sagte sie voller Ironie, «gaben vor, mich seit langem zu kennen.»

Die Menge, die sich draußen gesammelt hatte, drohte, die

junge Frau zu lynchen. Auf solch gewalttätigen Haß war sie nicht vorbereitet. Ihr wurde übel, erzählte Michelet. Sie fürchtete, zerfleischt zu werden. Im Abbaye-Gefängnis wurden die Vernehmungen fortgesetzt. Chabot machte sich, wenn man Michelet glauben darf, an der Gefesselten in unziemlicher Weise zu schaffen. Sie wehrte ihn mit brüskem Widerwillen ab. Irgendwann ließ man sie schließlich ein paar Stunden schlafen.

An jenem 13. Juli schloß Adam Lux in seiner Kammer in der rue des Moulins die Niederschrift eines Aufrufes ab, den er «Warnung an die Franzosen» nannte. Der Appell – Georg Wedekind übersetzte ihn später ins Deutsche – begann dramatisch genug: «Das Vaterland ist in Gefahr! Eile ein jeder herbei, es zu retten...» Nun müßten sich Unbefangene, «in keine Partei verwebte Männer erklären» und ihre Verantwortung übernehmen. Er, Adam Lux, fühle sich dazu berufen, als ein solcher Mann öffentlich aufzutreten. Seinen Biedersinn könne man nicht in Zweifel ziehen: «Ich greife die mächtigere Partei an, in deren Gewalt ich bin; so muß ich ja wohl tugendhaft oder närrisch sein.» Nach dem Sturz des Königs hätte es «weise Mäßigung und Duldsamkeit» gebraucht, «um die Wunden Frankreichs zu heilen», aber es kam anders: Im September «berüchtigten Andenkens» habe eine Handvoll Bösewichter schreckliche Verbrechen begangen... Seither gehe der «Kampf zwischen den Freunden der Ordnung und den Anarchisten». Den «Berg-Männern» gestand er zu, daß sie «Leute voll Kraft» und «echte Republikaner» seien, doch sie richteten durch ihr Ungestüm Unheil an, hätten die Mitglieder der «Ebene» eingeschüchtert und übten durch den Lärm ihrer Kreaturen auf den Tribünen steten Druck auf die Versammlung aus. Vom 31. Mai und vom 2. Juni an, «diesen Unglückstagen», sei die Freiheit des Konvents dahin gewesen. Er sei weit davon entfernt, die Mehrheit der Jakobiner strafbar zu finden, aber er behaupte, daß ihre Maximen der Freiheit entgegenstünden, und er behaupte weiter, daß die Führer der Jakobiner «strafbare Schurken» seien, «Schurken, die immer die Worte: Republik und Tugend im Munde führen...» Sie sängen das Lob eines Rousseau, eines Brutus und anderer Feinde der Unterdrückung, die doch unfehlbar guillotiniert worden wären, «wenn sie das Unglück gehabt hätten, unter dem Zepter der Helden vom 31. Mai zu leben.»

Das war für ihn der Kern des Übels: der Konvent war nicht mehr zu freier Handlung fähig. Seine «heilige Unverletzbarkeit» war gekränkt. Damit öffnete sich einer neuen Tyrannei Tür und Tor. «Meint Ihr denn, daß Freiwerden nur heiße, den Herrn zu wechseln? Wenn das Reich der Gesetze, wenn das wohl der Majorität des Volkes nicht der einzige Zweck Eurer politischen Handlung ist, wenn Ihr Eure Herrschsucht an die Stelle von all diesem setzt, dann werden wir nichts gewonnen haben, und Frankreich wird, anstatt des Kabinetts von Versailles, die Häupter der Pariser Jakobiner als Herren erhalten: hier gibt es nur den Unterschied, daß der Despotismus der letzteren weit scheußlicher ist.» Er forderte die Entmachtung der Commune und die Bestrafung der Urheber des Aufstandes gegen die Volksvertretung. Wenn man sich dazu nicht entschlösse, «dann gute Nacht Frankreich».

Adam Lux schloß seinen Aufruf: «Nach dieser meiner Erklärung kommt es nun auf euch an, mich in eure Gefängnisse zu werfen oder mich guillotinieren zu lassen. Aber ich trotze euren Unternehmungen, ich werde glücklicher sein, wenn ich für die heilige Sache der Freiheit leide...»

So schrieb ein Mann, der sich, nach einem Wort seines Freundes Wedekind, als «ein Priester der Wahrheit» betrachtete. Oelsner sagte, Lux gehöre die Ehre, «in der Unglücks-Epoche vom 31. Mai bis zum Sturz Robespierres der einzige gewesen zu sein, der die volle Stimme der Wahrheit zu erheben wagte». Jener Tag der Unterjochung des Konvents habe «auf seiner Seele mit brennender Zentnerlast» gelegen – «er mußte sich ihrer entladen, es koste, was es wolle». Nach seiner Ankunft in Paris habe er eine Hölle gefunden, «wo seine republikanische Seele den Himmel zu finden gehofft hatte. Die Einsamkeit... erbitterte ihn nur noch mehr». Der Freund lobte die Kraft seines Ausdrucks im Französischen. «Empfindung ist der beste Sprachmeister», schrieb er, sich erinnernd, daß Lux sich nur zögernd verständlich machen konnte, als er wenige Monate zuvor ins Land gekommen war. «Auf den ersten Blick sah man ihm den Biedermann von echtem Schrot und Korn an. Sein Händedruck ging einem durch Mark und Bein... So handfest war sein Charakter», fügte Oelsner in einer schönen und genauen Wendung hinzu. «Er sprach wenig; aber was er sagte, kam aus dem Inneren einer tief empfindenden Seele. Sein Kopf stand auf einem unbeugsamen Nacken.» Die «natürliche Anlage zur Melancholie» entging dem Landsmann nicht.

Die Nachricht von der Ermordung Marats lief durch Paris wie eine Sturmbö. Doch nüchtern wie immer notierte Célestin Guittard, der «Bürger», jedes Detail, das ihm die Nachbarn zutrugen. «Das ist ein großes Unglück», sagte er, obwohl ihm die Sprache des Hasses, der Ressentiments, der permanenten Drohungen, deren sich der «Volksfreund» bedient hatte, fremd, ja widerwärtig sein mußte. «Es ist wohl ärgerlich, auf diese Weise zu sterben, ohne Vergeltung üben zu können», schrieb er ohne eine Spur Ironie. Vom großen Bestattungszeremoniell, das die Revolutionäre – wie stets – meisterhaft und mit großem Gepränge zu inszenieren verstanden, war Monsieur Guittard fasziniert. Er vermerkte am 16. Juli, daß man Marats Leichnam in der Kirche der Cordeliers aufgebahrt habe, Kopf und Körper bis unter die Brust sichtbar. Die Beisetzung fand im Garten der Cordeliers statt. Robespierre hatte sich einer Überführung ins Panthéon widersetzt.

Am 16. Juli wurde die Mörderin von der Abbaye in die Conciergerie überführt. Am 17. der Prozeß. Charlotte Corday beantwortete die Fragen knapp und ruhig. Was habe sie zu ihrem Verbrechen angestiftet? «Die Verwüstungen, die von der Anarchie in meinem Vaterland angerichtet wurden.» Ob sie ihre Tat allein ausgeführt habe? «Ja.» Ob sie von jemandem inspiriert worden sei? «Von keinem Menschen.» Wer ihr die Adresse Marats gegeben habe? «Der Kutscher, ich notierte sie mit dem Bleistift.» Ob sie eine Freundin von Barbaroux oder eines anderen Deputierten sei? «Nein.» Welche Verbrechen Marat nach ihrem Urteil begangen habe? «Die Unordnung, die Anarchie, den Bürgerkrieg...» Ob sie die Absicht hegte, andere Deputierte zu ermorden? «Nein.» Der Name ihres Beichtvaters? «Ich habe keinen.» Seit wann sie Marat als ein Ungeheuer betrachtet habe? «Seit dem 31. Mai, dem Tag der Verhaftung der (girondistischen) Abgeordneten.» Ob sie Pétion und die anderen nicht als Aufwiegler betrachte? «Nein.» Habe sie Marat nicht als einen Mann bezeichnet, der Assignaten austeile – ihn, der arm gestorben sei? «Er schüttete die Assignaten aus, um den Bürgerkrieg anzufachen. Ich mußte *einen* Menschen ermorden, um hunderttausend zu retten.» Sie liebe die Republik nicht? «Doch, aber die Franzosen besitzen nicht genug Energie, um Republikaner zu sein. Ich sehe nur Egoisten, die ihr Glück auf die Trümmer des Glücks ihrer Mitbürger bauen möchten.» Befragt, ob der kalte, spöttische Ton ihrer Antworten gegenüber den Richtern nicht ungehörig sei, fragte sie (laut Oelsner) gelassen zurück: «Sie sind Richter? – Sie sind die Henker einer Bande von Verbrechern.»

In ihrem Brief an Barbaroux sagte sie, seit zwei Tagen habe ihre Seele Frieden gefunden: «Das Glück meines Landes bewirkt das meine.» Sie setzte hinzu, daß sie niemals ein menschliches Wesen gehaßt habe. Zuwenig wahre Patrioten wüßten für ihr Land zu sterben – fast alle seien sie Egoisten. Dann beklagte sie sich, daß sich zwei Gendarmen Tag und Nacht in ihrer Zelle befänden. Sie habe sich über die Ungehörigkeit beim Ausschuß für die allgemeine Sicherheit beschwert. Ohne Erfolg. Dies sei gewiß eine Erfindung des Deputierten Chabot: Nur ein Kapuziner sei imstande, auf solche Ideen zu kommen.

Man schickte ihr den deutschen Maler Johann Jacob Hauer in die Zelle (Georg Forster verwechselte ihn mit Louis David), um sie zu porträtieren. Von ihrer heiteren Ausgeglichenheit überrascht, fragte der Künstler: «Werden Sie immer diese Miene behalten?» – «Sorgen Sie nicht», antwortete sie, «ich bin nie anders, als Sie mich jetzt sehen.» Das Todesurteil war ihr sicher. Es sollte am gleichen Tag gegen Abend vollstreckt werden. Man fragte sie, ob sie einen Priester wünsche. «Nein!» Weil sie keinen unvereidigten bekommen könne? «Ich verachte alle beide.»

Oelsner gab an, er habe Charlotte Corday insgesamt viermal gesehen: Einmal wohl bei der Verlegung in die Conciergerie, ein zweites Mal im Gericht, das dritte Mal auf dem langen Weg im Todeskarren zum Hinrichtungsplatz, schließlich auf der Guillotine. «Ihre Fahrt zum Blutgerüst», berichtete er, «glich einem Triumphzug. Die «forts de la Halle» – wie man die Marktarbeiter nannte – «drängten sich, um sich eines gemeinen

Ausdrucks zu bedienen, wie vernarrt hinter dem Karren her. Der französische Pöbel empfängt jede Hinrichtung mit Jubel. Diesmal herrschte Stille.» Sie hielt nicht an.

Adam Lux bemerkte, als sie auf dem Armsünderkarren an ihm vorüberfuhr, ihre «unabänderliche Sanftmut», die sie «noch mitten in dem barbarischen Geheul der Volksmenge» bewahrte. Zwei Stunden – «von dem Augenblick an, als sie aus ihrem Gefängnis abgefahren, bis sie auf dem Schafott angelangt war – behielt sie die nämliche Festigkeit, ihre nämliche unaussprechliche Sanftmut. Da sie auf ihrem Karren weder Unterstützer noch Tröster gehabt hatte, war sie in einem beständigen Hohngelächter vieler Geschöpfe ausgesetzt, die nicht wert sind, Menschen zu heißen. Ihre Blicke schienen zuweilen den großen Haufen zu durchlaufen, um zu versuchen, ob nicht ein wahrhaft menschliches Geschöpf darunter zu entdecken wäre...»

Angeblich standen auch Robespierre, Danton und Desmoulins an den Fenstern, um die Mörderin zu sehen. Forster lief hinter dem Karren her, von ihrer vollkommenen Ruhe tief beeindruckt. Neben ihm Lux, vielleicht auch Oelsner. Auf dem Richtplatz beobachteten die Deutschen das entsetzliche Zeremoniell mit leidender Aufmerksamkeit: «Sie war blühend vor Gesundheit», schrieb Forster, «reizend schön, vor allem durch den Reiz der Unverdorbenheit, die sie umschwebte. Ihr schwarz-braunes, kurzgeschnittenes Haar machte einen antiken Kopf auf der schönsten Büste.» Als der Henker das Brusttuch abriß und ihren Busen entblößte, errötete sie ein wenig. «Ihre Heiterkeit blieb bis auf den letzten Augenblick auf dem Blutgerüst... ihr Tod tat mir wohl für sie. Du hast schnell ausgelitten, dachte ich.» Er pries die «Reinheit ihrer Seele» und ihre «schöne Heldenstärke». «Sie liebte die Republik und die Freiheit mit Enthusiasmus», schrieb Forster seiner Frau nach Neuchâtel, und sie «fühlte tief ihre innere Zerrüttung. Ihr Andenken lebt bei Hunderttausenden, die noch Sinn für einfache Größe haben, selbst unter denen, die Marats Rechtschaffenheit behaupten...» Oelsner sagte von ihr: «Schönheit und Anmut, Aufklärung und Geist, Vaterlandsliebe und Entschlossenheit, unerschütterlicher Wille und Verstand haben nie in einem so vollkommenen Bunde gestanden...» Diese junge Frau sei «der größte, der reinste und folglich der außerordentlichste Charakter, den die französische Revolution vorgebracht hat».

Lux setzte sich nach der Hinrichtung sofort an seinen Tisch und schrieb eine Hymne auf Charlotte Corday, die ihm zum Liebesgedicht wurde. Verzückt pries er – nach Wedekinds Übersetzung – «diesen so milden und durchdringenden Blick, der ihren schönen Augen entstrahlte und aus dem eine ebenso zärtliche als unerschrockene Seele sprach...» Er schrieb von «ihren entzückenden Augen, welche Felsen hätten rühren müssen! Eine Erinnerung, die einzig in ihrer Art und unauslöschlich ist! ... Der bloße Gedanke an diesen Engel, der zum Tode ging, wird mir Verachtung gegen die Macht ihrer Henkers-Knechte einflößen... Dein Andenken reizt und feuert mich an zu allen republikanischen Tugenden und daher zu unversöhnlichem Haß gegen die Feinde der Freiheit, gegen die Schurken, die Anarchisten und die Henkersknechte, welche sich des 31. Mai bemeistert haben...»

Voller Erregung schrieb er weiter: «Ich suchte hier das Reich der sanften Freiheit, aber stattdessen fand ich die Unterdrükkung des Verdienstes und der Tugend, den Triumph der Unwissenheit des Verbrechens. Ich bin es müde, so lang unter allen den Abscheulichkeiten zu leben, die ihr ausübt, und all das Unglück noch ferner anzusehen, das Ihr dem Vaterland bereitet! Es bleiben mir nur noch zwei Hoffnungen übrig: entweder als ein Opfer der Freiheit zu leiden und auf diesem ehrenvollen Schafott zu sterben; oder dazu beizutragen, daß Eure Lügen verschwinden... daß Eure Tyrannei aufhöre und daß an dem nämlichen Ort, wo die unsterbliche Charlotte Corday gestorben, ihr eine Ehrensäule errichtet werde, mit der Aufschrift: Größer als Brutus. – Paris am 19. Juli 1793 im zweiten Jahr der einen und unzertrennbaren Republik. Unterschrieben: Adam Lux, fränkischer Bürger.»

In einer Fußnote fügte er hinzu: «Wenn sie auch mir die Ehre ihrer Guillotine antun wollen, die künftig in meinen Augen nichts mehr als ein Altar ist, worauf man unschuldige Opfer schlachtet... wenn sie dieses wollen, sagte ich, so bitte ich sie, die Henkersknechte, meinem abgeschlagenen Kopf ebenso viele

Maulschellen geben zu lassen, wie sie dem der Charlotte geben ließen. Ich bitte sie, diesem Tiger-Schauspiel durch ihren kannibalischen Pöbel ebenfalls Beifall klatschen zu lassen ...»

Er zeigte das Manuskript Georg Forster. Der besonnenere Freund beschwor ihn, auf die Veröffentlichung der Schrift zu verzichten. Er schien nicht zu begreifen, daß Lux das Martyrium herbeizwingen wollte – wie Charlotte Corday und wie (in einem ferneren Sinn) auch ihr Opfer Marat.

Lux fand, es war erstaunlich, einen Drucker, der den prekären Auftrag übernahm, sein Plädoyer für Charlotte Corday und seine «Warnung an die Franzosen» zu setzen und zu vervielfältigen. (Er weigerte sich, als er schließlich vor Gericht stand, den Helfer zu verraten.) Oelsner erzählte: «Forster, mit dem Lux die selben Zimmer bewohnte, und den ich jeden Abend bei Thomas Christie sah, brachte mir sein Blatt. Lux hatte ihm das aufgetragen. ‹Aber um Gottes willen›, sagte ich zu Forster, ‹wie durften Sie es geschehen lassen? Diese Aufopferung könnte in jedem anderen Lande nutzen; hier wird man darüber spotten. Man wird sie ein Abenteuer nennen. Die Franzosen haben jetzt keinen Sinn für so etwas. Sie wollen nur durch Unglück gebessert sein.› Forster schien die Sache auf die leichtere Schulter zu nehmen und den völligen Untergang unseres Freundes für weniger ausgemacht zu halten. Er hatte es indes nicht an Vorstellungen fehlen lassen; doch sogar die Möglichkeit, ihn selbst dadurch in Gefahr zu bringen, war unwirksam geblieben.»

Lux hatte indessen einen Brief an Forster aufgesetzt, der ein Dokument der Umsicht und eines wahrhaft lauteren Charakters war. «Mein treuer Freund und Mitbürger!» schrieb er dem Gefährten, «Da eine Schrift, die ich ohne Ihr Wissen verfaßte und dem Druck übergab, im Publikum erscheinen wird; da mich die Verfolgungen, welche dieselbe mir zuziehen wird, in Ungewißheit über den Augenblick meiner Verhaftung lassen, so komme ich jenem Ereignis zuvor, um Ihnen mit diesen Zeilen ein Lebewohl zu sagen. Ich erkläre Ihnen hierin förmlich, daß ich meine Betrachtungen ohne Ihr Wissen niedergeschrieben habe ...» Er beurteile die politische Lage anders, vor allem aber kenne er die Erbitterung der Inquisitoren. Er wolle niemandem als sich selber der Gefahr aussetzen. «Glauben Sie ja nicht, daß ich Thor genug sei, um nicht das Schicksal vorauszusehen, das mir eine Schrift bereiten muß, die die Machthaber um so mehr verwundern muß, da sie mich nicht persönlich beleidigt haben. Allein mein Grundsatz ist, daß man, was es auch kosten möge, laut der gerechten Partei folgen müsse... Ich bin sehr vergnügt darüber, mit Ihnen während unserer Verbannung gelebt zu haben – ich danke Ihnen für alle mir erwiesenen Freundschaftsdienste und umarme Sie von Herzen. Leben Sie wohl. Adam Lux.»

Am Morgen nach dem Gespräch bei Thomas Christie suchte Conrad Engelbert Oelsner den armen und so starken Adam Lux in der rue des Moulins noch einmal auf. «Ich hielt es für meine Pflicht, ihm meine Achtung zu bezeugen, jede andere Empfindung würde ihn beleidigt haben. Ich fand ihn angezogen und ebenso ruhig, wie ich ihn nur je gesehen hatte.» Auch der junge Schwabe Georg Kerner kam. Lux schien, als er ihn sah, zu erschrecken. «Ich ließ ihm keine Zeit», erzählte der junge Arzt, «mich nach der Ursache meines Besuchs zu fragen – an seinem Halse weinend fluchte ich dem Schicksal, das eine solche Zernichtung der schönsten Hoffnungen und Aussichten zugeben konnte. Lux drang in mich, ihn zu verlassen, indem er jeden Augenblick seine Verhaftung erwarte und schlechterdings keinen seiner Freunde der geringsten Gefahr, dem geringsten Verdachte aussetzen wolle.»

Lux aber schien laut Oelsner seiner Verhaftung geradezu mit Verlangen entgegenzusehen. «Er erwartete sie und bat uns, ihn zu verlassen. ‹Es bleibt noch so viel zu tun übrig›, sagte er, ‹Sie müssen sich für eigene Handlungen sparen.› Die Zeit drängte; wir gingen. Ich habe ihn seitdem nicht wieder gesehen.» Am 25. Juli klopfte der Kommissar des revolutionären Überwachungsausschusses der Sektion Butte des Moulins an die Tür. Nach Kerners Bericht (den seine Witwe später an den jüngeren Bruder Justinus überlieferte) wurde Lux gefragt, ob er sich als Verfasser der beiden vorgewiesenen Schriften bekenne. Während der Kommissar das Protokoll aufsetzte, soll der Verhaftete «mit der größten Gelassenheit» gefrühstückt haben. Man entdeckte in einem Nähkasten sieben Exemplare der Druckschrift «Avis aux Citoyens français», ein Exemplar seines Pamphlets über Charlotte Corday, mehrere Manuskripte, darunter Briefe an die Bürger Pétion und Guadet. Als Zeugen waren anwesend: Madame Barnier, die Geschäftsführerin des Hotels, und der Bürger Feneaux vom Sicherheitsausschuß.

Angeblich wurde Lux von dem Deputierten Chabot verhört, der kurz zuvor gegenüber Charlotte Corday die schlechtesten Manieren bewiesen haben soll. Man führte ihn ins Gefängnis La Force. Dort fand er Miranda, den lateinamerikanischen Revolutionär und Befreiungskämpfer, den girondistischen Deputierten Vergniaud, seinen Kameraden Valaze. «Lux widmete, wie die meisten der anderen Gefangenen, den Vormittag der Lektüre», erzählte Kerner. «Vor dem Mittagessen versammelten sich alle in dem mit Alleen gezierten inneren Hof des Gefängnisses; man unterhielt sich hier mit vieler Freimütigkeit über die Zeitgeschichte und die Ereignisse des Tages, und hier war es, wo ich – dank sei dem Zufall, der mich begünstigte – mehr denn einmal in der Gesellschaft der edelsten Republikaner, die sozusagen schon den Giftbecher von ferne sahen, ganze Stunden zubrachte. Lux war von seinen Unglücksgefährten geschätzt und bewundert, das heißt, er wurde schon auf Erden für dasjenige schadlos gehalten, was man im gewöhnlichen Leben Unglück nennt. Die Kerkermeister, die Gefängniswärter selbst waren über seinen stoischen Mut betroffen – keine Klage entschlüpfte seinem Munde und jedes Verlangen, jede Forderung war von einer Würde begleitet, deren der freie Mann am wenigsten dann vergessen darf, wenn ihn die Sklaven in Fesseln halten...»

Es brauchte ein gutes Maß an unerschrockenem Mut, einen so gezeichneten Mann wie Lux im Gefängnis zu besuchen. Überdies wurde ein Erlaubnisschein des Revolutionsausschusses der Sektion gefordert, der zudem vom Sicherheitsausschuß der Commune unterzeichnet werden mußte. Kerner aber war, nach seinen Angaben, als Feuillant und als Girondin denunziert worden. So hütete er sich, «in die eine oder in die andere dieser Banditenhöhlen zu gehen. Meine abgeschnittenen Haare, meine langen Hosen und meine Jacke waren, verbunden mit meinem jugendlichen Aussehen, hinreichend, um wenigstens nicht gleich von den Gefängniswärtern (die immer damit anfingen, den Erlaubnisschein zu fordern) zurückgewiesen zu werden.

Als ich den Namen Lux nannte, verwandelten sich die finsteren Züge des Concierge, und die hundert Riegel sprangen vor mir auf. Eines Tages fand ich Lux mit dem ‹Journal de la Montagne› in der Hand sehr bewegt und beinahe entrüstet auf- und niedergehen. Ich wußte schon im voraus die Ursache.»

Der Mainzer Arzt Georg Wedekind war aus Straßburg herübergekommen, um am 19. August vor dem Revolutionstribunal gegen General Custine auszusagen, der für die Niederlagen seiner Armee und den Fall von Mainz zur Verantwortung gezogen wurde. Keiner der deutschen Jakobiner, berichtete Franz Dumont, sei bereit gewesen, sich für den Kommandeur zu verwenden, den sie noch «wenige Monate zuvor als ihren ‹Erlöser› und den ‹Führer einer großen Nation› gefeiert hatten». Auch Wedekind nicht, der zunächst nur auf die militärischen Fehler des Generals hinwies. Doch dann schrieb er in seinem holprigen Französisch an den öffentlichen Ankläger, «J'ai oublié hier quelques choses à dire...» Was er zu sagen vergessen hatte, war eine harte und bösartige Denunziation, von der er wohl wußte, daß sie dem General den Kopf kosten konnte: Custine sei kein Sansculotte, sei den Prinzipien der Revolution nicht treu geblieben und ziehe eine gemäßigt-monarchistische Regierung vor. Er habe dem Konvent nicht immer die Wahrheit geschrieben... Er, Wedekind, wollte mit diesen Hinweisen seine «Pflicht als guter Republikaner» erfüllen. Der Arzt, das machte die Denunziation nicht besser, trug dem General nach, daß er sein Versprechen nicht gehalten und ihm kein besseres Amt verschafft hatte. Er bürdete ihm überdies die Verantwortung für die Haft seiner Frau auf, die noch immer auf der Feste Königstein eingekerkert war. Georg Forster blieb eine Aussage erspart, da er sich während des Prozesses an der Nordfront befand: Der Wohlfahrtsausschuß hatte endlich den Plan der Reise genehmigt. Doch auch er, der einst so bewundernd über den «General Moustache» gesprochen hatte, wußte in seinen Briefen nichts mehr zu seinem Schutz zu sagen. Auch seine freundschaftliche Verbindung mit Custines Sohn schien sein Gemüt nicht zu berühren. Der junge Mann war übrigens mutig genug, im Palais Égalité eine Verteidigungsrede für seinen Vater an die Säulen zu schlagen. Célestin Guittard, der jede

Hinrichtung sorgsam vermerkte, schrieb schließlich am 28. August, daß um elf Uhr am Morgen auf der Place de la Révolution das Haupt des Generals Custine abgeschnitten worden sei: «Er trug Stiefel, einen blauen Gehrock mit einem roten Kragen über den Schultern, den Kopf kahlgeschoren. Das Schafott befand sich 24 Schritte hinter der Balustrade der Freiheitsstatue.» – Von nun an machte es sich die Republik zur Gewohnheit, Generale zu köpfen, die ihre Schlachten verloren hatten. Man konnte nicht sagen, daß diese Methode erfolglos war.

Wedekind aber setzte in jenen Tagen einen zweiten Brief auf, der ihm eher zur Ehre gereichte: sein Schreiben an das «Journal de la Montagne» war ein schlauer Versuch, Lux zu retten. Die Redaktion hieß seine Intervention offensichtlich willkommen. Er wies zunächst darauf hin, daß die Einsamkeit und profunde Studien der Metaphysik die Einbildungskraft des Gefangenen schon aufs höchste gesteigert hätten. Überdies sei sein ganzer Besitz vernichtet und verbrannt, seine Frau und seine Kinder befänden sich in den Händen der Preußen. Die Verbrechen der Aristokraten und die Uneinigkeit der Patrioten hätten seine Melancholie noch wachsen und zu einer Art Narrheit degenerieren lassen. Sie habe ihn veranlaßt, das Menschengeschlecht zu verabscheuen und den Tod herbeizusehnen. «Ein anderer Umstand hat jene Narrheit ergänzt. Lux liebte seine Frau und, obwohl er ein äußerst brennendes Temperament besitzt, hat er seit seiner Trennung von ihr in strengster Keuschheit gelebt.» Der Anblick von Charlotte Corday, «vielleicht der einzigen Frau, die er seit seiner Ankunft in Paris bemerkte, hat auf ihn eine extrem starke physische Wirkung ausgeübt – und die Verstörung, die Verwirrung und die schwarze Melancholie... seiner Seele bis zum Übermaß gemehrt.» Außerdem hätten die Girondins, «die alles taten, um die Deputierten von Mainz für sich zu gewinnen», nicht wenig dazu beigetragen, diesem Deutschen den Kopf zu verdrehen. Der anonyme Schreiber zitierte am Ende einen Mainzer Arzt (es war kein anderer als er selber), der empfohlen habe, es sei besser, Lux bis zu seiner Heilung in ein Hospital einzuliefern oder nach Amerika zu schicken, als ihm den Kopf abzuschlagen.

Der Gefangene war empört. Ohne langes Zögern setzte Lux

einen Brief an den öffentlichen Ankläger Fouquier-Tinville auf, in dem er energisch darauf hinwies, daß ihn «wohl oder übel wollende Menschen» – ohne ihn je gesehen zu haben – für verrückt erklärten. «Meinungen zu haben», sagte er furchtlos, «die von jenen der Machthaber abweichen, mag vielleicht ein Unglück oder ein Verbrechen sein, aber warum wäre es eine absolute Verrücktheit, nicht in allem mit jedermann übereinzustimmen?» Er wolle für die Republik keine unnütze Last sein, darum bitte er «um ein rasches Urteil, damit das Gericht entscheide, ob ich ein Republikaner oder das Gegenteil bin, ein Tollhäusler oder vernünftig, nüchtern oder wahnsinnig, unschuldig oder schuldig; denn alles andere ziehe ich der ungerechten und unverdienten Schmach vor, gefüttert und eingesperrt zu sein...»

Fast gleichzeitig erreichte Fouquier-Tinville das Denunziationsschreiben eines Deutschen: «Wäre nicht jedermann von Ihrem unermüdlichen Eifer überzeugt, die Feinde der Patrioten zu verfolgen, so würde ich Sie einer kleinen Nachlässigkeit gegen Adam Lux beschuldigen. Wie!, dieser verwegene Pamphletschreiber lebt noch?, er, welcher die Kühnheit hatte, Marat mit einem Ungeheuer und seine Mörderin mit Brutus zu vergleichen?! ... Ich, sein Landsmann, verlange die Anklage gegen ihn, und in Hinblick auf Ihren entschiedenen Patriotismus teile ich Ihnen mit, daß ich ihn bei den Cordeliers und den Jakobinern anzeigen werde, um seine Bestrafung zu beschleunigen. Ich verbleibe mit Achtung der Patriot Moeschenberg.» Das Revolutionstribunal aber war in jenen Tagen, wie Alfred Boerckel in einer Schrift über Adam Lux bemerkte, vollständig durch den Prozeß gegen die Gironde in Anspruch genommen. Auch Lux wurde als Zeuge vorgeladen. Dies gab ihm Gelegenheit, Madame Roland kennenzulernen, der er einen Brief seines Mitgefangenen Champagneux zusteckte. In ihrer Antwort nannte sie den Mainzer einen «ausgezeichneten Mann», und sie gab ihm eine Locke als Abschiedsgruß für den Freund mit.

Einundzwanzig Girondins wurden am 31. Oktober 1793 hingerichtet. Einen Tag danach, am 1. November, fand Antoine-Quentin Fouquier-Tinville die Zeit, Adam Lux zu verhören. Das Protokoll nannte seine «Apologie» für Charlotte Corday «pompös», und es verschwieg nicht, daß sein Herz an einer zärtlichen Neigung für jenes «abscheuliche Monster» gelitten habe, ja es sei von dem Verlangen erfüllt gewesen, sich mit der Mörderin «in den himmlischen Regionen zu vereinen». Es blieb nicht beim Spott. Der Ankläger warf ihm vor, er habe einer Diktatur des einstigen Innenministes Roland das Wort geredet. Zum Schluß ordnete der «Accusateur public» seine Überführung in die Conciergerie an.

Nach der Erzählung Georg Kerners steckte Lux die Anklageschrift mit einem Achselzucken in die Tasche: «‹Hier›», sagte er zu seinen Mitgefangenen, «‹mein Todesurteil. Dieses Gewebe von Abgeschmacktheit führt den Repräsentanten einer Stadt auf das Schafott, die mich abgeschickt hat, um einer von Euch zu werden. Ich endige im 28. Jahr meines Alters ein elendes Leben; – morgen werde ich kalt wie dieser Stein sein! Allein sagt denen, die euch von mir sprechen werden, daß ... ich der Annäherung (des Todes) mit Ruhe und Verachtung entgegen gesehen habe ...›»

Kerner berichtete weiter: «Er brachte die Nacht mit Schreiben zu, frühstückte mit Appetit, gab seinen Mantel einem unglücklichen Gefangenen, erschien um 3 Uhr vor dem Tribunal ...» Der Prozeß am 14. Brumaire des Jahres II – der 4. November 1793 – war die übliche Farce. Das Todesurteil stand von Beginn an fest. Gegen fünf Uhr bestieg Lux den Henkerskarren – zusammen mit der 32jährigen Witwe Marie-Madeleine Contelet, die einer Spinnerei in Reims vorstand und konterrevolutionäre Schriften verteilt hatte. Der letzte Weg führte nicht, wie üblich, durch die rue Saint-Honoré (unter den Fenstern von Robespierre vorbei), sondern an der Seine und den Mauern des Tuilerien-Schlosses entlang zur Place de la Révolution. Die Frau stieg zuerst aufs Schafott und umarmte die Henker, ihre Unschuld beteuernd. Lux folgte. Ein Zeuge berichtete, daß auch er das Gerüst «mit einer geradezu unglaublichen Kaltblütigkeit» betreten habe: «Er sprach, lächelte und sah ohne Bangen dem Tod entgegen.» Auch er soll, bevor er sich unters Messer legte, die Scharfrichter umarmt haben. Forster wurde später zugetragen, Adam Lux sei «aufs Schafott gesprungen».

Vier Tage nach ihm stieg Madame Roland aufs Blutgerüst. Mutig wie immer hatte sie Robespierre in ihren Briefen mit bitteren Wahrheiten konfrontiert. Nun wandte sie sich der Freiheitsstatue zu, die hinter der Guillotine aufragte. «O Freiheit!» rief sie (wenn die Legende zutrifft), «wieviel Verbrechen werden in Deinem Namen begangen.» Michelet erzählte, die 39jährige Frau sei schön und reizvoll bis in ihre letzten Stunden gewesen.

XVIII
Liebe und Tod 1793

Das Comité de Salut public, die eigentliche Regierung der Republik, wurde Anfang Juli 1793 neu vom Konvent gewählt. Seine Macht war nicht geringer geworden. Es verfügte nun, nach einem Vorschlag Dantons, auch über das Recht, Verhaftungen vorzunehmen. Der Tribun aber ließ wissen – seine Freunde, vor allem seine Feinde überraschend –, daß er auf eine Kandidatur für den Ausschuß zu verzichten gedenke. War es ihm damit ernst? Man weiß es nicht. Er hatte keine strahlenden Erfolge aufzuweisen. Die Armeen der Republik wurden an allen Fronten hart bedrängt. Valenciennes, die Grenzstadt im Norden, war von den Österreichern erobert worden. Die Rebellenarmeen in der Vendée behaupteten sich nach wie vor und bedrohten die Republik. In Lyon tobte der Aufruhr. Toulon war mit seinem Kriegshafen und der halben französischen Flotte in die Hände der Opposition gefallen. Tastende Bemühungen um Friedensgespräche führten zu nichts. Die Briten bissen nicht an. Die Preußen sahen keinen Anlaß, sich aus der Koalition zu entfernen, und die österreichische Haltung hatte sich mit den Siegen der Alliierten nur verhärtet. Man sagte, Danton habe auf geheimen Wegen wissen lassen, daß er bereit sein, Marie-Antoinette, ihren Sohn, ihre Tochter, die zarte «Mousseline», für einen Waffenstillstand einzutauschen (doch dafür fanden sich niemals zuverlässige Beweise). Zugleich unterzeichnete er – vielleicht um Druck auszuüben – ein Dekret des Wohlfahrtsausschusses, das befahl, den zehnjährigen Dauphin von seiner Mutter zu trennen. Marie-Antoinette kämpfte mit Trotz und mit Tränen für ihren «chou d'amour».

Es half nichts. Der zarte und kränkliche Knabe wurde dem Bürger Simon übergeben, der ihn mit Strenge und einer gewissen Gutartigkeit, gelegentlich wohl auch mit Prügel, zu einem kleinen Sansculotten zu erziehen versuchte. Hatten die Mutter und die Tante, Madame Élisabeth, dem Kind eingeflüstert, es sei nun Erbe des getöteten Vaters, trage den Namen Ludwig XVII. und sei König von Frankreich? Diese Idee trieb Monsieur Simon dem kränklichen Geschöpf ganz gewiß gründlich aus. Der hellsichtige Oelsner vermerkte, man werde den Kleinen wohl sterben lassen.

Am 2. August 1793 wurde Marie-Antoinette aus dem Temple in die Conciergerie gebracht. Das Revolutionstribunal war angewiesen, ihren Prozeß vorzubereiten. Jeder Gedanke, das kostbare Pfand gegen eine entscheidende Konzession des deutschen Kaisers einzutauschen, schien damit verworfen zu sein. Ein Verfahren gegen die Witwe Capet eignete sich vielmehr aufs glänzendste, das Volk von Paris durch ein erregendes Schauspiel von den täglichen Sorgen abzulenken und den revolutionären Zorn zu kanalisieren. Immerhin wurde der einstigen Königin in dem finsteren Gefängnis erlaubt, sich bei den Mahlzeiten bedienen zu lassen und mit silbernem Besteck von den Tellern eines hübschen Services zu essen. Auch gestatteten ihr die Kontrolleure unverfängliche Lektüre. Am liebsten las sie die Beschreibungen abenteuerlicher Reisen in ferne Welten. Vielleicht verschafften ihr diese Bücher für einige Augenblicke die Illusion der Freiheit? Georg Forster hätte es interessiert, daß sie mit besonderer Aufmerksamkeit einige Bände über die Reisen des Captain Cook studierte – nein, sein großer Bericht war kaum darunter. Niemand hatte ihn ins Französische übersetzt, und man durfte daran zweifeln, daß Marie-Antoinette die Lektüre von deutschen und englischen Büchern erlaubt war.

Es kam, wie es Danton, der nicht mehr gewaltige, vorausgeahnt haben mochte: Als er schließlich doch kandidierte, wurde er in den Wohlfahrtsausschuß nicht wiedergewählt. Robespierre hatte ihn verteidigt – aus welchen Gründen auch immer: aber das half nichts. Man warf ihm vor, er habe als Chef der Revolutionsregierung versagt. Der Glanz seines Namens begann blaß zu werden. Die alte Magie verlor ihre Kraft. Als das schmähliche Ergebnis der ersten Abstimmung im nächsten Wahlgang Anfang September korrigiert wurde, weigerte er sich, die Berufung anzunehmen. Er wollte nicht länger die Last der Verantwortung tragen und für die politischen Konsequenzen der Niederlagen büßen. Außerdem war er müde. Er war krank. Lange Monate hatte ihn der Schmerz über den Tod seiner ersten Frau Gabrielle bis in den Grund seiner Seele gequält. Doch drei Monate später stürzte sich der 35jährige, noch immer lebenshungrige Danton kopfüber in eine Passion für die sechzehnjährige Louise Gély, die hübsche Tochter eines frommen Gerichtsdieners. Das Mädchen lehnte den Heiratsantrag des berühmten Mannes zunächst ab. Dann bestand sie mit ihrem Vater darauf, daß die Ehe von einem unvereidigten, papsttreuen Priester geschlossen werden müsse. Der mächtige Revolutionär mit der «geheimnisvollen, wilden Energie» und der «poetischen Häßlichkeit», die ihm Michelet zusprach, beugte vor dem geistlichen Herrn seine Knie und bekannte seine Sünden, wie es das heilige Amt verlangte.

Dennoch konnte ihn das Glück nicht zum Abschied aus der Politik überreden. Es traf nicht zu, daß er sich, der reizvollen Louise verfallen, ins Idyll seines Landgutes Arcies-sur-Aube im Osten von Paris zurückzog – noch nicht. Später aber, in seinem Prozeß, wies er den Vorwurf seiner Verstrickung in verschwörerische Machenschaften mit dem urfranzösischen Wort zurück: «Wie soll ein Mensch zum Handeln geneigt sein, der sich jede Nacht voller Leidenschaft der Liebe ergibt?» Aber das war nichts als eine ironisch-grandiose Ausrede: der letzte spöttische Triumph eines Mannes, der das Leben liebte, über die ärmlich-ängstlichen Tugendwächter, die ihn schließlich besiegt hatten.

In Wahrheit harrte Danton bis zum Herbst in der Hauptstadt aus. Im Konvent glaubte «der Liebling der Massen» noch immer über eine starke Basis zu verfügen, die es ihm erlauben würde, sich auch gegen die «Diktatur der Ausschüsse» zu behaupten. Die Versammlung wählte ihn Ende Juli für zwei Wochen zu ihrem Präsidenten (der Vorsitz wechselte rasch). Aber am 27. Juli trat Robespierre auf den Kommandostand der Revolution: Das zählte mehr. Nur zögernd übernahm der spröde und reservierte Advokat die unmittelbare Verantwortung für die

Regierung. Doch rasch, da er die ganze Macht in den Händen hielt, lernte er, sie ohne Scheu zu gebrauchen – kühl, umsichtig, genau kalkulierend.

Der Revolution wurden Beine gemacht. Robespierre konnte sich auf die harte Entschiedenheit von Saint-Just und des gelähmten Couthon verlassen. Barère mit seinem unermüdlichen Fleiß führte die täglichen Geschäfte. Am 14. August wurde Lazare Carnot in den Wohlfahrtsausschuß gewählt: ein Mann von kraftvoller Entschlossenheit und eindrucksvollem organisatorischen Talent, vierzig Jahre alt, gelernter Militäringenieur, in den vorrevolutionären Tagen Mitglied der Akademie von Arras, der auch Robespierre angehört hatte.

Seiner Ernennung folgte zehn Tage später ein Dekret, das die «levée en masse» befahl: jeder Franzose zwischen 18 und 25 Jahren, sofern nicht verheiratet, wurde zum Dienst in die Armee berufen. Die allgemeine Wehrpflicht verband sich von nun an aufs engste mit der demokratischen Realität. Es gelang, ein Heer von 750000 Männern zu mobilisieren und an die Fronten zu schicken. (Zugleich war eine – nicht weiter erstaunliche – Konjunktur der Heiratslust zu beobachten: im Jahr 1793 sollte sich an manchen Orten die Zahl der Eheschließungen – gegenüber den Ziffern von 1789 – mehr als verdoppeln. Die Verheirateten wurden in der Regel von der Einberufung verschont.)

Die neue Massenrekrutierung – schon im Februar waren 300000 Männer ausgehoben worden – bewirkte keinen Rausch patriotischer Begeisterung mehr, doch darum kümmerte man sich nicht lange. Die revolutionäre Nation wurde in die Zucht genommen. Der innere, der äußere Feind mußte besiegt werden, gleichviel mit welchen Mitteln – darauf kam es an. Carnot schickte Beauftragte an alle Fronten, um die Generale in den Kampf zu jagen. Er entsandte Vertraute an die Brennpunkte der inneren Konflikte und drängte sie zur Niederwerfung der rebellierenden Städte. Er selber konzentrierte sich zunächst auf die Befreiung des belagerten Dünkirchen, und er hatte mit dem Unternehmen Glück. Er schickte junge Generale an die Fronten: Lazare Hoche, Charles Pichegru, Jean Baptiste Kléber aus Straßburg (der einst in der österreichischen Armee gedient hatte) und François Marceau – allesamt junge, couragierte und ruchlose Offiziere der Revolution, die sich für das Vaterland, für den Ruhm, zugleich aber für den eigenen Kopf schlugen, den kein General – das Beispiel Custines hatte es gezeigt – ganz fest mehr auf dem Nacken trug. Den Tod im Felde zogen sie einem Ende auf der Guillotine allemal vor. Der Einsatz war hoch, doch er verlieh ihren Operationen einen beispiellosen Elan.

Erste Erfolge – wie die Schlacht von Wattignies und die Entsetzung Dünkirchens – stärkten die Autorität des neuen Strategen im Wohlfahrtsausschuß. Vor allem aber wurde nun der Bürgerkrieg in der Vendée, die man einen «Friedhof der militärischen Reputationen» nannte, mit kompromißloser Radikalität geführt. Man warf auch die Besatzung von Mainz, die nicht mehr an den äußeren Fronten kämpfen durfte, unter dem Kommando von Kléber und des schneidigen Merlin de Thionville gegen die royalistischen Streitkräfte ins Feld. Zugleich sorgte ein Heer von Kommissaren für die «revolutionäre Disziplin» der Truppen und die Überwachung der Überlebenden.

Unter den Beauftragten des Wohlfahrtsausschusses befand sich Marc Antoine, der Sohn von Madame Jullien, der Frau des Konventsabgeordneten Jullien (de la Drôme), die von ihrem Enkel, dem radikalen Politiker Lockroy, ganz zu Unrecht als die «Bourgeoise de Paris» vorgestellt wurde: Sie wollte eine «citoyenne» sein und nichts anderes. Der Sprößling hatte die Schulen eben hinter sich gelassen, und er zählte ganze achtzehn Jahre, als er fürs Vaterland tätig werden durfte – «voll von politischem Esprit, Energie, Festigkeit, Vernunft», wie der Nachfahr voller Bewunderung feststellte. Der junge Mensch korrespondierte unmittelbar mit Robespierre, entlarvte Royalisten, hielt patriotische Erbauungsreden (wie er's von Vater und Mutter gelernt hatte), besuchte die Klubs. Er empfahl die härtesten Strafen für die Anführer der «christlichen Armee», jedoch Gnade für ihre Anhänger, die zur Reue bereit waren. Er organisierte vaterländische Feste, denunzierte – auch einen lästigen Kollegen –, wurde denunziert, ließ verhaften, wurde verhaftet, kam dank seiner glänzenden Beziehungen zum «Unbestechlichen» und zu Barère bald wieder frei.

«Jeder Tag», schrieb der junge Mann, «bringt mir neue Beweise der Verbrechen unserer Generale...» Er wünschte, daß die Guillotine an der Spitze der Armeen ihre Arbeit beginne, um die «wahren Briganten, die wahren Feinde der Republik, die wahren Mörder ihrer Verteidiger» endlich zu rächen. Der entschlossene junge Mensch schlug vor, einen einzigen Mann mit der Verantwortung des Kriegs in der Vendée zu beauftragen: Er sollte die Palme des Sieges tragen oder seinen Kopf am Schafott abliefern. Aus seiner Feder stammt der Entwurf eines Fragebogens, der bei der Säuberung des Klubs von Rochefort nützliche Dienste leistete. Jedes Mitglied sollte nachweisen, wo es sich in den ersten vier Jahren der Revolution aufgehalten, wo während des Aufstands der (girondistischen) Föderation, wieviel Vermögen es 1789, wieviel im Jahr 1793 besessen, ob es jemals konterrevolutionäre Aufrufe unterzeichnet, an patriotischen Literaturzirkeln oder Gesellschaften teilgenommen, für «schlechte Zeitungen» geschrieben und schließlich, was es für die Revolution geleistet hatte: eine gründliche Gesinnungsprüfung, wie jedermann zugeben mußte. Mit Geschick paßte sich der kleine Kommissar den taktischen Wendungen der Pariser Vorgesetzten an – kurz, er war das Muster eines revolutionären Jungfunktionärs, der tüchtigste Kleinstatthalter, den sich der Wohlfahrtsausschuß wünschen mochte. Freilich durfte man nicht vermuten, daß der junge Mann die Liebe allzu vieler Bürger in der Region der Rebellen gewinnen konnte.

Bertrand Barère, dieser geschmeidige Anwalt, der im Ausschuß so oft rhetorisch glänzte, verkündigte mit klirrender Stimme, im Bürgerkrieg seien alle Regeln des Anstands und der Menschlichkeit außer Kraft gesetzt: «Wir werden die Wälder abhauen», drohte er den royalistisch-katholischen Aufrührern. «Wir werden die Behausungen der Banditen abbrechen, die Felder abernten, das Korn hinter die Linien der Armee schaffen, das Vieh wegtreiben. Frauen, Kinder, Greise werden in das Innere Frankreichs verbracht.»

Es war ihm ernst, diesem begabten Vermittler, mit seiner Strategie der «verbrannten Erde». Turreau de Linières, der Verwaltungschef des Départements Yonne, verlangte: «Die Vendée muß der Nationalfriedhof werden.» Der General Grignon befahl, daß jedes Haus, das Verdacht erregt habe, in Flammen aufgehen müsse. Jeder Einwohner, der den Soldaten über den Weg laufe, sei mit Bajonetten zu durchbohren. Der Oberst Dupuis schrieb an seine Schwester: «Wo immer wir hingelangen, tragen wir das Feuer und den Tod. Alter, Geschlecht – nichts wird respektiert. Das ist entsetzlich, aber das Wohl der Republik verlangt es... Was für ein Krieg! Wir haben keinen Menschen gesehen, den wir nicht erschossen. Überall ist die Erde von Kadavern gedüngt.» Ein anderer Zeuge nach der Schlacht in den Straßen von Le Mans am 13. und 14. August 1793: «Man sieht nichts als Leichen, Gewehre, umgeworfene und ausgeräumte Wagen, unter den Kadavern viele nackte Frauen, die von den Soldaten vergewaltigt und getötet wurden.»

Der General Westermann – wie so viele der revolutionären Militärs ein Sohn des Elsaß – brüstete sich später in einem Schreiben an den Konvent: «Es gibt keine Vendée mehr... Ich habe die Kinder unter den Hufen der Pferde zermalmt und die Frauen massakriert. Ich muß mir keinen einzigen Gefangenen vorrechnen lassen. Ich habe sie alle vernichtet.» (Auch François-Joseph Westermann starb, die barbarische Prahlerei hat ihm nichts genützt, auf dem Schafott.) Der Abgeordnete Merlin de Thionville sprach von einer zerstörten und entvölkerten Landschaft, in der man am besten deutsche Flüchtlinge ansiedeln sollte.

Historiker unserer Tage nannten den Vernichtungsfeldzug ohne Rücksicht auf die alte Revolutionsmythologie ein Genozid. Das Wort ist kaum übertrieben. Die Zahl der Opfer kann nur geschätzt werden: nach Jean Tulard wurden allein in den vier Départements Vendée, Maine-et-Loire, Loire-Inférieure und Deux-Sèvres etwa 117000 Menschen getötet. Auch François Furet gab an, daß jene Region etwa zwanzig Prozent ihrer Bevölkerung verloren habe. Die Verwüstungen ließen sich nur mit denen des Dreißigjährigen Krieges in Deutschland vergleichen.

Die Niederlagen, die Opfer, die Anstrengungen, die Brutalitäten des inneren und äußeren Krieges verlangten, so ging es immer, eine Verhärtung der inneren Kontrollen. Am 30. August 1793 rief der Abgeordnete Royer Collard – ein Professor der Mathematik, der als gemäßigt galt –, der Terror sei «an der Tagesordnung». Das Signal wurde verstanden. Es war Warnung und Ankündigung zugleich. Die Vorstädte wurden – aus guten Gründen – von einer neuen Welle der Unruhe überschwemmt: der Mangel ging um und mit ihm eine schmerzhafte Teuerung. Es fehlte – wie so oft – das Brot. Der «Bürger von Paris» notierte, seit dem 10. Juli sei die Versorgung bedroht. Man müsse sich um vier Uhr morgens bei den Bäckern anstellen. Manche hätten schon um Mitternacht ihre Posten bezogen und die Nächte draußen verbracht.

Die Anführer der Enragés wußten die Lage zu nutzen. Sie peitschten ihren Anhang in den Faubourgs voran: Jacques-René Hébert allen voraus, der Herausgeber des «Père Duchesne» – nach Furets und Richets Beschreibung der heruntergekommene Sohn einer guten Familie. Lauthals nahm er für sich das Erbe Marats in Anspruch, dessen intellektueller Schärfe er gewiß nicht gewachsen war. Doch er war stets bereit, den «Volksfreund» an Ruchlosigkeit zu übertrumpfen. Freunde im Kriegsministerium sorgten dafür, daß seine Zeitung regelmäßig zu den Truppen gelangte. Das sicherte ihm einen gewissen Einfluß über Paris hinaus. Hébert, der Ex-Priester Jacques Roux (dem man nachsagte, er werde von dem royalistischen Agenten Baron Batz gelenkt) und Pierre-Gaspard Chaumette, der Prokurator der Commune, etablierten sich als die neuen Führer der Cordeliers. Der Aufsicht Dantons waren sie entwachsen. Seine Technik, die Straße für seine Ziele mobilisieren zu lassen, aber hatten sie nicht vergessen. Am 4. September zogen demonstrierende Bauarbeiter vors Rathaus, um Brot zu fordern. Sie wurden weitergelenkt: So stürmten sie am Tag danach ein anderes Mal den Konvent und verlangten, daß unverzüglich eine revolutionäre Armee gebildet werde.

Danton gelang es, zu seiner eigenen Überraschung, die Haufen zu zähmen. Er bediente sich, laut Norman Hampson, der bewährten Tricks: schwelgerische Komplimente an die Adresse des «Volkes», zornige Ausfälle gegen die «Konterrevolution», Konzessionen, die er vermutlich für zweitrangig hielt... Die Versammlung gab der Pression teilweise nach (wie fast immer) und beschloß die Etablierung einer «revolutionären Armee» von 6000 Soldaten und 1200 Kanonieren, eine Zwangsabgabe von 100 Millionen, vor allem aber – darauf kam es an – die Multiplikation des Revolutionstribunals: vier Kammern standen von nun an bereit, die Verdächtigen abzuurteilen. Die radikale Fraktion wußte nicht nur den Generalen, sondern auch den Richtern und den Geschworenen auf die Sprünge zu helfen. Die arrestierten Girondins erfuhren es, als ihr Prozeß durch einen Beschluß des Konvents rigoros abgekürzt wurde, um die gefährlichen Reden der Angeklagten zu ersticken. Der Konvent versuchte, durch Zugeständnisse seine Handlungsfähigkeit zu behaupten: Es half nicht viel. Der Schrecken von oben trat schließlich den Schrecken von unten nieder. Das war der Beginn des «Zweiten Terrors». Er steigerte noch einmal das Mißtrauen gegen die Fremden und Ausländer. Razzien wurden zu einer Pariser Gewohnheit. Conrad Engelbert Oelsner war schon im Januar in eine der Nacht- und Nebel-Aktionen geraten. «Gestern abend», schrieb er damals, «zwischen acht und neun Uhr, befand sich plötzlich das Palais Royal von Kanonen, von Wachen zu Pferd und zu Fuß, von innen und außen umringt; die Zuschauer wurden aus den Schauspielen, die Zerstreuung Suchenden aus den Kaffeehäusern, aus den Arkaden getrieben; wehe den Greisen, wehe! den jungen Frauen, welche ihre Sicherheitskarten vergessen hatten. Sie mußten sich's gefallen lassen, zwischen Waffen und Getümmel in freier Luft zu stehen, bis die Reihe an sie kam, nach ihrem respektiven Sektionscomité abgeführt zu werden. Sechstausend Personen sind auf die Art bei Nacht und Nebel durch die Straßen geschleppt worden; viele haben bis zum folgenden Morgen gewartet, ehe sie freigesprochen worden sind; zweihundert und fünfzig sollen in die Gefängnisse gebracht worden sein. Der Schreiber dieser Briefe befand sich auch unter den Arretierten und gesteht, daß ihn jedesmal ein Schauer überlief, wenn er den Verifications-Commissar zur Wache sagen hörte: ‹Der Bürger ist frei›; denn das Wort Freiheit ist verdächtig geworden, seitdem in Freiheit setzen, ermorden bedeutet hat...» Das war ein deutlicher Hinweis auf die September-Massaker von 1792.

Am 7. September wurde die Konfiszierung des Eigentums aller Fremden beschlossen, die aus den Ländern stammten, mit denen sich die Republik im Krieg befand. Zehn Tage später verkündete der Konvent die «loi des suspects». Das Dekret erlaubte, jeden «Verdächtigen» zu verhaften, was immer Anlaß oder Vorwand des öffentlichen Mißtrauens sein mochte. Oft genügte die Herkunft aus einem anderen Land, um eine Einkerkerung zu rechtfertigen. Seit dem Frühjahr war allen Ausländern, für die nicht zwei Bürger aus der Sektion ihrer Wohnung zeugten, der Aufenthalt in Paris untersagt. Es wurden ihnen rote Kennkarten zugewiesen, damit sie sich nicht als Franzosen ausgeben konnten. Die Lage der Deutschen wurde von Tag zu Tag weniger behaglich – auch wenn sie sich, wie Georg Forster, als französische Bürger betrachteten. Spürten die Mainzer Deputierten und ihre Freunde, wie nahe sie am Abgrund hausten? Anfang Juli registrierte das Revolutionskomitee der Sektion L'Unité den Hinweis, im Hôtel des Patriotes hollandais wohne eine Anzahl von Deputierten – unter ihnen die Girondins Pétion, Brissot, Guadet –, die ihren ständigen Wohnsitz verlassen und in jenem Haus Unterschlupf gesucht hätten. Aus dem Hotel, in dem sich auch die Mainzer Abgeordneten aufhielten, wagten sie sich nur des Nachts, um ihre Frauen aufzusuchen. Hatte der Spitzel bloß ein Gerücht weitergegeben? Oder hatte man Guadet, Brissot, Pétion tatsächlich in der kleinen rue des Moulins hinter dem Palais Égalité gesehen? Es wäre erstaunlich gewesen, wenn die Deputierten der Gironde sich auf ihrer Flucht in einem Gästehaus mitten in der Stadt verborgen hätten, nur eine Viertelstunde Wegs von den Tuilerien und vom Konvent entfernt... Im Verhaftungsprotokoll von Adam Lux und in der Anklage des Revolutionstribunals war die Denunziation nicht erwähnt.

Dennoch, Georg Forster hatte Glück, daß er wenige Wochen später mit einem offiziellen Auftrag zur Front reisen konnte. Oelsner notierte am 3. August: «Alle hier befindlichen Ausländer sind verhaftet worden, was weiter mit ihnen geschehen wird, steht bei den Göttern. Die Gefängnisse füllen sich, die Tore (der Stadt) sind geschlossen.» Sein nächster Brief (an den Freund Johann Gottfried Ebel in Zürich) datierte vom 15. August: «Was ich mir vorgestellt hatte, ist eingetreten; ich bin mit so vielen anderen Ausländern ins Gefängnis geworfen worden, mit Ausländern, die der Freiheit Opfer gebracht oder für sie geschrieben hatten. Wahrscheinlich säße ich noch, wenn nicht einige Leute von Bedeutung sich meiner angenommen und mich aus dem

Kerker gezogen hätten.» Oelsner gab an, wie Klaus Deinet nachwies, daß er sich schon vor dem 14. Juli 1789 in Frankreich angesiedelt habe. Das war eine Lüge: er hatte sich erst im Sommer 1790 in Paris eingefunden – ein Dekret vom 1. August aber verfügte die Festnahme aller Fremden, die erst nach diesem Datum im Land der Revolution Aufenthalt gesucht hatten.

In den Polizeiakten jener Tage fand sich eine Eingabe Oelsners, unverkennbar in höchster Erregung geschrieben – die großen Lettern bezeugten es lebhaft. Er habe sich nie als Preuße betrachtet, versicherte er: «Ich bin nicht mehr Preuße als ich Neger bin. Mein Land wurde –» er sprach von Schlesien – «nur durch die Gewalt der Waffen Preußen ausgeliefert. Vor sieben Jahren habe ich die Staaten verlassen, die man despotisch nennt... und ich bin niemals in jene Länder zurückgekehrt, deren Regierung ich verabscheue. Ich habe für die Sache der Revolution geschrieben, und schon darum muß ich, dem Gesetz zufolge, als französischer Bürger betrachtet werden.» Er nannte Zeugen, die für ihn aussagen würden, unter ihnen den Finanzminister Destournelles und den Außenminister Deforgues. Er fügte hinzu, daß auch Anacharsis Cloots (den er verachtete) und der Abbé Grégoire, den man den Befreier der Juden nannte, ihm ein «Zeugnis der Bürgergesinnung nicht verweigern» würden. Ferner verwies er auf den Gelehrten Bitaubé und auf den amerikanischen Dichter Barlow, der Bürger Frankreichs geworden war. Ein Brief des Finanzministers gab den Ausschlag. Oelsner wurde nach wenigen Tagen freigelassen. Auf Anordnung des Comité de sûreté générale wurde ihm ein Paß ausgestellt, der ihm erlaubte, aus Gesundheitsgründen einige Tage auf dem Land zuzubringen.

«Ich bin jetzt frei», schrieb er, «wenn man *den* frei nennen darf, der unter der unmittelbaren Aufsicht eines Revolutionsausschusses steht, ohne dessen Erlaubnis er keinen Schritt machen kann.» An dieser Art von «Freiheit» gab es keine Lust. Das Vergnügen an der Existenz des freien Bürgers, das er so liebte, wurde ihm gründlich ausgetrieben. Voller Bitterkeit notierte er: «Verräter und Dummköpfe, verstellte und wütende Fanatiker haben die Republik an den Rand des Abgrundes geführt, lange und gräßliche Drangsale werden über Frankreich einbrechen. Mit Ruhe und Nachdenken oder mit voller Freimütigkeit zu schreiben, ist jetzt durchaus unmöglich. Man kann sich mit nichts anderem beschäftigen als mit der Revolution, und» – das war Forsters Wort – «sie ekelt einen an. Die Vorzeichen zu den allerschauderhaftesten Maßregeln sind vorhanden. Es müßte mit einem Wunder zugehen, wenn es nicht zu gräßlicheren Auftritten käme als im vorigen Jahr.»

Zehn Tage später konnte er aufatmen: Er befand sich außerhalb der Schlagbäume von Paris «in einer ruhigeren Welt und reineren Luft». Entzückt betrachtete er die Landschaft um Saint-Germain-en-Laye: die Weinberge über der Seine, die kleinen Wälder, die Wasserkunst von Marly... War er, wie Forster in den stürmischen Frühsommertagen, Gast bei den freundlichen und reichen de Couteulx, die in Luciennes ein hübsches Landschlößchen besaßen? Er hatte das Glück, nicht allein zu sein: «Oh! Es gibt nichts Himmlischeres in der ganzen Schöpfung als meine geliebte junge Schottin Chr., bei der ich in lustatmender Betrachtung sitzend, ein ganzes Volk blühender, singender, tanzender Jungfrauen und das Geschwirr ihrer Jünglinge aus der Acht lassen konnte.» Entzückt fügte er hinzu: «Auch ich war in Arkadien! – Meister Poussin, weiß er das? – und (ich) bin's und werde es noch lange sein: denn ich ahne keine Sterblichkeit, wenn ich mich glücklich fühle...»

Der Zeuge der Revolution war verliebt. Die Seligkeit dieses Zustandes wurde ihm durch die junge Jane Christie zuteil, die vor ihm Georg Forster aufmerksam betrachtet hatte, freilich nüchternen Sinnes abwägend, ob er in ihr eine mögliche Partnerin der kommenden Jahre zu erkennen vermöge. Die Gefühle der jungen Frau hatte der Weltumsegler wohl nicht allzu gründlich erforscht. Sagte man nicht, sie sei an den Grafen Schlabrendorf gebunden? Jener sonderbare Mensch hockte noch immer in seiner Pariser Papierhöhle und wartete – worauf? Bestand er unbeirrt darauf, den Fortgang der werdenden Geschichte zu beobachten, ohne das geringste Bedürfnis, sich an ihren Handlungen zu beteiligen? Hatte er sich darauf eingerichtet, daß es ihm auf die Dauer denn doch kaum erlaubt sein würde, seine schützende Distanz zu bewahren? War er darauf gefaßt, in den Strudel gerissen zu werden? Oder schaute er nur fasziniert auf die Pariser

Gesellschaft, die trotz Mangel und Not, trotz ihrer Furcht, trotz der Todeskarren, die nun Tag für Tag zur Place de la Révolution rollten, nicht aufhörte, das Leben zu feiern?

Am 6. September war es soweit. Ein Protokoll des Comité de surveillance der Sektion Montagne vermerkte die Verhaftung des Gustavc Schlabrendorf im Maison Garni Nr. 16/88 rue de la Loi (die vormals rue Richelieu hieß), Alter: 42 Jahre, Beruf: homme de lettres, geboren in Magdeburg in Preußen. Erst lange Monate nach der Einlieferung ins Gefängnis Luxembourg wurde er, am 28. Floréal des Jahres II (das heißt am 17. Mai 1794) gründlich verhört. Die Fragen standen vorgedruckt auf einem Bogen großen Formats. Sorgsam trugen die Kommissare seine Antworten in die zugehörigen Sparten ein. Grund der Festnahme? Arrest aller Ausländer, mit denen sich Frankreich im Krieg befindet, Verdacht der Spionage, ferner der «Mangel an sicheren Existenzmitteln». Beruf? «Er sagt homme de lettres, wir haben dafür keinen Beweis.» Einkünfte vor und nach der Revolution? – Vor der Revolution sei er nicht in Frankreich gewesen, aber seit dem 12. Juli 1790 habe er durch den Citoyen Courton, Bankier in der Sektion Mont Blanc, die Summe von zwölftausend Livres in fünf Raten erhalten, die letzte am 27. April 1792. – Seine Beziehungen und Verbindungen? – Er habe nicht viele Menschen im Lande gekannt und nur wenige Leute bei sich empfangen, außer zwei jungen Männern aus Mainz. Seine Mahlzeiten habe er bei einem Restaurateur in der Maison Égalité eingenommen.

Das Protokoll schilderte Schlabrendorf als einen «sehr informierten, kalten Mann», der auf alles «außerordentlich neugierig» sei... «Im ganzen Verlauf unserer Revolution und in allen ihren bemerkenswerten Epochen» sei er zu «guten Prinzipien» gelangt. Den Fragern entging nicht, daß der Gefangene ausländischer und adliger Herkunft war. Er habe sich wenig in der Öffentlichkeit gezeigt, notierten sie, und sich, so schien es, schließlich im Zustand so großen Elends befunden, daß er genötigt gewesen sei, ohne die Leistungen seines Dieners auszukommen, dem er viel schulde, ebenso seinem Schneider und dem Bürger, der ihm sein Appartement vermietet habe. Das alles lasse ihn verdächtig erscheinen, ohne daß man eine einzige Verfehlung gegen ihn anführen könne. Für das Komitee zeichnete der Präsident Bonbon.

Ein Verfahren gegen den Grafen fand nicht statt. Also stand er niemals auf einer Liste von Todeskandidaten, die mit der Charette zur Guillotine gekarrt wurden. Also konnte es auch nicht zutreffen, wie eine schöne Anekdote erzählte, daß er seine Stiefel nicht gefunden und darum dem Schergen, der ihn abführen sollte, ruhig gesagt habe, er könne sich unmöglich in Strümpfen aufs Schafott begeben – warum man sich nicht bis morgen gedulde? Auf einen Tag komme es doch gewiß nicht an... Also entsprach es nicht der Wahrheit, daß er fortan einfach vergessen worden sei. Das Protokoll gibt auch Zweifel auf, ob jene andere liebenswürdige Erzählung der Realität entsprach, die besagte, daß er Conrad Engelbert Oelsner, der ihn mutig genug im Gefängnis besuchte, eine große Barschaft zugesteckt habe – mit der generösen Bitte, sich des Geldes zu bedienen, wenn er es brauche. Vielleicht hielt es der Graf für angebracht, dem verhörenden Ausschuß vorzuschwindeln, daß ihm der Zugang zu seinem Vermögen seit langem verwehrt sei. Doch konnte er die Schulden bei seinem Domestiken und bei seinem Schneider einfach erfinden? Wäre es ihm gelungen, dem Wachpersonal zu verbergen, daß sich manche Mitgefangenen seiner großzügigen Zuwendungen erfreuten, wie eine andere Legende behauptete?

Kerner besuchte ihn tapfer und treulich wie immer. Oelsner kam. Die gemeinsame Freundin Jane Christie schickte ihm einen ermutigenden Brief, der zweifellos auch zur Lektüre durch die Späher der Behörden bestimmt war: «Citoyen et ami», redete sie ihn an: «Im Augenblick der Revolution werden häufig die Unschuldigen mit den Schuldigen verwechselt, doch eine gerechte Nation weiß wohl die Unterscheidung zu treffen. Mit Vergnügen stelle ich Ihnen das Zeugnis aus, das ich Ihren reinen und patriotischen Prinzipien, Ihrer unbeugsamen Liebe zur Freiheit und zur Französischen Revolution schulde. Jedermann der Sie kennt, wird bereit sein, diese Wahrheiten zu bestätigen. Ich werde mich bemühen, heute abend den Prokurator der Commune zu sehen und ihn über Ihre Angelegenheit zu informieren. Ich werde ebenso rasch wie möglich einige Mitglieder des allgemeinen Sicherheitsausschusses sehen, und ich hoffe, daß keine so lange Zeit vergehen wird, bis Sie die Freiheit gewinnen, die Ihnen in jeder Hinsicht gebührt.»

Miss Christies lebhafte Bemühungen, die von ihrem Flirt mit Oelsner gewiß nicht beeinträchtigt wurden, fruchteten leider nichts. Sie schien Paris nicht lange danach verlassen zu haben. Da sie sich später über Schlabrendorfs Schweigen beschwerte, mag sie nicht geahnt haben, wie lange der Graf auf seine Freiheit warten mußte. Mary Wollstonecraft, die sich der Verhaftung der Ausländer dank einer vorgetäuschten Heirat mit dem Amerikaner Gilbert Imlay entziehen konnte – es handelte sich um einen fragwürdigen Herrn, der ihr zuvor ein Kind gemacht hatte –, fand die Courage, Schlabrendorf im Luxembourg-Gefängnis zu besuchen. Der Graf begann, eine zärtliche Neigung für die schöne und begabte Frau zu zeigen. Noch viele Jahre danach sprach er von ihrer «anmutsvollen Grazie» und von ihrem «seelenvollen Gesicht», das «mehr als nur schöne Regelmäßigkeit» gewesen sei: «Es lag Zauber bei ihr im Blick, in Stimme und Bewegung.» Seit dem 10. Oktober war überdies auch ihre Freundin Mary Helen Williams, die Schwester Cécilie Williams und die Mutter der beiden im Luxembourg: Um zwei Uhr früh hatte man sie, wie alle Engländer, aus den Betten geholt. Der Chef des Verhaftungskommandos aber war, wie die Dichterin berichtete, gütig oder gleichgültig genug, auf ihrem Sofa ein kleines Schläfchen zu halten, bis sie sich angezogen und im Nebenzimmer belastende Dokumente verbrannt hatte – unter anderem Briefe der Madame Roland. Einen Tag nach Weihnachten wurde die Dichterin mit ihren Angehörigen wieder entlassen. Schließlich gelang ihr die Ausreise in die Schweiz.

Im Gefängnis, schrieb Mary Helen Williams, habe sie die wahre Demokratie kennengelernt. In der Tat galten Alter, Herkunft, Klasse und Vermögen unter den Eingekerkerten nicht allzuviel. Innerhalb der Mauern schienen sich die Häftlinge unbefangen bewegen zu können. Es war auch erlaubt, Mahlzeiten bei den Traiteuren draußen zu bestellen. Ihre Mutter sei von früh bis spät damit beschäftigt gewesen, den englischen Schicksalsgenossen Tee zu servieren; an den Wänden ihres Zimmers hätten, so schrieb sie später, noch immer hübsche Tapisserien gehangen, Landschaften von romantischer Schönheit darstellend. Ihr Appartement habe den Namen «Cincinnatus» getragen – des römischen Diktators, der nach dem Sieg über die Feinde bescheiden auf seine Äcker zurückkehrte, «Brutus» sei der nächste Nachbar, und zu «Sokrates» sei es nicht weit gewesen.

Die Gefangenen vertrieben die Zeit mit Kartenspielen. Sie schrieben. Sie deklamierten Gedichte, lasen einander vor. Sie spielten Theater. Ab zehn Uhr abends, bemerkte Mary Helen Williams, sei lautes Singen verboten gewesen. Es gab Einladungen und Gegeneinladungen – kurz, es gelang ihnen, die Illusion einer Gesellschaft herbeizuzaubern, vielmehr: Sie schufen aus der Fülle ihrer Talente, ihrer Erfahrungen, ihrer Temperamente und ihres Verlangens eine Gegengesellschaft hinter Gittern. Freundschaften wurden gestiftet, bewährten sich oder zerbrachen. An Feindschaften herrschte wie immer kein Mangel. Flüchtige Flirts, Leidenschaften und wahrhafte Lieben waren bereit, geweckt zu werden. Der Tod, der draußen wartete, ließ alle Gefühle rascher und üppiger aufblühen. Für die Frauen war es nur ein Glück, wenn sie schwanger wurden: Wer ein Kind erwartete, wurde von der Guillotine verschont – wenigstens bis zur Geburt. Man sagte, daß dieser oder jener Kerkermeister mit einem weichen Herzen manchen hübschen jungen Männern, die draußen an den Gittern warteten, für eine Stunde Einlaß gewährt habe.

«Man stahl dem Schicksal alles», schrieb Michelet, «was man erwischen konnte... In diesem Sinn war die Gefangenschaft eine völlige Befreiung. Würdige Männer, ernste Frauen gaben sich zu tollen Aufzügen, zu Verspottungen des Todes her. Die beliebteste Belustigung war die Vorprobe des höchsten Dramas: das Anprobieren der letzten Toilette und das Einüben des Todesganges. Diese schauerlichen Possen ließen gewagte Darbietungen der Schönheit zu...» Selbst in der «düsteren Conciergerie, in die man nur gebracht wurde, wenn man sterben mußte», seien zu gewissen Stunden Vorgänge beobachtet worden, die der strenge Michelet als zynische Spiele empfinden mußte: «Nacht und Tod hüllten sie in ihr Geheimnis», sagte er verschämt.

Graf Schlabrendorf schien so etwas wie ein Genie des Gespräches zu sein. Das machte ihn auch im Gefängnis zum beliebten Gesellschafter. Die Anwesenheit reizvoller Frauen und der interessantesten Charaktere, seine unersättliche Neugier schützten ihn vor der Langeweile, dieser gefährlichen Feindin der Eingekerkerten. Gern suchte er die Unterhaltung des Freiherrn von Hompesch, der in Kriegsgefangenschaft geraten war: einer unter den vielen talentierten Hochstaplern, an denen das 18. Jahrhundert so reich war. Ein anderer, der preußische Baron von der Trenck, hatte den Grafen oft genug angebettelt, wohl nicht mit zu großem Erfolg. Das so sorgsam protokollierte Verhör vom 16. Mai 1794 blieb ohne Folgen. Man ließ Schlabrendorf schmoren. Am 20. Dezember 1794 setzte er, in einer fast kindlichen Schrift – und nicht in bestem Französisch – eine Petition für seine Entlassung auf. Als Zeugen führte er Forster an (der lange schon tot war), den Dr. Wedekind in Straßburg, den «revolutionären Apostel» Franz Michael Leuchsenring, Borelli, den einstigen Professor aus Berlin, Bitaubé, den Homer-Übersetzer, seinen Hotelwirt Lachaise und die Traiteure Savard in der Maison Égalité. Er habe, beteuerte er, immer dem Luxus und dem Umgang mit den Privilegierten entsagt, habe die Gesellschaft von Ausländern gemieden, sofern sie keine «revolutionären Philosophen» seien wie der Amerikaner Barlow und der Deutsche Forster. Dennoch sei er den Verleumdungen mehrerer Spione ausgesetzt gewesen, zum Beispiel jenen des Freiherrn von Wolzogen, der das Herzogtum Württemberg bis zum August 1793 als (diplomatischer) Agent vertreten habe. Die Zeit seiner «Zurückgezogenheit» (wie er die Gefangenschaft diskret bezeichnete) habe er genutzt, um über einen Plan für die demokratische Unterweisung nachzudenken, vor allem über eine Erleichterung des Gebrauchs der Sprachen in Europa – denn die Verständigungsschwierigkeiten seien ein Hindernis, das durch die Isolierung der Völker den Despotismus schütze. Seine Ruhe, seine emsige Arbeit, sein Eifer, wahre Bürger heranzubilden – trotz der Leiden, der Entwürdigungen, der Fallstricke und Gefahren von fünfzehn Monaten Haft –, seien nicht das schlechteste Zeugnis seiner Bürgergesinnung ...

Auf der Rückseite der Eingabe wurde vermerkt, daß sie (unter anderen) von dem Abgeordneten Georg Friedrich Dentzel (einst lutherischer Feldprediger im Régiment Royal Deux-Ponts, danach Pfarrer in Landau) und von dem Abbé Grégoire gutgeheißen worden sei. Nicht lange danach wurde der Graf in die Freiheit entlassen. Im Kerker hatte er sich, ein Ausweis seines Protestes, einen Bart wachsen lassen, der bald bis zur Brust und schließlich fast bis zum Bauch fiel. Er rasierte ihn nie mehr ab. Vielleicht erinnerte ihn der wallende Schmuck an die Erfahrung, daß die Monate seiner Gefangenschaft in gewisser Hinsicht eine hohe Steigerung des Daseins waren. Die Angst und der Tod erregten die Lebensgeister so vieler, ja sie brachten es zuwege, eine wahre Lebensgier zu wecken.

«Die Pariser gehen nie zu Bett», schrieb ein Beobachter der Epoche. Geheimagenten berichteten ans Ministerium des Innern, an den Tagen der Exekutionen seien die Bürger besonders dazu aufgelegt, Feste zu feiern und zu tanzen: «Wenn die Guillotine nicht am Werk war, war das Fest auch nicht so schön», sagte ein populäres Bonmot, das damals umging. Fast zärtlich nannte man die Köpfmaschine «Notre Dame de la Guillotine». Später, als der Terror sich steigerte, wurden makabre «Bälle der Opfer» gefeiert. Paris zählte in jenen Jahren an die 1800 Lokale, in denen zum Tanz aufgespielt wurde. Am liebsten tanzte man in den Klöstern, vom Reiz der Blasphemie beschwingt – bei den Karmeliterinnen im Marais, im Seminar von Saint-Sulpice, bei den «Filles de Sainte-Marie». Oft tanzten die kleinen Huren nach den Hinrichtungen um die «heilige Guillotine». Paris schien von einer wahren Tanzwut besessen zu sein. Auf dem Heimweg von den Exekutionen machten die Herren gern in einem Serail in der Nähe der Oper Station, in dem sie von zwölf- bis vierzehnjährigen Novizinnen erwartet wurden: «Der Anblick des Blutes erregte die Nerven und steigerte die Ungeduld der Lust über die verliebte Spannung zum unzüchtigen Fieber», schrieben die Goncourts: «Das Blut zog die Liebe an.» Am Schluß eines schaudernd-witzigen Couplets über die Guillotine sang man: «Je suis jolie, et surtout, je suis tendre, / Venez, messieurs, j'ai du plaisir à vendre» – «Ich bin hübsch und ich bin zart / Kommt ihr Herren, ich mach euch Vergnügen auf meine Art...»

Man sagte, daß der Kommandant der Nationalgarde, François Hanriot, oft die Gelegenheit wahrnahm, die leichten Brigaden im Garten des Palais Égalité zu inspizieren: «Bürgerinnen», rief er ihnen, wie üblich des Weines voll, mit schwerer Stimme zu: «seid Ihr auch *gute* Bürgerinnen.» – «Ja, unser General!» schallte die Antwort. «Seid Ihr auch gute Republikanerinnen?» – «Ja, unser General!» – «Verbergt Ihr nicht zufällig in Euren Zimmern unvereidigte Priester oder Österreicher oder Preußen?» – «Pfui, pfui! Wir bedienen ausschließlich die Sansculotten», riefen die Damen in heller Empörung.

Vergebens bemühten sich die Frauen der revolutionären Gesellschaften, den Bürgerinnen vorzuschreiben, wie sie sich zu kleiden hätten: ein schlichtes, wollenes Gewand und die rote Mütze – mehr sollte nicht erlaubt sein. Gegen solche Bevormundung lehnten sich selbst die Marktfrauen auf. Noch erlaubten sich die jungen Frauen nicht alle Kühnheiten, die nur ein Jahr später der Geschmack diktierte, als Madame Tallien nicht die geringste Scheu zeigte, ihren wohlgeformten Busen im Theater, in der Oper, auf allen Bällen bewundern zu lassen, als die Damen wenigstens eine Brust frei trugen und sich nur noch in zarteste Seiden, am liebsten in schwebende Gaze, in durchsichtige Musselin-Stoffe hüllten oder, um die Täuschung zu vollenden, eng anliegende hautfarbene Trikots trugen. Die Amazonentracht, mit der Théroigne de Méricourt Conrad Engelbert Oelsner und auch den strengeren Georg Forster beeindruckt hatte, war lang außer Mode geraten. Die Brüder Goncourt schrieben, daß man sich behutsam dem Zustand der Nacktheit angenähert habe.

Und die Liebe? Sie ließ sich vom Terror, vom Krieg, von der Not, von der Angst nicht besiegen – im Gegenteil. Mit und neben ihr feierten die Leidenschaften rasche Triumphe, und der Tod erwies sich als der beredsamste Advokat des Vergnügens. Der puritanische Michelet sprach mit einem gehörigen Aufwand an Pathos von der «neuen Gewalt, die in der blutigen Zeit ... ihre allmächtige Herrschaft antritt ... Unter der sichtbaren Strenge der republikanischen Sitten, unter den Schrecken und den Tragödien des Schafotts sind das Weib und die physische Liebe die Königinnen von 1793.» Die Bilder beunruhigten den Historiker, der eine lebhafte Vorstellungskraft besaß: «Da sieht man Verurteilte», schrieb er, «die unbekümmert, die Rose im Mund, den Karren besteigen. Das ist das wahre Bild der Zeit, sie geleiten den Menschen zum Tode, diese blutigen Rosen...» Man sang eine «Marseillaise der tödlichen Lüste» – man sang sie, laut Michelet, in den Gefängnissen, im Gerichtssaal und bis zum Fuß des Schafotts: «Die Liebe erscheint im Jahre 1793 als das, was sie ist: die Schwester des Todes.»

Die andere Schwester aber war das Vergnügen, das sich oft genug mit einer «erstaunlichen Gleichgültigkeit gegenüber dem Leben» paarte. Michelet sprach von einer «moralischen Cholera»: «Man stahl dem Schicksal alles, was man erwischen konnte.» Die Frauen sagten sich: «Wenn ich heute nicht liebenswürdig bin, dann ist es morgen zu spät.» Sie zögerten nicht, die Mächtigen mit all ihren Reizen milde zu stimmen. Manchmal hatten sie Glück. Die schiere Lust schien die Droge jener Epoche gewesen zu sein. Michelet sagte es anders: «Die Natur, die allmächtige, unzähmbare Natur, die nirgendwo kräftiger Wurzeln schlägt als auf den Gräbern», habe ihre Triumphe gegen «Krieg, Schrecken und Tod» gefeiert. Selbst Célestin Guittard, der kein Jüngling mehr war, vermerkte zwischen seinen sorgsamen Eintragungen der Exekutionen öfter als sonst die hübschen Stunden mit «Dasel», die niemand anders als die Nachbarin Madame Sellier war, deren Mann, gewiß zu ihrem größten Bedauern, bei der Gendarmerie im Felde stand, um die Feinde der Revolution zu schlagen.

Louise Fusil, eine gefeierte Schauspielerin, mit einem Adjutanten des schrecklichen Generals Turreau de Garamboiville verheiratet (der mit dem Namensvetter in der Vendée so brutal für Ordnung zu sorgen versuchte), sang mit dem schönsten Erfolg das Couplet: «À l'amour, je suis infidèle / Mais je suis fidèle au plaisir...» Das traf für viele zu: «Der Liebe nicht treu, wohl aber der Lust...» Das Chanson schloß poetisch genug mit dem Augenblick der Verführung: «Un soupir / Vient d'ouvrir / Le passage / Un songe a percé le nuage...» – «Ein Seufzer / Öffnet / Der Lust / Den Weg / Ein Traum hat die Wolke durchstoßen...»

Die Scheidung, erst ein Jahr zuvor durch ein Gesetz der Gesetzgebenden Versammlung möglich geworden, wurde rasch zu einer Üblichkeit der Gesellschaft. Das Verfahren forderte nicht zuviel Umstand. Jene Schauspielerin Louise Fusil berichtete mit völligem Freimut, daß sie ihr Mann am späten Vormittag mit dem Fiaker zum Rathaus gefahren habe. Natürlich versäumte er nicht, ihr galant aus dem Wagen zu helfen. Es brauchte nur der vorbereitete Vertrag unterzeichnet zu werden: In ein paar Minuten war alles erledigt. Sie sagte zu ihm: «Ich hoffe, daß Sie mir künftig nicht zu oft das Vergnügen ihrer Gegenwart vorenthalten, denn das wäre zu grausam... Nicht wahr, Sie kommen hin und wieder, um mich zu sehen?» – «Ganz gewiß», antwortete er, «immer mit dem größten Vergnügen.» Dann fügte sie hinzu: «Doch ich war bleich und meine Stimme war bewegt, obwohl ich alle Anstrengungen unternahm, mich zu beherrschen.»

Das Vergnügen ging weiter. Aber jenseits des permanenten Ausnahmezustandes, der für Paris zur Gewohnheit wurde, herrschte eine Art Normalität, selbst im Konvent. Die Deputierten leisteten – es war erstaunlich – inmitten des Aufruhrs trotz allem manche bewundernswerte Arbeit. Sie erließen Verordnungen, von denen ohne zu großen Aufwand gesagt werden konnte, daß sie die Welt veränderten. Am 1. August 1793 beschlossen sie die Einführung des metrischen Systems. Wenige Tage zuvor hatten sie die Installation von optischen Telegraphen genehmigt, die mit ihren Blinksignalen Nachrichten binnen kürzester Frist von einem Ende des Landes zum andern und von der Hauptstadt in alle Provinzen zu vermitteln vermochten. Von der Größe ihres Tuns völlig überzeugt, entschieden sie, daß die neue Zeitrechnung einen republikanischen Kalender verlangte, der rückwirkend mit dem 22. September 1793 begann: dem «primidi», dem ersten Tag der ersten Dekade des «Vendémiaire», in dem – wie der Name sagte – Weinlese gehalten wurde. Fabre d'Églantine, ein überaus fruchtbarer Poet von mittleren Gaben und ein enger Freund Dantons, wurde zusammen mit dem Pädagogen Romme beauftragt, neue Benennungen für die Tage und Monate des republikanischen Jahres zu erfinden. Sie folgten den Weisungen der Natur: dem Monat der Weinlese folgte der Nebelmond (Brumaire), der vom 22. Oktober bis zum 22. November währte, danach der Frostmond (Frimaire), der Schneemond (Nivôse), der Regenmond (Pluviôse), der Windmond (Ventôse). Im März begann der Mond der Keime (Germinal), ihm folgte der Blütenmond (Floréal), der Wiesenmond (Prairial), in dem das Heu eingebracht wurde, der Erntemond (Messidor), der Hitzemond (Thermidor) und schließlich der Monat der Früchte (Fructidor).

Jeder der neuen Monate wurde in drei Dekaden aufgeteilt – zum großen Mißvergnügen der Arbeiter, die nur noch an jedem zehnten Tage, nicht mehr an jedem siebenten ruhen durften. Der Tag der Rast sollte mit öffentlichen Zeremonien gefeiert werden: Um drei Uhr am Nachmittag versammelten sich, nach den Notizen Célestin Guittards, die Einwohner der Sektionen und marschierten bis halb sechs Uhr in großer Prozession durch die Straßen ihres Viertels, die Tambours voraus, die Bürger untergehakt hinterdrein, die Frauen und Mädchen in weißen Gewändern mit blau-weiß-roten Gürteln geschmückt. Zum Abschluß durften sie der Ansprache eines Philosophen in der Kirche Saint-Sulpice lauschen: «Es gibt keine Religion mehr und keinen Gott, denn alles ist die Natur», predigte der weise Mann. Danach Gesänge und weitere Ansprachen. «So wurde die neue Religion, vielmehr der Kult, heute in allen Kirchen von Paris etabliert», schrieb der «Bürger», seine Langeweile unter der üblichen Trockenheit verbergend.

Mit dem Fortgang der Tage machten es sich die Kalendermänner einfach. Sie hielten sich an die lateinischen Zahlen. Die Namen der Heiligen aber wurden durch die Namen der Früchte des Feldes und des Gartens, der Schätze der Natur, des Getiers und des Ackergeräts ersetzt. Das Jahr war in exakt 360 Tage aufgeteilt. Die fünf restlichen Tage, die man «überzählig» nennen mochte, sollten «sansculottides» genannt werden und republikanischen Festen geweiht sein. Zu feiern waren die Tugend, das Genie, die Arbeit, die Meinung und die Belohnung. Wohl mochten die erstaunten Pariser fragen, was an der «Meinung» («opinion») zu feiern sei. Die Erklärung ließ sie vermutlich ein wenig frösteln: An diesem Tag sollten die Bediensteten der öffentlichen Einrichtungen und Träger der staatlichen Ämter sich dem Urteil des Volkes stellen. Wer das Examen bestehen würde, dürfte bei der Fête de la récompense auf eine Würdigung hoffen. Bürger, die ohne Fehl und Tadel das sechzigste Jahr erreichten, sollten das Recht haben, eine weiße Schärpe umzulegen, die sich vermutlich hübsch zur «republikanischen Tracht» gefügt hätte, wie sie der Maler David entwarf: eine Tunika nach römischer Art, über die im Winter ein blaues Cape geworfen werden konnte. Die Beine sollten in engen Hosen stecken, die Schuhe mit Wadenriemen geschnürt, das Haupt mit einer Mütze bedeckt werden, über der ein Federbusch wehte. Die Knaben der Kriegsschule hatten das Nationalkostüm zu erproben, das mancher Betrachter eher für türkisch als römisch hielt (andere wiederum fühlten sich an altpolnische Trachten erinnert). Volkstümlich wurden diese harmlos närrischen, zum Teil auch abstrusen Einfälle nicht. Am sechsten «überzähligen Tag» in den Schaltjahren sollte das «Fest der Revolution» zelebriert werden. Die alte, die christliche Zeitrechnung aber hieß von nun an «l'ère vulgaire». (Sie trat im Jahre XIV wieder in Kraft: vom 1. Januar 1806 an galt auf Befehl des Kaisers Napoleon von neuem der Gregorianische Kalender.)

Begeisterung und Opportunismus sorgten dafür, daß die Kinder nicht länger christliche Namen aus der Zeit der Versklavung durchs Leben zu schleppen hatten. Wie viele Knaben durften «Brutus» und «Marc Antoine» heißen, «Cassius» oder «Caton», «Hercule» und «Guillaume Tell»! Wie viele Mädchen «Livia», «Lucrétia», «Liberté» oder «Victoire»! – nicht zu reden von den Benennungen nach den Helden der Revolution, die sich freilich als etwas riskant erwiesen, da so mancher Abgott der Republik schnell als Verräter entlarvt wurde. Es verstand sich, daß die royalistischen, die christlichen Namen der Straßen und Plätze verschwanden. Die Anpassung aller Symbole des öffentlichen Lebens an das herrschende Regime machte in den zwei Jahrhunderten, die der Revolution folgten, nicht nur in Frankreich Schule. Jede Generation demonstrierte seither den staunenden Erben ihr Talent zu Bombast und Servilität, immer mit der gleichen Feigheit und immer mit der gleichen Arroganz, schamlos und ohne die geringste Furcht vor der Lächerlichkeit, die in der Tat niemand zu töten schien.

Im Département Nièvre begann Joseph Fouché, der ehemalige Ordensgeistliche der Oratorianer, mit einem radikalen Prozeß der «Entchristianisierung», der kaum ein Gotteshaus und kaum einen Geistlichen schonte, ja nicht einmal vor den Friedhöfen haltmachte, von denen der Kommissar des Konvents sämtliche religiösen Symbole entfernen ließ. Über dem Portal wurde in großen Lettern die Inschrift angebracht: «Der Tod ist ein ewiger Schlaf». Für die Opfer der «Säuberung», die sich aufs Sterben vorzubereiten hatten, war dies wohl kein Trost. Den Henkern aber machte die schöne Phrase die Verrichtung ihres Handwerks vermutlich ein wenig leichter.

Fouché eilte mit seiner Kampagne gegen die Kirche den Entwicklungen in der Hauptstadt nur wenig voraus. Chaumette, der ehemalige Anatomielehrer, Hébert, der Dirigent der mächtigen Commune, und Anacharsis Cloots, der «Botschafter und Redner des Menschengeschlechtes» vom Niederrhein, machten sich in Paris ans Werk, den Bürgern die letzten Reste des christlichen Aberglaubens auszutreiben. Am 7. November zwangen sie den Erzbischof Jean Baptiste Joseph Gobel (aus Thann in den Vogesen), der erst zweieinhalb Jahre zuvor mit pompösem Aufwand in sein Amt eingesetzt worden war, vor dem Konvent seiner geistlichen Würde zu entsagen. Drei Tage später feierten sie in Notre-Dame das «Fest der Freiheit und der Vernunft». Marie-Joseph Chénier, der Hauptpoet der Revolution, schrieb die Verse; François-Joseph Gossec, ein grundkonventioneller Komponist, der den klassizistischen Faltenwurf liebte, setzte die Musik für jenes Zeremoniell auf, das dem Sonderbaren näher als dem Erhabenen war.

Im Chor der Kathedrale hatte man eilig einen kleinen Berg aufgetragen, auf dessen Felsen die «Fackel der Wahrheit» leuchtete. «Descends, ô Liberté, fille de la nature...» intonierten die Opernsänger voller Weihe: «Steige nieder, Freiheit, Tochter der Natur...» Doch es war die Göttin der Vernunft, die in einem hübschen Tempel auf dem Kunstgebirge thronen durfte: keineswegs, wie die Legende behauptete, ein Flittchen vom Palais Égalité. Die Rolle könnte vielmehr der geachteten Schauspielerin Maillard zugefallen sein, die freilich für den seltsamen Auftritt schon allzu korpulent gewesen sein mag. Eher eignete sich, laut Lenôtre, die schlanke Choristin Aubry für die Rolle: Das weiße Gewand mit der roten Mütze, der blaue Mantel und die Pike standen ihr vermutlich besser. Zu Füßen der Dame saßen junge Mädchen in duftig-weißen Gewändern, mit Eichenzweigen bekränzt.

Alle Priester, berichtete der Bürger Guittard, sollten nun die Dokumente ihrer Priesterweihe verbrennen lassen und der katholischen Religion abschwören, um nur noch dem Kult der Vernunft und der Freiheit zu dienen: Die Kirchen seien überflüssig geworden. In den Tempeln der Vernunft gebe es statt der Messen, der Vespern, der Predigten, des Katechismus moralische Unterweisungen und Hymnen zu Ehren der Freiheit. Robespierre aber betrachtete diese neu-heidnischen Narreteien voller Verachtung. Sie waren in seinen Augen nur geeignet, das Bürgertum zu verstören. Vielleicht regte sich in seiner dürftigen und dennoch empfindsamen Seele auch eine Spur von Eifersucht. «Man darf den Fanatismus nicht durch einen neuen Fanatismus angreifen», rief er voller Ärger. «Robespierre war Deist» – ein Gottgläubiger – «aus Veranlagung und Tradition», schrieb der Historiker Louis Madelin, «da er mehr als jeder andere in Gott den Gendarmen sah und der Religion des Gehorsams huldigte.»

Das war eine geistreiche, freilich auch ungerechte Formulierung. Der «Unbestechliche» verabscheute die Exzesse und Narreteien der radikalen Entchristlichung des öffentlichen Lebens. Aber auch er zählte zu den Begründern der republikanischen Religion, in der sich die Verehrung der Antike, Elemente der Aufklärung, die Verehrung der Natur, die Feier des einfachen, des bäuerlichen Lebens (mit einem leichten Geruch von Blut und von Boden), Staatstreue und ein flammender Patriotismus mit dem Glauben an den vernünftigen Schöpfer merkwürdig vermengten. Ihm lag soviel wie Danton am Herzen, daß dem Staat und der Nation die Weihe einer quasireligiösen Hingabe zuteil wurde.

Frankreich wurde jener Religion der Republik hernach niemals ganz untreu. Sie überstand die Restauration und zwei Kaiser. Sie drang im Gang der Jahrzehnte von der Linken zur Mitte und schließlich zum konservativen und katholischen Bürgertum vor, bis sie durch einen republikanischen Führer von monarchischem Zuschnitt zum allgemeinen Besitz des Volkes wurde: General de Gaulle.

Das letzte Symbol des königlichen Frankreichs, der kleine Dauphin, dämmerte im Turm des Temple der Vergessenheit und einem frühen Tod (am 8. Juni 1795) entgegen. Mit Marie-Antoinette aber, der Mutter, sollte jede Erinnerung an die Macht der gottgesalbten Monarchen ausgelöscht werden. Sie hatte, als sie am 12. Oktober 1793 vor das Revolutionstribunal trat, eine Würde gewonnen, die sie zuvor nicht in gleichem Maße besaß: Die Tochter der Maria Theresia verteidigte sich in guter Haltung und ohne die geringste Hoffnung, ihren Kopf zu retten. Die Beleidigungen Héberts, der ihr eine inzestuöse Beziehung zu ihrem Söhnchen anhängen wollte, wies sie in einer Aufwallung des Zornes zurück – dieses eine Mal an das Mitgefühl der Mütter und Frauen unter den Zuhörern appellierend. Sie hatte ihre Schönheit verloren, aber sie war menschlicher geworden als in den Tagen des Glanzes und des Kampfes um die Krone. Als der Karren auf dem langen Weg von der Conciergerie durch die rue Saint-Honoré ratterte, erfaßte der Maler David die Gestalt der alt gewordenen Frau (die erst 39 Jahre zählte) mit seinem kalten und genauen Blick: Aufrecht saß sie auf dem Holzbrett des Gefährtes, die Arme hinter dem Rücken gefesselt, das Haupt erhoben, doch die Augen gesenkt, die Mundwinkel bitter nach unten gezogen, ein Häubchen über dem hastig abgeschnittenen Haar. Rasch fertigte er eine Skizze. Neben ihm stand Madame Jullien, die erzjakobinische Bürgerin und Frau eines mediokren Abgeordneten, Mutter des kleinen Kommissars in der Vendée, längst eine Vertraute der Familie Robespierre. (Gern unterhielt sie sich mit der Schwester ihres Idols über Hausfrauenprobleme, die schlichte Natürlichkeit der Mitbürgerin lobend.)

Tapfer und ohne Zögern stieg Marie-Antoinette auf das Schafott. In Paris ging die Legende um, sie sei dem Henker versehentlich auf den Fuß getreten: «Monsieur», soll sie als letztes Wort gesagt haben, «ich bitte Sie um Entschuldigung, ich habe das nicht mit Absicht gemacht.» Genau drei Wochen später köpfte das «Rasiermesser der Nation« (nach einem Wort Héberts) ihren Vetter Philippe Égalité. Einen Tag danach Jeanne-Manon Roland. Ihm folgte Bailly, der erste Bürgermeister der revolutionären Epoche. Kein Tag verging mehr, an dem die Karren nicht neue Delinquenten, prominente und unbekannte, arme und reiche zum Hinrichtungsplatz beförderten. Die Guillotine war in der Tat eine «Sichel der Gleichheit».

Der Terror aber – es war kaum erklärlich – schien den revolutionären Truppen neuen Elan zu verleihen. Angst, Trotz und kalter Idealismus ergaben ein aggressives Gemisch. Die revoltierenden Städte fielen, eine um die andere, an die jakobinische Zentralmacht zurück: Zuerst Marseille, das zur Strafe für seinen Abfall in die «Stadt ohne Namen» umbenannt wurde, danach Bordeaux, das der radikale Journalist Tallien einer grausamen und willkürlichen Herrschaft unterwarf, bis er von der schönen Thérésa Cabarrus, die er aus dem Gefängnis befreit hatte, von der Erfüllung der revolutionären Pflichten abgelenkt wurde. Dank ihres Einflusses sank die Zahl der monatlichen Hinrichtungen um mehr als die Hälfte, und schließlich wurde die Guillotine ganz zum Stillstand gebracht. Solches Glück wurde Lyon nicht zuteil, das von nun an «Ville-affranchie», «Befreite Stadt», heißen sollte. Collot d'Herbois, der einstige Theaterdirektor, erklärte brüsk: «Lyon hat Krieg gegen die Republik geführt – Lyon ist nicht mehr.» Fast gleichzeitig wurde Nantes den Rebellen entrissen und schließlich – am 19. Dezember 1793 – Toulon den Briten abgenommen, wobei sich der 24jährige Artilleriekommandeur Bonaparte auszeichnete. Als «Port-la-Montagne» kehrte die Hafenstadt in den Schoß der Republik zurück.

Doch das waren Albernheiten. In Wirklichkeit wurden die Städte den schrecklichsten Strafgerichten unterworfen. Die Befreier hausten schlimmer als fremde Eroberer. Viele der schönsten Bauwerke wurden in Lyon einfach niedergerissen, die Vermögen der Reichen beschlagnahmt, die Häuser der Bürger geplündert, die Menschen geschunden. Da die Köpfmaschinen nicht schnell genug arbeiteten und Erschießungen zu umständlich waren, bedienten sich die Schergen unkonventioneller Methoden. In Nantes wurden die zum Tode Bestimmten – an die sechstausend Menschen waren in die Gefängnisse gepfercht – kurzerhand auf Frachtkähne verladen und in der Mitte der Loire ins Wasser gestoßen: das waren die berüchtigten «Noyades», die ein Wort des Entsetzens bis in unsere Tage blieben. Man nannte die Zahl von dreitausend Ertränkten. Der Kommissar Carrier, der seine blutige Karriere in der Bretagne begonnen hatte, galt als der Erfinder der «republikanischen Hochzeiten»: Die Opfer wurden – wenn die schreckliche Legende denn zutraf – paarweise nackt aneinandergefesselt und ins Wasser der Loire geworfen, die der Scherge in seinen Berichten «fleuve révolutionnaire» nannte.

In Lyon führte neben Collot d'Herbois der einstige Priester und Schulmeister Joseph Fouché – hernach der erfolgreichste Polizeiminister in der Geschichte der westlichen Welt – ein Regiment des Schreckens. Gefangene, die von keinem Gericht verurteilt waren, ließ er aneinander binden und aus nächster Nähe von Kanonen zusammenkartätschen. Die Geschütze hatte man nicht mit Kugeln, sondern mit gehacktem Blei geladen: Das waren die «Mitraillades». Mit Kolbenschlägen, Bajonettstichen, Schüssen und Säbelhieben wurde «erledigt», wer die Kanonade überlebt hatte. Die zerstückelten Leichen warf man in die Rhône. Fouché schrieb voller Genugtuung nach Paris, die Kadaver sollten «bis an die Mündung, zum infamen Toulon schwimmen», um die «Verräter» dort drunten aufzuschrecken. «Ja, wir wagen zu behaupten, daß wir viel unreines Blut vergossen haben», fügte der Kommissar hinzu: «einzig aus Menschlichkeit und Pflicht.» In seinen Memoiren behauptete dieser Mörder, er habe «nur Schlimmeres verhütet». In Wahrheit organisierte er eine böse Ouvertüre der Massenhinrichtungen, die sich nach der Niederwerfung der Pariser Commune im «blutigen Mai» 1871 in großem Maßstab wiederholten; sie haben schließlich – durch die deutschen «Einsatzgruppen» in Rußland grauenhaft gesteigert – das Bild des 20. Jahrhunderts für immer verdunkelt.

Das jakobinische Straßburg blieb verschont. Es wäre den blutigen Heimsuchungen nicht entgangen, hätte es der liberal-konservative Bürgermeister de Dietrich zuwege gebracht, in der Stadt die Macht der Opposition zu etablieren, wie er es im August 1792 nach dem Sturm auf die Tuilerien einen Augenblick lang versuchte. Prompt wurde er damals von den Kommissaren der revolutionären Regierung aus dem Amt gejagt. Zu seinem Sturz brauchte es nicht mehr viel: Eulogius Schneider, der sich beharrlich die Kontrolle über den Klub der Jakobiner gesichert hatte, war es kraft seiner sägenden Polemik gelungen, das Ansehen des einst so beliebten Maire zu ruinieren. Dietrich floh in die Schweiz. Er war unvorsichtig genug, nach Straßburg zurückzukehren. Natürlich wurde er verhaftet. In Besançon machte man ihm den Prozeß, da der aufgeheizte Unmut in seiner Heimatstadt – nach der Darstellung Walter Grabs – ein ordentliches Verfahren nicht erlaubte. Das Gericht verwarf die belastenden Aussagen Schneiders, der dem Repräsentanten des Straßburger Patriziertums Korruption und, das verstand sich, eine konterrevolutionäre Politik unterstellte. Der Freispruch half dem Bürgermeister allerdings wenig. Er wurde nicht entlassen, sondern von neuem angeklagt, da die Emigration nach dem Gesetz als todeswürdiges Verbrechen galt. Man überführte ihn nach Paris. Am 28. Dezember 1793 stieg er nach einem zweiten Verfahren zusammen mit dem einstigen Außenminister Lebrun aufs Schafott.

Eulogius Schneider – der einstige Franziskanermönch – betrachtete sich (nicht völlig zu Unrecht) als den Garanten der Treue zur Revolution. Einige Monate diente er im benachbarten Hagenau als kommissarischer Bürgermeister. Sein republikanischer Eifer wurde am 19. Februar 1793 durch die Ernennung zum öffentlichen Ankläger beim Kriminalgericht des Départements Bas-Rhin belohnt. Das neue Amt verlangte den Verzicht auf seine Professur und das Vikariat beim Bischof, doch mit unverdrossenem Fleiß füllte er Seite um Seite seiner Zeitschrift «Argos» (nach einem hundertäugigen Riesen der antiken Mythologie), die man mit einem gewissen Aufwand an gutem Willen ein Instrument der Aufklärung nennen mochte. Sie demonstrierte zugleich die Perversion der Vernunft, die auf der Nachtseite der Revolution ihr schreckliches Wesen trieb.

Schneider hatte Mut genug, den tief eingewurzelten Antisemitismus im Elsaß beim Kragen zu packen. In einer Abhandlung «Über die Juden» stellte er fest, die Revolution habe sie endlich, «und zwar nicht ohne Widerspruch», «aus der Verachtung herausgezogen»: «Sie wurden», schrieb er mit Emphase, «als Menschen und Bürger in den Genuß der Rechte der Menschen und Bürger eingesetzt.» Nun wurde freilich von ihnen erwartet, argumentierte er weiter, daß sie darauf verzichteten, sich als eine «eigene Menschenklasse» zu betrachten, vom Handel und vor allem von der Spekulation mit Assignaten abließen und sich dafür dem Feldbau, dem Handwerk und anderen nützlichen Gewerben widmeten – «Allein sie blieben bisher, was sie vorher waren.» Kein Zweifel, er meinte es gut mit den Israeliten. Aber kreidete er ihnen nicht an, daß sie nicht aufhörten, Juden zu sein? Ihn ärgerte, daß sie in die Stadt zogen (in der ihnen zuvor so oft das Recht auf Niederlassung versagt geblieben war), die ohnedies knappen Wohnungen besetzten, hohe Mieten bezahlten und so die Teuerung mehrten. Durch ihre Lieferungen an die Armee hätten sie sich den Unwillen der «Unbeschnittenen, die gern ebenso viel oder noch mehr als sie zu gewinnen suchten», auf den Hals gezogen. So sei die Zahl der Judenfeinde mit jedem Tag gewachsen: «Man sprach allenthalben... davon, sie aus der Stadt zu vertreiben...»

Es kam zu Gewalttätigkeiten. Schneider wankte nicht in der Verteidigung seiner aufgeklärten Einsichten: «In einer freien Verfassung muß es jedem erlaubt sein, Gott nach seiner Weise zu verehren.» Die jüdische Religion wäre nichts, das der bürgerlichen Verfassung zuwider sei. «Es ist... erwiesen, daß man Jude und guter Bürger zugleich sein könne. Es ist erwiesen, daß die jüdische Religion in sich selbst den Menschen weder zum Müßiggänger noch zum Betrüger mache.» Doch er bestand darauf: Auch die Juden müßten sich dem «Nationalunterricht» einfügen. Anders: sie durften von der allgemeinen Schulpflicht nicht ausgenommen sein – und vor allem: wer nicht arbeiten wolle, gehöre angezeigt. Der vernünftige und aufgeklärte Wohltäter, der mit solchem Feuer gegen Fanatismus und Intoleranz zu Felde zog, war – wie seine Vorbilder in Paris – völlig davon überzeugt, daß die Menschen zu ihrem Glück gezwungen werden müßten, wenn sie nicht bereit waren, es aus freier Einsicht zu akzeptieren.

In seinen politischen Aufsätzen vermochte der gelernte Theologe den Ton der Predigt nicht zu unterdrücken. Gern sprach er von «Jesus dem Volksfreund» und vom «Sansculotten Jesus».

Fühlte er sich als ein Abraham a Santa Clara der Republik? Das mochte so sein. Er war auch nicht bereit, seinem Drang zur Poesie abzusagen, schrieb Gedicht um Gedicht, eines schlechter als das andere, pathetisch, phrasenhaft, ohne eine Spur von Originalität und oft genug auf deprimierende Weise geistlos:

Auf Franken, singet Jubellieder
und tanzet um den Freiheitsbaum!
Es kömmt, das Ziel all unsrer Wünsche,
sie kömmt, die Constitution.

Der Bürgerkrieg in der Vendée regte den Poeten zu dem «Lied an dem Abend vor einer Schlacht» an, bei dem er eine szenische Darbietung vor Augen hatte. Seine Verse versah der Dichter mit Regieanweisungen: «Sie reichen sich einander die Hand ... Sie knien Hand in Hand mit gezücktem Schwert ... Sie stehen auf. Bloßes Haupt. Den Säbel gezückt empor. Das Auge gen Himmel. Die Linke mit der Kappe am Herzen»:

Auf Brüder, grabt den heiligen Eid
Mit Flammen in die Ewigkeit:
Tod oder Menschenglück
Tod oder Republik.

Schneider, dies war das Schlimmste, zweifelte keinen Augenblick daran, daß die Feinde der Revolution vernichtet werden mußten. Wer ihn attackierte, griff die Revolution an – und er hatte Gegner genug, da de Dietrich bis zu seinem Tod über einen beträchtlichen Anhang in der Münsterstadt verfügte, in der Schneider überdies als ein Fremder betrachtet wurde. Er verlangte, nach dem Beispiel von Paris, die Etablierung eines «tribunal révolutionaire» und wetterte in seinem Blättchen, man werde die Aristokraten nicht bändigen «solange nicht ein paar Köpfe vom Rumpfe» fielen. «Ist denn ihr Leben mehr wert als die allgemeine Ruhe und Sicherheit?» fragte er, «ist es mehr wert als das Leben von so vielen Tausenden, die um ihretwillen auf dem Schlachtfeld gestorben sind? Ha! Man sieht das Blut, welches für die Freiheit des Vaterlandes fließt, gleichgültig an, und man scheut sich, das Blut der Verräter zu vergießen... Wodurch werden wir sie bändigen? Durch die Guillotine, durch nichts als die Guillotine... Also dareingeschlagen!» Noch voller im Ton: «Furcht und Schrecken müssen vielleicht jetzt an der Tagesordnung sein, weil Vernunft und Republikanismus vergebens gesucht werden... Wer sich... weigert, wer zögert – Kopf ab!» «Aber dies alles», fügte der Revolutionsprediger hinzu, «dies alles geschehe mit dem Gesetz in der Hand... das sage ich Euch, sonst bin ich wieder der erste, der unerbittlich über Euch selbst donnern wird: Kopf ab!»

Als die Armeen der Republik im Sommer 1793 Niederlage um Niederlage hinzunehmen hatten, gegen die Österreicher, die Preußen, die Engländer und die royalistischen Truppen in der Vendée, beschlossen die Verantwortlichen des Départements Niederrhein – laut Walter Grab – Spekulanten und Wucherer als «Feinde des Vaterlandes» zu betrachten und ohne Prozeß hinrichten zu lassen. Zur Abschreckung ließ man eine Guillotine durch die Stadt karren: Schneider ritt «an der Spitze einer Abteilung Kavallerie und Infanterie» voraus, von zwei jakobinischen Stadträten begleitet. Die Köpfmaschine wurde auf dem Paradeplatz zur Schau gestellt. Aber nicht alle Straßburger duckten sich. Couragierte Bürger schoben das «Rasiermesser der Nation» dem Chef-Ankläger Eulogius Schneider nachts vor das Haus, und sie schlugen das Mordinstrument in Trümmer.

Es war rasch repariert. Vielleicht wurde auch eine zweite fahrbare Guillotine beschafft, mit der Schneider – die Geschworenen an seiner Seite – von Dorf zu Dorf ratterte, um die potentiellen Sünder einzuschüchtern und die (angeblich) Überführten der Gerechtigkeit zu übergeben. Er nahm den Mund voller denn je, um die Rache der Republik anzukündigen. In seiner Kopf-ab-Rede rief er: «O Marat, wie ganz anders wäre es, wenn Du noch lebtest!» Und im Oktober 1793 fragte er: «Wer ist verdächtig?» Seine Antwort: «Die Wucherer, Kornjuden, geizige Kaufleute und Spekulanten... die Ausbrüter unangenehmer Nachrichten, die Weichlinge und Muscardins (Revolutionsstenze), welche an Wein und Mädchen hängen bleiben, während das Blut ihrer Brüder fürs Vaterland vergossen wird... die Doppelzüngler... die Meuchelmörder des Gemeinsinns... die Maulpatrioten und Feuillants... die Intriganten...» Als Postskriptum fügte er an: «Marie-Antoinette wird jetzt in der Unterwelt angelangt sein.»

Er nahm das Maul in der Tat allzu voll. Der verbale Terror, den ihm ein wucherndes Selbstbewußtsein und manchmal die schiere Eitelkeit diktierten, trug das ihre dazu bei, die Legende von der Bluthertschaft Schneiders in die Welt zu setzen. Sein wunderlicher Name und die Herkunft aus dem Kloster regten die Phantasien seiner Widersacher und der Feinde der Revolution noch lange nach seinem Ende an. So wurde er zum Unhelden der bizarrsten Anekdoten. Eines Mittags, erzählte man, sei er mit seiner Reise-Guillotine in einem der Dörfer nicht weit von Straßburg eingetroffen und habe sich beim Pfarrer zum Essen eingeladen. Voller Furcht ließ der arme Mann das Beste auftischen, das Küche und Keller zu bieten hatten, zuletzt einen Wein, den er lang für eine besondere Gelegenheit aufbewahrt hatte, was er dem Gast nicht verschwieg. Bruder Eulogius soll, sein Glas erhebend, zu dem Herrn Pfarrer gesprochen haben: «Dann laßt Euch den Schluck wohl munden, denn er mag Euer letzter gewesen sein.» Des Nachmittags sei das Gericht zusammengetreten und, dem Antrag des Anklägers Eulogius folgend, habe es den Gastgeber vom Leben zum Tod befördert.

Vermutlich war kein Wort davon wahr. Die Zahl der Exekutionen, für die Eulogius Schneider verantwortlich war, nahm sich gegen die phantastischen Übertreibungen seines Rufes gering aus – sie war dennoch schrecklich genug: 29 Todesurteile konnten ihm nachgewiesen werden. Sein Unglück wollte es, daß sich in der Neige des Jahres 1793 Robespierres Gehilfe, der strenge Saint-Just in Straßburg aufhielt, um die Generale mit Drohungen und Schmeicheleien zum Angriff zu treiben, für Brot und Waffen zu sorgen und vor allem den Bürgern republikanischen Gehorsam in die Köpfe zu hämmern. Der junge Mann beobachtete Schneiders Rückkehr von seiner Verlobung, die in der Mairie des Städtchens Barr stattgefunden hatte: dort lebte Sarah Stamm, ein braves Mädchen, Tochter eines Weinhändlers aus Straßburg. Vor die Kutsche, in der Schneider, seine Braut, deren Eltern und zwei Mitglieder des Revolutionsgerichtes saßen, waren sechs Rösser gespannt. Berittene Mitglieder

der Nationalgarde von Barr gaben, laut Walter Grab, der Gesellschaft das Geleit.

Dies schien Saint-Just und den anderen Kommissaren des Konvents ein ungehöriger Aufwand zu sein. Sie beschlossen, ein Exempel zu statuieren: Eulogius wurde verhaftet, an die eigene Guillotine gekettet und dem Volk zur Schau gestellt. Saint-Just schien ihn als einen der «Ultra-Revolutionäre» zu betrachten, gegen die Robespierre in jenen Wochen Front zu machen begann.

Aus dem Gefängnis schrieb Schneider in einem zuversichtlichen Brief an die Schwester und die Braut: «Fasset Euch! Die Unschuld muß siegen. Ich bin ganz ruhig, und habe gut geschlafen...» Dann bat er um Kamm, Schlafrock, Pantoffeln, Schuhe, Strümpfe und Handtücher. Man schaffte ihn – wie zuvor seinen Erzfeind de Dietrich – nach Paris. Sein revolutionärer Eifer half ihm nicht das geringste: Robespierre fand es nützlich, das Mißtrauen gegen die Fremden von neuem hochzupeitschen. Saint-Just hielt vor dem Konvent (am 13. März) eine Rede von klirrender Schärfe, in der er «ausländische Cliquen» und die «Tartuffes» anklagte, die sich als Patrioten von brennendem Eifer tarnten.

Vier Monate nach dem Bürgermeister de Dietrich endete Schneider auf dem Schafott. Sein Tod wurde nur beiläufig registriert. Das brauchte niemand zu wundern: die Opfer, die täglich zur Hinrichtung gekarrt wurden, zählte man zu jenem Zeitpunkt dem Dutzend nach. (Schneiders Braut Sarah Stamm heiratete übrigens einige Jahre danach Christoph Friedrich Cotta, den revolutionären Bruder des großen Verlegers.)

Der Terror fand, weit vom Schauplatz der Exekutionen entfernt, einen überraschenden Advokaten: Justus Erich Bollmann. Im Dezember 1793 schrieb er seinem Vater (in einem Brief aus Hamburg): «Die Sache der französischen Freiheit wird mir jeden Tag wichtiger. Die Begebenheiten sind schrecklich, aber das Übel war groß... und auch das endliche Resultat wird groß sein...» Der junge Mensch, niemals auf den Mund gefallen, machte keine Ausflüchte: «Es fließt jetzt viel Blut in Frankreich. Das Blut von wenigen Strafbaren, von einigen Unschuldigen und von vielen Verirrten.» Er fügte einen düsteren und ziemlich törichten Satz hinzu, der von Saint-Just stammen könnte: «Selbst Freiheit kann nur durch Despotismus begründet werden.» Eine intelligentere, alles rechtfertigende Erklärung ließ er folgen: Wenn die strenge Beachtung guter Grundsätze die Handlung einzelner Menschen hart machen könne, um wieviel mehr müsse dies für die Führer einer Revolution gelten! «Menschengefühl bebt zurück, wenn man immer von Hinrichtungen liest, aber diese... unvermeidliche(n) Opfer für eine große, gute Sache verschwinden vor dem Richterstuhl, wenn man an den Dreißigjährigen Krieg, wenn man an die Bluthochzeit, an die Vertreibung der Hugenotten und an die 50000 Unglücklichen zurückdenkt, welche der einzige Karl V. während seiner Regierung auf Scheiterhaufen hat braten lassen.»

Der Umgang mit dem Grafen Narbonne, seiner Freundin Germaine de Staël und ihrem liberalen Zirkel in London hatte den jungen Mediziner aus Hannover seinen radikalen Überzeugungen nicht entfremdet. Auch ein geheimnisvoller Auftrag des Emigrantenzirkels in London, der ihn schließlich nach Hamburg führte, schien ihn nicht beirren zu können. Selbst eine glänzende Partie, die ihn in England lockte – Emilie Lor hieß die Schöne, siebzehn Jahre alt, die jüngste Tochter eines «reichen Gutsbesitzers» – hatte ihn, was die Revolution anging, in keine Zweifel gestürzt. Doch ohnedies begann das Bild der begüterten jungen Dame blasser zu werden, denn das rasch bewegte Herz des jungen Menschen wurde von einer neuen Begegnung berührt: Es war nun für Christine Reimarus entbrannt, das Hamburger Patrizierkind, das gut drei Jahre zuvor mit seinem Vater, dem Arzt, der «Frau Doktorin», dem Kaufmann Georg Heinrich Sieveking, mit dem alten Klopstock vor allem die erste Wiederkehr des Sturms der Bastille so begeistert gefeiert hatte. Bollmann war Feuer und Flamme für das kluge und anziehende Mädchen, dessen schönes Gesicht freilich einen Hang zur Melancholie, ja zu früher Grämlichkeit nicht völlig verbarg.

Die Verliebtheit tröstete Justus, dessen Energien so rasch nicht erschöpft waren, aufs angenehmste über das Scheitern seiner Mission hinweg: Er war nach Deutschland geschickt worden, um bei der preußischen Regierung für die Befreiung des Grafen La Fayette aus dem Kerker von Magdeburg zu werben. In Rheinsberg hatte ihn der alte Prinz Heinrich empfangen, der in dem reizenden Schlößchen residierte, in dem sein Bruder, der Große Friedrich, die heitersten, die unbeschwertesten Jahre seines Lebens genossen hatte, als Kronprinz von keiner Verantwortung beschwert, ganz der Literatur, der Musik, der Unterhaltung hingegeben. Der Ort schien seinen Zauber nicht verloren zu haben, denn Bollmann schrieb dem Vater, er habe dort zehn Tage zugebracht, die er als die glücklichsten seines Lebens betrachte. Es fiel ihm leicht, den greisen Prinzen, der für den Charme von jungen Männern nicht unempfänglich war, für seine Sache zu gewinnen.

«Fast noch kein Plan, kein Unternehmen ist mir bisher mißlungen», stellte Justus Erich Bollmann etwas zu forsch und sicher fest. Dem König Friedrich Wilhelm II. ließ er ein Memorandum übermitteln, das der Graf Lally-Tollendal aufgesetzt hatte: der beste Kopf unter den Liberal-Konservativen. In der Nationalversammlung hatte er in den Anfängen der Revolution gescheit und maßvoll die großen Reformen befürwortet, die in die Etablierung der konstitutionellen Monarchie münden sollten. Bollmann schilderte ihn als einen herzlichen und wackeren Mann: «Er ist ein systematischer Denker, ein fleißiger Arbeiter, ein warmer Patriot...»

Nach dem unfreiwilligen Abschied Ludwigs und Marie-Antoinettes aus Versailles hatte es Lally-Tollendal vorgezogen, in die Schweiz abzureisen. Später war er nach London gelangt. In seiner Denkschrift sprach er mit der gebotenen Eindringlichkeit von La Fayettes Versuchen, den König zu retten. Beiläufig bemerkte er, daß der alte Marschall Luckner an den Plänen für eine Befreiung des Monarchen beteiligt gewesen sei.

Eine Abschrift des Memorandums schickte Bollmann an Ludwig Ferdinand Huber, den einstigen sächsischen Legationssekretär in Mainz, der nun in Neuchâtel mit Georg Forsters Frau Therese zusammenlebte – nicht in einem Haus, das verbot die Rücksicht auf die calvinistische Moral des Städtchens, doch vertraut genug: Sie sahen einander täglich, kümmerten sich gemeinsam um Forsters Kinder, nahmen die Mahlzeiten miteinander ein. Bollmann fügte der Denkschrift auch die Kopie eines Briefes bei, den Lally-Tollendal am 9. Juli 1792 – einen Monat vor dem Sturm auf die Tuilerien – an Ludwig XVI. geschrieben hatte. Darin war aufs genaueste ein Fluchtplan für die königliche Familie geschildert, den La Fayette ausgearbeitet hatte. Der Graf werde «den alten General Luckner mitbringen», hieß es in dem Schreiben: «Beide haben sich gesehen, beide haben sich verabredet, beide haben nur eine Gesinnung und nur einen Plan.» Als Bestätigung diente ein zweiter Brief aus der Feder La Fayettes, in dem die fatalen Sätze standen: «Ich hatte Luckner so sehr auf meine Seite gebracht, daß er mir versprach, mit mir gegen die Hauptstadt vorzurücken, sofern dies die Sicherheit des Königs verlange, und daß er bereit sei, dazu die Befehle zu geben...» Dies war – für die Revolutionsregierung – ohne jeden Zweifel das klare Geständnis des Hochverrats. Dem alten Marschall, seit dem Herbst 1792 seines Kommandos entbunden, war in der Tat kein friedlicher Ruhestand vergönnt: Ein Jahr später wurde er verhaftet. Es half ihm gar nichts, daß Narbonne von ihm gesagt hatte, sein Herz sei französischer als sein Akzent. Der Siebzigjährige wartete im Luxembourg auf sein Urteil. Georg Forster blieb sein Geschick nicht verborgen.

Die Verbindung zwischen Bollmann und Huber war niemals abgerissen, seit sie einander an Forsters Teetisch in der Mainzer Universitätsstraße kennengelernt hatten. Schillers Jugendfreund, der als Dramatiker ohne Erfolg blieb, publizierte in seinem helvetisch-preußischen Exil die Zeitschrift «Friedens-Präliminarien», die ganz der Beobachtung der Französischen Revolution und ihres Fortganges gewidmet war. Forster schrieb für das anspruchsvolle Magazin, auch Conrad Engelbert Oelsner, seit er sich mit Archenholtz, dem Herausgeber der «Minerva», überworfen hatte...

An einen Abdruck der Schrift Lally-Tollendals dachte Bollmann gewiß nicht. Warum schickte er dann dem Freund die vertraulichen Dokumente? Um seine eigene Wichtigkeit zu betonen? Das lag nahe, denn eitel war dieser unternehmende junge Mensch ganz gewiß. Er hielt sein Licht nicht gern unter den Scheffel. Oder versuchte er, da seine Mission nicht völlig ohne Gefahren war, die Schriftstücke als eine Art Pfand für die eigene

Sicherheit zu hinterlegen? Dachte er an die historische Dokumentierung seiner Unternehmung?

Ehe Bollmann nach London zurückkehrte, sah er sich zu der Feststellung gezwungen, daß seine Bemühungen vergeblich waren. Der preußische König hätte sich, vor allem nach dem Sturz des frömmlerischen Ministers Wöllner, vielleicht bereit gezeigt, La Fayette ziehen zu lassen, zumal alle liberalen Geister in Deutschland, die Dichter, die Gelehrten, auch die gebildeten Köpfe des Adels sich für den Grafen erklärten und seine amerikanischen Freunde, vor allem Präsident George Washington, sich lebhaft für ihn verwandten. Die Rücksicht auf die Alliierten in Wien aber verbot dem preußischen Herrscher, der ein schwankender Mensch war, die großmütige Geste. Den prominenten Gefangenen, der ihm zur Schande wurde, wollte er allerdings los sein. So ließ er ihn schließlich den Österreichern übergeben, die den «Helden zweier Welten» unter strengster Bewachung in die Festung Olmütz sperrten.

In Hamburg standen die Herzensdinge Bollmanns nicht zum besten. Der Doktor Reimarus und seine Frau waren nicht geneigt, ihre Tochter Christine, die jedermann «Stienchen» nannte, dem stürmischen jungen Mann anheim zu geben. Sympathie für die Revolution hieß in Hamburg noch lange nicht, einen Heiratskandidaten in die Arme zu schließen, der keinen soliden Beruf und kein sicheres Einkommen vorweisen konnte. Voght, ein Freund des Hauses – dessen Bericht vom Hamburger Föderationsfest in der Grimmschen Korrespondenz gedruckt war – schrieb aus London an Stienchens Eltern: «Bollmann ist liebenswürdig, hat viel Einbildungskraft, mag sehr gutherzig sein und ist ein gescheiter Mann; aber leichtsinnig, aller ausdauernden Arbeit entwöhnt, hat gar nichts...» Er habe nicht einmal den tätigen, sicheren Fleiß, der – selbst wenn er ihn hätte – «ihm nur ein kümmerliches Auskommen verschaffen würde».

Huber hatte die Denkschrift und die Briefe im Gepäck, als er sich an einem grauen kalten Novembertag mit Therese und den beiden kleinen Mädchen Forsters von Neuchâtel nach Travers auf den Weg machte. Das kleine, schmucklose und weltverlorene Dörfchen in den Bergen des Jura war der Ort der letzten Begegnung Forsters mit seiner Frau, seinen herzlich geliebten

Kindern und dem künftigen Mann Thereses, den er immer noch und trotz allem als seinen Freund betrachtete. Georg träumte, närrisch vor Einsamkeit, von einer «ménage à trois». Die beiden aber wollten die Scheidung. Resigniert willigte er schließlich ein, seine Verzweiflung verbergend. Aber nach der Rückkehr in das französische Grenzstädtchen Pontarlier riß der Schmerz die Dämme seiner Beherrschung fort: «Meine einzige Therese, – – Alles habe ich aufgeboten, um mich zu halten; aber jetzt bricht's los. O meine Kinder! Wie blutet mein Herz bei diesem Abschied! Ich habe, und Ihr werdet mir's angemerkt haben, sehr glückliche Stunden mit Euch gelebt. Der Blick auf die nächsten Wochen und Monate vielleicht – ist für mich Vereinzelten traurig...» Tapfer fügte er hinzu: «Ich will und werde mich aufraffen, seid unbesorgt...»

Er harrte noch einige Tage in Pontarlier aus, lief durch Wind und Wetter, hockte in seinem Hotel – eine freiwillige Gefangenschaft in dem dürftigen Städtchen mit seinen dunklen stummen Häusern und dem ein wenig absurden Triumphbogen, den die Bürger für König Ludwig XVI. errichtet hatten. Was wollte er dort? Den Bürgermeister dazu überreden, ihm die Scheidungsurkunde auszustellen, wie es Therese und Huber wünschten? Mußte das nicht in Paris geschehen? Forster trug eine Abschrift des Memorandums über La Fayette und des Briefes von Lally-Tollendal bei sich: er selber, vielleicht Huber, vielleicht Therese hatte die Aufzeichnungen in Travers kopiert. Seine Frau gab später vor, dies habe die Vorsicht geboten: wenn Forster wegen seines unerlaubten Aufenthaltes im preußisch-schweizerischen Fürstentum Neuchâtel – das immerhin Feindesland war – und der Ausfuhr von barem Geld (für die Kinder) von den französischen Behörden zur Rede gestellt würde, dann könne er vorgeben, er habe nichts anderes im Sinn gehabt, als dem Vaterland durch den Erwerb der brisanten Dokumente einen Dienst von höchster Wichtigkeit zu erweisen...

Weder bei der Einreise in die Schweiz noch bei der Ausreise hatte Georg die geringsten Scherereien. Niemand fragte ihn nach seinem Geld, obschon auf die Ausfuhr von Gold und Silber nach revolutionären Gesetzen die Todesstrafe stand. Am 27. Brumaire des Jahres II – das war der 17. November 1793 –

schrieb er einen Brief an den Außenminister Deforgues, in dem er auf Gerüchte über ein Zerwürfnis zwischen Preußen und den Alliierten hinwies. Da er in jenen Tagen auch die Verbindung mit seinem Berliner Verleger Voß, damit auf diskrete Weise auch mit dem alten Minister Hertzberg aufzunehmen versuchte, mag dies der tastende Versuch gewesen sein, sich als Vermittler zwischen Berlin und Paris anzubieten. Seine Eignung bekräftigte er mit einer Denunziation, die dem Minister eine intime Kenntnis der internationalen Intrigen signalisierte. Er schrieb: «Lally-Tollendal schickte einen Agenten nach Berlin, um dort für die Freilassung La Fayettes zu plädieren. Man hat mich sein Memorandum und einige Zusätze lesen lassen, die klar beweisen, daß La Fayette, zusammen mit Luckner, Ludwig XVI. im Juli 1792 entführen wollte, daß alles zu diesem Zweck abgestimmt war, daß sich aber Ludwig XVI. selber diesem Projekt verweigerte. Das Konzept des Memorandums, das ich gelesen habe, war mit der eigenen Hand Lally-Tollendals geschrieben.»

Dieses Schreiben – und ein anderes, das ihm vorausging – fand sich später unter den Papieren von Barthélemy, des französischen Gesandten in Bern. Es war kaum durch Zufall in die Hände des Diplomaten gelangt. Die Beobachtung der Schweiz, die in jenen Jahren den Vorzug der Neutralität genoß, schien fast eine Domäne der deutschen Jakobiner zu sein. Philipp Jacob von Haupt, ein Mainzer Hofrat (der sich vergebens um die Aufnahme in den Klub bemüht hatte), hielt sich in Hüningen auf, dem elsässischen Grenzdorf vor Basel, um die Schweiz im Auge zu haben, assistiert von seinem Sohn, der das Agentengeschäft wohl hauptberuflich betrieb. Im Herbst jenes Jahres 1793 war auch Haupt senior in die Schweiz geschickt worden. Auf dem Rückweg traf er in Belfort mit zwei anderen Mainzern zusammen: Johann Baptist von Hauser, dem einstigen Klubsekretär, und Johann Christoph Blessmann, der als Generalsekretär der revolutionären Administration aufs engste mit Forster zusammengearbeitet hatte. (Er war, als Forster nach Paris entsandt wurde, von ihm beauftragt worden, sich um die Sicherung seiner Papiere, vor allem der kostbaren Zeichnungen von der Südseereise zu bemühen.) Die beiden schrieben dem Abgeordneten

Hérault de Séchelles – der Mitglied des Wohlfahrtsausschusses und in der Nachfolge Dantons für die Außenbeziehungen verantwortlich war – in einem nicht allzu wohlwollenden Bericht, Haupt habe in der Schweiz mehrere Aufträge erfüllt, aber da die Atmosphäre feindselig gewesen sei, habe er sich gezwungen gefühlt, sich still zu verhalten und sogar meist in seiner Wohnung zu speisen. Sie rieten davon ab, den einstigen Hofrat ein anderes Mal in die Schweiz zu entsenden, weil er dort persönliche Interessen verfolge – auch dann, wenn es das Wohl der Republik verlange, die Stimme der Freundschaft zu ersticken. Die beiden empfahlen, Haupts Korrespondenz mit seiner Frau und mit seinem Bankier in Basel zu kontrollieren. Die Technik der Denunziation hatten die Deutschen rasch gelernt. Hauser bewies in jeder Hinsicht seine tüchtige Gesinnung. Er meldete dem mächtigen Deputierten in Paris, daß die Bürger am Oberrhein sich störrisch weigerten, Steuern zu zahlen: «La taxe marche très mal et qu'elle ne marchera jamais sans la Sainte-Guillotine» – «Die Steuern kommen schlecht ein, ohne die Heilige Guillotine wird niemals etwas einkommen.»

Auch Hérault de Séchelles hielt sich während jener Novemberwochen im Grenzgebiet auf. Saint-Just beobachtete seine Anwesenheit mit dem größten Mißtrauen, zumal der allzu wendige Kollege und Konkurrent um eine Annäherung an die radikalen Cordeliers bemüht zu sein schien. Versuchte dieser begabte und elegante Anwalt, der ein Mann von Charme war – seine Biographen nannten ihn einen «homme à femmes» –, von den vorgeschobenen Beobachtungsposten im Elsaß diplomatische Manöver einzuleiten, die eine Aussicht auf den Frieden öffnen könnten, auch darin Danton getreu? Friedrich Carl Joseph von Haupt, der Sohn des Hofrates, meldete Hérault de Séchelles am 1. Dezember 1793, der Exekutivrat habe sämtliche Agenten zurückgerufen. Er selber befinde sich seit dem Vorabend in Paris, in der rue des Moulins, Maison des Patriotes hollandais. Er bitte um ein Rendezvous, um mit dem Abgeordneten über wichtige Dinge zu reden. Hérault de Séchelles wurde später von den Ermittlungsbehörden im Auftrag Robespierres gezwungen, über seine (angeblichen) Kontakte zu den Österreichern Auskunft zu geben. Sein Schicksal war damit besiegelt.

Verdankte ihm Georg Forster seine Schweizer Mission? Nach der Rückkehr von der Nordfront im Oktober hatte er sich nur wenige Tage in Paris aufgehalten. Ohne zuviel Mühe schien er die Papiere zur Weiterreise nach Besançon und nach Pontarlier zu erlangen. Also verfügte er nach wie vor über gute Beziehungen zu Männern von hohem Einfluß. Hart und dröhnend schrieb er damals: «Wir haben die Vendée nun ausgerottet, und so werden wir ausrotten, was sich uns widersetzt... Die Lava der Revolution fließt majestätisch und schont nichts mehr.» Dieser empfindsame Mann täuschte sich nicht über die blutige Herrschaft der Terrormaschine, die Brutalität der Schinder und Schergen, die Unerbittlichkeit des spröden Diktators und seiner Gehilfen, den Abgrund der Intrigen und mörderischen Kabalen, das tägliche Opfer von Charakter und Anstand. In einem seiner Briefe aus Pontarlier wies er «alle geschwätzigen Moralpredigten» zurück. Er könne «Tugend und Wahrheit nicht für Hirngespinste ansehen... Ist aber etwas reelles in diesen Begriffen, so ist's auch nicht verlorene Mühe, für ihr Reich zu kämpfen, und darum willkommen, Revolution, mit all deinen Übeln und Greueln!»

«Die Größe der Zeit», sagte er zwei Tage später, sei «Riesengröße». Sie fordere eben darum die «ungewöhnlichsten Opfer. Ich glaube endlich, daß ich alles opfern kann, was sie nur fordert, wenn meine Humanität dabei gerettet wird.» Er schrieb aber auch, wenige seien so erfüllt von ihrer Idee, «daß sie wie Lux das Leben darum lassen». Ende November kehrte er nach Paris zurück. Am 10. Januar 1794 starb er, noch keine vierzig Jahre alt, vom treuen Georg Kerner mit lindernder Arznei versorgt, in seiner Dachkammer in der rue des Moulins. Einer der Haupts aus Mainz drückte ihm die Augen zu.

Er starb einen einsamen, bitteren Tod. Vielleicht war das Ende dennoch gnädig. Nicht lang danach forderte ein professioneller Spitzel das Comité de Sûreté générale dazu auf, sich die Papiere Forsters anzuschauen: Der Mainzer Deputierte sei ein intimer Freund des Außenministers Lebrun und ein ergebener Parteigänger Brissots gewesen. Auch wäre es lohnend, in den Korrespondenzen seiner Witwe nachzuforschen, an die er während seiner Missionen an der Nordfront und in den Grenzgebieten oft geschrieben habe. Mit anderen Worten: der Zuträger verdächtigte Georg Forster postum der Teilnahme an der girondistischen Verschwörung und überdies der Spionage. Dies hätte ihm den Tod auf der Guillotine garantiert. George Greive (alias Grieve) hieß der Denunziant, Engländer von Herkunft, naturalisierter Bürger der Vereinigten Staaten (wie er behauptete), als Winkeljournalist nach Paris gekommen. Er war es, der mit seinen beharrlichen Nachstellungen die Gräfin Du Barry zur Strecke gebracht hatte, die Maîtresse Ludwigs XV., von der man sagte, sie sei für einige Jahre die heimliche Herrscherin Frankreichs gewesen. Sie war fünfzig Jahre alt, als sie den schönen Kopf unter das Fallbeil legte. Greive aber stand im Verdacht, er habe einen Teil ihrer Juwelen gestohlen.

XIX
Robespierre und das Reich Gottes

Der alte Marschall Luckner, der nicht mit reichen Gaben des Geistes gesegnet war, verstand wohl kaum, was mit ihm vorging. Er war das Relikt einer anderen Zeit: der Soldatenwelt des 18. Jahrhunderts, die es den Offizieren erlaubte, in die Dienste aller möglichen Herren zu treten. Die Loyalität war an die Person des Landesherren, nicht an das Land gebunden. Man warf ihm vor, daß er die Befreiung des Königs geplant hatte? Aber es war vor allem La Fayette, der sich mit den Pariser Händeln auskannte. Er selber hatte sich an jenen Projekten nur zögernd und am Rande beteiligt. Überdies war Ludwig damals nach der Verfassung vom September 1791 noch immer sein oberster Kriegsherr. Ihm war er Gehorsam schuldig. Man klagte ihn an, daß er seine Armee nicht entschlossen in die Schlacht geführt habe? Wie hätte er es anstellen sollen: es fehlte an Waffen, an gut gedrillten Soldaten, die Offiziere liefen in Scharen davon, und die Mannschaften meuterten oft genug oder gingen einfach nach Hause. Als ihm die republikanischen Herren den Abschied gaben, nahm er ohne Murren seinen Hut. Gern wäre er auf sein schönes Gut in Holstein zurückgekehrt, doch die Behörden verweigerten ihm einen Paß. So hockte er in seinem Landhaus in Challot, bis sie ihn abholten und in den Pariser Kerker warfen. Mit unsicher-greisenhaften Krakeln setzte er hilflose Eingaben auf: Man möge ihn doch endlich entlassen, bat er verzweifelt, da niemand an seiner Unschuld zweifeln könne.

Nichts davon. Anfang Januar 1794 schleppten ihn die Schergen vors Revolutionstribunal. Ein Freispruch, dessen konnte man gewiß sein, war nicht vorgesehen. Es brauchte Georg Forsters Denunziation nicht, um das Geschick des greisen Kriegers zu besiegeln. Doch Georgs belastender Brief an das Außenministerium verstaubte wohl nicht ungelesen in einem Schreibtisch oder auf einem Aktenbock. Die Begründung des Todesurteils für Nicolas Luckner enthält auf der drittletzten Seite einen Hinweis auf das fatale Memorandum. Forsters Name – er hatte sich in seiner Dachkammer schon zum Sterben gelegt – wurde nicht erwähnt. Vermutlich hätte sich nicht einmal der ominöse Prinz Carl von Hessen rühmen können, daß er es gewesen sei, der schließlich den Marschall ans Fallbeil geliefert habe, obwohl dieser ungute Sproß eines deutschen Fürstengeschlechtes die massivsten Anschuldigungen an den öffentlichen Ankläger geschickt hatte – übrigens aus dem Luxembourg, wo Charles Hesse inzwischen selber einsaß, von den Mitgefangenen ängstlich und verachtungsvoll gemieden. Immerhin wurde sein Zeugnis erwähnt.

Der Richtspruch gegen Luckner schloß mit dem zartfühlenden Hinweis, er sei nach dem Sturz des Königs hinter der siegreichen Fahne der Patrioten hergelaufen, um sich die beträchtliche Pension zu sichern, die ihm durch die Generosität des französischen Volkes gewährt worden sei. Ab 4. Januar 1794 konnte sie eingespart werden. Sein Tod diente, wenn er denn einen Sinn haben sollte, der Einschüchterung (und zugleich der Aufmunterung) der Generale – nicht nur jener der alten Schule, von denen Robspierre und Saint-Just die Armee so rasch wie möglich gesäubert sehen wollten, was in gewisser Hinsicht begreiflich war, da viele von ihnen in der Tat nicht alle Brücken zum Lager der Emigranten oder den ausländischen Höfen abgebrochen hatten. Das Mißtrauen richtete sich freilich auch gegen die neue Elite der revolutionären Armee. Jean-Baptiste Jourdan, der Sieger von Wattignies, hatte Glück: Er wurde nur vorübergehend seines Postens enthoben, hernach wieder an die Spitze einer Armee gesetzt. Er nützte die Chance, um die Alliierten bei Fleurus zu Paaren zu treiben. Auch Lazare Hoche verlor am 20. März 1794 sein Kommando und wurde – auf Saint-Justs Befehl – ins Gefängnis gesteckt. (Erst nach dem Tod Robespierres gewann er seine Freiheit wieder.) Jean-Nicolas Houchard aber war das Schicksal nicht freundlich. Er wurde wegen eines

Rückzugs, der keine Gnade vor den Strategen im Wohlfahrtsausschuß fand, festgenommen und im November 1793 hingerichtet. Armaud-Louis Biron, der einstige Herzog von Lauzun, der sich mit den Rebellen in der Vendée geschlagen hatte, legte dem Wohlfahrtsausschuß unter Robespierre eine Rechtfertigungsschrift vor, deren ironischer Ton die bürgerlichen Herren in Harnisch brachte. Schon im Gefängnis bemerkte der General (dem man nachsagte, er sei einst der Geliebte Marie-Antoinettes gewesen): «Diese Leute haben mich genug gelangweilt, sie wollen mir den Hals abschneiden – wenigstens hat dann alles ein Ende.» Den Mitgliedern des Gerichtes fuhr er bei der Verhandlung ohne jede Furcht in die Parade: «Sie sind Ignoranten, die nicht das geringste vom Krieg verstehen. Beenden Sie Ihre Fragen!» An Silvester 1793 führte man ihn aufs Schafott.

Es ist wahr: Sterben konnten sie alle, die Generale und die Dichter, die Aristokraten und die revolutionären Tribune, König und Königin, die aristokratischen, die bürgerlichen Frauen, die Advokaten. Fromm waren die wenigsten unter ihnen, aber sie verstanden sich auf den Tod. Der Prinz von Hessen freilich neigte nicht zu der Ansicht, das Sterben gehöre zum Beruf des Soldaten. Er zog es vor, andere vom Leben zum Tod zu befördern, um den eigenen Kopf oben zu behalten. Ihn hoch zu tragen, dazu hatte er keinen Anlaß. Seine Karriere stellte sich – nach den Schilderungen des Historikers Arthur Chuquet, der zu Beginn unseres Jahrhunderts den Spuren der Deutschen in den Jahren der Revolution mit großer Sorgsamkeit nachging – eher als eine Serie von Intrigen dar, die niemals abriß. Es begann harmlos genug: Prinz Carl Constantin aus der Linie Hessen-Rheinfels-Rotenburg wurde, wie so viele nachgeborene Söhne, an den König von Frankreich verdingt. Für das dreizehnjährige Bürschchen erlangten einflußreiche Verwandte im Jahr 1765 eine Commission als «Capitaine» beim Kavallerieregiment Royal Allemand. Sieben Jahre später, als er zwanzig war, durfte er eine eigene Kompanie übernehmen. Er überragte das Gardemaß: fast 1,90 Meter groß, schlank, blauäugig und nach der Auskunft seines Biographen «feurig-blond», wie so viele der deutschen Söldner. Der Marquis de Conflans bemerkte von seiner Truppe, sie sei «superbe en formes». Seinem Charakter wurde ein weniger liebenswürdiges Zeugnis ausgestellt. Man sagte ihm nach, er habe seine Autorität oft mißbraucht und seine Untergebenen unbarmherzig, ja grausam behandelt. Eine Besonderheit: er ließ die Zähne nach jedem Satz wie Kastagnetten aufeinander klappern, was kaum ein unverkrampftes Naturell verriet. Immerhin hatte er das Talent, nützliche Beziehungen zu pflegen. Er war mit dem General Biron befreundet (und rührte für ihn keinen Finger), auch mit Choderlos de Laclos, dem Autor der «Liaisons dangereuses» und intimsten Berater des Herzogs von Orléans, übrigens der einzige in der Entourage von Philippe Égalité, der – dank seiner guten Beziehungen zu Robespierre – mit dem Leben davonkam. Der Prinz von Hessen zählte zu Beginn der Revolution 33 Jahre. Der große Aufbruch behinderte seine Laufbahn nicht im geringsten, im Gegenteil. Ruchlos schob er sich nach vorn.

Den Wechseln der Garnisonen, der Kommandos und den Beförderungen gingen jeweils Denunziationen voraus, bei denen «Charles Hesse», wie er sich nun nannte, auch vor den absurdesten Lügnereien nicht zurückschreckte. In den Anfängen der Revolution drängte er sich in die Nähe La Fayettes und unterschrieb politische Deklarationen der Feuillants. Den Übergang zu den Jakobinern vollzog er mit fliegenden Fahnen. In Straßburg beteiligte er sich an Eulogius Schneiders Zermürbungskampf gegen den Bürgermeister de Dietrich. Später legte er sich den Namen «General Marat» zu – eine servile Verbeugung vor dem «Ami du peuple». Hessen behauptete, er habe mit eigenen Augen gesehen, wie die Postmeisterin von Kehl nach Straßburg gelaufen sei, um dem Maire geheime Nachrichten von den Österreichern zuzustecken, mehr noch, er habe Dietrichs Brüder das Postgebäude des Grenzorts verlassen sehen. Er denunzierte seinen Vorgesetzten, den General Montesquiou, der Savoyen erobert und Genf belagert hatte. (Später blieb diesem nichts anderes, als sich auf Schweizer Boden zu retten.) Er lieferte in Lyon eine Gruppe polnischer Offiziere, die unter Verdacht geraten waren, der radikalen Meute aus. Von der spanischen Grenze schickte er Beschwerde um Beschwerde über seine Chefs und seine Kameraden nach Paris. Er verdächtigte Brissot einer allzu guten Verständigung mit dem Grafen Narbonne, der mit Bollmanns Hilfe nach London geflüchtet war. Er bewarb sich als Zeuge der Anklage im Prozeß gegen General Custine.

Pulverdampf hatte er nicht oft gerochen. Der Krieg war sein Metier, doch auf die Schlachtfelder schien er nur selten zu geraten. Den Titel «General Marat» legte er schließlich stillschweigend ab – nachdem der «Volksfreund» mit schneidender Stimme die Entlassung und Verhaftung aller Generale adliger Herkunft gefordert hatte. Barère, der tüchtige Arbeiter im Wohlfahrtsausschuß, äußerte sich ähnlich harsch über die Aristokraten, und Rossignol, einer der grausamsten Kommandeure in der Vendée (der seinen poetischen Namen kaum verdiente), schrieb an den radikalen Kriegsminister Bouchotte, er sei erstaunt, daß man einem ausländischen Prinzen das Kommando in Orléans anvertraut habe. Robespierre notierte in seinem Merkbuch: «Hesse in Orléans ist abzusetzen.»

Es kam, wie es kommen mußte. Chuquet schrieb: «... auch er, der große Denunziant, sollte denunziert werden; auch er, der große Verhafter, sollte verhaftet werden; auch er sollte auf seine Weise die Bitterkeit einer langen Gefangenschaft kennenlernen.» Er hatte überdies das Pech, daß seine Jahresrente von 12000 Livres, die er noch immer aus Hessen bezog, nicht länger ausgezahlt wurde. Den verhörenden Kommissaren machte er nicht den besten Eindruck. Die strengen Bürger vom «Comité de surveillance» schrieben in den Fragebogen, seine moralische Aufführung vor der Revolution habe ihm wenig Ehren gemacht: Mit «Mädchen von schlechter Lebensart» habe er sich herumgetrieben, seine Schulden nicht immer bezahlt und häufig die Spielcasinos frequentiert. Sein Charakter? «Lebhaft und gut für einen Prinzen. Er hat im Verlauf der Revolution Beweise für seinen Bürgergeist gegeben.» Doch die Bürger waren vorsichtig: «Wir können seiner Aufrichtigkeit nicht sicher sein», fügten sie hinzu, «denn Verstellung war die Gewohnheit der Großen.» Über seine Wahrhaftigkeit könnten allein der Wohlfahrts- und der Sicherheitsausschuß urteilen ...

Er hatte Glück. Vermutlich wollten ihn die Mitglieder der mächtigen Ausschüsse in Reserve halten: Der fürstliche Halunke aus Deutschland mochte in künftigen Prozessen gegen aufsässige und erfolglose Generale von Nutzen sein, da er niemals zögerte, seine Kameraden ans Messer zu liefern. So ließ man ihn schmoren. Unterdessen eilten die Revolutionsarmeen von Erfolg zu Erfolg, drangen in Belgien vor, entsetzten Landau in der Pfalz, wehrten die österreichischen Vorstöße im Elsaß ab... Das Kriegsglück hatte sich von neuem gewendet. Für die jungen Kommandeure gab es keine Alternative zum Sieg (es sei denn der Tod), und Carnot, der Militärexperte im Wohlfahrtsausschuß, erwies sich als ein brillanter Organisator der Rekrutierung, der Rüstung, der Versorgung mit Waffen, Kleidung und Proviant: er war, kein Zweifel, der Mann der Stunde.

Dem Geist der Nation tat es wohl, daß Robespierre sich entschloß, der überspannten antichristlichen Kampagne ein Ende zu machen. Auch Danton – nach traditionell katholischem Ritus verheiratet – spottete über die «Maskeraden», die Pierre-Gaspard Chaumette, der einstige Kamerad aus dem Klub der Cordeliers, im Bündnis mit Hébert, dem Herausgeber des «Père Duchesne», und dem notorischen Antichristen Anacharsis Cloots aufführte, der erst im Dezember zum Präsidenten des Jakobinerklubs gewählt worden war. Das war, kein Zweifel, der Höhepunkt seiner revolutionären Karriere. Mit den Enragés hatte der Preuße in Wahrheit wenig zu schaffen. Die donnernden Gerechtigkeitspredigten des Ex-Priesters Roux berührten ihn kaum. Ihn verband nicht allzuviel mit der Rebellion der Vorstädte gegen das chronische Elend, das Krieg und Revolution nun gemehrt hatten. Auch das «Maximum» hatte sich nicht als ein Heilmittel erwiesen: die Festlegung von Höchstpreisen für alle wichtigen Waren, vor allem Nahrungsmittel, die Ende September 1793 galten. Die Regulierung der Preise konnte die Not nicht lindern, vielmehr fegte die öffentliche Bestätigung des Mangels – wie es immer ist – die Waren vom Markt und ließ den Schwarzhandel blühen. Im Dezember wurde es notwendig, das Brot zu rationieren. Für jede Person wurde eine Brotkarte ausgestellt, gültig für einen Monat. Sie galt lediglich für eine Bäckerei, die zu nennen war. Bei jedem Kauf mußte ein Abschnitt zurückgelassen werden. Doch wenigstens brauchten die Frauen nicht mehr morgens um vier Uhr Schlange zu stehen...

Der «Bürger von Paris» nahm die Neuerung, wie fast alles,

gelassen hin. Stoisch registrierte er die Namen der zum Tode Verurteilten – als sei es seine Aufgabe, Buchführer der Guillotine zu sein. Zu einem kommentierenden Wort konnte er sich selten entschließen. Das war nicht seine Sache. Gehorsam übernahm er die offiziellen Begründungen der Hinrichtungen. Fürchtete er eine Kontrolle seiner Papiere? Oder hieß er die blutige Disziplinierung der Gesellschaft gut? Hatte er am Ende gar keine Meinung, sondern schlurfte mit spießerhafter Gleichgültigkeit «auf Pantoffeln durch den Terror», wie der Herausgeber seines Journals, Raymond Aubert, einen kleinen Band mit Anmerkungen geistreich überschrieb?

Der Abgeordnete Cloots, am 26. August 1792 eingebürgert und wie Thomas Paine in den Konvent gewählt, trug die spitze Nase immer hoch in den Himmel gereckt, in dem er keinen Gott sah, und brauchte sich um das Elend des Pariser Alltags in der Tat nur wenig zu scheren. Er hatte draußen im Tal der Oise ein Landgut gekauft – vermutlich aus dem staatlichen Fundus und für billiges Geld, wie die meisten seiner Kollegen. Sein Hof versorgte ihn mit allem, was er brauchte. Er war übrigens nach Auskunft aller Nachbarn musterhaft geführt. Auf kluges Wirtschaften verstand sich der Preuße holländischer Herkunft, nun Präsident des mächtigen Klubs der Jakobiner in der rue Saint-Honoré, dieser Urgemeinde der Revolution: Damit schienen sich alle ehrgeizigen Träume des atheistischen Predigers zu erfüllen. Oder erwartete er, daß Christus vom Kreuze herabstiege, um dem Deputierten Cloots – der sich nun öffentlich den «Widersacher Jesu» nannte – seine Abdankung mitzuteilen?

Sein Triumph, den er aufgeregt-enthusiastisch genoß, fiel freilich jäh in sich zusammen. Saint-Just hatte im Oktober den Antrag gestellt, alle Ausländer, mit deren Regierungen Frankreich Krieg führe, in den Anklagezustand zu versetzen. Das konnte den Citoyen Cloots nicht betreffen. Oder? Robespierre stieg auf die Tribüne und verkündete: «Ich mißtraue instinktiv allen Fremden, die ihr Gesicht hinter einer Maske des Patriotismus verstecken und keine Anstrengung scheuen, republikanischer... zu erscheinen als wir.» Wie immer nannte der höchste Wächter der revolutionären Tugend zunächst keine Namen. Das blieb Camille Desmoulins überlassen, Cloots' spöttischem

Freund, der ihm einst so oft geschmeichelt hatte, obschon immer mit einer Prise Ironie. Nach Dantons Verzicht auf das Justizministerium hatte auch Camille sein Amt verlassen. Er fand Zeit, das alte Gewerbe wiederaufzunehmen. In seinem Herzen war er niemals ein Funktionär des revolutionären Staates geworden, sondern stets Journalist, Pamphletist und Agitator geblieben.

«Le Vieux Cordelier» nannte er nun seine Zeitung. Das war ein Programm: Sein Mentor Danton und er hatten beschlossen, sich mit aller Schärfe gegen den ungezügelten Radikalismus der Männer zu wenden, die ihr einstiges Forum, den Klub der Cordeliers, erobert hatten. Der Titel des Blattes sagte den Kundigen: *Wir* sind die alten, *wir* sind die wahren Schildhalter des revolutionären Geistes – laßt euch von niemand beirren. Danton brauchte ein Forum. Für lange sechs Wochen hatte er sich im Herbst mit seiner blutjungen Frau nach Arcis-sur-Aube zurückgezogen. Am 17. November aber sprengten Boten hinaus zu seinem Landsitz und scheuchten ihn aus dem arkadischen Idyll: Der Wohlfahrtsausschuß hatte eine Reihe von Abgeordneten (und ihren Anhang) verhaften lassen, die er bisher seine Freunde genannt hatte: Claude Basire, der einst dem Herzog von Orléans nahestand, Joseph Delaunay und vor allem François Chabot, der wie so viele der heftigsten Revolutionäre ein «réligieux défroqué», ein entlaufener Mönch war. Allesamt wurden sie der Beteiligung an einem rauchenden Finanzskandal verdächtigt. Kenner der Verhältnisse erwarteten eine Explosion von Dreck und Schmutz, und es war zu fürchten, daß auch Dantons Ansehen leiden würde. Ohnedies wußte jeder, daß er keine blütenreine Weste trug. Er machte nicht einmal ein zu großes Hehl daraus.

Drei Tage nach den Verhaftungen meldete er sich in der Hauptstadt zurück. Er warf sich, als die Gelegenheit kam, für den Kalendermann Fabre d'Églantine ins Zeug, auch er ein enger Freund und – wie Desmoulins – einst Sekretär in seinem Ministerium. Er befand sich noch auf freiem Fuß – vermutlich weil er, um sich selber zu schützen, seine Korruptionsgenossen vorsorglich bei Robespierre denunziert hatte. Ihm sagte man nach, er habe der Armee Schuhwerk verkauft, das den Soldaten nach zwölf Stunden Marsch von den Füßen fiel – und daran vierzigtausend Livres verdient.

Dem Tribun schien Vorsicht geboten. Was lag näher als ein Entlastungsangriff auf die Rebellen, die Aufrührer, die Organisatoren der Unzufriedenheit, die im Begriff waren – wenn nicht viele Zeichen trogen –, zu einem neuen Marsch auf die Tuilerien zu trommeln, um dem Konvent ihren Willen aufzuzwingen? Bot es sich nicht vor allem an, die Feinde des religiösen Friedens mit all ihren törichten Possen beim Schopfe zu fassen? Es empfahl sich, die Regel umzukehren und die Anti-Christen vor die Löwen zu werfen. Das Verfahren hatte den Vorteil, daß es den Absichten Robespierres entsprach. Danton fand es ratsam, ein Bündnis mit seinem Urgegner Robespierre zu schließen. Damit kam er den Interessen des «Unbestechlichen» entgegen – wenigstens für den Augenblick.

Desmoulins preschte vor: es gebe Männer, schrieb er in der ersten Ausgabe des «Vieux Cordelier», die sich – patriotischer als Robespierre und philosophischer als Voltaire – über die so wahre Maxime lustig machten, «wenn Gott nicht existierte, müßte man ihn erfinden». An ihrer Spitze sehe man «Anacharsis Cloots, den Redner des Menschengeschlechtes. Cloots ist Preuße». Er fügte eine Charakterisierung von besonderer Infamie hinzu: der Antichrist, sagte er, sei außerdem ein Vetter des «oft schon verdächtigten Proly». Der Hinweis galt einem eher windigen Herrn, von dem jedermann wußte, daß er ein «natürlicher Sohn» des mächtigen österreichischen Kanzlers Graf Kaunitz war, der erst kurz zuvor, ein uralter Mann, die Regierungsgeschäfte Österreichs aus der Hand gelegt hatte. Der Sprößling galt als ein Früchtchen von besonderen Qualitäten: Gern führte er sich als ein «exaltierter Patriot» auf, und er hatte am 31. Mai und am 2. Juni am Sturm auf den Kovent teilgenommen. Seine Spekulationssucht war berüchtigt. Nichts lag näher, als ihm den Verdacht anzuhängen, die Gelder, die er nach links und rechts verteilte, stammten aus geheimen österreichischen Quellen. Desmoulins ließ es nicht dabei: Er warf Cloots seine Nähe zu Brissot vor, und er erinnerte hämisch an den Widerstand des Menschenfreundes gegen die Aufhebung der Sklaverei.

Das Signal wurde verstanden. Robespierre machte sich ans

Werk, den Klub von allen Fremden zu säubern. Die ehrenvolle Präsidentschaft der Jakobiner war für den armen, närrischen Cloots kein Schutz. Der «Redner des Menschengeschlechtes» wurde einem kalten Verhör unterzogen. Man fragte nach seiner Herkunft: «Ich bin aus Preußen», antwortete er und setzte mit der gewohnten Aufgeblasenheit hinzu: «dem zukünftigen Département der französischen Republik.» Das half ihm gar nichts. Auch von seiner unentwegten und unerschütterlichen Treue zum Jakobinertum wollte keiner hören. Robespierre ergriff das Wort: «Können wir», fragte er, «einen deutschen Baron als einen Patrioten betrachten? Können wir einen Mann als Sansculotten betrachten, der mehr als hunderttausend Livres Rente bezieht?» Dann, ohne Gnade: «Nein, Bürger, hüten wir uns vor den Fremden, die patriotischer erscheinen wollen als die Franzosen selbst. Cloots, Du verbringst Dein Leben mit unseren Feinden, mit den Agenten und Spionen der fremden Mächte; wie sie bist Du ein Verräter, den man überwachen muß.» Er bestritt, daß Cloots je zur Bergpartei gezählt habe: «Niemals», sagte er voller Hohn, «war er der Verteidiger des französischen Volkes, sondern der des Menschengeschlechtes.» Dem Beschuldigten wurde keine Gelegenheit zu einer Entgegnung gegeben. Die Versammlung beschloß, nach den Worten von Selma Stern, alle Adligen, Priester, Bankiers und Fremden aus der Liste der Jakobiner zu streichen, und der Konvent verkündete den Erlaß, daß kein Individuum, das in einem fremden Land geboren wurde, das Recht habe, das französische Volk zu repräsentieren. Mitglieder des Konvents, die in fremden Ländern zur Welt gekommen seien, dürften an keiner seiner Beratungen mehr teilnehmen.

Dies betraf neben dem Preußen Cloots nur noch den Amerikaner Thomas Paine. Beide wurden in der Nacht vom 7. zum 8. Nivôse – zwei Tage nach dem Christfest, das keiner zu feiern wagte – in den Kerker geworfen. Cloots holten die Häscher aus seiner Wohnung in der rue Ménars, ein paar Schritte von der Bibliothèque Nationale, Paine aus einem Hotel, in dem er mit einigen Landsleuten zu Abend gegessen hatte. Der Deputierte aus den Vereinigten Staaten war an jenem Tag besonders guter Laune, obschon er – wie sein Biograph David Freeman Hawke erzählte – ganz gegen seine Gewohnheit nur mäßig getrunken hatte. Und es gab Grund zum Feiern! Am Nachmittag hatte er die letzten Sätze des ersten Teils seiner Schrift «The Age of Reason» zu Papier gebracht, den dritten der großen Pamphlete, die seinen Ruhm in der Geschichte bestimmten. Das «Zeitalter der Vernunft» schloß mit einem Bekenntnis zur Gottgläubigkeit der Aufklärung und mit einem Plädoyer für die Toleranz: Noch einmal hatte er die großen Akkorde des 18. Jahrhunderts aufklingen lassen, des «grand siècle», dessen Geschöpf er war.

Robespierre versah seinen Namen mit einer Anmerkung: Paine müsse verurteilt werden, weil er die Interessen Amerikas über jene Frankreichs stelle. Dennoch wagte er nicht, diesen prominenten Bürger der Vereinigten Staaten vor das Revolutionstribunal zerren zu lassen, obwohl der amerikanische Gesandte Gouverneur Morris, der den streitsüchtigen, lärmenden und fast immer betrunkenen Paine aus tiefster Seele haßte und noch mehr verachtete, keinen Finger für ihn rührte. Erst sein Nachfolger James Monroe holte den Landsmann am Jahresende 1794 aus dem Kerker, und der Konvent berief ihn in seine Reihen zurück. Paine harrte noch länger als ein halbes Jahrzehnt in Europa aus, ehe er von Thomas Jefferson heimgeholt wurde: ein gebrochener Mann, dem nur noch blieb, seinem Ende entgegenzudämmern.

Camille Desmoulins trommelte im «Vieux Cordelier» mit hämmernden Schlägen gegen die «Ultrarevolutionäre», von denen Danton neuerdings voller Verachtung sprach. Dafür konnte er Robespierres Beifall gewiß sein. Die günstige Wendung an den Fronten und die brutalen Siege im Bürgerkrieg erlaubten dem radikalen Bürger, der so bescheiden und traulich bei der Familie des Schreiners Duplay in der rue Saint-Honoré hauste, von der Frau und den Töchtern seines Wirtes umsorgt, die zeternden Kommandeure der Vorstädte in die Schranken zu weisen. Oft genug hatte er ihre Unterstützung gebraucht und sich dafür – so schien es – demütig dem Willen der Massen unterworfen. Doch er war kein Mann der Anarchie. Er dachte nicht daran, Paris und die Republik der Herrschaft der «Ultras» auszuliefern. Darin war er mit Danton einig. Der «Unbestechliche» zuckte, wenn Norman Hampsons Analyse zutrifft, auch nicht zusammen, als der zynische Desmoulins in seinem Blatt neue Töne anschlug, die jeden Bürger aufhorchen ließen: Es sei an der Zeit, schrieb er, einen Begnadigungsausschuß zu berufen, der damit beauftragt werden sollte, echte Revolutionäre, die durch Irrtum oder Parteilichkeit in Haft geraten seien, zu befreien und zu rehabilitieren. Damit entsprach der Journalist ganz dem Wunsch seines Freundes Danton, der am Tag seiner Rückkehr nach Paris verlangt hatte, daß künftig «mit Menschenblut sparsam umgegangen» werde. Desmoulins sprach von 200 000 Unschuldigen, die in den Kerkern Frankreichs schmachteten. Die Zahl griff weit über die Realität hinaus – die Federführer der Revolution, sie übertrieben allesamt gern und ohne Skrupel –, doch sie zeigte auch an, in welchen Dimensionen die einstigen Cordeliers den Terror sahen.

Aber wußte dieser schmächtige und so launische Schreiber, welches Risiko er auf sich nahm? Seine Plädoyers für das Ende des Schreckens fanden, dessen konnte er sicher sein, die aufatmende Zustimmung der Bürger (wenn auch nicht in den wilden Sektionen). Doch er durfte sich nicht täuschen: die bloßen Worte «Gnade» und «Milde» trafen die Anwälte des Terrors im Klub, in den Ausschüssen, im Konvent wie der Hieb mit der Peitsche. Zunächst hatte sich die Mehrheit des Konvents dazu überreden lassen, ein «Comité de la clémence» zu bilden. Es wurde von der Linken am 26. Dezember 1793 im Gegenangriff fortgefegt, noch ehe es seine Arbeit beginnen konnte. Wenn durch einen Akt der Begnadigung gleichsam die Unschuld der Verhafteten festgestellt würde, sagten sich die Anwälte des Terrors logisch genug, dann hieß das auch: mit dem Finger auf die Schuldigen zu zeigen – auf sie selber, die Advokaten und Vollstrecker des Schreckens. Das durfte nicht angehen. Die harten Männer der Bergpartei erschraken erst recht, als Desmoulins – ein wenig gedämpfter – vom äußeren Frieden zu reden begann, den die Nation verdiene. Der Krieg hatte, nach Marcel Reinhardts Aperçu, «die Revolution revolutioniert». Bedeutete dies nicht in der Umkehr, daß der Friede die Revolution außer Kraft setzen könnte? Oder wenigstens den Terror? Die «indulgents», die Nachsichtigen, waren von nun an für die Partei des Terrors und seine Exekutoren Todfeinde, die es zu vernichten galt.

Robespierre freilich gab sich den Anschein, auch er neige nun zu einer Beendigung des Schreckens. Zu jedermanns Überraschung nahm er Danton, den geschwächten Konkurrenten, mehr als einmal mit klaren Worten gegen die Attacken der Linken in Schutz. Der Tribun widersetzte sich zum anderen nicht, als Saint-Just am 4. Dezember die Herrschaft der revolutionären Regierung bis zum Ende des Krieges verkündete. Der Konvent stimmte seinem Antrag zu: er billigte damit die «Diktatur der Ausschüsse», die nur noch eine Verschleierung der Diktatur des Maximilien Robespierre waren.

Regte sich nun in der dürren Seele des «Unbestechlichen» die Furcht, der bestechliche Danton könne versucht sein, mit einer Kampagne für den inneren und äußeren Frieden die Massen um sich zu sammeln und, vor allem, den Konvent seinem Willen zu unterwerfen? Was sollte er anderes im Sinn haben? Tatsächlich den Frieden und wahrhaftig die Gnade? Wodurch wäre dieser Wandel bewirkt worden? Durch seine Liebe zu der jungen Frau? Die Erschütterung seiner Gesundheit? Seine Erschöpfung? Durch die Einsicht, daß die Revolution nicht von einer Station der Radikalisierung zur nächsten getrieben werden könne, ohne sich am Ende selber zu widerlegen?

Und Robespierre? Schlich nicht die gleiche Angst von Zeit zu Zeit in seine enge Brust? Warum zog er sich – in dieser prekären Phase! – zu Anfang des Jahres 1794 für fast einen Monat von allen Geschäften zurück? Man sah ihn weder im Konvent noch in den Ausschüssen, noch im Klub... War er krank? Müde? Wollte er nachdenken? Er gab seinen Freunden und seinen Feinden – auch den Historikern der Nachwelt – so viele Rätsel auf wie sein Gegenüber, der einst so gewaltige Danton. Der arme Georg Forster hatte nicht lang vor seinem Tod geschrieben: «Solange Robespierre und Danton einig sind, können sie den anderen wohl noch die Spitze bieten...» Es herrschte aber kein Friede zwischen den Konkurrenten, sondern ein Waffenstillstand, der täglich gebrochen werden konnte. Ihre Ideen klafften nicht allzuweit auseinander. Waren sie sich in manchem so nahe? Und daher zuletzt in einen tödlichen Gegensatz gezwungen? Beide besaßen einen scharfen Verstand, doch das «Höchste Wesen», um mit Robespierre zu sprechen, hatte sie nicht als Denker geschaffen. Ihre Konzepte für die Gesellschaft, die Nation, die Menschheit, sofern von Konzepten die Rede sein konnte, waren unverbindlich, ungeformt – mehr Rhetorik als Substanz, mehr Gefühl als Vorstellungskraft: nicht sehr klare Spiegel aufgeklärter Hoffnungen, wie sie jeder Bürger in der zweiten Hälfte des 18. Jahrhunderts in seinem Kopf spazierentrug, sofern er je ein Buch oder eines der gebildeten Magazine gelesen hatte – und nur ein schwacher Abglanz des Geistes, der einen Mann vom Range Condorcets erfüllte (den sie in den Selbstmord trieben), oder einen Revolutionär von der Art des Abbé Sieyès, der sich voller Furcht weit aus den täglichen Geschäften zurückgezogen hatte. Sie hatten gemeinsame Feinde, Robespierre und Danton. Sie haßten die aristokratische Gesellschaft von gestern, die revolutionären Stutzer, die rebellischen Sansculotten in den Vorstädten (die sie beide hofierten, wann immer es ihnen nützlich zu sein schien).

Dennoch war es, als hätte der liebe Gott, als er die beiden in die Welt schickte, mit zwei Entwürfen der Schöpfung experimentiert, die einander radikal widersprachen. Danton liebte das Leben. Er verstand mit seiner intuitiven Intelligenz, daß sich dieses Leben niemals ganz dem Willen des Menschen fügen würde. Vielleicht begriff er schließlich, daß sich das Glück nicht immer befehlen lasse und daß man es der Menschheit am Ende nicht aufzwingen könne. Robespierre aber mißtraute den rohen, ungebändigten, unkontrollierbaren Energien des Daseins, die sein Widersacher in seiner Person versammelte. Er liebte, kein Zweifel, die Menschheit – die Menschen liebte er kaum. Er war davon überzeugt, daß die Völker nur durch einen stetigen, unbeirrbaren Willen zum Glück geführt werden könnten: Für ihn gab es keine Freiheit ohne Gehorsam, kein Wohlergehen ohne Zucht, kein Glück ohne die strenge Anleitung der Tugend.

Für Danton mochte die Gesellschaft ein Feld wilder, brutaler, blutiger, aber auch lustvoller Spiele sein. Für Robespierre war sie eine Erziehungsanstalt. Seine Idee der Freiheit hatte mit Lust und Vergnügen nichts zu schaffen – und am Ende auch nichts mit Freiheit. Die Freiheit, von der er sprach, war die der Gesellschaft. Er wußte wohl, daß sich die Menschen gegen die gütig lenkende Hand in ihrer Unvernunft immer von neuem auflehnten. Oft genug verzagte er an seinem hohen pädagogischen Auftrag. In einem unbewachten Augenblick soll er gesagt haben: «Wenn man zuviel von den Menschen verlangt, wird man gezwungen, sie alle zu töten.» Er hatte recht; sein Ideal der Reinheit ertrug nicht den unvertilgbaren Schmutz, den das Leben immer von neuem produziert. Danton aber warf ihm mit grausamem Spott den Satz ins Gesicht: «Ich werde dir sagen, was die Tugend, von der du immer redest, in Wirklichkeit ist: das, was ich Nacht für Nacht mit meiner Frau treibe.»

Das war unerträglich. Gleichviel, ob jene Worte genauso gesagt worden sind oder nicht – sie bezeugten Dantons Wahrheit: seine Lebensliebe, die hinter seiner Machtgier, seiner Bestechlichkeit, seiner Vulgarität, seiner Brutalität, seiner Gemeinheit, seiner Feigheit, seinen Lügen und seiner Schwäche niemals völlig erlosch. Keiner hat seine Lebensliebe klarer gesehen als der geniale Büchner, der ihn als einen ganzen Kerl auf die Bühne gestellt hat: einen Mordskerl im wörtlichsten Sinn. Seine Hände waren so schmutzig wie die Robespierres. Doch wenigstens unterlag er keinem Waschzwang. Man kann nicht ausschließen, daß Robespierre dem Konkurrenten nicht nur mit Neid, sondern auch mit einer Spur von Sympathie begegnete. Vielleicht suchte er in jenen ersten Wochen des Jahres 1794 aufrichtig nach einem Kompromiß. Zugleich aber wußte er, wenn nicht vieles täuscht, daß eine Koexistenz auf die Dauer nicht möglich sein würde. War es denkbar, daß der Tribun bereit sei, sich ihm unterzuordnen? Oder umgekehrt? Wenn irgend etwas an Robespierre «Natur» war, dann der Machtwille, der härter und unversöhnlicher war als der des freund-feindlichen Partners. Er konnte es sich nicht leisten, die Skandale zu übersehen, von denen Danton wenigstens berührt, wenn nicht unmittelbar betroffen war.

Das Gewirr der Intrigen, der Verdächtigungen, der Denunziationen und Gegendenunziationen, der gefälschten und wirklichen Beweise im Machtkampf der beiden und ihrer Fraktionen vermochte bis heute kein Historiker bis auf den Grund zu durchdringen. Man darf daran zweifeln, ob die Zeitgenossen die Realitäten hinter den Kulissen völlig zu erfassen vermochten.

Der Kalendermann Fabre d'Églantine, einer der engsten Freunde Dantons, hatte am 12. Oktober 1793 durch eine Anzeige den Wohlfahrts- und den Sicherheitsausschuß auf ein ungeheuerliches «Komplott» ausländischer Feinde der Republik hingewiesen, an dem die Deputierten Chabot und Basire, freilich auch ein Mitglied des Wohlfahrtsausschusses – der schöne und kluge Hérault de Séchelles – beteiligt sein sollten. Im Hintergrund agierten, so die Anschuldigung, der notorische Österreicher Proly und neben ihm die undurchsichtigen Gebrüder Frey, die ein prächtiges Haus in der rue d'Anjou im Faubourg Saint-Honoré unterhielten.

Chabot und Basire zögerten nicht lang, eine Gegenanzeige zu präsentieren, mit der sie nachwiesen, daß Fabre d'Églantine – Dichter, Politiker und Geschäftsmann zugleich – in die eigentliche, die wahre, die gefährliche Verschwörung verstrickt sei, die aus dem Hintergrund von dem mysteriösen Baron de Batz dirigiert werde, dem royalistischen Großagenten, der mit seinen falschen Pässen nach Lust und Laune in Paris aus und ein ging. (Nach dem Sturm auf die Tuilerien plante er angeblich die Entführung Ludwigs, hernach die Befreiung Marie-Antoinettes aus dem Temple.) Der poetische Fabre d'Églantine hatte lediglich – das ergab sich rasch – davon abzulenken versucht, daß er keinen geringen Part in den kriminellen Manipulationen bei der Liquidierung der Compagnie des Indes übernommen (und wohl prächtig daran verdient) hatte. Diese vordem so reiche und bedeutende Handelsgesellschaft war – wie alle Finanzgesellschaften solcher Art – durch ein Dekret des Konvents vom 24. August zur Auflösung bestimmt worden. Verantwortlich: der Finanzausschuß, dem Chabot, Basire, auch die Abgeordneten Delaunay und Julien de Toulouse angehörten. Sie zupften Bedingungen für die Liquidation zurecht, die ihren eigenen Interessen entgegenkamen, denn sie alle schienen mittelbar oder unmittelbar an der Indien-Gesellschaft beteiligt. Fabre d'Églantine legte Protest ein. Die Liquidation wurde einer Gruppe unabhängiger Regierungskommissare anvertraut. Doch dann ereignete sich ein kleines Wunder, das nur Fabre hätte erklären können, wäre er dazu aufgelegt gewesen: Der neue Auflösungsbeschluß entsprach exakt dem ersten Entwurf: Die Gesellschaft durfte sich selbst liquidieren. Nur trug das Dekret nun auch die Unterschrift des Deputierten Fabre d'Églantine.

Sie alle verdienten ein hübsches Sümmchen: vor allem, so sagte man, der Ex-Kapuziner Chabot, der aufs engste mit den Finanzmännern Frey verbunden und seit jüngstem verschwägert war, denn er hatte Léopoldine, der jungen Schwester – deren Alter zu diesem Zweck auf zarte siebzehn Jahre reduziert worden war – die Hand fürs Leben gereicht. Nach seinen eigenen Angaben wurde eine Mitgift von 200 000 Livres verabredet, in fünfjährlichen Raten zahlbar. Es war anzunehmen, daß dieser behende Jakobiner schon vor der lukrativen Heirat ein beträchtliches Vermögen angesammelt hatte. Doch bei seinen Auftritten im Klub bevorzugte er den verwegen-schludrigen, ja abgerissenen Habit eines echten Sansculotten: nackte Füße in Holzschuhen, die Hose aus grobem Leinenzeug; dazu trug er eine Weste im provenzalischen Stil, die man die «Carmagnole» nannte, offen über der nackten Brust, und einen zerdrückten Hut über den langen, glatten Haaren. In dieser ultrarevolutionären Verkleidung sprang er am 3. Oktober 1793 auf die Tribüne des Klubs, um vor den Brüdern die Reinheit seines Bürgergeistes zu beschwören. Der radikale Aufzug nutzte ihm nicht allzuviel. Überdies war er psychologisch falsch kalkuliert: Robespierre, der stets in Kniehosen, einem eleganten Frack und sorgsam gepudert auftrat – ganz ein Kavalier des 18. Jahrhunderts –, haßte die geliehene Volkstümlichkeit solcher Maskeraden, die zu einer Art Stil wurden: dem der revolutionären Heuchelei, der in allen späteren «Bewegungen» ganz gewiß eine Entsprechung fand.

Wenn Robespierre von den Fremden sprach, die sich hinter der Maske leidenschaftlicher Patrioten tarnten, dann hatte er – ohne die Namen zu nennen – auch die Brüder Frey im Auge, über die Hellmut G. Haasis in seiner unerschöpflichen Materialsammlung über die deutschen Jakobiner die interessantesten Auskünfte zu geben vermochte. Dobruschka hießen sie einst: mährische Juden, wohlhabend, westlich gebildet, doch gleichermaßen in der Geheimwissenschaft der Kabbala bewandert. Sie gehörten, so Haasis, zur messianischen Sekte Jakob Franks, deren Zentrum sich in Offenbach am Main befand. Wie fast alle

Mitglieder jener Bewegung ließen sich die Dobruschkas taufen. Da sie sich in Wien durch ihre Lieferungen um das österreichische Heerwesen verdient machten, wurden sie alsbald geadelt und durften sich fortan «Edle von Schönfeld» nennen. Warum sie sich eines Tages entschlossen, Wien den Rücken zu kehren und sich nach einer weiten Reise, die sie bis in den deutschen Norden führte, in Straßburg ansiedelten, scheint auch Haasis ein kleines Rätsel zu bleiben. Bei den französischen Behörden gaben sie vor, in Österreich als Anhänger der Revolution verfolgt worden zu sein. Konsequent legten sie den Adel ab und nannten sich nunmehr «Frey», der Liberté zuliebe, vielleicht auch, um so ihre anhaltende Ergebenheit an den Meister Frank in Offenbach zu begründen. Sie wurden Mitglieder des Jakobinerklubs, angeblich von Eulogius Schneider gefördert. Sie machten sich nützlich. Sie hatten Geld und verdienten darum noch mehr. Schließlich zogen sie nach Paris, der besten Beziehungen sicher, wo sie trotz ihrer aufwendigen Haushaltung nicht ärmer wurden. Vermutlich waren auch sie an der Spekulation mit den Indien-Aktien beteiligt. Was immer ihre Rolle gewesen sein mag: der Skandal riß sie in seinen Strudel.

Zu seinem Unglück aber war den Gebrüdern Frey auch der Baron von der Trenck über den Weg gelaufen: der preußische Abenteurer, von dessen Leiden im Kerker der Festung Magdeburg ein Rührstück zeugte, das nur wenige Jahre zuvor ganz Paris den Anlaß gegeben hatte, heiße Tränen des Mitgefühls zu vergießen. Die Freys kannte er aus Wien, wo der alte Herr mit politischen und privaten Händeln, mit Spekulationen und undurchsichtigen Projekten beschäftigt war, wie immer bis über die Ohren verschuldet und von seinen Gläubigern gehetzt. Seine Fluchten und Fluchtversuche aus den preußischen Verliesen, seine angebliche Liebschaft mit Prinzessin Amalie, einer Schwester des Alten Fritz, die tausend Geschichten seiner Heldentaten, meist von ihm selber erfunden, hatten die Eitelkeit des Hasardeurs weit über seine geistigen und moralischen Verhältnisse aufgeblasen. So maßte er sich – nach den Forschungen Walter Grabs – eine Vermittlerrolle zwischen dem rebellierenden ungarischen Adel und dem Kaiserhaus an. Als in Österreich für ihn nichts weiter zu holen war, folgte er seiner neuen Berufung zum Künder des freien Wortes und strebte nach Hamburg, um im dänischen Altona eine Zeitschrift zu publizieren, in der ganz Deutschland die Stimme der Wahrheit erkennen sollte. Sein Journal, das er «Proserpina» nannte (gleich Persephone, der Tochter des Zeus und Frau des Hades, des Gottes der Unterwelt), war in allen deutschen Landen verfemt und verboten. Die Preußen drängten auf seine Ausweisung. So entschied er sich, sein Glück in Frankreich, im Schoß der Revolution zu suchen.

Im Frühjahr 1793 gelangte er nach Paris, keinen roten Heller in der Tasche. Dennoch beschloß er hochgemut, eine Zeitung zu gründen, die er «Journal de Trenck» taufte, auf den Ruhm seines Namens vertrauend. Abonnenten stellten sich nicht ein. Dem Grafen Schlabrendorf, der seine «Strudelköpfigkeit» rügte, schwärmte der närrische Alte vor, er habe bereits sieben Subskribenten. Forster, der herzutrat, sagte kalt: «Er lügt, er hat nur drei.» Wiederum häuften sich die Schulden. Schnorrend zog Trenck von Adresse zu Adresse, ohne großen Erfolg. Vergeblich bewarb er sich um die Mitgliedschaft im Klub der Jakobiner. Der Straßburger Abgeordnete Simond verlangte eine Prüfung seiner wirren Vergangenheit, und er betonte, zwei der Söhne des Abenteurers dienten im preußischen Heer. In seiner Verzweiflung wandte sich der trippelnde Greis an die Brüder Frey und bat um tausend Livres. Junius, der Jüngere, steckte ihm vierhundert ohne Schuldschein zu, rechtfertigte die Intervention des Deputierten Simond und deutete an, er selber habe die Jakobiner auf die Wiener Machenschaften des Barons aufmerksam gemacht. Prompt versuchte Trenck sich zu rächen und ging mit dem Gerücht hausieren, die Brüder Frey alias Schönfeld alias Dobruschka seien Agenten des österreichischen Kaisers. Der erboste Schwager Chabot, Zeuge des Auftritts zwischen Trenck und Junius Frey, erwirkte seine Verhaftung. Die Einkerkerung rettete den alten Mann nicht einmal vor dem Hunger, denn die Gefangenen mußten in der Regel für eine Lagerstatt und ihre Mahlzeiten selber aufkommen. In den vorausgegangenen Monaten hatte sich der preußische Freiherr von einer schwangeren Hure durchfüttern lassen, Louise Pages hieß das gutherzige Geschöpf, das für sein Mitgefühl bitter büßte: Auch sie wurde verhaftet. Doch ihre gute Laune schien an der unwirtlichen Umgebung nicht zu leiden. Sie trat als «Baronne Trenck» auf und unterhielt die gefangenen Mitschwestern hohen (und echten) Adels mit ihren derben Späßen. Trenck aber nährte sich von den Zuwendungen der Kameraden. Zugleich bombardierte er den öffentlichen Ankläger mit wilden Beschuldigungen gegen die Freys und gegen Chabot. Er wurde schließlich vorgeladen und auf einer Tragbahre zum Gerichtshaus befördert, da ihn seine rheumatischen Schmerzen verkrüppelt hatten. Alle möglichen «Verräter» wollte er entlarven, hatte er angekündigt. Dazu kam es nicht. In jenem Verfahren wurden keine Zeugen gehört. Die windigen Aussagen des Freiherrn von der Trenck, in dessen Kopf sich wilde Phantasien, Ressentiments und die Symptome früher Senilität aufs merkwürdigste zu vermengen schienen, hätten der Geschichtsschreibung kaum Aufschlüsse geliefert, auf die sich historische Einsichten von tieferer Bedeutung gründen ließen. Kurzerhand beförderte man den alten Hochstapler in sein Verlies zurück.

Am 17. November hatte der Wohlfahrtsausschuß Chabot, Basire und ihre Korruptionsgenossen verhaften lassen – und mit ihnen die Gebrüder Frey. Fast wäre dabei ein völlig Unbeteiligter unter die Räder geraten: der Mainzer Arzt Georg Christian Wedekind, der sich in jenen Tagen in Paris aufhielt, um im Kriegsministerium seine erneute Bewerbung um eine besser bezahlte Aufgabe anzumelden, denn noch immer diente er als einfacher Feldarzt in einem Militärhospital. Als die Kommissare Liboron und David das Haus der Brüder Frey durchsuchten und schließlich versiegelten, stellten sie fest, daß droben im dritten Stock ein Mann mit dem seltsamen Namen «Wedeking» hauste – ein Ausländer, was verdächtig genug war ... Doch der Fremde konnte sich durch einen ordentlichen Paß und mehrere Briefe des Ministeriums ausweisen. Überreichte er den Bürgern vom Sicherheitsausschuß auch seine Denkschrift, mit der er die Franzosen inständig auf den Kategorischen Imperativ des deutschen Philosophen Immanuel Kant aufmerksam machte und dringend ersuchte, sie sollten vom liebenswürdigen Unernst ihrer Lebensführung ablassen, um mit Hilfe der germanischen Tugenden den Krieg gegen die Preußen und die Österreicher zu gewinnen? Zeigte er ihnen seinen Verteidigungsartikel für Adam

Lux, den er in jenen Tagen aufgesetzt hatte? Oder zog er es vor, keinen Anlaß zu weiteren Fragen zu geben? Die kurze Anmerkung im Protokoll der Hausdurchsuchung enthielt keinen Hinweis, wie Wedekind zu seiner Unterkunft im Haus der Freys gelangt war. Kannte er sie aus Straßburg? War er ihnen von Freunden in der Münsterstadt empfohlen? – Die Kommissare rieten ihm, er möge sich so rasch wie möglich auf seinen Posten zurückbegeben und ließen es dabei.

Fabre d'Églantine, mit Danton enger verbunden als Chabot, blieb einstweilen in Freiheit. Noch lange hatte der Kalenderautor rauschende Verse für seine historischen Dramen geschrieben, in denen an heroischen Gesten kein Mangel war. Aber die Tage der Schäferspiele, für die er einst so lockere Strophen aus dem Ärmel geschüttelt hatte, sie waren verblüht und vergangen: «Rentre tes blancs moutons... / il pleut, il pleut, bergère...» Am 12. Januar 1794 kam auch er an die Reihe, denn seine Beteiligung an den Durchstechereien um die Compagnie des Indes schien nun erwiesen zu sein. Albert Mathiez nannte in seiner kritischen Schrift über Danton eine Summe von einer halben Million Livres, die er und seine Mitspieler angeblich kassiert hatten. Der einstige Tribun konnte den Vertrauten nicht schützen. Fabres Immunität wurde aufgehoben. Die Schlinge zog sich zusammen. Robespierre schwieg.

Als der «Unbestechliche» von seinem Krankenlager aufstand, sagte er düster, die Tugend und der Terror seien die Triebkräfte der revolutionären Regierung. Das schmeckte nicht nach Gnade und innerem Frieden. Am 13. März sprach Saint-Just von einer neuen Verschwörung. Da auch er keine Namen nannte und sich mit nebelhaften Andeutungen begnügte, konnte der radikale Clan um Jacques-René Hébert gemeint sein, genausogut aber der Anhang Dantons. Verhaftet aber wurden nur Hébert und seine Gefolgschaft, die im Begriff war, einen neuen Marsch zum Konvent vorzubereiten. «Wenn das Rasiermesser der Nation auch nur einen Augenblick nicht mehr über dem Nacken der Konterrevolutionäre schwebt – was soll dann aus den Patrioten werden?» hatte der «Père Duchsne» zynisch und angstvoll gefragt. Die Furcht fing an, sie alle zu würgen.

Danton hatte keinen Anlaß, erleichtert aufzuatmen. Freunde

rieten ihm zur Flucht. Seine Antwort war einer der großartigen Sätze, die ihn unsterblich machten: «Man kann das Vaterland nicht an den Schuhsohlen mitnehmen», sagte er entschieden. Niemand fragte, ob dies auch zutraf. Die Emigranten des 20. Jahrhunderts erfuhren es anders: das Vaterland war dort, wo sie sich befanden. In Wahrheit verließ er sich noch immer auf sein Ansehen im Konvent und seine Beliebtheit bei den Massen. «Er wird es nicht wagen...» murmelte er.

Am 24. März verhängte das Revolutionsgericht die Todesstrafe über Hébert und drei seiner engsten Verbündeten, freilich auch die «ausländischen Agenten» Proly, den spanischen Kirchenfeind Pereira und den armen Cloots, der sich bis zuletzt dem tröstenden Wahn hingab, Robespierre lasse ihn beseitigen, weil er ihm in der Gunst der Jakobiner und des Volkes den Rang abgelaufen habe. Unterdessen war auch Chaumette verhaftet worden. Einen Tag früher hatte man den schönen Hérault de Séchelles, der allen Frauen den Kopf verdrehte, in den Kerker geworfen – und mit ihm den elsässischen Abgeordneten Simond.

Die Luft in Paris war dick geworden. Man erzählte sich, in den ersten Tagen des «Germinal» (im alten Monat März) hätten Robespierre und Danton am gleichen Abend das Théâtre français besucht. Als droben auf der Bühne die Worte «Tod dem Tyrannen!» gerufen worden seien, hätten sich die Freunde Dantons der Loge des «Unbestechlichen» zugewandt und mit Leidenschaft applaudiert.

Verstand Robespierre den Protest als Signal? Entschied er, daß es Zeit sei zu handeln? Am 30. März beschlossen die Mitglieder des Wohlfahrts- und des Sicherheitsausschusses in gemeinsamer Sitzung, Danton, Camille Desmoulins und zwei ihrer Gefolgsleute zu verhaften: ohne Anhörung der Beschuldigten vor dem Konvent, wie es der Ordnung entsprochen hätte. Das abgekürzte Verfahren brachte, so wurde berichtet, selbst den kalten Saint-Just in Rage: Voller Ärger warf er seinen Hut ins Kaminfeuer. Aber es war zu gefährlich, Danton vor der Vertretung der Nation zu Wort kommen zu lassen. Ruhl, ein elsässischer Deputierter, und Lindet, ein alter Mitarbeiter des Tribuns, weigerten sich, den Arrestbefehl zu unterschreiben. Carnot warnte: Danton würde zu viele andere in seinen Untergang reißen, doch er setzte schließlich seinen Namen auf den Erlaß.

Der einst so mächtige Mann rührte sich nicht. Hatte er sich in sein Geschick ergeben? Wußte er keinen Ausweg mehr? Gab er die Revolution verloren – und damit sich selber? Es sei schon zuviel Blut vergossen worden, sagte er. War das in Wahrheit die Stimme seiner frommen jungen Frau? Er sagte auch, er würde lieber selber die Guillotine besteigen, als andere auf die Guillotine schicken... In die Resignation schien sich – auch bei ihm – eine Sehnsucht zum Tode zu mischen.

Robespierre zwang den Konvent mit kaum verhüllten Drohungen nieder: Danton sei nicht besser als La Fayette, als Dumouriez oder Brissot oder Hébert – es stehe nicht diese oder jene patriotische Aktion zur Debatte. «Gemeine Gemüter und schuldige Menschen fürchten sich immer davor, ihre Genossen fallen zu sehen, denn danach schützt sie keine Barriere von Verbrechern vor dem Licht der Wahrheit...» Er setzte hinzu: «Wer in diesem Augenblick zittert, ist ebenfalls schuldig.» Die Immunität Dantons und der anderen wurde aufgehoben. Schon am 2. April 1794 – man hatte es eilig – eröffnete Fouquier-Tinville den Prozeß gegen den Mann, dem er sein Amt verdankte. Neben ihn, den einst so munteren Desmoulins, den immer gut aufgelegten Hérault de Séchelles plazierten die Regisseure das Skandalquartett Fabre d'Églantine, Chabot, Basire und Delaunay auf der Anklagebank, dazu die Brüder Frey, den Spanier Guzman (der ein Demagoge aus dem Kreis der Commune war), später auch den General Westermann, der angeblich mit dem Plan gespielt hatte, gegen Robespierre und den Wohlfahrtsausschuß zu putschen. Die Aufmerksamkeit des Publikums und der Geschworenen war ganz auf Danton gerichtet. Glaubte der «Favorit der Massen», seinen Kopf retten zu können? Dafür sprach nichts. Aber er nützte die Chance, das Tribunal zur Szene zu machen oder, wie Norman Hampson sagte: «Der Mann, der Shakespeare gelesen hatte, nahm die Gestalt des Coriolan und die Stimme des Antonius an.»

Nein, er hoffte auf nichts. «Das Leben ist für mich nur noch eine Last», rief er, «ich bin ungeduldig, es los zu werden.» Doch zuvor hatte er noch ein paar Worte zu sagen – und seine Worte füllten den Gerichtssaal vom Morgen bis zum Abend. Sie drangen – von der ungebrochen-kraftvollen Stimme getragen – hinaus auf die Gänge, schallten hinab in die Höfe und über die Straßen, sie drangen, wie Michelet sagte, selbst über die Seine. Den Vorwurf der Bestechlichkeit wischte er beiseite: «Ein Mann wie ich hat keinen Preis...» Ohne Zögern ging er zur Attacke über und geißelte die Herrschaft Robespierres als das, was sie war: die Diktatur, die niemand legitimiert hatte. Vor allem forderte er, daß Zeugen zu rufen seien, die Zeugen der Anklage, um die hastig zusammengeflickten Anschuldigungen zu beweisen, die Zeugen der Verteidigung, die das Gesetz garantierte, um die Vorwürfe zu widerlegen. Niemand schrieb seine Rede mit, die Stunden um Stunden in den Saal dröhnte. Das gedruckte Protokoll enthielt nur Fetzen seiner Verteidigung, seiner Angriffe. Erst später hielten einige Zuhörer fest, was in ihrem Gedächtnis haften blieb. Dennoch zweifelte niemand, daß Dantons Plädoyer in eigener Sache eine der großen Reden der Revolution, des Jahrhunderts, der neueren Geschichte war. Fast schien es ihm gelingen zu können, die Geschworenen auf seine Seite zu ziehen. Der Maler David, der den Prozeß kalten Blicks beobachtete, war beunruhigt. Fouquier-Tinville schickte warnende Botschaften an Robespierre und Saint-Just. Danton aber redete fort und fort, ohne ein Zeichen der Ermüdung. Er ließ sich nicht zum Schweigen bringen. Die Stimme des Präsidenten brüllte er nieder. Die Glocke nahm er nicht zur Kenntnis. Erst als ihm der Vorsitzende versprach, er werde am anderen Morgen fortfahren können, war er zu einer Unterbrechung bereit.

«Ein schrecklicher Sturm tobt, seit die Sitzung begann», schrieben Fouquier und der Vorsitzende Herman an ihre Oberherren in den Ausschüssen. «Die Angeklagten bestehen ungestüm darauf, daß ihre Zeugen gehört würden.» Die beiden fragten, was sie zu tun hätten. Saint-Just lehnte jede Vorladung von Zeugen kategorisch ab. Am anderen Morgen forderte Danton von neuem das Wort. Der Vorsitzende bestand darauf, daß erst die Vernehmung der anderen Angeklagten fortgesetzt werden müsse. Später bot Fouquier-Tinville einen Kompromiß an. Anklage und Verteidigung, beide sollten auf ihre Zeugen verzichten. Verzweifelt schickte er eine neue Bitte um Rat und

Entscheidung an den Konvent. Mitglieder des Wohlfahrtsausschusses, die Danton ebenso haßten wie sie Robespierre und Saint-Just fürchteten, traten vor die Versammlung und behaupteten, Lucile Desmoulins, die schöne und liebenswerte junge Frau des Journalisten, habe mit dem (englischen) General Dillon ein Komplott geschmiedet, um die Angeklagten gewaltsam zu befreien und die Mitglieder des Wohlfahrtsausschusses zu ermorden. Die schwach besetzte Versammlung beschloß – vermutlich durchschaute jeder die Lüge –, Madame Desmoulins verhaften zu lassen und alle Angeklagten, die sich gegen das Tribunal verschworen oder das Gericht beleidigten, aus dem Verhandlungssaal entfernen zu lassen. Tatsächlich wurde Danton am 5. April 1793 gewaltsam in seine Zelle zurückgeschleppt. Er hatte mit seinen Kameraden lärmend gegen den Präsidenten protestiert, der den Geschworenen zurief, sie hätten nun genug gehört und sollten zu einem Urteil kommen. Die Mitglieder der Jury wußten wohl, daß sie kein Recht zu sprechen, sondern eine politische Entscheidung zu treffen hatten. «Einer von beiden muß verschwinden», sagte der Geschworene Souberbiell zu dem Bürger Topino: «Willst du Robespierre töten? Nein? Nun gut, das heißt, daß wir Danton zu verurteilen haben.»

So geschah es. Die Todesstrafe wurde am gleichen Tage verkündet. «Ihr seid Mörder!» schrie Danton in rasender Wut. «Aber das Volk wird meine Feinde binnen drei Monaten in Stücke reißen.» Desmoulins hatte aus dem Gefängnis einen Brief an Robespierre geschickt: «O mein alter Schulkamerad!» rief er ihn an, da sie beide Eleven des Collège Louis-le-Grand waren. Er sprach von der «Liebe, die stärker und dauerhafter als die Furcht» sei. Er schrieb aber auch von den Mitgliedern des Wohlfahrtsausschusses, die in den Himmel gehoben würden, und von der blutigen Spur, die man verberge. Das waren Worte, die dem kaltschnäuzigen Journalisten Desmoulins früher kaum in die Feder geraten wären. Dic Liebe und die Konfrontation mit dem Tod hatten auch ihn verändert.

Am Nachmittag stiegen sie auf die Karren. Zehntausende säumten die Straßen. Als sie das Haus Robespierres passierten, reckte Danton die Faust – so die Legende – und brüllte hinauf: «Du wirst der nächste sein!» Desmoulins sagte, er sei 33 – das sei ein gefährliches Alter: Mit 33 sei auch der Sansculotte Jesus Christus getötet worden. War eine Spur von Selbstironie in der Stimme, die einst – man durfte es nicht vergessen – so viele der Weggenossen ohne Erbarmen in den Untergang gehetzt hatte? Oder nur Mitleid mit sich selber? «Ich sterbe», sagte er auch (nach den Aufzeichnungen von Mary Helen Williams), «weil ich eine Träne für die Unglücklichen vergossen habe.»

Für einen Augenblick überkam ihn die Verzweiflung: «Verteidigt mich!» rief er der Menge zu. «Ich war es, der 1789 den ersten Schrei der Freiheit ausgestoßen hat.» Danton wandte sich ihm zu: «Sei ruhig. Es muß nun gestorben werden.» Dann sagte Desmoulins nichts mehr als den Namen Luciles, seiner Frau. Von Hérault de Séchelles erzählte Christopher Hibbert in seiner Revolutionsgeschichte, er habe mit wachen Augen unter den Menschen, die sich auf dem Richtplatz drängten, vertraute Gesichter gesucht und gelächelt, als er eine hübsche Frau erkannte, die ihm das Adieu winkte. Er umarmte Danton, ehe er hinaufstieg. Der Tribun entdeckte den Maler David, der die Szene skizzierte. Er brüllte einen Fluch hinüber. Als die Reihe an ihn kam – er war der letzte –, sagte er zu seinem Henker: «Vergiß nicht, dem Volk meinen Kopf zu zeigen. Der Anblick lohnt sich.»

So die Anekdote. Vielleicht entsprach sie der Wirklichkeit, vielleicht auch nicht. Darauf kam es nicht an. Sie hatte ihre eigene Wahrheit. Acht Tage später, am 13. April, wurde die junge Bürgerin Desmoulins zusammen mit der Witwe Héberts, dem Cordelier Chaumette, dem einstigen Erzbischof Gobel und fünfzehn anderen Angeklagten aufs Schafott geschickt. Ihre Mutter aber schrieb dem Diktator Maximilien Robespierre einen Brief, der ihn harsch daran erinnerte, daß er der Pate des kleinen Desmoulins-Sohnes Horace sei: «Es ist für Sie nicht genug, Ihren besten Freund ermordet zu haben. Sie mußten auch noch das Blut seiner Frau haben. Ihr Ungeheuer Fouquier-Tinville hat gerade den Befehl gegeben, Lucile zum Hinrichtungsplatz zu befördern. In weniger als zwei Stunden wird sie tot sein ... wenn Sie Camilles Blut noch nicht zum Wahnsinn getrieben hat, wenn Sie sich noch immer der glücklichen Abende entsinnen, die Sie einst an unserem Kamin verbrachten, den kleinen Horace in den Armen – dann retten Sie ein unschuldiges Opfer. Wenn nicht, dann beeilen

Sie sich und nehmen Sie uns alle, Horace, mich und meine andere Tochter Adèle. Beeilen Sie sich, und reißen Sie uns in Stücke mit den Klauen, von denen noch immer Camilles Blut tropft... machen Sie schnell, machen Sie schnell, so daß wir alle im gleichen Grab ruhen können.» Die Menschen am Wegrand schrien auf (wie Mary Helen Williams berichtete), als sie die liebenswerte und selbst auf diesem letzten Weg noch bezaubernde Lucile Desmoulins erkannten: «Wie schön sie ist!» riefen sie. «Wie sanft sie aussieht!... Was für ein Jammer, daß diese Frau ausgelöscht werden soll.» Sie starb voller Würde – wie fast alle. Übrigens hatte der Konvent am Tag vor dem Ende der schönen Lucile den klugen Bericht des Ex-Abbé Grégoire über die Neuordnung der nationalen Bibliotheken entgegengenommen und gebilligt. Am Tag danach beschloß die Versammlung, daß die Gebeine Jean-Jacques Rousseaus aus Ermenonville ins Panthéon überführt werden sollten.

Die Hetze gegen die Fremden verschärfte sich im April. Ein Dekret verfügte, daß alle Ausländer und alle Adligen binnen zehn Tagen Paris zu verlassen hätten und sich künftig von der Hauptstadt um wenigstens vierzig Kilometer entfernt halten müßten. Zugleich wurden sie allesamt mit der Verhaftung bedroht. Das war für die Deutschen, die sich noch in Freiheit befanden, die letzte Aufforderung, ihre Haut zu retten. Conrad Engelbert Oelsner und Georg Kerner wäre die Flucht kaum gelungen, hätte sie ihr Freund Carl Friedrich Reinhard nicht – wohl im Zusammenspiel mit der dänischen Gesandtschaft, die Kerner im skandinavischen Hospital beschäftigte – mit gültigen Pässen versorgt.

Dem schwäbischen Theologen waren im diplomatischen Dienst der Republik bisher nicht allzu viele Erfolge vergönnt. Er scheiterte auch mit seiner Mission in Neapel. Das Königreich hatte sich nicht davon abhalten lassen, sich der großen Koalition der europäischen Mächte gegen das revolutionäre Frankreich anzuschließen. Das durfte niemanden erstaunen: die Königin war eine Schwester Marie-Antoinettes. Nach knapp drei Monaten war Reinhard gezwungen, Hals über Kopf wieder abzureisen. Die Nachricht vom Ende seiner girondistischen Freunde erreichte ihn unterwegs. Dennoch scheint er nicht gezögert zu haben, nach Paris zurückzukehren. War der einstige Herr Vikar von Balingen vor der Schwäbischen Alb so gelassen und selbstsicher? Oder trieb ihn das schiere Pflichtbewußtsein zurück, das Georg Christian Wedekind den Franzosen mit erhobenem Zeigefinger zu predigen versuchte? Nahm er das Risiko auf sich, um die eben erst begonnene Karriere nicht abbrechen zu müssen? Fürchtete er die Armut? Das Scheitern? Oder liebte er die Revolution über alles? Das wohl kaum...

Die Heimkehr nach Württemberg verbot sich, aber er hätte in der Schweiz bleiben und sich zur Not mit seiner Feder ernähren können wie so viele versprengte Söhne der Revolution. Talleyrand, sein Gönner, hätte im Exil wenig für ihn zu unternehmen vermocht: Er war von den Engländern des Landes verwiesen worden; der ehemalige Bischof von Autun hatte Mühe genug, sich in Amerika über Wasser zu halten. Also Paris. Der Abbé Emmanuel-Joseph Sieyès, sein großer Protektor, schien alle Stürme ohne Schaden zu überstehen (nur auf den Titel Abbé hatte er unter dem Druck der Entchristianisierung ohne zu großes Geräusch verzichtet). Offensichtlich hielt er weiterhin die schützende Hand über den Schwaben: Reinhard wurde am 12. November 1793 zum Vorstand der dritten Abteilung des Außenministeriums ernannt. Das Feld seiner Beobachtungen waren Rußland, Polen und die nordischen Länder.

Viel gab es nicht zu tun. Der Krieg hatte die französische Diplomatie gelähmt. Reinhard nutzte die Zeit, wie sein Biograph Wilhelm Lang berichtete, um sich durch das Studium der Akten einen tieferen Einblick in die Geschichte der französischen Diplomatie zu verschaffen. Die Abende verplauderte er am liebsten mit dem lebhaften Georg Kerner. Miteinander suchten sie die 25jährige Sängerin Aline Balletti auf, die aus Stuttgart stammte. Ihr Mann, der Graf Lacoste, besaß einen hübschen Landsitz in Wissous – nicht zu weit im Süden von Paris. Dort draußen fanden sie meist auch Ludovike Simanowitz, eine Malerin, die wie Reinhard aus Schorndorf im Remstal stammte. Aline aber war es, die den schwerblütigen Landsmann heftig genug entflammte, um ihn zu einem Poem mit heimatseligen Untertönen zu inspirieren:

Frankreich hat die Künstlerin besungen;
Nur das deutsche Mädchen finde hier
Eines Deutschen Herzenshuldigungen...
Dies, Aline, mit der Freundschaft Zügen
Sei zu malen mir vergönnt!
Könnte dem die Sängerin genügen,
der das deutsche Mädchen kennt?

Vor dem Essen wurden, zu beider Überraschung, einige Gläser Neckar-Wein serviert, von dem Reinhard bemerkte, er sei in Frankreich selten und außerdem nicht sehr beliebt, was man nicht allzu erstaunlich findet.

Erheiterungen dieser Art waren selten. Dann und wann kamen die Mitglieder des Wohlfahrtsausschusses ins Ministerium, um mit den hohen Beamten zu reden und zu tafeln. Reinhard begegnete Danton, Desmoulins, Hérault de Séchelles, auch Robespierre. Er zog es vor, sich still zu verhalten. Der Verfall der Revolution, den die Freunde beobachteten, deprimierte sie tief. Kerner schrieb, tapfer gegen seine Depressionen fechtend – und noch immer zu einem heftigen Pathos geneigt: «In mich selbst muß ich den großen Gram verschließen, der wie eine sengende Kohle mein Innerstes zerstört, mich bei Tag verfolgt und mich bei Nacht in meiner Ruhe stört – Oh Zukunft! Oh Freiheit! Oh Republik!»

Nach der Flucht Oelsners und Kerners (dem der Marquis Lacoste mit einigem Geld unter die Arme gegriffen hatte), wurden Carl Friedrich Reinhards Tage einsamer. Freilich tröstete ihn die Anwesenheit eines Bruders, der sich als Kaufmann in Paris niedergelassen hatte. Wie konnte er das Aufenthaltsverbot umgehen? Man weiß es nicht. Am 18. April schloß ein Dekret des Konvents sämtliche Ausländer von den Ämtern der Republik aus. Reinhard nahm den Stier bei den Hörnern. Er schrieb an den Wohlfahrtsausschuß (ohne an hohen Worten zu sparen), daß er zweimal von den Tyrannen vertrieben worden sei, die mit Frankreich Krieg führten, in Deutschland unter Acht stünde, der Französischen Revolution stets mit Geist und Herz gedient habe... Er sei bereit, sich allen Gesetzen zu unterwerfen, die das Volkswohl verlange: so stelle er es dem Ausschuß anheim, darüber zu entscheiden, ob er auf den «geheiligten Titel des französischen Bürgers» verzichten müsse oder nicht. Er durfte bleiben. Der Nachfolger des Ministers Deforgues, den Danton in seinen Sturz gerissen hatte, wollte die Dienste eines so tüchtigen und anpassungsfähigen Beamten nicht entbehren. Damit war nicht jede Gefahr gebannt.

Mit der Liquidation Héberts und Chaumettes war die Macht der Commune gebrochen. Mit dem Tod Dantons war der Geist der «Nachsicht» erstickt. Nichts konnte Robespierre daran hindern, seinen stetigen Marsch auf einem (vermeintlich) mittleren Weg unbeirrt fortzusetzen, weder von der Linken noch von der Rechten ernsthaft bedroht. Saint-Just rief, die Revolution sei «eingefroren». Die Diktatur der Ausschüsse, von der die persönliche Herrschaft des «Unbestechlichen» gestützt war, verordnete der Gesellschaft eine Atempause. So leicht aber ließen sich die Kräfte, die in Bewegung geraten waren, nicht zähmen. Die Dynamik der Macht schien sich jenseits einer gewissen Marke jeder Kontrolle zu entziehen. Aber wo war der Punkt? Wann hätten die Strategen der großen Veränderung einhalten müssen? Wann war es zu spät? Von welchem Augenblick an liefen ihnen die Ereignisse davon?

Wollte Robespierre die Schreckensherrschaft anhalten? Manches weist darauf hin. An 21 Kommissare der Republik, die vom Konvent in die Départements entsandt wurden, erging der Befehl zur sofortigen Rückkehr nach Paris: Sie sollten für die «Exzesse» des Terrors zur Verantwortung gezogen werden; einigen warf man außerdem vor, sie hätten in die Kassen gegriffen. Joseph Fouché meldete sich kleinlaut bei den Jakobinern. Der Empfang war frostig. Jean Lambert Tallien brachte aus Bordeaux seine schöne Geliebte Thérésa Cabarrus mit, die sofort hinter Gitter gesteckt wurde. Ihm war eher ein «Exzeß der Nachsicht» vorzuwerfen: In dem Monat vor seiner Ablösung war keine einzige Hinrichtung mehr vollzogen worden, nach seiner Abreise fielen die Köpfe wieder im Dutzend.

Was immer die Beschuldigungen sein mochten: die Prokonsuln, die draußen in den Provinzen Herr über Leben und Tod waren, hatten in Paris allen Anlaß, um ihr eigenes Schicksal zu zittern. Robespierre und seine beiden Gehilfen, der kalte Saint-

Just und der gelähmte Couthon, waren im Begriff, sich in der Schar der degradierten Kommissare eine neue Opposition heranzuzüchten. Überdies rissen im Wohlfahrtsausschuß harte Gegensätze auf, die wenig mit seriösen Problemen, doch viel mit Mißtrauen und Ressentiments zu schaffen hatten. Saint-Just warf dem tüchtigen Carnot vor, er halte es mit den Aristokraten, und drohte ihm kaum verhüllt mit seinem Tod. Der kluge Soldat, der sich selbstbewußt den «Organisator des Sieges» nennen konnte, ließ sich nicht einschüchtern: Er sprach von einer «lächerlichen Diktatur». Das war eine tollkühne Abwehr. Wenige Wochen zuvor wäre sie einer Einladung zur Exekution gleichgekommen. Carnot durchschaute die Lage mit kühler Intelligenz: Robespierre und sein Clan hatten sich durch die Vernichtung Héberts und Dantons, des linken und des rechten Flügels der Revolution, fast völlig isoliert. Mit Leichen ließen sich keine Allianzen mehr schließen. Sie sahen sich auf die Mannschaft angewiesen, die übriggeblieben war. Der Raum für politische und personelle Manöver hatte sich auf eine verhängnisvolle Weise verengt.

Außerdem beobachtete nicht nur Carnot, daß der «Unbestechliche» im Begriff zu sein schien, die Grenze vom (scheinbar) Erhabenen zum (offensichtlich) Lächerlichen zu überschreiten. Der «Magister der Revolution» gab in jenen Wochen einer Neigung nach, die für ihn stets eine heimliche Versuchung gewesen sein mochte, wie Oelsner und Condorcet so deutlich empfunden hatten: Er wandelte sich zu einem Lehrer des Heils. Cathérine Théot, eine religiöse Phantastin von 74 Jahren, die früher von Marienvisionen heimgesucht worden war, erklärte sich selbst zur Mutter Gottes und verkündete dem Kreis der Gemeinde, die sich in der rue de la Contrescarpe (hinter dem Panthéon) gesammelt hatte, Robespierre sei der Sohn des Schöpfers und der neue Messias. Der Diktator hätte den Spuk fortlachen können, wenn das Lachen seine Sache gewesen wäre. Natürlich wies er den Kult voller Ärger zurück, doch nach der Meinung seiner Kritiker nicht entschieden, nicht sicher, nicht souverän genug. Der Spott blühte nun in allen Winkeln der Stadt, trotz der Todeskarren, die täglich immer öfter und mit größerer Fracht zum Hinrichtungsplatz unterwegs waren.

Kein Zweifel, Robespierre fand es an der Zeit, der Republik

einen neuen Glauben zu schenken, der den düsteren Aberglauben der Christen außer Kraft setzte, zugleich aber die vulgären Blasphemien der Atheisten aus den Gedanken der Bürger verbannte. Am 7. Mai verkündete er vor dem Konvent die moralisch-politischen Prinzipien, nach denen die Republik geführt werden sollte. Er forderte einen Erlaß, der besagte, daß «das französische Volk die Existenz eines Höchsten Wesens und die Unsterblichkeit der Seele anerkennt». Der Atheismus sei unmoralisch und aristokratisch. Robespierre verabschiedete das 18. Jahrhundert und die radikale Aufklärung gewissermaßen mit einem frommen Fußtritt.

Einen Monat danach, am 8. Juni – dem 20. Prairial –, wurde das «Fest des Höchsten Wesens» gefeiert. David, dem Maler, war wie immer die Regie anvertraut worden. Sein Konzept war grandios. Alle Plätze und Straßen wurden während der Nacht mit Girlanden und Sträußen geschmückt. Um acht Uhr morgens zogen die Sektionen zu den Tuilerien; die Bürgerinnen wie gewohnt in Weiß; die Bürger trugen Eichenzweige; die Kinder kleine Blumenkörbe. Um zehn Uhr gesellten sich die Mitglieder des Konvents zum Volk, Robespierre, der vier Tage zuvor zum Präsidenten gewählt worden war, an ihrer Spitze: Er trug einen leuchtend kornblumenblauen Frack mit blütenweißem Halstuch, war sorgsamer denn je frisiert und gepudert. Ernst und mit dürrer Stimme hielt er eine Rede, es war die erste von dreien, in der er das Höchste Wesen pries, das «von Anbeginn der Zeiten … die Republik verordnet und für alle Jahrhunderte, für alle Völker die Freiheit, die Redlichkeit und die Gerechtigkeit auf die Tagesordnung gesetzt» habe. Jenes «Être Suprème» aber zwinge den «rechtschaffenen Menschen, den Bösewicht zu hassen, und den Bösewicht, den Rechtdenkenden zu achten». Es schmücke «die Stirn der Schönheit mit Scham, damit sie noch schöner erblühe». Es lasse «den mütterlichen Busen vor Zärtlichkeit und Liebe wogen». Es fülle «die Augen des sich an die Mutterbrust schmiegenden Sohnes mit köstlichen Tränen». Es bringe «vor der hehren Liebe zum Vaterland die herrischsten und die sanftesten Leidenschaften zum Schweigen». Es allein habe «der Natur Anmut, Fülle und Größe verliehen: alles, was gut ist, ist sein Werk oder ist das Höchste Wesen selbst; das Böse ist dem verderbten Menschen eigen...» Freiheit und Tugend entstammten beide dem Schoß der Gottheit, rief der revolutionäre Pietist, und sie dürfe das Volk im «Taumel eines reinen Freudentages» feiern. «Morgen», fügte er leise drohend hinzu, «werden wir wieder gegen die Laster und die Tyrannen kämpfen.»

Der Opernchor sang die Hymne: «Père de l'Univers, suprême intelligence», zu der Étienne Méhul die Musik komponiert hatte. Danach legte der «Unbestechliche» mit einer Fackel Feuer an die (abstoßend häßliche) «Statue des Atheismus», die denn auch schmählich besiegt in sich zusammensank. Aus Rauch und Trümmern erhob sich die Verkörperung der Weisheit: eine schöne Dame, deren weißes Gewand leider ein wenig versengt und deren edles Antlitz leicht geschwärzt und von Schweiß überströmt war.

Musik, Trommeln, Fahnen. Der Zug setzte sich zum Marsfeld in Bewegung. Robespierre trug, wie jeder der Deputierten, einen Ährenstrauß in der Hand. Hinter den Herren zogen acht Ochsen einen Wagen, auf dem die Freiheitsgöttin thronte. Drüben auf dem Champ de mars aber hatten Davids Arbeitskolonnen einen künstlichen Berg aufgeschichtet, über dessen Gipfel der Freiheitsbaum ragte, mit Girlanden behängt, von der phrygischen Mütze und der Trikolore gekrönt. Weihrauch strömte aus mächtigen Becken. Neue Hymnen. Neue Reden. Robespierre ergriff, gewissermaßen als Stellvertreter des Höchsten Wesens, noch zweimal das Wort. Wiederum wurde der «Vater des Universums und die höchste Intelligenz» gefeiert. Kanonen donnerten, und das Volk gab sich – so glaubte der Diktator – einer generellen Seligkeit hin. Auch Célestin Guittard, der «Bürger von Paris», notierte, die 400 000 Menschen hätten «ein sehr schönes Fest» gefeiert, das, wie er wohl bemerkte, auf den alten Pfingstsonntag fiel.

Robespierre aber wurde am Abend dieses Tages seiner Verklärung von düsteren Visionen heimgesucht. Stets sah er sich als ein Opfer von finsteren Konspirationen, und immer wieder sprach er davon, daß ihm der Tod des Märtyrers gewiß sei. Im späten Mai hatten die Büttel der republikanischen Polizei bei einem jungen Mädchen, Cécile Renault hieß sie, zwei Messer gefunden, die angeblich für ein Attentat auf den Diktator bestimmt waren. (Nicht nur ihre engste Familie, sondern die gesamte Sippe Renault wurde in den folgenden Wochen ausgerottet.) Drei Tage zuvor war ein Anschlag auf Collot d'Herbois, den Schlächter von Lyon, verübt worden. Auch der verkrüppelte Couthon, der andere Henker von Lyon, entging nur mit Glück einem Mordversuch (so sagte man). Zu den Damen Duplay, die Robespierre mit solcher Treue umsorgten, bemerkte er nach dem Fest, sein Ende sei nun nicht mehr fern. Der Bürger Guittard aber schrieb einen Tag danach in sein Tagebuch, man guillotiniere nun nicht mehr auf der Place de la Révolution, sondern habe die Köpfmaschine zur Porte Saint-Antoine befördert. Drei Tage später zog sie zur Barrière du Trône renversé, zur heutigen Place de la Nation um.

Die religiöse Überhöhung der Revolution, die Robespierre zelebriert hatte, strahlte ein kaltes Feuer aus. Es fand einen so viel freundlicheren, wärmeren, innigeren Widerschein in dem fernen Städtchen Tübingen am Neckar: im Stift, dieser unscheinbaren Wiege der Genialität, in dessen klösterlichen Mauern seit der Reformation die Theologen von Grafschaft und Herzogtum Württembergs herangebildet worden waren. In einer seiner Stuben hausten in jenen Jahren die drei Freunde Friedrich Hölderlin, Georg Friedrich Wilhelm Hegel und Friedrich Wilhelm Joseph Schelling, die ihrem Jahrgang hernach den Titel «Genie-Promotion» gaben. Sie sprachen oft von der Revolution, von der Freiheit, von der Herrschaft der Gerechtigkeit. Sie tanzten wohl auch an den Festen der Republik um einen Freiheitsbaum und sangen die Carmagnole, wie es der neue Tübinger Mythos besagt, den Ernst Bloch, der religiös gestimmte Marxist, mit den vollen Klängen seiner spätlutherischen Sprache aus der Taufe gehoben hat.

Die drei und ihre Kameraden fühlten sich, wie fast alle deutschen Zeugen der Revolution, der Gruppe der Girondins verwandt, und sie hatten das Schicksal Brissots, Rolands und Guadets bitter beklagt. Doch ihre revolutionäre Religiösität trug sie weit über den Alltag der Republik hinaus. «Reich Gottes!» war ihr Gruß, und es ist nicht sicher, ob sie das Reich des Herrn in dieser oder der anderen Welt errichtet zu sehen hofften. «Den Schwaben transzendiert nahezu alles», sagte ein Kenner des so verhockten und so unruhigen, so engen und so schöpferisch bewegten Ländchens. «Reich Gottes» zeichnete Hegel seine Briefe noch Jahre danach. Hölderlin schrieb im Sommer 1794, nach dem Sturz des Religionsstifters in Paris: «Daß Robespierre den Kopf lassen mußte, scheint mir gerecht und vielleicht von guten Folgen zu sein. Laßt erst die beiden Engel, die Menschlichkeit und den Frieden kommen, was die Sache der Menschheit ist, gedeihet dann gewiß! Amen!»

Der Friede, der innere und äußere, war noch weit, als der Diktator am Abend nach dem «Fest des Höchsten Wesens» seinen hellblauen Rock ablegte. Die religiösen Weihen, die er der Republik verliehen hatte, schienen vielmehr eine durchgreifende Reinigung des Volkes an Haupt und Gliedern zu verlangen. Schon zwei Tage später, am 22. Prairial – das war der 10. Juni –, war der Konvent gezwungen, alle Garantien aufzuheben, die den Prozessen vor dem Revolutionstribunal zuvor wenigstens einen Anschein ordentlicher Verfahren gelassen hatten. So trug Couthon dem Konvent den Widerruf allen Rechts vor, so wurde beschlossen: Die Geschworenen hatten von nun an bloß noch die Wahl, die Todesstrafe zu verhängen oder den Angeklagten freizusprechen; es gab künftig weder Haftstrafen, noch Verbannung, sondern bloß noch den Tod; die Beschuldigten konnten nicht mehr darauf bestehen, daß die Verhöre in Gegenwart ihrer Verteidiger geführt würden. Der infame Text des neuen Gesetzes schrieb vor: «Wenn Beweise (für die Schuld) bestehen, seien sie materieller, seien sie moralischer Art, werden keine Zeugen gehört.» Weiter: es brauche keine Verteidigung wahrer Patrioten, denn dies käme einer Verleumdung der patriotisch gesinnten Geschworenen gleich. Das hieß in anderen Worten: die Anklage vor dem Revolutionsgericht bedeutete den Tod, punktum. Auf den furchtsamen Einspruch eines Deputierten antwortete Robespierre mit der Weinerlichkeit, die ihn so oft überkam: «Wir setzen uns den Mördern aus, die nach unseren Leben trachten, um die Mörder zu verfolgen, die unsere Institutionen töten wollen. Wir sind Willens zu sterben, aber wir wollen, daß das Vaterland und der Konvent gerettet werden.»

Das war der Beginn des «Großen Terrors». Die Verhaftungskommandos streiften nun Tag und Nacht durch die Sektionen, und die Guillotine draußen an der Barrière du Trône renversé arbeitete von früh bis spät. Der Spott der Pariser verstummte. Die Stadt erstarrte in ihrer Furcht. Das Spitzelwesen funktionierte perfekt. Auf den öffentlichen Plätzen, in den Restaurants, bei den Bäckern, in den Büros, in den Stuben der Handwerker: überall spitzten die Horcher ihre Ohren. Die Berichte, die sie niederschrieben, füllten viele Bände: das Bild einer Gesellschaft, die von der Angst paralysiert und zugleich zersetzt wurde. Nur in den verschwiegensten Kammern summten unerschrockene Bürger manchmal das Couplet von der «Guillotine permanente»:

Le député Guillotin,
Dans la médecine
Très expert et très malin
Fit une machine
Pour purger le corps français
De tous les gens à projets.
C'est la guillotine, ô gue!
C'est la guillotine!

Der Deputierte Guillotin,
Erfahren in der Medizin
Ein Fachmann jeder Disziplin
Erfand' mit Köpfchen die Maschin'
Zu reinigen das Frankenblut
Bei allen Leuten bös' und gut.
Das ist die Guillotin', Juche!
Das ist die Guillotin'!

Célestin Guittard führte in seinem Journal die Totenlisten. Manchmal schien er an der Fülle der Namen zu verzagen und notierte nur noch dürre Zahlen. Dann nahm er seine Pflicht als Chronist wieder auf – was immer sie veranlaßt haben mochte (vielleicht war es nur die Langeweile). Am 28. Juli vermerkte er die Hinrichtung des berühmten Trenck, «70 Jahre alt, geboren in Königsberg, Ex-Baron, wohnhaft in der rue de Clery». Am

Tag zuvor verzeichnete er – als Nummer 11 der Tagesliste – «Frédéric Salm-Kirbourg, Kommandant des Bataillons de la FGontaine-Grenelle, 28 jahre alt, geboren in Limbourg, deutscher Prinz, Wohnhaft in Paris, rue de Lille».

Dier Leichen der Exekutierten wurden drei- bis vierhundert Metzer vom Richtplatz entfernt in großen Löchern verscharrt. Im Garten des einstigen Damenkonvents Saint-Augustin de Picpus hatte man Platz für die Massengräber geschaffen. Das Gelände gehörte zwei Bürgern, die es nach der Enteignung der Kirchengüter billig genug für 26380 Livres erworben hatten. Die Totengräber, wenn von jenem Beruf noch die Rede sein konnte, durften die Kleider der Leichen an sich nehmen. Das war ihr Lohn.

Nackt und bloß lagen die Opfer nebeneinander- und übereinander geschichtet in den Gruben, der Prinz neben dem Handlanger, der Handwerker neben dem Grafen, der gottlose Journalist neben dem Prälaten, die Marquise neben der Bäuerin, die Hure neben der Nonne: Das Köpfmesser war in der Tat zur «Sichel der Gleichheit» geworden. Das Ideal der Égalité hatte sich in gewisser Hinsicht erfüllt. Ein junges Arbeitermädchen – es hieß Mademoiselle Pâris –, deren Vater und Bruder unter der Guillotine gestorben waren, beobachtete, vom Grauen gebannt, die täglichen Fuhren. Der Nachbarschaft konnte ohnehin nicht verborgen bleiben, was dort draußen vor sich ging: In jenem heißen Sommer 1794 zeigte bald genug der bestialische Gestank den Platz der Verwesung an. Durch das Zeugnis des Mädchens aber wurden die Mitglieder der großen Familien darauf hingewiesen, wo sie ihre Toten zu suchen hatten. Wenige Jahre nach dem Ende des Terrors kaufte die Prinzessin von Hohenzollern-Sigmaringen – eine Schwester des Prinzen Salm – das Gelände, um es in eine Erinnerungsstätte zu verwandeln. Die Namen auf den Gedenksteinen reihten sich auf dem Gottesacker wie die Zitate aus dem französischen Gotha aneinander. Es gibt kaum eine der «großen Familien» Frankreichs, die dort nicht vertreten ist – auch La Fayette fand schließlich auf dem Friedhof von Picpus sein Grab.

Der Glanz der alten Namen überstrahlte – Revolution hin oder her – im Tod zuletzt denn doch das Geschick der einfachen

Bürger, die ihr Ende unter der Guillotine gefunden hatten. Die Mehrzahl der Opfer waren weder adliger noch großbürgerlicher Herkunft. Unter den Opfern der Départements, in denen der Terror am härtesten zugriff (die Vendée nicht eingeschlossen), zählten die Geschichtsrechercheure 28 Prozent Bauern, 31 Prozent Handwerker und Gehilfen, mehr als 20 Prozent Kaufleute, doch nur 8 bis 9 Prozent Aristokraten und 6 bis 7 Prozent Priester, Mönche und Nonnen. Nach der Auskunft einer Statistik, die Jean Tulard zitierte, gehörten an die 29 Prozent der Verhafteten (in den Städten) dem Kleinbürgertum und der Arbeiterschaft zu, an die 26 Prozent waren Beamte, 28 Prozent zählte man zur Bourgeoisie und etwa 17 Prozent zu den «privilegierten Schichten»: dem Adel und der Geistlichkeit.

Über eine Gesamtzahl der Opfer existieren keine verläßlichen Angaben. Von April 1793 und bis zum Erlaß des Gesetzes vom 10. Juni 1794 wurden durch das Revolutionstribunal in Paris 1251 Todesurteile verhängt. Vom 11. Juni bis zum 27. Juli 1794 aber waren es 1376: «Die Maschine tötete nicht. Sie schaffte die Menschen ab», schrieb Friedrich Sieburg: Das Wort galt freilich in seiner ganzen entsetzlichen Wahrheit erst recht für die Vernichtungsmaschinen des Großdeutschen Reiches. Unter den Hingerichteten in Paris befanden sich 82 Abgeordnete und mehr als 800 andere Inhaber öffentlicher Ämter. Die Zahl der Frauen wurde mit 900 angegeben. Der Amerikaner Donald Greer ermittelte für ganz Frankreich eine Gesamtzahl von 16600 Exekutierten und etwa eine halbe Million Verhaftungen (unter 26 bis 27 Millionen Bürgern). Das schloß die Massenmorde in den wiedereroberten Städten nicht ein: mit ihnen mochte sich die Todesstatistik auf 40000 erhöhen. In dieser Zahl wiederum war jene der Opfer des Genozids in der Vendée nicht enthalten, die von manchen Historikern auf wenigstens 130000, von anderen auf 200000, ja auf 300000 geschätzt wurden.

Man hat die Bilanz des Terrors oft mit der Summe der Bluturteile in der Inquisition verglichen: Schrecken und Tod aber konnten keine Frage der Quantität sein. Das Ancien Régime hatte seit der letzten Protestantenverfolgung unter Ludwig XIV. keine Todesziffern von ähnlichen Ausmaßen vorzuweisen. Es brauchte sie nicht, da es sich auf ein System juristisch und sozial sorgsam dosierter und gesicherter Unterdrückung stützen konnte. Die Revolution aber mußte an ihren eigenen Ansprüchen gemessen werden – nicht an den Verweisen auf die äußere oder die innere Bedrohung, die meist nicht das geringste mit den absurden Anschuldigungen gegen die Opfer zu schaffen hatte. Überdies führte auch die Republik ihre blutigen Kriege, ob aufgezwungen oder nicht. Sie gebar am Ende das Regime Napoleon Bonapartes, von dem man sagte, er habe die Revolution durch den permanenten Krieg ersetzt. Er selber sah dies anders: die Revolution sei mit ihm zu Ende, verkündete er, und die Geschichte habe begonnen. Was immer das heißen sollte: er kostete Frankreich etwa eine Million Menschen – und Europa sehr viel mehr.

Das Volk von Paris wollte im Sommer 1794 nach dem Fest des «Höchsten Wesens» kein Blut mehr sehen. Indes, die Maschine raste weiter. Unter den Deputierten, selbst im Wohlfahrtsausschuß, regte sich der Geist der Rebellion. Carnot, der Chef der militärischen Operationen, stritt sich immer öfter und immer härter mit Saint-Just, Couthon und den anderen Handlangern Robespierres. Nach einer heftigen Auseinandersetzung am 29. Juni verließ der kleine Anwalt, der sich zum Herrn über Frankreichs Geschichte gemacht hatte, die Sitzung des Ausschusses und warf die Tür hinter sich zu. Angeblich schrie er: «Nun denn– rettet das Land ohne mich.» An der Arbeit des Ausschusses nahm er vom 3. Juli an nicht mehr teil. Er wiederholte – als handle er unter einem magischen Zwang – den kardinalen Fehler seines Konkurrenten und Feindes Danton: Er räumte aus freien Stücken die wichtigste Basis seiner Macht.

Den Anwälten und Vollstreckern des Terrors im Wohlfahrtsausschuß blieb die Schwäche Robespierres nicht verborgen. Collot d'Herbois und sein Genosse Billaud-Varenne begannen, sich vorsichtig von dem schwierigen Mann zu entfernen und an die Rettung der eigenen Haut zu denken. Der listige Joseph Fouché – am 14. Juli 1794 aus dem Jakobinerklub ausgeschlossen – betrieb aus dem Hintergrund leise und vorsichtig die Organisation des Widerstandes. Tallien, um seine schöne Geliebte Thérésa bangend, sammelte Verbündete im Konvent. Robespierre spürte wohl, daß sich eine Verschwörung (die den Namen verdiente) zusammenbraute. Nicht anders als Danton verließ er sich darauf, daß er den Konvent in jeder Krise unter sich zu zwingen vermöge. Das war eine Täuschung. Die Deputierten hatten den Tribun geliebt und gefürchtet – und ließen ihn dennoch im Stich. Robespierre aber fürchteten sie nur. Am 8. Thermidor – das war der 26. Juli – stieg Robespierre auf die Rednertribüne, um die Versammlung zu zähmen. Seine Angriffe führte er verdeckt, wie er es immer so wirksam getan hatte. Er kritisierte die Männer, die für die Führung des Krieges verantwortlich waren, kündigte eine Säuberung des Wohlfahrts- und des Sicherheitsausschusses, die Bildung einer Regierung unter der Autorität des Konvents an. Die Aufsplitterung in Parteien sollte beseitigt werden, damit sich «aus ihren Ruinen die Macht der Gerechtigkeit und der Freiheit erhebe». Das hieß: jeder der Abgeordneten hatte Anlaß, um sein Mandat und um seinen Kopf zu fürchten. Wie immer hütete sich der Diktator, Namen zu nennen, doch niemand täuschte sich: Die Attacken galten Carnot und Collot d'Herbois, Tallien und Fouché. Den Finanzminister Cambon schmähte er ohne weitere Tarnung. Darauf hätte er besser verzichtet. Als der gehorsame Applaus verebbte, stürmte Pierre Joseph Cambon aus Montpellier, von Mut und von Angst getrieben, auf die Tribüne: «Ehe ich meine Ehre verliere», rief er, «werde ich zur Nation sprechen. Es ist an der Zeit, die ganze Wahrheit zu sagen. *Ein* Mann allein paralysiert den Willen des Konvents, und dieser Mann ist Robespierre...»

Damit war der Bann gebrochen. Unter den generellen Drohungen des Diktators war jeder der Abgeordneten zusammengezuckt. Nun verlangten sie von ihm die Liste der Namen. Die Zeit sei noch nicht reif, antwortete Robespierre. Damit vermehrte er die Unruhe, die Furcht, den Haß. Die Mitglieder des Jakobinerklubs verweigerten ihm am Abend die gewohnte Unterwerfung nicht. Er wiederholte seine Rede vom Nachmittag, doch er fügte hinzu, wenn ihn die jakobinischen Freunde verließen, werde er gezwungen sein, den Schierlingsbecher zu trinken. Unterdessen entwarf Saint-Just einen Appell, mit dem er anderntags im Konvent den Gehorsam der Deputierten herbeizwingen wollte. Auch seine Widersacher nutzten die Nacht. Sie bereiteten sich zum Gegenangriff vor.

Als der düstere junge Mann am Morgen ans Rednerpult trat, kam er mit seiner Rede nicht weit. Tallien stürzte auf die Bühne – ihm hatte, so die Legende, seine Geliebte einen Dolch aus dem Gefängnis geschickt; die Weisung war deutlich: Er sollte den Tyrannen töten. Thérésa hieß von nun an «Notre Dame de Thermidor» … Im Konvent tobte ein Höllenspektakel. Robespierre setzte vergebens zu einer Rede an: die Abgeordneten schrien ihn nieder. Hastig beschloß die Versammlung, Hanriot, den Kommandanten der Nationalgarde, und Dumas, den Präsidenten des Revolutionstribunals, zu verhaften, dazu noch einige ihrer Kommandeure und Adjutanten. Damit sollten Robespierre die wichtigsten Waffen des Terrors aus der Hand geschlagen werden. Dem Deputierten Louchet, von Beruf Professor an einem Kolleg, fiel es zu, die Festnahme des Diktators zu verlangen: Robespierre wehrte sich nicht. Er schien sich in sein Schicksal zu ergeben. Augustin, sein jüngerer Bruder – ein eher freundlicher und unscheinbarer Mensch, der im Konvent nicht weiter hervorragte – rief tapfer: «Ich bin ebenso schuldig wie er…» – und ließ sich festnehmen. Man forderte die Arrestierung von Saint-Just und des verkrüppelten Couthon. Die Gefangenen wurden durch die Wachen des Konvents zum Sicherheitsausschuß geführt.

Inzwischen war die Commune alarmiert. Hanriot, der Bürgergeneral, nahm seine Absetzung nicht zur Kenntnis, sondern versuchte – kopflos und halbherzig – die Vorstädte zu mobilisieren. Ohne Erfolg. Kaum einer hörte auf ihn. Nur 16 von 48 Sektionen waren bereit, bewaffnete Nationalgarden zum Rathaus zu schicken.

Robespierre und die mit ihm Verhafteten waren aber unterdessen dennoch befreit und zum Hôtel de Ville gebracht worden. Im sicheren Schoß der Commune sollten sie ihre Verteidigung und die Gegenattacke vorbereiten. Robespierres Willen aber schien gebrochen. Er war zu keinen klaren Weisungen fähig, verlor sich in legalistischen Bedenken und Ausbrüchen seiner Ressentiments. Es war, als wünsche er sich das Ende herbei – auch er. Unterdessen enthob ein Dekret des Konvents ihn und seine Genossen all ihrer Rechte. Graf Barras, ein gelernter Soldat, übernahm das Kommando der Garden, die sich auf die Seite der Volksvertretung stellten. Morgens gegen zwei Uhr am 9. Thermidor trafen sie an der Place de Grève ein. Sie stießen auf keinen Widerstand. Augustin Robespierre stürzte sich aus dem Fenster: Er brach sich nur ein Bein. Hanriot wurde im Handgemenge aus einem anderen Fenster geworfen: Er landete auf einem Müllhaufen. Der verkrüppelte, hilflose Couthon versuchte, sich unter einem Tisch zu verbergen. Maximilien Robespierre aber, der reglos in den Tumult starrte, wurde durch den Schuß eines aufgeregten Bürgersoldaten am Kiefer verletzt. Saint-Just, der Unerbittliche und Unbeugsame, bewahrte Haltung. Ruhig ließ er sich festnehmen.

Barras und die Abgeordneten an seiner Seite zitierten Fouquier-Tinville herbei, den Generalankläger des Revolutionstribunals, um die Verhafteten ordnungsgemäß zu identifizieren. Er fand es durchaus nicht erstaunlich, daß sich das Gesetz des Schreckens mit seiner ganzen Härte gegen Robespierre und seine Gehilfen wandte, denen er bisher servil die Todesanträge geliefert hatte, die sie verlangten. Nun waren sie an der Reihe. Wie immer erfüllte der Bürokrat des Terrors pünktlich seine Pflicht. (Erst ein Jahr später wurde er in einem – halbwegs – ordentlichen Verfahren zum Tode verurteilt.)

Bis zum späten Nachmittag des 10. Thermidor – es war der 28. Juli – ließ der Konvent die Verhafteten schmachten. Der verletzte Robespierre, er lag totenbleich auf dem Tisch, mußte sich einer Operation unterziehen, damit das Blut gestillt würde. Die grauenhaften Schmerzen des Eingriffs ertrug er ohne einen Laut der Klage. Am Nachmittag gegen fünf oder sechs Uhr wurde er auf den Karren geworfen. Die anderen folgten. Die Bürger an den Straßen waren stumm. Manche sandten dem tristen Zug ihre Verwünschungen nach. Um halb acht Uhr abends begannen die Exekutionen. Hanriot, dem ein Auge halb aus der Höhle hing, war betrunken; eine gnädige Seele hatte ihn mit Wein versorgt. Der Henker riß Robespierre, als er an der Reihe war, den Verband ab. Eine Minute danach war der Diktator tot. Saint-Just starb ohne ein letztes Wort. Er hatte nichts mehr zu sagen. Den 22 Verurteilten jenes Tages folgten am 11. Thermidor 71 Mitglieder der Pariser Commune. Célestin Guittard notierte auch ihre Namen. Am 13. Thermidor – das war Donnerstag, der 31. Juli – schrieb er in sein Journal: «Das Wetter ist frischer geworden, es hat in der Nacht geregnet, auch noch ein wenig am Morgen... Mde. Sellier (sonst «Dasel» genannt) hat mit mir gespeist... Heute fand keine Exekution statt.»

Die Revolution war zu Ende. Frankreich hatte binnen eines halben Jahrzehnts den Weg von der absoluten Monarchie über das verfassungsgebundene Königtum zur Republik, zu einer Art von Demokratie, zur Diktatur und zuletzt zur Vorform eines totalitären Regimes durchmessen. Die Lust der Freiheit war den Revolutionären darüber verwelkt. Die Völker aber hörten, nach einem Wort von Golo Mann, nicht auf, ins Freie zu wollen. Es brauchte ein Jahrhundert, bis die französische Nation jene Rechte und Freiheiten, die in den Jahren des Aufbruchs geschaffen wurden, wahrhaft in ihren Besitz nehmen konnte, ein Jahrhundert, bis Frankreich und seine Nachbarn die Kriege Napoleons überwanden, fast ein halbes Jahrhundert, bis sich der Kontinent aus den materiellen, den moralischen Trümmern erhob, die Bonapartes schrecklicher Affe Adolf Hitler hinterlassen hatte. Erst dann war der Westen der Alten Welt endlich bereit, das Erbe der Großen Revolution an sich zu nehmen.

XX
Coda – konservativ

Aber war der elende Tod Robespierres das Ende der Revolution? Dieser und jener Historiker zieht die Linien weit in das merkwürdige Regime des Direktoriums hinüber, das manche der Wandlungen weitertrieb, andere mit spröder Härte blockierte. Resolutere Interpreten des Fortschritts sahen die revolutionäre Dynamik schon vor der Exekution Robespierres gebrochen: mit dem Selbstmord des Volkspredigers Jacques Roux und der Unterdrückung seiner Enragés, spätestens mit der Verhaftung des linken Einpeitschers Jacques-René Hébert und der Entmachtung der Pariser Commune. Man kann diesen Streit sich selbst überlassen. Es gibt keinen Zweifel, daß die Köpfmaschine am 9. Thermidor, als sie das Leben Robespierres auslöschte, einen brutalen Schlußstrich zog. Danach begann ein Prozeß der schwierigen und immer wieder gefährdeten «Normalisierung», anders: Die Revolution wurde in den französischen Alltag und schließlich in die Nationalgeschichte integriert.

Der letzte deutsche Zeuge, der die Apotheose des Robespierre beim «Fest des Höchsten Wesens» und die blutige Apokalypse der Sommerwochen 1794 aus nächster Nähe beobachten konnte, war Carl Friedrich Reinhard. Die Freunde Oelsner und Kerner hatten, dank seiner Hilfe, in die Schweiz fliehen können. Der arme Schlabrendorf saß im Luxembourg – aber wenigstens war er am Leben. Reinhard verharrte mit stoischer Miene an seinem Schreibtisch im Ministerium für die auswärtigen Beziehungen. Die demonstrative Gleichmütigkeit des schwerblütigen und doch so agilen Mannes verbarg, dessen durfte man sicher sein, in Wahrheit eine panische Angst. Sie war berechtigt. Am 26. Juli wurde auch gegen ihn ein Haftbefehl ausgefertigt. Die Vollstreckung scheiterte in der Konfusion im Konvent. Am nächsten Tag war Robespierre gestürzt und Reinhards Leben gerettet. Niemals sprach er, im Rückblick, ohne tiefes Entsetzen von jener Epoche. Aber er blieb auf seinem Posten: der Republik, dem hohen Amt, seiner Pflicht, wohl auch seinem Ehrgeiz ergeben. Die ersten Monate nach dem Sturm waren vermutlich ein wenig einsam: Kerner und Oelsner ließen sich mit der Rückkehr Zeit, und Graf Schlabrendorf wurde erst spät im Jahr aus dem Gefängnis entlassen. Er entstieg der Höhle mit einem langen Bart, der die ganze Brust über dem offenen Hemd bedeckte. Seine Redseligkeit war nicht geringer geworden, doch die Wunderlichkeit hatte zugenommen. Er bezog seine alten Zimmer in der rue Richelieu, las und schrieb (man wußte niemals was und für wen), empfing jeden Besuch, der bei ihm anklopfte, hörte zu und verlor sich in Monologen, die oft vor den frühen Morgenstunden kein Ende fanden.

Fast zur gleichen Zeit wie der kauzige Graf erlangte der Prinz von Hessen seine Freilassung. Dubois-Crancé, der Militärexperte des Konvents, ließ ihm sein Gehalt nachzahlen, und ohne Schwierigkeiten erlangte der deutsche Aristokrat seinen alten Rang als Divisionsgeneral. Ihm wurde die Aufsicht über die Depots von Paris übergeben. Erst im Sommer 1795 holte ihn die jakobinische Vergangenheit ein: Er wurde seines Postens enthoben und mit einer Pension von fünfhundert Francs verabschiedet. Mit zeternden Klagen brachte er es zuwege, eine günstigere Entschädigung zu erlangen. Seine Reaktivierung aber wurde kategorisch abgelehnt. Bonaparte fragte schließlich: «An welchen Bataillen hat er teilgenommen?» Hessen antwortete, er habe in fünf Feldzügen für die Freiheit gekämpft. Das war noch nicht einmal die halbe Wahrheit: Er war der Etappen-General par excellence. Es half ihm nicht, daß er den Korsen mit seinem üblichen Opportunismus als neuen «Scipio africanus» feierte. Von der Armee ausgeschlossen, versuchte er sein Glück im Journalismus, gab eine Zeitung heraus, die er, seltsam genug, «L'Ami des lois» nannte – den «Freund der Gesetze». Sie brachte es angeblich auf fünftausend Abonnenten. Sein nächstes Projekt hieß «L'Ami de la patrie», das letzte «Journal des campagnes et des armées». Man sagte, daß seine lang aufragende Gestalt in sansculottischer Drapierung – samt den klappernden Zähnen – zu den notorischen Erscheinungen der Pariser Gesellschaft des Direktoriums gehörte. Er hatte Feinde, was niemand erstaunte. Ende 1798 stellte man plötzlich fest, daß er niemals das französische Bürgerrecht besessen habe. Die Behörden wollten ihn ausweisen. Dank des Einspruchs einsichtiger Gönner durfte er bleiben. Beim Staatsstreich des 30. Praerial im Jahre VII (am 18. Juni 1797) applaudierte er mit Leidenschaft dem Sieg der Jakobiner. Prompt wurde Charles Hesse, wie er sich noch immer nannte, am Vorabend des 18. Brumaire verhaftet und zur Deportation nach Französisch-Guyana verurteilt. Er saß im Temple, dann in der Conciergerie. Man dichtete ihm ein Mordkomplott gegen Napoleon an. Er fragte, ob es Talleyrand nach seinem Blut dürste. In Wahrheit verwandte sich der Außenminister dafür, den Prinzen zu begnadigen. Man schob ihn über die deutsche Grenze ab. Seine französische Freundin Jenny Delaurière nahm er mit. Die fürstliche Verwandtschaft, die wenig Anlaß hatte, ihm allzu liebenswürdig zu begegnen, wies ihm das Schloß Babenhausen als Residenz zu. Prompt bediente sich der «General Marat» seines alten Titels, bezog eine beträchtliche Pension, stritt sich mit Gott und der Welt, besserte dank seiner sägenden Hartnäckigkeit seine nicht ärmlichen Bezüge noch einmal auf, hatte dennoch nie genug Geld. Im Mai 1821 starb er in Frankfurt, wo er seit 1817 gelebt hatte: siebzig Jahre alt und schließlich ein wenig verrückt.

In den letzten Tagen des Jahres 1794 kehrte der lebhafte Georg Kerner nach Paris zurück, vielleicht eine Spur gewitzter, nicht ganz so treuherzig wie zuvor. Er hatte sich während der freiwilligen Verbannung zu einem Besuch in die württembergische Heimat gewagt – freilich nicht nur aus Anhänglichkeit an die Eltern und Freunde, sondern in halboffiziellem Auftrag, womöglich von Reinhard selber mit einigen Weisungen versehen. Hellmut G. Haasis sah sich veranlaßt, von Kerners Arbeit für den französischen «Geheimdienst» zu sprechen – ein moderner Begriff für Aktivitäten (und Wichtigtuereien), die zur verschwiegeneren Seite der Diplomatie gehörten (und immer

Anlaß von aufgeplusterten Indiskretionen waren). Der junge schwäbische Arzt stand in engem Kontakt mit Barthélemy, dem Gesandten der Republik in der Schweiz: Er schaute sich in den Grenzgebieten der Eidgenossen um. In Württemberg sollte er für eine neutrale Haltung des Ländchens im Konflikt zwischen Österreich, Preußen und der französischen Republik zu werben versuchen. Sein einstiger Landesherr Carl Eugen war freilich gestorben. Der Nachfolger Ludwig Eugen verstand seine Loyalitätspflicht gegenüber dem Kaiser strikter als der alte Despot. So konnte Kerner kaum auf eine freundliche Aufnahme rechnen. Sein Vater versuchte, den Sohn vor den Gefahren einer Verhaftung und sich selber vor dem Zorn der Obrigkeit zu schützen: falls er noch immer an Frankreichs Sache festhalte, schrieb der Oberamtmann, verzichte er besser auf seinen Besuch, sonst könne er selber – als ein braver Beamter – gezwungen sein, der Polizei einen Hinweis zu geben. Der Brief erreichte den Sohn gottlob nicht. Der Vater empfing ihn abweisend. Doch Georg brachte es – laut Hellmut G. Haasis – zuwege, den Kriegsminister Nicolai über die militärischen Planungen des Herzogtums auszuhorchen. Dann wurde er durch einen diskreten Wink des Landes verwiesen. Im November kehrte er dennoch zurück und suchte in einem Schreiben, das ganz dem Kanzleistil des alten Regimes entsprach, beim Geheimsekretär Schwab – einem einflußreichen Berater des Herzogs (der wohl einst sein Lehrer an der Karlsschule war) – um eine Unterhaltung nach, die ihm Gelegenheit geben sollte, seine «wahre Anhänglichkeit» an das Vaterland zu beweisen. Kam es zu einer Begegnung? Wenn es so war: politisch fruchtete sie sowenig wie fast alle Unternehmungen solchen Charakters, die sich für gewöhnlich im Halbdunkel verlieren.

Kerner hatte alle möglichen Abenteuer zu bestehen, ehe er sich bei seinem Freund Reinhard in Paris zurückmelden durfte. Die Lebenslinien der beiden blieben während der nächsten sechs Jahre ineinander verschränkt. Georg Kerner begleitete seinen Landsmann im Sommer 1795 nach Hamburg, als der einstige Zögling des Tübinger Stifts zum Gesandten der französischen Republik bei den deutschen Hansestädten ernannt wurde. Rasch ergab sich eine Verbindung zu den liberalen Häusern Georg

Heinrich Sievekings und seiner Schwiegereltern: des Arztes Albert Hinrich Reimarus und seiner Frau, der «Doktorin». Bei dieser liebenswürdigen Familie traf er Klopstock an, den die Hinrichtung des Königs und die Degeneration der Revolution unter Robespierre tief erschüttert hatte. Deprimiert schickte der alte Poet den Jakobinern die Verse nach:

> Treibt ihr die Riesenschlang' in die Höhle nicht
> Zurück und wälzt nicht Felsen dem Schlunde vor,
> So wird ihr Geisterbiß die Freiheit,
> Welch' ihr erschuft, in den Staub euch stürzen.

Der Gesandte der Republik aber mag mit geringerem Wohlgefallen einen jungen Mann beobachtet haben, der sich lebhaft um die zweite Tochter des Hauses bemühte: Justus Erich Bollmann. Der Umgang mit diesem jungen Menschen war für den Vertreter Frankreichs in mehr als einer Hinsicht lästig. Die Entführung Narbonnes nach London, deren sich Bollmann rühmen durfte, konnte Reinhard in offizieller Funktion durchaus nicht billigen (als Privatmensch mochte er anders urteilen), denn der einstige Kriegsminister war vom Direktorium in Paris noch keineswegs rehabilitiert worden. Überdies unterhielt der Mediziner aus Hannover den engsten Verkehr mit den Kreisen der Feuillants, die sich in London niedergelassen hatten. Sie hatten Bollmann ihn nach Berlin entsandt, um die Befreiung La Fayettes – in Pariser Augen noch immer ein Verräter – beim preußischen Hof zu betreiben.

Nun konnte sich dieser junge Mensch einer neuen Tat rühmen: im Herbst 1794 hatte er – im Auftrag amerikanischer Freunde – den tollkühnen Versuch unternommen, den «Helden zweier Welten» aus der österreichischen Festung Olmütz zu befreien. Das Unternehmen grenzte ans Absurde. Es stand ihm wenig Geld zur Verfügung, und er hatte nur einen Helfer, den Studenten Francis Huger aus North-Carolina, der kaum ein paar Sätze Deutsch sprach. Doch es gelang ihm – von Kollege zu Kollege – sich ins Vertrauen des biederen Festungsarztes Haberlein zu schmeicheln. Jener gutartige Mensch fand sich, entgegen der strikten Verbote, bereit, dem hohen Gefangenen – den das Personal nicht nach seinem Namen, sondern nur nach einer Nummer kannte – unverfängliche Briefe, ja sogar einige Bücher in die Zelle zu schmuggeln. Leicht durchschaubaren Hinweisen entnahm La Fayette, daß die Blätter Nachrichten enthielten, die sich entschlüsseln ließen, wenn er die Seiten vorsichtig gegen ein Feuer hielt: Sie waren mit Zitronensaft geschrieben. Der Kommandant hatte dem Grafen erlaubt, zur Wiederherstellung seiner angegriffenen Gesundheit zweimal in der Woche kleine Ausfahrten in die Umgebung zu unternehmen – unter nicht allzu schwerer Bewachung. Bollmann schlug vor, die Wächter zu bestechen. La Fayette entschied anders: Die schläfrigen Büttel, meinte er, ließen sich leicht überwältigen. Bollmann möge Pferde parat halten und ihm sagen, was zu tun sein. Die Vorsicht gebot, zwei Tiere in Wien zu kaufen – und es durften nur zwei sein, um kein Aufsehen zu erregen. Ohnedies mochten sich die Behörden von Olmütz wundern, was die beiden Fremden in ihrem Städtchen zu suchen hatten.

Schließlich wagte Bollmann den Anschlag. Der Wachmann wehrte sich wie ein Berserker. Als es endlich gelang, ihn niederzuringen, war eines der Pferde durchgegangen. Es blieb nur ein Roß – das kräftigere, das für zwei Reiter dressiert war. Der Graf stieg endlich auf. Bollmann rief ihm zu, sie sollten sich in Hof, dem bayerischen Grenzort, treffen. (Von dort aus plante er die Flucht über Sachsen, Schlesien und Polen nach Danzig fortzusetzen.) Mit diesem Stichwort konnte La Fayette nichts anfangen. Endlich sprengte er davon. Das zweite Pferd, mit der Hilfe verwirrter Bauern wieder eingefangen, weigerte sich, zwei Männer zu tragen. Huger bot an, sich zu Fuß durchzuschlagen, da La Fayette auf Bollmann angewiesen sei. Er kam nicht weit. Der General, dem Hof kein Begriff war, verfehlte den Weg. Sein erschöpftes Pferd wollte nicht weiter. So versuchte er einen Bauern zu überreden, ihm ein anderes Tier gegen gutes Geld zu besorgen. Dem biederen Landmann waren der Fremde und der angebotene Handel nicht geheuer. Er lief zum Bürgermeister, der den Flüchtling gefangensetzte. Bollmann wurde im preußisch-schlesischen Waldenburg arretiert.

Die Haft war bitter. Zunächst sperrte man ihn mit Huger in ein unterirdisches Loch, in das kaum Licht drang. Während des

Nachts fesselte man die beiden an ihr Lager. Auch La Fayette wurde für drei Monate in Eisen gelegt. Danach befahl der Kaiser, die Haftbedingungen zu erleichtern. Doch er weigerte sich noch immer, dem berühmten Mann die Freiheit zu schenken – trotz der inständigen Bitten George Washingtons, der seinen jungen Freund nicht vergessen hatte. Der Haß Marie-Antoinettes gegen den Grafen war in der Hofburg unvergessen. Erst bei den Verhandlungen in Leoben – man schrieb den April 1797 – erzwang der siegreiche Bonaparte La Fayettes Entlassung.

Bollmann hatte Glück. Das Kriminalgericht in Olmütz entschied, daß er sich keines Staatsverbrechens schuldig gemacht habe: die lange und harte Untersuchungshaft sei Strafe genug. Im Juli 1795 durfte er samt seinem Kameraden Huger davonziehen. Nach einem kurzen Aufenthalt in Leipzig und einem knappen Besuch bei den Eltern eilte der Abenteurer, seinen Ruhm genießend, nach Hamburg. Christine Reimarus, eine treue Seele, hatte ihm liebevolle und ermutigende Briefe in den Kerker geschickt, obwohl die Eltern jeden Gedanken an eine Verbindung mit dem unsteten jungen Mann kompromißlos verwarfen. Der Konflikt schien, wie Friedrich Kapp, der Revolutionär von 1848, in seiner Bollmann-Biographie berichtete, das ernste Mädchen gezeichnet zu haben. Nun da der leidenschaftliche Verehrer seine Heimsuchung wohl überstanden und die Freiheit wiedergewonnen hatte, beugte sie sich der Pflicht und dem Gebot von Vater und Mutter: Sie sagte Bollmann ab.

Der Arzt, er zählte erst 25 Jahre, kehrte nach London zurück und schiffte sich, von Narbonne und Madame de Staël mit einem kleinen Kapital versehen, nach Amerika ein. Am 1. Januar 1796 landete er in New York. Nicht lang danach kündigte ihm Christine ihre Verlobung mit Carl Friedrich Reinhard an. Den französischen Gesandten betrachteten die patrizischen Eltern «Stienchens» als eine solide Partie. Die Hochzeit wurde im Oktober 1796 gefeiert. Das Ereignis regte Reinhards poetische Ader an. In einem langen Festgedicht blickte er, nicht ohne Befriedigung, auf seinen Weg durch die Geschichte der Zeit zurück: ein Schüler Rousseaus, der an der Garonne eine neue Gesellschaft zu umarmen vermochte:

Freiheit lallte das Volk, Priester und Adel! Ich sang
Wie Kassandra, von keinem geglaubt, mir selber nicht glaubend,
Ein weissagendes Lied, eh' die Bastille noch fiel...

Am Ende des Poems wandte sich der Gesandte denn doch dem näheren Anlaß zu:

Komm', Christine, wir sind zur Tugend geboren, zur Tugend
Und zur Liebe! Wo ist diese, wo jene nicht sei?
Komm', vom Segen der Eltern geleitet, vom Jubel der Freunde.
Tränen im lachenden Blick, drücke Dein Herz an mein Herz!

Den beiden war das beschieden, was man ein strenges Glück nennen könnte. Mit dem unsteten Bollmann hätte Stienchen wohl fröhlichere Tage erlebt. Vielleicht wäre es ihrer ordnenden Hand gelungen, den bedenkenlos mutigen jungen Menschen vor manchen Waghalsigkeiten zu bewahren. Kopfüber stürzte er sich – seinen Beruf als Arzt schien er vergessen zu haben – in der Neuen Welt in alle möglichen Unternehmungen. Graf La Fayette setzte ihm nach seiner Befreiung eine lebenslange Rente auf ein Kapital von fünfzigtausend Franken aus. Das hätte eine solide Basis sein können. Doch Bollmann bat darum, ihn durch die Anweisung von sechstausend Dollar ein für allemal zu entschädigen. So geschah es. Er fing mit der beträchtlichen Summe dieses und jenes Geschäft an, gestützt auf seine Verbindung zu Sievekings Hamburger Bank. Auch in Amerika schien er vom Erfolg verwöhnt zu werden. Er heiratete Elisabeth Nixon, eine wohlhabende Dame, und die Ehe war, nach seiner eigenen Auskunft, vergnügt. Sein Glück aber hielt nicht an. Amerikanische Partner zogen ihn in ihren Bankrott. Er verlor sein Geld. Im Mai 1802 starb seine Frau.

Die politische Leidenschaft, die niemals in ihm erlosch, vielleicht auch die Spekulation auf rasche Gewinne, trieb ihn an die Seite von Aaron Burr, dem dritten Vizepräsidenten der Vereinigten Staaten, der den großen Thomas Jefferson beschuldigte, er habe ihn um die Wahl zum höchsten Amt der Nation betrogen. Bollmann beteiligte sich an Burrs (angeblicher) Konspiration, deren Ziel die Eroberung von Texas und – so behauptete der Herr im Weißen Haus – die Abtrennung der Südstaaten war. Er wurde verhaftet, doch rasch wieder auf freien Fuß gesetzt. Von neuem versuchte er sich in diesen und jenen Geschäften, mit unterschiedlichem Gewinn. Schließlich fand er sich beim Wiener Kongreß ein, die freundschaftliche Beziehung zum unverwüstlichen Talleyrand erneuernd. Sein Talent im Umgang mit Menschen hatte sich nicht erschöpft. Er war noch immer ein Mann von Charme, von Witz und weitläufigen Interessen. Rahel Varnhagen schloß ihn ins Herz. Seine Geschäfte führten ihn schließlich nach Südamerika. In Kingston auf Jamaica starb er, 52 Jahre alt, 1821 am Gelben Fieber, von den Deutschen, von den Franzosen, erst recht von den Amerikanern bald vergessen. Der aufmerksame Varnhagen indes, der keinen ungewöhnlichen Charakter aus dem Auge verlor, widmete ihm in seinen «Denkwürdigkeiten» ein erinnerndes Kapitel.

Ganz so reibungslos, wie es sich alle wünschten, wollten sich die bürgerlichen Verhältnisse auch im zuverlässig-zuchtvollen Hamburg nicht ordnen: Der Senat der Hansestadt verweigerte im Hochzeitsjahr 1796 dem französischen Gesandten hartnäckig seine Akkreditierung. Das Deutsche Reich – dies war der Hauptgrund – befand sich noch immer im Kriegszustand mit der Republik. Reinhard erhielt die Weisung, in Bremen Fuß zu fassen, das weniger spröde zu sein schien. Er wartete schließlich im dänischen Altona, vor den Toren Hamburgs. Der Vorfriede von Leoben brach den Widerstand: der schwäbische Diplomat in französischen Diensten, den man auch als einen Revolutionär konservativen Zuschnitts bezeichnen konnte, durfte endlich die ganze Würde seines Amtes entfalten.

Im Hamburger Diplomatenhaus regierte nicht die schiere Harmonie. Reinhards Partnerschaft mit seinem Privatsekretär Georg Kerner erlitt kleine, vielleicht nicht ganz so kleine Trübungen. Der junge Landsmann besaß ein heftiges Temperament, das sich mitunter an der Umsicht seines Freundes und Vorgesetzten stieß. In Paris bewarb er sich – ohne Erfolg – um eine eigenständige Karriere, doch er führte sich im Ministerium zu laut und ungebärdig auf. Reinhard schrieb mit gütigem Bedauern an einen gemeinsamen Bekannten: «Der junge Mensch hat Ehrgeiz und noch mehr Eitelkeit. Er hört sich selbst gerne reden und will gerne gehört sein...» Er habe ihn vergebens gewarnt. «Auch das ist sehr jugendlich, daß er nun Schicksal und Menschen anklagt.» Seufzend kam Kerner nach Hamburg zurück. Doch die wohlgeordnete hanseatische Existenz währte nicht lang. Am Ende des Jahres wurde Reinhard nach Florenz geschickt. Die beiden nutzten die Gelegenheit, um auf dem Wege die Heimat aufzusuchen: das Kloster Maulbronn, wo unterdessen der Vater Kerner amtierte, Stuttgart, wohl auch Tübingen und das väterliche Dekanat in Balingen...

Die Mission im Großherzogtum Toskana wurde kein Ausflug nach Arkadien. Das schöne kleine Land war durch seine regierende Familie dem Reich und vor allem Wien aufs engste verbunden. Nicht alle seine Bürger warteten ungeduldig darauf, die Habsburgische Herrschaft durch eine französische zu ersetzen. Vom Sommer 1798 an tobte in Italien wieder der Krieg. Der Friede war nur eine Atempause gewesen. Der Papst, aus Rom vertrieben, suchte auf toskanischem Gebiet eine Zuflucht. Paris aber schrieb harsche Befehle: Der Heilige Vater müsse weiterziehen, und auch der Großherzog gehöre so rasch wie möglich zum Teufel gejagt. Die Lage erlaubte keine heiter-elegante diplomatische Existenz. Reinhard war bemüht, wenn nicht vieles täuscht, für eine Politik der Mäßigung zu werben. Mehr als einen Aufschub erreichte er nicht. Die Truppen der Republik rückten ins Großherzogtum ein. Die Residenz des Papstes in der Kartause von Camaldoli wurde umstellt. Dem Heiligen Vater, so heftig er protestierte, blieb keine Wahl: er mußte sich in Parma das nächste Refugium suchen.

Der Gesandte war über Nacht zum Kommissar und damit zum Oberherrn des Landes geworden. Seine wichtigste Aufgabe: er mußte eine Partei schaffen, die sich die Sache der Revolution zu eigen machte. Es hielt nicht leicht, nach dem Wort Robespierres, die Freiheit auf Bajonettspitzen zu präsentieren. Die Besatzungsmacht war in der Tat kein ideales Instrument, um ein liberales Regime zu etablieren: So wiederholten sich die Konflikte von Mainz (wie noch so oft). Der Prozeß der «Munizipalisierung», an dem sich Georg Kerner mit höchstem Eifer beteiligte, stieß auf den zähen Widerstand der Bürger und Bauern, die zuvor schon Mühe genug hatten, ihre gewachsenen Traditionen gegen die josephinischen Reformen der österreichischen Großherzöge zu verteidigen. Die Laune der Toskaner besserte sich auch nicht durch die Plünderung der Kunst- und Kulturschätze, die mit einiger Systematik betrieben wurde, denn die Pariser Museen sollten, um die Glorie der Republik zu mehren, die prächtigsten der Welt werden. Der Palazzo Pitti wurde rücksichtslos ausgeräumt. Reinhard selber befahl die Konfiszierung des «Aspronianischen Codex» aus dem 5. Jahrhundert, der ältesten Aufzeichnung des Vergil. Entschuldigend sagte sein Biograph Wilhelm Lang, den einstigen Seminaristen habe die Leidenschaft des Lateiners überwältigt. Eigenhändig lieferte er die Beute in der Pariser Nationalbibliothek ab – und sehr viel früher als er gedacht hatte. Die österreichische Armeen eroberten die Toskana im Frühsommer 1799 in raschen Zügen zurück. Kommissar Reinhard floh mit seiner Familie nach Livorno und schiffte sich, wie immer von Kerner begleitet, nach Toulon ein. Dort erreichte ihn bei der Landung die Nachricht, daß er zum Außenminister der Republik ernannt worden sei.

Dies war das Werk des Abbé Sieyès: der Schlüsselfigur dieser späten Jahre des Direktoriums. Er hatte Reinhard von jeher geschätzt, und den Umgang mit dem Deutschen empfand er stets als interessant. Fragwürdigere Eindrücke, die er während seines Aufenthaltes in Berlin als Gesandter beim preußischen König gewonnen hatte, vermochten das freundliche Grundgefühl und den Respekt vor den deutschen Philosophen nicht zu verdrängen. Wilhelm von Humboldt ging während seines Pariser Aufenthaltes bei ihm aus und ein, Aufschlüsse und Anekdoten aus den frühen Revolutionsjahren sammelnd. Sieyès versuchte auch Conrad Engelberg Oelsner, mit dem er intellektuell aufs engste korrespondierte, zu diesem und jenem Amt zu verhelfen, das den Freund seiner Sorgen entheben mochte. Man bot dem Schlesier eine Mission in Graubünden an, doch er wies, wenn es denn zutraf, den Antrag mit der stolzen Bemerkung zurück: «Ich war ein Deutscher und wollte es bleiben.» Auch den Posten eines Zensors in den französischen Rheinlanden lehnte er ab. Eine Weile vertrat er die Interessen der Stadt Frankfurt bei der französischen Regierung. Vor allem aber wollte er als Journalist und unabhängiger Schriftsteller wirken. Seine Arbeit stützte sich auf die Verbindung zu dem radikal-liberalen schweizerischen Arzt Paul Usteri, der die «Klio» herausgab. Auch mit Huber blieb er in Verbindung, der lange in Neuchâtel ausharrte und schließlich in der Neige des Jahrhunderts mit Therese nach Tübingen, dann nach Stuttgart übersiedelte, um Cottas Zeitung zu redigieren.

Im Herbst 1798 unternahm er das Wagnis, seine schlesische Heimat zu besuchen: Sofort nach der Ankunft in Goldberg wurde er verhaftet. Den Hausarrest durfte er zwar in der Wohnung der Mutter absitzen, doch standen nicht nur Wachen vor der Tür, sondern, wie er den Freunden in Zürich erzählte, auch in seinem Zimmer und vor seinem Bett. Sie rauchten, sie tranken, sie schwatzten ungeniert und ließen ihn nicht schlafen. Ein übereifriger Stadtdirektor bemühte sich, ihn zum öffentlichen Widerruf seiner revolutionären Überzeugungen zu überreden. Schließlich wurde Oelsner krank. Sieyès, der damals die Republik in Preußen vertrat, erreichte nach lebhaften Protesten, daß die französische Staatsbürgerschaft seines Schützlings anerkannt und respektiert wurde. Man tauschte ihn schließlich gegen einen Emigranten aus. Das Heimweh war Oelsner fürs erste ausgetrieben. Sein Bürgerrecht wurde vom Direktorium bestätigt. Die Pariser Wirren aber beobachtete er mit wachsendem Unmut. «Zuschauer des verdrehten Gangs der Welt zu sein, bin ich überdrüssig...» Bonapartes Griff nach der Diktatur verstörte ihn tief. Er dachte an eine Emigration in die Schweiz und zog sich immer tiefer ins Schweigen zurück: «Die bloße Liebhaberrolle, die ich in der Revolution gespielt, hat mir nichts eingetragen und ist mir teuer genug zu stehen gekommen», sagte er resigniert.

Mehr als eineinhalb Jahrzehnte später versuchte er ein Resümee des großen Umbruchs (das freilich ein Fragment blieb): «Nach vierzig Jahren noch ist das Resultat der Nordamerikanischen Revolution in den Händen derer, die den Freistaat gründeten. Sie wurde mit geringen Mitteln begonnen und vollführt.

Der Französischen (Revolution) standen unermeßliche Kräfte zu Gebote und ein Glück ohne Beispiel. Auch entwickelte sie sich... mit einer Gewalt, der nichts widerstehen konnte.» Die Verwegenen, welche die Revolution lenkten oder zu lenken meinten, schrieb er weiter, seien der Reihe nach aus der Macht geschleudert worden, «indes der Wagen selber weiterrollte», bis er zur Ausgangsstation zurückgekommen zu sein schien. – Das war ein melancholisches Fazit, in der Tat. Oelsner rechnete den Rückfall in die Restauration zum guten Teil dem nationalistischen Dünkel zu, der die Revolution so rasch überwuchert hatte. Reinhard, Kerner, Schlabrendorf, Oelsner, die treuesten deutschen Söhne der Französischen Revolution – sie alle litten an dem nationalen Hochmut, dem der universelle Charakter des Aufbruchs fast widerstandslos geopfert wurde.

Der schwäbische Pfarrerssohn Reinhard aber paßte sich an. Er zählte 38 Jahre, als er den Gipfel seiner Karriere erreichte: das Amt des Außenministers. Lange hielt er sich nicht in jener luftigen Höhe, in der ihm nicht ganz behaglich war, obschon er keinen Augenblick gezögert hatte, dem Ruf der Republik zu gehorchen. Talleyrand, der Vorgänger, war damals unter den wachsenden Druck der Linken geraten. Er zog es vor, sich für eine Weile hinter die Kulissen zurückzuziehen. Sieyès bereitete unterdessen mit jener Umsicht, die ihn immer und in allem auszeichnete, das erste Konsulat vor: die Machtergreifung Bonapartes, die sich nur durch einen Staatsstreich vollziehen ließ. Er brauchte einen Platzhalter, «einen Zwischenmann», wie Wilhelm Lang schrieb, «der ohne ausgeprägte Physiognomie, ohne persönlichen Ehrgeiz, den Parteien und den Intrigen fremd, aber in den Geschäften erfahren und gewissenhaft war».

In einem Brief, den man als ein brillantes Zeugnis seines diplomatischen Geschicks betrachten darf, versicherte Reinhard seinen Vorgesetzten Talleyrand (den er ablöste) seiner ergebenen Treue: «Sie, die Sie ohne Bedauern den Posten verlassen, zu dem ich berufen bin», schrieb er, «werden leicht glauben, daß ich ihn weder mit Vergnügen noch ohne Besorgnis annehme, aber ich fühlte, daß ich ihn nicht zurückweisen durfte. Ich spreche Ihnen nicht von der Schwierigkeit, Sie zu ersetzen...»

Seine Amtszeit währte vom 5. September 1799, dem 19. Fructidor des Jahres VII, bis zum 9. November 1799, dem 18. Brumaire des Jahres VII: dem Datum des Staatsstreichs. Das waren nicht ganz zwei Monate. Dreizehn Tage später saß Talleyrand wieder im alten Amt, und Reinhard durfte sich auf die Reise nach Bern begeben. In der Schweiz wurde das Ansehen des Gesandten rasch im Widerstreit der beiden großen Parteien: der liberal-konservativen Föderalisten (mit denen es der Gesandte hielt) und der radikalen Zentralisten zerrieben. Bonaparte rief ihn nach einem guten Jahr zurück. Im April 1802 wurde er, zu Christines Vergnügen, nach Hamburg weiterbeordert: nun als Gesandter beim «Niedersächsischen Reichskreis».

Er mußte endlich ohne Kerner auskommen. Der Gefährte wäre am liebsten mit Bonaparte nach Ägypten gesegelt, und er beobachtete mit Bewunderung den Zug seiner Armee über den Großen Sankt Bernhard. Die Diktatur des Generals aber schmeckte ihm nicht. Da er – wie sie alle – eine gute Feder führte, versuchte er sich als Journalist, schrieb Aufsätze für die «Klio» und gab zu Anfang des Jahrhunderts in Hamburg eine Zeitschrift heraus, die er, dem Genius loci zuliebe, «Nordstern» nannte. Das Blatt hatte kein langes Leben, da es mit den Franzosen kritisch verfuhr. Die Intervention geschah vielleicht gegen den Willen, doch sicher mit dem Wissen des französischen Gesandten in Hamburg, den Kerner einst seinen «älteren Bruder» genannt hatte. Georg versuchte – das war nur vernünftig – zu seinem Beruf zurückzukehren. In Kopenhagen führte er nach einer langen Unterbrechung sein medizinisches Studium zu Ende. Hernach eröffnete er eine Praxis in Hamburg. Seine Patienten fand er im ländlichen Umkreis, zumal in den Dörfern Flottbeck und Blankenese, doch er versah zugleich den ärztlichen Dienst in einer Armenanstalt. Später leitete er ein Entbindungshospital. Am Tag seiner Heirat mit Johanna Friderike Duncker, am 27. Mai 1804, versöhnte er sich mit Reinhard. Mit Napoleon aber fand er sich nicht ab. Die Kaiserkrönung im Dezember 1804 verstörte ihn tief.

Schlabrendorf, mit dem Kerner in enger Korrespondenz blieb, schrieb ein – etwas wirres – Buch gegen den Korsen, das anonym publiziert wurde. Johann Friedrich Reichardt war (so vermutete man) der heimliche Mitautor, der von seiner Liebe zu

Frankreich und zur Revolution nicht abließ. Sein Kapellmeisteramt in Berlin war er schon lange los. Der Rückzug ins ländliche Giebichenstein bei Halle an der Saale hatte seine Produktivität indes nur erfrischt: die des Komponisten, der weit über tausend Lieder, der Singspiele, Opern, Kammer- und Orchestermusiken schrieb, aber auch die des Schriftstellers, der sich mit gleicher Verve zu musikalischen und zu politischen Fragen zu äußern vermochte. Noch immer reiste er, ein scharfer Beobachter und ein Reporter von unverbrauchter Erlebnisfähigkeit, durch Deutschland, durch Europa. Zu Anfang des Jahrhunderts hielt er sich längere Zeit in Paris auf, sprach mit Schlabrendorf und Oelsner, nahm den Tee bei Mary Helen Williams und warf nach seiner Rückkehr rasch eine zweite Folge der «Vertrauten Briefe» auf den Markt. Oft war er in Hamburg. Er kannte Reinhard und Kerner, natürlich auch die Sievekings, das Haus Reimarus, die liberalen Zirkel um Voß und Hennings draußen in Holstein.

Nein, Napoleon fand wenig Bewunderer unter den deutschen Anhängern der Revolution. Reinhard drohte sich in dem Konflikt aufzureiben, und bitterer als ihn selber quälte sich seine Frau mit der gespaltenen Loyalität. Die kluge Ricarda Huch bemerkte mehr als ein Jahrhundert später, damals habe es nicht schwer gehalten, Frankreich und Deutschland zugleich zu dienen. Sie täuschte sich. Der Korse machte auch den Deutschen guten Willens die Loyalität allzu sauer. Christines Familie und fast alle ihre hanseatischen Freunde wandten ihre Sympathien England zu: Von ihm erwarteten sie nun die Rettung vor dem Soldaten-Kaiser, der im Begriff war, sich zum Diktator Europas zu machen. Um den Rest ihrer Sympathien war es geschehen, als Napoleon seinem Polizei-Minister Fouché befahl, den englischen Geschäftsträger in der Hansestadt, Sir George Rumbold, ausheben und seine Papiere stehlen zu lassen (von denen man sich Auskunft über einen britischen Spionagering auf dem Festland erhoffte). Reinhard meldete mit der äußersten Behutsamkeit seine Vorbehalte gegen den Völkerrechtsbruch an. Die bloße Andeutung einer Kritik aber genügte, ihn bei seinem Oberherrn in Ungnade fallenzulassen. Über seine Abberufung hätte er erleichtert sein sollen. Friedrich Jacobi, der Philosoph (er hielt sich damals im Norden auf) hatte ihm geschrieben:

«... wie Sie das ertragen, ähnliches schon so lange ertragen haben, begreife ich nicht. Mit Angst und Sorge sehe ich der weiteren Entwicklung Ihres Schicksals entgegen.»

So rasch indessen gab Reinhard eine Karriere nicht preis. Vom März 1805 bis in den Frühling des Jahres 1806 saß er in Paris ohne Stellung: düster, brütend, von schwarzen Melancholien gequält. Schließlich schickte ihn der Kaiser als Generalkonsul in die Moldau – mit Sitz in Jassy (im nordöstlichen Rumänien), das in jenen Jahren zum türkischen Hoheitsgebiet gehörte. Von dort ließ ihn ein russischer Fürst, der die Franzosen haßte, ins Zarenreich verschleppen. Man könnte sagen, daß Reinhard für die Unsitte büßte, die seine eigenen Dienstherren zu europäischen Gewohnheiten gemacht hatten. Eine Anweisung des Zaren Alexander befreite ihn nach wenigen Monaten aus der unfreiwilligen Verbannung.

In Karlsbad suchte er mit seiner Familie Erholung: Das war die glücklichste Wendung seiner späteren Tage. Er lernte den Kurgast Goethe kennen, der ihm freundlich begegnete, immer an ungewöhnlichen Geschicken interessiert. «Der neue Freund gewährte mir anhaltende Aufmerksamkeit, als ich ihm meine Farbenlehre vorzutragen nicht unterlassen konnte», bemerkte der große Mann. Reinhard ging in seinem Eifer weiter: Er übersetzte einige Passagen der Studie für die geplante französische Publikation. Dank seiner diplomatischen Sensibilität hatte er die herzlichsten Sympathien Goethes gewonnen, der mit seinen langen Vorträgen über sein wissenschaftliches Steckenpferd manchem Gesprächspartner heimliche Seufzer der Langeweile entlockt hatte. Die Freundschaft riß bis zum Ende von Goethes Tagen nicht ab: In ihr hat sich schließlich Reinhards Ruhm dauerhafter verankert als in seiner politischen Karriere. Die vertrauensvolle Verbindung ergab sich aus der gleichen Konstellation, die den Schwaben zu einem idealen Gehilfen der Staatsleute machte: er war ein zweiter Mann ersten Ranges.

Im Jahre 1804 war Reinhard zum Kommandanten der Ehrenlegion ernannt worden. Die hohe Auszeichnung gab ihm das Recht, das eine oder andere Gut aus dem einstigen Besitz der Kirche zu kaufen – die Bedingungen waren allemal günstig. Er sah sich im Rheinland um und erwarb das Schlößchen Falkenlust (zwischen Köln und Bonn). Danach fügte er, in einer Kaufgemeinschaft mit Sulpiz Boisserée, das Gut Apollinarisberg (bei Remagen) hinzu. (Später besaß er auch einen Landsitz in der Normandie.) Der Ausbau der alten Gemäuer kostete Geld. Also blieb ihm nichts anderes, als sich in ein hochdotiertes Amt zu bequemen: Im September 1808 wurde er zum Gesandten des Kaisers beim König von Westfalen ernannt – dem kleinen Jérôme Bonaparte, den jedermann den «Bruder Lustick» nannte. Der Monarch aus dem korsischen Clan, der wenig andere Vorzüge besaß, als das Brüderchen des Kaisers zu sein, hatte seinen Hof in Kassel etabliert. Er liebte die Pracht und das heitere Leben. Als Musikdirektor engagierte er, das hatte seine Logik, Johann Friedrich Reichardt, den unverdrossenen Parteigänger der Revolution, der nun endlich wieder über ein eigenes Orchester verfügte. (Beim Zusammenbruch des napoleonischen Imperiums zog dieser sich wieder nach Giebichenstein bei Halle zurück, und dort ist er 1814 gestorben.)

Die Musik, das Theater, das Ballett, die rauschenden Fest, die Geschenke, die König Jérôme mit lateinischer Generosität nach links und rechts an die Favoriten verteilte: das alles kostete am Ende mehr Geld, als er hatte. Kurz, er war im Begriff, die Einkünfte seines Landes zu verprassen, statt sie gehorsam nach Paris abzuführen, wie ihm geboten war. Reinhard fiel das heikle Amt eines kaiserlichen Aufsehers zu. Der Auftrag forderte Takt und Strenge. Kleine Charaktereinbußen mußten in Kauf genommen werden. Sie gehörten zum Gewerbe. Der Kaiser war zufrieden. So wurde ihm 1809 der Titel eines Barons verliehen.

Im gleichen Jahr, einige Monate vor Reinhard, wurde ein anderer deutscher Revolutionär in den Stand des Freiherrn befördert: der Mediziner Georg Christian Wedekind, der sich fast fünfzehn Jahre lang als französischer Militärarzt mehr schlecht als recht durch die Zeiten geschlagen hatte. Während seiner Stationierung in Darmstadt glückte ihm die Heilung des Großherzogs, an dessen Krankenlager ihn die verzweifelten Kollegen gerufen hatten. Prompt wurde er – wie einst beim Mainzer Kurfürsten – zum Leibmedikus und kurz danach zum Baron ernannt. Beinahe bis ans Ende seiner Tage im Jahr 1831 blieb der Arzt zur Schriftstellerei aufgelegt. Er verfaßte unter anderem eine wunderliche Abhandlung über die Geschichte der geheimen Bünde und ein Traktat zur Reform des Freimaurerwesens, vor allem aber auch einen Aufsatz «Über den Wert des Adels», dem Verdienstadel freilich, dem er selber mit dem größten Behagen zugehörte.

Der Kreis von Reinhards Tätigkeit in der späten Phase der napoleonischen Herrschaft weitete sich aus: unter seinem Vorsitz wurde im Dezember 1810 der Anschluß der Hansestädte an Frankreich beschlossen. Natürlich bemühte er sich um günstige Bedingungen für die Heimat seiner Frau. Dennoch konnten die Familien Reimarus und Sieveking schmerzliche Gefühle nicht von sich fern halten. Bei den Visiten in der Hansestadt begegnete er noch einmal dem alten Freund Georg Kerner. Das lag nahe: dem Arzt war die Vertretung der Interessen Lübecks bei den französischen Behörden aufgetragen. Kerner nahm die Aufgaben ernst, wie jede seiner Pflichten. Die Zeiten waren elend. Hamburg wurde wie so viele Städte von Epidemien heimgesucht. Die Ruhr ging um, dann der Flecktyphus. Kerner steckte sich bei der Pflege der Kranken an. Er starb am 7. April 1812, fast auf den Tag 52 Jahre alt.

Der Gesandte Reinhard glaubte – er mußte es wohl – an Napoleons guten Willen, aus dem Königreich Westfalen eine Art von deutschem Musterstaat zu machen. Die Gesetzgebung paßte sich, zum Vorteil der Bürger, dem französischen Vorbild an. Johannes Müller, einst Berater des Kurfürsten von Mainz, wurde nach Kassel berufen. Mit ihm sollte der gute Geist der Aufklärung Einzug halten, doch der berühmte Gelehrte starb, erst 57 Jahre alt, im Mai 1809. – Trotz aller möglichen Anstrengungen: das Regime blieb den Deutschen fremd. Im Frühjahr 1813, nach dem schrecklichen Rückzug aus Rußland, wurde Reinhard von seinem Kaiser in Dresden empfangen. Napoleon zeigte sich gnädig. Wenige Wochen später war die Familie des Gesandten gezwungen, vor den heranrückenden Russen bei Nacht und Nebel aus Kassel zu fliehen. Sie suchte zunächst in Falkenlust Zuflucht (das Haus war seit Jahren verwaist). Dann floh sie weiter nach Paris. Reinhard suchte in der Hauptstadt, wie es natürlich war, den engsten Anschluß an Talleyrand, der sich auf die Kunst des Überlebens so glänzend verstand wie kein anderer. Das Herz war ihm schwer. Nach Napoleons Verbannung auf Elba fragte er sich, ob er vom alt-neuen Regime der Bourbonen eine Gesandtenstelle in Deutschland erwarten dürfe – oder in sein ursprüngliches Vaterland zurückkehren müsse, um eine neue Laufbahn zu beginnen. Am 14. Mai 1814 bat ihn Talleyrand, eben zum Außenminister in die Regierung Ludwigs XVIII. ernannt, die Stelle seines Kanzleidirektors zu übernehmen. «Es war», schrieb Reinhard an Goethe, «die Geschichte eines Augenblicks, Ja zu sagen, weil jede Bedenkzeit ein Nein gewesen wäre.» Indes, zum Wiener Kongreß nahm der einstige Bischof von Autun seinen Gehilfen nicht mit. Christine, Reinhards Frau, war von den vielen Wechselfällen des Daseins erschöpft: An ihrem 44. Geburtstag wurde die arme Frau auf dem Friedhof Père-Lachaise begraben.

Einen Monat danach stand Napoleon, aus Elba entkommen, wieder in Paris. Reinhard floh mit der Regierung nach Brüssel. Dennoch bat der Kaiser seinen schwäbischen Baron, den Dienst unter dem Adler wiederaufzunehmen. Reinhard lehnte ab und schickte, als ein Zeichen der Ergebenheit, das Schreiben Caulaincourts an Ludwig XVIII., seinen königlichen Herrn. Auf der Reise zu seinen rheinischen Besitzungen wurde er von den Preußen verhaftet und nach Frankfurt transportiert. Eine Intervention des Kanzlers von Hardenberg setzte ihn frei. Schließlich kehrte er mit Talleyrand nach Paris zurück und wurde, eine Belohnung der jungen Loyalität, unverzüglich in den Grafenstand erhoben. Am Ende des Jahres ernannte ihn sein Monarch zum Gesandten beim Deutschen Bund in Frankfurt. In diesem Amt blieb er bis zum Jahr 1829. Danach versah er noch zwei Jahre lang die Geschäfte eines Gesandten in Dresden. Beim ehrenvollen Abschied verlieh ihm der Bürgerkönig Louis Philippe – ein Sohn Philippe Égalités – die Würde eines «Pair von Frankreich». Mit anderen Worten: er wurde Mitglied des Oberhauses, das zugleich der höchste Gerichtshof der Nation war.

Immer wieder im Gang der Jahre berührte sein Weg den des alten Gefährten Conrad Engelberg Oelsner, dem er – von Talleyrand ermutigt – beim Regimewechsel 1814 und ein anderes Mal nach den «hundert Tagen» im Jahr 1815 ein französisches Regierungsamt zu verschaffen bemüht war. Der Freund hatte ihn während der Gefangenschaft in Frankfurt besucht und dabei die eigene Verhaftung riskiert. Das vergaß ihm Reinhard nicht. Dennoch: der Schlesier entschied anders. Er hatte sich durch ein Werk über den Islam, das vom Nationalinstitut 1809 mit einem Preis belohnt wurde, als Schriftsteller französischer Sprache Respekt verschafft. Goethe äußerte sich über die Arbeit enthusiastisch: «Mahomets Leben von Oelsner», schrieb er in sein Tagebuch, «mit dem ich mich schon längst befreundet hatte, förderte mich aufs neue.» Auch durch seine Familie war er nun in Frankreich verwurzelt: Oelsner hatte eine nicht unvermögende junge Frau aus elsässischem Adel geheiratet, die ihren Mädchennamen von Monmerque nicht ablegte. Sorgen schienen ihn nicht zu drücken.

Nach reiflicher Erwägung entschloß er sich, einem Angebot Hardenbergs folgend, in preußische Dienste zu treten. Aus den Versprechungen wurde nicht viel. Zunächst hielt sich Oelsner in Frankfurt auf, um die Institutionen des neugeschaffenen Deutschen Bundes zu beobachten. Er gab eine Zeitschrift heraus, die er biblisch und mit aktuellem Witz «Die Bundeslade» nannte, und schrieb gescheite Essays, die nur noch ferne Spuren des dramatischen Elans seiner Jugendschriften zeigten. Er war reizbar geworden. Als in Paris Artikel erschienen, die ihm vorwarfen, er sei Frankreich nicht dankbar, glaubte er in Reinhard den mißgünstigen Verfasser zu erkennen. Das Mißverständnis klärte sich auf, vermutlich dank der Vermittlung Varnhagens, der beide kannte und schätzte.

Nach einer langen Geduldsprobe wurde Oelsner 1817 als Legationsrat nach Berlin berufen. Eine rechte Verwendung fand sich in der preußischen Hauptstadt nicht. Ein Jahr später zog er nach Paris zurück und beschäftigte sich «als fünftes Rad am Wagen der Gesandtschaft», wie er selber sagte. Bis 1825 harrte er aus. Bitter schrieb er an Varnhagen, diesen Kronzeugen des deutschen Lebens im 19. Jahrhundert: «Der unseligste Sparren meines Lebens war, an ein Vaterland zu glauben... aller Unstern meines Lebens rührt von Preußen her... Nationalgeist hat mich albern gemacht.»

Es war einsam um ihn geworden. Vier Jahre zuvor hatte er seine Frau und seine kleine Tochter verloren. 1824 war der alte

Schlabrendorf gestorben: In der letzten Frist seines Lebens immer wunderlicher, immer abgerissener, immer verwahrloster. Dennoch übte er bis in die späten Jahre eine starke Anziehung auf gescheite und schöne Frauen aus: Caroline von Humboldt war ihm eine ergebene Freundin, neben und nach ihr ihre Namensschwester Caroline von Wolzogen, der er freilich schrieb: «Die lange Traumjagd» des Lebens sei beendet: «materielle Liebe» könne er nicht schenken, wohl aber die «wahre Harmonie» der Seelen, die sich in der «Hingabe an die Mitmenschen» vereinten. Beredt blieb er bis zuletzt. Von Zeit zu Zeit durchschaute er die eigene Schwäche. «Was mein Schwatzen betrifft», schrieb er an Caroline von Wolzogen, «so stellt sich das natürlich genug ein, so oft Sie mich nur hören mögen; nur vorher und nachher finde ich es selbst unnatürlich.» Man konnte von ihm mit der Bibel sagen, daß sein Leben dahinging wie ein Geschwätz. Sein Geist schien sich nur rhetorisch äußern zu können. Die schriftlichen Äußerungen waren in der Regel konfus, verschroben und zugleich auf eine merkwürdige Weise leer. Goethe bemerkte in einem Brief an Varnhagen, auf den Nachruf des Chronisten verweisend: «Der unselige Schlabrendorf ist Ihnen trefflich geraten, wenn seine hinterlassenen Papiere (auch) leider auf's greulichste gegen ihn zeugen. Daß doch, eben in dem vergangenen Jahrhundert, vorzüglich gute Menschen sich im Absonderlichen, Abstrusen bis ins Absurde hinein gefielen und nur Stahl- und Steinfunken in die Nacht, in den Tag aber Dunstgranaten hineinzuwerfen sich erlustigten. Ich wollte, es wäre alles anders gewesen, und ich irrte mich.»

Ein Jahr nach Schlabrendorfs Ende, drei Jahre vor Conrad Engelbert Oelsners Tod – am 20. Oktober 1828 –, entschloß sich der rüstige Graf Reinhard, ein zweites Mal zu heiraten. Einen Tag später als die eigene Tochter trat er an den Altar – um deren engste Freundin heimzuführen: die 24jährige Virginie von Wimpffen, die wie ein Kind in seinem Hause lebte. Man sagte ihr eine heitere und unkomplizierte Natur nach. Sie mag sie gebraucht haben. Der melancholische Bräutigam, Virginie um 41 Jahre voraus, verbarg ihr nicht, daß sie vor allem die Aufgaben einer Krankenpflegerin zu übernehmen habe. So schlimm kam's fürs erste nicht. Reinhard hielt sich munter genug, um mit der jungen Frau weite Reisen zu unternehmen: in die Schweiz und nach Oberitalien, in die schwäbische Heimat, ein Jahr später nach Hamburg und Norwegen, nach Berlin und Dresden, zu Goethe nach Weimar... Die Pflichten des sogenannten Ruhestandes erfüllte der einstige Minister mit seiner gewohnten Pünktlichkeit. Er versäumte kaum eine der Sitzungen des Oberhauses und der «Akademie der moralischen und politischen Wissenschaften», der er seit geraumen Jahren angehörte. Schließlich wurde er Mitglied des Konsistoriums der lutherischen Kirche von Paris: Das war eine Art Heimkehr des Pastorensohnes und Tübinger Stiftlers zu den Ursprüngen. Im Sommer 1837 eine letzte Reise nach London, nach Hamburg und nach Göttingen zum hundertjährigen Jubiläum der Universität. Am 28. Dezember starb Carl Friedrich Reinhard im Alter von 76 Jahren. Auf dem Friedhof Montmartre wurde er begraben.

Talleyrand, dem einstigen Gehilfen um fünf Jahre voraus, hielt ihm die Gedenkrede in der Akademie. Der einstige Bischof wies, geistreich genug, auf die Bezüge von Diplomatie und Theologie hin. Er lobte den «delikaten Takt» seines Beraters, seine «undurchdringliche Diskretion», sein «Pflichtgefühl», den «geistvollen und pikanten Stil seiner Korrespondenz», die der Kaiser allen anderen diplomatischen Berichten vorgezogen habe (was gewiß nicht stimmte). Er nannte ihn schließlich einen «großen Diener Frankreichs». Die Zuhörer begriffen wohl, daß der 82jährige auch von sich selber sprechen mochte: Wie er in der schütteren Grazie des Alters vor der Versammlung stand, schien er das zarte Denkmal einer versunkenen Zeit zu sein. Man konnte den Mentor Reinhards ohne Übertreibung ein genial mißratenes – und überaus erfolgreiches – Geschöpf des 18. Jahrhunderts nennen, des Grand siècle, ein verspäteter Repräsentant der vorrevolutionären Epoche, von der er gesagt hatte (man erinnert sich), wer sie nicht gekannt habe, habe auch nicht die Süße des Lebens gekannt. Dies traf freilich vor allem für die glücklichen Mitglieder seines eigenen Standes zu. Den Bürgern seines Landes öffnete erst die Revolution das Tor zu einem reicheren Leben. Süßer war es wohl kaum.

Niemand hätte dem Herrn von Talleyrand-Périgord enthusiastischer zugestimmt als der Baron Grimm – dieser erste Zeuge unserer Erzählung: der Pfarrerssohn aus Regensburg an der Donau. Nach seiner Emigration im Jahr 1792 – er hatte Paris mit den Enkeln und Urenkeln seiner Freundin Madame d'Épinay verlassen – fand er fürs erste Zuflucht in Gotha. Die Zarin Katharina, die ihm ihre treue Zuneigung niemals entzog, ernannte ihn vor ihrem Tod zum russischen Gesandten in Hamburg. Krankheit zwang ihn bald, das Amt zu verlassen, doch es blieben ihm die Bezüge. Der liebenswürdige alte Herr, dem Goethe zuweilen begegnete, bewahrte den Charme einer Epoche, die unter den Schlägen der Revolution längst zerbrochen und fast schon vergessen war. Er starb am 19. Dezember 1807, 84 Jahre alt. Auf dem Friedhof des Dorfes Siebleben bei Gotha wurde er beerdigt.

Dank

Ohne den Auftrag des Magazins «Stern», eine Serie über die Französische Revolution zu schreiben, hätte dieses Buch nicht entstehen können. Die Vorarbeit für die historische Reportage mündete in die Recherchen für diese ausführlichere Darstellung. Dafür ist der Autor der Serien-Redaktion des «Stern», besonders Herrn Horst Treuke, Dr. Ulrich Weyland und aus dem Kreis der Chefredakteure Herrn Klaus Liedke Dank schuldig.

Damit verbindet sich der Dank an die hilfreichen Mitarbeiter der Bibliothèque Nationale und der Archives Nationales in Paris. Der Autor bedankt sich bei Dr. Wolfgang Griep, der ihm aus den Schätzen der deutschen Revolutionsliteratur, die in der Universitätsbibliothek Bremen gesammelt sind, so viele wichtige Dokumente zugänglich machte. Dies gilt in gleichem Maße für Dr. Werner Volke und seine Mitarbeiter im Deutschen Literaturarchiv in Marbach am Neckar. Mit unverdrossener Hilfsbereitschaft trug Frau Christine Klössel Materialien aus den Bibliotheken von Münster und Göttingen zusammen. Frau Gesa Dane von der Universität Göttingen ließ den Autor an ihrer eindrucksvollen Kenntnis der Literatur des 18. Jahrhunderts teilnehmen.

An der Fertigung des Manuskriptes für die «Stern»-Serie half mit kluger Umsicht Frau Gudrun Flügge. Durch das Engagement, die Unermüdlichkeit, die herzliche und heitere Liebenswürdigkeit von Frau Gabriele Czempiel wurde die Arbeit an dem Buchmanuskript trotz aller Anstrengungen zu einem Vergnügen. Beide, sie und der Autor, wären verloren gewesen ohne die freundschaftliche Hilfe, die ihnen Herr Emil Bölte zu beinahe jeder Tages- und Nachtzeit gewährte: Er wies sie in die Geheimnisse des Umgangs mit einem Schreibcomputer ein, rettete sie vor den Tücken des Gerätes und zeigte, wie die komplexe Maschine am Ende zu überlisten sei. Dank an Rainer Heumann in Zürich für die Ermutigung, Dank an Dr. Michael Naumann, den Verleger, für Freundschaft und Inspiration, Dank dem Lektor Dr. Wolfgang Müller für den souveränen Umgang mit dem Stoff und mit dem Autor. Dank Dr. Franz Dumont in Mainz für die kritische Durchsicht, die den Autor vor manchen Irrtümern und einigen Torheiten bewahrte. Dank an Dr. Marianne Koch für ihre Hilfe. Wie immer: Renate Harpprecht von Herzen Dank für ihre Geduld und ihre Liebe – und für die aufmerksame erste Lektüre des Buches.

Der Autor schöpfte bei dieser Arbeit aus vielen Quellen. Sie werden in der Bibliographie genannt. Eine verdient einen besonderen Hinweis, da sie auch in Frankreich (zu Unrecht) in den Schatten des aufwendigen «Dictionnaire critique de la Révolution française» von François Furet und Mona Ozouf zu treten hatte: «Histoire et Dictionnaire de la Révolution française» von Jean Tulard, Jean-François Fayard und Alfred Fierro (erschienen bei Robert Laffont). Dieses Werk mit seinen mehr als 1200 Seiten bietet durch seine nüchterne Geschichte der Revolution, die detaillierte Chronik und vor allem den lexikalischen Teil mehr Hinweise als jedes andere vergleichbare Werk – obschon die Autoren ihre pointierten Urteile (kritisch-liberaler Prägung) nur selten verbargen.

Im übrigen gelten Sätze, die der Autor in einem Nachwort zur Revolutionsgeschichte im «Historischen Almanach fürs Jahr 1790» gefunden hat: «Der Geschichtsschreiber lebt vom Raube, muß davon leben, das ist bekannt.» Jener Verfasser fügte hinzu, es sei ihm nicht nötig erschienen, die «gebrauchten Quellen und Hilfsmittel namentlich anzuführen»: «Der Gelehrte kennt sie oder entdeckt sie doch leicht und findet Vergnügen darin, ihnen nachzuspüren; die übrigen, oder genauer zu reden, die eigentlichen Leser dieser Geschichte, verlangen sie nicht zu wissen, und würden es auch unschicklich finden, wenn ein Taschenbuch ... mit Citationen angeschwellt wäre.» – Der Autor des vorliegenden Buches verwies, wann immer es möglich war, auf die Quellen, nannte die Herkunft seines Wissens, den Ursprung seiner Einsichten. Wenn er es versäumt haben sollte, diesen und jenen Historiker mit Namen zu nennen, von dessen Wissen er zehrte, bittet er um Generalpardon und das heitere Verständnis, das der Almanach-Autor von 1790 voraussetzte. Er hatte im übrigen recht: Geschichtsschreibung ist immer auch eine hochorganisierte Sammlung von Leihgaben.

Literatur

Arendt, Hannah: Über die Revolution. München 1974

Aubert, Raymond: En pantoufles sous la Terreur. Paris o. J.

Aubert, Raymond (Hg.): Journal d'un bourgeois de Paris sous la Révolution. Paris 1974

Bernier, Olivier: Lafayette. Hero of two Worlds. Toronto 1983

Bertaux, Pierre: Hölderlin und die Französische Revolution. Frankfurt/M. 1969

Blanc, Olivier: Der letzte Brief. Die Schreckensherrschaft der Französischen Revolution in Augenzeugenberichten. Wien 1988

Blanning, T. C. W.: The French Revolution in Germany. Oxford 1983

Boerckel, Alfred: Adam Lux. Ein Opfer der Schreckenszeit. Mainz 1892

Bouvier, Beatrix W.: Französische Revolution und deutsche Arbeiterbewegung. Bonn 1982

Bredin, Jean-Denis: Sieyès. Paris 1988

Burke, Edmund: Betrachtungen über die Französische Revolution. Aus dem Englischen übertragen v. Friedrich Gentz. Hg. v. Ulrich Frank-Planitz. Zürich 1986

Campe, Joachim Heinrich: Briefe aus Paris. Hildesheim 1977

Carlyle, Thomas: Die Französische Revolution. Hg. v. Theodor Rehtwisch. Leipzig o. J.

Castelot, André: La Révolution française. Paris 1987

Chansons de la canaille. Liederbuch. Gesammelt und eingeleitet von Jean Daniel. Frankfurt/M. 1967

Chuquet, Arthur: La Légion germanique. Paris 1904

Cloots, Anacharsis: Der Redner des Menschengeschlechts. Katalog Kleve 1988

Darnton, Robert: Literaten im Untergrund. Hg. v. Wolf Lepenies. München 1985

Deinet, Klaus: Konrad Engelbert Oelsner und die Französische Revolution. Ancien Régime. Aufklärung und Revolution. Band 3. München 1981
Dictionnaire critique de la Révolution française. Hg. v. François Furet und Mona Ozouf. Paris 1988
Droz, Jacques: Deutschland und die Französische Revolution. Wiesbaden 1955
Dumont, Franz: Die Ende der Mainzer Republik in der Belagerung. In: Mainzer Zeitschrift (75), 1980, S. 159–186
Dumont, Franz: Die Mainzer Republik von 1792/93. Alzey 1982
Ehrhard, Dr.: Eulogius Schneider. Sein Leben und seine Schriften. Straßburg 1894
Émigrés français en Allemagne. 1685–1945. Katalog. Institut Goethe et Ministère des Relations Extérieures. Paris 1983
Engels, Hans Werner: Gedichte und Lieder deutscher Jakobiner. Hg. v. Walter Grab. o. J.
Erné, Nino: Kinder des Saturn. Novellen. Stuttgart 1987
Fähler, Karl (Hg.): Studien zum Lebensbild eines deutschen Weltbürgers, des Grafen Gustav v. Schlabrendorf 1750–1824. München 1909
Fayard, Jean-François: La Justice révolutionnaire. Chronique de la Terreur. Paris 1987
Fichte, Johann Gottlieb: Beitrag zur Berichtigung der Urteile des Publikums über die französische Revolution. Hg. v. Richard Schottky. Hamburg 1973
Flake, Otto: Die Französische Revolution 1789–1799. Nachwort v. Friedrich Sieburg. Zürich 1988
Furet, François / Ozouf, Mona (Hg.): Dictionnaire critique de la Révolution française. Paris 1988
Furet, François / Richet, Denis: Die Französische Revolution. Frankfurt / M. 1986
Glaive Vengeur de la République française. Paris 1793
Goethe und Reinhard. Briefwechsel. Wiesbaden 1957
Goncourt, Édmond et Jules de: Histoire de la société française pendant la Révolution. Genf 1971
Gooch, G. P.: Germany and the French Revolution. London 1920
Grab, Walter: Ein Volk muß seine Freiheit selbst erobern. Zur Geschichte der deutschen Jakobiner. Frankfurt / M. 1984
Grab, Walter: Norddeutsche Jakobiner. Demokratische Bestrebungen zur Zeit der Französischen Revolution. O. J.
Grimm, Melchior: Paris zündet die Lichter an. Literarische Korrespondenz. Hg. v. Kurt Schnelle. München 1977
Gross, Else R. (Hg.): Karl Friedrich Reinhard 1761–1837. Ein Leben für Frankreich und Deutschland. Stuttgart 1961

Günther, Horst (Hg.): Bibliothek der Geschichte und Politik. Band 12. Die Französische Revolution. Frankfurt/M. 1985
La Guillotine dans la Révolution. Katalog. Musée de la Révolution française. Château de Vizille 1987
Haasis, Hellmut G.: Gebt der Freiheit Flügel. Die Zeit der deutschen Jakobiner 1789–1805. 2 Bände. Reinbek 1988
Haasis, Hellmut G.: Morgenröte der Republik. Die linksrheinischen deutschen Demokraten 1789–1849. Berlin 1984
Hampson, Norman: Danton. Oxford 1988
Harpprecht, Klaus: Georg Forster oder Die Liebe zur Welt. Reinbek 1987
Hartig, Aglaia I. (Hg.): Jean Paul Marat. Ein Portrait in Reden und Schriften. Berlin 1987
Hawke, David Freeman: Paine. New York 1947
Hibbert, Christopher: The Days of the French Revolution. New York 1980
Hillairet, Jacques: Dictionnaire historique des Rues de Paris. 2 Bände. Paris 1985
Humboldt, Wilhelm von: Gesammelte Schriften. Berlin 1922
Humboldt, Wilhelm von: Briefe an Christine Reinhard-Reimarus. Hg. v. Arndt Schreiber. Heidelberg 1956
Humboldt, Wilhelm von: Sein Leben und Wirken, dargestellt in Briefen, Tagebüchern und Dokumenten seiner Zeit. O. J.
Jaurès, Jean: Histoire Socialiste de la Révolution Française. Paris 1928
Kapp, Friedrich (Hg.): Justus Erich Bollmann. Ein Lebensbild aus zwei Welttheilen. Berlin 1880
Kershaw, Alister: A History of the Guillotine. London o. J.
Klopstocks Sämmtliche Werke. Vierter Band. Leipzig 1854
Köner, Alfred: Die Wiener Jakobiner. Stuttgart 1972
Kotzebue, August von: Meine Flucht nach Paris im Winter 1790. Leipzig 1791
Krivanec, Ernest: Jean Paul Marat. Fremd unter Fremden. Wien 1986
Kropotkin, Pjotr Alexejewitsch: Die Große Französische Revolution 1789–1793. Band I und II. Leipzig und Weimar 1982
Landauer, Gustav: Die Französische Revolution in Briefen. Hamburg 1961
Lang, Wilhelm: Graf Reinhard. Hamburg 1896
Laukhard, Friedrich Christian: Leben und Schicksale. Von ihm selbst geschrieben. Stuttgart 1908
Lefebvre, Georges: The Great Fear of 1789. New York 1973
Lefebvre, Joël (Hg. u. Übersetzer): La Révolution française vue par les Allemands. Lyon 1987
Lenôtre, Thédore Gosselin: Le Jardin de Picpus. Paris 1955

Lenôtre, Thédore Gosselin: Wenn Steine reden. Wahre Geschichten aus Alt-Paris. Heidelberg 1952
Lenôtre, Thédore Gosselin: Im Schatten der Guillotine. München 1941
Lockroy, Adouard: Journal d'une Bourgeoise. Paris 1881
Madelin, Louis: Fouché 1759–1820. Frankfurt/M. 1970
Manceron, Claude: Les hommes de la liberté I–IV. Paris 1972, 1974, 1976, 1979
Mann, Golo: Deutsche Geschichte des neunzehnten und zwanzigsten Jahrhunderts. Frankfurt/M. 1958
Mann, Golo: Friedrich von Gentz. Geschichte eines europäischen Staatsmannes. Berlin 1972
Mathiez, Albert: Danton et la paix. Paris 1919
Mathiez, Albert: Les origines des cultes révolutionnaires. Paris 1904
Maurois, André: Die Geschichte Frankreichs. Wiesbaden o. J.
Markov, Walter: Revolution im Zeugenstand. Frankreich 1789–1799. Band 1 und 2. Frankfurt/M. 1987
Mercier, Louis-Sébastien: Le tableau de Paris. Paris 1985
Michelet, Jules: Die Frauen der Revolution. Hg. v. Gisela Etzel. Wiesbaden 1984
Neumann, Alfred (Hg.): Lamartine. Girondisten und Jakobiner. München o. J.
Oelsner, Conrad Engelbert: Briefe an den Herzoglich Oldenburg. Justizrath Gerhard Anton von Halem von Paris aus geschrieben. Hg. v. Dr. Merzdorf. Berlin 1858
Oelsner, Conrad Engelbert: Einige Aufsätze aus den Jahren 1792 (1793 und 1794). Deutsches Literaturarchiv, Marbach am Neckar
Oelsner, Conrad Engelbert: Luzifer oder Gereinigte Beiträge zur Geschichte der Französischen Revolution. Erster und Zweiter Teil. Zürich 1797, 1799
Orieux, Jean: Talleyrand. Die unverstandene Sphinx. Frankfurt/M. 1973
Ott, Manfred/Ott, Sabine: Hölderlin und revolutionäre Bestrebungen in Württemberg unter dem Einfluß der Französischen Revolution. Köln 1979
Ozouf, Mona: Festivals and the French Revolution. London 1988
Paine, Thomas: Common Sense. Hg. v. Isaac Kramnick. London 1981
Petersen, Susanne: Lebensmittelfrage und revolutionäre Politik in Paris 1792–1793. München und Wien 1979
Petersen, Susanne: Marktweiber und Amazonen. Frauen in der Französischen Revolution. Köln 1987
Pörnbacher, Karl (Hg.): Das Leben des Justinus Kerner. Erzählt von ihm und seiner Tochter Marie. München 1967

Reichardt, Johann Friedrich: Vertraute Briefe über Frankreich. Erster und Zweiter Teil. Berlin 1792, 1793
Reinalter, Helmut: Jakobiner in Mitteleuropa. Innsbruck 1977
Restif de La Bretonne: Les nuits de Paris. Paris 1960.
Richter, Dr. Carl: Anacharsis Cloots. Ein historisches Bild aus der französischen Revolution von 1789. Berlin 1865
Rivarol: Petit Dictionnaire des grand hommes de la Révolution
Roland, Marie-Jeanne (Madame): Memoiren aus dem Kerker. Zürich und München 1987
Ruof, Dr. Friedrich: Johann Wilhelm von Archenholtz. Ein deutscher Schriftsteller zur Zeit der Französischen Revolution und Napoleons (1741–1812). Berlin 1915
Sanson, Henri: Tagebücher der Henker von Paris, Band I und II. München 1983
Scheel, Heinrich (Hg.): Die Mainzer Republik I. Protokolle des Jakobinerklubs. Berlin 1984
Schlabrendorf, Graf Gustav von: Der Diogenes von Paris. München 1948
Schlabrendorf, Graf Gustav von: Graf Gustav von Schlabrendorf in Paris über Ereignisse und Personen seiner Zeit. Hg. v. Heinrich Zschokke. Aarau 1832
Schmitt, Eberhard: Einführung in die Geschichte der Französischen Revolution. München 1980
Schmitt, Eberhard / Reichardt, Rolf (Hg.): Die Französische Revolution – zufälliges oder notwendiges Ereignis? Teil 1–3. Wien 1983
Schram, Stuart R.: Protestantism and Politics in France. O. O. 1954
Schreiber, Hermann: Marie Antoinette. Die unglückliche Königin. München 1988
Schulz, Friedrich: Geschichte der großen Revolution in Frankreich. Berlin 1790
Schulz, Friedrich: Über Paris und die Pariser. Erster Teil. Berlin 1791
Schumacher, Karl von: Mirabeau. Aristokrat und Volkstribun. Stuttgart 1954
Secher, Reynald: Le génocide franco-français. La Vendée vengée. Paris 1986
Sédillot, René: Le coût de la Révolution française. Paris 1987
Sieburg, Friedrich: Im Licht und Schatten der Freiheit. Frankreich 1798–1848. Bilder und Texte. Stuttgart 1961
Sieburg, Friedrich: Robespierre. Tübingen und Stuttgart 1949
Sieveking, Heinrich: Georg Heinrich Sieveking. Lebensbild eines Hamburgischen Kaufmanns aus dem Zeitalter der französischen Revolution. Berlin 1913
Soubiran, André: Ce bon Docteur Guillotin. Paris o. J.

Starobinski, Jean: 1789. Die Embleme der Vernunft. München 1988
Stemmler, Theo (Hg.): Thomas Paine. Die Rechte des Menschen. Frankfurt/M. 1973
Stern, Alfred: Der Einfluß der Französischen Revolution auf das deutsche Geistesleben. Stuttgart und Berlin 1928
Stern, Dr. Selma: Anacharsis Cloots der Redner des Menschengeschlechts. Berlin 1914
Szerb, Antal: Marie Antoinette oder Die unbeglichene Schuld. Stuttgart 1966
Tomalin, Claire: The Life and Death of Mary Wollstonecraft. London 1985
Trenck, Freiherr von der: Der Geniestreich aller Geniestreiche; nebst einer Fabel aus Schlaraffenland. Das letzte aus dem Gefängnis in Paris hinterlassene Werk. Paris und Altona 1796
Ueding, Gert: Klassik und Romantik. Deutsche Literatur im Zeitalter der Französischen Revolution 1789–1815. Erster bis sechster Teil und Anhang. München 1988
Vailland, Roger/Manevy, Raymond: Un homme du peuple sous la Révolution. Paris 1979
Varnhagen von Ense, Karl August: Briefwechsel mit Oelsner. Stuttgart 1865
Varnhagen von Ense, Karl August: Denkwürdigkeiten des eigenen Lebens. Band 1 bis 6. Leipzig 1871
Varnhagen von Ense, Karl August: Denkwürdigkeiten und vermischte Schriften. Mannheim 1837
Voss, Jürgen (Hg.): Deutschland und die Französische Revolution. 17. Deutsch-französisches Historikerkolloquium des Deutschen Historischen Instituts Paris. München und Zürich 1983
Voss, Jürgen: Geschichte Frankreichs 2. Von der frühneuzeitlichen Monarchie zur Ersten Republik. 1500–1800. München 1980
Vovelle, Michel: La mentalité révolutionnaire. Société et mentalités sous la Révolution française. Paris 1985
Vovelle, Michel: L'état de la France pendant la Révolution. 1789–1799. Paris 1988
Wallon, H.: Histoire du Tribunal révolutionnaire de Paris. Paris 1880
Wandel, Uwe Jens: Verdacht von Democratismus? Studien zur Geschichte von Stadt und Universität Tübingen im Zeitalter der Französischen Revolution. Tübingen 1981
Weber, Martin: Georg Christian Gottlieb Wedekind 1761–1831. Stuttgart 1988
Wedekind, Freiherr Georg von: Obskurantenvereine in der Christenheit und die Freimaurerei in gegenseitigen Verhältnissen. Leipzig 1820

Wehler, Hans-Ulrich: Deutsche Gesellschaftsgeschichte 1700–1815. 2 Bände. München 1987.
Welch, Oliver J. G.: Mirabeau. Wiesbaden 1958
Wieland, Christoph Martin: Meine Antworten. Aufsätze über die Französische Revolution 1789–1793. Hg. v. Fritz Martini. Marbach am Neckar 1983
Williamson, Audrey: Thomas Paine. His Life, Work and Times. London 1973
Willms, Johannes: Nationalismus ohne Nation. Deutsche Geschichte 1789–1914. Düsseldorf 1983
Willms, Johannes: Paris. Hauptstadt Europas 1789–1914. München 1988
Winock, Michel: Chronik 1789. Le Monde. 1988
Wohlwill, Adolf: Georg Kerner. Hamburg und Leipzig 1886

Personennamenregister

Hans-Christian und Elke Harten

DIE VERSÖHNUNG MIT DER NATUR

Gärten, Freiheitsbäume, republikanische Wälder,
heilige Berge und Tugendparks
in der Französischen Revolution
240 Seiten mit 130 Abbildungen
und 16seitigem Tafelteil in Farbe. Gebunden

Die Natur erschien den Streitern der Französischen Revolution als Sinnbild von Freiheit und Harmonie. Die ganze Republik sollte in einen großen Garten verwandelt werden. Pädagogische Gärten und heilige Berge, republikanische Wälder und Tugendhaine sollten zur Erholung, zur Erbauung und zur Belebung dienen. Dieser reich ausgestattete Bildband zeigt zum erstenmal die Ideen und Projekte in Wort und Bild.

Rowohlt

Georg Kerner

Adam Lux